# LANGENSCHEIDTS
UNIVERSAL-WÖRTERBUCH

# GRIECHISCH

GRIECHISCH-DEUTSCH
DEUTSCH-GRIECHISCH

*Neubearbeitung*

*Dr. Günther S. Henrich
Kiriaki Chrissomalli-Henrich*

# LANGENSCHEIDT

BERLIN · MÜNCHEN · WIEN
ZÜRICH · NEW YORK

# Inhaltsverzeichnis

# Περιεχόμενα

| | |
|---|---|
| Abkürzungen / Συντομογραφίες | 3 |
| Hinweise für die Benutzung | 4 |
| Die Aussprache des Griechischen<br>– Das griechische Alphabet | 5 |
| – Buchstabenverbindungen | 6 |
| Erläuterung der Lautschrift | 7 |
| Εξήγηση της γερμανικής προφοράς για τον Έλληνα | 8 |
| Griechisch-Deutsches Wörterverzeichnis<br>Ελληνο-γερμανικό λεξιλόγιο | 9 |
| Deutsch-Griechisches Wörterverzeichnis<br>Γερμανο-ελληνικό λεξιλόγιο | 213 |
| Zahlen / Αριθμητικά | 443 |

---

*Die Nennung von Waren erfolgt in diesem Werk, wie in Nachschlagewerken üblich, ohne Erwähnung etwa bestehender Patente, Gebrauchsmuster oder Warenzeichen. Das Fehlen eines solchen Hinweises begründet also nicht die Annahme, eine Ware oder ein Warenname sei frei.*

---

Auflage: 7. 6. 5. 4. | Letzte Zahlen
Jahr: 1997 96 95 94 | maßgeblich

©1990 Langenscheidt KG, Berlin und München
Druck: Druckhaus Langenscheidt, Berlin-Schöneberg
Printed in Germany
ISBN 3-468-18211-2

# Abkürzungen – Συντομογραφίες

| | |
|---|---|
| *A* | Akkusativ, αιτιατική |
| *a.* | auch, και, επίσης |
| *Adj.* | Adjektiv, επίθετο |
| *Adv.* | Adverb, επίρρημα |
| *Anat.* | Anatomie, ανατομία |
| *Aor.* | Aorist, αόριστος |
| *Arch.* | Architektur, αρχιτεκτονική |
| *Astr.* | Astronomie, αστρονομία |
| *Bgb.* | Bergbau, μεταλλουργία |
| *Bot.* | Botanik, βοτανική |
| *cj.* | Konjunktion, σύνδεσμος |
| *D* | Dativ, δοτική |
| *Elektr.* | Elektrizität, ηλεκτρισμός |
| *e-e* | eine, μία |
| *e-n* | einen, έναν |
| *e-r* | einer, μιας |
| *e-s* | eines, ενός |
| *Esb.* | Eisenbahn, σιδηρόδρομος |
| *etw.* | etwas, κάτι |
| *f* | weiblich, θηλυκό |
| *fam.* | familiär, κοινώς |
| *fig.* | figürlich, μεταφορικά |
| *Flgw.* | Flugwesen, αεροπορία |
| *Fot.* | Fotografie, φωτογραφία |
| *G* | Genitiv, γενική |
| *Geogr.* | Geographie, γεωγραφία |
| *Gr.* | Grammatik, γραμματική |
| *Hdl.* | Handel, εμπόριο |
| *iron.* | ironisch, ειρωνικά |
| *j-m* | jemandem, σε κάποιον |
| *j-n* | jemanden, κάποιον |
| *jur.* | Jura, νομική |
| *Konj.* | Konjunktiv, υποτακτική |
| *m* | männlich, αρσενικό |
| *Mar.* | Marine, ναυτικό |
| *Math.* | Mathematik, μαθηματική |
| *Med.* | Medizin, ιατρική |
| *Mil.* | Militär, στρατός |
| *Mus.* | Musik, μουσική |
| *n* | sächlich, ουδέτερο |
| *N* | Nominativ, ονομαστική |
| *od.* | oder, ή |
| *pl.* | Mehrzahl, πληθυντικός |
| *Pol.* | Politik, πολιτική |
| *prp.* | Präposition, πρόθεση |
| *Rel.* | Religion, θρησκεία |
| *s.* | siehe, βλέπε |
| *Su.* | Substantiv, ουσιαστικό |
| *Tech.* | Technik, τεχνική |
| *Tel.* | Telefon, τηλέφωνο |
| *Thea.* | Theater, θέατρο |
| *Typ.* | Typographie, τυπογραφία |
| *u.* | und, και |
| *unpers.* | unpersönlich, απρόσωπα |
| *v.* | von, από |
| *v/p.* | passive Verbform, ρήμα παθητικό |
| *Zo.* | Zoologie, ζωολογία |

## Hinweise für die Benutzung

1. Die Tilde (~) ersetzt entweder das ganze Stichwort oder den vor dem senkrechten Strich (|) stehenden Teil davon, z. B. **Tag** *m* **(η)μέρα;** ***guten ~!*** (= guten Tag!) **καλημέρα (σας)!; ~ebuch** *n* (= Tagebuch) **ημερολόγιο.**
Die Tilde mit Kreis (2) weist darauf hin, daß sich die Schreibung des Anfangsbuchstabens des Stichwortes ändert (groß in klein oder umgekehrt), z. B. **Knall** *m* **κρότος; 2en** (= knallen) **βροντώ.**
2. Die Aussprache der griechischen Wörter ist in eckigen Klammern angegeben.
3. Genusangabe im Wörterverzeichnis. Wenn nicht anders vermerkt, ist -ς [-s] immer maskulin; **-α, -η** [-a, -i] immer feminin; **-ο(ν), -ι** [-o(n), -i] immer neutral.
4. Abweichende Plural- bzw. Genitivformen stehen in runden Klammern nach dem Substantiv, z. B. **λύση (-εις)** bzw. **ισχύς (-ύος).**
5. Adjektive, die im Wörterverzeichnis durch eine 2 gekennzeichnet sind, haben im Nominativ nur zwei Endungen, und zwar für das Maskulinum und Femininum **-ης** bzw. **-ων** und für das Neutrum **-ες** bzw. **-ον**.
6. Verben, die im Präsens die Endungen **-ώ, -άς, -ά (ει), -ούμε, -άτε, -ούν** haben, werden durch **(-άς)** bezeichnet.
7. Das griechische Vokabular gehört zum Teil der Volkssprache, zum Teil der früheren Amtssprache an. Bei solchen Begriffen, die sowohl in der Volkssprache als auch in der Amtssprache ein entsprechendes Wort haben, steht im deutsch-griechischen Teil das volkstümliche Wort an erster Stelle, z. B. **Wein** *m* **κρασί, οίνος.**

# Die Aussprache des Griechischen

## Das griechische Alphabet

| Griechische Buchstaben | | Name der Buchstaben | Lautzeichen | Ausspracheerklärung |
|---|---|---|---|---|
| Α | α | ['alfa] | [a] | kurzes **a** wie in **A**k**a**demie |
| Β | β | ['vita] | [v] | wie **w** in **w**er |
| Γ | γ | ['ɣama] | [ɣ] | vor [a, o, u] u. Konsonant wie **g** in berlinisch Wa**g**en; es klingt wie ein Zäpfchen-r ohne Rollen |
| | | | [j] | vor [e, i] wie **j** in **j**a |
| Δ | δ | ['ðelta] | [ð] | wie stimmhaftes **th** in englisch **th**at |
| Ε | ε | ['epsilon] | [e] | kurzes, offenes **e** wie in f**e**st |
| Ζ | ζ | ['zita] | [z] | stimmhaftes **s** wie in Ro**s**e |
| Η | η | ['ita] | [i] | kurz und geschlossen wie **i** in M**i**nute |
| Θ | θ | ['θita] | [θ] | wie stimmloses **th** in englisch **th**ing |
| Ι | ι | ['jota] | [i, j] | unbetont vor Vokal oft wie **j** in **j**a, sonst *s.* **η** |
| Κ | κ | ['kapa] | [k] | **k** ohne Behauchung wie in französisch **c**oup |
| Λ | λ | ['lamða] | [l] | **l** wie im Deutschen |
| Μ | μ | [mi] | [m] | **m** wie im Deutschen |
| Ν | ν | [ni] | [n] | **n** wie im Deutschen |

| | | | | |
|---|---|---|---|---|
| **Ξ** | ξ | [ksi] | [ks] | wie **x** in He**x**e |
| **Ο** | ο | ['omikron] | [o] | kurzes offenes **o** wie in **o**ft |
| **Π** | π | [pi] | [p] | **p** ohne Behauchung wie in französisch **p**ère |
| **Ρ** | ρ | [ro] | [r] | Zungenspitzen-r wie im Italienischen |
| **Σ** | σ, ς | ['siγma] | [s] | stimmloses **s** wie in Wa**ss**er oder **ß** in Stra**ß**e |
| | | | [z] | vor stimmhaften Konsonanten wie **s** in Ro**s**e |
| **Τ** | τ | [taf] | [t] | **t** ohne Behauchung wie französisch **t**oute |
| **Υ** | υ | ['ipsilon] | [i] | *s.* **ι** |
| **Φ** | φ | [fi] | [f] | **f** wie im Deutschen |
| **Χ** | χ | [çi] | [ç] | vor [e, i] wie **ch** in i**ch** |
| | | | [x] | vor [a, o, u] u. Konsonant wie **ch** in Da**ch** |
| **Ψ** | ψ | [psi] | [ps] | wie **ps** in **Ps**alm |
| **Ω** | ω | [o'meγa] | [o] | *s.* **o** |

## Buchstabenverbindungen

| | | |
|---|---|---|
| **αι** | [e] | **ναι** [ne] *ja* |
| **αυ** | [av] | vor Vokal od. stimmhaftem Konsonanten: **παύω** ['pavo] *aufhören*; **αυλή** [a'vli] *Hof* |
| | [af] | vor stimmlosem Konsonanten: **αυτός** [a'ftos] *dieser* |
| **ει** | [i] | **είμαι** ['ime] *ich bin* |
| | [j] | unbetont zwischen Konsonant und Vokal: **δουλειά** [ðu'lja] *Arbeit* |
| **ευ** | [ev] | vor Vokal od. stimmhaftem Konsonanten: **γυρεύω** [ji'revo] *suchen*; **γεύμα** ['jevma] *Mittagessen* |
| | [ef] | vor stimmlosem Konsonanten: **εύκολος** ['efkolos] *leicht* |
| **οι** | [i] | **τοίχος** ['tixos] *Wand* |
| **ου** | [u] | **πού** [pu] *wo?* |
| **γγ** | [ŋg] | wie ŋg in Ta**ngo**: **αγγούρι** [aŋ'guri] *Gurke* |

| | | |
|---|---|---|
| **γκ** | [ŋg] | *s.* **γγ: άγκυρα** ['aŋgira] *Anker* |
| **μπ** | [b] | am Wortanfang: **μπαίνω** ['beno] *eintreten* |
| | [mb] | im Wortinnern: **κουμπί** [ku'mbi] *Knopf* |
| **ντ** | [d] | am Wortanfang: **ντουλάπι** [du'lapi] *Schrank* |
| | [nd] | im Wortinnern: **δόντι** ['ðondi] *Zahn* |
| **τζ** | [dz] | **τζάκι** ['dzaki] *Kamin* |
| **τσ** | [ts] | **τσάι** ['tsai] *Tee* |

**Merke**

**η, ι, υ, ει, οι** lauten wie [i]
**ο, ω** lauten wie [o]; **ε, αι** wie [e]

## Erläuterung der Lautschrift

['] steht **vor** der Silbe, die den Ton trägt
[b], [d], [f], [g], [j], [l], [m], [n] lauten wie im Deutschen
[a] kurzes mittleres **a** wie in **Aka**demie
[ç] wie **ch** in i**ch**
[ð] wie stimmhaftes **th** in englisch **th**at
[dz] enge Verbindung zwischen stimmhaftem **d** in **d**a und stimmhaftem **s** in **S**onne
[e] kurzes offenes **e** wie in **E**cke
[ɣ] wie **g** in Wa**g**en in dialektaler Berliner Aussprache, ähnlich dem deutschen Zäpfchen-r, jedoch ohne Schwingung
[i] kurzes geschlossenes **i**, etwa wie in M**i**nute
[k] ein **k** ohne Behauchung wie in französisch **c**oup. Man vermeide das im Deutschen dem **k** folgende h, der Grieche kennt diesen kh-Laut nicht.
[ŋ] wie **ng** in si**ng**en
[o] kurzes offenes **o** wie in L**o**tto, **o**ffen
[p] wie **p** in französisch **p**ère, d. h. ohne Behauchung
[r] Zungenspitzen-**r** wie im Italienischen oder Russischen
[s] stimmloses **s** wie **ss** in Wa**ss**er oder **ß** in schlie**ß**en
[t] wie **t** in französisch **t**ante, unbehaucht wie [k] und [p]
[ts] wie deutsch **z** oder **tz** in **Z**ahl oder Mü**tz**e

[θ] wie das stimmlose **th** in englisch **th**ing. Man spreche mit der Zunge zwischen den vorderen Zahnreihen einen stimmlosen s-Laut.
[u] geschlossenes **u**, etwa wie in **U**niversität
[v] wie **w** in **W**asser
[x] wie **ch** in no**ch**, au**ch**
[z] wie stimmhaftes **s** in **S**onne, lei**s**e

## Εξήγηση της γερμανικής προφοράς για τον Έλληνα

Στα γερμανικά προφέρονται οι λέξεις γενικά όπως γράφονται. Εξαιρέσεις αποτελούν οι δίφθογγοι **ei** = **άι**, λ.χ. eilen = άιλεν· **eu** = **όι**, λ.χ. Eule = όιλε· **äu** = **όι**, λ.χ. Bäume = μπόιμε· **ie** = **ι**, λ.χ. die = ντι.

Τα φωνήεντα **a**, **o** και **u** μετατρέπονται κάποτε σε **ä** (**ae**), **ö** (**oe**) και **ü** (**ue**). Το **ä** μοιάζει στην προφορά με το **αι**, λ.χ. ähnlich = αίνλιχ. Τα **ö** και **ü** δεν υπάρχουν στα ελληνικά. Το **ö** αποδίδεται συνήθως με το **αι**, λ.χ. Goethe = Γκαίτε, το **ü** προφέρεται όπως το γαλλικό **u** στη λέξη duper και το **ö** όπως το γαλλικό **eu**.

Το **ch** προφέρεται όπως το χ στην ελληνική λέξη όχι μετά τα e, i, ä, ö, ü, λ.χ. echt = εχτ, ή μετά από σύμφωνο, λ.χ. durch = ντουρχ, όπως το χ στο χάος μετά τα a, o, u, λ.χ. achten = άχτεν.

Το **h** δεν προφέρεται μπροστά από το άτονο e, λ.χ. sehen = ζέεν, ή μπροστά από σύμφωνο, λ.χ. Draht = ντρατ.
Το **sch** δεν υπάρχει στα ελληνικά. Προφέρεται όπως το γαλλικό **ch** και το αγγλικό **sh**.

# Griechisch-Deutsches Wörterverzeichnis

## A

**α-** (**αν-**) un-, nicht ..., ohne ..., -los; in-, a-
**αβαθής** [ava'θis] 2 untief, seicht
**αβαρία** (See-)Schaden *m*; Zugeständnis *n*
**α|βασάνιστος** ungeprüft; unüberlegt; **~βάσιμος** unbegründet; **~βάσταχτος** unerträglich
**άβατος** unzugänglich
**αββάς** [a'vas] (**-άδες**) Abt *m*
**α|βέβαιος** [-veos] unsicher; **~βεβαιότητα** Ungewißheit *f*; **~βεβαίωτος** [-ve'veotos] unbestätigt
**αβίαστος** ungezwungen
**αβλάβεια** Unschädlichkeit *f*
**αβλαβής** 2 unschädlich; unbeschädigt
**αβλεψία** Flüchtigkeit *f*; Versehen *n*; ***εξ ~ς*** aus Versehen
**αβοήθητος** [-'iθitos] hilflos
**άβολος** unbequem
**άβουλος** willenlos; unentschlossen
**άβραστος** ungekocht, roh
**αβροχία** [-'çia] Dürre *f*
**άβροχος** [-xos] trocken
**άβυσσος** *f* Abgrund *m*, Tiefe *f*
**αγαθ|ός** gut(mütig); naiv; **~ότητα** Gutmütigkeit *f*; Naivität *f*
**αγάλια** *Adv*. sachte, leise; **~ ~** ganz leise; allmählich
**αγαλλ|ίαση** (**-εις**) Jubel *m*, Freudentaumel *m*
**άγαλμα** *n* Statue *f*
**άγαμος** ledig, unverheiratet
**αγαν|άκτηση** (**-εις**) Ärger *m*, Entrüstung *f*; **~ακτώ** sich ärgern (**με**/über *A*)
**αγάπη** Liebe *f*
**αγαπη|τικιά** Geliebte *f*; **~τικός** Geliebte(r); **~τός** lieb, teuer
**αγαπίζω** (sich) versöhnen
**αγαπ|ώ** (**-άς**) lieben; (gern) mögen; ***τι ~άτε;*** was wünschen Sie?
**αγγαρ|εία** [aŋga'ria] Zwangsarbeit *f*; Schufterei *f*; **~εύω** [-'evo] zwingen; beauftragen
**αγγείο** [aŋ'gio] Gefäß *n*
**αγγελ|ία** Meldung *f*; Annonce *f*; **~ιοφόρος** Bote *m*
**άγγελος** Engel *m*
**αγγίζω** berühren
**αγγίνα** Angina *f*
**Αγγλ|ία** England *n*; **~ίδα** Engländerin *f*; **~ικός** englisch
**Άγγλος** Engländer *m*
**αγγούρι** [aŋ'guri] Gurke *f*; ***τουρσί ~*** saure Gurke *f*
**αγγουροσαλάτα** Gurkensalat *m*

**αγελάδα** [aje'laða] Kuh *f*
**αγέλαστος** mürrisch
**αγέλη** [a'jeli] Herde *f*
**αγέμιστος** leer; *Mil.* ungeladen
**αγένεια** [a'jenia] Gemeinheit *f*; Unhöflichkeit *f*
**αγενής** 2 unhöflich; gemein
**αγέραστος** jung geblieben
**αγέρωχος** [-rox-] arrogant
**άγευστος** ['ajef-] nüchtern, fade; geschmacklos
**αγιάζω** [aj(i)'azo] weihen; heiligen; heilig werden
**αγιάτρευτος** [a'jatreftos] unheilbar; *fig.* unverbesserlich
**αγίνωτος** [a'jinot-] unreif
**άγιος** ['aj(i)os] heilig
**αγκάθι** [aŋ'gaθi] Dorn *m*
**αγκαθωτός** [-θot-] dornig, stachelig
**αγκαλά** obgleich
**αγκαλιά** Schoß *m*; Umarmung *f*
**αγκαλιάζω** umarmen
**αγκί|δα, ~θα** Splitter *m*; Stachel *m*
**αγκινάρα** Artischocke *f*
**αγκίστρι** Angelhaken *m*
**αγκομαχώ** [-'xo] keuchen
**αγκύλ|η** [aŋ'gili] kleine(r) Haken *m*; *Gr.* eckige Klammer *f*; **~ος** krumm; **~ωμα** *n* Stich *m*
**αγκυλώνω** stechen; *fig.* verletzen
**άγκυρα** ['angira] Anker *m*
**αγκυροβολώ** ankern
**αγκώνας** Ellenbogen *m*
**άγλυκος** ungesüßt
**αγναντεύω** [-'ndevo] erblicken, überblicken
**αγνάντι(ο)** Aussichtspunkt *m*, Aussichtsturm *m*
**άγνοια** ['aɣnia] Unwissenheit *f*
**αγνοούμενος** vermißt
**αγνός** keusch; *Butt*er *usw.*: rein
**αγν|οώ** nichts wissen von *D*; **~ωμονώ** [-omo'no] undankbar sein; **~ωμοσύνη** [-omo'sini] Undankbarkeit *f*; **~ώμων** [-'omon] 2 undankbar; **~ώριστος** unerkennbar
**άγνωστος** unbekannt
**άγονος** unfruchtbar; steril
**αγορ|ά** Markt(halle *f*) *m*; Kauf *m*; **~άζω** kaufen (**από**/bei *D*); **~αστής** Käufer *m*
**αγόρευση (-εις)** [a'ɣorefsi] Ansprache *f*; Plädoyer *n*
**αγορεύω** [-'evo] e-e Ansprache halten; plädieren
**αγόρι** Junge *m*
**άγουρος** unreif
**αγράμματος** ungebildet
**αγραμματοσύνη** [-to'sini] Unbildung *f*
**αγρι|άγκαθο** [aɣri'aŋgaθo] Distel *f*; **~εύομαι** sich fürchten; **~εύω** [-'evo] wütend werden (**με**/über *A*)
**αγριο|βότανο** (Heil-) Kraut *n*; **~γούρουνο** [-'ɣuruno] Wildschwein *n*; **~ράπανο** Meerrettich *m*

**άγριος** wild; *fig.* böse
**αγριότοπος** Wildnis *f*
**αγρ|οικία** Bauernhaus *n*; **~οίκος** [-'ikos] **(-α)** grob, rauh; **~όκτημα** *n* Gehöft *n*; **~ονόμος** Landwirt *m*, Agronom *m*; **~ός** Acker *m*; **~ότης** Bauer *m*; **~οτικός** landwirtschaftlich; **~οτόσπιτο** Bauernhaus *n*
**αγρυπνία** [aγripn-] Schlaflosigkeit *f*; Wachsamkeit *f*; Nachtmesse *f*
**άγρυπνος** schlaflos; wachsam
**αγρυπνώ (-άς)** wachen
**αγύμναστος** [a'jim-] ungeübt
**αγυρτ|εία** [ajirt-] Schwindel *m*; **~εύω** [-'evo] schwindeln; vagabundieren
**αγύρτης** Schwindler *m*; Scharlatan *m*
**αγχόνη** [aŋ'xoni] Galgen *m*
**άγχος** ['aŋxos] *n* (Todes-)Angst *f*; Streß *m*
**αγωγή** [-'ji] Erziehung *f*; *jur.* Klage *f*; *Med.* Therapie *f*
**αγώ(γ)ι** Fahrt *f*; Fracht *f*
**αγωγός** *Tech.* Leiter *m*, Leitung *f*
**αγώνας** Kampf *m*; Wettkampf *m*; **~ *τάξεων*** Klassenkampf *m*
**αγων|ία** [aγon-] Besorgnis *f*; Todeskampf *m*; **~ίζομαι** kämpfen
**αγώνισμα** *n* Wettkampf *m*; Wettbewerb *m*
**αγων|ιστής** Wettkämpfer *m*; **~ιώ (-άς)** Angst haben; sich anstrengen
**αδαμάντινος** diamanten
**άδεια** ['aδia] Genehmigung *f*; Urlaub *m*; **~ *εισαγωγής*** [isaγo'jis] Einfuhrgenehmigung *f*; **~ *οδηγήσεως*** [oδi'jiseos] Führerschein *m*; **~ *παραμονής*** Aufenthaltsgenehmigung *f*
**αδειάζω** [aδ'jazo] leeren; Zeit haben
**αδέκαστος** unbestechlich
**αδελφή** Schwester *f*
**αδέλφια** *n/pl.* Geschwister *pl.*
**αδελφός** Bruder *m*
**αδένας** Drüse *f*
**αδέξιος (-ια)** ungeschickt
**αδερφ-** *s.* **αδελφ-**
**αδέ|σμευτος** [-zmeft-] ungebunden, frei; **~σποτος** herrenlos; zweifelhaft
**αδήλωτος** [a'δilot-] *Hdl.* nicht deklariert
**αδημον|ία** Unruhe *f*; Ungeduld *f*; **~ώ** ungeduldig sein
**Άδης** Hades *m*, Unterwelt *f*
**αδηφάγος (-α)** unersättlich
**αδιάβα|στος** ungelesen; *Schüler*: unvorbereitet; **~τος** unpassierbar
**αδιαβίβαστος** *Brief*: unzustellbar
**αδιάβροχο** [-xo] Regenmantel *m*; **~ς** wasserdicht
**αδι|αθεσία** Unpäßlichkeit *f*; **~άθετος** unwohl; **~αθετώ** unpäßlich sein

**αδιαίρετος** [aði'eret-] unteilbar
**αδιάκοπος** pausenlos
**αδιακρισία** Taktlosigkeit *f*
**αδιάκριτος** indiskret; taktlos
**αδιακρίτως** (*G*) ohne Unterschied *G*
**αδιά|λειπτος** [-lipt-] ununterbrochen; **~λεχτος** unsortiert; **~λλακτος** unversöhnlich; **~λυτος** unlöslich
**αδι|αντροπιά** [-andro'pja] Unverschämtheit *f*; **~άντροπος** unverschämt
**αδι|άρρηκτος** [-rikt-] unverbrüchlich; **~άσειστος** [-'asist-] unerschütterlich; **~άσπαστος** unzerbrechlich; unzertrennlich; **~ατάρακτος** ungetrübt; **~αφανής** 2 undurchsichtig; **~αφιλονίκητος** unbestreitbar
**αδι|αφορία** Gleichgültigkeit *f*; **~άφορος** gleichgültig; **~αφορώ (για)** gleichgültig sein; sich nicht kümmern um *A*
**αδιέξοδο** Sackgasse *f*; **~ς** ausweglos
**αδικαιολόγητος** ungerechtfertigt
**αδικία** Ungerechtigkeit *f*
**άδικο** Unrecht *n*; **~ς** ungerecht; vergeblich
**αδικώ** ungerecht behandeln
**αδι|όρατος** undurchsichtig; **~όρθωτος** unverbesserlich
**αδίσταχτος** entschlossen
**αδόκιμος** nicht anerkannt
**άδοξος** ruhmlos
**αδούλευτος** [a'ðuleft-] unbearbeitet
**αδραν|ής** 2 untätig; träge; **~ώ** untätig sein
**αδρός** reichlich; grob
**αδυν|αμία** Schwäche *f*; **~ατίζω** abnehmen; **~άτισμα** *n* Abmagerung *f*
**αδύνατος** schwach; mager; unmöglich
**άδυτο** Allerheiligste(s) *n*
**αείμνηστος** [a'imnist-] unvergeßlich
**αεραντλία** [aerandl-] Luftpumpe *f*
**αέρας** Luft *f*; Wind *m*
**αεργία** [aer'jia] Untätigkeit *f*; Arbeitslosigkeit *f*
**άεργος** [-ɣos] untätig; arbeitslos
**αερίζω** kühlen; (aus)lüften
**αέριο** Gas *n*
**αερι|ούχος** [aeri'ux-] **(-α)** kohlensäurehaltig; **~όφως** [-'ofos] **(-φωτος)** *n* Leuchtgas *n*; **~σμός** Lüftung *f*; **~ώδης** [-'oðis] 2 gasförmig; **~ωθούμενο** [-o'θu-] Düsenflugzeug *n*
**αερο|δρόμιο** Flugplatz *m*; **~θάλαμος** *Auto*: Schlauch *m*
**αερόλιθος** Meteorit *m*
**αερολιμένας** Flughafen *m*
**αερο|πλάνο** Flugzeug *n*; **~πλανοφόρο** Flugzeugträger *m*; **~πορία** Flugwe-

13 αιμομιξία

sen *n*; Luftwaffe *f*; **~πορικώς** [-'kos] mit Luftpost; **~πόρος** Flieger *m*
**αερόστατο** Ballon *m*
**αερ|οστεγής** [aeroste'jis] 2 luftdicht; **~όστρωμα** *n* Luftmatratze *f*; **~όσφυρα** Preßlufthammer *m*; **~όψυκτος** [-'opsikt-] luftgekühlt
**αετός** Adler *m*
**αέτωμα** [a'etoma] *n* Giebel *m* (an Tempeln)
**αζημίωτος** [azi'miot-] unbeschädigt, ohne Verlust
**άζυμος** ['azim-] ungesäuert
**άζωτο** ['azoto] Stickstoff *m*
**αηδ|ία** Ekel *m*; **~ιάζω** verabscheuen (**με**/*A*), sich ekeln (vor *D*); **~ιαστικός** ekelhaft
**αηδόνι** Nachtigall *f*
**αθάνατος** unsterblich
**αθεΐα** [aθe'ia] Atheismus *m*
**άθελα** *Adv.* unfreiwillig; unabsichtlich
**αθέλητος** widerwillig
**αθέμιτος** illegal
**αθεράπευτος** [-peftos] unheilbar
**αθετώ** *Wort* brechen
**Αθήν|α** [a'θina], **~αι** [-e] *f/pl.* Athen *n*
**Αθηναί|α** Athenerin *f*; **~ος** Athener *m*
**άθικτος** unberührt, intakt
**αθλ|ητής** [aθli'tis] Sportler *m*; **~ητικός** sportlich; ***~ητικός σύλλογος*** Sportverein *m*; **~ητισμός** Leichtathletik *f*; Sport *m*; **~ήτρια** Sportlerin *f*
**άθλιος** (**-α**) elend
**αθλιότητα** Elend *n*
**άθλο** Prämie *f*, Preis *m*
**αθόρυβος** [-riv-] geräuschlos
**αθροίζω** [a'θrizo] (an)sammeln; addieren
**άθροισμα** *n* Ansammlung *f*; Summe *f*
**αθυμία** Niedergeschlagenheit *f*
**άθυμος** niedergeschlagen
**αθυρ|οστομία** [aθiro-] Frechheit *f*; **~όστομος** frech (mit Worten)
**αθώος** [a'θoos] (**-α**) unschuldig
**αθω|ότητα** Unschuld *f*; **~ώνω** [-'ono] freisprechen
**αι** [e] *f/pl.* die
**Αιγαίο** [e'jeo] (**πέλαγος**) *n* Ägäis *f*, Ägäisches Meer *n*
**αίγλη** ['eγli] Glanz *m*, Ruhm *m*
**Αίγυπτος** ['ejiptos] *f* Ägypten *n*
**αιδέσιμος** ehrwürdig
**Αιδεσιμότατε** (*Anrede*) Hochwürden
**αιθάλη** [e'θali] Ruß *m*
**αίθουσα** ['eθusa] Saal *m*
**αίθριος** (**-α**) heiter
**αίμα** ['ema] *n* Blut *n*
**αιματ|ηρός** [ematir-] blutig; **~οδότης** Blutspender *m*; **~οκύλισμα** *n* Blutbad *n*
**αιμάτωμα** *n* Bluterguß *m*
**αιμοβόρος** (**-α**) blutrünstig
**αιμο|μιξία** Blutschande *f*;

αιμορραγία 14

**\~ρραγία** [-raj-] Blutung *f*; ***\~ρραγία της μύτης*** [- tiz 'mitis] Nasenbluten *n*; **\~ρροΐδες** [-ro'iðes] *f/pl.* Hämorrhoiden *pl.*; **\~σηψία** Blutvergiftung *f*; **\~στατικό (φάρμακο)** blutstillendes Mittel *n*; **\~σφαίριο** Blutkörperchen *n*
**αίνιγμα** ['eniɣma] *n* Rätsel *n*
**αινιγματικός** rätselhaft
**αίνος** ['enos] Lobrede *f*
**άιντε!** ['aide] los!
**αίρεση (-εις)** Sekte *f*; Ketzerei *f*
**αιρετικός** ketzerisch; *Su.* Ketzer *m*; Sektierer *m*
**αίρω** ['ero] *jur.* aufheben
**αισθάνομαι** [e'sθanome] (sich) fühlen; ***δεν \~ καλά*** ich fühle mich nicht wohl
**αίσθημα** ['esθima] *n* Gefühl *n*
**αισθηματικός** sentimental
**αίσθηση (-εις)** Sinn *m*, Gefühl *n*
**αισθη|σιακός** sinnlich; **\~τική** Ästhetik *f*; **\~τικός** ästhetisch; *Su. f* Kosmetikerin *f*; **\~τός** wahrnehmbar
**αισι|οδοξία** [esioðo'ksia] Optimismus *m*; **\~όδοξος** optimistisch
**αίσιος** ['esios] **(-α)** günstig
**αίσχος** ['esx-] *n* Schande *f*
**αισχρ|ογραφία** Pornographie *f*; **\~οκερδής** Spekulant *m*; **\~ός** schändlich
**αισχύνη** [e'sçini] Scham *f*, Schande *f*
**αίτη|μα** ['eti-] *n* Forderung *f*; **\~ση (-εις)** Antrag *m*; ***υποβάλλω \~ση*** e-n Antrag stellen
**αιτία** [e'tia] Ursache *f*, Grund *m*; ***εξ \~ς*** wegen
**αίτιο** ['etio] Motiv *n*
**αιτιολογ|ία** [etio-] Begründung *f*; **\~ώ** begründen
**αίτιος (-α)** schuld (*G*/ an *D*)
**αιτώ** [e'to] ersuchen; sich bewerben (um *A*); **\~ν (-ούντος)** *m* Antragsteller *m*; Bewerber *m*
**αίφνης** ['efnis] *Adv.* plötzlich
**αιφνιδ|ιάζω** [efniδ-] überraschen; **\~ιασμός** Überraschung *f*; Überfall *m*; **\~ιαστικός** überraschend
**αιχ|μαλωσία** [ex-] Gefangenschaft *f*; **\~μαλωτίζω** gefangennehmen; **\~μάλωτος** gefangen; *Su.* Gefangene(r)
**αιώ|νας** [e'onas] Jahrhundert *n*; **\~νιος (-α)** ewig
**αιωνιότητα** Ewigkeit *f*
**ακαδημ|αϊκός** [-ðimaik-] akademisch; **\~ία** Akademie *f*
**ακαθ|άριστος** ungereinigt; *Hdl.* brutto; **\~αρσία** Schmutz *m*
**ακάθαρτος** schmutzig
**ακακία** Akazie *f*
**άκακος** arglos, gutmütig
**ακαλλιέργητος** (*Land*) unbestellt; *fig.* ungebildet
**άκαμπτος** spröde; steif

**ακανθώδης** 2 dornig; *fig.* heikel
**ακανόνιστος** unregelmäßig
**άκαρδος** herzlos
**ακαριαίος (-i'eos) (-α)** augenblicklich
**άκαρπος** unfruchtbar, nutzlos
**ακατ|άβλητος** unverwüstlich; *Hdl.* offen; **~άδεχτος** hochmütig; **~άληπτος** unverständlich; **~άλληλος** ungeeignet (για/ für *A*); **~αλόγιστος** [-a'lojist-] unberechenbar; *jur.* unzurechnungsfähig; **~ανόητος** unverständlich; **~άστατος** unordentlich; unbeständig; **~οίκητος** [-'ikit-] unbewohnt; **~όρθωτος** nicht machbar, unausführbar
**άκαυστος** ['akafst-] feuerfest
**ακέραιος (-αια)** ganz, heil; redlich, integer
**άκεφος** schlecht gelaunt
**ακίνδυνος** ungefährlich
**ακινησία** Bewegungslosigkeit *f*
**ακίνητο** Grundstück *n*; Immobilien *pl.*; **~ς** unbeweglich
**ακινητώ** stillstehen; anhalten
**άκληρος** kinderlos
**άκλιτος** undeklinierbar
**ακλόνητος** unerschütterlich
**ακμάζω** blühen; **~αίος** [-'meos] (-α) rüstig; **~ή** Höhepunkt *m*; Blüte *f*
**ακοή** [ako'i] Gehör *n*
**ακοίμητος** wach
**ακοινώνητος** ungesellig
**ακολουθία** [-luθ-] Gefolge *n*; *Rel.* Messe *f*
**ακόλουθος** folgend; *Su.* Attaché *m*
**ακολουθώ** [-u'θo] (be)folgen
**ακόμ|α, ~η** noch
**ακομμάτιστος** parteilos
**ακομπανι|αμέντο** *Mus.* Begleitung *f*; **~άρω** begleiten
**ακονίζω** schleifen; anspitzen
**ακόντιο** Speer *m*
**άκου!** hör mal!; na, so etwas!
**ακουμπώ (-άς)** sich (an-) lehnen, stützen
**ακούραστος** unermüdlich
**άκουσμα** *n* Gerücht *n*
**ακουστικ|ή** [aku-] Akustik *f*; **~ό** *Tel.* Hörer *m*; **~ός** akustisch
**ακούω** [a'kuo] hören; gehorchen
**άκρη** Ende *n*; Spitze *f*
**ακριβ|αίνω** [-'veno] teurer werden; *Preis* heraufsetzen; **~ής** 2 genau; exakt; **~ός** teuer; lieb; **~ώς** *Adv.* genau; pünktlich
**ακρίδα** Heuschrecke *f*
**ακρισία** Unvernunft *f*
**άκριτος** unvernünftig
**ακροατ|ήριο** Zuhörerschaft *f*; **~ής** Zuhörer *m*

**ακρο|βάτης** [-'vatis] Akrobat *m*; **~γιάλι** [-'jali], **~γιαλιά** [-ja'lja] Küste *f*; Strand *m*
**ακρόπολη** (**-εις**) Zitadelle *f*; Akropolis *f*
**ακροποταμιά** Flußufer *n*
**άκρος** (**-α**) höchste(r), letzte(r), äußerste(r)
**ακρότητα** Extrem *n*, Äußerste(s)
**ακρωτ|ήρι** Kap *n*; **~ηριάζω** [akrotiri'azo] verstümmeln; amputieren
**ακτή** Küste *f*
**ακτίνα** Strahl *m*; Radius *m*; Speiche *f*
**ακτινο|γραφία** Röntgenaufnahme *f*; **~θεραπεία** [-'pia] Bestrahlung *f*; **~σκόπηση** (**-εις**) Durchleuchtung *f*; **~σκοπώ** [-'po] durchleuchten
**ακτο|πλοΐα** Küstenschifffahrt *f*; **~φυλακή** Wasserschutzpolizei *f*
**άκυρος** ungültig
**ακυρώνω** [aki'rono] widerrufen, aufheben
**ακύρωση** (**-εις**) Aufhebung *f*; Ungültigkeitserklärung *f*
**ακώλυτος** [a'kolit-] ungehindert, frei
**αλαζ|όνας** Arrogante(r) *m*; **~ονεύομαι** [-o'nevome] angeben; **~ονικός** eingebildet, arrogant
**αλάθ|ευτος** [a'laθeft-], **~ητος** unfehlbar
**αλαλάζω** jubeln
**άλαλος** stumm; sprachlos
**αλανι|άζω** sich herumtreiben; **~άρης** (**-α, -ικο**) obdachlos
**αλάργα** *Adv*. weit entfernt (**από**/ von)
**αλαργεύω** [-'jevo] (sich) entfernen
**άλας** ['alas] (**-ατος**) *n*, **αλάτι** Salz *n*
**αλατίζω** salzen
**αλατισμένος** gesalzen
**αλέθω** [-θo] mahlen
**αλείφω** [a'lifo] bestreichen
**αλεξ|ικέραυνο** [-ravno] Blitzableiter *m*; **~ίπτωτο** Fallschirm *m*
**αλεπού** [-'pu] (**-ούδες**) *f* Fuchs *m*
**αλεύρι** [a'levri] Mehl *n*
**αλευρώνω** [alev'rono] panieren
**αλήθεια** [a'liθja] Wahrheit *f*; **~**; tatsächlich?
**αληθ|εύω** [-'θevo] wahr sein; sich bewahrheiten; **~ινός** wahr
**αλησμόνητος** unvergeßlich
**αλήτης** Landstreicher *m*
**αλιεία** Fischfang *m*
**αλίμονο** wehe!
**αλιφασκιά** Salbei *f*, *m*
**αλκο|όλ** *n* Alkohol *m*; **~ολικός** alkoholisch; *Su*. Alkoholiker *m*
**αλλά** aber, sondern
**αλλαγή** [-'ji] Änderung *f*; Wechsel *m*; Ablösung *f*
**αλλάζω** wechseln; (sich)

ändern; ~ *σπίτι* umziehen
**αλλαντικά** *n/pl.* Wurstwaren *f/pl.*
**αλλαξιά** Wäschegarnitur *f*
**αλλεργία** Allergie *f*
**αλληλ-** wechselseitig
**αλληλ|εγγύη** [alileŋ'gii] Solidarität *f*; **~ένδετος** gemeinsam; **~ογραφία** Korrespondenz *f*; **~ογραφώ** korrespondieren; **~οδιαδόχως** [-xos] *Adv.* nacheinander
**αλλιώς** *Adv.* anders; sonst
**αλλιώτικος** andersartig
**αλλοδαπός** Ausländer *m*
**άλλοθι** Alibi *n*
**άλλ|ος** (ein) anderer; **~οτε** früher; später
**αλλού** [a'lu] woanders(hin)
**άλλωστε** übrigens
**άλμα** ['alma] *n* Sprung *m*; ~ *εις μήκος, εις ύψος, επί κοντώ* Weitsprung *m*, Hochsprung *m*, Stabhochsprung *m*
**άλογο** Pferd *n*
**αλοιφή** [ali'fi] Salbe *f*
**αλουμίνιο** Aluminium *n*
**αλύπητος** unbarmherzig
**αλυσίδα** Kette *f*; ~ *συναρμολογήσεως* Fließband *n*
**αλφα|βήτα** [-'vita] Alphabet *n*; **~βητικός** alphabetisch
**αλφάδι** Wasserwaage *f*
**αλωνίζω** [alo'nizo] (ver-) dreschen
**άμα** (*D*) bei *D*; sobald, wenn
**αμάθεια** Unbildung *f*
**άμαθος** unerfahren
**άμαξα** Wagen *m*; Waggon *m*
**αμαξάκι** Kinderwagen *m*
**αμαξοστοιχία** [-sti'çia] Zug *m*; ~ *ταχεία, κοινή, έκτακτη* Schnell-, Personen-, Sonderzug *m*
**αμάξωμα** *n* Karosserie *f*
**αμαρταίνω** sündigen
**αμάρτημα** *n* Sünde *f*
**αμαρτωλός** sündig; *Su.* Sünder *m*
**άμβωνας** [-von-] Kanzel *f*
**αμείβω** [a'mivo] belohnen
**αμελής** 2 nachlässig; fahrlässig
**άμεμπτος** tadellos
**αμερικ|ανικός** amerikanisch; **♀ανός** Amerikaner *m*; **♀ή** Amerika *n*
**αμερόληπτος** unparteiisch
**άμεσος** unmittelbar, direkt
**αμέσως** sofort, gleich
**αμεταβίβαστος** nicht übertragbar
**αμετά|βλητος** [-vlit-] unveränderlich; **~κλητος** [-klitos] unwiderruflich
**αμέτρητος** zahllos
**αμηχανία** [amixa-] Verlegenheit *f*
**αμίλητος** stumm, schweigsam
**αμμ|οκονία** Mörtel *m*; **~όλιθος** *f* Sandstein *m*; **~όλοφος** Düne *f*
**άμμος** *f*, *m* Sand *m*
**αμμουδιά** Sand(strand) *m*
**αμμώδης** [a'moðis] 2 sandig

**αμμωνία** [amo'nia] Ammoniak *n*; Salmiakgeist *m*
**αμνησία** Gedächtnisschwund *m*
**αμνηστ|εία** [amnist-] Amnestie *f*; **~εύω** [-'evo] amnestieren
**αμοιβ|αίος** [ami'veos] (**-α**) gegenseitig; **~ή** Belohnung *f*
**αμόλυβδος** bleifrei
**αμορτισέρ** *n* Stoßdämpfer *m*
**άμορφος** formlos
**αμόρφωτος** ungebildet
**αμπαλλ|άζ** [amba'laz] *n* Verpackung *f*; **~άρω** verpacken
**αμπέλι** [am'beli] Weinberg *m*
**αμπελουργός** [-lur'γos] Winzer *m*
**αμπέρ** *n* Ampere *n*
**άμπωτη** ['amboti] Ebbe *f*
**άμυαλος** unklug
**αμυγδαλίτιδα** Mandelentzündung *f*
**αμύγδαλο** Mandel *f*
**άμυλο** Stärkemehl *n*
**άμυνα** Verteidigung *f*
**αμύνομαι** (sich) verteidigen
**αμυχή** [ami'çi] Schramme *f*
**αμφιβάλλω** zweifeln (**για**/ an *D*)
**αμφίβιο** Amphibie *f*
**αμφιβολία** Zweifel *m*
**αμφίβολος** zweifelhaft
**αμφιθέατρο** Amphitheater *n*
**αμφισβητώ** [-zvi'to] bezweifeln; *jur.* anfechten
**αν** wenn; ob; **~ *και*** obwohl
**ανά** je
**ανα|βάλλω** verschieben; **~βολέας** Steigbügel *m*; **~βολή** Vertagung *f*; Verschiebung *f*, Aufschub *m*; **~βροχιά** Dürre *f*
**ανάβω** [-vo] anzünden; reizen
**αναγγέλλω** mitteilen
**αναγέννηση** Wiedergeburt *f*; Renaissance *f*
**αναγκ|άζω** [anaŋg-] zwingen; **~αίος** [-'eos] nötig; **~αστικός** Not-; ***~αστική προσγείωση*** (**-εις**) [-'jiosi] Notlandung *f*
**ανάγκη** [a'naŋgi] Not(lage) *f*; ***εν ~*** im Notfall
**ανάγλυφο** [-γlifo] Relief *n*
**ανα|γνωρίζω** [-γno'rizo] anerkennen (**για**/ als); **~γνώριση** (**-εις**) Anerkennung *f*; **~γνωρισμένος** anerkannt
**ανάγνωση** Lesen *n*
**αναγνώστης** [-'γnostis] Leser *m*
**ανα|δεξιμιός** Patenkind *n*; **~δεύω** [-'ðevo] aufrühren; **~δημιουργία** [-ðimiur'jia] Neugestaltung *f*; **~διοργανώνω** [-ðiorγa'nono] reorganisieren; **~διπλασιασμός** Verdopplung *f*, Reduplikation *f*; **~δρομικός** rückwirkend; **~δύομαι** [-'ðiome] auftauchen; **~ζήτηση** (**-εις**) [-'zitisi] Suchen *n*; Erforschung *f*;

**~ζητώ (-άς)** [-zi'to] suchen; **~ζωπύρωση** Kräftigung *f*; **~θεματίζω** verfluchen; **~θέτω** [-'θeto] beauftragen; **~θεώρηση (-εις)** [-θe'orisi] Überprüfung *f*; Revision *f*; **~θεωρώ** [-θeo'ro] überprüfen
**αναίδεια** [a'ne-] Unverschämtheit *f*
**αναιμία** [ane-] Blutarmut *f*
**αναιρώ** [ane'ro] widerlegen; widerrufen
**αναισθη|σία** [anesθi-] Gefühllosigkeit *f*; **~τοποίηση (-εις)** [-to'piisi] Betäubung *f*, Narkose *f*
**αναίσθητος** [a'nesθit-] bewußtlos; gefühllos
**ανακαιν|ίζω** [-kje'nizo] renovieren, erneuern; **~ισμός** Renovierung *f*
**ανα|καλύπτω** [-'lipto] entdecken; **~κάλυψη (-εις)** [-'kalipsi] Entdeckung *f*; **~καλώ** [-'lo] widerrufen; rückgängig machen; **~κατεύομαι** [-'tevome] sich einmischen; **~κατεύω** [-'tevo] mischen; durcheinanderbringen; *j-n* verwickeln (**σε**/ in *A*); **~κάτωμα** *n* Durcheinander *n*; Vermischung *f*
**ανακεφαλ|αιώνω** [-le'ono] zusammenfassen; **~αίωση (-εις)** Zusammenfassung *f*, Überblick *m*
**ανακήρυξη (-εις)** [-'kiriksi] Aufruf *m*
**ανα|κοινώνω** [-ki'nono] bekanntmachen; **~κοίνωση (-εις)** Bekanntmachung *f*, Mitteilung *f*
**ανα|κολουθία** [-lu'θia] Inkonsequenz *f*; **~κοπή** *jur.* Einspruch *m*; **~κουφίζω** [-ku'fizo] Linderung verschaffen; **~κούφιση (-εις)** Erleichterung *f*; **~κράζω** aufschreien; **~κρίβεια** [-'krivia] Ungenauigkeit *f*; **~κρίνω** verhören
**ανάκριση (-εις)** *jur.* Untersuchung *f*; Verhör *n*
**ανακριτής** Untersuchungsrichter *m*
**ανάκτηση** Wiedererlangung *f*
**ανάκτορο** Palast *m*
**ανα|κτώ (-άς)** wiedererlangen; **~κύπτω** auftauchen; **~κωχή** [-ko'çi] Waffenstillstand *m*; **~λαμβάνω** übernehmen; sich erholen
**ανάλατος** ungesalzen; fade
**ανάλαφρος** leicht
**αναλγησία** [analji-] Gefühlskälte *f*
**ανάλγητος** schmerzlos; gefühllos
**αναλ|ήθεια** [-'liθia] Unwahrheit *f*; **~ηθής** 2 unwahr
**Ανάληψη** Himmelfahrt *f*
**αναλογ|ία** [-'jia] Ähnlichkeit *f*; Analogie *f*; Verhältnis *n*; **~ίζομαι** bedenken; **~ικός** proportional
**ανάλογο** Anteil *m*; **~ς** entsprechend (**προς, με**/ *D*)

**αναλόγως** entsprechend
**ανάλυση** (-εις) Auflösung f; Analyse f
**αναλύω** [-'lio] auflösen; analysieren
**αναλφάβητος** Analphabet m
**ανάμεσα** zwischen; unter (D, A); ~ σ' άλλα unter anderem
**αναμεταξύ** zwischen; unter (D, A); στο ~ inzwischen
**ανάμνηση** (-εις) Erinnerung f
**αναμον|ή** Erwartung f; αίθουσα ~ής Wartesaal m
**ανα|μορφώνω** umgestalten, reformieren; **~μόρφωση** (-εις) Reform f
**αν|αμφίβολος** unzweifelhaft; **~αμφισβήτητος** [-'zvititos] unbestritten
**ανανδρία** Feigheit f
**ανανεώνω** erneuern
**αναπάντ|εχος** [-ndexos] unerwartet; **~ητος** unbeantwortet
**αναπαύομαι** [-'pavo-] sich erholen; ausruhen
**ανάπαυση** Erholung f
**αναπαυτικός** [-paft-] bequem
**ανα|παύω** [-'pavo] beruhigen; ausruhen lassen; **~πηδώ** (-άς) [-pi'δo] aufspringen; **~πηρία** Gebrechlichkeit f; Invalidität f
**ανάπηρος** körperbehindert, schwerverletzt
**αναπληρώνω** ersetzen

**ανα|πνέω** (ein)atmen; **~πνοή** Atmung f
**ανάποδα** Adv. verkehrt herum
**ανα|ποφάσιστος** unentschlossen; **~πόφευκτος** [-'pofefktos] unvermeidlich; **~πτήρας** Feuerzeug n
**ανάπτυξη** (-εις) [-ptiksi] Entwicklung f; Hdl. Ausweitung f
**αναπτύσσω** [-'ptiso] (sich) entwickeln
**ανάρμοστος** unpassend; ungehörig
**αναρ|χία** [-'çia] Anarchie f; Unordnung f; **~χικός** anarchistisch; Su. Anarchist m
**αναρωτιέμαι** sich fragen
**ανάσα** Atem m
**ανασαίνω** atmen, aufatmen
**ανασκαφή** Ausgrabung f
**ανάσκελα** Adv. auf dem Rücken
**ανασκευάζω** [-skje'vazo] widerlegen
**ανασκουμπώνω** aufkrempeln
**ανάσταση** (-εις) Auferstehung f
**αναστατώνω** verwirren, aufregen
**αναστεν|αγμός** Seufzer m; **~άζω** seufzen
**αναστηλώνω** wiederaufrichten
**ανάστημα** n Wuchs m; Figur f
**ανα|στολή** Hdl. Einstellung f; jur. Aufschub m; **~συγ-**

**κρότηση** (**-εις**) [-siŋ-'grotisi] Neuordnung *f*; **~σφάλιστος** unversichert; **~σχηματίζω** [-sçimat-] *Pol.* umbilden; **~ταραχή** Aufruhr *m*; **~τέλλω** aufgehen; **~τίμηση** (**-εις**) Preiserhöhung *f*; **~τιμώ** (**-άς**) den Preis erhöhen; **~τινάζω** sprengen

**ανατολ|ή** Osten *m*; Orient *m*; **Ωή** Anatolien *n*; ***Εγγύς*** (***Άπω***) **Ωή** Naher (Ferner) Osten *m*; **~ικός** östlich; **~ίτικος** orientalisch

**ανα|τομία** Anatomie *f*; **~τρέπω** (um)stürzen; rückgängig machen; *j-n* absetzen; **~τρέφω** erziehen; **~τριχιάζω** schaudern; **~τροπή** Umsturz *m*; **~τροφή** Erziehung *f*; Bildung *f*; **~φέρομαι** sich wenden (**σε**/ an *A*); sich beziehen (**σε**/ auf *A*); **~φερόμενος** erwähnt; *Su.* Antragsteller *m*; **~φέρω** erwähnen; melden; **~φλεκτήρας** Zünder *m*; Zündkerze *f*

**ανάφλεξη** (**-εις**) Entzündung *f*; *Auto*: Zündung *f*

**αναφορ|ά** Bezugnahme *f*; **~ικός** bezüglich; relativ; ***~ικά με*** (*A*) mit Bezug auf *A*

**αναχρονισ|μός** Anachronismus *m*; **~τικός** unzeitgemäß; unmodern

**αναχώρηση** (**-εις**) [-'xorisi] Abfahrt *f*; Abreise *f*

**αναχωρ|ητήριο** Klause *f*; **~ητής** Einsiedler *m*; **~ώ** abfahren, abreisen (**για** *A*/ nach)

**αναψυκτικό** [-psikt-] Erfrischung *f*

**ανδραδέλφη** Schwägerin *f*

**ανδράδελφος** Schwager *m*

**άνδρας** Mann *m*

**ανδρ|εία** Tapferkeit *f*; **~είος** (**-α**) tapfer; **~ικός** männlich

**ανε-** *s.* **ανα-**

**αν|εβάζω** hinaufbringen; erhöhen; **~εβαίνω** [-'veno] (hinauf)steigen; **~έβασμα** *n* Aufstieg *m*; Besteigung *f*; **~εβοκατεβαίνω** *Preis*: schwanken; **~εγείρω** [-'jiro] errichten

**ανέγερση** (**-εις**) [-jersi] Errichtung *f*; Aufbau *m*

**ανειδίκευτος** [ani'ðikjeft-] *Arbeiter*: ungelernt

**ανειλικρ|ίνεια** [-'krinia] Unaufrichtigkeit *f*; **~ινής** 2 unaufrichtig

**ανέκαθεν** schon immer

**ανεκ|διήγητος** [-ði'ijitos] unbeschreiblich; **~δοτικός** anekdotisch

**ανέκ|δοτο** Anekdote *f*; **~κλητος** unwiderruflich

**ανεκ|παίδευτος** [-'peðeftos] un(aus)gebildet; **~πλήρωτος** unerfüllt; **~ποίητος** [-'piitos] unverkäuflich; **~τέλεστος** unausführbar; **~τικός** tolerant; **~τίμητος** unschätzbar; **~τός** erträglich

**ανέκφραστος** unsäglich; ausdruckslos
**ανελκυστήρας** Fahrstuhl *m*
**ανέλπιστος** unerwartet
**ανεμ|ίζω** lüften; flattern; **~ιστήρας** Ventilator *m*; **~οβλογιά** [-ovlo'ja] Windpocken *f/pl.*; **~όμυλος** Windmühle *f*; **~όπτερο** Segelflugzeug *n*
**άνεμος** Wind *m*
**αν|ένδοτος** unnachgiebig; **~ενόχλητος** ungestört
**ανεξ|αρτησία** Unabhängigkeit *f*; **~άρτητος** unabhängig; **~έλεγκτος** [-'eleŋktos] unkontrolliert; **~ερεύνητος** [-e'revnitos] unerforscht; **~ήγητος** [-'ijitos] unerklärlich; **~ιθρησκεία** religiöse Toleranz; **~ίτηλος** unauslöschlich; echt
**αν|έξοδος** kostenlos; **~εξόφλητος** unbezahlt
**ανεπ|αίσθητος** [-'esθitos] unerheblich; unmerklich; **~αίσχυντος** [-'esçindos] schamlos; **~ανόρθωτος** nicht wiedergutzumachend; *Adv.* endgültig, Dauer-; **~άρκεια** Unzulänglichkeit *f*; **~αρκής** 2 unzulänglich; knapp
**ανέπαφος** unberührt
**ανεπ|ηρέαστος** unbeeinflußt; *Tech.* widerstandsfähig; **~ίβλεπτος** unbeaufsichtigt; **~ιθύμητος** [-i'θimitos] unerwünscht; **~ίληπτος** tadellos; **~ίπλωτος** unmöbliert; **~ίσημος** inoffiziell; **~ιστημονικός** unwissenschaftlich; **~ιτήδευτος** [-i'tiðeftos] ungezwungen; **~ιτυχής** [-iti'çis] 2 erfolglos; **~ιφύλακτος** vorbehaltlos
**ανεπτυγμένος** entwickelt
**ανεργία** [-'jia] Arbeitslosigkeit *f*
**άνεργος** arbeitslos
**ανέρχομαι** [-xome] (empor)steigen
**άνε|ση** (**-εις**) Bequemlichkeit *f*; **~τος** bequem; komfortabel
**άνευ** ['anef] (*G*) ohne *A*
**αν|εύθυνος** [a'nefθin-] unverantwortlich; **~ευλαβής** [anevla'vis] 2 respektlos; **~εύρετος** [a'nev-] unauffindbar, nicht zu bekommen; **~ευρίσκω** [-'vrisko] wiederfinden; **~έφελος** wolkenlos; **~έφικτος** unerreichbar; undurchführbar
**ανέχ|εια** Mittellosigkeit *f*, Not *f*; **~ομαι** [-xome] dulden, zulassen
**ανεψι|ά** Nichte *f*; **~ός** Neffe *m*
**ανήθικος** [a'niθi-] unsittlich, unmoralisch
**ανήκω** (an)gehören
**αν|ήλικος** minderjährig; **~ήμπορος** unpäßlich
**αν|ησυχία** Unruhe *f*; **~ήσυχος** unruhig; besorgt;

23 ανταγωνίζομαι

**~ησυχώ** [-'xo] (sich) beunruhigen; beunruhigt sein; **~ήφορος** Steigung *f*
**ανθεκτικός** widerstandsfähig
**ανθίζω** blühen
**ανθο|γυάλι** [-'jali] Vase *f*; **~δέσμη** Blumenstrauß *m*; **~δοχείο** [-'çio] Blumenvase *f*; **~πωλείο** [-po'lio] Blumenladen *m*; **~πώλης** Blumenhändler *m*
**άνθος** *n* Blüte *f*; Blume *f*; *fig.* Elite *f*
**άνθρακας** Kohle *f*
**ανθρακ|ικός** kohlensauer; **~ικό οξύ** Kohlensäure *f*; **~ωρυχείο** [-ori'çio] Bergwerk *n*; **~ωρύχος** [-o'rixos] Bergmann *m*
**ανθρώπινος** menschlich
**ανθρωπισμός** Menschlichkeit *f*; Humanismus *m*
**ανθρωπολογία** Anthropologie *f*
**άνθρωπος** Mensch *m*
**ανθρωπότητα** Menschheit *f*
**ανθυγιεινός** [-θiji'nos] gesundheitsschädlich; unhygienisch
**ανθυπολοχαγός** Leutnant *m*
**αν|ικανοποίητος** [-'piitos] unbefriedigt; **~ίκανος** unfähig; untauglich; **~ικανότητα** Unfähigkeit *f*, Impotenz *f*; **~ίκητος** unbesiegt
**ανισόρροπος** labil; unausgeglichen
**άνισος** ungleich; uneben
**αν|ίσχυρος** machtlos; ungültig; **~ίσως (και)** falls; **~ίχνευση (-εις)** [-'ixnefsi] Ermittlung *f*; **~ιχνεύω** [-ix'nevo] nachforschen
**ανιψι|ά, ~ός** *s.* **ανε-**
**άνοδος** *f* Aufgang *m*; Ansteigen *n*
**αν|οησία** [-oi'sia] Unsinn *m*; Dummheit *f*; **~όητος** unvernünftig; dumm
**άνοιγμα** ['aniγma] *n* Öffnung *f*; Eröffnung *f*
**ανοίγω** (er)öffnen; *Radio* anstellen; *Licht* anmachen; anzünden
**ανοικο|δόμηση (-εις)** Wiederaufbau *m*; **~δομώ** wiederaufbauen; **~νόμητος** unordentlich
**άνοιξη** ['aniksi] Frühling *m*
**ανοιχτός** offen, geöffnet
**ανομ|βρία** Trockenheit *f*; **~ία** Ungesetzlichkeit *f*
**αν|όμοιος (-α)** unähnlich; **~ομοιότητα** [-omi'otita] Ungleichheit *f*
**άνομος** ungesetzlich
**ανοξείδωτος** [-'ksiδotos] rostfrei, nicht rostend
**αν|όργανος** anorganisch; **~ορεξία** Appetitlosigkeit *f*; **~ορθογραφία** Rechtschreibfehler *m*; **~ορθώνω** ordnen; **~οσία** Immunität *f*
**άνοστος, ανούσιος (-α)** fade; unschmackhaft
**ανοχή** Duldung *f*
**ανταγων|ίζομαι** wett-

eifern; *Hdl.* konkurrieren (können) mit; **~ισμός** Wettbewerb *m*, Konkurrenz *f*; **~ιστής** Konkurrent *m*
**αντ|αλλαγή** [-'ji] Austausch *m*; **~άλλαγμα** *n* Gegenleistung *f*; **~αλλακτικά** *n/pl.* Ersatzteile *n/pl.*; **~αλλάσσω** austauschen, umtauschen
**αντάμα** zusammen
**αντ|αμείβω** [-'mivo] entschädigen; **~αμοιβή** [-ami'vi] Honorar *n*; Entschädigung *f*; **~αμώνω** (sich) treffen; **~άμωση:** ***καλή ~άμωση*** auf Wiedersehen!; **~ανάκλαση (-εις)** Widerspiegelung *f*; **~ανακλώ (-άς)** reflektieren
**ανταπ|αίτηση (-εις)** [-'petisi] Gegenforderung *f*; **~αντώ (-άς)** wieder entgegnen; **~οδίδω** vergelten; *Besuch* erwidern; **~όδοση (-εις)** Vergeltung *f*; **~οκρίνομαι** entsprechen; **~όκριση (-εις)** Antwort *f*; Beitrag *m* eines Korrespondenten; *Esb.* Anschluß *m*; **~οκριτής** Korrespondent *m*
**αντ|άρα** Krach *m*; Nebel *m*; **~αριάζω** Krach machen; **~αρκτικός** antarktisch; **~αρσία** Aufstand *m*; **~άρτης** Aufständischer, Partisan *m*; **~ασφάλεια** [-a'sfalia] Rückversicherung *f*; **~αύγεια** [-'avja] Widerschein *m*; **~εκδίκηση (-εις)** Gegenforderung *f*; Revanche *f*; **~ενεργώ** sich wenden (**κατά** *G*/ gegen *A*)
**αντέν(ν)α** Antenne *f*; Rahe *f*
**αντεπανάσταση (-εις)** Gegenrevolution *f*
**αντ|επεξέρχομαι** entgegentreten; **~επίθεση (-εις)** Gegenangriff *m*; **~εραστής** Nebenbuhler *m*
**αντέχω** standhalten; ertragen
**αντηχώ** nachhallen, widerhallen
**αντί (για)** (an)statt *G*; **~ *να*** anstatt daß, anstatt zu
**αντι-** (ent)gegen, anti-
**αντι|γραφή** Abschrift *f*; **~γράφω** abschreiben; **~δημοκρατικός** undemokratisch
**αντίδι** Endivie *f*
**αντ|ιδικία** *jur.* Rechtsstreit *m*; **~ίδικος** Prozeßgegner *m*; **~ίδραση (-εις)** Reaktion *f*; **~ιδραστικός** reaktionär; **~ιδρώ (-άς)** reagieren (**σε**/ auf *A*); **~ίδωρο** Hostie *f*; **~ιεμετικό** [-iemet-] Mittel *n* gegen Luftkrankheit *usw.*; **~ιζηλία** Rivalität *f*; **~ίζηλος** Rivale *m*; **~ίθεση (-εις)** Gegensatz *m*; **~ίθετος** entgegengesetzt; **~ιθέτως** im Gegenteil
**αντι|καθιστώ (-άς)** ersetzen; vertreten; **~καταβολή:** ***επί ~καταβολή*** gegen Nachnahme; **~κατά-**

**σταση** (**-εις**) Ersatz *m*; Vertretung *f*; **~καταστάτης** Stellvertreter *m*
**αντι|κειμενικός** objektiv; **~κείμενο** Objekt *n*, Gegenstand *m*; **~κλείδι** Nachschlüssel *m*; **~κοινωνικός** [-kinon-] unsozial; **~κρούω** [-'kruo] zurückweisen
**άντικρυ, αντίκρυ** (*G*) gegenüber *D*
**αντικρ|ύζω** erblicken; begegnen; gegenüberliegen; **~υνός** gegenüberliegend
**αντ|ίκρυσμα** *n* Begegnung *f*; *Hdl.* Deckung *f*; **~ίκτυπος** Widerhall *m*; Rückwirkung *f*; **~ικυκλώνας** Hoch(druckgebiet) *n*; **~ιλαμβάνομαι** begreifen; **~ιλέγω** widersprechen (**σε**/*D*); **~ίληψη** (**-εις**) Auffassung *f*; Wahrnehmung *f*; **~ιλογία** [-ilo'jia] Widerspruch *m*; Streit *m*; **~ιμάχομαι** bekämpfen; hassen; **~ίμαχος** Gegner *m*
**αντι|μετωπίζω** entgegentreten *D*; *Probleme* angehen; stehen vor *D*; **~μιλώ** widersprechen; **~νομία** Widerspruch *m*
**αντίο** [a'dio] auf Wiedersehen!
**αντι|οξειδωτικό** [andioksiðot-] Rostschutzmittel *n*; **~πάθεια** [-'paθia] Abneigung *f*; **~παθητικός** unsympathisch; unangenehm
**αντίπαλος** Gegner *m*
**αντι|παραβάλλω** vergleichen; **~παραβολή** Vergleich *m*; **~παράσταση** (**-εις**) Gegenüberstellung *f*; **~παρέρχομαι** übergehen; entgehen; **~παροχή** [-'çi] Gegenleistung *f*; **~πειθαρχικός** [-piθarç-] undiszipliniert
**αντίπερα** jenseits, gegenüber
**αντι|περισπασμός** Ablenkung *f*; **~πηκτικό** Blutverdünnungsmittel *n*
**αντίποινα** *n*/*pl*. Vergeltungsmaßnahmen *f*/*pl*.
**αντι|πολιτεύομαι** [-'tevome] opponieren; **~πολίτευση** [-tefsi] Opposition *f*
**αντίπραξη** (**-εις**) Gegenwirkung *f*; Konkurrenz *f*
**αντι|προσωπεία** [-so'pia] Vertretung *f*; **~προσωπεύω** [-'pevo] vertreten; **~πρόσωπος** Vertreter *m*, Abgeordneter; **~πρόταση** (**-εις**) Gegenvorschlag *m*; **~πυρετικό** Fiebermittel *n*
**αντίρρηση** (**-εις**) Einwand *m*
**αντίσκηνο** Zelt *n*; Plane *f*
**αντ|ίσταση** (**-εις**) Widerstand *m*; **~ιστέκομαι** Widerstand leisten; **~ίστοιχος** [-'istixos] entsprechend; **~ιστρέφω** umkehren; wenden; **~ίστροφος** umgekehrt; **~ισυλληπτικό χάπι** Antibabypille *f*; **~ισυνταγματικός** verfas-

αντίτιμο 26

sungswidrig; **~ίτιμο** Gegenwert *m*; **~ίτυπο** (Druck-) Exemplar *n*; **~ίφαση** (-εις) Widerspruch *m*; **~ιφάσκω** sich widersprechen; **~ιφατικός** widerspruchsvoll; **~ίχειρας** [-'içir-] Daumen *m*; **~ιψυκτικό** Frostschutzmittel *n*

**αντλ|ία** Pumpe *f*; ***~ία αέρος*** Luftpumpe *f*; **~ώ** pumpen; schöpfen

**αντοχή** [-'çi] Widerstandsfähigkeit *f*, Widerstandskraft *f*

**άντρας** Mann *m*

**άντρο** Höhle *f*

**αντρόγυνο** Ehepaar *n*

**αντωνυμία** Pronomen *n*

**ανυδρία** Wassermangel *m*

**αν|υπακοή** [-ko'i] Ungehorsam *m*; **~ύπαντρος** unverheiratet; **~ύπαρκτος** nicht bestehend; **~υπέρβλητος** unüberwindlich; **~υπολόγιστος** unberechenbar; unermeßlich; **~υπομονησία** Ungeduld *f*; **~υπόμονος** ungeduldig; **~ύποπτος** unverdächtig; **~υπόστατος** grundlos; **~υπόφορος** unerträglich

**ανυψώνω** [-i'psono] hochheben; erhöhen

**άνω** oben; nach oben; oberhalb; über

**αν|ώγι** [-'oji] Obergeschoß *n*; **~ώδυνος** schmerzlos; **~ωμαλία** Anomalie *f*; **~ώμαλος** unregelmäßig; **~ώνυμος** anonym; **~ώριμος** unreif; **~ώτατος** oberst-; **~ώτερος** höher-; besser-; **~ώφελος** unnütz; *Adv.* vergebens

**αξενία** Ungastlichkeit *f*

**άξενος** ungastlich

**αξεπέραστος** unüberwindlich

**αξέχαστος** unvergeßlich

**αξία** Wert *m*; Würde *f*

**αξι|αγάπητος** liebenswert; **~έπαινος** lobenswert

**αξίζω** wert sein; fähig sein

**αξίνα** Hacke *f*; Axt *f*

**αξιοθέατος** [aksio-] sehenswert; *Su. n/pl.* Sehenswürdigkeiten *f/pl.*

**αξιόλογος** erwähnenswert; bedeutend

**αξιο|λύπητος** bedauernswert; **~μίμητος** nachahmenswert; **~μνημόνευτος** [-mni'moneftos] denkwürdig; **~παρατήρητος** bemerkenswert; **~περίεργος** sonderbar, merkwürdig; **~πιστία** Glaubwürdigkeit *f*

**αξιό|πιστος** zuverlässig; **~ποινος** strafbar

**αξιο|πρέπεια** Würde *f*; **~πρεπής** 2 würdig; anständig

**άξιος** (-α) fähig, verdienstvoll

**αξιοσύνη** Tüchtigkeit *f*

**αξιότιμος** (sehr) geehrte(r)

**αξίωμα** [a'ksioma] *n* Amt *n*, Posten *m*

**αξι|ωματικός** maßgeblich;

*Su. m* Offizier *m*; **~ώνομαι** *v/p.* es ist mir vergönnt; **~ώνω** fordern
**αξίωση (-εις)** Anspruch *m*
**άξονας** Achse *f*; Welle *f*; **~** ***καρντάν*** [kar'dan] Kardanwelle *f*
**αξύριστος** [a'ksir-] unrasiert
**άοπλος** unbewaffnet
**αόρ|ατος** unsichtbar; **~ιστος** unbestimmt; *Su. m* Aorist *m*
**άοσμος** geruchlos
**άουτ** *Sport*: aus
**απ'** *s.* **από**
**απαγγελία** Vortrag *m*; **~** ***κατηγορίας*** Anklageschrift *f*; **~** ***αποφάσεως*** Urteilsverkündung *f*
**απαγγέλλω** vortragen
**απαγόρευση (-εις)** [-refsi] Verbot *n*
**απαγορεύ|ω** [-'revo] verbieten; ***~εται*** (es ist) verboten
**απ|άγω** entführen; **~αγωγή** [-'ji] Entführung *f*
**απαθής** 2 apathisch
**απαίδευτος** [a'peðeft-] ungebildet
**απαισιόδοξος** [apesi-'oðoks-] pessimistisch; *Su. m* Pessimist *m*
**απαίσιος** widerwärtig; scheußlich
**απαίτηση (-εις)** Forderung *f*
**απαιτ|ητικός** anspruchsvoll; **~ώ** verlangen
**απ|αλλαγή** Befreiung *f*; Erlassen *n*; **~αλλακτικό βούλευμα** ['vulevma] Freispruch *m*; **~αλλάσσω** befreien; freisprechen
**απαλλοτρ|ιώνω** enteignen; **~ίωση (-εις)** Enteignung *f*
**απαλ|ός** zart, weich; **~ότητα** Zartheit *f*
**απ|άνεμος** windstill; **~άνθρωπος** unmenschlich; **~αντέχω** [-xo] erwarten; **~άντηση (-εις)** Antwort *f*; **~άντρευτος** [-'andreftos] unverheiratet; **~αντώ (-άς)** antworten; begegnen
**άπαξ** einmal; ***εφ'*** **~** auf einmal; ***το εφ'*** **~** Abfindung(ssumme) *f*
**απαξ|ιώ** [apaksi'o] verschmähen; **~ίωση** Geringschätzung *f*
**απαρ|άβατος** unverletzlich; **~άδεκτος** unannehmbar; **~αίτητος** [-'etitos] unerläßlich; **~άλλαχτος** unverändert; **~ατήρητος** unbemerkt; **~ηγόρητος** untröstlich
**απαριθμώ** aufzählen
**απάρνηση (-εις)** Verleugnung *f*
**απαρνιέμαι** [-'njeme] verleugnen
**άπα|ς (-σα, -ν)** ganz, *pl.* alle; ***τα ~ντα*** sämtliche Werke *n/pl.*
**απασχ|όληση (-εις)** Be-

απασχολώ 28

schäftigung *f*; **~ολώ** beschäftigen
**απατεώνας** Betrüger *m*
**απάτη** Betrug *m*
**απατηλός** (be)trügerisch
**απάτητος** unzugänglich
**άπατος** grundlos
**άπατρις** (**-ιδος**) staatenlos
**απατ|ώ** (**-άς**) (be)trügen; **~ώμαι** [-'ome] sich irren
**άπαυστος** ['apafstos] unaufhörlich
**άπαχος** [-x-] mager, fettarm
**απε-** *s.* **απο-**
**απειθ|άρχητος** undiszipliniert; **~αρχώ** sich auflehnen, trotzen
**απείθεια** [a'piθia] Ungehorsam *m*
**απεικονίζω** darstellen
**απειλ|ή** [api'li] Drohung *f*; **~ώ** (be)drohen
**απείραχτος** unberührt, unbehelligt
**απειρία** [api'ria] Unerfahrenheit *f*; Unendlichkeit *f*; Unzahl *f*
**άπειρος** unerfahren; unendlich; unzählig
**απέλαση** (**-εις**) Ausweisung *f*
**απελ|αύνω** [ape'lavno] ausweisen; **~ευθερώνω** [-efθe'rono] freilassen; befreien; **~ευθέρωση** (**-εις**) [-e'fθerosi] Freilassung *f*; Befreiung *f*; **~πίζω** zur Verzweiflung bringen; **~πισία** Verzweiflung *f*; **~πισμένος** verzweifelt
**απέναντι** gegenüber
**απεναντίας** im Gegenteil
**απέξω από** außerhalb *G*
**απέρ|αντος** unendlich; endlos; **~αστος** unpassierbar
**απεργ|ία** [-'jia] Streik *m*; **~ός** Streikende(r); **~οσπάστης** Streikbrecher *m*; **~ώ** streiken
**απερ|ίγραπτος** unbeschreiblich; **~ιόριστος** unbeschränkt; **~ιποίητος** ungepflegt; **~ίσκεπτος** unbesonnen; **~ίσπαστος** nicht abgelenkt, konzentriert
**απέριττος** einfach, schlicht
**απευθύνω** [ape'fθino] adressieren, richten (**σε**/ an *A*)
**απ|εχθάνομαι** verabscheuen; **~έχω** (**από**, *G*) sich fernhalten (von); sich enthalten (*G*); **~ήχηση** (**-εις**) Echo *n*
**απίδι** Birne *f*
**απίθανος** unwahrscheinlich
**απιθώνω** hinstellen
**απίστευτος** [-steftos] unglaublich
**απιστία** Treulosigkeit *f*
**άπιστος** untreu
**απιστώ** untreu sein
**απλανής** 2 unbeweglich; Fix-
**απλήρωτος** unbezahlt
**απληστία** Habgier *f*
**άπληστος** unersättlich
**απλο|ϊκός** [aploik-] naiv; **~ϊκότητα** Naivität *f*;

**~ποίηση (-εις)** [-'piisi] Vereinfachung *f*; **~ποιώ** [-pi'o] vereinfachen; *Bruch* kürzen
**απλ|ός** einfach; **~οχέρης** [-ç-] **(-α, -ικο)** freigebig; **~όχωρος** [-xor-] geräumig
**απλυσιά** Unsauberkeit *f*
**άπλυτος** ungewaschen; *Su. n/pl.* schmutzige Wäsche *f*
**απλ|ωμένος** ausgebreitet; **~ώνω** ausbreiten
**άπνοος** atemlos; leblos
**από** (*A*) aus *D*; von *D*; durch *A*; seit *D*; je; als (*beim Komparativ*)
**απο|βάθρα** Bahnsteig *m*; Landungsbrücke *f*; **~βάλλω** ablegen; wegwerfen; **~βιβάζω** *Mar. Waren* löschen; **~βιώνω** ableben; **~βλέπω** streben (**σε**/ nach *D*); bezwecken
**απόβλητα** *n/pl.* (Industrie-)Abfall *m*
**απο|βολή** Fehlgeburt *f*; **~βουτυρωμένο γάλα** *n* entrahmte Milch *f*; **~βράζω** (ab)kochen; **~γειώνομαι** starten; **~γείωση (-εις)** [-'jiosi] Abflug *m*
**απ|όγε(υ)μα** [-je(v)ma] *n* Nachmittag *m*; **~ογε(υ)ματινός** Nachmittags-; **~ογίνομαι** werden; hinfällig werden; **~όγνωση** Hoffnungslosigkeit *f*; **~ογοήτευση (-εις)** [-'itefsi] Enttäuschung *f*; **~ογοητεύω** [-i'tevo] enttäuschen; **~όγονος** Nachkomme *m*, Abkömmling *m*
**απο|γραφή** Bestandsaufnahme *f*; Musterung *f*; **~γράφω** registrieren; **~γυμνώνω** [-jim-] entkleiden; ausrauben
**απόδειξη (-εις)** [-ðiksi] Beweis *m*; Bescheinigung *f*; Quittung *f*
**απο|δείχνω** [-'ðixno] beweisen; **~δεκατίζω** dezimieren; **~δέκτης** Empfänger *m*; **~δέχομαι** annehmen; **~δίδω** zurückgeben; leisten; **~διώχνω** [-'ðjoxno] vertreiben; **~δοκιμάζω** mißbilligen; **~δοκιμασία** Mißbilligung *f*
**απόδοση (-εις)** Erwiderung *f*; Rückerstattung *f*; Wiedergabe *f*; Leistung *f*
**απο|δοτικός** produktiv; **~δοτικότητα** Produktivität *f*; **~δοχή** [-'çi] Annahme *f*; *pl.* Gehalt *n*; Einnahmen *f/pl.*
**απόδραση (-εις)** Flucht *f*, Ausbruch *m*
**απο|ζημιώνω** [-zimi'ono] entschädigen; **~ζημίωση (-εις)** [-'iosi] Entschädigung *f*; Schadenersatz *m*
**απόθεμα** *n* Vorrat *m*, Reserve *f*
**απο|θέτω** (nieder)legen; (hin)setzen; **~θηκεύω** [-θi'kjevo] lagern; **~θήκη** Lager(haus) *n*
**απ|οίκηση (-εις)** [a'piki-]

αποικία 30

Übersiedlung *f*; Ansiedlung *f*; **~οικία** Kolonie *f*
**άποικος** Siedler *m*
**αποικώ** sich ansiedeln
**απο|κάθαρση (-εις)** Reinigung *f*; **~καθιστώ (-άς)** wiederherstellen; rehabilitieren; **~καλύπτω** enthüllen; entlarven; **~κά(μ)νω** erschöpft sein; **~κατάσταση (-εις)** Wiederherstellung *f*; Rehabilitierung *f*; **~κάτω** darunter; ***~κάτω από*** unter (*D*, *A*); **~κεί** [-'ki] von dort; dorthin
**απόκεντρος** abgelegen
**απο|κεντρώνω** dezentralisieren; **~κεφαλίζω** köpfen; **~κεφαλιστής** Scharfrichter *m*; **~κλεισμός** Blockade *f*; Boykott *m*; Ausschluß *m*; **~κλειστικός** exklusiv; **~κλείω** ausschließen; isolieren; **~κληρώνω** enterben; **~κλίνω** (sich) neigen; **~κόβω** abschneiden; **~κοιμιέμαι** [-ki'mjeme] einschlafen; **~κομίζω** mitnehmen
**απόκομμα** *n* Ausschnitt *m*; Kupon *m*
**απο|κοπή** Abschneiden *n*; **~κοτ(τ)ώ (-άς)** riskieren; **~κούμπι** [-'kumbi] Stütze *f*
**Απόκριες** *f*/*pl*. Karneval *m*; Fasching *m*
**απο|κρίνομαι** antworten; **~κρούω** [-'kruo] zurückweisen; **~κρυπτογραφώ** entziffern
**απόκρυφος** verborgen; geheim
**απο|κτώ (-άς)** erwerben; *Kind* bekommen; **~λαμβάνω** genießen; gewinnen
**απόλαυση** Genuß *m*
**απο|λεσθέντα** *n*/*pl*. Fundsachen *f*/*pl*.; **~λήγω** enden; **~λίτιστος** unzivilisiert
**Απόλλων (-ωνος)** *m* Apollo *m*
**απολογ|ία** [-'jia] Verteidigung *f*; **~ούμαι** [-'γume] sich verteidigen
**απολυμ|αίνω** [-'meno] desinfizieren; **~αντικό** Desinfektionsmittel *n*
**απόλυση (-εις)** Freilassung *f*; Entlassung *f*
**απολυταρχία** Absolutismus *m*
**απολυτήρ|ιο** Reifezeugnis *n*; Entlassungsschein *m*; ***~ιες εξετάσεις*** Abitur *n*
**απόλυτος** absolut, unbeschränkt
**απο|λυτρώνω** erlösen; **~λύω** [-'lio] freilassen; entlassen; **~μακραίνω, ~μακρύνω** entfernen; **~μάκρυνση** Entfernen *n*; **~μεινάρι** Rest *m*; **~μένω** übrigbleiben; **~μίμηση (-εις)** Nachahmung *f*; **~μιμούμαι** [-mi'mume] nachahmen; **~μνημονεύματα** [-'nevmata] *n*/*pl*. Memoiren *pl*.; **~μνημονεύω** auswendig lernen; **~μονώνω** isolieren; **~μόνωση**

(-εις) Isolierung *f*; **~μονωτήριο** Einzelzelle *f*
**απομυζώ** [-mi'zo] (-άς) (auf)saugen
**απο|νέμω** verleihen; **~νήρευτος** naiv, arglos; **~νομή** Verleihung *f*
**απονωρίς** früh, beizeiten
**απο|ξενώνω** entfremden; **~ξένωση** Entfremdung *f*; **~ξηραίνω** [-ksi'reno] (aus-) trocknen; **~παίρνω** anschnauzen
**αποπάνω** (von) oben; **~ από** über *A*, *D*; oberhalb *G*
**απόπειρα** Versuch *m*; Attentat *n*
**απο|πειρώμαι** [-pi'rome] versuchen; **~περατώνω** vollenden
**αποπίσω** hinterher; von hinten; **~ από** hinter *D*, *A*
**απο|πλάνηση** (-εις) Verführung *f*; **~πλανώ** irreführen; verführen; **~πληξία** Schlaganfall *m*; **~πληρώνω** die Schulden bezahlen; **~πνέω** (*Duft*) verbreiten; **~ποιούμαι** [-pi'ume] ablehnen; **~πυρηνικοποιημένος** kernwaffenfrei
**απορία** Zweifel *m*
**άπορος** unbemittelt
**απορρέω** hervorgehen, resultieren
**απόρρητος** geheim; vertraulich; *Su.* *n* Geheimnis *n*
**απόρριμμα** *n* Müll *m*, Abfall *m*
**απορρίπτω** wegwerfen
**απόρροια** Folge *f*
**απο|ρροφώ** (-άς) absorbieren; **~ρρυπαντικό** Waschmittel *n*
**απορώ** sich wundern (με/ über *A*)
**απο|σβήνω** *Feuer* löschen; **~σείω** [-'sio] abschütteln; **~σιωπώ** (-άς) verschweigen; **~σκευές** [-skje'ves] *f/pl.* Gepäck *n*; Ausrüstung *f*; **~σκιρτώ** (-άς) überwechseln; **~σκοπώ** bezwecken; **~σμητικό** Desodorant *n*
**απόσμασμα** *n* Abschnitt *m*; *Mil.* Abteilung *f*
**αποσπώ** (-άς) trennen
**απόσταγμα** *n* Essenz *f*
**αποστάζω** destillieren
**απόσταση** (-εις) Entfernung *f*; Zeitraum *m*
**απο|στασία** Aufstand *m*; **~στάτης** Rebell *m*; **~στειρώνω** [-sti'rono] keimfrei machen; sterilisieren; **~στέλλω** (ver)senden
**απόστημα** *n* Abszeß *m*
**απο|στολέας** Absender *m*; Spediteur *m*; **~στολή** Absendung *f*; Mission *f*; Expedition *f*
**απόστολος** Apostel *m*
**απο|στρατικοποιώ** [-pi'o] entmilitarisieren; **~στρέφω** abwenden; **~στροφή** Abneigung *f*; **~συνθέτω** zerlegen; auflösen; **~σύρω** zurückziehen; *Geld* abheben; **~ταμιεύω** sparen, zurücklegen; **~τείνομαι** [-'ti-

αποτέλεσμα 32

nome] sich wenden (**σε**/ an *A*); **~τέλεσμα** *n* Ergebnis *n*; **~τελώ** bilden; ausmachen; *v/p*. (**~τελούμαι**) bestehen (**από**/ aus *D*)
**αποτεφρώνω** einäschern
**απο|τινάζω** abschütteln; **~τολμώ** (**-άς**) wagen
**απότομος** steil; plötzlich
**απο|τραβιέμαι** [-'vjeme] sich zurückziehen; **~τρέπω** verhüten; abraten; **~τριχωτικό** Enthaarungsmittel *n*; **~τυγχάνω** [-tiŋ'xano] scheitern; **~τύπωμα** *n* Abdruck *m*; **~τυφλώνω** (ver)blenden; **~τυφλωτικός** blendend, grell; **~τυχημένος** mißlungen; **~τυχία** Mißerfolg *m*
**απουσ|ία** [apu'sia] Abwesenheit *f*; **~ιάζω** fehlen
**απόφαση** (**-εις**) Urteil *n*; Beschluß *m*
**απο|φασίζω** sich entschließen; beschließen; **~φασιστικός** entschlossen; entscheidend; **~φεύγω** [-'fevɣo] (ver)meiden; **~φορά** Gestank *m*
**απόφραξη** (**-εις**) Verstopfung *f*
**αποχαιρετ|ίζω** [-çeret-] (sich) verabschieden; **~ισμός** Abschied *m*; **~ώ** (**-άς**) (sich) verabschieden
**απο|χή** Verzicht *m*; Enthaltung *f*; **~χωρητήριο** Abort *m*; **~χωρίζω** trennen
**απόψε** heute abend
**άποψη** (**-εις**) Ansicht *f*, Meinung *f*
**απόψυξη** Auftauen *n*
**άπραγος** unerfahren
**απραξία** Untätigkeit *f*; Flaute *f*
**απρέπεια** Unanständigkeit *f*
**Απρίλ|ης**, **~ιος** April *m*
**απρο|βλεψία** Unvorsichtigkeit *f*; **~ετοίμαστος** unvorbereitet
**απρόθυμος** widerwillig
**απροκατάληπτος** unvoreingenommen
**απρόκοπος** Faulpelz *m*
**απρο|νοησία** Unbesonnenheit *f*; **~σδόκητος** unverhofft
**απρόσεκτος** (**-χτ-**) unaufmerksam
**απροσεξία** Unaufmerksamkeit *f*; Versehen *n*
**απρόσ|κλητος** ungeladen; **~κοπτος** glatt; reibungslos
**απρο|στάτευτος** [-teftos] schutzlos; **~σχεδίαστος** improvisiert
**απρόσωπος** unpersönlich
**απρο|φύλακτος** (**-χτ-**) unbewacht; **~χώρητο** [-'xorito] Ausweglosigkeit *f*; Sackgasse *f*
**άπταιστος** fehlerlos
**απτόητος** unerschrocken
**απύρ|ετος** fieberfrei; **~ηνος** kernlos
**άπω** *Adv*. fern; früh
**απωθώ** zurückstoßen; zurückweisen

**απώλεια** [a'polia] Verlust *m*
**απών (-ούσα, -όν)** abwesend
**απώ|τατος** äußerst-; **~τερος** weiter, ferner; später
**άρα** somit, demnach
**Άραβας** Araber *m*
**αραβικός** arabisch
**αραβόσιτος** Mais *m*
**άραγε** ob (...wohl)
**αράδα** Reihe *f*; Linie *f*; Zeile *f*; ***με την ~*** der Reihe nach
**αραδιάζω** ordnen; aufzählen
**αράζω** vor Anker gehen
**αράθυμος** reizbar
**αραι|ός** [are'os] **(-ά)** dünn; selten; **~ώνω** verdünnen; sich lichten
**αρακάς** Erbse *f*
**αράπ|ης** Neger *m*; **~ισσα** Negerin *f*
**αράχνη** [-xni] Spinne *f*
**αργά** *Adv.* langsam; lange; spät; ***~ ή γρήγορα*** früher oder später
**αργαλειός** [-a'ljos] Webstuhl *m*
**αργία** arbeitsfreier Tag *m*
**άργιλ(λ)ος** *f* Ton(erde *f*) *m*
**αργο|κίνητος** langsam, schwerfällig; **Ωναύτες** [-'naftes] *m/pl.* Argonauten *pl.*; **~πορία** Langsamkeit *f*; Verspätung *f*
**αργός** untätig; langsam
**αργόσχολος** Müßiggänger *m*
**άργυρος** Silber *n*
**αργυρός** silbern
**αργώ** nicht arbeiten; *Geschäft*: geschlossen bleiben; sich verspäten
**αρδευτικ|ός** [-ðeft-] Bewässerungs-; ***~ά έργα*** *n/pl.* Bewässerungsanlage *f*
**αρδεύω** [-'ðevo] bewässern
**άρδην** völlig
**αρεστός** angenehm; erfreulich
**αρέσ|ω** gefallen; ***μου ~ει*** es gefällt mir; es schmeckt mir
**αρετή** Tugend *f*; Vorzug *m*
**αρετσίνωτο** ungeharzter Wein *m*
**αρθρίτιδα** Gelenkentzündung *f*
**άρθρο** Artikel *m*; Paragraph *m*
**αριά** *Adv.* selten; ***~ και πού*** ab und zu
**αρίδα** *scherzhaft*: (langes) Bein *n*
**αριθμητικ|ή** Rechnen *n*; Arithmetik *f*; **~ό** Zahlwort *n*
**αριθμο|λόγιο** Rechenschieber *m*; **~μηχανή** Rechenmaschine *f*
**αριθμός** Zahl *f*; Nummer *f*; *Schuhe*: Größe *f*; ***ενικός ~*** Singular *m*; ***πληθυντικός ~*** Plural *m*
**αριθμώ** zählen; numerieren
**αριστερ|ά** links; ***από ~ά*** von links; **~ός** link-; **~όχειρας** Linkshänder(in *f*) *m*
**αριστ|εύω** [-'evo] sich auszeichnen; **~οκρατικός** aristokratisch, adlig

**άριστος** ausgezeichnet, (der) beste
**αριστ|οτεχνικός** meisterhaft; **~ούργημα** [-'urjima] *n* Meisterwerk *n*
**αρκ|εί** (es ist) genug; **~ετά** ziemlich; **~ετός** genügend
**αρκούδα** Bär *m*
**Αρκτ|ική** Arktis *f*; **≈ικός** arktisch, nördlich
**άρκτος** *f* Bär *m*; ***Μεγάλη*** (***Μικρή***) ≈ *Astr.* Großer (Kleiner) Bär *m*
**αρκώ** genügen
**άρμα** *n* (Kampf-)Wagen *m*; **~ *μάχης*** Panzer *m*
**αρμαθιά** Bündel *n*
**αρμάρι** Schrank *m*
**αρματώνω** bewaffnen; ausrüsten
**αρμενίζω** segeln
**άρμενο** Segelboot *n*
**αρμ|όδιος (-α)** zuständig; **~οδιότητα** Zuständigkeit *f*; Kompetenz *f*; **~όζω** sich gehören; **~ονία** Harmonie *f*; **~ονικός** harmonisch; **~ός** Fuge *f*; Gelenk *n*
**αρμυρός** salzig, gesalzen
**άρνηση (-εις)** Ablehnung *f*; **~ *διαταγής*** Befehlsverweigerung *f*
**αρνητικ|ό** *Fot.* Negativ *n*; **~ός** negativ
**αρνί** Lamm *n*; **~ *ψητό*** Hammelbraten *m*
**αρνιέμαι** [-'njeme] **(-ούμαι)** verneinen; ablehnen; (ab)leugnen
**άροτρο** Pflug *m*
**άρπα** Harfe *f*
**αρπάγη** Haken *m*; Harpune *f*
**αρπ|αγή** Raub *m*; **~άζω** rauben; (er)greifen; *Essen*: anbrennen; **~ακτικός** raubgierig; Raub-
**αρπαχτά** *Adv.* flüchtig
**αρραβ|ώνας** Verlobungsring *m*; **~ώνες** *pl.* Verlobung *f*
**αρραβων|ιάζομαι** sich verloben; **~ιασμένος** verlobt; **~ιαστικιά (-κός)** Verlobte(r *m*) *f*
**άρραφτος** ungenäht
**αρρωσταίνω** erkranken; krank machen
**αρρ|ώστημα** *n* Erkrankung *f*; **~ώστια** Krankheit *f*; **~ωστιάρικος** kränklich
**άρρωστος** krank; erkrankt (**από**/ an *D*)
**αρσενικός** männlich; *Su. n* Maskulinum *n*
**αρτηρ|ία** [artir-] Arterie *f*; **~ιοσκλήρωση** Arterienverkalkung *f*
**άρτιος (-α)** unversehrt; *Zahl*: gerade
**αρτο|ποιός** [-pi'os] Bäcker *m*; **~πωλείο** [-po'lio] Bäkkerei *f*
**άρτος** Brot *n*; Hostie *f*
**άρτυμα** *n* Gewürz *n*
**αρτύνω** würzen
**αρχαϊκός** archaisch; altertümlich
**αρχαιο|λογία** [arçeo-] Archäologie *f*; **~λόγος** Ar-

chäologe *m*; **~πωλείο** Antiquitätenhandlung *f*; Antiquariat *n*
**αρχαίος** antik; alt; *Su. n/pl.* Altertümer *n/pl.*
**αρχαιότητα** Altertum *n*
**αρχ|άριος** Anfänger *m*; **~έγονος** ursprünglich; **~είο** Archiv *n*; **~ειοθήκη** Aktenschrank *m*; **~έτυπο** Original *n*; Muster *n*
**αρχ|ή** [ar'çi] Anfang *m*; Prinzip *n*; *pl.* Behörde *f*; ***κάνω ~ή*** beginnen; ***στις ~ές*** (zu) Anfang; ***απ' ~ής*** von Anfang an; ***κατ' ~ήν*** im Prinzip
**αρχ|ηγείο** [arçi'jio] Hauptquartier *n*; Zentrale *f*; **~ηγία** [-i'jia] Kommando *n*; Führung *f*; **~ηγός** [-i'γos] Chef *m*, Befehlshaber *m*; **~ήτερα** früher
**αρχι-** ur-, Haupt-, Ober-, Erz-
**αρχίατρος** Chefarzt *m*
**αρχι|επίσκοπος** [arçi-] Erzbischof *m*; **~εργάτης** Vorarbeiter *m*; Polier *m*
**αρχίζω** [ar'çizo] anfangen
**αρχι|καμαρότος** Chefsteward *m*; **~κός** ursprünglich; **~μουσικός** Kapellmeister *m*; **~στράτηγος** Oberbefehlshaber *m*; **~συντάκτης** Chefredakteur *m*; **~τέκτονας** Architekt *m*; **~τεκτονική** Architektur *f*
**άρχοντας** vornehmer Herr *m*; Reiche(r)
**αρχοντικός** [arx-] vornehm
**άρωμα** *n* Parfüm *n*; Duft *m*; Aroma *n*
**αρωματ|ίζω** parfümieren; **~οπωλείο** [-opo'lio] Parfümerie *f*
**ας** *Aufforderungspartikel* + *Konj.*: ***~ έρθει*** soll er doch kommen!; ***~ είναι*** sei es; meinetwegen
**ασανσέρ** *n* Fahrstuhl *m*
**ασάφεια** [a'safia] Unklarheit *f*
**ασβέστης** Kalk *m*
**ασβεστ|οκονίαμα** *n* Mörtel *m*; **~όλιθος** Kalkstein *m*
**ασβεστώνω** kalken
**άσε!** laß!; *s.* **αφήνω**
**ασέλγεια** [-jia] Unzucht *f*
**ασήμ|αντος** unbedeutend; **~ι** Silber *n*
**ασηπτικός** [asipt-] aseptisch
**ασθ|ένεια** [a'sθenia] Krankheit *f*; **~ενής** 2 krank; **~ενώ** ein Leiden haben
**άσθμα** ['asθma] *n* Asthma *n*
**ασθμαίνω** keuchen
**Ασία** Asien *n*
**ασιτία** Hungern *n*
**άσκηση** (**-εις**) Übung *f*; Training *n*; *pl.* Manöver *n*
**ασκητικός** asketisch
**ασκί** Schlauch *m*
**άσκοπος** zwecklos
**ασκούμενος** Praktikant *m*; Referendar *m*
**ασκώ** üben; trainieren
**άσοφος** unwissend

**ασπασμός** Umarmung *f*, Kuß *m*
**άσπαστος** unzerbrechlich
**ασπιρίνη** Aspirin *n*
**άσπιτος** obdachlos
**ασπλαχνία** [-'xnia] Unbarmherzigkeit *f*
**άσπλαχνος** unbarmherzig
**ασπρ|άδι (του αυγού)** Eiweiß *n*; **~ίζω** bleichen; weißen; bleich werden
**ασπρο|κίτρινος** fahl; **~κόκκινος** rosa; **~λούλουδο** [-'luluðo] Gänseblümchen *n*; **~μάλλης (-α, -ικο)** weißhaarig
**ασπρόρουχα** [-ruxa] *n/pl.* Unterwäsche *f*
**άσπρος** weiß
**άσ(σ)ος** As *n*
**αστάθεια** Unbeständigkeit *f*
**αστακός** Languste *f*; Hummer *m*
**άστατος** unbeständig, labil
**άστε!** laßt!; *s.* **αφήνω**
**αστ|ειεύομαι** [asti'evome] scherzen; necken; **~είος (-εία)** witzig; *Su. n* Witz *m*; ***στα ~εία*** im Scherz
**αστέρι** Stern *m*; *fig.* Star *m*
**αστερ|ισμός** Sternbild *n*; **~οειδής** [-oi'ðis] 2 sternförmig; *Su. n/pl.* Seesterne *m/pl.*; **~οσκοπείο** Sternwarte *f*
**αστήριχτος** ungestützt; unbegründet
**αστικός** städtisch; bürgerlich; *Su. n* (Stadt-)Bus *m*
**άστοργος** lieblos
**αστός** Bürger *m*
**αστ|οχασιά** Unüberlegtheit *f*; **~όχαστος** unüberlegt
**άστοχος** unüberlegt
**αστράγαλος** Knöchel *m*
**αστρακιά** Scharlach *m*
**αστραπ|ή** Blitz *m*; **~οβολώ (-άς)** blitzen; strahlen (**από**/vor *D*); **~όβροντο** Blitz und Donner *m*
**αστράφτω** blitzen, strahlen
**άστρο** Stern *m*
**αστρο|λογία** Astrologie *f*; **~λόγος** Astrologe *m*
**αστρο|ναύτης** [-'naftis] Astronaut *m*; **~ναυτική** Weltraumfahrt *f*
**αστρονομία** Astronomie *f*
**άστρωτος** *Bett*: ungemacht; *Tisch*: ungedeckt; *Straße*: ungepflastert; *Arbeit*: ungeregelt
**άστυ (-εως)** *n* Stadt *f*
**αστυ|νομία** Polizei *f*; **~νομικός** polizeilich; *Su. m* Polizist *m*; ***~νομικό τμήμα*** Polizeirevier *n*; **~φιλία** Landflucht *f*; **~φύλακας** Polizist *m*
**ασυγκίνητος** ungerührt
**ασυγκράτητος** unbeherrscht
**ασύγκριτος** unvergleichlich
**ασυγχώρητος** [asiŋ'xorit-] unverzeihlich
**ασυλία** Immunität *f*; Unverletzlichkeit *f*

ασυλ|λογισιά Unbesonnenheit *f*; **~λόγιστος** unbesonnen

άσυλο Asyl *n*; Zuflucht *f*

ασυμ|βίβαστος unvereinbar; **~μάζευτος** [-'mazeftos] unordentlich

ασύμμετρος unsymmetrisch; *Zahl*: irrational

ασυμ|πάθιστος unsympathisch; **~πλήρωτος** unvollendet; **~φιλίωτος** unversöhnlich

ασύμφωνος verschiedenartig, unvereinbar

ασυν|αγώνιστος konkurrenzlos; **~άρτητος** zusammenhanglos; **~ειδησία** [-iði'sia] Gewissenlosigkeit *f*; **~είδητος** gewissenlos; unbewußt; **~έπεια** ['epia] Inkonsequenz *f*; **~επής** 2 inkonsequent, unzuverlässig

ασύνετος unvernünftig

ασυνήθιστος ungewöhnlich

ασύντακτος ungeordnet

ασυρματιστής Funker *m*

ασύρματος drahtlos; *Su. m* Funk *m*

ασύστ|ατος unbegründet; **~ολος** unverfroren

ασφάλεια Sicherheit *f*; Sicherung *f*; Versicherung *f*; Garantie *f*; **~ ζωής** [zo'is] Lebensversicherung *f*; **~ ατυχημάτων** Unfallversicherung *f*

ασφαλής 2 sicher; **~ίζω** (ver)sichern

ασφάλιση (-εις) Sicherung *f*; Versicherung *f*

ασφαλισμένος versichert; **~τική εταιρεία** Versicherungsgesellschaft *f*; **~τικός** Sicherungs-

άσφαλτος *f* Asphalt *m*

ασφράγιστος unversiegelt

ασφυ|κτιώ (-άς) ersticken; **~ξία** Ersticken *n*

άσχετος beziehungslos

ασχημία [asçim-] Häßlichkeit *f*

άσχημος häßlich; *Benehmen*: schlecht

ασχολία Beschäftigung *f*; **~ίαστος** kommentarlos; **~ούμαι** ['ume] sich beschäftigen

ασωτεύω [aso'tevo] verschwenden

άσωτος haltlos, verschwenderisch

αταίριαστος unpassend

άτακτος (-χτ-) ungeordnet; *Puls*: unregelmäßig; *Kind*: ungezogen

αταξία Unordnung *f*; Unart *f*

αταραξία Gelassenheit *f*

ατάραχος ruhig; gelassen

ατελείωτος unendlich

ατελώνιστος unverzollt

ατενίζω unverwandt ansehen

άτεχνος kunstlos; unbegabt

ατιμάζω entehren

ατιμία Schandtat *f*

ατιμώρητος straflos

ατιμωτικός entehrend

**ατλαντικός** 38

**ατλαντικός** atlantisch; **ο ≗ (ωκεανός)** Atlantik *m*
**ατμ|άμαξα** Lokomotive *f*; **~ολέβητας** Dampfkessel *m*; **~ομηχανή** Dampfmaschine *f*; **~όπλοιο** Dampfer *m*; **~ός** Dampf *m*; **~όσφαιρα** Atmosphäre *f*; **~οσφαιρική πίεση** Luftdruck *m*
**άτοκος** zinslos
**άτολμος** schüchtern
**ατομικός¹** persönlich
**ατομικ|ός²** Atom-; **~ή** ***βόμβα*** Atombombe *f*; **~ή** ***ενέργεια*** Atomenergie *f*
**άτομο** Person *f*; Individuum *n*; Atom *n*
**ατονία** Mattigkeit *f*
**άτονος** matt; *Gr.* unbetont
**άτοπος** unangebracht
**ατού** *n* Trumpf *m*; Chance *f*
**ατρόμητος** furchtlos, tapfer
**ατροφικός** abgemagert
**ατσάλι** Stahl *m*
**άτσαλος** schlampig
**Ατσίγγανος** Zigeuner *m*
**άτυπος** formlos
**ατύχημα** *n* Unfall *m*; Unglück *n*; **~** ***εργασίας*** Betriebsunfall *m*
**ατυχία** Unglück *n*
**άτυχος** glücklos
**ατυχώ** Unglück haben
**αυγή** [a'vji] Morgen *m*; Beginn *m*
**αυγ|ό** [a'vɣo] Ei *n*; ***σφιχτό, μελάτο*** **~ό** hart-, weichgekochtes Ei *n*; ***κλούβιο*** **~ό** faules Ei *n*; **~ά** ***μάτια*** Spiegeleier *n/pl.*; ***κόκκινα*** **~ά** Ostereier *n/pl.*
**αυγ|οειδής** [-oi'ðis] 2 eiförmig; **~οθήκη** Eierbecher *m*; **~ότσοφλο** Eierschale *f*
**Αύγουστος** ['avɣustos] August *m*
**αυθ|άδεια** [a'fθaðia] Frechheit *f*; **~αδιάζω** frech sein (werden); **~άδικος** frech; **~αιρεσία** Willkür(akt *m*) *f*; **~αίρετος** eigenmächtig
**αυθεντ|ία** Autorität *f*; **~ικός** authentisch; echt
**αυθόρμητος** spontan
**αυλ|αία** [a'vlea] Vorhang *m*; **~άκι** Rinne *f*; Furche *f*; **~ή** Hof *m*; **~όγυρος** Hofmauer *f*
**αυνανισμός** Onanie *f*
**αυξάνω** [afks-] erhöhen; wachsen
**αύξηση (-εις)** Erhöhung *f*; Wachstum *n*; **~** ***μισθών*** Lohnerhöhung *f*
**αϋπνία** [aipn-] Schlaflosigkeit *f*
**άυπνος** schlaflos; wach
**αύρα** ['avra] Brise *f*
**αύριο** morgen
**αυστηρ|ός** streng; drastisch; **~ότητα** Strenge *f*
**Αυστρ|αλία** [afstr-] Australien *n*; **~ία** Österreich *n*; **≗ιακός** österreichisch; *Su.* *m* Österreicher *m*
**αυτ-** selbst-
**αυτ|άρκεια** [aft-] Selbstversorgung *f*; **~άρκης** 2

autark; **~αρχικός** autoritär; herrisch; **~εξούσιος (-ια)** selbständig; **~εξυπηρέτηση** Selbstbedienung *f*
**αυτί** [a'fti] Ohr *n*
**αυτο|άμυνα** Notwehr *f*; **~βιογραφία** Autobiographie *f*
**αυτόγραφο** Autogramm *n*
**αυτο|διάθεση** [afto-] Selbstbestimmung *f*; **~δίδακτος** Autodidakt *m*; **~διδασκαλία** Selbstunterricht *m*; **~διοίκηση** [-ði'ikisi] Selbstverwaltung *f*
**αυτοκινητ|άμαξα** Triebwagen *m*; **~ιστής** Autofahrer *m*; Rennfahrer *m*; **~οδρομία** Autorennen *n*; **~όδρομος** Autobahn *f*, Autostraße *f*
**αυτο|κίνητο** Auto *n*, Kraftwagen *m*; **~κράτορας** Kaiser *m*; **~κριτική** Selbstkritik *f*; **~κτονία** Selbstmord *m*; **~κτονώ** Selbstmord begehen; **~λεξεί** *Adv.* wörtlich
**αυτ|οματοποίηση (-εις)** [aftomato'piisi] Automation *f*; **~όματος** automatisch; *Su. n* Automat *m*
**αυτο|νόητος** selbstverständlich; **~νομία** Autonomie *f*
**αυτόνομος** unabhängig; autonom
**αυτοπεποίθηση** [-'piθisi] Selbstvertrauen *n*
**αυτόπονος** Ohrenschmerzen *m/pl.*
**αυτοπροσώπως** persönlich
**αυτόπτης** Augenzeuge *m*
**αυτ|ός, ~ή, ~ό** er, sie, es; diese(r, -s)
**αυτο|σκοπός** Selbstzweck *m*; **~στιγμεί** [-sti'γmi] *Adv.* augenblicklich; **~σχεδιάζω** improvisieren
**αυτού** [a'ftu] sein, ihr; sein; dort; hier(hin)
**αυτουργός** Täter *m*
**αυτόχειρας** Selbstmörder *m*
**αυχένας** [af'çenas] Nacken *m*
**αφ'** *s.* **από**
**αφ|άγωτος** nüchtern; **~αίμαξη (-εις)** Aderlaß *m*; Erpressung *f*; **~αίρεση (-εις)** Wegnahme *f*; Subtraktion *f*; **~αιρώ** wegnehmen; subtrahieren
**αφαν|ίζω** vernichten; **~ισμός** Ruin *m*; Verderben *n*
**αφάνταστος** unvorstellbar
**αφεθ-** *s.* **αφήνω**
**αφέλεια** [a'felia] Naivität *f*
**αφελής** 2 naiv
**αφέντης (-άδες)** Herr *m*; Besitzer *m*
**αφεντιά** Vornehmheit *f*
**αφεντικό** Chef *m*
**άφεση** Vergebung *f*; Erlaß *m* (von Sünden)
**αφετηρία** Ausgangspunkt *m*; Startlinie *f*
**αφή** Tastsinn *m*

**αφηγούμαι** [afi'γume] schildern, erzählen
**αφήνω** [a'fino] (los)lassen; verlassen; hinterlassen; überlassen; ~ *στη μέση* liegenlassen
**αφηρημένος** zerstreut; abstrakt
**άφθαρτος** unzerstörbar
**αφθονία** Überfluß *m*
**άφθονος** reichlich
**αφθώδης πυρετός** Maul- u. Klauenseuche *f*
**αφ|ιδρωτικός** schweißtreibend; **~ιερώνω** widmen; weihen; **~ιέρωση (-εις)** Widmung *f*
**αφιλ|οκερδής** 2 uneigennützig; **~όξενος** ungastlich; **~ότιμος** tückisch; *Su. m iron.* Kerl *m*
**άφιξη (-εις)** Ankunft *f*
**αφιόνι** Opium *n*
**αφίσα** Plakat *n*
**αφοβία** Furchtlosigkeit *f*
**άφοβος** furchtlos
**αφομοίωση (-εις)** [-'miosi] Assimilation *f*
**αφοπλ|ίζω** entwaffnen; abrüsten; **~ισμός** Entwaffnung *f*; Abrüstung *f*
**αφορ|ίζω** exkommunizieren; **~μή** Anlaß *m* (**για**/zu *D*); **~ολόγητος** steuerfrei; **~ώ (-άς)** sich beziehen (auf *A*)
**αφοσίωση** [-'siosi] Hingabe *f*
**αφότου** seit(dem)
**αφού** nachdem; weil, da
**αφράτος** zart, weich
**αφρίζω** schäumen
**αφρικαν|ικός** afrikanisch; **2ός** Afrikaner *m*
**Αφρική** Afrika *n*
**αφρόγαλα** Sahne *f*
**Αφροδίτη** Venus *f*
**αφροντισιά** Sorglosigkeit *f*
**αφρόντιστος** unbekümmert; vernachlässigt
**αφρός** Schaum *m*
**αφρούρητος** unbewacht
**αφτ-** *s.* **απτ-, αφθ-, αυτ-**
**άφταστος** unerreichbar
**άφτειαστος** ['aftja-] unfertig
**αφύσικος** unnatürlich
**άφωνος** stumm; stimmlos
**αφώτιστος** unbeleuchtet
**αχάλαστος** [ax-] unzerstört; unzerstörbar
**αχαλίνωτος** zügellos
**αχαρακτήριστος** unbeschreiblich; empörend
**αχαριστία** Undank(barkeit *f*) *m*
**αχάριστος** undankbar
**αχηβάδα** Muschel *f*
**αχθοφόρος** [ax-] Gepäckträger *m*
**αχιν(ι)ός** [aç-] Seeigel *m*
**αχλ|άδι** [ax-] Birne *f*; **~αδιά** Birnbaum *m*
**άχνη** Hauch *m*; Staub *m*
**αχν|ίζω** dampfen; dämpfen; **~ός** Dampf *m*; Dunst *m*; *Adj.* bleich
**αχόρταγος** unersättlich
**αχούρι** Stall *m*

**αχρ|είος** (-α) gemein; **~ειότητα** Gemeinheit *f*
**αχρέωτος** schuldenfrei
**αχρηστεύω** unbrauchbar machen
**άχρηστος** unbrauchbar
**αχρονολόγητος** undatiert
**άχρονος** zeitlos
**αχρωμάτιστος** farblos; parteilos
**άχυρο** ['açiro] Stroh *n*
**αχυρόστρωμα** *n* Strohsack *m*
**αχυρώνας** Scheune *f*
**αχώ|νευτος** [a'xoneft-] unverdaulich; unausstehlich; **~ριστος** unzertrennlich
**αψέντι** [aps-] Wermut *m*
**άψητος** ungekocht; nicht (durch)gebraten; unreif
**αψίδα** Bogen *m*
**αψιθυμία** Jähzorn *m*
**άψογος** einwandfrei
**αψύς** jähzornig; scharf, beißend
**άψυχος** entseelt; zaghaft

# Β

**βάγια** ['vaja] Amme *f*
**βαγκον|-λί** [vagon'li] *n* Schlafwagen *m*; **~ρεστοράν** *n* Speisewagen *m*
**βαγόνι** Waggon *m*; Eisenbahnwagen *m*
**βαδίζω** gehen, marschieren
**βάδισμα** *n* Gang *m*; Schritt *m*
**βάζο** Vase *f*; Dose *f*
**βάζω** setzen, stellen, legen; *Hut* aufsetzen; *Kleider* anziehen; **~ *μέσα*** einsperren
**βαθαίνω** vertiefen; tiefer werden
**βαθμ|ηδόν** *Adv.*, **~ιαίος** allmählich
**βαθ|μίδα** Stufe *f*; Rang *m*, Grad *m*; *Geogr.* Schicht *f*; **~μολογώ** zensieren; *Mil.* befördern; werten; **~μός** Grad *m*; Zensur *f*; *Sport*: Punkt *m*
**βάθος** (-ους) *n* Grund *m*; Tiefe *f*; Hintergrund *m*
**βαθουλ|ός** [vaθul-] vertieft; **~ώνω** [-'ono] leicht aushöhlen
**βάθρο** Sockel *m*; Untersatz *m*
**βαθ|ύνω** [va'θino] (sich) vertiefen; **~ύπεδο** Tiefebene *f*; **~ύς** tief
**βακτηρίδιο** Bakterie *f*
**βαλαν|ίδι** Eichel *f*; **~ιδιά** Eiche *f*
**βαλάντιο** Geldbörse *f*
**βαλβίδα** Ventil *n*
**βαλεριάνα** Baldrian *m*
**βαλθ-** *s.* **βάζω**
**βαλίτσα** Koffer *m*
**Βαλκάνια** *n/pl.* Balkan *m*
**βαλς** *n* Walzer *m*
**βάλτος** Sumpf *m*
**βαμβάκι** Baumwolle *f*; Watte *f*
**βάναυσος** ['vanafsos] grob
**βανίλια** Vanille *f*

**βαπόρι** Dampfer *m*
**βαπτ-** *s.* **βαφτ-**
**βαραίνω** [-'reno] drücken; schwer (lästig) sein; sich verschlechtern
**βάρβαρος** barbarisch; *Su. m* Barbar *m*
**βάρδ|α** Achtung!, Vorsicht!; **~ια** Wache *f*; *Arbeit*: Schicht *f*
**βαρέλι** Faß *n*
**βαρεμάρα** Langeweile *f*
**βαρήκοος** schwerhörig
**βαριέμαι** [-'jeme] sich langweilen; genug haben, satt haben; keine Lust haben
**βαριετέ** *n* Varieté *n*
**βάρκα** Boot *n*, Kahn *m*
**βαρόμετρο** Barometer *n*
**βάρος** *n* Gewicht *n*; Last *f*
**βαρ|υακούω** [-ja'kuo] schwer hören; **~ύαυλος** [-'iavlos] Fagott *n*; **~ύς** schwer; plump; *Kaffee*: stark; **~ύτητα** Schwere *f*; Schwerkraft *f*; **~ύτονος** Bariton *m*; **~ώ (-άς)** schlagen; prügeln
**βασανίζω** quälen; foltern
**βάσανο** Qual *f*; Folter *f*
**βάση (-εις)** Basis *f*; Grundlage *f*; *Mil.* Base *f*
**βασίζ|ομαι** sich stützen (**σε**/ auf *A*); **~ω** gründen auf (*A*)
**βασίλειο** Königreich *n*
**βασιλ|εύω** [-'levo] herrschen; **~ιάς** König *m*; **~ικός** königlich
**βάσιμος** stichhaltig; zuverlässig
**βαστώ** (sich zurück)halten; *Buch* führen; dauern
**βατ** *n* Watt *n*
**βάτα** (Schulter-)Watte *f*
**βατόμουρο** Brombeere *f*
**βάτραχος** Frosch *m*
**Βαυαρός** [vavar-] Bayer *m*
**βαφή** Färben *n*
**βαφτίζω** taufen
**βάφτισμα** *n* Taufe *f*
**βάφω** färben, anmalen; schminken
**βγ-** *s.* **βγαίνω**
**βγάζω** (heraus)ziehen; *Kleider, Schuhe* ausziehen; *Geld* verdienen; herausbringen; ***τα ~ πέρα*** damit fertig werden; ***~ φωτογραφίες*** Fotos machen
**βγαίνω** ['vjeno] hinausgehen; abgehen; *Zeitung*: herauskommen; *Foto*: gelingen, (*gut*) werden
**βγαλ-** *s.* **βγάζω**
**βγήκ-** *s.* **βγαίνω**
**βδέλλα** Blutegel *m*
**βέβαιος** ['veveos] sicher, gewiß
**βεβαι|ότητα** Sicherheit *f*; **~ώνω** versichern; bescheinigen
**βεβαίωση (-εις)** Versicherung *f*; Bescheinigung *f*
**βεβηλώνω** entweihen
**βεβήλωση (-εις)** Schändung *f*
**βελάζω** blöken
**βελέντζα** Wolldecke *f*
**βέλο** Schleier *m*

**βελόνα** (Näh-)Nadel *f*; ~ ***πλεξίματος*** Stricknadel *f*
**βελονάκι** Häkelnadel *f*
**βελον|ιά** (Nadel-)Stich *m*; **~ιάζω** heften
**βέλος** *n* Pfeil *m*
**βελούδο** Samt *m*
**βελτ|ιώνω** verbessern; **~ίωση (-εις)** Besserung *f*
**Βενετία** Venedig *n*
**βενζ|ινάδικο** Tankstelle *f*; **~ινάκατος** Motorboot *n*; **~ίνη** Benzin *n*
**βεντάγια** [ven'daja] Fächer *m*
**βεράντα** Veranda *f*
**βερβερίτσα** Eichhörnchen *n*
**βέργα** Gerte *f*, Rute *f*
**βερεσέ** *Adv.* auf Kredit; **~ς** Kredit *m*
**βερίκοκο** Aprikose *f*
**βερνίκι** Lack *m*, Firnis *m*
**βερνικώνω** lackieren
**βέρος (-α)** richtig; echt
**βέτο** Veto *n*
**βήμα** ['vima] *n* Schritt *m*; Tribüne *f*; ***ιερό*** ~ Altar *m*
**βήχας** ['vixas] Husten *m*
**βήχω** ['vixo] husten
**βία** Gewalt *f*; Eile *f*; ***ανώτερα*** ~ höhere Gewalt *f*; ***δια της*** ~***ς*** mit Gewalt
**βιάζ|ομαι** ['vjazome] sich beeilen; **~ω** [vi'azo] zwingen; vergewaltigen
**βίαιος** ['vieos] gewaltsam
**βιαστικός** [vja-] eilig; ***είμαι*** ['ime] ~ es eilig haben
**βιασύνη** Eile *f*
**βιβλιάριο καταθέσεων** Sparbuch *n*
**βιβλίο** [vi'vlio] Buch *n*
**βιβλιο|γραφία** [vivl-] Bibliographie *f*; **~θήκη** [-'θiki] Bibliothek *f*; ***δανειστική ~θήκη*** Leihbücherei *f*; **~κρισία** Rezension *f*; **~πωλείο** [-po'lio] Buchhandlung *f*; **~πώλης** Buchhändler *m*
**Βίβλος** *f* Bibel *f*
**βίδα** Schraube *f*
**βιδ|ολόγος** Schraubenzieher *m*; **~ώνω** anschrauben
**βίζα** Visum *n*
**βίντσι** Winde *f*
**βιογραφία** Biographie *f*
**βιόλα** Veilchen *n*
**βιολί** Geige *f*
**βιολογία** Biologie *f*
**βιομηχαν|ία** Industrie *f*; **~ικός** industriell; **~οποιώ** [-pi'o] industrialisieren
**βίος** Leben *n*
**βιος** [vjos] *n* Vermögen *n*
**βιοτεχνία** (Kunst-)Gewerbe *n*
**βιταμίνη** Vitamin *n*
**βιτρίνα** Schaufenster *n*
**βλαβερ|ός** schädlich; **~ότητα** Schädlichkeit *f*
**βλάβη** Schaden *m*; ~ ***ελαστικού*** Reifenpanne *f*
**βλάκας** Dummkopf *m*
**βλακεία** Dummheit *f*
**βλαστ|αίνω** sprießen; **~άρι, ~ός** Sproß *m*, Trieb *m*
**βλαστ|ήμια** Gotteslästе-

rung *f*; Fluch *m*; **~ημώ (-άς)** verfluchen
**βλάφτ|ω** beschädigen; schaden; ***δε ~ει*** das schadet nichts
**βλέμμα** *n* Blick *m*
**βλέννα** Schleim *m*
**βλενν|ομεμβράνη** Schleimhaut *f*; **~όρροια** Tripper *m*; **~ώδης** 2 schleimig
**βλέπ|ω** (an)sehen; untersuchen; aufpassen; ***~ε (βλ.)*** siehe (s.)
**βλεφαρίδα** Wimper *f*
**βλέφαρο** Lid *n*
**βλογιά** [vlo'ja] Pocken *f/pl.*
**βόδι** Rind *n*
**βοή** [vo'i] Getöse *n*
**βοήθ|εια** Hilfe *f*; **~ημα** *n* Unterstützung *f*
**βοηθ|ητικός** hilfreich; Hilfs-; **~ός** *m, f* Assistent(in *f*) *m*; Helfer *m*; Gehilfe *m*; **~ώ (-άς)** helfen
**βόθρος** Senkgrube *f*
**βολάν** *n* Lenkrad *n*
**βολβός** Knolle *f*
**βολεύω** [-'levo] passen; erledigen; unterbringen
**βόλι** Gewehrkugel *f*
**βολικός** bequem; gelegen; verträglich
**βόλλεϋ-μπωλ** *n* Volleyball *m*
**βολτ** *n* Volt *n*
**βόλτα** Spaziergang *m*; Umdrehung *f*
**βόμβα** Bombe *f*; (Preßluft-)Flasche *f*; ***~ υδρογόνου*** Wasserstoffbombe *f*
**βομβαρδίζω** bombardieren
**βορά** Beute *f*; Fraß *m*
**βόρβορος** Schmutz *m*; Schlamm *m*
**βορει|νός** nördlich; **~οανατολικός** nordöstlich; **~οδυτικός** nordwestlich
**βόρειος** (-α) nördlich, Nord-; ***~ πόλος*** Nordpol *m*
**βοριάς** Nordwind *m*
**βορράς** Norden *m*
**βοσκ|ή** Futter *n*; Weide *f*; **~ός** Hirt *m*
**βόσκω** weiden
**βοτάνι** Kraut *n*, (Heil-)Pflanze *f*
**βοτανικ|ή** Botanik *f*; **~ός** botanisch; ***~ός κήπος*** botanischer Garten *m*
**βουβ|αίνομαι** [vu'venome] verstummen; **~άλι** Büffel *m*; **~αμάρα** Sprachlosigkeit *f*; **~ός** stumm, sprachlos
**βουδισμός** Buddhismus *m*
**βούκινο** (Wald-)Horn *n*
**βούλα** Stempel *m*; Siegel *n*
**βούλευμα** ['vulevma] *n* Beschluß *m*
**βουλευ|τήριο** [vulef-] Parlament *n*; **~τής** Abgeordneter
**βουλή** Wille *m*, Wunsch *m*; Beschluß *m*
**Βουλή** Parlament *n*
**βούληση (-εις)** Wille *m*, Wunsch *m*
**βούλιαγμα** *n* Einsturz *m*

**βουλιάζω** versenken; sinken; einstürzen
**βουλώνω** verstopfen; (ver)siegeln; *Zahn* plombieren; ***βούλωσε*** ... ist verstopft
**βουν|ό** Berg *m*; **~οσειρά** Gebirge *n*; **~ώδης** 2 gebirgig
**βούρτσα** Bürste *f*
**βουρτσίζω** (ab)bürsten
**βουτ|ηχτής** Taucher *m*; **~ιά** Kopfsprung *m*
**βούτυρο** Butter *f*
**βουτυρόγαλα** *n* Buttermilch *f*
**βουτώ** (**-άς**) (ein)tauchen
**βραβείο** Preis *m*, Prämie *f*
**βράβευση** (**-εις**) [-vefsi] Preisvergabe *f*
**βραβεύω** [-'vevo] Preis erteilen, prämieren
**βραδινός** abendlich, Abend-
**βράδυ** *n* Abend *m*; *Adv.* abends
**βραδ|ύνω** verlangsamen, hinauszögern; **~ύς** langsam
**βράζω** kochen; gären
**βρακί** Schlüpfer *m*; Unterhose *f*
**βράσιμο** (**-ατος**) Kochen *n*
**βρασ|μός** Kochen *n*; Aufregung *f*; **~τός** gekocht
**βραχ|ιόλι** Armband *n*; **~ίωνας** Arm *m*; **~νάδα** [-'xnaða] Heiserkeit *f*; **~νός** heiser, rauh
**βράχος** Fels *m*; Klippe *f*
**βραχυκύκλωμα** *n* Kurzschluß *m*
**βράχυνση** (**-εις**) (Ab-)Kürzung *f*
**βραχ|ύνω** [-'çino] (ver)kürzen; **~υπρόθεσμος** kurzfristig; **~ύς** kurz; **~ύτητα** Kürze *f*
**βραχώδης** [-'xoðis] 2 felsig
**βρε** *fam.* he!; Mensch!
**βρε(γ)μένος** naß
**βρεθ-** *s.* **βρίσκω**
**βρετικά** *n/pl.* Finderlohn *m*
**βρέχ|ω** [-xo] naß machen; befeuchten; **~ει** [-çi] es regnet
**βρήκα** *s.* **βρίσκω**
**βρίζα** Roggen *m*
**βριζόψωμο** Roggenbrot *n*, Schwarzbrot *n*
**βρίζω** ausschimpfen, beleidigen
**βρισιά** Beleidigung *f*
**βρίσκω** finden; (an)treffen
**βρογχίτιδα** Bronchitis *f*
**βροντ|ή** Donner *m*; **~ώ** (**-άς**) dröhnen; laut klopfen; **~άει** es donnert
**βροχ|ερός** regnerisch; **~ή** Regen *m*; **~όνερο** Regenwasser *n*
**βρόχος** Schlinge *f*
**βρύο** Moos *n*
**βρύση** Quelle *f*; (Wasser-)Hahn *m*
**βρυχιέμαι** brüllen
**βρώμα** Gestank *m*; Schmutz *m*
**βρωμερός** stinkend; schmutzig
**βρώμη** Hafer *m*

βρωμιά 46

**βρωμ|ιά** Dreck *m*; Schweinerei *f*; **~ιάρης (-α, -ικο)** schmutzig, dreckig; *Su.* Schmutzfink *m*; Schlampe *f*; **~ίζω** (sich) schmutzig machen
**βρώμικος** schmutzig
**βρωμώ (-άς)** stinken
**βυζ|αίνω** [vi'zeno] stillen; säugen; saugen; **~ανιάρικο** Säugling *m*
**βυζ|αντινός** byzantinisch; *Su. m* Byzantiner *m*; **Ωάντιο** Byzanz *n*
**βυζί** Brust *f*; Euter *n*
**βυθ|ίζω** versenken; tauchen; **~οκόρος** Bagger *m*; **~ός** Boden *m*, Grund *m*; Tiefe *f*
**βυρσοδεψώ** gerben
**βυσσινάδα** Kirschsaft *m*
**βύσσινο** Sauerkirsche *f*
**βυτίο** Wasserfaß *n*
**βωβ-** *s.* **βουβ-**
**βώλος** Erdklumpen *m*; Murmel *f*
**βωμός** Altar *m*
**βώτριδα** Motte *f*

# Γ

**γαβάθα** Napf *m*
**γάζα** Gaze *f*, Verbandstoff *m*
**γάιδαρος, γαϊδούρι** [γaið-] Esel *m*; Rüpel *m*
**γαϊδουράγκαθο** Distel *f*
**γαϊτάνι** Schnur *f*
**γάλα (-τος)** *n* Milch *f*; **~ *σκόνη*** Milchpulver *n*; **~ *συμπυκνωμένο*** Kondensmilch *f*
**γαλάζιος** (himmel)blau
**γαλακτο|κομείο** Molkerei *f*; **~πωλείο** [-po'lio] Milchgeschäft *n*
**γαλανός** blau; blauäugig
**γαλαρία** Stollen *m*; *Thea.* oberste(r) Rang
**γαλ|ηνεύω** [-'nevo] (sich) beruhigen; **~ήνη** Seelenruhe *f*; Gelassenheit *f*; Windstille *f*; **~ήνιος** ruhig; **~ιφιά** Schmeichelei *f*
**Γαλλ|ία** Frankreich *n*; **Ωικός** französisch
**Γάλλος** Franzose *m*
**γαλοπούλα** Truthahn *m*
**γαλότσα** Überschuh *m*
**γάμος** Heirat *f*, Hochzeit *f*; Ehe *f*; **~ *πολιτικός*** standesamtliche Trauung *f*; **~ *θρησκευτικός*** kirchliche Trauung *f*
**γάμπα** Wade *f*
**γαμπρός** Bräutigam *m*; Schwiegersohn *m*; Schwager *m*
**γάντι** Handschuh *m*
**γαργαλ|άω (-άς), ~εύω** kitzeln; reizen
**γαργάρα** Gurgeln *n*
**γάργαρος** plätscherndes Wasser *n*
**γαρίδα** Krabbe *f*; Garnele *f*
**γαρν|ίρω** garnieren; **~ιτούρα** Garnitur *f*; Beilage *f*
**γαρύφαλο** Nelke *f*

47 Γερμανίδα

**γαστ|ρίτιδα** Gastritis *f*; **~ρονομία** Gastronomie *f*
**γάτα** Katze *f*
**γαυγίζω** [ɣa'vjizo] bellen
**γαύγισμα** *n* Bellen *n*
**γδέρνω** abhäuten
**γδύνω** ausziehen
**γδυτός** nackt, entblößt
**γεγονός** [je-] *n* Ereignis *n*
**γεια** [ja] *s.* **υγεία; ~ σου** ['jasu], **~ σας** guten Tag!, bravo!; tschüß, hallo; ***έχετε ~*** leben Sie wohl!; ***με ~*** gratuliere!
**γειτνίαση (-εις)** Nachbarschaft *f*
**γείτονας** Nachbar *m*
**γειτονεύω** benachbart sein; angrenzen
**γειτον|ιά** Stadtviertel *n*; Nachbarschaft *f*; **~ικός** benachbart
**γειτόνισσα** Nachbarin *f*
**γειώνω** [ji'ono] erden
**γέλασμα** ['je-] *n* Täuschung *f*; Betrug *m*
**γελασ|μένος** betrogen; **~τός** lachend
**γέλιο** Lachen *n*; Gelächter *n*
**γελοιο|γραφία** Karikatur *f*; **~γράφος** Karikaturist *m*; **~γραφώ** karikieren; **~ποιώ** [-pi'o] lächerlich machen
**γελ|οίος** [je'lios] **(-α)** lächerlich; **~οιότητα** Lächerlichkeit *f*; **~ώ (-άς)** lachen; betrügen; **~ωτοποιός** [-pi'os] Clown *m*
**γεμ|άτος** voll; vollschlank; **~ίζω** (sich) füllen
**γέμιση** Füllung *f*
**Γενάρης** Januar *m*
**γεν|εαλογικό δένδρο** Stammbaum *m*; **~έθλια** *n/pl.* Geburtstag *m*
**γένεση** Genesis *f*; Erschaffung *f*
**γενετ|ή: *εκ ~ής*** von Geburt an; **~ικός** genetisch; Geschlechts-
**Γενεύη** [je'nevi] Genf *n*
**γένια** ['jenja] *n/pl.* Bart *m*
**γενιά** Stamm *m*; Generation *f*
**γενίκευση (-εις)** [je'nikjefsi] Verallgemeinerung *f*
**γενικ|εύω** [-'kjevo] verallgemeinern; **~ή** Genitiv *m*; **~ός** allgemein; Haupt-; **~ότητα** Allgemeinheit *f*
**γέννα** ['jena] Geburt *f*, Entbindung *f*
**γενναιόδωρος** [jene'oðoros] freigebig
**γενναίος** tapfer
**γενναιότητα** Tapferkeit *f*
**γέννηση (-εις)** ['jenisi] Geburt *f*, Entstehung *f*
**γενν|ιέμαι** [je'njeme] geboren werden; **~ώ (-άς)** gebären; *Eier* legen
**γένος** *n* Nation *f*; *Gr.* Geschlecht *n*; Abstammung *f*; ***η κυρία Κ., το ~ ...*** Frau K., geborene ...
**γεράκι** Falke *m*
**γερανός** Kran *m*
**Γερμαν|ία** [jerma'nia] Deutschland *n*; **~ίδα** Deut-

**γερμανικός** 48

sche *f*; **2ικός** deutsch; **~ός** Deutscher *m*
**γέρνω** ['jerno] sich neigen; kippen
**γερνώ (-άς)** altern
**γέρος** Greis *m*
**γερός** gesund; dauerhaft
**γερουσία** Senat *m*
**γεύμα** ['jevma] *n* Mittagessen *n*
**γευματίζω** zu Mittag essen
**γεύομαι** ['jevome] kosten, probieren
**γεύση** ['jefsi] Geschmack *m*
**γέφυρα** ['jef-] Brücke *f*
**γεφ|ύρωμα** *n* Überbrükkung *f*; **~υρώνω** überbrükken
**γεωγραφ|ία** [jeo-] Geographie *f*; **~ικός** geographisch
**γεωλογία** Geologie *f*
**γεωμετρία** Geometrie *f*
**γεωπόνος** Agrarwissenschaftler *m*
**γεωργός** Landwirt *m*; Bauer *m*
**γη** [ji] Erde *f*
**γήπεδο** Sportplatz *m*
**γηροκομείο** Altersheim *n*
**για** [ja] wegen; für; nach; **~ να** damit; um ... zu; **~ πού** wohin?
**γιαγιά** [ja'ja] Großmutter *f*
**γιακάς (-άδες)** Kragen *m*
**γιαλός** Strand *m*
**γιαούρτ|η, ~ι** [ja'urti] Joghurt *m*
**γιαπί** [ja'pi] Bau *m*
**γιατί** warum, weshalb; weil, da
**γιάτραινα** ['jatrena] Ärztin *f*; Frau *f* e-s Arztes
**γιατρ|ειά** Heilung *f*; **~εύω** [-'evo] heilen; **~ικό** Heilmittel *n*; **~ός** Arzt *m*
**γίγαντας** ['ji-] Riese *m*
**γιγάντειος (-α)** riesig
**γίδα** ['jiða] Ziege *f*
**γιλέκο** Weste *f*
**γινάτι** Trotz *m*; Groll *m*
**γίν|ομαι** ['jinome] werden; stattfinden; ***τι ~εται εδώ;*** was ist hier los?; ***τι ~εσαι;*** wie geht's dir?; ***~εται γνωστό*** es wird bekanntgegeben
**γιορτ|άζω** [jort-] feiern; **~ή** Feier *f*
**γιος** [jos] Sohn *m*
**γιοτ** [jot] *n* Jacht *f*
**γιούχα!** ['juxa] pfui!
**γιρλάντα** Girlande *f*
**γκάζι** ['gazi] Gas(hebel *m*) *n*
**γκαζιέρα** Gaskocher *m*; Spirituskocher *m*
**γκαζόζα** Brauselimonade *f*
**γκαράζ** *n* Garage *f*
**γκαρσόν(ι)** *n* Kellner *m*
**γκιουβέτσι** Tontopf *m*; *Art* Hammelfleisch *n* mit Spaghetti
**γκρεμίζω** umreißen, stürzen
**γκρίζος** grau
**γ(κ)ρινιά|ζω** nörgeln; **~ρης (-α, -ικο)** mürrisch; quengelig
**γλάρος** Möwe *f*
**γλάστρα** Blumentopf *m*
**γλείφω** ['ɣlifo] (ab)lecken

**γλέντι** Feier *f*
**γλεντώ (-άς)** feiern
**γλιστ|ερός** schlüpfrig, glatt; **~ρώ (-άς)** (aus)rutschen
**γλοιώδης** [ɣli'o-] 2 klebrig
**γλυκ|άδα** Süße *f*; Milde *f*; **~αίνω** süßen; mildern; **~ό** Süßigkeit *f*; Kuchen *m*; **~όζη** Traubenzucker *m*; **~όξινος** süßsauer; **~ός (-ιά)** süß; lieblich
**γλύπτης** Bildhauer *m*
**γλυπτική** Bildhauerei *f*
**γλυπτό** Skulptur *f*
**γλυτώνω** (sich) retten
**γλώσσα** Zunge *f*; Sprache *f*; (*Fisch*) Seezunge *f*
**γνέθω** spinnen
**γνέφω** zuwinken
**γνήσιος (-α)** echt
**γνώμη** Meinung *f*; Ansicht *f*; ***κοινή ~*** öffentliche Meinung *f*
**γνωμ|ικό** Motto *n*; **~οδότης** Gutachter *m*; **~οδότηση (-εις)** Gutachten *n*; **~οδοτώ** begutachten
**γνωρ|ίζω** (er)kennen; bekanntgeben; **~ιμία** Bekanntschaft *f*
**γνώρισμα** *n* Merkmal *n*
**γνώση (-εις)** ['ɣnosi] Kenntnis *f*
**γνωστικός** besonnen
**γνωστ|οποίηση (-εις)** [-o'piisi] Bekanntmachung *f*; **~οποιώ** [-opi'o] bekanntgeben; **~ός** bekannt; *Su.* Bekannte(r)
**γόβες** *n/pl.* Pumps *pl.*
**γογγύζω** [ɣoŋ'gizo] stöhnen
**γοητευτικός** [ɣoitefti'kos] charmant
**γοητεύω** [-'tevo] bezaubern
**γομάρι** Lasttier *n*
**γονατίζω** niederknien; zähmen
**γόνατο** Knie *n*
**γόνδολα** Gondel *f*
**γον|είς** [-'is] *m/pl.* Eltern *pl.*; **~ικός** elterlich; **~ιμοποίηση (-εις)** [-'piisi] Befruchtung *f*; **~ιμοποιώ** [-pi'o] befruchten; **~ιμότητα** Fruchtbarkeit *f*
**γόνος** Sprößling *m*
**γονυκλισία** Kniebeuge *f*
**γοργός** flink
**γού|βα** ['ɣuva] Höhle *f*; **~λα** Kehle *f*
**γούνα** Pelz *m*
**γουναράς** Kürschner *m*; Pelzhändler *m*
**γουργουρίζω** [ɣurɣu'rizo] knurren
**γούρνα** Bassin *n*; Tränke *f*
**γουρούνι** Schwein *n*
**γουρουνόπουλο** Ferkel *n*
**γουστάρω** Appetit haben auf *A*; mögen
**γουστερίτσα** Eidechse *f*
**γούστο** Geschmack *m*
**γοφός** Hüfte *f*
**γράμμα** *n* Buchstabe *m*; Brief *m*; Schreiben *n*; ***τα ~τα*** Bildung *f*, Kenntnisse *f/pl.*
**γραμμάριο** Gramm *n*
**γραμματ|έας** *m*, *f* Sekretär(in *f*) *m*; **~εία** Sekretariat

γραμματική 50

*n*; **~ική** Grammatik *f*; **~ικός** grammatisch
**γραμμάτιο** Schuldschein *m*; ***έντοκο ~*** Wertpapier *n*, Schuldverschreibung *f*; ***τραπεζικό ~*** Banknote *f*
**γραμματ|ισμένος** gebildet; **~οκιβώτιο** Briefkasten *m*; **~ολογία** Literatur(geschichte) *f*; **~όσημο** Briefmarke *f* (**των** ...*/* zu ...)
**γραμμένος** geschrieben
**γραμμ|ή** Linie *f*; Strecke *f*; Zeile *f*; **~ικός** linear
**γρανίτης** Granit *m*
**γραπτός** schriftlich
**γράσο** Schmiermittel *n*
**γρατσουνίζω** kratzen
**γραφείο** Schreibtisch *m*; Büro *n*; Amt *n*; ***~ απολεσθέντων αντικειμένων*** Fundbüro *n*; ***~ ευρέσεως εργασίας*** Arbeitsamt *n*; ***~ πληροφοριών*** Auskunftsbüro *n*; ***~ ταξιδίων*** Reisebüro *n*
**γραφειοκρατ|ία** Bürokratie *f*; **~ικός** bürokratisch
**γραφ|ή** Schrift *f*; **~ικός** malerisch; Schrift-; graphisch; **~ομηχανή** [-mix-] Schreibmaschine *f*
**γράφ|ω** schreiben; ***~ει*** steht (geschrieben) auf
**γράψιμο (-ατος)** Schreiben *n*
**γρήγορος** schnell
**γριά** alte Frau *f*
**γρίππη** Grippe *f*
**γρίφος** Bilderrätsel *n*
**γρο(ν)θοκ|όπημα** *n* Schlägerei *f*; **~οπιέμαι** [-o'pjeme] sich prügeln
**γυάλα** ['jala] Karaffe *f*
**γυαλ|άδα** Glanz *m*; **~άδικο** Glaserei *f*; **~ί** Glas *n*; **~ιά** *n*/*pl*. Brille *f*; **~ίζω** polieren; glänzen
**γυάλινος** gläsern
**γυαλόχαρτο** Sandpapier *n*
**γυλιός** [ji'ljos] Tornister *m*
**γυμνάζω** [jimn-] ausbilden, trainieren; dressieren; üben (*A*)
**γυμνάσιο** Gymnasium *n*; Oberschule *f*; *pl*. *Mil*. Manöver *n*
**γυμναστ|ήριο** Turnhalle *f*; **~ής** Turnlehrer *m*; **~ική** Turnen *n*; Gymnastik *f*; **~ικός** gymnastisch
**γύμνια** Nacktheit *f*
**γυμν|οπόδης (-α, -ικο)** barfuß; **~ός** nackt; kahl; **~ώνω** entkleiden
**γυναίκα** [ji'neka] Frau *f*
**γυναικ|είος** weiblich; **~ολόγος** Frauenarzt *m*; **~ωνίτης** (*Kirche*) Frauenempore *f*
**γυρεύω** [ji'revo] suchen
**γυρίζω** drehen; wenden; sich herumtreiben; ***~ φιλμ*** verfilmen
**γύρισμα** *n* Dreharbeiten *f*/*pl*.; Biegung *f*
**γυρισ|μός** Rückkehr *f*; **~τή σκάλα** Wendeltreppe *f*
**γύρος** Kreislauf *m*; (*Speise*) Gyros *n*; Rand *m*; Saum *m*;

Rundgang *m*; Rundfahrt *f*; ~ ***του κόσμου*** Weltreise *f*
**γύρω** ['jiro] ringsherum
**γύφτ|ισσα** Zigeunerin *f*; **~ος** Zigeuner *m*
**γύψ|ινος** ['jips-] Gips-; **~ος** Gips *m*
**γυψώνω** (ver)gipsen
**γων|ία** [γon-] Winkel *m*; **~ιά** Ecke *f*; (Brot-)Kanten *m*; **~ιακός** Eck-; winklig; **~ιόμετρο** Winkelmesser *m*

## Δ

**δα** doch; ja; genau; ***όχι ~*** nicht doch
**δαγκάνω** beißen
**δάγκωμα** ['ðaŋgo-] *n* Biß *m*
**δαίμονας** ['ðe-] Dämon *m*
**δαιμονικός** dämonisch; teuflisch
**δαιμόνιο** Dämon *m*, böse(r) Geist *m*; Genie *n*
**δάκρυ** *n* Träne *f*
**δακρύζω** tränen
**δακτυ-** *s.* **δαχτυ-**
**δακτύλιος** Ring *m*; Öse *f*; ~ ***εμβόλου*** Kolbenring *m*
**δακτυλο|γραφία** Maschineschreiben *n*; **~γραφικός** maschinegeschrieben; **~γράφος** Stenotypist(in *f*) *m*; **~γραφώ** maschineschreiben
**δαμάζω** zähmen
**δαμαλ|ίζω** impfen; **~ισμός** Pockenschutzimpfung *f*
**δαμάσκηνο** Pflaume *f*
**δαμαστής** Dompteur *m*
**δαν|είζω** [-'izo] leihen; **~εικά** *n/pl.* Schulden *f/pl.*; **~εικός** geliehen
**δάνειο** Anleihe *f*; Kredit *m*
**Δανία** Dänemark *n*
**δαντέλα** Spitze *f*
**δαπάν|η** Ausgabe *f*; Kosten *pl.*; Aufwand *m*; ***~η χρόνου*** Zeitaufwand *m*; ***~αις*** [-es] (*G*) auf Kosten *G*
**δαπαν|ηρός** kostspielig; **~ώ (-άς)** ausgeben (**σε**/ für *A*); verbrauchen
**δάπεδο** Fußboden *m*
**δασκ|άλα** Lehrerin *f*; **~αλεύω** [-a'levo] belehren
**δάσκαλος** (Volksschul-) Lehrer *m*
**δασμός** Zoll *m*, Abgabe *f*
**δασονόμος** Förster *m*
**δάσος** *n* Wald *m*; ***παρθένο*** ~ Urwald *m*
**δάφνη** Lorbeer(baum) *m*
**δαχτυλ|ήθρα** Fingerhut *m*; **~ιά** Fingerabdruck *m*; **~ιδένιος (-α)** ringförmig; **~ίδι** Ring *m*
**δάχτυλο** Finger *m*; Zeh *m*; ***μεσαίο*** ~ Mittelfinger *m*; ***παράμεσο*** ~ Ringfinger *m*; ***μικρό*** ~ kleine(r) Finger *m*
**δε** 1. *s.* **δεν;** 2. aber
**δε|δικασμένο** rechtskräftige Entscheidung *f*; **~δομένο** Tatsache *f*; Beleg *m*
**δείγμα** ['ðiγ-] *n* Muster *n*

**δείκτης** (Uhr-)Zeiger *m*; Zeigefinger *m*
**δειλ|ία** [ðil-] Ängstlichkeit *f*; Feigheit *f*; **~ιάζω** ängstlich (feige) sein; **~ός** ängstlich; feige
**δεινός** [ðin-] furchtbar; heftig; tüchtig
**δείπνο** ['ðip-] Abendessen *n*; Abendmahl *n*
**δειπνώ** zu Abend essen
**δεισιδαιμονία** Aberglaube *m*
**δείχ|νω** ['ðixno] zeigen; aussehen, wirken; **~της** *s.* **δείκτης**
**δέκα** zehn
**δεκα|εννέα** neunzehn; **~έξι** sechzehn; **~εφτά** siebzehn; **~ήμερο** 10 Tage; **~οχτώ** achtzehn; **~πέντε** fünfzehn; **~τέσσερις** *m*, *f* (*n* **-ρα**) vierzehn
**δέκατ|ος** zehnte(r); **~ο** *Adv.* zehntens; *Su. n* Zehntel *n*
**δεκατρείς** *m*, *f* (*n* **-τρία**) dreizehn
**Δεκέμβριος** Dezember *m*
**δεκοχτώ** achtzehn
**δέκτης** Empfänger *m*
**δεκτ|ικός** empfänglich (*G*/ für *A*); **~ός** annehmbar; angenommen
**δελεαστικός** verlockend
**δελτάριο:** ***ταξυδρομικό ~*** Postkarte *f*
**δελτίο** Karte *f*; Zettel *m*; Bericht *m*; **~ *ταυτότητος*** Personalausweis *m*; ***μετεωρολογικό* ~** Wetterbericht *m*

**δελφίνι** Delphin *m*
**Δελφοί** [-'fi] *m*/*pl.* Delphi *n*
**δέμα** *n* Paket *n*; Bündel *n*
**δε(ν)** nicht
**δέν|δρο, ~τρο** Baum *m*
**δένω** (an)binden, verbinden; schnüren; fesseln
**δεξαμεν|ή** Zisterne *f*; (Benzin-)Tank *m*; **~όπλοιο** Tanker *m*
**δεξι|ά** (nach) rechts; *fig.* günstig; **~ός** rechte(r)
**δέρμα** *n* Haut *f*; Fell *n*; Leder *n*
**δερμάτινος** ledern
**δέρνω** schlagen
**δες** *s.* **βλέπω**
**δέσιμο** (Zusammen-)Binden *n*
**δεσμ|ά** *n*/*pl.* Fesseln *f*/*pl.*; **~εύω** [-'evo] binden, verpflichten
**δέσμη** Bündel *n*
**δέσμιος** (**-ια**) gebunden, gefesselt
**δεσμός** Bindung *f*, Band *n*; (Liebes-)Verhältnis *n*
**δεσπόζω** (be)herrschen
**δεσποινί|δα, ~ς** *f* Fräulein *n*
**δεσπότης** Despot *m*; Bischof *m*
**δεσποτικός** despotisch
**Δευτέρα** [ðeft-] Montag *m*
**δευτερόλεπτο** Sekunde *f*
**δεύτερος** zweite(r); zweitrangig
**δέχομαι** annehmen; empfangen; zu sprechen sein; akzeptieren

**δη** [ði]: ***και ~*** und zwar
**δήθεν** ['ðiθen] angeblich
**δηλαδή (δηλ.)** das heißt (d.h.), nämlich
**δηλητ|ηριάζω** [ðil-] vergiften; **~ηρίαση (-εις)** Vergiftung *f*; **~ήριο** Gift *n*
**Δήλος** ['ðilos] *f* Delos *n*
**δηλώνω** erklären; *j-n* anmelden; (*Zoll*) deklarieren
**δήλωση (-εις)** Erklärung *f*; Anzeige *f*
**δηλωτικό** Schiffsmanifest *n*
**δημαγωγικός** demagogisch
**δημαρχείο** [-'çio] Rathaus *n*
**δήμαρχος** [-xos] Bürgermeister *m*
**δήμευση (-εις)** ['ðimefsi] Beschlagnahme *f*
**δημεύω** [-'mevo] beschlagnahmen
**δημιουργ|ία** [ðimiur'jia] Schöpfung *f*; **~ός** [-'γos] Schöpfer *m*; **~ώ** [-'γo] (er)schaffen
**δημοκράτης** Demokrat *m*
**δημοκρατ|ία** Demokratie *f*; Republik *f*; **~ικός** demokratisch; republikanisch
**δημοπρασία** Versteigerung *f*
**δήμος** Gemeinde *f*
**δημοσ|ίευση (-εις)** [-'iefsi] Veröffentlichung *f*; **~ιεύω** [-'evo] veröffentlichen
**δημόσιο** Staat *m*
**δημοσιογράφος** Journalist *m*
**δημόσιος (-α)** öffentlich
**δημοτικ|ή** Volkssprache *f*; **~ό** Volksschule *f*; **~ός** Volks-; volkstümlich
**δημο|φιλής** 2 beliebt; **~ψήφισμα** *n* Volksabstimmung *f*
**δια** [ði'a] (*G*) (hin)durch; über *A*; mit *D*; (*A*) wegen *G*; für *A*, zu *D*
**δια|βάζω** [ðja-] (vor)lesen; lernen; **~βαίνω** [-'veno] vorübergehen; überschreiten; **~βάλλω** verleumden
**διάβαση (-εις)** Übergang *m*
**δια|βατήριο** (Reise-)Paß *m*; **~βάτης** Passant *m*, Fußgänger *m*; **~βατικός** vorübergehend; **~βατός** passierbar; **~βηκ-** *s.* **διαβαίνω**
**διάβημα** *n* Schritt *m*
**δια|βήτης** Zirkel *m*; Zukkerkrankheit *f*; **~βόητος** [-'voitos] berüchtigt; **~βολή** Verleumdung *f*; **~βολιά** Unfug *m*
**διάβολο|ς** ['ðjavo-] Teufel *m*; ***στο ~!*** zum Teufel!
**διαβρωτικός** ätzend
**διάγγελμα** *n* Proklamation *f*
**διάγνωση (-εις)** Diagnose *f*
**διάγραμμα** *n* Entwurf *m*; Diagramm *n*
**δια|γράφομαι** sich abzeichnen; **~γράφω** (durch-) streichen; **~γωγή** [-γο'ji] Betragen *n*; Führung *f*; **~γωνίζομαι** wetteifern; **~γώνιος (-α)** diagonal; **~γωνισμός** Wettbewerb

*m*; Prüfungsarbeit *f*; **~δέχομαι** folgen (auf *A*); **~δήλωση (-εις)** Kundgebung *f*, Demonstration *f*; **~δηλωτής** Demonstrant *m*; **~δίδω** *Gerücht* verbreiten; **~δικασία** Verfahren *n*; **~δοχή** [-'çi] Folge *f*; Nachfolge *f*; **~δοχικός** aufeinanderfolgend; *Adv*. hintereinander
**διάδοχος** *m*/*f* Nachfolger(in *f*) *m*
**διαδρομή** Strecke *f*; Fahrt *f*
**διάδρομος** Korridor *m*; *Flgw*. Piste *f*
**διάζευξη (-εις)** [ði'azefksi] Trennung *f*
**διαζύγιο** [-'zijio] (Ehe-) Scheidung *f*
**διάζωμα** *n* Fries *m*
**διάθεση (-εις)** Verfügung *f*; Lust *f* (**δια** *A*/ zu *D*)
**διαθέσιμος** verfügbar
**διαθέτω** anordnen; *Geld* anlegen (**σε**/ in *D*); zur Verfügung stellen
**διαθήκη** [-'θiki] Testament *n*; ***Παλαιά*** (***Καινή***) **~** Altes (Neues) Testament
**διαίρεση (-εις)** [ði'er-] Teilung *f*; Division *f*
**διαιρ|ετός** teilbar; **~ώ** teilen; dividieren
**διαισθάνομαι** [ðie'sθa-] ahnen
**διαίσθηση (-εις)** (Vor-) Ahnung *f*
**δίαιτα** ['ðieta] Diät *f*; ***κάνω*** **~** Diät halten
**διαιτη|σία** Schiedsspruch *m*; **~τής** Schiedsrichter *m*; **~τικός** Diät-
**διακανονισμός** Regelung *f*
**διακε|κομμένος** unterbrochen; **~κριμένος** vornehm; hervorragend
**δια|κήρυξη (-εις)** [-'kiriksi] Aufruf *m*; Verkündigung *f*; **~κηρύττω** [-ki'rito] verkünden; **~κινδυνεύω** [-ði'nevo] riskieren; **~κλαδίζομαι** sich teilen; **~κλάδωση (-εις)** Abzweigung *f*
**διακομιδή** Überführung *f*
**δια|κοπή** Unterbrechung *f*; Pause *f*; Abbruch *m*; *pl*. Ferien *pl*.; **~κόπτης** *Elektr*. Schalter *m*; *Auto*: Unterbrecher *m*; **~κόπτω** unterbrechen; abbrechen
**διακ|όσιοι** [-'kosji] zweihundert; **~οσιοστός** [-osjost-] zweihundertste(r)
**δια|κόσμηση (-εις)** Verzierung *f*; Dekoration *f*; **~κοσμητικός** dekorativ; **~κοσμώ** (aus)schmücken; dekorieren; **~κρίνω** unterscheiden; erkennen
**διάκριση (-εις)** Unterscheidung *f*; Diskriminierung *f*
**διακριτικ|ός** unterscheidend; unaufdringlich; **~ό** ***βαθμού*** Rangabzeichen *n*
**δια|λεγμένος** ausgesucht; **~λέγω** auswählen, aussuchen
**διάλειμμα** *n* Pause *f*; ***κατά***

**διαλείμματα** hin und wieder
**διάλειψη** (-εις) Aussetzen *n*; Schwund *m*
**διαλεκτικ|ή** Dialektik *f*; **~ός** dialektisch, dialektal
**διάλεκτος** [ði'a-] Mundart *f*
**διάλεξη** (-εις) Vortrag *m*; **κάνω ~** Vortrag halten
**διαλογή** [-'ji] Auswahl *f*
**διάλογος** Dialog *m*
**διάλυση** (-εις) Lösung *f*; Auflösung *f*; Zerfall *m*; Abbau *m*
**δια|λυτός** löslich; **~λύω** [-'lio] (auf)lösen; abbauen
**διαμάντι** Diamant *m*
**διαμαρτ|υρία** Protest *m*, Einspruch *m*; **~ύρομαι** protestieren (**κατά** *G*/ gegen *A*); **~υρόμενος** Protestant *m*
**δια|μένω** sich aufhalten; **~μέρισμα** *n* (Etagen-) Wohnung *f*; *Schrank*: Fach *n*; Abteil *n*
**διάμεσος** Zwischen-; *Su.* Vermittler *m*
**διαμετα|κόμιση** (-εις) Transit *m*; **~κομιστικός** Transit-
**διαμέτρημα** *n* Kaliber *n*
**διάμετρος** *f* Durchmesser *m*
**διαμονή** Aufenthalt *m*; Aufenthaltsort *m*
**διανέμω** verteilen; zuteilen; *Post* austragen
**διάνοια** [ði'ania] Geist *m*, Verstand *m*
**διανοίγω** [-'niγo] öffnen; durchbrechen
**διανομ|έας** Verteiler *m*; Briefträger *m*; **~ή** Verteilung *f*; Zustellung *f*
**διανυκτ|έρευση** (-εις) [-refsi] Übernachtung *f*; **~ερεύω** [-'evo] übernachten; Nachtdienst haben
**διαπασών** *f* Oktave *f*; Stimmgabel *f*; **στη ~** in voller Lautstärke
**δια|περαστικός** durchdringend; **~περνώ** durchdringen
**διαπιστ|ευτήρια** [-e'ftir-] *n*/*pl*. Beglaubigungsschreiben *n*; **~ώνω** feststellen; nachweisen
**διάπλους** *m* Überfahrt *f*
**διαπραγμ|ατεύομαι** [-a-'tevome] behandeln; verhandeln (*A*/ über *A*); **~άτευση** (-εις) [-'atefsi] Verhandlung *f*; Behandlung *f*
**διαπύηση** (-εις) [-'piisi] Vereiterung *f*
**διάρκεια** Dauer *f*
**διαρκ|ώ** (an)dauern; **~ώς** *Adv*. dauernd, ständig
**διαρρ|έω** durchströmen; auslaufen; **~ήκτης** [-'iktis] Einbrecher *m*
**διάρρ|ηξη** (-εις) Einbruch *m*; Abbruch *m*; **~οια** [-ia] Durchfall *m*
**διασαφηνίζω** erläutern
**διάσειση** (-εις) (Gehirn-) Erschütterung *f*
**διασείω** [-'sio] erschüttern
**διάσημος** berühmt

**διασκεδάζω** zerstreuen; (sich) unterhalten
**διασκέδασ|η (-εις)** Zerstreuung *f*; Unterhaltung *f*; ***καλή ~η!*** viel Vergnügen!
**διασκεδαστικός** unterhaltsam
**διασκευή** Bearbeitung *f*
**διάσκεψη (-εις)** Konferenz *f*, Tagung *f*; ***~ κορυφής*** Gipfelkonferenz *f*
**διάσπαση (-εις)** Spaltung *f*
**διάσταση** Dimension *f*; Zwietracht *f*
**διασταυρών|ομαι** [-sta-'vronome] sich kreuzen; **~ω** kreuzen
**διασταύρωση (-εις)** Kreuzung *f*
**διάστημα** *n* Entfernung *f*; Weltraum *m*
**διαστημόπλοιο** [-plio] Raumschiff *n*
**διάστικτος** tätowiert
**διαστολή** Ausdehnung *f*
**δια|στρεβλώνω** verdrehen; entstellen; **~στροφή** Entstellung *f*; Perversion *f*; **~σχίζω** [-'çizo] durchschreiten; durchqueren
**διασώζω** retten
**διαταγή** [-'ji] Befehl *m*; Order *f*
**διάταγμα** *n* Verordnung *f*
**διατάζω** befehlen
**διάταξη (-εις)** Anordnung *f*; (Tages-)Ordnung *f*
**δια|τάραξη (-εις)** Störung *f*; **~ταράσσω** stören; **~τήρηση (-εις)** Erhaltung *f*; Unterhalt *m*; Aufrechterhaltung *f*; **~τηρώ** [-ti'ro] erhalten
**διατί** weil; warum
**δια|τίμηση (-εις)** Tarif *m*; **~τομή** Querschnitt *m*; **~τρέφω** ernähren; **~τρέχω** [-xo] durch'laufen; durchmachen
**διάτρητος** durchbohrt
**διατριβή** Abhandlung *f*; ***διδακτορική ~*** Dissertation *f*
**δια|τροφή** Ernährung *f*, Unterhalt *m*, Verpflegung *f*; **~τρυπώ (-άς)** [-tri'po] durchbohren; **~τύπωση (-εις)** Formulierung *f*; Formalität *f*
**δι|αύγεια** [-'avjia] Klarheit *f*; **~αυγής** [-a'vjis] 2 klar
**δια|φαίνομαι** [-'fenome] durchschimmern; sichtbar werden; **~φάνεια** Durchsichtigkeit *f*; **~φανής** 2 durchsichtig; **~φεντεύω** [-'ndevo] beschützen; **~φέρω** sich unterscheiden; **~φημίζω** werben; **~φήμιση (-εις)** Werbung *f*; Anzeige *f*; **~φθορά** Verdorbenheit *f*
**διαφορ|ά** Unterschied *m*; Streitigkeit *f*; **~ετικά** *Adv.* sonst; anders; **~ετικός** verschieden
**διάφορο** ['ðja-] Nutzen *m*; **~ς** verschieden
**διάφραγμα** *n* Zwischenwand *f*; *Fot.* Blende *f*; *Med.* Zwerchfell *n*

**δια|φυγή** Entkommen *n*; Flucht *f*; **~φυλάγω** bewahren; **~φωνία** Uneinigkeit *f*; Meinungsverschiedenheit *f*; **~φωνώ** nicht einverstanden sein (**με**/ mit *D*); **~φωτίζω** aufklären (über *A*); **~φώτιση** Aufklärung *f*; **~φωτισμός** (*Epoche*) Aufklärung *f*; **~χαράσσω** festsetzen; festlegen; **~χειρίζομαι** verwalten, leiten; **~χειριστής** Verwalter *m*; **~χωρίζω** [-xor-] trennen; **~ψεύδω** [-'psevðo] dementieren

**διάψευση (-εις)** [-psefsi] Dementi *n*

**διγαμία** Bigamie *f*

**δίγλωσσος** zweisprachig

**δίδαγμα** *n* Lehre *f*

**διδακτικός** Lehr-

**διδάκτωρ (-ορος)** *m* Doktor *m*

**δι|δασκαλία** Unterricht *m*; **~δασκαλικός** Lehrer-; **~δασκάλισσα** Lehrerin *f*; **~δάσκαλος** Lehrer *m*; **~δάσκω** lehren, unterrichten

**δίδυμος** ['ðiðimos] Zwilling *m*

**δίδω** *s.* **δίνω**

**διε|γείρω** [ðie'jiro] erregen; anregen; **~γερτικό** [-jert-] Anregungsmittel *n*; **~ζευγμένος** [-zevɣ-] geschieden

**διεθνής** [ðje'θnis] 2 international

**διεθρεψ-** *s.* **διατρέφω**

**διεκ|περαιώνω** [-re'ono] erledigen; abfertigen; **~περαίωση (-εις)** Erledigung *f*; Expedition *f*; Geschäftsstelle *f*

**διενειμ-, διενεμηθ-** *s.* **διανέμω**

**διεξάγω** (durch)führen

**διέξοδος** *f* Ausweg *m*

**διερεύνηση (-εις)** [ðie'revni-] Erforschung *f*

**διερευνώ (-άς)** [-rev'no] durchsuchen; erforschen

**διερμην|έας** Dolmetscher *m*; **~εύω** [-'evo] dolmetschen

**διεστραμμένος** pervers

**διευθ|έτηση (-εις)** [ðiefθ-] Arrangement *n*; Bereinigung *f*; **~ετώ** (an)ordnen; einrichten

**διεύθυνση (-εις)** Direktion *f*; Anschrift *f*

**διευθ|υντής** Direktor *m*; Dirigent *m*; **~ύνω** leiten; adressieren; dirigieren

**διευ|κόλυνση (-εις)** Erleichterung *f*; **~κολύνω** erleichtern; aushelfen; **~ρύνω** erweitern

**διεφθαρμένος** verdorben; korrupt

**διήγημα** [ði'ijima] *n* Erzählung *f*; Novelle *f*

**διηγούμαι** [-i'ɣume] erzählen

**διηπειρωτικός** interkontinental

**δίκαιο** ['ðikjeo] Recht *n*; ***διεθνές*** ~ Völkerrecht *n*; ***έχω*** ~ recht haben

**δικαιολογ|ημένα** *Adv.* mit Recht; **~ία** Rechtfertigung *f*; **~ώ** rechtfertigen, begründen
**δίκαιος** gerecht; *Adv.* mit Recht
**δικαιοσύνη** Gerechtigkeit *f*; Justiz *f*
**δικαίωμα** *n* Recht *n*, Anspruch *m* (**σε**/ auf *A*)
**δικαι|ωματικά, -ώς** von Rechts wegen; **~ώνω** recht geben
**δικάσιμος** *f* Gerichtstermin *m*
**δικαστ|ήριο** Gericht *n*; **~ής** Richter *m*; **~ικός** gerichtlich; Gerichts-; ***~ική οδός*** Rechtsweg *m*; ***~ικός κλητήρας*** Gerichtsvollzieher *m*
**δίκη** Prozeß *m*
**δικηγόρος** Rechtsanwalt *m*
**δίκιο** Recht *n*
**δικ|ός** eigen; ***~ός μου*** mein; ***οι ~οί μου*** meine Angehörigen *pl.*
**δικτάτορας** Diktator *m*
**δικτατορ|ία** Diktatur *f*; **~ικός** diktatorisch
**δίκτυο** Netz *n*
**δίνη** Strudel *m*
**δίνω** geben; verleihen; *Prüfung* ablegen; *Gewinn* abwerfen; ***~ προσοχή*** achtgeben; ***~ ραντεβού*** sich verabreden; ***~ σημεία ζωής*** ein Lebenszeichen geben
**διόδια** *n/pl.* Autobahngebühr *f*
**δίοδος** *f* Durchgang *m*
**διοίκηση** (**-εις**) Verwaltung *f*
**διοικώ** [ðii'ko] verwalten
**διόλου** [ði'olu] gar nicht, keineswegs
**δι|οργανώνω** organisieren; **~ορθώνω** reparieren; **~ορίζω** ernennen; *j-n* anstellen; **~ορισμός** Ernennung *f*; Einstellung *f*
**δίπλα¹** Falte *f*
**δίπλα²** *Adv.* nebenan; ***~ σε*** neben; bei *D*
**διπλά** *Adv.* doppelt
**διπλανός** benachbart, Neben-
**διπλασιάζω** verdoppeln
**διπλάσιος** (**-α**) doppelt
**διπλ|όγραφο** Duplikat *n*; **~ός** doppelt, zweifach, Doppel-; **~ότυπο** Quittung(sabschnitt *m*) *f*; **εις ~ούν** in zweifacher Ausfertigung
**δίπλωμα** *n* Diplom *n*; Zeugnis *n*
**διπλωμάτης** Diplomat *m*
**διπλωματ|ικός** diplomatisch; **~ούχος** diplomiert
**διπλώνω** falten, zusammenlegen
**δισεκατομμύριο** Milliarde *f*
**δισκίο** Tablette *f*
**δισκοθήκη** [-'θiki] Diskothek *f*
**δίσκος** Scheibe *f*; Tablett *n*; Schallplatte *f*; Diskus *m*
**δισταγμός** Zögern *n*
**διστάζω** zögern
**διστακτικός** zögernd

**διυλ|ίζω** [ðiil-] filtern; **~ιστήριο** Raffinerie *f*
**διφθερίτις** *f* Diphtherie *f*
**διφορούμενος** zweideutig
**διχάζω** spalten
**διχ|ογνωμία** Meinungsverschiedenheit *f*; **~όνοια** Zwietracht *f*; **~οτομώ** halbieren
**δίχτυ** *n* Netz *n*
**δίχως** ohne *A*; **~ να** ohne zu
**δίψα** Durst *m*
**διψ|ασμένος** durstig; **~ώ** (**-άς**) Durst haben
**διωγμός** [ðjoγ-] Verfolgung *f*; Vertreibung *f*
**διώκτης** [ði'ok-] Verfolger *m*
**διώξιμο** ['ðjo-] Entlassung *f*; Wegschicken *n*
**διώρυγα** Kanal *m*
**διώχνω** vertreiben
**δόγμα** *n* Lehre *f*; Grundsatz *m*
**δοθ-** *s.* **δίνω**
**δοκάρι** Balken *m*
**δοκιμ|άζω** (aus)probieren; anprobieren; auf die Probe stellen; versuchen (**να**/ zu); *v/p.* (**~άζομαι**) leiden (**από**/ unter *D*); **~ασία** (Aufnahme-)Prüfung *f*; **~ασμένος** erprobt; **~αστικός** Versuchs-; Probe-; **~ή** Prüfung *f*; Probe *f*; Anprobe *f*; Versuch *m*; ***κάνω ~ή*** versuchen (**να**/ zu)
**δόκιμος** erfahren; anerkannt; *Su. m* (Offiziers-)Anwärter *m*
**δοκός** *f* Balken *m*
**δόλιος**[1] (**-ία**) ['ðoli-] böswillig
**δόλιος**[2] ['ðolj-] arm, ärmst-
**δολλάριο** Dollar *m*
**δόλος** List *f*
**δολο|φονία** Mord *m*; **~φόνος** Mörder *m*; **~φονώ** ermorden
**δόλωμα** *n* Köder *m*
**δόντι** ['ðondi] Zahn *m*
**δόξα** Ruhm *m*
**δοξάζω** verherrlichen
**δοξασμένος** berühmt
**δορυφόρος** Satellit *m*
**δόσ|η** (**-εις**) Ration *f*; Dosis *f*; Teilzahlung *f*; ***με ~εις*** in Raten
**δοσο|ληψία** Geschäft *n*; *pl.* Beziehungen *f/pl.*; **~λογία** Dosierung *f*
**δούλα** Sklavin *f*, Dienerin *f*
**δουλεία** Sklaverei *f*
**δουλειά** [ðu'lja] Arbeit *f*; Angelegenheit *f*; Beruf *m*; Geschäft *n*; ***~ του σπιτιού*** Hausarbeit *f*; ***έχω ~*** ich habe zu tun
**δούλεμα** *n* Bearbeitung *f*; Pflege *f*; Necken *n*
**δουλέμπορος** Sklavenhändler *m*
**δουλεύω** [ðu'levo] arbeiten; funktionieren; *j-m* dienen; *etw.* bearbeiten; necken
**δούλος** Sklave *m*
**δοχείο** Gefäß *n*
**δράκος** Drache *m*; Menschenfresser *m*
**δράμα** *n* Schauspiel *n*

**δραματ|ικός** dramatisch; **~ολόγιο** Spielplan *m*; **~οποιώ** dramatisieren
**δραπετεύω** [-'tevo] entfliehen
**δράση** (**-εις**) Tätigkeit *f*; Wirkung *f*
**δραστ|ήριος** (**-α**) tatkräftig; **~ηριότητα** Rührigkeit *f*; Tatkraft *f*
**δράστης** Täter *m*
**δραστικός** drastisch, wirksam
**δραχμή** Drachme *f*
**δρεπ|άνι** Sense *f*; Sichel *f*; **~ανίζω** (ab)mähen
**δρέπω** pflücken
**δριμ|ύς** scharf, herb; rauh; **~ύτητα** Schärfe *f*
**δρομ|έας** Läufer *m*; **~ολόγιο** Kursbuch *n*; Fahrplan *m*; Reiseroute *f*; **~ολογούμαι** [-'γume] (fahrplanmäßig) verkehren
**δρόμο|ς** Weg *m*; Straße *f*; Gang *m*; Lauf *m*; Rennen *n*; Verlauf *m*; ***~ς 100 μέτρων*** Hundertmeterlauf *m*; ***~ς βάδην*** Gehen *n*; ***~ς μετ' εμποδίων*** Hürdenlauf *m*; ***~!*** weg hier!; ***στο ~*** unterwegs
**δροσ|ερός** frisch; kühl; **~ιά** Tau *m*; Kühle *f*; **~ίζομαι** sich abkühlen; sich erfrischen; **~ίζω** kühlen; erfrischen
**δρόσισμα** *n* Abkühlung *f*
**δροσοπάχνη** Reif *m*
**δρυμός** Eichenwald *m*
**δρυς** (**-υός**) *f* Eiche *f*
**δρω** (**-ας**) wirken
**δυάρα** Pasch *m*
**δυάρι** Zweizimmerwohnung *f*
**δυνάμει** (*G*) kraft *G*
**δύναμη** (**-εις**) Kraft *f*, Macht *f*; ***μεγάλη ~*** Großmacht *f*
**δυναμικ|ός** dynamisch; kraftvoll; **~ότητα** Kraft *f*; Leistungsfähigkeit *f*
**δυναμ|ίτιδα** Dynamit *n*; **~ό** Dynamo *m*, Lichtmaschine *f*
**δυνάμωμα** *n* Kräftigung *f*; Genesung *f*
**δυναμώνω** kräftigen; stärken
**δυναστεία** Dynastie *f*
**δυνατ|ά** *Adv.* laut; tüchtig; **~ό** machbar; ***κατά το ~ό*** nach Möglichkeit; ***όσο το ~ό συντομώτερα*** möglichst bald; **~ός** kräftig; mächtig; möglich; **~ότητα** Möglichkeit *f*
**δύο** ['ðio], **δυο** [ðjo] zwei; *Su.* Zwei *f*; ***δυο-δυο*** zu zweien; ***και οι δυο (μας)*** (wir) beide; ***ένας απ' τους δυο*** einer von beiden
**δυόσμος** Minze *f*
**δυσ|αναλογία** Mißverhältnis *n*; **~αναπλήρωτος** unersetzlich; **~αρέσκεια** Unzufriedenheit *f*; **~αρεστημένος** unzufrieden; **~άρεστος** unangenehm; **~αρμονία** Unstimmigkeit *f*
**δύσβατος** unwegsam

**δυσεντερία** Ruhr *f*
**δύση (-εις)** Westen *m*; (Sonnen-)Untergang *m*; Niedergang *m*
**δυσθυμία** [ðisθim-] Niedergeschlagenheit *f*
**δύσθυμος** niedergeschlagen
**δυσθυμώ** niedergeschlagen sein
**δύσκαμπτος** unbiegsam
**δυσ|κίνητος** schwerfällig; **~κοιλιότητα** [-kili'ot-] Verstopfung *f*
**δύσκολα** *Adv.* schwer
**δυσκολ|εύω** [-'evo] erschweren; **~ία** Schwierigkeit *f*
**δύσκολος** schwierig; schwer
**δυσμενής** 2 ungünstig
**δύσμορφος** unförmig
**δυσ|νόητος** unverständlich; **~οσμία** üble(r) Geruch *m*; **~πεψία** Verdauungsstörung *f*; **~πιστία** Mißtrauen *n*
**δύσ|πιστος** mißtrauisch; **~πνοια** Atembeschwerden *f/pl.*; **~τροπος** eigensinnig
**δυστροπώ** störrisch sein
**δυσ|τύχημα** [-'tiçima] *n* Unglücksfall *m*; Unfall *m*; **~τυχία** Unglück *n*; Not *f*; **~τυχισμένος** unglücklich; **~τυχώ** [-ti'xo] unglücklich sein; Not leiden; **~τυχώς** leider, unglücklicherweise
**δυσ|φήμηση (-εις)** Diffamierung *f*; **~φημώ** [-fi'mo] verleumden; **~φορώ** verdrießlich sein (**για** *A*/ wegen *G*)
**δύτης** ['ðitis] Taucher *m*
**δυτικός** westlich, West-
**δύω** ['ðio] untergehen
**δώδεκα** ['ðo-] zwölf
**δωδεκαδάκτυλο** Zwölffingerdarm *m*
**δωδέκατος** zwölfte(r); *Su. n* Zwölftel *n*
**δωμάτιο** Zimmer *n*
**δωρεά** Geschenk *n*; Spende *f*; Stiftung *f*; **~ν** umsonst, gratis
**δωρίζω** verehren; schenken
**δώρο** Geschenk *n*; Prämie *f*; Zugabe *f*
**δωροδοκ|ία** Bestechung *f*; **~ώ** bestechen
**δώσ|ε!** ['ðose] gib!; **~τε!** gebt!, *s.* **δίνω**

# Ε

**εάν** [e'an] wenn; *s.* **αν**
**εαυτός** [eaft-] (**μου**) ich (selbst)
**έβαλ-** *s.* **βάζω**
**εβδομ|άδα** [evðom-] Woche *f*; **~αδιαίος** [-aði'eos] (**-αία**) wöchentlich; **~ήκοντα** siebzig; **~ηκοστός** siebzigste(r); **~ήντα** siebzig
**έβδομος** siebente(r)
**εβλαβ-, εβλαφθ-, εβλαψ-** *s.* **βλάπτω**

**εβραϊκός** hebräisch
**Εβραίος** Jude *m*
**εβραχ-** *s.* **βρέχω**
**έγγαμος** verheiratet
**έγγειος φόρος** Grundsteuer *f*
**εγγίζω** *s.* **αγγίζω**
**εγγονή** Enkelin *f*
**εγγόνι** Enkelkind *n*
**εγγονός** Enkel *m*
**εγγράμματος** gebildet
**εγγραφή** Eintragung *f*; Buchung *f*; Immatrikulation *f*; Anmeldung *f*; (Schallplatten-)Aufnahme *f*
**έγγραφο** Dokument *n*; **~ς** schriftlich
**εγγράφω** eintragen; buchen; immatrikulieren; aufnehmen; **~ς** *Adv.* schriftlich
**εγγύηση** (**-εις**) [eŋ'giisi] Garantie *f*; Kaution *f*
**εγγυητ|ήριο** [eŋgiit-] Garantieschein *m*; **~ής** Bürge *m*; **~ικός** Garantie-
**εγγύ|ς** (*D*) in der Nähe *G*; **~ *Ανατολή*** Nahe(r) Osten *m*
**εγγυώμαι** [eŋgi'ome] garantieren; bürgen (**για**/ für *A*)
**εγείρω** [e'jiro] erheben; errichten
**έγερση** Errichtung *f*; Aufstehen *n*; Erregung *f*
**εγκαθ|ίδρυση** (**-εις**) [eŋgaθ-] Gründung *f*; **~ιδρύω** gründen; **~ίζω** *Tech.* (ein-)setzen, anbringen; **~ίσταμαι** sich niederlassen; **~ιστώ** *j-n* unterbringen; installieren; einbauen; *jur.* einsetzen
**εγκαίνια** [eŋ'gjenia] *n/pl.* Einweihung *f*; Eröffnung *f*
**εγκαινιάζω** einweihen; eröffnen
**έγκαιρος** rechtzeitig
**εγκαίρως** *Adv.* rechtzeitig
**εγκ|άρδιος** (**-α**) herzlich; **~αρδιώνω** ermutigen (**σε**/ zu *D*)
**εγκατ|αλείπω** [-a'lipo] verlassen; aufgeben; **~άλειψη** (**-εις**) Preisgabe *f*; **~α(λε)λειμμένος** verlassen; **~άσταση** (**-εις**) Anlage *f*; Gründung *f*; Werk *n*
**εγκατεστημένος** ansässig
**εγκατεστησ-** *Aor. v.* **εγκαθιστώ**
**έγκαυμα** ['eŋgavma] *n* Verbrennung *f*; Sonnenbrand *m*
**εγκέφαλος** Gehirn *n*; ***ηλεκτρονικός*** **~** Elektronengehirn *n*; Computer *m*
**έγκλειστος** eingeschlossen; *Adv.* in der Anlage
**εγκλείω** (ein)schließen
**έγκλημα** *n* Verbrechen *n*
**εγκληματ|ίας** [eŋglim-] Verbrecher *m*; **~ικός** verbrecherisch; **~ικότητα** Kriminalität *f*; **~ώ** ein Verbrechen begehen
**εγκλιματίζομαι** sich akklimatisieren
**εγκοπή** Einschnitt *m*; ***σκοπευτική*** **~** Kimme *f*
**εγκόσμιος** (**-α**) weltlich, irdisch

**εγκρ|άτεια** Enthaltsamkeit *f*; **~ατής** 2 enthaltsam
**εγκρίνω** genehmigen
**έγκρι|ση** (**-εις**) Genehmigung *f*; **~τος** angesehen
**εγκύκλιος** *f* Rundschreiben *n*
**εγκυμοσύνη** Schwangerschaft *f*
**έγκυος** (**-α**) schwanger
**έννοια** Sorge *f*
**εγχείρηση** (**-εις**) [eŋ'çirisi] Operation *f*
**εγχειρίζω** operieren
**εγχύνω** [eŋ'çino] eingießen; einspritzen
**εγχώριος** [eŋ'xo-] (**-α**) einheimisch
**εγώ** [e'γo] ich
**εγωιστικός** [eγoist-] egoistisch
**έδαφος** *n* Boden *m*
**εδειξ-** *s.* **δείχνω**
**εδειρ-** *s.* **δέρνω**
**εδεσ-** *s.* **δένω**
**εδοθ-** *s.* **δίνω**
**έδρα** Sitz *m*; Residenz *f*; Lehrstuhl *m*; Gesäß *n*
**εδραιώνω** [-e'ono] sichern; befestigen
**εδρεύω** [-'revo] stationiert sein; seinen Sitz haben; *Anat.* sitzen
**εδώ** [e'ðo] hier; ***απ' ~*** von hier; ***~ και*** (*Zeit*) seit, vor *D*
**εδωκ-** *s.* **δίνω**
**εδωσ-** *s.* **δίνω**
**εζησ-** *s.* **ζω**
**έθιμο** Sitte *f*, Brauch *m*
**εθνικ|οποίηση** (**-εις**) [-o'piisi] Verstaatlichung *f*; **~ός** national; ***~ή οδός*** Autobahn *f*; ***~ό πάρκο*** Naturschutzgebiet *n*; **~ότητα** Nationalität *f*
**έθνος** *n* Nation *f*
**εθρεψ-** *s.* **τρέφω**
**ειδ-** *s.* **βλέπω**
**είδηση** (**-εις**) Nachricht *f*, Meldung *f*
**ειδ|ικευμένος** [iðikjevm-] spezialisiert; **~ικεύω** ausbilden; spezialisieren (**σε**/ auf *A*); **~ικός** besondere(r); *Su. m* Spezialist *m*; *Adv.* besonders, speziell; **~ικότητα** Spezialität *f*; **~οποίηση** (**-εις**) Mitteilung *f*; **~οποιώ** [-opi'o] benachrichtigen
**είδος** *n* Art *f*; *Hdl.* Artikel *m*
**ειδυλλιακός** [iðilia'kos] idyllisch
**είδωλο** ['iðolo] Idol *n*
**εικ|άζω** [ik-] vermuten; **~ασία** Vermutung *f*
**εικόνα** Bild *n*; Illustration *f*; Ikone *f*
**εικονίζω** abbilden; darstellen
**εικονο|γραφημένος** illustriert; **~γραφία** Illustration *f*; **~γραφώ** illustrieren
**είκοσι** ['ikosi] zwanzig
**εικοστός** zwanzigste(r)
**ειλικρ|ίνεια** Aufrichtigkeit *f*; **~ινής** 2 aufrichtig
**είμαι** ['ime] sein; sich befinden
**είναι** ['ine] (er, sie, es) ist; sie sind; ***~ να*** sollen; müssen; ***ας ~*** meinetwegen!

**ειπ-** *s.* **λέγω**
**ειρ|ήνη** [i'rini] Frieden *m*; **~ηνικός** friedlich; **~ηνιστικός** pazifistisch; **~ηνοδίκης** Amtsrichter *m*
**ειρκτή** [ir'kti] Zuchthaus *n*
**ειρων|εία** [iro'nia] Ironie *f*; **~ικός** ironisch
**εις** [is] (*A*) *Dativbezeichnung*: *~ **τον φίλον*** dem Freund; in, an, auf *A*, *D*; zu *D*; *a.* **σε, σ'**
**εισαγγελ|έας** [isaŋgje'leas] Staatsanwalt *m*; **~ία** Staatsanwaltschaft *f*
**εισάγω** einführen; importieren; *j-n* vorstellen
**εισαγωγή** [isaɣo'ji] Einführung *f*; Import *m*; Einleitung *f*; Ouvertüre *f*
**εισ|βάλλω** eindringen; **~βολή** Invasion *f*; **~έρχομαι** eintreten
**εισηγαγ-** *s.* **εισάγω**
**εισ|ήγηση (-εις)** [i'sijisi] Bericht *m*; Anregung *f*; Antrag *m*; **~ηγούμαι** [-i'ɣume] berichten über *A*; anregen; beantragen; **~ηχθ-** *s.* **εισάγω**
**εισιτήριο** Eintrittskarte *f*; Fahrkarte *f*; ***διαρκές ~*** Zeitkarte *f*; ***~ επιστροφής*** Rückfahrkarte *f*; ***~ μετ' επιστροφής*** Hin- und Rückfahrkarte *f*
**εισόδημα** *n* Einkommen *n*
**είσοδος** *f* Eingang *m*
**εισ|όρμηση (-εις)** Überfall *m*; **~ορμώ (-άς)** eindringen; **~πνέω** einatmen; **~πράκτορας** Schaffner *m*
**είσπραξη (-εις)** Einnahme *f*
**εισ|πράττω** (ein)kassieren; **~ρέω** (hinein)fließen; **~ροή** Hineinfließen *n*
**είστε** ['iste] ihr seid; Sie sind; ***πώς ~;*** wie geht es Ihnen?
**εισ|φέρω** beitragen (**σε**/ zu *D*); **~φορά** Beitrag *m*
**είτε ... είτε** ['ite] entweder ... oder
**είχα** ['ixa] ich hatte
**εκ** (*vor Vokal* **εξ**) *G* aus, von *D*; seit *D*
**εκάστοτε** jedesmal
**εκατ|ομμύριο** Million *f*; **~ομμυριούχος** Millionär *m*; **~ό(ν)** hundert; ***τοις ~όν*** Prozent *n*; **~οστόμετρο** Zentimeter *m*; **~οστός** hundertste(r); *Su. n* Prozent *n*; Hundertstel *n*; Zentimeter *m*
**έκαυσ-, έκαψ-** *s.* **καίω**
**έκβαση (-εις)** Ergebnis *n*
**εκ|βιάζω** zwingen; erpressen; **~βιασμός** Nötigung *f*; Erpressung *f*; **~βιαστής** Erpresser *m*; **~βιομηχανίζω** industrialisieren; **~βολή** Mündung *f*; **~γυμνάζω** trainieren; **~δηλώνω** [-ði'lono] offenbaren; äußern; **~δήλωση (-εις)** Veranstaltung *f*; **~δίδω** herausgeben; *Paß* ausstellen; ausliefern; erlassen; **~δίκηση (-εις)** Rache *f*; **~δικιέμαι, ~δικούμαι** [-'kume] (sich)

rächen; **~διώκω** [-ði'oko] vertreiben; ausweisen; **~δίωξη (-εις)** Ausweisung *f*; Vertreibung *f*; **~δορά** Hautabschürfung *f*
**έκδοση (-εις)** Ausgabe *f*; Herausgabe *f*
**εκδοτικ|ή τράπεζα** Notenbank *f*; **~ός οίκος** Verlag *m*
**εκδρομ|έας** Ausflügler *m*; **~ή** Ausflug *m*
**εκεί** [e'ki] dort
**εκείνος** jener; er
**έκζεμα** *n* Ekzem *n*
**έκθεση (-εις)** Ausstellung *f*; Aufsatz *m*; Protokoll *n*
**εκθέτ|ης** Aussteller *m*; **~ω** ausstellen; berichten
**εκ|καθάριση (-εις)** Liquidation *f*; Säuberung *f*; **~κενώνω** leeren; räumen; **~κένωση (-εις)** Leerung *f*; Räumung *f*; Entladung *f*; **~κίνηση (-εις)** Start *m*; **~κινώ** aufbrechen, starten
**έκκληση (-εις)** Aufruf *m*, Appell *m*
**εκκλησ|ία** Kirche *f*; **~ιαστικός** kirchlich; geistlich
**εκ|κρίνω** ausscheiden; **~λέγω** (aus)wählen; **~λεκτικός** wählerisch; Wahl-; **~λεκτός** auserwählt, ausgesucht
**εκληθ-** *s.* **καλώ**
**εκλογ|έας** Wähler *m*; **~ή** [-'ji] Wahl *f*; Auswahl *f*; **~ικός** Wahl-
**εκμετ|αλλεύομαι** [-'levome] ausbeuten; **~άλλευση** [-'alefsi] Ausbeutung *f*
**εκνευρίζω** [-nev-] nervös machen
**εκούσιος (-α)** freiwillig
**εκ|παίδευση** [-'peðefsi] Erziehung *f*; Ausbildung *f*; **~παιδευτήριο** Institut *n*; **~παιδευτικός** erzieherisch; *Su. m* Pädagoge *m*; **~παιδεύω** [-pe'ðevo] erziehen; ausbilden; **~πέμπω** (aus)senden
**έκπλη|κτος** überrascht; **~ξη (-εις)** Überraschung *f*
**εκ|πληρώνω** [-pli'rono] erfüllen; *Amt* ausüben; **~πλήρωση (-εις)** Erfüllung *f*; Ausübung *f*; **~πλήττω** überraschen; **~πνέω** ausatmen; *Hdl.* ablaufen; **~ποιώ** [-pi'o] veräußern; **~πολιτισμός** Zivilisierung *f*; **~πομπή** Sendung *f*; (Aus-)Strahlung *f*; **~πονώ** ausarbeiten; **~πορθώ** erobern; **~προσωπώ** vertreten
**έκπτωση (-εις)** Rabatt *m*; Ermäßigung *f*; Degradierung *f*; *pl.* Ausverkauf *m*
**εκ|ρήγνυμαι** [e'kriγnime] explodieren; *Feuer*: ausbrechen; **~ρηκτικός** explosiv
**έκρηξη (-εις)** Explosion *f*; Ausbruch *m*
**εκ|ροή** [-ro'i] Ausfluß *m*; **~σκαφέας** Bagger *m*; **~στατικός** verzückt;

**~στρατεία** Feldzug *m*, Expedition *f*
**έκτακτος** außerordentlich
**εκτάριο** Hektar *m*
**έκταση (-εις)** Strecke *f*; Fläche *f*; Ausdehnung *f*; Umfang *m*
**εκ|τέλεση (-εις)** Ausführung *f*; Vortrag *m*; Darbietung *f*; Hinrichtung *f*; **~τελώ** ausführen; erfüllen; exekutieren; **~τελωνίζω** verzollen; **~τίμηση (-εις)** Achtung *f*; Bewertung *f*; **~τιμώ (-άς)** (ein)schätzen
**έκτο** Sechstel *n*; **~ν** sechstens
**εκ|τόξευση (-εις)** Abschuß *m*; **~τοξεύω** abschießen; **~τοπίζω** deportieren; **~τόπιση (-εις)** Deportation *f*
**έκτος** sechste(r)
**εκτός** (*G*) außer *D*, außerhalb *G*; **~ *τούτου*** außerdem
**έκτοτε** seitdem
**εκτροχ|ιάζομαι** entgleisen; **~ιασμός** Entgleisung *f*
**έκτρω|μα** *n* Mißgeburt *f*; **~ση (-εις)** Abtreibung *f*
**εκ|τυπώνω** [-ti'pono] (ab-)drucken; **~φορτώνω** entladen; **~φράζω** ausdrücken
**έκφραση (-εις)** Ausdruck *m*
**εκφραστικός** ausdrucksvoll
**εκφυλ|ίζομαι** entarten; **~ισμός** Entartung *f*
**έκφυλος** degeneriert; pervers
**εκ|φώνηση (-εις)** [ek'fonisi] Verlesung *f*; **~φωνητής** Ansager *m*; **~φωνώ** aufrufen; **~χύλισμα** *n* Extrakt *m*; **~χύνω** [-'çino] (ver)gießen
**ελ-** *s.* **έρχομαι**
**ελαβ-** *s.* **λαμβάνω**
**ελαία** [e'lea] Ölbaum *m*
**ελαι|ογραφία** Ölgemälde *n*; **~όδενδρο** Olivenbaum *m*; **~όλαδο** Olivenöl *n*
**έλαιο(ν)** ['eleo(n)] Öl *n*
**ελαι|όχρωμα** *n* Ölfarbe *f*; **~ώδης** 2 ölig; Öl-; **~ώνας** Olivenhain *m*
**ελαστικ|ό(ν)** Gummi *m*; Gummireifen *m*; **~ός** elastisch; **~ή *ταινία*** Gummiband *n*; **~ός *σωλήνας*** Gummischlauch *m*
**ελάτε!** kommt!, los!
**έλατο** Tanne *f*
**ελάττωμα** *n* Fehler *m*; Mangel *m*
**ελαττ|ωματικός** mangelhaft; defekt; **~ώνω** verringern; *Hdl.* herabsetzen; lindern
**ελάττωση (-εις)** Ermäßigung *f*
**ελάφι** Hirsch *m*
**ελαφρ|όμυαλος** leichtsinnig; **~όπετρα** Bimsstein *m*; **~ός** leicht; *Kaffee*: schwach; **~ότητα** Leichtigkeit *f*; **~ύς** *s.* **ελαφρός; ~ώνω** erleichtern; befreien
**ελάχιστος** gering; mindest-, minimal

**Ελβετ|ία** [elvet-] Schweiz *f*; **≗ικός** Schweizer-, schweizerisch; **~ός** Schweizer *m*
**ελεγκτής** [eleŋk-] Kontrolleur *m*
**έλεγχος** Kontrolle *f*; Revision *f*; Schulzeugnis *n*
**ελέγχω** [e'leŋxo] kontrollieren; prüfen, kritisieren
**ελεειν|ός** [elein-] elend, jämmerlich; **~ότητα** Elend *n*
**ελεημοσύνη** [eleim-] Almosen *n*
**ελευθερία** [elefθ-] Freiheit *f*; *~ κινήσεως* Freizügigkeit *f*
**ελεύθερος** frei (*G*/ von *D*); ledig
**ελευθερ|οτυπία** Pressefreiheit *f*; **~οφροσύνη** Liberalismus *m*; **~όφρων (-ον)** 2 liberal; **~ώνω** befreien
**ελέφαντας** Elefant *m*
**ελεφαντοστό** Elfenbein *n*
**ελεχθ-** *s.* **λέγω**
**εληφθ-** *s.* **λαμβάνω**
**ελθ-** *s.* **έρχομαι**
**ελιά** Olive *f*; Ölbaum *m*; Muttermal *n*
**έλικα** Propeller *m*; Spirale *f*
**ελικόπτερο** Hubschrauber *m*
**έλκηθρο** Schlitten *m*
**έλκος** *n* Geschwür *n*; *~ στομάχου* Magengeschwür *n*
**ελκυστικότητα** Anziehungskraft *f*
**έλκω** (an)ziehen
**Ελλ|άδα, ~άς (-άδος)** *f* Griechenland *n*
**έλλειμμα** *n* Defizit *n*
**ελλειπτικός** elliptisch
**ελλείψει** (*G*) mangels *G*
**έλλειψη (-εις)** Mangel *m* (*G*/ an *D*); Abwesenheit *f*; Ellipse *f*
**Έλλην** ['elin] **(-ος)** *m*, **~ας** Grieche *m*
**Ελληνίδα** Griechin *f*
**ελλην|ικός** griechisch; ***η ~ική*** Griechisch *n*; ***~ικά*** griechisch; **~ιστικός** hellenistisch
**Ελλήσποντος** Hellespont *m*, Dardanellen *pl.*
**έλξη (-εις)** Gravitation *f*
**ελονοσία** Malaria *f*
**έλος** *n* Sumpf *m*
**ελπ|ίδα** Hoffnung *f*; **~ίζω** (er)hoffen
**ελώδης** 2 sumpfig
**εμαγιέ** [-'je] *n* emailliert
**εμάς** [e'mas] uns
**εμβαδό(ν)** (Grund-)Fläche *f*
**εμβάζω** überweisen
**εμβαθύνω** vertiefen
**έμβασμα** *n* Überweisung *f*
**εμβατήριο** Marsch *m*
**έμβλημα** ['emvlima] *n* Emblem *n*; Abzeichen *n*; Warenmarke *f*
**εμβολ|ή** Embolie *f*; **~ιάζω** impfen (**εναντίον** *G*/ gegen *A*); pfropfen; **~ιασμός** Impfung *f*
**έμβολο** Kolben *m*
**εμειν-** *s.* **μένω**
**εμείς** [e'mis] wir

**εμετικό** Brechmittel *n*
**έμ|μηνα** ['emina] *n/pl.* Menstruation *f*; **~μονος** hartnäckig; beständig
**εμ|παθής** 2 leidenschaftlich; **~παίζω** [-'bezo] verspotten
**εμπειρ|ία** [embir-] Erfahrung *f*; **~ογνώμονας** Sachverständige(r)
**έμπειρος** erfahren (**σε**/ in *D*)
**εμπιστ|εύομαι** [-'evome] anvertrauen; sich verlassen (**σε**/ auf *A*); **~ευτικός** [-eft-] vertraulich
**έμπιστος** zuverlässig
**εμπιστοσύνη** Vertrauen *n*
**έμπλαστρο** Pflaster *n*
**εμπλοκή** Verwicklung *f*, Versagen *n*
**εμπλουτίζω** anreichern
**έμπνευση** (**-εις**) [-bnefsi] Inspiration *f*
**εμ|πνέω** anregen; **~ποδίζω** (ver)hindern; stören; **~πόδιο** Hindernis *n*
**εμπόρευμα** [-revma] *n* Ware *f*
**εμπορ|εύομαι** [-'evome] handeln mit *D*; **~ικό** Geschäft *n*, Boutique *f*; **~ικός** Handels-; ***~ικός οίκος*** Warenhaus *n*
**εμπόριο** Handel *m*
**εμπορο|μεσίτης** Makler *m*; **~πανήγυρη** (**-εις**) [-pa'nijiri] Messe *f*
**έμπορος** Kaufmann *m*; Händler *m*
**εμποροϋπάλληλος** [-boroi'palil-] kaufmännischer Angestellter *m*; Verkäufer *m*
**εμπρησ|μός** Brandstiftung *f*; **~τής** Brandstifter *m*; **~τικός** Brand-; *fig.* zündend
**εμπρός** vorn; vorher; vorwärts; herein!; hallo!; ***~ σε*** vor (*D*/ *A*); (*Zeit*) vor *D*; im Vergleich zu *D*; angesichts *G*
**έμπυο** Eiter *m*
**εμ|φανίζομαι** erscheinen; **~φανίζω** *Fot.* entwickeln; **~φάνιση** (**-εις**) Erscheinung *f*; *Fot.* Entwicklung *f*; **~φαντικός** nachdrücklich
**έμφραγμα** *n* Stöpsel *m*; Plombe *f*; ***καρδιακό ~*** Herzinfarkt *m*
**εμφύλιος πόλεμος** Bürgerkrieg *m*
**έμφυτος** angeboren; *Su. n* Instinkt *m*
**εμψυχώνω** ermuntern
**εν** (*D*) in *D*
**εν|αγόμενος** Beklagte(r); **~άγω** verklagen; **~αλλαγή** Abwechseln *n*; **~αλλάξ** *Adv.* abwechselnd; **~αλλασσόμενο ρεύμα** Wechselstrom *m*; **~αλλάσσω** (ab)wechseln
**ενάντια** (**σε**) zuwider; gegen *A*
**εναντίον** Gegenteil *n*; (*G*) gegen *A*; entgegen *D*; ***το ~*** im Gegenteil
**ενάντιος** (**-ια**) widrig
**εναντιώνομαι** sich widersetzen

**εναπ|όθεση** Hinterlegung *f*; **~οθέτω** hinterlegen; **~οθηκεύω** [-οθi'kjevo] lagern; speichern
**ενάριθμος** numeriert
**εναρκτήριος (-ια)** Anfangs-
**έναρξη (-εις)** Beginn *m*
**ένας (μια, ένα)** ein(e); **~-~** einer nach dem anderen
**έναστρος** gestirnt
**ενασχολώ** (sich) beschäftigen
**ενατενίζω** anstarren
**ένατος** neunte(r)
**ένδειξη (-εις)** Anzeichen *n*, Hinweis *m*
**ένδεκα** elf
**ενδέκατο|ν** elftens; **~ς** elfte(r)
**εν|δέχεται** möglicherweise; **~δεχόμενο** Möglichkeit *f*; ***για κάθε ~δεχόμενο*** für alle Fälle
**ενδια|φέρομαι** sich interessieren; **~φερόμενος** interessiert **(για** *A*/ an *D*); **~φέρον (-οντος)** Interesse *n*; **~φέρω** interessieren; **~φέρων (-ουσα, -ον)** interessant
**ενδίδω** nachgeben
**ένδοξος** berühmt, ruhmvoll
**ενδοφλεβικός** intravenös
**ενδοχώρα** Hinterland *n*
**εν|δυμασία** Kleidung *f*; **~δύματα** *n/pl. Thea.* Kostüme *n/pl.*
**ενδυν|αμώνω** verstärken; **~άμωση** Verstärkung *f*
**ενέδρα** Hinterhalt *m*, Falle *f*
**ένεκ|α, ~εν** (*G*) wegen *G*
**ενεν|ηκοστός** neunzigste(r); **~ήντα** neunzig
**εν|έργεια** [e'nerjia] Energie *f*; Wirkung *f*; Tätigkeit *f*; **~εργητικό** Guthaben *n*, Haben *n*; **~εργητικός** energisch, tatkräftig; *Gr.* aktiv; **~εργητικότητα** Aktivität *f*; **~εργός** aktiv; **~εργώ** durchführen; sich bemühen; funktionieren
**ένεση (-εις)** Injektion *f*, Spritze *f*; ***κάνω ~*** e-e Spritze geben
**Ενετ|ία** Venedig *n*; **~ός** Venezianer *m*
**ενεχυριάζω** verpfänden
**ενέχυρο** Pfand *n*
**ενεχυροδανειστήριο** Pfandhaus *n*
**ενήλικος** mündig, volljährig
**ενήμερος** informiert
**ενθάρρυνση** Ermutigung *f*
**ενθαρρ|υντικός** ermutigend; **~ύνω** ermutigen
**ενθουσι|άζω** begeistern; **~ασμένος** begeistert **(με/** von *D*); **~ασμός** Begeisterung *f*; **~αστικός, ~ώδης** 2 begeisternd
**ενθύμιο** Andenken *n*
**ενιαίος** [eni'eos] **(-α)** einheitlich
**ενικός** Singular *m*
**ενίοτε** zuweilen, manchmal
**ενίσχυση** Unterstützung *f*, Verstärkung *f*

**ενισ|χυτής** Verstärker *m*; **~χύω** [-'çio] vergrößern; verstärken
**εννέα** neun
**εννεακόσιοι** [-sii] neunhundert
**εννιά** [e'nja] neun
**έννοια** ['enia] Begriff *m*; Bedeutung *f*; ['enja] Sorge *f*; **~ *σου, σας*** keine Sorge!
**εννο|ώ** meinen; merken; darauf bestehen; bedeuten; **~*είται*** [-'ite] selbstverständlich
**ενοικ|ιάζω** [enik-] (ver)mieten; **~*ιάζεται δωμάτιο*** Zimmer zu vermieten; **~ίαση (-εις)** Mieten *n*; Vermietung *f*; **~ιαστήριο** Mietvertrag *m*; **~ιαστής** Mieter *m*
**ενοίκιο** Miete *f*
**ένοικος** Bewohner *m*
**ενοικώ** wohnen, leben
**ένοπλ|ος** bewaffnet; **~*ες δυνάμεις*** Streitkräfte *f/pl.*
**ενοποιώ** [-pi'o] vereinigen; vereinheitlichen
**ένορκος** vereidigt; *Su.* Geschworene(r)
**ενόσω** solange (wie)
**ενότητα** Einheit *f*
**εν|οχή** Schuld *f*; **~όχληση (-εις)** Störung *f*; Belästigung *f*; **~οχλητικός** aufdringlich, lästig; **~οχλώ** stören; belästigen; *Schuhe*: drücken
**ένοχος** schuldig
**ένσημος** gestempelt; *Su. n* Stempelmarke *f*
**ένστικτο** Instinkt *m*
**ενσφράγιστος** versiegelt
**ενσωμάτωση** Integration *f*
**ένταλμα** ['endal-] *n* (Zahlungs-)Anweisung *f*; (Haft-)Befehl *m*
**εντάξει** in Ordnung
**ένταξη** Aufnahme *f*
**ένταση (-εις)** Spannung *f*; Steigerung *f*; Stromstärke *f*; (Laut-)Stärke *f*
**εντατικός** intensiv
**έντεκα** elf
**εντελώς** *Adv.* völlig
**έντερο** Darm *m*; ***τυφλό ~*** Blinddarm *m*
**εντευκτήριο** [endef'ktir-] Treffpunkt *m*; Versammlungsraum *m*
**εντολ|έας** Auftraggeber *m*; **~ή** Auftrag *m*; Postanweisung *f*; Vollmacht *f*; Gebot *n*; ***κατ' ~ήν*** im Auftrag; **~οδόχος** Bevollmächtigte(r)
**έντομο** Insekt *n*
**εντομοκτόνο** Insektenmittel *n*
**έντονος** stark; kräftig; heftig; nachdrücklich
**εν|τοπίζω** lokalisieren; **~τόπιος (-α)** einheimisch
**εντός** (*G*) in *D*; innerhalb *G*; *Adv.* (dr)innen; ***~ ολίγου*** in Kürze
**εντόσθια** [-'dosθia] *n/pl.* Eingeweide *n/pl.*
**εντούτοις** [-'dutis] indessen; dennoch
**εντριβή** Einreibung *f*

**έντυπο** Formular *n*; Drucksache *f*
**εν|τυπώνω** einprägen; **~τύπωση (-εις)** Eindruck *m*; **~τυπωσιακός** eindrucksvoll
**ενυδρείο** Aquarium *n*
**ενώ** während; obwohl
**ενώνω** verbinden; vereinigen
**ενώπιον** (*G*) vor *D*, in Gegenwart von *D*
**ενωρ|ίς** *Adv.* früh; **~ίτερα** früher; ***το ~ίτερο(ν)*** frühestens
**ένωση (-εις)** Verbindung *f*; Vereinigung *f*; Union *f*
**εξ** *s.* **εκ**
**εξαγγελία** Verkündigung *f*
**εξαγορά** Freikaufen *n*
**εξαγριώνω** wild machen
**εξάγω** ausführen; exportieren
**εξαγωγ|ή** [-γo'ji] Export *m*; Herausnahme *f*; **~ικός** Ausfuhr-
**εξ|αδέλφη** Kusine *f*; **~άδελφος** Vetter *m*
**εξαερισμός** Lüftung *f*
**εξαίρεση (-εις)** Ausnahme *f*; ***κατ' ~*** ausnahmsweise
**εξαίρετος** ausgezeichnet
**εξαιτίας** (*G*) wegen *G*; ***~ που*** weil
**εξακολουθώ** [-lu'θo] fortsetzen
**εξακόσιοι** [-'kosii] sechshundert
**εξακρ|ιβώνω** [-'vono] feststellen; **~ίβωση (-εις)** Feststellung *f*; Nachprüfung *f*
**εξαλείφω** [-'lifo] (aus)löschen; verwischen; ausradieren
**έξαλλος** außer sich (**από**/ vor *D*)
**εξάμηνο** Semester *n*; Halbjahr *n*
**εξαναγκάζω** nötigen
**εξάνθημα** *n* (Haut-)Ausschlag *m*
**εξάντας** Sextant *m*
**εξ|άντληση** Erschöpfung *f*; **~αντλώ** erschöpfen; **~άπαντος** *Adv.* bestimmt, unbedingt; **~απατώ** betrügen; **~απλώνω** (sich) ausbreiten; **~αργυρώνω** [-arji'rono] *Scheck* einlösen; **~αρτήματα** *n/pl.* Zubehör *n*; **~αρτώμαι** [-'tome] abhängen (**από**/ von *D*)
**εξ|άσκηση** Ausübung *f*; **~ασκώ** ausüben; **~ασφαλίζω** sichern; **~ασφάλιση** Sicherung *f*; **~ατμίζω** verdunsten; **~άτμιση (-εις)** Verdunstung *f*; Auspuff *m*
**εξαφανίζω** verschwinden lassen
**έξαφνα** *Adv.* plötzlich
**εξέγερση (-εις)** Aufstand *m*
**εξέδρα** Tribüne *f*; *Thea.* Rang *m*; Landungsbrücke *f*
**εξέλιξη (-εις)** Entwicklung *f*
**εξεπίτηδες** absichtlich
**εξε|ρεύνηση (-εις)** [-'revnisi] Erforschung *f*; **~ρευνητής** Forscher *m*; **~ρευνώ (-άς)** erforschen

**εξ|ετάζω** untersuchen; verhören; prüfen; **~έταση** (**-εις**) Untersuchung *f*; Verhör *n*; Prüfung *f*
**εξευτελισμός** Erniedrigung *f*
**εξέχ|ω** hervorragen; **~ων** (**-ουσα, -ον**) prominent
**έξη** (**-εις**) Angewohnheit *f*
**εξ|ήγηση** (**-εις**) [-'ijisi] Erklärung *f*, Erläuterung *f*; **~ηγώ** [-'ɣo] erklären; deuten
**εξ|ηκοστός** sechzigste(r); **~ήντα** sechzig
**εξής** [e'ksis] *Adv.* folgend; ***στο ~*** künftig
**εξηχθ-** *s.* **εξάγω**
**έξι** sechs
**εξίσου** ebenso; gleichermaßen
**εξιστόρηση** (**-εις**) Schilderung *f*
**εξ|ισώνω** ausgleichen; angleichen; **~ίσωση** (**-εις**) Ausgleich *m*; Gleichung *f*; **~ιτήριο** Entlassungsschein *m*; **~όγκωμα** [-'oŋgoma] *n* Beule *f*, Schwellung *f*; **~ογκώνω** anschwellen; übertreiben
**έξοδ|ο** Ausgabe *f*; **~ος** *f* Verlassen *n*; Ausgang *m*; Austritt *m*; ***~ος κινδύνου*** Notausgang *m*
**εξοικ|ειώνω** [eksiki'ono] vertraut machen (**με, σε**/ mit *D*); **~ονομώ** ersparen
**εξ|ολοθρεύω** [-'θrevo] vernichten; ausrotten; **~ομολόγηση** (**-εις**) Geständnis *n*; Beichte *f*
**εξόν:** ***~ από*** außer *D*; ***~ αν*** wenn nicht; ***~ που*** außer daß, außer wenn
**εξ|οπλίζω** ausrüsten; **~οπλισμός** (Aus-)Rüstung *f*
**εξοργίζω** erzürnen
**εξορ|ία** Verbannung *f*; **~ίζω** verbannen; **~κίζω** beschwören
**εξ|όρμηση** (**-εις**) Aufbruch *m*; **~ουθενώνω** erschöpfen
**εξουσ|ία** Macht *f*; Gewalt *f*; Behörde *f*; **~ιάζω** (be)herrschen; **~ιαστής** Machthaber *m*; **~ιοδότηση** (**-εις**) Vollmacht *f*; **~ιοδοτώ** bevollmächtigen
**εξοφλώ** begleichen; einlösen
**εξοχή** Vorsprung *m*; Erhöhung *f*; Kurort *m*; ***στην ~*** auf dem Lande; ***κατ' ~ν*** vor allem
**εξοχικ|ός** ländlich, Land-; ***~ό κέντρο*** Gartenlokal *n*
**έξοχος** hervorragend, ausgezeichnet
**εξυπηρ|έτηση** (**-εις**) Nützlichkeit *f*; Gefälligkeit *f*; Dienst *m*; ***~έτηση πελατών*** Kundendienst *m*; **~ετικός** nützlich; gefällig; **~ετώ** nützen; gefällig sein
**εξυπνάδα** Intelligenz *f*
**έξυπνος** intelligent
**έξω** hinaus; draußen; im Ausland; (*G*) außerhalb *G*; **~**

*από* außerhalb *G*; außer *D*; draußen vor *D*; *απ' ~* auswendig
**εξώγαμος** außerehelich
**εξώθυρα** Haustür *f*
**εξω|θώ** provozieren; hinausjagen; **~κοινοβουλευτικός** [-kinovuleft-] außerparlamentarisch; **~λέμβιος** (**-α**) Außenbord-
**εξ|ώπορτα** Haustür *f*; **~ωραΐζω** [-ora'izo] verschönern; **~ωραϊσμός** Verschönerung *f*; Modernisierung *f*; **~ώστης** Balkon *m*; Galerie *f*, Rang *m*
**εξωτερ|ίκευση** (**-εις**) Äußerung *f*; **~ικεύω** [-i'kjevo] äußern; **~ικό** Ausland *n*; Äußere(s); **~ικός** außer-; auswärtig; Außen-; äußerlich
**εξωτικός** exotisch
**εορτ|ασμός** Feier *f*; **~ή** Feier *f*, Fest *n*; Feiertag *m*
**επ'** *s.* **επί**
**επάγγελμα** *n* Beruf *m*
**επαγγελματ|ίας** freiberuflich Tätige(r); **~ικός** beruflich; Berufs-
**επαγρυπνώ** (**-άς**) wachen
**έπαινος** Lob *n*; Anerkennung *f*
**επαινώ** [epe'no] loben; anerkennen
**επαισθητός** [epesθit-] fühlbar
**επ|αίτης** Bettler *m*; **~αιτώ** [-e'to] betteln
**επαλήθευση** (**-εις**) Verifizierung *f*
**επαν|αλαμβάνω** wiederholen; **~άληψη** (**-εις**) Wiederholung *f*; Wiederaufnahme *f*; **~άσταση** (**-εις**) Revolution *f*; **~αστατώ** sich erheben (**κατά** *G*/ gegen *A*)
**επαναφέρω** wiederbringen
**επαν|έρχομαι** wiederkommen; **~ορθώνω** instandsetzen; wiedergutmachen; **~όρθωση** (**-εις**) Wiedergutmachung *f*
**επάνω** (nach) oben; ***από ~*** von oben; ***~ από*** über *D*, *A*; ***~ που*** gerade als
**επανωφόρι** Mantel *m*
**επάργυρος** versilbert
**επαρχ|ία** Provinz *f*; **~ιακός** provinziell
**επαφή** Berührung *f*; Kontakt *m*
**επείγ|ων** (**-ουσα, επείγον**) dringend; ***~ον*** Eilbrief!
**επειδή** [epi'ði] weil, da
**επεισόδιο** Episode *f*; Zwischenfall *m*
**έπειτα** dann, darauf
**επ|εμβαίνω** [-'veno] eingreifen; sich einmischen; **~έμβαση** (**-εις**) Eingreifen *n*; Einmischung *f*; **~ενδύω** investieren
**επέρσι** *Adv.* voriges Jahr
**επερ|ώτηση** (**-εις**) Anfrage *f*; **~ωτώ** (**-άς**) anfragen
**επεσ-** *s.* **πέφτω**
**επέτειος** *f* Jahrestag *m*

**επηρε|άζω** beeinflussen; **~ασμός** Beeinflussung *f*
**επήρεια** Einfluß *m*
**επηρμένος** eingebildet
**επί** (*G*) während *G*; zur Zeit *G*, unter *D*; (*D*) anläßlich *G*; wegen *G*; (*A*) auf *A*; *Adv. Math.* mal
**επι|βάλλω** erzwingen; auferlegen; verhängen; **~βάρυνση** (**-εις**) Belastung *f*; **~βαρύνω** belasten; **~βάτης** Passagier *m*; **~βατικός** Passagier-; Personen-; **~βλέπω** beaufsichtigen
**επίβλεψη** Beaufsichtigung *f*
**επιβραβεύω** [-vra'vevo] belohnen
**επίγειος** [e'pijios] (**-α**) irdisch
**επι|γονατίδα** Kniescheibe *f*; **~γραφή** Überschrift *f*; Inschrift *f*; **~δεικνύω** [-ði-'knio] zur Schau stellen
**επίδειξη** (**-εις**) Vorführung *f*; **~ *μόδας*** Modenschau *f*
**επι|δένω** *Med.* verbinden; **~δέξιος** (**-α**) geschickt; **~δεξιότητα** Geschicklichkeit *f*
**επίδεσμος** *Med.* Verband *m*
**επιδημία** Seuche *f*
**επι|διορθώνω** reparieren; **~διόρθωση** (**-εις**) Reparatur *f*; **~διώκω** [-ði'oko] anstreben; **~δίωξη** (**-εις**) Streben *n*; **~δοκιμάζω** billigen; **~δοκιμασία** Billigung *f*; Beifall *m*
**επίδομα** *n* Beihilfe *f*; **~ *ανεργίας*** Arbeitslosenunterstützung *f*
**επιδόρπιο** Nachtisch *m*
**επίδραση** (**-εις**) (Ein-)Wirkung *f*
**επι|δρώ** (**-άς**) wirken (**σε**/ auf *A*); **~είκεια** [-'ikia] Nachsicht *f*; Milde *f*; **~εικής** 2 nachsichtig
**επίζηλος** beneidenswert
**επιζώ** überleben
**επί|θεμα** *n Med.* Umschlag *m*; **~θεση** (**-εις**) Angriff *m*; **~θετο** Familienname *m*; Adjektiv *n*
**επι|θεώρηση** (**-εις**) Besichtigung *f*; Inspektion *f*; Revue *f*; **~θεωρητής** Inspektor *m*; **~θεωρώ** beaufsichtigen; inspizieren; **~θυμία** Wunsch *m*; Sehnsucht *f*; **~θυμώ** [-θi'mo] wünschen; sich sehnen nach (*D*)
**επίκαιρ|ο** [-kjero] Aktualität *f*; *pl.* Wochenschau *f*; **~ος** aktuell
**επίκειται** [-kite] (es) steht bevor
**επι|κίνδυνος** gefährlich; **~κοινωνώ** [-kino'no] sich in Verbindung setzen; **~κολλώ** (**-άς**) aufkleben; **~κρίνω** kritisieren; **~λέγω** hinzufügen; *Tel.* wählen; (aus)wählen; **~λεκτικότητα** Trennschärfe *f*; **~ληπτικός** [-lipt-] epileptisch; **~λογή** [-'ji] Auswahl *f*
**επίλογος** Nachwort *n*

**επι|μέλεια** Fleiß *m*; **~μελής** 2 fleißig; sorgfältig; **~μελητής** Assistent *m*; wissenschaftlicher Mitarbeiter *m*; **~μελούμαι** [-'lume] sich kümmern um; **~μένω** bestehen (**σε**/ auf *D*); **~μήκης** 2 länglich; **~μονή** Beharrlichkeit *f*
**επίμονος** beharrlich
**επι|νοητικός** erfinderisch; **~ορκία** Meineid *m*
**επίπεδ|ο** Fläche *f*; Niveau *n*; ***βιοτικό ~ο*** Lebensstandard *m*; **~ος** flach; eben
**επιπλέ|ον** darüber hinaus; **~ω** schwimmen
**επι|πλήττω** [-'plito] zurechtweisen; **~πλοκή** Komplikation *f*
**έπιπλα** *n/pl.* Möbel *pl.*
**επι|πλοπωλείο** [-po'lio] Möbelgeschäft *n*; **~πλωμένος** möbliert; **~πλώνω** möblieren
**επίπλωση** (**-εις**) Einrichtung *f*
**επιπόλαιος** oberflächlich
**επίπονος** mühsam
**επιπρόσθετος** zusätzlich
**επίρρημα** *n* Adverb *n*
**επιρροή** [-ro'i] Einfluß *m*
**επίσημος** offiziell; amtlich
**επίσης** *Adv.* ebenfalls, gleichfalls, auch
**επι|σκέπτης** Besucher *m*; **~σκέπτομαι** besuchen; **~σκευάζω** [-skje'vazo] reparieren; **~σκευή** Reparatur *f*
**επίσκεψη** (**-εις**) Besuch *m*
**επισκιάζω** beschatten
**επίσκοπος** Bischof *m*
**επι|στατώ** beaufsichtigen; **~στήμη** [-'stimi] Wissenschaft *f*; **~στήμονας** Wissenschaftler *m*; **~στημονικός** wissenschaftlich
**επιστολ|ή** Brief *m*; Schreiben *n*; ***συστημένη ~ή*** Einschreibebrief *m*; **~ογραφία** Korrespondenz *f*; **~ογράφος** *m*, *f* Korrespondent(in *f*) *m*; **~ογραφώ** korrespondieren
**επι|στρέφω** zurücksenden; zurückerstatten; zurückkommen; **~στροφή** Rücksendung *f*; Rückkehr *f*
**επιταγή** [-'ji] Zahlungsbefehl *m*; ***ταχυδρομική ~*** Postanweisung *f*; ***τραπεζική ~*** Scheck *m*
**επι|τάχυνση** Beschleunigung *f*; **~ταχύνω** [-ta'çino] beschleunigen; **~τελείο** (Mitarbeiter-)Stab *m*; Gremium *n*; ***γενικό ~τελείο*** Generalstab *m*; **~τήδειος** [-'tiðios] (**-α**) geschickt, gewandt
**επίτηδες** *Adv.* absichtlich; eigens, extra
**επι|τήρηση** Überwachung *f*; **~τηρητής** Aufseher *m*; **~τηρώ** [-ti'ro] beaufsichtigen; **~τίθεμαι** angreifen (**κατά** *G*/ *A*); **~τιθέμενος** Angreifer *m*; **~τιμώ** (**-άς**) tadeln; **~τρέπω** erlauben;

**\~τροπή** Kommission *f*
**επίτροπος** Bevollmächtigter; Vormund *m*; Kommissar *m*
**επι|τυχαίνω** [epiti'çeno] treffen; Erfolg haben; gelingen; **\~τυχημένος** [-tiçi-] erfolgreich; gelungen; **\~τυχία** Erfolg *m*; gute Ausführung *f*
**επιφάνεια** [-'fania] Oberfläche *f*; **\~** ***θαλάσσης*** Meeresspiegel *m*
**επι|φανειακός** oberflächlich; **\~φανής** 2 angesehen; **\~φορτίζω** beauftragen; **\~φυλακή** Alarmbereitschaft *f*; **\~φυλακτικός** zurückhaltend; **\~φύλαξη** **(-εις)** Zurückhaltung *f*; Vorbehalt *m*; **\~φυλάσσομαι** sich vorbehalten; **\~φυλλίδα** Feuilleton *n*; **\~φώνημα** *n* Ausruf *m*; **\~χείρημα** [-'çirima] *n* Argument *n*
**επιχειρηματ|ίας** Unternehmer *m*; **\~ολογία** Argumentation *f*
**επι|χείρηση** **(-εις)** Unternehmen *n*; Betrieb *m*; **\~χειρώ** [-çi'ro] unternehmen; **\~χορήγημα** [-xo'rijima] *n* Zuschuß *m*; Zulage *f*; **\~χορηγώ** [-'ɣo] subventionieren; bezuschussen
**επίχρυσος** vergoldet
**επιχωματώνω** zuschütten
**εποικοδομητικός** [epi-] konstruktiv
**επ|όμενος** folgend-; später-; nächst-; **\~ομένως** folglich
**επόπτης** Aufseher *m*
**εποχ|ή** [-'çi] Zeitalter *n*; Epoche *f*; Jahreszeit *f*; Zeit *f*; **\~*ή λουτρών*** Badesaison *f*; **\~ιακός** Saison-
**επτ-** *s.* **εφτ-**
**Επτάνησος** *f* Ionische Inseln *f/pl.*
**επ|ωάζω** [epo'azo] (aus-) brüten; **\~ωνυμία** Firmenname *m*; Beiname *m*; **\~ώνυμο** Familienname *m*
**επωφελούμαι** [-'lume] *G* (Gelegenheit) benutzen
**έρανος** Spendensammlung *f*, Spende *f*
**ερασι|τέχνης** Amateur *m*; **\~τεχνικός** Amateur-; Laien-
**εραστής** Liebhaber *m*
**εργ|άζομαι** arbeiten; funktionieren; **\~αζόμενος** berufstätig; *Su.* Werktätige(r); **\~αλείο** Werkzeug *n*; **\~ασία** Arbeit *f*; Geschäft *n*; **\~άσιμος** Arbeits-; Werk-; **\~αστήριο** Werkstatt *f*; Atelier *n*; Laboratorium *n*; **\~άτης** Arbeiter *m*; **\~ατιά** Arbeiterschaft *f*; **\~ατικός** arbeitsam, fleißig; **\~άτρια** Arbeiterin *f*
**εργένης** [er'jenis] Junggeselle *m*
**έργο** Arbeit *f*; Werk *n*; Aufgabe *f*; *Thea.* Stück *n*; Film *m*

**εργο|δηγός** Werkmeister *m*, Vorarbeiter *m*; **~δότης** Arbeitgeber *m*; **~λαβία** Unternehmen *n*; Auftrag *m*; **~λάβος** Bauunternehmer *m*
**εργοστάσιο** Fabrik *f*, Werk *n*; ***ηλεκτρικό*** ~ Kraftwerk *n*; ~ ***παραγωγής φωταερίου*** Gaswerk *n*
**εργόχειρο** Handarbeit *f*
**ερεθ|ίζω** reizen; **~ισμός** Reizung *f*; **~ιστικός** aufreizend
**ερείπιο** [e'ripio] Ruine *f*, *pl. a.* Trümmer *pl.*
**ερειπώνω** zerstören
**έρευνα** ['erevna] Untersuchung *f*; Forschung *f*; ***σωματική*** ~ Leibesvisitation *f*; ***κατ' οίκον*** ~ Haussuchung *f*
**ερευν|ητής** Erforscher *m*; *Fot.* Sucher *m*; **~ώ (-άς)** untersuchen; erforschen
**ερημ|ιά** Einöde *f*; Einsamkeit *f*; **~ικός** einsam, verlassen
**έρημος** unbewohnt, öde; verlassen; *Su. f* Wüste *f*
**ερ|ημώνω** verwüsten; **~ήμωση** Verwüstung *f*
**ερθ-** *s.* **έρχομαι**
**ερμηνεία** Interpretation *f*, Übersetzung *f*
**ερμηνεύω** [-mi'nevo] erläutern, interpretieren
**έρπω** kriechen
**ερυθρός (-ά)** rot; *Su. f* Röteln *pl.*; ♀ ***Σταυρός*** Rote(s) Kreuz *n*
**έρχομαι** kommen; reichen (**ως**/ bis zu *D*); passen; ~ ***δεύτερος*** zweiter werden; ~ ***στον εαυτό μου*** zu sich kommen
**ερχ|όμενος** kommend, nächst-; **~ομός** Ankunft *f*
**έρ|ως (-ωτος), ~ωτας** *m* Liebe *f*
**ερωτ|ευμένος** [erotev-] verliebt (**με**/ in *A*); **~εύομαι** [-'evome] sich verlieben
**ερωτηματολόγιο** Fragebogen *m*
**ερώτηση (-εις)** Frage *f*
**ερωτ|ικός** Liebes-; erotisch; **~οτροπία** Flirt *m*; **~οτροπώ** flirten
**ερωτώ (-άς)** fragen
**εσάς** euch
**εσένα** dich
**έσοδο** Einnahme *f*
**εσοχή** Vertiefung *f*
**εσπέρα** Abend *m*
**Εσπερία** Westen *m*, Abendland *n*
**εσπερινός** abendlich; *Su. m* Abendmesse *f*
**εστ|ία** Herd *m*; Brennpunkt *m*; Kochplatte *f*; **~ιατόριο** Restaurant *n*; Speisesaal *m*
**εστραμμένος, εστραφ-** *s.* **στρέφω**
**εσύ** [e'si] du
**εσφαλμένος** falsch
**εσχάρα** Grill *m*; Gepäcknetz *n*
**έσχατος** letzte(r); äußer-

ste(r); ***εσχάτη προδοσία*** Hochverrat *m*
**εσω-** innen; inner-
**εσώκλειστος** beigefügt
**εσωκλείω** [eso'klio] beifügen
**εσώρουχα** *n/pl.* Unterwäsche *f*
**εσωτερικός** innere(r)-; *Su. n* Inland *n*
**εταζέρα** Konsole *f*
**εταιρεία** [ete'ria] Verband *m*; Gesellschaft *f*; ***ανώνυμος*** ~ Aktiengesellschaft *f*
**ετερο-** anders-
**ετήσιος** (**-α**) jährlich
**ετοιμ|άζω** [etim-] vorbereiten; **~ασία** Vorbereitung *f*; **~όλογος** schlagfertig; **~όρροπος** baufällig
**έτοιμος** bereit, fertig
**έτος** *n* Jahr *n*
**έτσι** so; umsonst; ~ ***κ'*** ~ einigermaßen; sowieso
**ευαγγ|ελικός** [evaŋg-] evangelisch; **~έλιο** Evangelium *n*
**ευ|αισθησία** [evesθi'sia] Empfindlichkeit *f*; **~αίσθητος** empfindlich (**σε**/ gegen *A*)
**Εύβοια** ['evia] Euböa *n*
**ευ|γένεια** [e'vjenia] Höflichkeit *f*; **~γενής** 2 höflich; liebenswürdig; ***~γενές μέταλλο*** Edelmetall *n*; **~γενικός** *s.* **ευγενής**; **~γνωμονώ** [evɣnomo'no] dankbar sein; **~γνωμοσύνη** [-'sini] Dankbarkeit *f*;
**~γνώμων** (**-ον**) 2 dankbar; **~δαιμονία** [evðem-] Glückseligkeit *f*; **~διάθετος** gut gelaunt; **~διάκριτος** gut erkennbar; **~εργεσία** Wohltätigkeit *f*; Wohltat *f*; **~εργετικός** wohltätig
**ευθεία** [e'fθia] Gerade *f*; ***κατ'*** **~ν** geradeaus, direkt
**εύθραυστος** ['efθrafstos] zerbrechlich
**ευθυμία** [efθim-] Fröhlichkeit *f*
**εύθυμος** fröhlich, heiter
**ευθυμώ** [efθi'mo] sich amüsieren
**ευθύν|η** [e'fθini] Verantwortung *f*; Risiko *n*; Haftung *f*; **~ομαι** verantwortlich sein, haften (**για**/ für)
**ευθύς** [e'fθis] (**-εία**) gerade; direkt; redlich; *Adv.* sofort
**ευκαιρία** [efkjer-] Gelegenheit *f*; ***επ'*** ~ *G* bei Gelegenheit *G*
**εύκαιρος** günstig; unbeschäftigt; leer
**ευ|καιρώ** Zeit haben; **~κάλυπτος** Eukalyptus *m*
**εύκαμπτος** ['ef-] biegsam
**ευκοίλιος** [e'fkilios] (**-α**) gute Verdauung habend
**εύκολος** leicht; umgänglich
**ευκολύνω** erleichtern; *j-m* aushelfen
**ευ|λάβεια** Frömmigkeit *f*; **~λαβικός** fromm; **~λογία** Segen *m*; **~λογιά** Pocken *pl.*
**εύλογος** verständlich
**ευλογώ** segnen, preisen

**ευμένεια** Gunst *f*
**ευμετάβλητος** [evmet-] veränderlich, unbeständig
**ευνόητος** verständlich
**εύνοια** ['evnia] Gunst *f*
**ευ|νοϊκός** günstig; **~νοούμενος** begünstigt; **~νοώ** begünstigen
**ευ|παθής** [ef-] 2 empfindlich; anfällig; **~πείθεια** [-'piθia] Gehorsam *m*; **~πειθής** 2 gehorsam
**εύ|πιστος** leichtgläubig; **~πορος** wohlhabend
**ευπρέπεια** Anstand *m*
**εύ|ρεση** ['ev-] Erfindung *f*; Auffindung *f*; **~ρημα** *n* Fund *m*; Einfall *m*; Pointe *f*
**ευρ|ύνω** [e'vrino] erweitern, verbreitern; **~ύς** breit; weit; **~ύτητα** Breite *f*; Weite *f*; Umfang *m*; **~ύχωρος** geräumig
**ευρωπαϊκός** [evro-] europäisch
**Ευρώπη** [e'vropi] Europa *n*
**ευρωτσέκ** [evro-] *n* Euroscheck *m*
**εύσαρκος** ['ef-] korpulent
**ευσπλαχνία** Barmherzigkeit *f*
**ευσυν|ειδησία** [efsiniðis-] Gewissenhaftigkeit *f*; **~είδητος** gewissenhaft
**ευτυχ|ία** [efti'çia] Glück *n*; **~ισμένος** [-çiz-] glücklich; **~ώς** [-'xos] *Adv.* zum Glück
**εύφλεκτος** ['ef-] feuergefährlich
**ευφορία** [efo'ria] Fruchtbarkeit *f*
**εύφορος** fruchtbar
**ευ|φράδεια** Redegewandtheit *f*; **~φροσύνη** Frohsinn *m*
**ευφυ|ής** [efi'is] 2 begabt; geistreich; **~ία** Begabung *f*; Intelligenz *f*
**ευχαρ|ιστημένος** [efxar-] zufrieden; **~ιστήριο** Danksagung *f*; **~ίστηση** Vergnügen *n*; ***με ~ίστηση*** mit Vergnügen, gern; **~ιστία** Dank *m*
**ευχάριστος** angenehm
**ευχαρ|ιστώ** danken; erfreuen; ***~ιστώ (πολύ)*** danke (sehr)!; **~ίστως** gern
**ευχέρεια** [ef'çer-] Leichtigkeit *f*
**ευχή** [e'fçi] Wunsch *m*
**εύχομαι** ['efxome] wünschen
**εύχρηστος** ['efxristos] handlich, praktisch; gebräuchlich
**ευ|ωδία** Duft *m*; **~ωδιάζω** duften
**εφαγ-** *s.* **τρώγω**
**εφάμιλλος** gleichwertig
**εφάπαξ** (auf) einmal, pauschal; *Su. n* Abfindung *f*
**εφάπτομαι** berühren
**εφαρμ|ογή** [-'ji] Anwendung *f*; **~όζω** anwenden; anpassen; **~όσιμος** anwendbar
**εφεδρεία** Reserve *f*
**εφεξής** von nun an, in Zukunft

**έφεση** *jur*. Berufung *f*; Neigung *f* (**για**/ zu *D*)
**εφ|έτος** *Adv*. in diesem Jahr; **~εύρεση** (**-εις**) [-'evr-] Erfindung *f*; **~ευρέτης** Erfinder *m*; **~ευρίσκω** erfinden
**εφηβεία** [-i'via] Pubertät *f*
**εφημερ|ίδα** [efi-] Zeitung *f*; **~ιδοπώλης** [-'polis] Zeitungshändler *m*
**εφ|ιάλτης** Alptraum *m*; **~ιαλτικός** bedrückend, quälend; **~οδιάζω** versorgen; **~οδιασμός** Versorgung *f*; **~όδιο** Vorrat *m*; Proviant *m*; Mittel *n*
**εφορεία** Ausschuß *m*; Behörde *f*; (***οικονομική***) **~** Finanzamt *n*
**εφορμώ** (**-άς**) (be)stürmen
**εφόσον** solange wie; vorausgesetzt daß
**εφτ|ά** sieben; **~ακόσ(ι)οι** siebenhundert
**εχ|εμύθεια** [eçe'miθia] Verschwiegenheit *f*; **~έμυθος** verschwiegen, diskret
**εχθές** [e'xθes] gestern
**έχθρα** Feindschaft *f*, Haß *m*
**εχθρ|εύομαι** [ex'θrevome] hassen, verabscheuen; **~ικός** feindlich; **~ός** Feind *m*
**έχιδνα** ['eç-] Kreuzotter *f*
**έχ|ω** ['exo] haben; kosten; ***~ω να*** müssen; *j-n* halten (**για**/für *A*); ***~ει*** ['eçi] es gibt
**εψές** gestern (abend)
**έως** ['eos] (*G*, *A*) bis zu *D*, bis *A*; fast, ungefähr; **~ *όπου*** (***να***) bis

# Z

**ζαγάρι** Jagdhund *m*
**ζακέτα** Jackett *n*
**ζαλ|άδα, ζάλη** Schwindel(gefühl *n*) *m*; **~ίζομαι** schwindlig, übel werden; **~ισμένος** schwindlig
**ζαμπόν(ι)** Schinken *m*
**ζάρι** Würfel *m*
**ζαρκάδι** Reh *n*
**ζαρ|ωματιά** Falte *f*; Runzel *f*; **~ώνω** (zer)knittern; sich verkriechen
**ζαφείρι** Saphir *m*
**ζάχαρη** Zucker *m*
**ζαχαρ|ιέρα** Zuckerdose *f*; **~ίνη** Süßstoff *m*; **~οκάλαμο** Zuckerrohr *n*; **~οπλαστείο** Konditorei *f*; **~ώνω** (ver)zuckern; *fig*. flirten; **~ωτό** Süßigkeit *f*, Bonbon *n*; **~ωτός** Zucker-; zuckersüß
**ζέβρα** Zebra *n*
**ζελατίν|α, ~η** Gelatine *f*
**ζελέ** *n* Gelee *n*
**ζεματ|ίζω** (ab)brühen; verbrühen; kochen; **~ιστός** abgebrüht; kochend heiß
**ζενίθ** *n* Zenit *m*
**ζερβ|ά** links; **~ός** linke(r)
**ζέρσεϋ** *n* Jersey *m*
**ζεστ|ά** *Adv*. warm, behaglich; **~αίνομαι** warm werden; **~αίνω** [-'eno] (er-)

wärmen; warm machen
**ζέστη** Wärme *f*, Hitze *f*; ***κάνει*** ~ es ist heiß
**ζεστ|ός** heiß, warm; *fig*. feurig; **~ούτσικος** lauwarm
**ζευγ|άρι** [zevɣ-] Paar *n*; Gespann *n*; **~αρίζω** pflügen; **~αρώνω** zusammenbringen; sich paaren; **~αρωτά** paarweise, zu zweien; **~αρωτός** gepaart; **~άς** Bauer *m*
**ζεύγος** *n* (Ehe-)Paar *n*
**Ζεύς** [zefs] (**Διός**) *m* Zeus *m*
**ζεύω** ['zevo] anspannen
**ζήλεια** ['zilja] Neid *m*; Eifersucht *f*
**ζηλεύω** [zi'levo] eifersüchtig (neidisch) sein
**ζήλος** Eifer *m*
**ζηλ|οτυπία** Eifersucht *f*; Neid *m*; **~ότυπος** eifersüchtig, neidisch; **~όφθονος** gehässig
**ζημ|ία** [zim-] Schaden *m*; Verlust *m*; **~ιώνω** (be)schädigen
**ζή|τημα** *n* Frage *f*, Problem *n*; **~τηση** Verlangen *n*; Nachfrage *f*
**ζητ|ιανεύω** [zitja'nevo] (er)betteln; **~ιάνος** Bettler *m*; **~ώ (-άς)** suchen; *j-n* verlangen; fordern; bitten; **~ωκραυγάζω** [-okravɣ-] zujubeln
**ζιζάνιο** Unkraut *n*; Zwietracht *f*
**ζόρι** Gewalt *f*; Mühe *f*; **~κος** mühsam; störrisch
**ζουλώ (-άς)** (aus)pressen; quetschen
**ζουμ|ερός** [zum-] saftig; lohnend; **~ί** Saft *m*; Gewinn *m*
**ζυγ|αριά** [ziɣ-] Waage *f*; **~ιάζω, ~ίζω** (ab)wiegen; prüfen; **~ώνω** sich nähern, herankommen
**ζυθο|ποιείο** [ziθopi'io] Bierbrauerei *f*; **~πωλείο** Bierlokal *n*
**ζύθος** ['ziθos] Bier *n*
**ζυμαρικά** *n/pl*. Teigwaren *f/pl*.
**ζύμη** ['zimi] Teig *m*
**ζυμώνω** kneten; *Gips usw*. anrühren
**ζύμωση (-εις)** Gärung *f*
**Ζυρίχη** [zi'riçi] Zürich *n*
**ζω** [zo] leben; ernähren; erleben
**ζωγραφ|ιά** Gemälde *n*; Portrait *n*, Bild *n*; **~ίζω** malen; illustrieren; schildern; **~ική** Malerei *f*; **~ικός** malerisch; Mal-
**ζωγράφος** (Kunst-)Maler *m*
**ζώδιο** ['zoðio] Tierkreiszeichen *n*
**ζω|ή** [zo'i] Leben *n*, Lebensunterhalt *m*; **~ηρός** lebhaft; lebendig; **~ηρότητα** Lebhaftigkeit *f*; **~ικός** tierisch; Lebens-; **~μός** Fleischbrühe *f*
**ζώνη** Gürtel *m*; *Geogr*. Zone *f*; ***~ ασφαλείας*** Sicherheitsgürtel *m*

**ζωντ|άνεια** Lebhaftigkeit *f*; **~ανεύω** [-'evo] wiederaufleben; **~ανός** lebendig
**ζώνω** umgürten; einkreisen
**ζώο** ['zoo] Tier *n*; Vieh *n*; **~ *κατοικίδιο*** Haustier *n*
**ζωογονώ** [zoo-] beleben; aufmuntern
**ζωο|λογία** Zoologie *f*; **~λογικός** zoologisch; ***~λογικός κήπος*** zoologischer Garten *m*, Zoo *m*

# Η

**η** [i] die
**ή** [i] oder; ***ή ... ή*** entweder ... oder
**ηγεμόνας** [ije-] Herrscher *m*, Fürst *m*
**ηγεσία** Führung *f*; Oberbefehl *m*
**ηγέτης** Führer *m*; Oberbefehlshaber *m*
**ηγούμαι** [i'γume] (*G*) (an)führen, leiten
**ηγούμενος** Abt *m*
**ήγουν** ['iγun] das heißt (d.h.)
**ήδη** ['iði] schon
**ηδονή** Genuß *m*; Wonne *f*
**ηδονικός** wollüstig
**ήθελα** ich wollte; ich möchte; *s.* **θέλω**
**ηθικ|ή** Moral *f*; Ethik *f*; **~ός** moralisch; anständig; sittlich; **~ότητα** Sittlichkeit *f*; Anständigkeit *f*
**ηθοποιός** [iθopi'os] *m*, *f* Schauspieler(in *f*) *m*
**ήθος** *n* Charakter *m*, Wesen *n*; ***ήθη*** *n*/*pl*. Sitten *f*/*pl*.
**ηλεκτρ|ίζω** elektrisieren; *fig*. anfeuern; **~ικός** elektrisch; *Su*. *m* (*Athen*) U-Bahn *f*; **~ισμός** Elektrizität *f*
**ήλεκτρο** Bernstein *m*
**ηλεκτρ|ογεννήτρια** Generator *m*; **~όδιο** Elektrode *f*; **~οκαρδιογράφημα** *n* Elektrokardiogramm (EKG) *n*; **~ολόγος** Elektriker *m*; **~όλυση** Elektrolyse *f*; **~ομαγνήτης** Elektromagnet *m*; **~ομηχανή** Dynamo *m*; Elektromotor *m*
**ηλεκτρο|νικός** elektronisch; ***~νικός εγκέφαλος*** Computer *m*; **~νόμος** Relais *n*; **~παραγωγή** [-paraγo'ji] Stromerzeugung *f*; **~πληξία** elektrische(r) Schlag *m*; **~τεχνία** Elektrotechnik *f*
**ηλθ-** *s.* **έρχομαι**
**ηλιάζομαι** [i'ljazome] sich sonnen
**ηλιακός** Sonnen-
**ηλίαση** Sonnenstich *m*
**ηλ|ίθιος** (-α) blöd, schwachsinnig; **~ιθιότητα** Dummheit *f*, Blödsinn *m*
**ηλικία** Alter *n*; Jahrgang *m*; ***σε ~*** (*G*) im Alter von ...
**ηλικιωμένος** alt
**ηλιο|βασίλεμα** *n* Sonnen-

untergang *m*; **~θεραπεία** Sonnenbad *n*
**ηλιοκαμένος** [iljoka'menos] sonnengebräunt
**ηλιόλου|στος** sonnig; **~τρο** Sonnenbad *n*
**ήλιος** ['iljos] Sonne *f*; Sonnenblume *f*
**ηλιοστάσιο** Sonnenwende *f*
**ήμαστ|αν, ~ε** ['imaste] wir waren
**ημείς** [i'mis] wir
**ημέρα** Tag *m*; ***εργάσιμη ~*** Werktag *m*
**ημερ|εύω** [-'evo] zähmen; beruhigen; **~ήσια διάταξη** Tagesordnung *f*; **~ήσιος (-α)** täglich, Tages-; **~ολόγιο** Kalender *m*; Tagebuch *n*; Journal *n*; **~ομηνία** Datum *n*; **~ομίσθιο** Tagelohn *m*
**ήμερος** zahm; sanft, mild
**ημέτερος** unser (Mann)
**ημι-** halb, semi-
**ημικρανία** Migräne *f*
**ημίονος** Maulesel *m*
**ήμισυ** ['imisi] **(-εος)** *n* Hälfte *f*
**ημισφαίριο** Halbkugel *f*
**ημίφως** [-fos] *n* Dämmerlicht *n*
**ημιχρόνιο** Halbzeit *f*
**ήμουν(α)** ['imun(a)] ich war
**Ηνωμένες Πολιτείες** [-'ties] die Vereinigten Staaten *m/pl.*
**ήπαρ (ήπατος)** *n* Leber *f*
**ήπειρος** ['ipiros] *f* Kontinent *m*; ♀ Epirus *n*
**ηπειρωτικός** kontinental
**ήπια** ['ipja] ich trank; *s.* **πίνω**
**ήπιος (-α)** sanft, mild
**Ηρακλής** [ira'klis] Herkules *m*
**ηρεμιστικό** Beruhigungsmittel *n*
**ηρθ-** *s.* **έρχομαι**
**ήρωας** ['iroas] Held *m*
**ηρωικός** [iroi'kos] heldenhaft
**ηρωίνη** [iro'ini] Heroin *n*
**ήσαστ|αν, ~ε** ['isaste] ihr wart; Sie waren
**ήσουν** ['isun] du warst
**ησυχ|άζω** [isix-] (sich) beruhigen; ruhig sein; **~ία** [-'çia] Ruhe *f*
**ήσυχος** ['isixos] ruhig
**ήταν** ['itan] er, sie, es war; sie waren
**ήττα** ['ita] Niederlage *f*
**ηττώμαι** [i'tome] besiegt werden
**ηφαίστειο** [i'fest-] Vulkan *m*
**ηφαιστειογενής** [ifestjoje'nis] 2 vulkanisch
**ηχο|γραφώ** [ixo-] auf Tonband aufnehmen; **~ληψία** [-li'psia] Aufnahme *f*; ***προϊστάμενος ~ληψίας*** Aufnahmeleiter *m*
**ήχος** ['ixos] Ton *m*; Schall *m*; Klang *m*
**ηχ|ώ** [i'xo] *f* Echo *n*; **~ώ** (er)tönen; schallen

# Θ

**θα** [θa] *Partikel, z.B.* ~ *γράψω, γράφω* ich werde schreiben; ~ *έγραφα* ich würde schreiben; ~ *είχα γράψει* ich hätte geschrieben; ~ *ήθελα* ich möchte
**θάβω** begraben
**θαλαμηγός** f Jacht f
**θάλαμος** Kabine f; *σκοτεινός* ~ *Fot.* Dunkelkammer f; *τηλεφωνικός* ~ Telefonzelle f
**θάλασσα** Meer n, See f; *με πειράζει η* ~ seekrank werden; *δια θαλάσσης* auf dem Seewege; *η Αδριατική* ~ das Adriatische Meer, *η Ερυθρά* ~ das Rote Meer, *η Κασπία* ~ das Kaspische Meer, *Μεσόγειος* ~ Mittelmeer n, *η Νεκρά* ~ das Tote Meer
**θαλασσινός** Seemann m
**θαλάσσιος** (-α) Meeres-, See-
**θαλασσο|κρατία** Seeherrschaft f; Seemacht f; ~*όνερο* Seewasser n; ~*οπλοΐα*, ~*οπορία* Seefahrt f; ~*οπόρος* Seefahrer m; ~*οταραχή* Seegang m
**θάμνος** Strauch m, Busch m
**θαμπός** matt, trübe; undeutlich
**θανάσιμος** tödlich; Tod-
**θανατικ|ός** Todes-; ~*ή ποινή* [pi'ni] Todesstrafe f
**θάνατος** Tod m
**θανάτωμα** n Tötung f
**θανατώνω** töten; umbringen
**θαπτικά** n/pl. Bestattungskosten pl.
**θαρρετός** mutig; dreist
**θάρρος** n Mut m, Selbstvertrauen n; Hoffnung f; Stütze f
**θαρρώ** glauben; meinen
**θαύμα** ['θavma] n Wunder n
**θαυμάζω** bewundern; ~*άσιος* (-α) wunderbar; ~*ασμός* Bewunderung f; Verwunderung f; ~*αστής* Bewunderer m
**θεά** Göttin f
**θέα** Aussicht f
**θεατής** Zuschauer m; ~*ός* sichtbar; ~*ρικός* Theater-, theatralisch
**θέατρο** Theater n; Schauplatz m; *υπαίθριο* ~ Freilichttheater n; ~ *του πολέμου* Kriegsschauplatz m
**θεία** Tante f
**θειάφι** ['θjafi] Schwefel m
**θειαφίζω** schwefeln
**θείος**[1] Onkel m
**θείος**[2] (**θεία**) göttlich; heilig
**θέλ|γητρο** Reiz m, Charme m; ~*ω* bezaubern
**θέλημα** n Wille m; Zustimmung f; Gefallen m
**θέληση** (-εις) Wille m

**θέλω** wollen; verlangen, nötig haben; wünschen
**θέμα** *n* Thema *n*
**θεμελιακός** grundlegend
**θεμέλιο** Fundament *n*; Grundlage *f*
**θεμελιώνω** (be)gründen
**θεμελίωση** (**-εις**) Begründung *f*
**θεολογ|ία** Theologie *f*; **~ικός** theologisch
**θεολόγος** Theologe *m*
**θεοποιώ** [-pi'o] vergöttern
**θεόρατος** ungeheuer, riesig
**θεός** Gott *m*
**θεότητα** Gottheit *f*
**θερα|πεία** Kur *f*; Behandlung *f*; Heilung *f*; **~πεύσιμος** [-'pefs-] heilbar; **~πευτήριο** [-pe'ftir-] Sanatorium *n*; **~πευτικός** therapeutisch; **~πεύω** [-'pevo] pflegen; behandeln; heilen
**θερίζω** mähen; ernten
**θερινός** sommerlich, Sommer-
**θερισμός** Mähen *n*; Ernte *f*
**θερμαίνω** [-'meno] heizen, erwärmen; beleben
**θέρμανση** (**-εις**) Erwärmung *f*; Heizung *f*; ***κεντρική* ~** Zentralheizung *f*
**θερ|μαστής** Heizer *m*; **~μάστρα** Ofen *m*
**θέρμη** Fieber *n*
**θερμίδα** Kalorie *f*
**θερμο|κήπιο** Treibhaus *n*; **~κρασία** Temperatur *f*
**θερμόμετρο** Thermometer *n*
**θερμο|μετρώ** die Temperatur messen; **~πληξία** Hitzschlag *m*
**θερμός** *n* Thermosflasche *f*
**θερμ|ός** heiß, warm; feurig, hitzig; **~οσίφωνας** Heißwasserspeicher *m*, Boiler *m*; **~οστάτης** Thermostat *m*; **~ότητα** Hitze *f*, Wärme *f*; **~οφόρα** Wärmflasche *f*
**θέρος** *n* Sommer *m*
**θέση** (**-εις**) Platz *m*; *Esb.* Klasse *f*; Lage *f*; Situation *f*; Stellung *f*; These *f*; ***είμαι σε* ~** imstande sein
**θεσμός** Institution *f*
**Θεσσαλονίκη** (**Θεσ/νίκη**) Saloniki *n*
**θετικός** positiv; zuverlässig
**θέτω** legen, stecken, stellen, setzen
**θεωρείο** [θeo'rio] Loge *f*; Tribüne *f*
**θεώρηση** (**-εις**) Visum *n*, Sichtvermerk *m*
**θεωρ|ητικός** theoretisch; stattlich; **~ία** Theorie *f*; Aussehen *n*; Betrachtung *f*; **~ώ** ansehen; prüfen; abstempeln (lassen)
**Θήβα** ['θiva] Theben *n*
**θήκη** Kasten *m*, Kiste *f*; Etui *n*; Fach *n*
**θηλάζω** saugen; säugen, stillen
**θηλαστικό** Säugetier *n*
**θηλειά** [θi'lja] Schlinge *f*
**θηλυκός** [θili-] weiblich; *Su.* *n* Femininum *n*; *Zo.* Weibchen *n*

θηρίο 86

**θηρ|ίο** wilde(s) Tier *n*; Bestie *f*; **~ιώδης** 2 wild, bestialisch
**θησαυρ|ός** [θisavr-] Schatz *m*; **~οφύλακας** Schatzmeister *m*; **~οφυλάκιο** Tresor *m*
**θητεία** Militärdienst *m*; Amtszeit *f*; ***υποχρεωτική ~*** Wehrpflicht *f*
**θίασος** Ensemble *n*
**θίγω** berühren; kränken
**θλιβερός** betrüblich; traurig
**θλίβω** (be)drücken; betrüben
**θλιμμένος** betrübt
**θλίψη** (-εις) Druck *m*; Kummer *m*; Trauer *f*
**θνητός** sterblich
**θόλος** Kuppel *f*
**θολ|ός** trübe, glanzlos; **~ώνω** (sich) trüben
**θόλωση** Trübung *f*; Dunkelheit *f*
**θολωτός** gewölbt
**θόρυβος** Lärm *m*; Krach *m*
**θορυ|βώ** lärmen; Aufsehen erregen; **~βώδης** 2 lärmend
**θρανίο** Schulbank *f*
**θραύω** ['θravo] (zer)brechen
**θραφ-** *s.* **τρέφω**
**θρεπτικός** nahrhaft; Nähr-
**θρεψ-** *s.* **τρέφω**
**θρέψιμο** Ernährung *f*
**θρήνος** Jammer *m*, (Weh-)Klage *f*
**θρηνώ** [θri'no] (be)klagen, jammern
**θρησκ|εία** Religion *f*; **~ευτικός** [-eft-] religiös
**θρήσκος** (-α) fromm
**θριαμβεύω** [-'vevo] triumphieren
**θρίαμβος** Triumph *m*
**θυγατέρα** Tochter *f*
**θύελλα** Sturm *m*
**θύμα** *n* Opfer *n*
**θυμάμαι** [θi'mame] sich erinnern
**θυμίζω** erinnern
**θυμ|ός** Zorn *m*, Wut(anfall *m*) *f*; **~ωμένος** wütend, zornig; **~ώνω** ärgern, sich aufregen
**θύρα** Tür *f*
**θυρίδα** *Post*: Schalter *m*; Luke *f*; *Schrank*: Fach *n*
**θυρωρός** *m/f* Pförtner(in *f*) *m*
**θυσία** Opfer *n*; ***γίνομαι ~*** sich opfern
**θυσιάζω** opfern
**θώρακας** Panzer *m*; Brustkorb *m*

# Ι

**ιαματικ|ός** [jamat-] heilkräftig; ***~ή πηγή*** [pi'ji] Heilquelle *f*; **~ότητα** Heilkraft *f*
**Ιανουάριος** [ianu-] Januar *m*
**Ιαπων|ία** [iapon-] Japan *n*; **♀ικός** japanisch
**ιατρ|είο** Arztpraxis *f*; **~ική** Medizin *f*; **~ικός** ärztlich; medizinisch; **~ός** Arzt *m*

**ιδανικ|ό** Ideal *n*; **~ός** ideal
**ιδέα** Idee *f*; Meinung *f*; Spur *f*; ***έμμονη ~*** fixe Idee *f*; ***δεν έχω ~*** ich habe keine Ahnung
**ιδεαλισ|μός** Idealismus *m*; **~τής** Idealist *m*; **~τικός** idealistisch
**ιδεολογ|ία** Ideologie *f*, Weltanschauung *f*; **~ικός** ideologisch
**ιδιαίτερ|ος** [iði'et-] besonder-, speziell, Privat-; ***~α*** *n/pl.* Privatangelegenheiten *f/pl.*
**ιδιαιτέρως** besonders, vor allem; allein, unter vier Augen
**ιδιο|κτησία** [iðio-] Eigentum *n*; Grundstück *n*; **~κτήτης** Eigentümer *m*; **~ποιούμαι** [-pi'ume] sich aneignen; **~ρρυθμία** Eigentümlichkeit *f*
**ιδιόρρυθμος** eigentümlich, originell
**ίδι|ος (-α)** eigen; besonder-; ***ο ~ος, η ~α, το ~ο*** der-, die-, dasselbe; gleich; selber, selbst; ***το ~ο ... όσο*** ebenso ... wie
**ιδιο|σκεύασμα** [-'skjev-] *n* Spezialität *f*, Spezialpräparat *n*; **~συγκρασία** Konstitution *f*; Temperament *n*; **~τελής** 2 eigennützig
**ιδιότητα** Eigenschaft *f*
**ιδιοτροπία** Eigenheit *f*; Laune *f*
**ιδιό|τροπος, ~τυπος** merkwürdig; eigenartig
**ιδιοφυία** [-fi'ia] Begabung *f*, Genie *n*
**ιδιόχειρος** [-çiros] eigenhändig
**ιδίωμα** *n* Eigentümlichkeit *f*; Mundart *f*
**ιδιωματικός** dialektal
**ιδίως** besonders
**ιδ|ιώτης** Privatmann *m*; **~ιωτικός** privat
**ιδού** [i'ðu] sieh hier ...!, hier ist ...
**ίδρυ|μα** *n* Stiftung *f*; Anstalt *f*; **~ση (-εις)** Gründung *f*
**ιδρ|υτής** Gründer *m*; **~ύω** (er)bauen; gründen; stiften
**ιδρώνω** schwitzen
**ιδρώτας** Schweiß *m*
**ιδρωτικός** schweißtreibend
**ιερ|έας** Priester *m*; **~ό** Heiligtum *n*; **~ός** heilig
**Ιεροσόλυμα** *n/pl.* Jerusalem *n*
**ιθαγένεια** [-'jenia] Staatsangehörigkeit *f*
**ικανο|ποίηση (-εις)** [-'pisi] Genugtuung *f*; **~ποιητικός** befriedigend; **~ποιώ** [-pi'o] befriedigen; zufriedenstellen; gefallen
**ικαν|ός** fähig (**για**/ zu); tauglich; genügend; **~ότητα** Fähigkeit *f*, Tauglichkeit *f*
**ικετεύω** [-'tevo] anflehen
**ίκτερος** Gelbsucht *f*
**ιλαρά** Masern *f/pl.*
**ίλιγγος** Schwindel *m*

**ιμάντας** Riemen *m*; Treibriemen *m*
**ιματισμός** Kleidung *f*; *Mil.* Uniform *f*
**ιμπεριαλισμός** Imperialismus *m*
**ίνα** Faser *f*
**Ινδία** Indien *n*
**Ινδ|ιάνος** Indianer *m*; **~ός** Inder *m*
**ινκόγνιτο** [i'ŋko-] *Adv.* inkognito; *Su.* Inkognito *n*
**ινσουλίνη** Insulin *n*
**ινστιτούτο** Institut *n*
**Ιόνια Νησιά** [i'onia nis'ja] *n/pl.* die Ionischen Inseln *f/pl.*
**ιουδαϊκός** [iuðaik-] jüdisch
**Ιούλιος** [i'ulios] Juli *m*
**Ιούνιος** Juni *m*
**ιππ|ασία** Reiten *n*; **~έας** Reiter *m*; **~εύτρια** Reiterin *f*; **~εύω** [-'evo] reiten; **~ικό** Reiterei *f*
**ιππο|δρομία** Pferderennen *n*; **~δρόμιο** Pferderennbahn *f*; **~δύναμη** Pferdestärke *f* (PS); **~κόμος** Stallknecht *m*; **~πόταμος** Flußpferd *n*
**ίππος** ['ipos] Pferd *n*, Pferdestärke *f* (PS)
**ιππο|σκευή** [-skje'vi] Geschirr *n*, Zaumzeug *n*; **~στάσιο** Pferdestall *m*; **~τικός** ritterlich; **~τροφείο** Gestüt *n*
**ίρις (-ιδος)** *f* Regenbogen *m*; Iris *f*
**ίσα** gerade; ***ίσα ίσα*** im Gegenteil
**ισάξιος (-α)** gleichwertig
**ισημερινός** Äquator *m*
**ίσια** *Adv.* gerade(n)wegs, direkt
**ίσιος** gleichmäßig; gerade, eben
**ίσκιος** Schatten *m*
**ισλαμι|σμός** Islam *m*; **~κός** islamisch
**ισόβιος (-α)** lebenslänglich
**ισόγειο** [i'sojio] Erdgeschoß *n*
**ισολογισμός** Bilanz *f*
**ισόμετρος** symmetrisch
**ίσον** *Math.* gleich (=)
**ισονομία** Gleichberechtigung *f*
**ισόνομος** gleichberechtigt
**ισοπαλία** *Sport*: Unentschieden *n*
**ισό|παλος** gleich stark; unentschieden; **~πεδος** eben, gleich hoch
**ισοπεδώνω** (ein)ebnen; ausgleichen
**ισορροπ|ημένος** ausgeglichen; **~ία** Gleichgewicht *n*; Ausgeglichenheit *f*; **~ώ** ausgleichen
**ίσος** gleich; gerade
**ισότητα** Gleichheit *f*
**ισότιμος** ebenbürtig; gleichwertig
**ιστ|ίο** Segel *n*; **~ιοδρομώ** (wett)segeln; **~ιόπανο** Segeltuch *n*; **~ιοπλοΐα** Segeln *n*; **~ιόπλοιο** Segelboot *n*; **~ιοφόρο** Segelschiff *n*
**ιστορ|ία** Geschichte *f*; *pl.*

Unannehmlichkeiten *f/pl.*; **~ικό** Vorgeschichte *f*; **~ικός** geschichtlich, historisch; *Su.* Historiker(in *f*) *m*
**ιστός** *Mar.* Mast *m*; Gewebe *n*
**ισχιαλγία** Ischias *m, f*
**ισχίο** Hüfte *f*
**ισχν|αίνω** [is'xneno] abmagern; **~ός** mager; **~ότητα** Magerkeit *f*
**ισχυρ|ίζομαι** [isçir-] behaupten; **~ισμός** Behauptung *f*; **~ός** stark
**ισχ|ύς** [i'sçis] **(-ύος)** *f* Stärke *f*; Kraft *f*; Gültigkeit *f*; **~ύω** Einfluß haben; gelten
**ίσως** vielleicht
**ιτιά** (*Baum*) Weide *f*
**ιχθυο|πωλείο** [ixθiopo'lio] Fischhandlung *f*; **~πώλης** Fischhändler *m*
**ιχνο|γράφημα** [ixno-] *n* Skizze *f*; Entwurf *m*; Zeichnung *f*; **~γραφία** Zeichnen *n*; **~γραφικός** Zeichen-; **~γραφώ** zeichnen, skizzieren
**ίχνος** *n* Spur *f*
**ιωβηλαίο** [jovi'leo] Jubiläum *n*
**ιώδ|ης** [i'oδis] 2 violett; Virus-; **~ιο** Jod *n*

# Κ

**κ'** *vor* [i, e] *s.* **και**
**καβ|άλα** [kav-] Reiten *n*; *Adv.* zu Pferde; **~αλάρης (-άρηδες)** Reiter *m*; **~αλαρία** Reiterei *f*
**καβαλιέρος** Kavalier *m*
**καβγ|αδίζω** zanken; **~άς (-άδες)** Streit *m*
**κάβος** Kap *n*; Kabel *n*; Tau *n*
**κάβουρας** ['kavuras] (Fluß-)Krebs *m*
**καβούρι** Krabbe *f*
**καβουρντ|ίζω** (braun-) brennen; rösten; **~ιστός** gebrannt; verbrannt
**κάγκελο** ['kaŋgjelo] Gitter *n*; Zaun *m*
**κάδος** Eimer *m*; Bottich *m*
**καζάνι** Kessel *m*
**καζίνο** Kasino *n*
**καημένος** [kai-] arm, bedauernswert
**καθαρ|εύουσα** [-'revusa] *etwa*: Kanzleisprache *f*; **~ίζω** reinigen, säubern; klären; sich aufklären; **~ιότητα** Sauberkeit *f*
**καθάρισμα** *n* Reinigung *f*; Rein(e)machen *n*; Klärung *f*
**καθαρ|ιστήριο** Reinigungsanstalt *f*; **~ίστρια** Reinemachefrau *f*
**κάθαρμα** *n* Schuft *m*, Lump *m*
**καθαρός** sauber, rein; echt; deutlich; klar
**κάθαρση (-εις)** Reinigung *f*; Quarantäne *f*
**καθαρτικό** Abführmittel *n*

**καθαυτό** [kaθaf'to] *Adv.* buchstäblich; *Adj.* eigentlich; echt

**κάθε** jede(r, -s); alle *drei Tage*; ~ ***άλλο*** im Gegenteil, keineswegs; ~ ***πότε;*** wie oft?; ~ ***λογής*** [lo'jis] allerlei; (von) jeder Art; ~ ***που*** jedesmal wenn; ~ ***ένας*** *s.* **καθένας**

**καθέδρα** Pult *n*; Lehrstuhl *m*

**καθείς** (**-εμία, -έν**) *s.* **καθένας**

**καθέκαστα** *n/pl.* Einzelheiten *f/pl.*

**καθέλκυση** (**-εις**) Stapellauf *m*

**καθένας** (**καθεμιά, καθένα**) jede(r, -s)

**καθεξής:** ***και*** (***ούτω***) ~ (***κ.ο.κ.***) und so weiter (usw.)

**καθετήρας** Sonde *f*; Katheter *m*

**κάθετος** senkrecht

**καθηγητής** [kaθiji'tis] Professor *m*; Studienrat *m*

**καθήκον** (**-οντος**) Pflicht *f*

**καθημερινός** täglich; Tages-; *Su. f* Wochentag *m*

**καθίζω** (sich) setzen

**κάθισμα** *n* Stuhl *m*, Sitz *m*

**καθιστώ** (**-άς**) machen zu

**καθό** (in der Eigenschaft) als

**καθ' οδόν** unterwegs

**κάθοδος** *f* Abstieg *m*; Ausstieg *m*; Kathode *f*

**καθολικ|εύω** [-'evo] verallgemeinern; ~**ός** allgemein; katholisch; *Su. m* Katholik *m*

**καθόλου** *Fragewort* überhaupt; *Verneinung* gar nicht

**κάθομαι** sitzen; sich setzen; wohnen

**καθορίζω** bestimmen

**καθ|όσον** soviel (*ich weiß*); da, weil; ~**ότι** weil

**καθρ|έφτης** Spiegel *m*; ~**εφτίζω** widerspiegeln

**καθυστ|έρηση** (**-εις**) Verspätung *f*; Verzögerung *f*; Aufschub *m*; ~**ερώ** *j-n* aufhalten; verzögern; sich verspäten

**καθώς** wie; als; während; ~ ***πρέπει*** wie es sich gehört

**και** [kje] und; auch; ~ ... ~ sowohl ... als auch

**καίγομαι** *s.* **καίομαι**

**καϊμάκι** [kai-] Sahne *f*; Kaffeeschaum *m*

**καινούρ(γ)ιος** [kje'nurjos] (**-α**) neu

**καίομαι** ['kjeome] sich verbrennen; durchbrennen

**καιρ|ός** [kjer-] Zeit *f*; Wetter *n*; ***με τον*** ~***ό*** mit der Zeit; ***από*** ~***ό σε*** ~***ό*** von Zeit zu Zeit; ***πολύν*** ~***ό*** lange; ***πόσον*** ~***ό;*** wie lange?; ***τον*** ~***ό*** (*G*) während *G*; zur Zeit *G*

**καισαρικ|ός** [kjes-] Kaiser-; ~***ή τομή*** Kaiserschnitt *m*

**καίτοι** ['kjeti] obgleich

**καίω** ['kjeo] verbrennen; (ab)brennen

**κακάο** Kakao *m*

**κακ|ία** Bosheit *f*, Schlechtigkeit *f*; **~ό** Böse(s); Übel *n*; Unheil *n*; *fam.* Krach *m*; ***με το ~ό*** barsch; **~όβουλος** böswillig; **~οδιάθετος** übelgelaunt
**κακο|ήθης** [-'iθis] 2 unmoralisch; bösartig; **~καιρία** [-kjer-] schlechtes Wetter *n*, Unwetter *n*; **~λογία** Klatsch *m*, Tratsch *m*; **~μαθαίνω** [-ma'θeno] verziehen, verwöhnen; **~μαθημένος** verzogen; **~μεταχειρίζομαι** [-çi'rizome] schlecht behandeln; **~μοιριά** [-mi'rja] Elend *n*, Jammer *m*
**κακο|ποίηση (-εις)** [-'piisi] Mißhandlung *f*; **~ποιώ** [-pi'o] mißhandeln
**κακός** schlecht; schlimm; übel; böse
**κακοστομαχ|ιά** Magenverstimmung *f*, Verdauungsstörung *f*; **~ιάζω** sich den Magen verderben
**κακοτυχία** Unglück *n*
**κάκου:** ***του ~*** vergeblich
**κακ|ουργιοδικείο** [-urjioði'kio] Schwurgericht *n*; **~ούργος** [-'urγ-] Übeltäter *m*; **~οφαίνεται** [-o'fenete] übelnehmen; **~οφωνία** Mißklang *m*
**κάκτος** Kaktus *m*
**καλά** *Adv.* gut; richtig, ordentlich; ***είμαι*** ['ime] **~** es geht mir gut; ***γίνομαι*** ['jinome] **~** gesund werden; ***πάω ~*** es geht mir besser; ***~ που*** glücklicherweise; nur gut, daß ...
**καλάθι** Korb *m*; ***~ αχρήστων*** Papierkorb *m*
**καλαθοσφαίριση** Basketball *m*
**καλάι** [-'lai] Zinn *n*
**καλαισθησία** Schönheitssinn *m*
**καλ|αμάκι** Strohhalm *m*; **~αμάρι** Tintenfaß *n*; Tintenfisch *m*; **~άμι** Rohr *n*, Schilf *n*; Angel *f*; Schienbein *n*
**καλαμπόκι** Mais *m*
**καλαμπούρι** Kalauer *m*
**κάλαντα** *n/pl. Art* Weihnachtslieder *n/pl.*
**καλεσμένος** eingeladen
**καλη|μέρα** guten Tag!; guten Morgen!; **~νύχτα** [-'nixta] gute Nacht!; **~σπέρα** guten Abend!
**καλκάνι** Steinbutt *m*
**κάλλι|α, ~ο** *Adv.* besser
**καλλι|έργεια** Kultivierung *f*; Anbau *m*; **~εργώ** kultivieren; bestellen
**καλλιτ-** *s.* **καλυτ-**
**καλλι|τέχνημα** [-'texnima] *n* Kunstwerk *n*; **~τέχνης** Künstler *m*; Meister *m*; **~τεχνία** Kunst *f*; Meisterschaft *f*; **~τεχνικός** künstlerisch; Kunst-; meisterhaft
**καλλυντ|ικό** Kosmetikum *n*; **~ικός** kosmetisch
**κάλμα** Windstille *f*; Flaute *f*
**καλό** Gute(s); *pl.* Güter

καλόγερος 92

*n/pl.*; ***στο ~*** alles Gute!; ***κάνει ~*** guttun, helfen
**καλό|γερος** Mönch *m*; **~γρια** Nonne *f*
**καλο|καίρι** [-'kjeri] Sommer *m*; **~καιριά** schönes Wetter *n*; **~καιρινός** sommerlich; Sommer-
**καλόκαρδος** gutmütig; heiter
**καλο|μαθαίνω** [-'θeno] (sich) verwöhnen; **~μεταχειρίζομαι** [-çir-] gut behandeln
**καλοριφέρ** *n* Heizkörper *m*; Zentralheizung *f*
**κάλος** Hühnerauge *n*
**καλ|ός** gut; nett; **~έ** hallo; du!, mein Guter!
**καλοσύνη** Güte *f*; Gefälligkeit *f*; ***~ σας*** sehr nett von Ihnen!
**καλούπι** (Guß-)Form *f*; Leisten *m*
**καλοχώνευτος** [-'xoneft-] leicht verdaulich
**καλπάζω** galoppieren
**καλπασμός** Galopp *m*
**κάλπη** Wahlurne *f*
**κάλπικος** falsch, unecht
**κάλτσα** Strumpf *m*; Socke *f*
**καλτσο|βελόνα** Stricknadel *f*; **~δέτα** Strumpfband *n*; Sockenhalter *m*
**καλύβα** [-'liva] Hütte *f*
**κάλυμμα** *n* Decke *f*; *Hdl.* Deckung *f*
**καλύπτ|ρα** Schleier *m*; Kopftuch *n*; **~ω** (be)decken
**καλύτερα** *Adv.* besser; lieber
**καλυτερεύω** [-e'revo] verbessern; sich bessern
**καλύτερος** besser
**κάλφας (-άδες)** Geselle *m*; Gehilfe *m*
**καλώ** rufen, einladen; (vor)laden; einberufen; nennen; ***~ σε βοήθεια*** [se vo'iθia] zu Hilfe rufen
**καλώδιο** Kabel *n*
**καλώς** *Adv.* gut; ***~ τον*** (*f* ***την***) willkommen!
**καλωσύνη** *s.* **καλοσύνη**
**καμάκι** Harpune *f*
**καμάρα** Bogen *m*, Gewölbe *n*
**κάμαρ|α, ~η** Zimmer *n*
**καμαριέρ|α** Zimmermädchen *n*; **~ης** Hausdiener *m*; Kammerdiener *m*
**καμαρ|ίνι** Umkleidekabine *f*; **~ότος** Steward *m*; **~ώνω** stolz sein auf *A*; anpreisen; sich zieren; **~ωτός** gewölbt; stolz
**καμένος** *Sicherung*: durchgebrannt; angebrannt; verbrannt
**καμήλα** Kamel *n*
**καμιν|άδα** Schornstein *m*; **~έτο** Spirituskocher *m*
**καμιόνι** Lastkraftwagen *m*
**καμμία** *s.* **κανείς**
**καμ(ου)τσίκι** Peitsche *f*
**καμου|φλάρισμα** *n* Tarnung *f*; **~φλαρισμένος** getarnt; **~φλάρω** tarnen
**καμπ|άνα** [kamb-] Glocke *f*; **~αναριό** Glockenturm *m*
**καμπάνια** Kampagne *f*

**καμπανίτης** Sekt *m*
**καμπαρέ** [kaba're] *n* Kabarett *n*
**καμπή** Krümmung *f*, Kurve *f*; Wende *f*
**κάμπια** Raupe *f*
**καμπίνα** [ka'bina] Kabine *f*, Kajüte *f*
**καμπιν|έ** [kabi'ne] *n*, ~**ές** Abort *m*
**κάμπος** Ebene *f*
**κάμποσος** ziemlich viel
**καμπούρ|α** Buckel *m*; ~**ης** (-α, -ικο) bucklig, krumm
**κάμπτω** beugen; biegen
**καμπ|ύλος** krumm, gekrümmt; ~**υλώνω** krümmen
**κάμωμα** *n* Getue *n*; Benehmen *n*
**καν**: *ούτε* ~ nicht einmal
**κανάλι** Kanal *m*
**καναπ|ές** (-**έδες**) Sofa *n*
**καναρίνι** Kanarienvogel *m*
**κανάτα** Krug *m*, Kanne *f*
**κανείς** (-**ενός**) *s.* **κανένας**
**κανέλα** Zimt *m*
**κανένας** (**καμιά, κανένα**) man, irgendein(e); jemand; (**δεν**) ... ~ kein(e); keine(r), niemand
**καννάβι** Hanf *m*
**κανό** Kanu *n*
**κανόνας** Regel *f*; Vorschrift *f*
**κανόνι** Kanone *f*, Geschütz *n*
**κανον|ίζω** regeln; regulieren; *Streit* beilegen; ~**ικός** regelmäßig; normal; üblich;

~**ικότητα** Regelmäßigkeit *f*; ~**ισμός** Regelung *f*; Satzung *f*, Ordnung *f*; Verordnung *f*
**κάνουλα** Hahn *m*
**κανταΐφι** [kada'ifi] Sirupkuchen *m* mit Nüssen
**καντίνα** Kantine *f*
**κάν|ω** machen, tun; hervorbringen; *Krieg* führen; *Feste* feiern; sich aufhalten; kosten; *τι ~ετε*; wie geht es Ihnen?
**καπάκι** Deckel *m*
**καπ|άρο** Anzahlung *f*; ~**αρώνω** anzahlen
**καπέλο** Hut *m*
**καπετάνιος** Hauptmann *m*, Anführer *m*; Kapitän *m*
**καπν|ιά** Ruß *m*; ~**ίζω** (ver)räuchern; rauchen; ~**ίλα** Rauch(geruch) *m*
**κάπνισμα** *n* Rauchen *n*
**καπνιστής** Raucher *m*; ~**ός** geräuchert
**καπνο|δοχοκαθαριστής** Schornsteinfeger *m*; ~**δόχος** *m, f* Schornstein *m*; ~**πωλείο** [-po'lio] Tabakladen *m*
**καπν|ός** Rauch *m*; Tabak *m*; ~**ά** *n/pl.* Tabakwaren *f/pl.*; ~**οσακ(κ)ούλα** Tabaksbeutel *m*
**καπό** Motorhaube *f*
**κάποιος** ['kapjos] (-α) jemand; (irgend)einer; ein gewisser
**καπότα** Wettermantel *m*; Präservativ *n*

**κά|ποτε** einmal, irgendwann; bisweilen, manchmal; **~που** irgendwo(hin); ungefähr; ***~που αλλού*** anderswo(hin); ***~που ~που*** ab und zu
**κάππαρη** Kaper *f*
**καπρίτσιο** Laune *f*
**κάπως** irgendwie; einigermaßen; etwas, ein bißchen
**καραβάν|α** Kochgeschirr *n*; **~ι** Karawane *f*
**καράβι** Schiff *n*
**καραβίδα** Krebs *m*
**Καραγκιόζης** Schattenspielfigur *f*; Kasper *m*
**καρακάξα** Krähe *f*
**καραμέλα** Bonbon *n, m*
**καραντίνα** Quarantäne *f*
**καράφα** Karaffe *f*
**κάρβουνο** Kohle *f*
**καρδι|ά** Herz *n*; **~ακός** Herz-; herzkrank; herzlich; **~οπάθεια** [-o'paθia] Herzleiden *n*; **~οχτύπι** Herzklopfen *n*
**καρέκλα** Stuhl *m*
**καρικατούρα** Karikatur *f*
**καρίνα** Kiel *m*
**καρκίν|ος** Krebs *m*; **~ωμα** *n* Krebsgeschwür *n*
**καρμπόν** [kar'bon] Durchschlagpapier *n*, Kohlepapier *n*
**καρμπυρατέρ** [karbir-] *n* Vergaser *m*
**καρναβάλι** Karneval *m*
**καρνέ** *n* Notizbuch *n*
**κάρο** Karren *m*
**καρότο** Mohrrübe *f*
**καρ|ότσα** Pferdewagen *m*; Kutsche *f*; **~οτσάκι** Schubkarre *f*; Kinderwagen *m*; **~ότσι** Wagen *m*; **~οτσιέρης** (**-ηδες**) Kutscher *m*
**καρ|ούλι** Rolle *f*; Spule *f*; **~ουλιάζω** aufspulen
**καρπ|ός** Frucht *f*; **~ούζι** Wassermelone *f*; **~οφόρος** fruchtbar; erträglich
**καρρέ** *n* Karree *n*; *Adj.* viereckig; kariert
**κάρτα** Ansichtskarte *f*; Visitenkarte *f*
**καρτέρι** Hinterhalt *m*
**καρτερία** Geduld *f*
**καρτποστάλ** *f, n* Ansichtskarte *f*; Postkarte *f*
**καρύδι** Nuß *f*
**καρυδ|ιά** Nußbaum *m*; **~οσπάστης** Nußknacker *m*; **~ότσουφλο** Nußschale *f*
**καρυκεύω** [-'kjevo] würzen
**καρφ|ί** Nagel *m*; **~ίτσα** Stecknadel *f*; Haarnadel *f*; **~ώνω** (an)nageln; *Ball* schmettern; **~ωτός** (an)genagelt; denunziert
**καρχαρίας** Hai(fisch) *m*
**κάσα** Kiste *f*; Sarg *m*
**κασκέτο** Mütze *f*
**κάστανο** Kastanie *f*
**καστανός** (kastanien-) braun
**κάστορας** Biber *m*
**καστόρ(ι)** Wildleder *n*
**κάστρο** Burg *f*, Festung *f*
**κατ'** *s.* **κατά**
**κατά** (*A*) während *G*; (*Zeit*)

gegen; nach *D*; entsprechend *D*; auf *A* ... zu; (*G*) gegen *A*
**καταβάλλω** niederringen; aufwenden; einzahlen
**καταγγ|ελία** Anzeige *f*; Kündigung *f*; **~έλλω** anzeigen; anklagen; kündigen
**καταγίνομαι** [-'jinome] sich beschäftigen
**κάταγμα** *n* Knochenbruch *m*
**κατάγομαι** (ab)stammen
**κατα|γραφή** Registrierung *f*; Bestandsaufnahme *f*; **~γράφω** registrieren; **~γωγή** [-ɣo'ji] Abstammung *f*; Herkunft *f*; **~δέχομαι** sich einlassen auf *A*; **~δικάζω** (ver)urteilen; **~δίκη** Verurteilung *f*; **~διώκω** [-ði'oko] verfolgen; **~δίωξη** (**-εις**) Verfolgung *f*; **~ζήτηση** (**-εις**) Fahndung *f*; **~ζητώ** (**-άς**) fahnden nach *D*; **~θέτω** niederlegen; hinterlegen; einzahlen; vorlegen
**καταιγίδα** [kate'jiða] Gewitter *n*; Unwetter *n*
**κατα|κλυσμός** Überschwemmung *f*; **~κρίνω** tadeln; mißbilligen
**κατάκτηση** (**-εις**) Eroberung *f*
**κατα|κτητής** Eroberer *m*; **~κτώ** (**-άς**) erobern; **~λαβαίνω** [-la'veno] verstehen (**από**/ etw. von *D*); begreifen; **~λαμβάνω** einnehmen, besetzen; ertappen; **~λήγω** [-'liɣo] enden
**κατάληξη** (**-εις**) [ka'taliksi] *Gr*. Endung *f*; Ausgang *m*
**καταληπτός** begreiflich, verständlich
**κατάληψη** (**-εις**) Einnahme *f*, Besetzung *f*
**κατ|άλληλος** geeignet; **~αλληλότητα** Eignung *f*
**καταλογ|ίζω** anrechnen; zur Last legen; **~ισμός** Anrechnung *f*; Zurechnungsfähigkeit *f*
**κατάλογος** Liste *f*, Verzeichnis *n*; Katalog *m*; Speisekarte *f*
**κατάλυμα** *n* Quartier *n*, Unterkunft *f*
**κατα|λύτης** Katalysator *m*; **~λύω** auflösen, abschaffen; sich einquartieren
**κατάματα** *Adv*. unverwandt
**καταμεσ|ήμερο** Mittag *m*; Ruhezeit *f*; **~ής** in der Mitte
**καταμέτρηση** (**-εις**) Vermessung *f*
**καταναγκ|άζω** zwingen; **~αστικός** Zwangs-
**κατ|αναλίσκω, ~αναλώνω** verbrauchen; aufwenden; **~ανάλωση** Verbrauch *m*; Aufwand *m*; *Hdl*. Absatz *m*; **~αναλωτής** Verbraucher *m*
**κατα|νόηση** Einsicht *f*; **~νοητός** verständlich
**καταντώ** (**-άς**) herunterbringen; herunterkommen
**κατα|πιάνομαι** sich abgeben mit *D*, sich einlassen auf

**καταπιέζω** 96

*A*; **~πιέζω** unterdrücken; bedrücken; **~πίεση** (**-εις**) Unterdrückung *f*; **~πιεστικός** drückend; **~πίνω** (hinunter)schlucken; verschlukken
**κατάπλασμα** *n Med.* Umschlag *m*
**καταπληκτικός** erstaunlich
**κατά|πληκτος** erstaunt; **~πληξη** Erstaunen *n*
**κατα|πολεμώ** (**-άς**) bekämpfen; **~πονητικός** anstrengend; **~πονώ** anstrengen; **~πράυνση** [-'prain-] Linderung *f*; **~πραϋντικό** Beruhigungsmittel *n*; **~πραΰνω** [-pra'ino] besänftigen; lindern
**κατάπτωση** (**-εις**) Einsturz *m*; Absturz *m*; Verfall *m*
**κατ|άργηση** (**-εις**) [-'arjisi] Abschaffung *f*; Aufhebung *f*; **~αργώ** abschaffen; außer Kraft setzen; **~αριέμαι** verfluchen; **~αρράκτης** Wasserfall *m*; **~άρριψη** (**-εις**) Abschuß *m*; **~αρροή** [-ro'i] Katarrh *m*
**κατάρτι** Mast *m*
**κατα|σβεστήρας** Feuerlöscher *m*; **~σκευάζω** [-skje'vazo] herstellen; konstruieren; **~σκεύασμα** *n* Fabrikat *n*, Erzeugnis *n*; **~σκευαστής** Hersteller *m*; **~σκευή** [-skje'vi] Herstellung *f*; Konstruktion *f*; **~σκηνώνω** [-ski'nono] zelten; **~σκήνωση** (**-εις**) Camping *n*; Campingplatz *m*, Zeltlager *n*; **~σκοπεία** Spionage *f*; **~σκοπεύω** [-'pevo] spionieren; auskundschaften; **~σκοπικός** Spionage-
**κατάσκοπος** Spion *m*
**κατάσταση** (**-εις**) Lage *f*, Situation *f*; Zustand *m*; **~ *ανάγκης*** Notstand *m*
**καταστατικός** statutengemäß; *Su. n* Satzung *f*, Statuten *n/pl.*; **~ *χάρτης*** Charta *f*
**κατάστημα** *n* Laden *m*, Geschäft *n*; Geschäftsstelle *f*, Dienststelle *f*; **~ *τροφίμων*** Lebensmittelgeschäft *n*; **~ *σελφ-σέρβις*** Selbstbedienungsladen *m*
**κατ|αστηματάρχης** Geschäftsinhaber *m*; **~άστιχο** Register *n*
**κατα|στρέφω** zerstören; ruinieren; verderben; **~στροφή** Zerstörung *f*, Vernichtung *f*; Ruin *m*; Katastrophe *f*
**κατ|άστρωμα** *n* Deck *n*; Decke *f*, Boden *m*, Belag *m*; **~ασυντρίβω** zerschmettern; **~ασφάζω** niedermetzeln; **~άσχεση** (**-εις**) Beschlagnahme *f*, Pfändung *f*; **~ασχετήριο** Pfändungsbefehl *m*; Steckbrief *m*; **~άσχω** pfänden, beschlagnahmen; **~άταξη** (**-εις**) Einordnung *f*; Klassifizierung *f*; Zuteilung *f*

**κατα|τάσσω** (ein)ordnen; klassifizieren; **~τεθειμένος** eingezahlt, *s.* **καταθέτω; ~τέμνω** zerteilen; aufteilen; **~τομή** Profil *n*; **~τοπίζω** *j-n* vertraut machen (**για**/ mit *D*); orientieren; **~τοπισμός** Orientierung *f*; **~τοπιστικός** ausführlich; orientierend; **~τρέχω** verfolgen; **~τρώγω** aufessen; aufbrauchen
**κατ|άφαση (-εις)** Bejahung *f*; **~αφάσκω** bejahen; **~αφατικός** bejahend
**κατα|φέρνω** *j-n* bereden, herumkriegen; ***τα ~φέρνω*** es schaffen, es fertigbringen; **~φέρω** (Schlag) versetzen; **~φεύγω** [-'fevɣo] Zuflucht suchen; **~φυγή** [-fi'ji], **~φύγιο** Zuflucht *f*, Zufluchtsort *m*
**καταχν|ιά** Nebel *m*; Dunst *m*; **~ιάζει** es ist neblig
**κατ|άχρηση (-εις)** Mißbrauch *m*; Unterschlagung *f*; **~αχρηστικώς** *Adv.* mißbräuchlich; fälschlich; **~αχρώμαι** [-a'xrome] mißbrauchen; unterschlagen
**κατα|χωνιάζομαι** [-xo'njazome] versickern; **~χώνω** vergraben; **~χωρίζω** (ver)buchen; eintragen, registrieren; **~χώριση (-εις)** Eintragung *f*; Registrierung *f*; Inserat *n*
**κατάψυξη (-εις)** [-psiksi] Tiefkühlung *f*, Einfrieren *n*
**καταψύχω** [-'psixo] tiefkühlen
**κατε|βάζω** hinunterbringen; herabsetzen; **~βαίνω** [-'veno] aussteigen; sinken; **~δαφίζω** abreißen
**κατειλημμένος** besetzt
**κατεπείγον** [-'piɣon] Eilpost *f*
**κατεργάρης (-ηδες)** Schelm *m*
**κατεστ|αθ-, ~ησ-** *s.* **καθιστώ**
**κατεύθυνση (-εις)** [ka'tefθinsi] Richtung *f*
**κατευν|άζω** [katevn-] mildern; beruhigen; **~ασμός** Milderung *f*
**κατεφαγ-** *s.* **κατατρώγω**
**κατ|έχω** besitzen; besetzen; *Amt* bekleiden; **~εψυγμένος** tiefgekühlt, gefroren; **~ηγορία** Anklage *f*; Klage *f*; Kategorie *f*; **~ηγορικός** ausdrücklich; **~ήγορος** Ankläger *m*; **~ηγορούμενος (-μένη)** Angeklagte(r) *m, f*; **~ηγορώ** anklagen; vorwerfen; **~ηφορικός** abschüssig; **~ήφορος** Abhang *m*; **~ήχηση (-εις)** [-'içi-] Religionsunterricht *m*
**κάτι** etwas; einige; **~τι** etwas
**κατοικ|ημένος** [katik-] bewohnt; **~ήσιμος** bewohnbar; **~ία** Wohnung *f*; **~ίδιος (-α)** Haus-; **~ίζω** ansiedeln; besiedeln
**κάτοικος** Einwohner *m*; Bewohner *m*

**κατοικώ** (be)wohnen
**κατόπι(ν)** (*Ort*) dahinter; (*Zeit*) darauf, danach; *prp.* + *G* als Folge (*G*); nach *D*; angesichts *G*
**κατοπινός** (nach)folgend
**κάτοπτρο** Spiegel *m*
**κατορθ|ώνω** erreichen; schaffen; **~ωτός** erreichbar, möglich
**κατουρώ (-άς)** urinieren
**κατοχή** Besitz *m*; Besetzung *f*; Besatzung *f*
**κάτοχος** kundig, mächtig (*G*/ *G*); *Su. m* Besitzer *m*, Inhaber *m*
**κατράμι** Teer *m*
**κατσαβίδι** Schraubenzieher *m*
**κατσαρίδα** Kakerlak *m*
**κατσαρόλα** Schmortopf *m*
**κατσαρ|ός** lockig, kraus; **~ώνω** (sich) wellen
**κάτσε!** setz dich!; *s.* **κάθομαι**
**κατσίκα** Ziege *f*
**κάτω** *Adv.* (nach) unten; *Adj.* untere, Unter-; **~ *από*** unter *D*, *A*; ***από* ~** von unten
**κατωκ|ηθ-, ~ησ-** *s.* **κατοικώ**
**κατώτατος** unterste(r); **ο ~ *όρος*** Minimum *n*
**κατώτερος** untere(r); minderwertig
**κατωτερότητα** Minderwertigkeit *f*
**κατώφλι** Schwelle *f*
**καυγ|αδίζω** [kavɣ-], **~άς (-άδες)** *s.* **καβγαδίζω**
**καύση (-εις)** ['kafsi] Verbrennung *f*
**καύσιμ|ος** ['kafs-] brennbar, Brenn-; *Su. n/pl.* Treibstoff *m*; **~*η ύλη*** ['ili] Brennstoff *m*
**καυσ|όξυλα** [kafs-] *n/pl.* Brennholz *n*; **~τήρας** Brenner *m*; **~τικός** ätzend; beißend
**καύσωνας** ['kafson-] Hitzewelle *f*
**καυτός** [kaf-] brennend heiß
**καυχ|ησιάρης (-α, -ικο)** [kafçi'sjaris] prahlerisch; *Su. m* Wichtigtuer *m*; **~ησιολογία** Prahlerei *f*; **~ιέμαι** prahlen (**για**/ mit *D*), sich rühmen *G*
**καφ|εΐνη** [-fe'ini] Koffein *n*; **~ενείο** Café *n*; **~ές (-έδες)** Kaffee *m*; **~εστιατόριο** Café mit Restaurant *n*; **~ετιέρα** Kaffeekanne *f*
**καψ-** *s.* **καίω**
**καψαλίζω** (ver)sengen
**κάψιμο (-ατος)** Verbrennung *f*; Brennen *n*; Brandstelle *f*
**κάψουλα** Kapsel *f*
**κέδρος** *f* Zeder *f*
**κείμαι** ['kime] liegen
**κείμενο** Text *m*
**κειμήλιο** [ki'mil-] Kleinod *n*
**κελάηδισμα** [kje'lai-] *n* Vogelgesang *m*
**κελαηδώ (-άς)** singen, zwitschern
**κελάρι** Keller *m*
**κελαρύζω** plätschern

κελεπούρι Glücksfall *m*
κελί Zelle *f*
κεν|ό Leere *f*; Lücke *f*; Vakuum *n*; ~ός leer; hohl
κέντημα *n* Stickerei *f*
κεντ|ητός gestickt; ~ιά (*Schmerz*) Stich *m*; Stichelei *f*
κεντρί Stachel *m*; ~ίζω stechen; antreiben; ~ικός zentral; Haupt-
κέντρο Zentrum *n*, Mittelpunkt *m*; Zentrale *f*; Lokal *n*
κεντώ (-άς) stechen; anstacheln; ärgern; sticken
κενώνω leeren; räumen
κεραία [kje'rea] Fühler *m*; Antenne *f*; Rahe *f*
κεραμ|ίδι Dachziegel *m*; ~ικά *n/pl.* Keramik *f*, Steingut *n*; ~ικός keramisch
κέρας (-ατος) *n* Horn *n*
κεράσι Kirsche *f*
κερασιά Kirschbaum *m*
κέρασμα *n* Einschenken *n*, Spendierte(s) *n*
κέρατο Horn *n*; Geweih *n*
κεραυνός [kjerav-] Blitz *m*
κερδίζω verdienen; gewinnen
κέρδος *n* Gewinn *m*; Vorteil *m*
κερδο|σκοπία Spekulation *f*; ~σκόπος Spekulant *m*, ~σκοπώ spekulieren; ~φόρος gewinnbringend
κερί Wachs *n*; Kerze *f*
Κέρκυρα Korfu *n*
κέρμα *n* Münze *f*
κερνώ (-άς) einschenken; bewirten; spendieren
κερόπανο Wachstuch *n*
κερώνω bohnern, wachsen; gerinnen; erblassen
κετσές Filz *m*
κεφάλαιο Kapital *n*; Kapitel *n*
κεφαλαίο Großbuchstabe *m*
κεφαλαιοκράτης Kapitalist *m*
κεφ|αλάρι Kopfende *n*; Keilkissen *n*; ~αλή Kopf *m*; Haupt *n*; Leiter *m*; επί ~αλής an der Spitze; κατά ~αλήν pro Kopf; ~άλι Kopf *m*; με το ~άλι kopfüber; ~αλόπονος Kopfschmerzen *m/pl.*
κέφαλος Meeräsche *f*
κεφαλόσκαλο Treppenabsatz *m*
κεφάτος (gut)gelaunt
κέφι gute Laune *f*, Schwung *m*
κεφτές (-έδες) Fleischklößchen *n*
κεχρί [kje'xri] Hirse *f*
κεχριμπάρι [kjexri'bari] Bernstein *m*
κηδεία [ki'ðia] Bestattung *f*; Begräbnis *n*
κηδεμ|όνας Vormund *m*, Pfleger *m*; Vermögensverwalter *m*; ~ονία Vormundschaft *f*
κηδεύω [ki'ðevo] bestatten
κήλη ['kili] *Med.* Bruch *m*
κηλίδα Fleck *m*; Schandfleck *m*

**κήπος** ['kipos] Garten *m*
**κηπουρ|ική** [kipur-] Gartenbau *m*; Gärtnerei *f*; **~ός** Gärtner *m*
**κηρ|οπήγιο** [-'pijio] Leuchter *m*; **~ός** Wachs *n*
**κήρυ|κας** Prediger *m*; Ausrufer *m*; **~ξη** Verkündigung *f*; (Kriegs-)Erklärung *f*
**κηρ|ύσσω, ~ύττω** verkünden, erklären; predigen
**κι** *s.* **και**
**κιάλι** ['kjali] Fernglas *n*
**κιβώτιο** Kiste *f*; Kasten *m*; **~ *ταχυτήτων*** *Auto*: Getriebe *n*
**κιθάρα** Gitarre *f*
**κιλό** Kilo *n*
**κιλο|βάτ** *n* Kilowatt *n*; **~βατώρα** Kilowattstunde *f*
**κιμάς** Gehackte(s), Hackfleisch *n*
**κιμωλία** Kreide *f*
**Κίνα** China *n*
**κινδυνεύω** [-ði'nevo] in Gefahr sein; riskieren
**κίνδυνος** Gefahr *f*; Risiko *n*; ***έξοδος f κινδύνου*** Notausgang *m*
**κίνημα** ['kinima] *n* Bewegung *f*; Aufstand *m*
**κινηματο|γράφος** [kinim-] Kino *n*; **~γραφώ** (ver)filmen
**κίνηση (-εις)** Bewegung *f*; Betrieb *m*, Verkehr *m*; ***θέτω σε* ~** in Betrieb setzen; ***έξοδα κινήσεως*** [ki'niseos] Fahrgeld *n*
**κινητήρας** Motor *m*; Triebkraft *f*; ***δίχρονος* ~** Zweitaktmotor *m*; ***τετράχρονος* ~** Viertaktmotor *m*
**κινητ|οποιώ** [-pi'o] in Bewegung setzen; mobilisieren; **~ός** beweglich; fahrbar
**κίνητρο** Motiv *n*; Anreiz *m*
**κινίν|η, ~ο** Chinin *n*
**κινώ** bewegen; anstiften; sich aufmachen (zu)
**κιόλα(ς)** schon, bereits; noch; sogar
**κιονόκρανο** Kapitell *n*
**κιόσκι** Laube *f*; Pavillon *m*
**κιρσός** Krampfader *f*
**κισσός** Efeu *m*
**κιτριν|άδα** Blässe *f*; Gelbsucht *f*; **~άδι** Eigelb *n*; **~ίζω** erblassen
**κίτρινος** gelb; bleich
**κίτρο** Zitrusfrucht *f*
**κλαδ|ευτήρι** [-eft-] Gartenschere *f*; **~εύω** [-'evo] beschneiden; **~ί** Zweig *m*
**κλάδος** Ast *m*; Abzweigung *f*; Zweig *m*; (Lehr-)Fach *n*; Branche *f*
**κλαίω** ['kleo] (be)weinen, beklagen
**κλάμα** *n* Weinen *n*
**κλάξον** Hupe *f*
**κλαπ-** *s.* **κλέβω**
**κλαρινέτο** Klarinette *f*
**κλασέρ** *n* *Büro*: Ordner *m*
**κλάσμα** *n* Bruchstück *n*; Bruch *m*
**κλασ(σ)ικός** klassisch; *Su.* *m* Klassiker *m*
**κλαψιάρης** weinerlich, quengelig

**~υμπώ** (-άς) schwimmen
**κολώνια** Kölnisch Wasser *n*
**κομβ-** *s.* **κομπ-, κουμπ-**
**κόμμα** *n* Partei *f*; Komma *n*
**κομματάρχης** Parteiführer *m*
**κομμ|άτι** Stück *n*; *Adv.* etwas; **~ατιάζω** zertrümmern; **~ατιαστός** zertrümmert; stückweise; **~ατικός** parteiisch; Partei-
**κομμένος** *s.* **κόβω**
**κομμοδίνο** Nachttisch *m*
**κομμουνισ|μός** Kommunismus *m*; **~τής** Kommunist *m*; **~τικός** kommunistisch
**κόμμωση** (-εις) Frisur *f*
**κομμωτήριο** (Damen-) Frisiersalon *m*
**κομπάιν** *n* Mähdrescher *m*
**κομπλιμέντο** Kompliment *n*
**κομπολόι** Rosenkranz *m*
**κόμπος** Knoten *m*; Knospe *f*; Knotenpunkt *m*; *fig.* Kloß *m* im Hals
**κομπόστα** Kompott *n*
**κομπρέσα** Wickel *m*, Pakkung *f*
**κομψ|ός** elegant; schick; **~ότητα** Eleganz *f*
**κονδ-** *s.* **κοντ-**
**κονιάκ** *n* Kognak *m*
**κονσέρβα** Konserve *f*
**κονσερ|βανοίχτης** [-'nixtis] Büchsenöffner *m*; **~βοποιώ** [-pi'o] konservieren
**κονσόλα** Konsole *f*
**κοντά** *Adv.* nahe, in der Nähe; fast, beinahe; **~ σε** nahe an *D*, *A*; bei *D*; im Vergleich zu *D*; **~ σε άλλα** unter anderem; **από ~** dicht dahinter; **είναι** ['ine] **~** naheliegen
**κονταίνω** [kon'deno] kürzen; kurz werden; *Zeit*: sich nähern
**κοντάρι** Pfahl *m*; Lanze *f*; Gewehrkolben *m*
**κοντεύω** [-'devo] nahen; bald etw. tun, werden
**κόντεψα να ...** ich wäre beinahe ...
**κοντός**[1] klein; kurz
**κοντ|ός**[2] Stange *f*; Stab *m*; **άλμα επί ~ώ** Stabhochsprung *m*
**κοντ|οστέκω** steckenbleiben; stocken; **~όφθαλμος** kurzsichtig
**κόντρα** *Adv.* zuwider; **~ σε** gegen
**κοντσέρτο** Konzert *n*
**κοντύτερ|α** *Adv.* näher; **~ος** näher; kürzer; kleiner
**κοπ-** *s.* **κόβω**
**κοπάδι** Herde *f*; Menschenmenge *f*
**κοπάζω** abflauen, nachlassen
**κοπανίζω** (zer)stampfen; *j-n* herunterputzen
**κοπέλ|α** Mädchen *n*; **~ι** Bursche *m*; Diener *m*, Gehilfe *m*
**κοπή** Schnitt *m*
**κόπια** Kopie *f*, Durchschlag *m*
**κοπ|ιάζω** sich anstrengen; **~ιαστικός** mühevoll
**κόπιτσα** Schnalle *f*, Spange *f*

**κόπο|ς** Mühe *f*, Anstrengung *f*; ***δεν αξίζει τον ~*** es lohnt sich nicht
**κοπρ|ιά** Mist(haufen) *m*; Dünger *m*; **~ίζω** düngen; misten; beschmutzen
**κόπρος** Mist *m*, Kot *m*
**κόρα** Brotrinde *f*, Kruste *f*
**κόρακας** Rabe *m*
**κοράνι** Koran *m*
**κορδ|έλα** Band *n*, Schleife *f*; Bandwurm *m*; Bandmaß *n*; **~όνι** Schnur *f*; Schnürsenkel *m*; *Adv*. reibungslos
**κόρη** Tochter *f*; Mädchen *n*; Pupille *f*
**Κόρινθος** *f* Korinth *n*
**κοριός** Wanze *f*
**κορίτσι** Mädchen *n*
**κορμ|ί** Körper *m*; **~ός** Stamm *m*; Rumpf *m*
**κόρνα** Hupe *f*
**κορνάρω** hupen
**κόρνερ** *n* Eckball *m*
**κορνέτ|α, ~ο** *Mus*. Horn *n*
**κοροϊδ|ευτικός** [koroiðeft-] spöttisch, höhnisch; **~εύω** [-'evo] verspotten; anlügen; betrügen; **~ία** Spott *m*
**κόρος** Überdruß *m*
**κορσές (-έδες)** Korsett *n*
**κορυφ|αίος (-α)** höchst-, oberst-; *Su*. *m* Koryphäe *f*; **~ή** Gipfel *m*; Spitze *f*
**κορύφωμα** *n* Höhepunkt *m*
**κορώνα** Krone *f*
**κοσκινίζω** sieben; sichten
**κόσκινο** Sieb *n*
**κόσμημα** *n* Schmuck *m*
**κοσμητικ|ή** Kosmetik *f*; **~ός** kosmetisch; schmükkend
**κοσμήτορας** Dekan *m*
**κοσμικός** weltlich; irdisch; mondän; kosmisch
**κόσμιος (-α)** anständig
**κοσμοθεωρία** Weltanschauung *f*
**κόσμος** Welt *f*; Weltall *n*; Leute *pl*.
**κοστ|ίζω** kosten (*D*/ *A*); **~ολόγιο** Preisliste *f*; Kostenanschlag *m*
**κόστος** *n* Kosten *pl*.; Selbstkostenpreis *m*
**κοστούμι** Anzug *m*
**κότα** Henne *f*, Huhn *n*
**κοτέτσι** Hühnerstall *m*
**κοτολέτα** Kotelett *n*
**κοτόπουλο** Hühnchen *n*
**κοτσάνι** Stengel *m*
**κότσι** Knöchel *m*
**κουβαλώ (-άς)** [kuv-] (heran)bringen; schleppen
**κουβ|άρι** Knäuel *n*, *m*; **~αριάζω** aufwickeln
**κουβάς (-άδες)** Eimer *m*
**κουβέντα** Unterhaltung *f*, Gespräch *n*; Wort *n*
**κουβεντιάζω** sich unterhalten; etw. besprechen
**κουβέρτα** Bettdecke *f*, Dekke *f*
**κουδ|ούνι** [ku'ðuni] Glocke *f*, Klingel *f*; **~ουνίζω** läuten, klingeln; klingen; **~ούνισμα** *n* Läuten *n*
**κουζίνα** [kuz-] Küche *f*;

**κλέβω** (be)stehlen; entführen

**κλειδαρ|άς** [kliδ-] Schlosser *m*; **~ασφαλείας** Sicherheitsschloß *n*; **~ιά** Schloß *n*; **~ότρυπα** Schlüsselloch *n*

**κλειδί** [kli'δi] Schlüssel *m*; **~ *του σπιτιού*** Hausschlüssel *m*; ***γαλλικό* ~** Schraubenschlüssel *m*; **~ *περιτυλίξεως*** *Fot.* Rückspulknopf *m*

**κλειδοκόκκαλο** Schlüsselbein *n*

**κλειδωνιά** [kliδon-] Schloß *n*

**κλειδώνω** [kli'δono] (ver-) schließen; einsperren

**κλείδωση (-εις)** Gelenk *n*

**κλείνω** ['klino] schließen; *Licht* ausmachen; *Radio* abstellen; *Vertrag* schließen; *Zimmer* bestellen; einsperren; beenden; **~ *έξω*** *j-n* ausschließen

**κλεισμένος** verschlossen

**κλεισ|ούρα** Engpaß *m*; **~τός** geschlossen; gesperrt

**κλείστρο** *Tech.* Klappe *f*; *Fot.* Verschluß *m*

**κλεμμένος** gestohlen

**κλεπταπο|δοχή** [-'çi] Hehlerei *f*; **~δόχος** [-x-] Hehler *m*

**κλέπτης, κλέφτης** Dieb *m*

**κλέπτω, κλεψ-** *s.* **κλέβω**

**κλήμα** *n* Weinstock *m*

**κληρικός** [klir-] Geistliche(r) *m*

**κληρο|δοτώ** vermachen; **~νομία** Erbschaft *f*; Nachlaß *m*; Erbe *n*; **~νομικός** Erb-; erblich; **~νόμος** *m, f* Erbe *m*, Erbin *f*; **~νομώ** erben

**κλήρος** Los *n*; Schicksal *n*; Parzelle *f*; Klerus *m*

**κληρώνω** [kli'rono] (aus-) losen

**κλήρωση (-εις)** Verlosung *f*

**κλιθ-** *s.* **κλίνω**

**κλίκα** Clique *f*, Bande *f*

**κλίμα** *n* Klima *n*

**κλίμακα** Treppe *f*; Leiter *f*; Skala *f*; Tonleiter *f*; Maßstab *m*; ***υπό* ~** im Maßstab ...

**κλιματ|ικός** klimatisch; **~ισμός** Klimaanlage *f*

**κλινάμαξα** Schlafwagen *m*

**κλινάρι, κλίνη** Bett *n*

**κλινικ|ή** Klinik *f*; *Krankenhaus*: Abteilung *f*; **~ός** klinisch

**κλίνω** (sich) neigen; beugen; deklinieren

**κλίση (-εις)** Neigung *f*; Beugung *f*; Deklination *f*

**κλονίζω** erschüttern

**κλοπή** Diebstahl *m*

**κλουβί** [klu'vi] Käfig *m*

**κλούβιος (-α)** *Ei*: faul; dumm

**κλύσμα** *n* Einlauf *m*

**κλωσσώ (-άς)** ausbrüten

**κλωστ|ή** Zwirn *m*; Faden *m*; **~ήριο** Spinnerei *f*

**κλωτσιά** Fußtritt *m*

**κλωτσώ (-άς)** treten; ausschlagen

**κνήμη** ['knimi] Wade *f*; Schienbein *n*
**κόβω** schneiden; pflücken; schlachten; (ab)sperren; *Rauchen* aufgeben; *j-m* zusetzen; *Schuhe*: drücken; gerinnen
**κόγχη** ['koŋçi] Apsis *f*
**κοιλ|άδα** [kil-] Tal *n*; **~αίνω** [-'eno] aushöhlen; **~ιά** Bauch *m*; Magen *m*; **~όπονος** Bauchschmerzen *m/pl.*
**κοίλος** hohl; konkav
**κοίλωμα** *n* Vertiefung *f*
**κοιμ|άμαι**, **~ούμαι** [ki'mume] (ent)schlafen
**κοιμίζω** zu Bett bringen
**κοιν|ό** [ki'no] Publikum *n*; Öffentlichkeit *f*; **~οβούλιο** Parlament *n*; **~ός** gemeinsam; gewöhnlich; öffentlich; **~ότητα** Gemeinde *f*; Gemeinschaft *f*; Gemeinsamkeit *f*
**κοινων|ία** [kinon-] Gesellschaft *f*; Übereinstimmung *f*; Kommunion *f*; **~ικός** gesellschaftlich; sozial; gesellig; **~ιολογία** Soziologie *f*; **~ιστικός** sozialistisch
**κοινώς** [ki'nos] *Adv.* gemeinschaftlich; gewöhnlich
**κοινωφελής** [kinofe'lis] 2 gemeinnützig
**κοιτάζω** [kit-] betrachten; achtgeben auf *A*; *Med.* untersuchen
**κοκ** *n* Koks *m*
**κόκαλο** Knochen *m*
**κοκκιν|έλι** Roséwein *m*; **~ίζω** röten, rot färben; rösten; rot werden; **~ογούλι** rote Rübe *f*
**κόκκινος** rot
**κοκκύτης** Keuchhusten *m*
**κόκορας** Hahn *m*
**κολακ|εία** Schmeichelei *f*; **~ευτικός** [-eft-] schmeichlerisch; schmeichelhaft; **~εύω** [-'evo] schmeicheln
**κολ|αρίζω** stärken; **~αριστός** gestärkt; **~άρο** Kragen *m*
**κόλαση** Hölle *f*
**κόλλα** Leim *m*; (Wäsche-) Stärke *f*; *Papier*: Bogen *m*
**κολλέγιο** [-lejio] College *n*, Internat *n*
**κολλεκτίβα** Kollektiv *n*
**κολλητ|ήρι** Lötkolben *m*; **~ικός** klebend; ansteckend; **~ικότητα** Ansteckungsgefahr *f*; **~ός** geleimt; gelötet; **~σίδα** Klette *f*
**κολ(λ)ιέ** *n* Halsband *n*
**κολλύριο** Augentropfen *m/pl.*
**κολλώ** (**-άς**) kleben; leimen; löten; *Med.* anstecken; *Tech.* klemmen
**κολοβ|ός** verstümmelt; **~ώνω** [-'vono] verstümmeln; lähmen
**κολοκύθι** Kürbis *m*; **~α** *n/pl.* Quatsch *m*
**κολόνα** Säule *f*
**κόλπο** Kniff *m*, Trick *m*
**κόλπος** Bucht *f*
**κολ|υμπητής** Schwimmer *m*; **~ύμπι** Schwimmen *n*;

Herd *m*; ***ηλεκτρική*** **~** Elektroherd *m*

**κουζινέτο** *Tech.* Lager *n*; **~** ***μπιέλας*** Pleuellager *n*

**κουζινίτσα** Kochnische *f*

**κούκλα** Puppe *f*

**κουκουβάγια** [kuku'vaja] Eule *f*

**κουκούλα** Kapuze *f*; Kappe *f*

**κουκουνάρι** Pinienzapfen *m*

**κουκούτσι** Kern *m*

**κουλούρ|α, ~ι** Kringel *m*, Brezel *f*; Ring *m*; *Zensur*: Null *f*

**κουλουριάζω** zusammenrollen

**κουμπαράς (-άδες)** Sparbüchse *f*

**κουμπ|αριά** [kumb-] Patenschaft *f*; **~άρος** Pate *m*; Trauzeuge *m*

**κουμπ|ί** Knopf *m*; **~ότρυπα** Knopfloch *n*; **~ώνω** (zu)knöpfen

**κουνάδι** Marder *m*

**κουνέλι** Kaninchen *n*

**κούνια** ['kunja] Wiege *f*; Schaukel *f*; Hängematte *f*

**κουνιάδ|α** Schwägerin *f*; **~ος** Schwager *m*

**κουν|ιέμαι** [ku'njeme] sich bewegen; schaukeln; wakkeln; **~ιστός** wackelig, beweglich

**κουνούπι** [ku'nupi] Mücke *f*; Moskito *m*; Quälgeist *m*

**κουνουπίδι** Blumenkohl *m*

**κουνουπιέρα** Moskitonetz *n*

**κουνώ (-άς)** [ku'no] bewegen; schütteln; schaukeln, schwanken; rütteln

**κούπα** Becher *m*; Schoppen *m*; *Kartenspiel*: Herz *n*

**κουπί** [ku'pi] Ruder *n*

**κουπόνι** Kupon *m*; Gutschein *m*

**κούρα** Kur *f*; Diät *f*

**κουράγιο** Mut *m*

**κουράζω** ermüden, anstrengen; langweilen

**κούραση** Ermüdung *f*; Mühe *f*

**κουρ|ασμένος** ermüdet, abgespannt; **~αστικός** anstrengend

**κουρδίζω** *s.* **κουρντίζω**

**κουρέας** Friseur *m*

**κουρ|έλι** Lumpen *m*, Lappen *m*; **~ελιάζω** zerfetzen; **~ελιάρης (-α, -ικο)** zerlumpt

**κούρεμα** ['kurema] *n* Haarschneiden *n*

**κουρεύω** [-'evo] die Haare schneiden

**κουρντίζω** *Mus.* stimmen; *Uhr* aufziehen; necken

**κούρσα** Wagen *m*, Jeep *m*

**κουρτίνα** Vorhang *m*

**κουτ|άλα** [kut-] Suppenlöffel *m*; **~αλάκι** Teelöffel *m*; **~άλι** Löffel *m*

**κουταμάρα** Albernheit *f*, Dummheit *f*

**κουτί** Schachtel *f*, Dose *f*

**κουτ|οπόνηρος** bauern-

**κουτός** 106

schlau; **~ός** dumm; naiv
**κουτσαίνω** [ku'tseno] hinken
**κουτσομπολιό** [kutsobo-] Klatsch *m*, Tratsch *m*
**κουτσός** hinkend; wackelig
**κούτσουρο** Stumpf *m*
**κούφιος** ['kufjos] **(-α)** leer, hohl
**κουφός** taub
**κοφτερός** scharf
**κόφτω** *s.* **κόβω**
**κοχλιάριο** Löffel *m*
**κοχλίας** Schnecke *f*; Schraube *f*
**κοχύλι** [ko'çili] Muschel *f*
**κόψη (-εις)** Schneide *f*
**κόψιμο (-ατος)** Schnitt *m*; Schnittwunde *f*; Durchfall *m*
**κραγιόνι** [kra'joni] Lippenstift *m*
**κράμπα** [-mb-] Krampf *m*
**κρανίο** Schädel *m*
**κράνος** *n* Helm *m*
**κράση (-εις)** Temperament *n*, Konstitution *f*; Mischung *f*
**κρασί** Wein *m*; ***άσπρο*** **~** Weißwein *m*; ***μαύρο*** ['mavro] **~** Rotwein *m*
**κρασο|πατέρας** Säufer *m*, Alkoholiker *m*; **~πότηρο** Weinglas *n*; **~πουλειό** [-pu'ljo] Weinstube *f*; Schenke *f*; **~πωλείο** [-po'lio] Weinhandlung *f*
**κρατήρας** Krater *m*
**κράτηση (-εις)** Haft *f*; Abzug *m*; Buchung *f*
**κρατικ|οποίηση (-εις)** [-'piisi] Verstaatlichung *f*; **~οποιώ** [-pi'o] verstaatlichen; **~ός** staatlich
**κράτος** *n* Staat *m*; Macht *f*
**κρατώ (-άς)** halten; reservieren; (ein)behalten; aufhalten; festhalten; dauern
**κραυγ|άζω** [kravɣ-] schreien; **~ή** [-'ji] Schrei *m*; Geschrei *n*
**κρέας (-ατος)** *n* Fleisch *n*; ***κοκκινιστό*** **~** Gulasch *n*
**κρεατοελιά** Warze *f*
**κρεβ|άτι** [krev-] Bett *n*; **~ατοκάμαρα** Schlafzimmer *n*; **~ατόστρωση** Bettzeug *n*
**κρεμ** cremefarben
**κρέμα** Sahne *f*; Krem *f*; **~** ***ηλίου*** [i'liu] Sonnenkrem *f*
**κρεμάλα** Galgen *m*
**κρεμασμένος** (auf)gehängt
**κρεμάστρα** Kleiderbügel *m*; Kleiderhaken *m*; Garderobe *f*
**κρεματόριο** Krematorium *n*
**κρεμιέμαι** *s.* **κρέμομαι**
**κρεμμύδι** Zwiebel *f*
**κρέμομαι** hängen (**από**/ an *D*)
**κρεμώ (-άς)** (auf)hängen
**κρεο|πωλείο** [-po'lio] Fleischerei *f*; **~πώλης** Fleischer *m*
**κρέπ(ι)** *n* Krepp *m*, Schaumgummi *m*
**Κρήτη** ['kriti] Kreta *n*
**κριάρι** Widder *m*
**κριθ-** *s.* **κρίνω**

**κριθ|αράκι** Graupe *f*; *Med.* Gerstenkorn *n*; **~άρι, ~ή** Gerste *f*
**κρίκος** Ring *m*; Reifen *m*; ~ ***για τα κλειδιά*** [kli'ðja] Schlüsselbund *m*
**κρίμα** *n* Sünde *f*, Vergehen *n*; schade!; ***τι ~*** (wie) schade!; ~ ***που ...*** schade, daß ...
**κρίνο, ~ς** Lilie *f*
**κρίνω** glauben, meinen; (be)urteilen; halten für *A*
**κρίση (-εις)** Meinung *f*; Beurteilung *f*; Krise *f*; Wendepunkt *m*
**κρίσιμος** kritisch
**κριτ|ήριο** [-'tir-] Kriterium *n*; **~ικάρω** kritisieren; **~ική** Kritik *f*; **~ικός** kritisch; *Su. m* Kritiker *m*
**κροκόδειλος** [-ðil-] Krokodil *n*
**κρόκος** Krokus *m*; Eidotter *n*
**κροσέ** *n* Häkelnadel *f*
**κρόσσι** Franse *f*
**κροταλίζω** klappern
**κρόταφος** Schläfe *f*
**κροτίδα** Knallbonbon *n*; Knallfrosch *m*
**κρότος** Lärm *m*; Knall *m*; Aufsehen *n*
**κρουαζιέρα** Kreuzfahrt *f*
**κρούση** ['krusi] **(-εις)** Versuch *m*; Anfrage *f*
**κρούσμα** *n* Krankheitsfall *m*
**κρούω** ['kruo] klopfen
**κρύβω** ['krivo] verstecken, verbergen; aufbewahren
**κρύο** ['krio] Kälte *f*; ***κάνει ~*** es ist kalt
**κρυο|λόγημα** *n* Erkältung *f*; **~λογώ** sich erkälten
**κρύος (-α)** kalt; kühl
**κρυπτ|ογραφικός** verschlüsselt; **~ός** verborgen, geheim
**κρύπτω** *s.* **κρύβω**
**κρύσταλλο** Kristall *n*; Eiszapfen *m*
**κρυφ|ά** *Adv.* heimlich; **~ακούω** [-a'kuo] horchen; abhören; **~ό** Geheimnis *n*; **~ομιλώ (-άς)** flüstern; **~ός** versteckt; heimlich
**κρυψώνας** [krips-] Versteck *n*
**κρυώνω** [kri'ono] kalt werden; sich erkälten; abkühlen
**κρωλ** *n* Kraulen *n*
**κτ-** *s.* **χτ-**
**κτήμα** ['ktima] *n* Grundstück *n*; Gut *n*
**κτηνίατρος** Tierarzt *m*
**κτήνος** *n* Vieh *n*, Tier *n*
**κτην|οτροφία** Viehzucht *f*; **~ώδης** 2 tierisch; bestialisch, brutal
**κτίζω** bauen
**κτίριο** Gebäude *n*
**κτίσ|η (-εις)** Erbauung *f*; Erschaffung *f*; Schöpfung *f*; **~ιμο** Bauen *n*; Bauwerk *n*; **~της** Bauarbeiter *m*, Maurer *m*
**κτιστός** (ein)gebaut
**κτύπημα** ['ktipima] *n* Schlag *m*; Stoß *m*
**κτυπητός** geschlagen; auf-

**κτύπος** 108

fällig; ~ ***τίτλος*** Schlagzeile *f*
**κτύπος** Schlag *m*; (Herz-)Klopfen *n*
**κτυπώ (-άς)** [kti'po] schlagen; klopfen; trampeln; *Kugel*: treffen
**κυανούς (-ή, -ούν)** blau
**κυβέρνηση (-εις)** Regierung *f*
**κυβερνώ (-άς)** regieren
**κυβικός** [kiv-] Kubik-
**κύβος** Würfel *m*; Kubikzahl *f*
**κυδώνι** [ki'ðoni] Quitte *f*
**κυκλικός** kreisförmig
**κύκλος** Kreis *m*; Kreisbahn *f*; Umlauf *m*; Zyklus *m*
**κυκλοφορ|ία** (*Geld*) Umlauf *m*; Vertrieb *m*; Verkehr *m*; **~*ία* (*του*) *αίματος*** Blutkreislauf *m*; **~ώ** in Umlauf setzen; veröffentlichen; sich bewegen; kreisen
**κύκλωμα** *n* geschlossene(r) Kreis *m*; Stromkreis *m*
**κυκλώνας** Wirbelsturm *m*
**κυκλώνω** umkreisen; einkreisen
**κύκνος** Schwan *m*
**κύλινδρος** Zylinder *m*; Walze *f*; Rolle *f*
**κυλότα** Stiefelhose *f*; Schlüpfer *m*
**κυλώ (-άς)** rollen; wälzen
**κύμα** ['kima] *n* Welle *f*; ***βραχύ*** ~ Kurzwelle *f*; ***μεσαίο*** ~ Mittelwelle *f*
**κυμαίνομαι** [ki'menome] schwanken
**κυματίζω** flattern, wehen
**κυματοθραύστης** [-'θrafstis] Wellenbrecher *m*, Mole *f*
**κύμινο** Kümmel *m*
**κυν|ήγι** [ki'niji] Jagd *f*; Wild(bret) *n*; **~ηγός** [-iɣ-] Jäger *m*; **~ηγώ (-άς)** [-i'ɣo] jagen; verfolgen; suchen; **~ικός** Hunde-; zynisch, gemein
**κυπαρίσσι** Zypresse *f*
**κύπελλο** Becher *m*; Pokal *m*
**κυπρίνος** Karpfen *m*
**Κύπρος** Zypern *n*
**κυρία** Frau *f*; Dame *f*
**Κυριακή** Sonntag *m*
**κυρ|ιαρχία** Souveränität *f*; **~ίαρχος** Herrscher *m*; **~ιαρχώ** herrschen; **~ιεύω** [-i'evo] erobern; ergreifen
**κυριολε|κτικός** eigentlich, wörtlich; **~ξία** Grundbedeutung *f*
**κύρι|ος (-α)** Haupt-; wesentlich; Grund-; *Su.* *m* Herr *m*; Gatte *m*; ***κυρίες και ~οι!*** meine Damen und Herren!
**κυρ|ίως** [ki'rios] *Adv.* hauptsächlich; vor allem; genau; **~ιώτερος** hauptsächlich, Haupt-; *Su.* *n* Hauptsache *f*
**κύρος** *n* Geltung *f*
**κυρτ|ός** krumm, gebogen; konvex; kursiv; **~ότητα** (Ver-)Krümmung *f*; **~ώνω** (ver)krümmen, beugen, biegen
**κύστη (-εις)** *Anat.* Blase *f*; Zyste *f*

**κύτταρο** Zelle *f*
**κυψέλη** Bienenkorb *m*
**κώδικας** Gesetzbuch *n*; ***αστικός*** **~** Bürgerliches Gesetzbuch (BGB) *n*; ***ποινικός*** **~** Strafgesetzbuch (StGB) *n*
**κώλος** Gesäß *n*
**κώλυμα** *n* Verhinderung *f*
**κωμικός** komisch, drollig; *Su. m* Komiker *m*
**κωμωδία** [komoˈðia] Komödie *f*
**κωνικός** kegelförmig
**κώνος** Kegel *m*; *Bot.* Zapfen *m*
**κωπηλ|ασία** [kopil-] Rudern *n*; **~άτης** Ruderer *m*; **~ατώ** rudern
**κωφ|άλαλος** [kof-] taubstumm; **~εύω** [-ˈevo] sich taub stellen

# Λ

**λαβ-** *s.* **λαμβάνω**
**λαβ|ή** [laˈvi] Griff *m*; Henkel *m*; **~ίδα** Zange *f*; Pinzette *f*; **~ώνω** verwunden
**λαγάνα** ungesäuertes Brot *n*
**λαγός** Hase *m*
**λαδερός** in Öl zubereitet
**λάδι** Öl *n*
**λαδ|ιά** Ölfleck *m*; **~ομπογιά** [-oboˈja] Ölfarbe *f*; **~όχαρτο** Pergamentpapier *n*; **~ώνω** ölen, schmieren
**λαζάνια** *n/pl.* breite Nudeln *f/pl.*
**λαθ|αίνω, ~εύω** [-ˈθevo] sich irren
**λάθος** *n* Irrtum *m*, Fehler *m*; ***τυπογραφικό*** **~** Druckfehler *m*; ***κάνω*** **~** sich irren; ***κατά*** **~** aus Versehen
**λαθρ|εμπόριο** Schmuggeln *n*; **~έμπορος** Schmuggler *m*; **~επιβάτης** blinder Passagier *m*
**λαϊκ|ός** [laik-] Volks-; volkstümlich; *Su. m* Laie *m*; **~ότητα** Volkstümlichkeit *f*
**λαίμαργος** [ˈlem-] gefräßig
**λαιμ|οδέτης** Schlips *m*; **~ός** Hals *m*; Kehle *f*
**λάκκος** Grube *f*, Graben *m*
**λακκούβα** Schlagloch *n*
**λάμα** Rasierklinge *f*; Lama *n*
**λαμαρίνα** Blech *n*
**λαμβάνω** nehmen; erhalten; **~** ***το λόγο*** das Wort ergreifen; **~** ***μέρος*** teilnehmen (**σε**/ an *D*); **~** ***υπ' όψη*** berücksichtigen; **~** ***χώρα(ν)*** stattfinden
**λάμπα** [ˈlamba] Lampe *f*; Glühbirne *f*; **~** ***φθορίου*** Leuchtröhre *f*
**λαμπ|άδα** Fackel *f*; Wachskerze *f*; **~ερός** leuchtend
**Λαμπρή** Ostern *n*
**λαμπρός** glänzend
**λάμπω** scheinen; strahlen; leuchten, glänzen
**λάμψη** (**-εις**) Glanz *m*; Schein *m*

**λανθ|άνω** verborgen sein; **~ασμένος** falsch
**λάντζα** Abwaschbecken *n*
**λαξεύω** [-'ksevo] meißeln, schnitzen
**λαός** Volk *n*
**λαπάς** Reisbrei *m*
**λαρδί** Speck *m*
**λάρυγγας, λαρύγγι** Kehle *f*; Kehlkopf *m*
**λάσπη** Schlamm *m*, Schmutz *m*
**λασπώ|δης** 2 schlammig; **~νω** schmutzig machen; *v/p.* (**~νομαι**) schmutzig werden
**λάστιχο** Gummi *m*; *Auto*: Reifen *m*
**λατινικός** lateinisch
**λατομείο** Steinbruch *m*
**λατρ|εία** Verehrung *f*; **~ευτός** [-eft-] verehrt; **~εύω** [-'evo] verehren
**λάτρης** Verehrer *m*
**λαχαν|ιάζω** keuchen, schnaufen; **~ικό** Gemüse *n*
**λάχανο** Kohl *m*; *pl.* Gemüse *n*; **~ *τουρσί*** Sauerkraut *n*
**λαχανοπωλείο** [-po'lio] Gemüseladen *m*
**λαχείο** [laç-] Lotterie *f*; Los *n*
**λαχτ|άρα** [laxt-] Sehnsucht *f*; **~αρώ (-άς)** sich sehnen (nach *D*)
**λεβέντης** hübscher, tapferer Bursche *m*
**λέβητας** Kessel *m*
**λεβιές** Schalthebel *m*
**λέγομαι** heißen; **~** (*N*) ich heiße (*N*)
**λεγόμενος** sogenannt
**λέγω** *s.* **λέω**
**λεηλα|σία** [leila-] Plünderung *f*; **~τώ** plündern
**λεία** ['lia] Beute *f*
**λείος** glatt
**λειότητα** Glätte *f*
**λείπω** ['lipo] fehlen; abwesend sein
**λειτουργ|ία** [litur'jia] Funktion *f*; Messe *f*, Gottesdienst *m*; **~ώ** [-'γo] funktionieren; die Messe lesen
**λείψανο** ['lips-] Leiche *f*; *pl.* Reliquien *f/pl.*
**λειψός** unvollständig
**λειώνω** ['ljono] schmelzen; zerquetschen; verwesen
**λεκ|άνη** Waschschüssel *f*; Teich *m*; Becken *n*; **~ές** (**-έδες**) Fleck *m*; **~ιάζω** beflecken; Flecke bekommen
**λελέκι** Storch *m*
**λεμ|ονάδα** Zitronenlimonade *f*; **~όνι** Zitrone *f*
**λεμον|ιά** Zitronenbaum *m*; **~όζουμο** Zitronensaft *m*
**λέξη (-εις)** Wort *n*; ***κατά*** **~** wörtlich
**λεξικό** Wörterbuch *n*
**λέπι** Schuppe *f*
**λεπίδα** Klinge *f*
**λεπτό** Minute *f*
**λεπτο|μέρεια** Einzelheit *f*; **~μερειακός, ~μερής** 2 ausführlich
**λεπτ|ός** dünn; schlank; fein; **~ότητα** Dünne *f*; Schlankheit *f*; Takt *m*; Feinheit *f*
**λέρωμα (-ατος)** *n* Verunreinigung *f*

**λερώνω** schmutzig machen; schmutzig werden
**Λέσβος** ['lezvos] *f* Lesbos *n*
**λεύκα** ['lefka] Pappel *f*
**λευκαίνω** [lef'kjeno] weißen, bleichen
**λευκοπλάστης** [lefko-] Heftpflaster *n*
**λευκός** [lef'kos] weiß; untadelig
**λεύκωμα** ['lefkoma] **(-ατος)** *n* Eiweiß *n*
**Λευκωσία** [lefkos-] Nikosia *n*
**λεφτά** *n*/*pl.* Geld *n*
**λεχθ-** *s.* **λέγω, λέω**
**λέω** **(είπα)** sagen, erzählen **(για/** von *D*); **~ να** beabsichtigen
**λεωφορείο** Autobus *m*
**λεωφόρος** *f* Boulevard *m*
**λήγω** ['liɣo] enden; *Hdl.* fällig werden; *Vertrag*: ablaufen
**Λήμνος** ['lim-] *f* Lemnos *n*
**λήξη** ['liksi] **(-εις)** Beendigung *f*, Ablauf *m*
**ληξιαρχ|είο** [liksiar'çio] Standesamt *n*; **~ικός** standesamtlich
**ληστ|εία** [list-] Raub *m*; **~εύω** [-'evo] berauben; *j-n* ausplündern; **~ής** Räuber *m*
**ληφθ-** *s.* **λαμβάνω**
**λήψη** ['lipsi] **(-εις)** Empfang *m*; *Fot.* Aufnahme *f*
**λιαν|ίζω** (zer)hacken; **~ικός** Einzel-; *Adv.* einzeln
**λιβάδι** Wiese *f*
**λιβάνι** Weihrauch *m*
**λιγάκι** ein bißchen, etwas
**λιγδιάζω** beschmieren
**λιγνός** mager; dünn
**λίγ|ος** wenig; etwas; ***σε ~ο*** bald; ***το ~ο ~ο*** wenigstens
**λιγο|στεύω** [-'evo] (sich) verringern; **~στός** gering; selten; knapp
**λίθος** Stein *m*
**λιθ|οστρώνω** pflastern; **~όστρωτο** Pflaster *n*; **~όστρωτος** gepflastert
**λικέρ** *n* Likör *m*
**λίμα** Feile *f*; **~ *νυχιών*** [ni'çon] Nagelfeile *f*
**λιμάνι** Hafen *m*
**λιμάρω** feilen
**λιμεν|αρχείο** Hafenamt *n*; **~εργάτης** Hafenarbeiter *m*; **~ικός** Hafen-
**λίμνη** See *m*
**λιν|άρι** Flachs *m*, Lein *m*; **~έλαιο** Leinöl *n*; **~ό** Leinen *n*, Leinwand *f*; **~ός** leinen
**λιοντάρι** Löwe *m*
**λιπ-** *s.* **λείπω**
**λιπαίνω** [li'peno] düngen; ölen
**λιπαντικό** Schmiermittel *n*
**λίπασμα** *n* Dünger *m*
**λιπ|οθυμία** Ohnmacht *f*; **~όθυμος** ohnmächtig; **~οθυμώ (-είς)** ohnmächtig werden
**λίπος** *n* Fett *n*; Schmieröl *n*
**λίστα** Liste *f*, Verzeichnis *n*; Speisekarte *f*
**λίτρο** Liter *m*
**λιχουδιά** Leckerbissen *m*
**λιώνω** *s.* **λειώνω**

λοβός 112

**λοβός** Hülse *f*; Schote *f*
**λογαρι|άζω** (be)rechnen; denken (an *A*); **~ασμός** Rechnung *f*; Rechenschaft *f*; Konto *n*; **~θμικός πίνακας** Logarithmentafel *f*
**λογικ|ή** Logik *f*; **~ό** Vernunft *f*; **~ός** logisch; vernünftig
**λογιστ|ήριο** Buchhaltungskontor *n*; **~ής** Buchhalter *m*
**λογο|δοσία** Rechenschaftsbericht *m*; **~κλοπία** Plagiat *n*; **~κρίνω** zensieren; **~κρισία** Zensur *f*; **~μαχία** [-ç-] Wortwechsel *m*, Auseinandersetzung *f*; **~μαχώ** [-'xo] sich auseinandersetzen
**λόγ|ος** Wort *n*; Rede *f*; Vernunft *f*; Grund *m*; ***με άλλα ~ια*** mit anderen Worten; ***βγάζω ~ο*** e-e Rede halten; ***κρατώ ~ο*** Wort halten; ***~ω τιμής*** Ehrenwort!; ***~ου χάριν*** (***λ. χ.***) zum Beispiel (z. B.)
**λογοτεχν|ία** Literatur *f*; **~ικός** literarisch
**λόγχη** ['loŋçi] Lanze *f*
**λόγω** ['loγo] wegen *G*; ***~ υγείας*** [i'jias] aus gesundheitlichen Gründen
**λοιπ|όν** [lip-] also; nun; **~ός** übrig; ***και τα ~ά*** (***κτλ.***) und so weiter (usw.); ***του ~ού*** von nun an
**λοξ|οδρομώ** vom Wege abweichen; **~ός** schräg, schief, krumm
**λόξυγγας** Schluckauf *m*
**λούζω** ['luzo] die Haare waschen
**λουκάνικο** [luk-] Wurst *f*
**λουκέτο** Vorhängeschloß *n*
**λουκουμάς** (**-άδες**) [luku-] *Art* Krapfen *m*
**λουλούδι** [lu-] Blume *f*
**λουρί** Riemen *m*
**λούστρο** Politur *f*; **~ς** Schuhputzer *m* (*auch Schimpfwort*)
**λουτρ|ό** Bad *n*; Badezimmer *n*; **~ά** *n/pl.* Badeanstalt *f*; Heilbad *n*; Badeort *m*; ***κάνω ~ό*** baden
**λούτσα** Pfütze *f*
**λούτσος** Hecht *m*
**λόφος** Hügel *m*
**λοφώδης** 2 hügelig
**λοχαγός** [lox-] Hauptmann *m*
**λόχος** Kompanie *f*
**λυγ|ερός** [lij-] schlank; **~ίζω** (sich) biegen; **~ισμένος** gebogen
**λυγμός** Schluchzen *n*
**λύκος** Wolf *m*
**λύνω** ['lino] lösen; losmachen; auseinandernehmen; beilegen
**λυπάμαι** *s.* **λυπούμαι**
**λύπη** ['lipi] Kummer *m*; Trauer *f*; Mitleid *n*
**λυπ|ημένος** betrübt; **~ηρός** traurig; **~ούμαι** (**-άσαι**) betrübt sein; bedauern; es tut mir leid; **~ώ** betrüben
**λυρικός** lyrisch

**λυσεντερία** *Med.* Ruhr *f*
**λύση (-εις)** (Auf-)Lösung *f*; Entscheidung *f*; Beseitigung *f*
**λύσσα** Wut *f*; Tollwut *f*
**λυσσ|άζω** tollwütig (rasend) werden; **~ικός** tollwütig
**λυτός** gelöst, unangebunden
**λύτρα** *n/pl.* Lösegeld *n*
**λυτρώνω** erlösen, befreien
**λυχνάρι** (Petroleum-)Lampe *f*
**λυχνία** [lix-] *Radio*: Röhre *f*
**λύχνος** Lampe *f*
**λωποδύτης** [-'ðitis] (Taschen-)Dieb *m*; Gauner *m*

# M

**μ'** *s.* **με¹, με²**
**μα** aber; *als Verstärkung*: ja, doch; *Eid*: bei *D*
**μαβύς** [ma'vis] dunkelblau
**μαγαζί** [maɣa'zi] Laden *m*, Geschäft *n*; *pl.* Markt *m*
**μαγάρ|α** Schmutz *m*; *fig.* Schuft *m*; **~ισμα** *n* Besudelung *f*
**μαγγ|άνι** [maŋ'gani] Mangel *f*; Presse *f*; Ziehbrunnen *m*; **~ώνω** quetschen, (ein-)klemmen
**μαγεία** [ma'jia] Zauber(ei *f*) *m*, Magie *f*
**μάγειρας** *s.* **μάγειρος**
**μαγ|ειρείο** [maji'rio] Küche *f*; Gastwirtschaft *f*; **~ειρεύω** [-ji'revo] kochen; *fig.* aushecken (**του**/ gegen *A*); **~είρισσα** Köchin *f*
**μάγειρος** Koch *m*
**μαγ|εύω** [-'jevo] (be)zaubern; **~ικός** Zauber-, magisch; zauberhaft
**μαγιό** [ma'jo] Badeanzug *m*; Badehose *f*
**μαγιονέζα** Mayonnaise *f*
**μάγισσα** Zauberin *f*
**μαγκούρα** [maŋ'gura] Knüppel *m*
**μαγν|ήτης** [ma'ɣnitis] Magnet *m*; **~ητικός** magnetisch; **~ητισμός** Magnetismus *m*; Anziehungskraft *f*; **~ητόφωνο** Tonbandgerät *n*
**μάγος** Zauberer *m*
**μαγουλάδα** [maɣu'laða] Mumps *m*
**μάγουλο** Wange *f*
**μαδώ (-άς)** [ma'ðo] rupfen; (*Haar*) ausfallen
**μάζα** Masse *f*
**μαζεύω** [ma'zevo] (auf)sammeln; pflücken; *Seil* anziehen
**μαζ|ί** *Adv.* zusammen; *prp.* mit *D*; ***~ί μου*** mit mir; ***έχω ~ί μου*** bei sich haben; **~ικός** gemeinsam, Massen-
**Μάης** Mai *m*
**μαθαίνω** [ma'θeno] lernen; lehren; erfahren
**μάθημα** *n* Unterricht *m*; Aufgabe *f*; Fach *n*; Lektion *f*
**μαθηματικ|ά** *n/pl.* Mathe-

μαθηματικός 114

matik *f*; **~ός** mathematisch; *Su.* Mathematiker *m*
**μαθητ|εία** [maθi'tia] Lehrzeit *f*; **~ευόμενος** [-e'vom-] Lehrling *m*; **~εύω** [-'evo] Schüler sein; lernen; **~ής** Schüler *m*; *Rel.* Jünger *m*
**μαθήτρια** Schülerin *f*
**μαία** ['mea] Hebamme *f*
**μαιευτ|ήριο** [mee'ftirio] Entbindungsheim *n*; **~ική** Geburtshilfe *f*
**μαϊμού** [mai'mu] **(-δες)** *f* Affe *m*
**μαίνομαι** ['menome] wüten
**μαϊντανός** [maid-] Petersilie *f*
**Μάιος** ['maios] Mai *m*
**μαΐστρος** [ma'ist-] Nordwestwind *m*
**μακάρι: ~** ***(και) να*** wenn doch
**μακάριος (-α)** (glück)selig
**μακαρόνια** *n/pl.* Makkaroni *pl.*
**μακρ|αίνω** [ma'kreno] verlängern; **~ήγορος** weitschweifig; **~ιά** *Adv.* weit; weit entfernt; **~ινός** entfernt; *Reise*: weit; **~οπρόθεσμος** langfristig
**μάκρος** *n* Länge *f*; ***παίρνω ~*** lange dauern
**μακρ|ός** lang; ***από ~ού*** seit langem; ***δια ~ών*** ausführlich; ***επί ~όν*** auf lange Zeit
**μακρ|ουλός** länglich, oval; **~ύς (-ιά, -ύ)** lang; **~ύτερα** *Adv.* weiter
**μαλάζω** weich machen, kneten; etw. anrühren
**μαλακ|ός** weich; sanft; **~τικό** Linderungsmittel *n*; **~ώνω** erweichen; lindern
**μάλαμα** *n* Gold *n*
**μαλθακός** weichlich
**μάλιστα** ja(wohl); vor allem; sogar
**μαλλ|ί** Wolle *f*; **~ιά** *n/pl.* Haar *n*
**μάλλινος** Woll-
**μάλλον** mehr; eher; wohl
**μαλώνω** [ma'lono] ausschelten; zanken
**μάμμη** Großmutter *f*
**μαμμή** Hebamme *f*
**μανάβης** Obsthändler *m*
**μανάβικο** Gemüseladen *m*
**μανδ-** *s.* **μαντ-**
**μανθάνω** *s.* **μαθαίνω**
**μανία** Wahnsinn *m*; Wut *f*; Leidenschaft *f*, Sucht *f*
**μανι|άζω** wahnsinnig werden; toben; **~ακός** wahnsinnig; leidenschaftlich
**μανικέτι** Manschette *f*
**μαν|ίκι** Ärmel *m*; Griff *m*; **~ικιούρ** [-i'kjur] *n* Maniküre *f*
**μανιτάρι** Pilz *m*
**μάν(ν)α** Mutter *f*; *fam.* Mama *f*
**μανουβράρω** [manu'vraro] manövrieren; rangieren
**μανούρι** [ma'nuri] fetter Schafskäse *m*
**μανταλάκι** [manda-] Wäscheklammer *f*
**μάνταλος** Riegel *m*

**μαντ|αλώνω** zuriegeln; **~αρίνι** Mandarine *f*; **~άρω** stopfen
**μαντάτο** Nachricht *f*
**μαντ|εία** Weissagung *f*; **~εύω** [-'devo] erraten
**μαντήλ|α** Kopftuch *n*; **~ι** Taschentuch *n*
**μαντολίνο** Mandoline *f*
**μαξιλ|άρι** [maksi-] Kissen *n*; **~αροθήκη** [-'θiki] Kissenbezug *m*
**μαραγκός** Tischler *m*
**μαραίνομαι** [ma'renome] verblühen, welken
**μαργαρίνη** Margarine *f*
**μαργαριτάρι** Perle *f*
**μαρίδα** Marida *f*, kleiner Fisch *m*
**μαρινάτος** mariniert
**μάρκα** Zeichen *n*; Spielmarke *f*; Automatenmünze *f*
**μαρκαδόρος** Filzstift *m*
**μαρκάρω** (kenn)zeichnen
**μάρκο** Mark *f*
**μάρμαρο** Marmor *m*
**μαρμελάδα** Marmelade *f*
**μαρούλι** [-'ruli] Kopfsalat *m*
**Μάρτ|ης, ~ιος** März *m*
**μαρτολούλουδο** [-'luluðo] Kamille *f*
**μάρτυρας** Zeuge *m*; Märtyrer *m*; ***αυτόπτης ~*** Augenzeuge *m*
**μαρτυρ|ία** Zeugnis *n*; Zeugenaussage *f*; **~ώ** *etw.* bezeugen; *j-n od. j-m etw.* verraten
**μάρτυς** ['martis] (**-υρος**) *m*, *f* Zeuge *m*, Zeugin *f*
**μασάζ** [ma'saz] *n* Massage *f*; ***κάνω ~*** massieren
**μάσκα** Maske *f*
**μασκαρεύω** [-'revo] maskieren; blamieren
**μασούρι** [ma'suri] Spule *f*
**μαστίγιο** Peitsche *f*
**μάστορας** Meister *m*
**μαστορ|ιά** Meisterschaft *f*; **~ικός** meisterhaft
**μαστός** Brust *f*; Euter *n*
**μαστοφόρο** Säugetier *n*
**μαστροπ|εύω** [-'pevo] verkuppeln; **~ός** Kuppler *m*
**μασχάλη** [ma'sxali] Achsel(höhle) *f*
**μασώ** (**-άς**) kauen
**μάταιος** ['mateos] vergeblich; eitel
**ματαιώνω** [mate'ono] verhindern, vereiteln
**μάτι** Auge *n*; Knospe *f*; ***ηλεκτρικό ~*** Kochplatte *f*; ***με τα ~α μου*** mit eigenen Augen
**ματιά** Blick *m*; **~ζω** anstarren; zielen auf *A*
**ματς** *n* Spiel *n*, (Wett-)Kampf *m*
**μαυρ|άδι** [mavr-] Pupille *f*; **~ίζω** schwärzen; gegen *j-n* stimmen
**μαυρο|μάτης** (**-α, -ικο**) schwarzäugig; **~πίνακας** Wandtafel *f*
**μαύρος** schwarz; düster, traurig; *Su. m* Neger *m*
**μαχ|αίρι** [ma'çeri] Messer *n*; Dolch *m*; **~αιριά** Messerstich *m*; **~αιροπίρουνο** [-'piruno] Besteck *n*;

**˷αιρώνω** [-e'rono] erstechen
**μάχη** ['maçi] Kampf *m*
**μαχητ|ής** Kämpfer *m*; **˷ικός** kämpferisch
**μάχιμος** wehrfähig
**μάχομαι** ['maxome] kämpfen
**με¹** mit *D*; (*Zeit*) bis; durch
**με²** mich
**μεγαλ|είο** Größe *f*, Erhabenheit *f*; **˷ειότατος** [-li'ot-] Majestät *f*; **˷ειώδης** [-li'oðis] 2 großartig; **˷έμπορος** Großhändler *m*; **˷ηγορία** Übertreibung *f*; **˷όδωρος** freigebig; **˷οκτηματίας** Großgrundbesitzer *m*; **˷όκυκλος** Megahertz *n*; **˷οποίηση (-εις)** [-o'piisi] Vergrößerung *f*; Übertreibung *f*; **˷οποιώ** [-opi'o] übertreiben; **˷οπρεπής** 2 prächtig
**μεγάλος** groß; erwachsen; alt; *Straße*: lang
**μεγαλούπολη (-εις)** Großstadt *f*
**μεγαλοφυ|ής** [-fi'is] 2 genial; **˷ία** [-fi'ia] Genie *n*, Genialität *f*
**μεγαλ|ύνω** [-'lino] vergrößern; preisen; **˷ύτερος** größer; länger; älter
**μεγάλωμα** *n* Wachstum *n*
**μεγαλώνω** vergrößern; erhöhen; größer werden; heranwachsen
**μέγας (μεγάλη, μέγα)** groß
**μεγάφωνο** Lautsprecher *m*
**μέγεθος** ['mejeθos] *n* Größe *f*; Länge *f*; Umfang *m*
**μεγ|έθυνση (-εις)** [me'jeθinsi] Vergrößerung *f*; **˷εθύνω** [-e'θino] vergrößern
**μέγιστ|α:** ***τα ˷α*** im höchsten Maße; **˷ο(ν)** Maximum *n*; **˷ος** größte(r), höchste(r)
**μεδούλι** [me'ðuli] Knochenmark *n*
**μεζές (-έδες)** Imbiß *m*; Vorspeise *f*, kalte Platte *f*
**μεθ'** *s.* **μετά**
**μεθ|αύριο** [me'θavr-] übermorgen; **˷οδικός** methodisch
**μέθοδος** *f* Methode *f*
**μεθ|υσμένος** betrunken; **˷ύστακας** Säufer *m*; **˷ώ (-άς)** (sich be)trinken, saufen
**μειδ|ίαμα** [mi'ði-] *n* Lächeln *n*; **˷ιώ (-άς)** lächeln
**μειλίχιος** [mi'liç-] **(-α)** milde
**μειν-** *s.* **μένω**
**μειξ-** *s.* **μιγνύω**
**μειοδοτώ** [mio-] unterbieten
**μείον** ['mion] *Adv.* weniger; minus
**μειον|έκτημα** *n* Nachteil *m*; **˷εκτικός** nachteilig; **˷εκτώ** im Nachteil sein; **˷ότητα** Minderheit *f*
**μειχθ-** *s.* **μιγνύω**
**μειώνω** [mi'ono] verringern; demütigen
**μελαγχολ|ία** Schwermut *f*; **˷ικός** schwermütig

**μελάν|η, ~ι** Tinte *f*
**μελανιάζω** schwarz machen (*od.* werden)
**μελανός** schwarz
**μελάτος** *Ei*: weichgekocht
**μελαχρινός** dunkel(häutig)
**μέλει** ['meli] es geht *j-n* an, es kümmert *j-n*; sich kümmern (**για**/ um *A*)
**μελένιος (-α)** honigsüß
**μελ|έτη** Studium *n*; Forschung *f*; Studie *f*; **~ετώ (-άς)** studieren; beabsichtigen
**μέλι** Honig *m*
**μελίγγι** [-'liŋgi] Schläfe *f*
**μέλισσα** Biene *f*
**μελιτζ|άνα** [melidz-] Aubergine *f*; **~ανής (-ιά, -ί)** lila, violett
**μέλλον (-οντος)** Zukunft *f*
**μελλοντικός** (zu)künftig
**μέλλ|ω** werden, sollen; **~ων (-οντος)** *m Gr.* Futur *n*
**μελόδραμα** *n* Oper *f*
**μέλος** Glied *n*; Mitglied *n*; Melodie *f*
**μελτέμι** Passatwind *m*
**μελωδία** Melodie *f*; Lied *n*
**μεμβράνη** Membran *f*
**μεμιάς** auf einmal
**μεν: ~ ..., αλλά** zwar ..., aber; **ο ~ ... ο δε** der eine ... der andere
**μένα** mir, mich
**μένος** *n* Wut *f*
**μενού** [me'nu] *n* Menü *n*; Speisekarte *f*
**μέντα** Pfefferminze *f*
**μέν|ω** (übrig)bleiben; wohnen; **δε μου ~ει παρά να ...** es bleibt mir nichts anderes übrig, als
**μέρα** Tag *m*; *s.* **ημέρα**; **καλημέρα!** guten Tag!; **από ~ σε ~** Tag für Tag; **~ νύχτα** Tag und Nacht
**μεραρχία** Division *f*
**μερ|ί** Keule *f*, Oberschenkel *m*, Lende *f*; **~ιά** Seite *f*; Stelle *f*; **~ίδα** Teil *m*; Portion *f*; Partei *f*; **~ίδιο** Anteil *m*; **~ιδιούχος** [-iði'uxos] Teilhaber *m*; Aktionär *m*; **~ίζω** (auf)teilen; **~ικός** teilweise; besondere(r); *pl.* einige, manche
**μέρισμα** *n* Dividende *f*
**μεροκάματο** Tagesverdienst *m*, Tagelohn *m*
**μέρ|ος** *n* Teil *m*; Platz *m*; Gegend *f*; Toilette *f*; **εν ~ει** zum Teil, teilweise
**μέσα** *Adv.* innen, drinnen; herein, hinein; **~ από** aus ... heraus; **~ σε** in *D*; innerhalb
**μεσαίος** [me'seos] **(-α)** mittlere(r), Mittel-
**Μεσαίωνας** [me'seon-] Mittelalter *n*
**μεσάνυχτα** [-nixta] *n/pl.* Mitternacht *f*
**μέση** ['mesi] Mitte *f*; Kreuz *n*, Taille *f*
**μεσημβρία** Mittag *m*; Süden *m*; **μετά ~ν (μ.μ.)** nachmittags; **προ ~ς (π.μ.)** vormittags
**μεσημβρινός** südlich
**μεσημέρι** Mittag(szeit *f*) *m*;

μεσιακά 118

*κάνω* ~ Mittagspause machen
**μεσιακ|ά** *Adv.* zur Hälfte; **~ός** gemeinsam
**μεσίστια** *Adv.* halbmast
**μεσ|ιτεία** Vermittlung(sgebühr) *f*; **~ιτεύω** [-i'tevo] vermitteln; **~ίτης** Vermittler *m*; Makler *m*
**Μεσόγειος** [me'sojios] *f* (**θάλασσα**) Mittelmeer *n*
**μέσ|ο(ν)** Mitte *f*; Mittel *n*; *pl.* *~α Μαρτίου* Mitte März; *δια ~ου* (*G*) durch *A*, vermittels *G*, über *A*; *δεν έχω τα ~α* ich kann es mir nicht leisten
**μέσος** mittlere(r); durchschnittlich
**μεσ|ότητα** mittlere Lage *f*; Mittelwert *m*; **~ότοιχος** [-'otixos] Trennwand *f*; **~ουράνημα** [-u'ranima] *n* Zenit *m*; Höhepunkt *m*; **~οφόρι** Unterrock *m*; **~όφωνος** *f* Mezzosopran *m*
**μεστός** prall; reif
**μετ'** *s.* **μετά**
**μετά** (+ *A*) nach *D*; hinter *D*; (+ *G*) mit *D*; *Adv.* danach
**μετα|βαίνω** [-'veno] sich begeben; **~βάλλομαι** sich ändern; **~βατικός** vorübergehend; Übergangs-; **~βιβάζω** übertragen; **~βλητός** [-vlit-] unbeständig; **~βολή** [-vo'li] Änderung *f*; **~γράφω** 'umschreiben; abschreiben; übertragen; **~δίδω** *Radio*: übertragen; mitteilen; *Med.* anstecken; **~θέτω** versetzen; abkommandieren; **~κίνηση (-εις)** Umsetzung *f*; Umstellung *f*; **~κομιδή** Überführung *f*
**μεταλλ|είο** Bergwerk *n*; **~ικός** Metall-; Mineral-
**μέταλλο** Metall *n*
**μεταλλ|ουργείο** Hüttenwerk *n*; **~ωρύχος** Bergarbeiter *m*
**μεταμορφώνω** verwandeln
**μετα|ναστεύω** [-na'stevo] auswandern; **~νάστης** Auswanderer *m*
**μετάνοια** [me'tanja] Reue *f*
**μετανοιώνω** [-'njono] bereuen (**για**/ *A*)
**μετάξι** [-ksi] Seide *f*; *τεχνητό* ~ Kunstseide *f*
**μεταξύ** [-'ksi] (*G*) zwischen *D*, *A*; unter *D*; ~ *μας* (*σας, τους*) unter uns (euch, ihnen); ~ *άλλων* unter anderem (u. a.); *εν τω* ~ inzwischen
**μεταξωτός** Seiden-; *Su.* *n* Seidenstoff *m*
**μετα|πείθω** [-'piθo] *j-n* umstimmen; **~ποιώ** [-pi'o] umändern; **~πολίτευση (-εις)** [-tefsi] Regierungswechsel *m*; **~ρρυθμίζω** [-ri'θmizo] reformieren; **~ρρύθμιση (-εις)** Umgestaltung *f*; Reform *f*, Reformation *f*
**μετασκευ|άζω** [-skje'vazo] umarbeiten; umbauen; **~ή**

[-skje'vi] Umarbeitung *f*; Umbau *m*
**μετασχηματ|ίζω** [-sçima-'tizo] umformen; **~ισμός** Umbildung *f*; **~ιστής** Transformator *m*
**μετασχ-** *s.* **μετέχω**
**μετα|τροπή** Umwandlung *f*; **~φέρω** transportieren; übertragen; **~φορά** Transport *m*; Übertrag *m*; **~φορέας** Transporteur *m*; Förderband *n*; **~φορικός** Transport-; bildlich; *Su. n/pl.* Transportkosten *pl.*; **~φορτώνω** umladen; **~φράζω** übersetzen (**από – σε**/ aus – in)
**μετάφραση (-εις)** Übersetzung *f*
**μετα|φραστής** Übersetzer *m*; **~φυτεύω** [-fi'tevo] umpflanzen; **~χειρίζομαι** [-çi'rizome] gebrauchen; behandeln; **~χείριση** Gebrauch *m*; Behandlung *f*; **~χρωματίζω** [-xromat-] umfärben
**μετ|εκπαιδεύω** [-ekpe-'ðevo] weiterbilden, umschulen; **~έχω** [-'exo] teilnehmen (*G*, **σε**/ an *D*)
**μετεωρ|ίτης** Meteorit *m*; **~ολογία** Meteorologie *f*
**μετέωρος** schwebend
**μετζο|σόλα** Brandsohle *f*; **~σοπράνο** *f* Mezzosopran *m*
**μετοίκηση (-εις)** [me'tikisi] Umzug *m*
**μέτοικος** Einwanderer *m*
**μετ|οικώ** [-i'ko] übersiedeln; **~ονομάζω** umbenennen; **~όπισθεν** [-sθen] *Adv.* (von) hinten; **~οχή** [-'çi] Teilnahme *f*; Aktie *f*; *Gr.* Partizip *n*
**μέτοχος** Teilnehmer *m*
**μέτρημα** *n* Zählung *f*; Messung *f*
**μετρη|μένος** gemessen, gezählt; maßvoll; **~τά** *n/pl.* Bargeld *n*
**μετρ|ητής** *Elektr.* Zähler *m*; **~ιάζω** mäßigen; lindern; **~ίαση** Mäßigung *f*; Linderung *f*
**μέτριος (-α)** mäßig; mittelmäßig
**μετρι|ότητα** Mittelmäßigkeit *f*; **~όφρονας** bescheiden; **~οφροσύνη** [-'sini] Bescheidenheit *f*
**μετρό** Untergrundbahn *f*
**μέτρο** Maß *n*; Meter *m*; Takt *m*, Tempo *n*; Versmaß *n*; *pl.* Maßnahmen *f/pl.*; ***παίρνω ~*** Maß nehmen; ***τετραγωνικό ~*** Quadratmeter *m*; ***κυβικό ~*** Kubikmeter *m*
**μετρ|οταινία** [-te'nia] Bandmaß *n*; **~ώ (-άς)** (ab)messen, zählen
**μέτωπο** Stirn *f*; Fassade *f*
**μέχρι(ς)** ['mexri(s)] (*A*) bis *A*; *Adv.* etwa; ***~ εδώ*** bis hierher; ***~ πότε;*** bis wann?
**μη(ν)** [mi(n)] nicht; *in der Frage*: vielleicht, etwa; ***για να ~*** damit nicht

**μηδαμινός** wertlos
**μηδέ** [mi'ðe] auch nicht, nicht einmal; ~ ... ~ weder ... noch
**μηδέν** (**-δενός**) *n* Nichts *n*; Null *f*
**μηδεν|ίζω** vernichten; annullieren; **~ικό** Null *f*; **~ιστικός** nihilistisch
**μήκος** ['mikos] *n* Länge *f*; ***κατά*** ~ (*G*) *A* entlang
**μήλ|η** ['mili], **~ι** Sonde *f*
**μηλιά** Apfelbaum *m*
**μήλο** ['milo] Apfel *m*
**μηλόπιτ(τ)α** *Art* Apfelkuchen *m*
**μην** *s.* **μη**
**μήνας** (*G a.* **μηνός**) Monat *m*
**μηνιαί|ος** (**-α**) monatlich, Monats-; **~ως** *Adv.* monatlich
**μηνιάτικος** monatlich; *Su. n* Monatsgehalt *n*
**μηνιγγίτιδα** Hirnhautentzündung *f*
**μην|υτής** [mini'tis] Kläger *m*; **~ύω** [-'io] *j-n* anzeigen
**μή|πως** [-pos] *in der Frage*: vielleicht; etwa; *nach fürchten u. ä.*: daß; **~τε** auch nicht, nicht einmal; ***~τε ... ~τε*** weder ... noch
**μητέρα** Mutter *f*
**μήτρα** Gebärmutter *f*; Matrize *f*
**μητρ|ικός** mütterlich; **~όπολη** (**-εις**) Metropole *f*, Hauptstadt *f*; Kathedrale *f*; **~οπολίτης** Erzbischof *m*; **~υιά** [-i'a] Stiefmutter *f*; **~υιός** [-i'os] Stiefvater *m*; **~ώο** [-'oo] Register *n*; ***εμπορικό ~ώο*** Handelsregister *n*
**μηχανή** [mix-] Maschine *f*; Motor *m*; List *f*
**μηχάνημα** *n* Apparat *m*; Vorrichtung *f*
**μηχανικ|ή** [mix-] Mechanik *f*; **~ός** mechanisch; *Su. m* Ingenieur *m*; Mechaniker *m*; ***πολιτικός ~ός*** graduierter Ingenieur *m*
**μηχαν|ισμός** Mechanismus *m*, Triebwerk *n*; **~ορραφία** Intrige *f*; **~ουργείο** [-ur'jio] Maschinenfabrik *f*
**μία, μια** *f s.* **ένας** ein(e); ***μια που*** ['mja pu] da ... einmal
**μιαίνω** [mi'eno] besudeln; verpesten
**μίανση** (**-εις**) Verpestung *f*
**μίγμα** *n* Mischung *f*
**μιγνύω** [-'γnio] mischen
**μίζα** *Spiel*: Einsatz *m*; *Auto*: Anlasser *m*
**μιζαμπλί** Wasserwelle *f*
**μιζέρια** Misere *f*
**Μικρά Ασία** Kleinasien *n*
**μικραίνω** [mi'kreno] verkleinern, kleiner werden
**μικρόβιο** Mikrobe *f*
**μικρο|γραφία** Miniatur *f*; **~δουλειά** [-ðu'lja] Kleinigkeit *f*; **~πρεπής** 2 niederträchtig; kleinlich
**μικρός** klein; *Zeit*: kurz; jung; unbedeutend; *Su. m* Page *m*

**μικροσκόπιο** Mikroskop *n*
**μικρούλης (-α, -ικο)** winzig; *Su. m/f* Kleine(r)
**μικρό|φωνο** Mikrophon *n*; **~ψυχος** [-psix-] verzagt; kleinmütig
**μικτός** gemischt
**μίλι** Meile *f*
**μιλώ (-άς)** sprechen (**για**/über *A*)
**μίμηση (-εις)** Nachahmung *f*
**μιμ|ητής** Nachahmer *m*; **~ούμαι** [-'ume] nachahmen
**μιναρές (-έδες)** Minarett *n*
**μιξ-** *s.* **μιγνύω**
**μίξερ** *n* Mixmaschine *f*
**μισθός** [mi'sθos] Lohn *m*; Gehalt *n*; Sold *m*
**μισθοφόρος** Söldner *m*
**μίσθωμα** *n* Miete *f*
**μισθώνω** [mi'sθono] mieten
**μισό** Hälfte *f*; **~βραστος** nicht gar
**μίσος** *n* Haß *m*
**μισ|ός** halb; ***τρεις και ~ή*** halb vier (Uhr)
**μισ|όστρατα** *Adv.* auf halbem Wege; **~οτιμής** *Adv.* zum halben Preis; **~ώ** hassen
**μνήμα** ['mnima] *n* Grab *n*
**μνημείο** [mni'mio] Denkmal *n*
**μνήμη** ['mnimi] Gedächtnis *n*; ***στη ~*** (*G*) zur Erinnerung an *A*
**μνημονεύω** [mnimo'nevo] erwähnen; gedenken *G*
**μνηστεία** [mni'stia] Verlobung *f*
**μόδα** Mode *f*
**μοιάζω** ['mjazo] ähneln
**μοίρα** ['mira] Schicksal *n*
**μοιράζω** [mir-] (ver)teilen
**μοιρασιά** Teilung *f*
**μοιρολατρικός** fatalistisch
**μοιχ|αλίδα** [mix-] Ehebrecherin *f*; **~εία** [mi'çia] Ehebruch *m*; **~ός** [-'xos] Ehebrecher *m*
**μολαταύτα** [-'tafta] trotzdem
**μόλις** kaum; *Zeit*: soeben; *cj.* sobald
**μολονότι** obgleich
**μόλος** Mole *f*
**μολύβι** [-'livi] Blei *n*; Bleistift *m*
**μόλυνση (-εις)** Verschmutzung *f*; Infektion *f*
**μολύνω** [mo'lino] verunreinigen; infizieren
**μομφή** Tadel *m*
**μον|άδα** Einheit *f*; **~αδικός** einzig; **~αξιά** Einsamkeit *f*; **~άρχης** Monarch *m*; **~αρχία** Monarchie *f*; **~αστήρι** Kloster *n*
**μον|άχα, ~αχά** nur
**Μόναχο** München *n*
**μοναχο|γιός** einziger Sohn *m*; **~κόρη** einzige Tochter *f*
**μοναχός** allein; *Su. m* Mönch *m*
**μόνιμος** stabil; dauerhaft; (ver)beamtet
**μον|ογραφή** Signum *n*; **~ογραφία** Monographie *f*; **~όδρομος** Einbahnstraße

μονόζυγο 122

*f*; ~όζυγο Reck *n*; ~οήμερος [-'im-] eintägig
μονοιάζω [mo'njazo] sich vertragen; versöhnen
μονο|κατοικία [-tik-] Einfamilienhaus *n*; ~κόμματος einteilig; unbeugsam
μονόλογος Monolog *m*
μονο|μαχία [-'çia] Zweikampf *m*, Duell *n*; ~μιάς sofort; auf einmal
μόνο(ν) nur; *cj*. jedoch; ***όχι ~ ... αλλά και*** nicht nur ... sondern auch
μον|οπάτι Pfad *m*, Fußweg *m*; ~όπατος einstöckig; ~οπώλιο Monopol *n*
μόνος allein; einzig; ***~ μου*** ich selbst; ***από ~ μου*** von selbst, von allein
μονός *Math*. ungerade
μον|οσήμαντος eindeutig; ~οτονία Eintönigkeit *f*; ~όχρωμος einfarbig
μοντ|αδόρος Monteur *m*; ~άρισμα *n* Montage *f*; ~άρω montieren
μοντέλο [mo'delo] Modell *n*
μοντέρνος [mo'd-] modern
μονώνω isolieren
μόνωση (-εις) Isolierung *f*
μονωτήρας Isolator *m*
μόριο Teilchen *n*; Molekül *n*
μορφασμός Grimasse *f*
μορφή Form *f*; Gestalt *f*
μορφίνη Morphium *n*
μορφώνω (aus)bilden
μόρφωση Bildung *f*; Ausbildung *f*
μόστρα *Hdl*. Muster *n*
Μόσχα Moskau *n*
μοσχάρι Kalb *n*
μοσχο|κάρυδο Muskatnuß *f*; ~κάρφι Gewürznelke *f*
μοτο|σακό Moped *n*; ~συκλέτα Motorrad *n*
μου [mu] mir; mein(e); ***η βαλίτσα ~*** mein Koffer
μου|γκρίζω [muŋ'grizo] brüllen; ~διάζω *Glieder*: einschlafen
μουλάρι Maulesel *m*
μουρμουρίζω murmeln
μουρ|ούνα [mu'runa] Kabeljau *m*, Dorsch *m*; ~ουνόλαδο Lebertran *m*
μουσαφίρης Gast *m*
μουσείο [mu'sio] Museum *n*
μουσικ|ή [musi'ki] Musik *f*; ~ός musikalisch; Musik-; *Su*. *m*, *f* Musiker(in *f*) *m*
μουστάκι Schnurrbart *m*
μουστάρδα Senf *m*
μούστος Most *m*
μούτσος Schiffsjunge *m*
μούχλα ['muxla] Schimmel *m*; nebliges Wetter *n*
μουχλιάζω schimmeln
μοχθηρός [moxθi'ros] boshaft
μοχλός Hebel *m*
μπάγκ|α ['baŋga] *Hdl*. Bank *f*; ~ος Bank *f*; Theke *f*
μπαινοβγαίνω [beno'vjeno] ein- und ausgehen
μπαίνω ['beno] eintreten; einsteigen; *Stoff*: einlaufen
μπακάλης Krämer *m*
μπακαλιάρος Stockfisch *m*

**μπακάλικο** Lebensmittelgeschäft *n*
**μπακίρι** Kupfer *n*
**μπάλα** Ball *m*; *Hdl.* Ballen *m*
**μπαλέτο** Ballett *n*
**μπαλκόνι** Balkon *m*
**μπαλόνι** Ballon *m*
**μπαλώνω** flicken
**μπαμπάς** [ba'bas] (**-άδες**) *fam.* Papa *m*
**μπανάνα** Banane *f*
**μπάνιο** Bad *n*; Badezimmer *n*; ***κάνω ~*** baden
**μπάντα** ['banda] Seite *f*; Kapelle *f*, Band *f*
**μπαούλο** [ba'ulo] Truhe *f*; Seekiste *f*
**μπαρ** *n* Bar *f*
**μπάρμπας** ['barbas] Onkel *m*
**μπαρμπούνι** [bar'buni] Barbe *f*
**μπαστούνι** [ba'stuni] Stock *m*; *Karte*: Pik *n*
**μπαταρία** Batterie *f*
**μπατσίζω** ohrfeigen
**μπεζ** [bez] beige
**μπεκρής** (**-ήδες**) Säufer *m*
**μπελάς** [be'las] (**-άδες**) Ärger *m*; Mühe *f*
**μπέρδεμα** *n* Verwirrung *f*
**μπερδεύω** [-'ðevo] durcheinanderbringen
**μπετόν** Beton *m*
**μπηκ-** *s.* **μπαίνω**
**μπιέλ(λ)α** ['bjela] Pleuelstange *f*
**μπιζέλι** Erbse *f*
**μπικίνι** Bikini *m*
**μπικουτί** [biku'ti] Lockenwickler *m*
**μπιλιάρδο** [bi'ljarðo] Billard *n*
**μπιλιέτο** Visitenkarte *f*
**μπίρα** ['bira] Bier *n*
**μπιραρία** Bierlokal *n*
**μπισκότο** Keks *m*
**μπιφτέκι** Beefsteak *n*
**μπλάβος, μπλε** blau
**μπλέκω** verwickeln
**μπλοκ** *n* Block *m*
**μπλοκάρω** blockieren
**μπλόκο** Blockade *f*
**μπογιά** [bo'ja] Farbe *f*
**μπολιάζω** [bo'ljazo] pfropfen
**μπόλικος** reichlich
**μπον-φιλέ** *n* Rumpsteak *n*
**μποξ** *n* Boxkampf *m*
**μπόρα** Regenguß *m*
**μπορ|ώ** [bo'ro] können; ***δεν ~ώ*** krank sein; ***~εί*** [bo'ri] es kann sein, möglicherweise
**μπότα** ['bota] Stiefel *m*
**μποτιλιάρισμα** *n* Stau *m*
**μπουγάδα** [bu-] Wäsche *f*
**μπουζί** Zündkerze *f*
**μπουζούκι** [bu'zuki] (*Saiteninstrument*) Busuki *f*
**μπουκάλι** [buk-] Flasche *f*
**μπουκιά** Bissen *m*
**μπούκλα** Haarlocke *f*
**μπουϊκοτ|άζ** [boi-] *n* Boykott *m*; **~άρω** boykottieren
**μπουμπούκι** [bu'buki] Knospe *f*
**μπούσουλας** ['busulas] Kompaß *m*
**μπούτι** Keule *f*; Oberschenkel *m*

**μπουφές (-έδες)** Büfett *n*
**μπουχτίζω** [bux'tizo] es satt haben
**μπόχα** schlechter Geruch *m*
**μπράτσο** Arm *m*
**μπριζόλα** [briz-] Kotelett *n*
**μπρικέτα** Brikett *n*
**μπροστά** vorn; ~ ***από, σε*** vor *A*, *D*
**μπροστινός** [brosti'nos] vordere(r), Vorder-
**μπρούσκος** *Wein*: herb
**μυαλό** [mja'lo] Gehirn *n*; Verstand *m*
**μύγα** Fliege *f*
**μύγδαλο** Mandel *f*
**μυγοχάφτης** [-'xaftis] **(-ηδες)** Fliegenfänger *m*; *Adj.* dumm
**μύδι** Miesmuschel *f*
**μυζήθρα** [mi'ziθra] Quark *m*
**μυθ|ικός** mythisch; **~ιστόρημα** *n* Roman *m*
**μυθολογία** Mythologie *f*
**μύθος** Mythos *m*; Sage *f*; Fabel *f*; Märchen *n*
**Μυκήν|αι** [mi'kine], **~ες** *f/pl.* Mykene *n*
**μύλος** Mühle *f*
**μυλωνάς (-άδες)** Müller *m*
**μυρίζω** [mi'rizo] riechen, duften
**μυρμήγκι** [mir'miŋgi] Ameise *f*
**μυροπωλείο** [miropo'lio] Parfümerie *f*
**μυρτιά** Myrte *f*
**μυρωδ|άτος** [miro'ðatos] wohlriechend; **~ιά** Geruch *m*; Wohlgeruch *m*; **~ικό** Würze *f*
**μυς (μυός)** *m* Muskel *m*
**μυστήριο** Mysterium *n*; Sakrament *n*
**μυστηριώδης** [mistiri'oðis] 2 geheimnisvoll
**μυστικ|ό** Geheimnis *n*; **~ός** geheim, Geheim-; *Su. m* Geheimpolizist *m*
**μυστρί** (Maurer-)Kelle *f*
**μύτη** ['miti] Nase *f*; Schnabel *m*; Schnauze *f*; Spitze *f*
**Μυτιλήνη** [miti'lini] Mytilene *f*; *Insel* Lesbos
**μυώδης** [mi'oðis] 2 muskulös
**μύωψ** ['miops] **(-ωπος)** *m*, *f* kurzsichtig
**μωαμεθανικός** mohammedanisch
**μωρό** [mo'ro] Baby *n*
**μωσαϊκό** Mosaik *n*

# Ν

**να¹** [na] daß; damit, um ... zu; wenn nur; wenn
**να²** hier ist ..., da ist ...
**ναι** [ne] ja; doch; ~ ***μεν, αλλά ...*** zwar, aber
**νάνος** Zwerg *m*
**να|νουρίζω** [nanur-] in den Schlaf wiegen; **~νούρισμα** *n* Wiegenlied *n*
**ναός** Tempel *m*; Kirche *f*

**ναρκώνω** betäuben
**νάρκωση (-εις)** Betäubung *f*, Narkose *f*
**ναυ-** Schiff-
**ναυ|άγιο** [na'vajio] Wrack *n*; Schiffbruch *m*; Scheitern *n*; **~αγοσωστικός** Rettungs-; **~αγώ** Schiffbruch erleiden; scheitern
**ναύαρχος** Admiral *m*
**ναύλο** ['navlo] Fracht(geld *n*) *f*
**νάυλον** ['nailon] Nylon *n*; **~** ***σακούλα*** Plastiktüte *f*
**ναυπηγ|είο** [nafpi'jio] Werft *f*; **~ία** Schiffbau *m*
**ναύτης** ['naftis] Matrose *m*, Seemann *m*
**ναυτ|ία** [naft-] Seekrankheit *f*; **~ικό** Marine *f*; **~ικός** See-; *Su.* *m* Seemann *m*; ***~ικό μίλι*** Knoten *m*, Seemeile *f*; **~ιλία** Schiffahrt *f*
**νάφθα** ['nafθa] Erdöl *n*
**νέα** *n/pl.* Neuigkeiten *f/pl.*; ***τι ~*** (***έχουμε***) was gibt's Neues?
**νεανικός** jugendlich
**νεαρ|ή** junges Mädchen *n*; **~ός** Jüngling *m*
**νειάτα** *s.* **νιάτα**
**νεκρ|ολογία** Nachruf *m*; **~ός** tot; *Su.* *m* Tote(r) *m*; **~οταφείο** Friedhof *m*; **~οψία** Obduktion *f*; **~ώνω** töten; *fig.* lahmlegen; *Hdl.* zurückgehen; **~ώσιμος** Toten-, Trauer-; *Su.* *n* Todesanzeige *f*
**νεο|ελληνικός** neugriechisch; **~λαία** [-'lea] Jugend *f*
**νέ|ος (-α)** neu; jung; ***εκ ~ου*** von neuem; ***~ο(ν) έτος*** Neujahr *n*
**νεότατος** sehr jung
**νερ|ό** Wasser *n*; Regenwasser *n*; ***κάνω ~ά*** ein Leck haben; **~οζύγι** [-o'ziji] Wasserspiegel *m*; **~όκρασο** verdünnter Wein *m*
**νερο|μπογιά** [-bo'ja] Wasserfarbe *f*; **~ποντή** Platzregen *m*; **~πότηρο** Wasserglas *n*; **~συρμή** [-sir'mi] Rinnstein *m*, Gosse *f*
**νερουλός** [neru'los] wässerig
**νεροχύτης** [-'çitis] Ausguß *m*, Abwaschbecken *n*
**νερώνω** [ne'rono] verwässern, verdünnen
**νεύμα** ['nevma] *n* Wink *m*
**νευρασθένεια** [nevr-] Nervenschwäche *f*
**νευρ|ιάζω** [nevr-] (sich) aufregen; **~ικός** nervös; **~ικότητα** Nervosität *f*
**νεύρο** ['nevro] Nerv *m*
**νευρο|καβαλίκεμα** *n* Muskelkrampf *m*; **~λόγος** Nervenarzt *m*
**νεύρωση (-εις)** Neurose *f*
**νεύω** ['nevo] nicken; (zu-)zwinkern; winken
**νέφος** *n* Smog *m*
**νεφρ|ίτιδα** Nierenentzündung *f*; **~όλιθος** Nierenstein *m*; **~ό(ς)** Niere *f*
**νέφτι** Terpentinöl *n*

**νεωτερ|ίζω** [neo-] Neuerer sein; **~ισμός** Neuerung *f*
**νήμα** ['nima] *n* Faden *m*; Garn *n*
**νηπιαγω|γείο** [nipiaɣo'jio] Kindergarten *m*; **~γός** *f* Kindergärtnerin *f*
**νήπιο** Kleinkind *n*
**νησί** [ni'si], **νήσος** *f* Insel *f*
**νηστ|εία** Fasten *n*; **~εύω** [-'evo] fasten; **~ικάτα** *Adv.* auf nüchternen Magen; **~ικός, νηφάλιος (-α)** nüchtern
**νιάτα** *n/pl.* Jugend *f*
**νίκη** ['niki] Sieg *m*
**νικ|ητής** Sieger *m*; **~ήτρια** Siegerin *f*; **~ηφόρος** siegreich; **~ώ (-άς)** (be)siegen
**νιώθω** ['njoθo] spüren
**Νοέμβριος** November *m*
**νοερός** geistig
**νόημα** ['noima] *n* Sinn *m*
**νοημοσύνη** Intelligenz *f*
**νόθευση (-εις)** Verfälschung *f*
**νοθ|ευτής** Fälscher *m*; **~εύω** [-'evo] (ver)fälschen
**νόθος** unehelich; unecht
**νοιάζει** ['njazi] es interessiert
**νοικάτορας** [nik-] Mieter *m*
**νοίκι** ['niki] Miete *f*
**νοικο|κυρά** Hausfrau *f*; Wirtin *f*; **~κυρεύω** [-ki'revo] in Ordnung halten; **~κύρης (-ηδες)** Hausherr *m*; Wirt *m*; **~κυριό** Haushalt *m*
**νομ|αρχείο** Präfektur *f*; **~άρχης** Präfekt *m*; **~ίζω** glauben, meinen; halten (*A–A*/ *j-n* für *A*)
**νομικ|ά** *n/pl.* Jura, Rechtswissenschaft *f*; **~ός** juristisch; *Su.* *m* Jurist *m*; **~ός σύμβουλος** Rechtsberater *m*
**νόμιμος** gesetzlich, rechtmäßig
**νόμισμα** *n* Münze *f*; Währung *f*
**νόμος** Gesetz *n*
**νομός** Verwaltungsbezirk *m*
**νον|ά** Patin *f*; **~ός** Pate *m*
**νοσο|κόμα** Krankenschwester *f*; **~κομείο** Krankenhaus *n*; **~κόμος** *m, f* Krankenpfleger(in *f*) *m*
**νοσταλγ|ία** [-'jia] Heimweh *n*; Sehnsucht *f*; **~ώ** [-'ɣo] Heimweh haben; sich sehnen nach *D*
**νόστιμος** schmackhaft; nett, hübsch
**νότα** Note *f*
**νοτιάς** Südwind *m*
**νότιος (-α)** südlich
**νότος** Süden *m*
**νουβέλα** [nu'vela] Novelle *f*
**νούμερο** Nummer *f*
**νουν-** *s.* **νον-**
**νους** [nus] Verstand *m*; Geist *m*
**ντάμα** ['dama] *Karte*: Dame *f*; Damespiel *n*
**νταμλάς** Schlaganfall *m*
**ντεκολτέ** *n* Dekolleté *n*
**ντεμοντέ** [demo'de] unmodern

**ντεμπραγιάζ** [debra'jaz] *n* Kupplung *f*
**ντε πιές** [de'pjes] *n* Jackenkleid *n*
**ντήζελ** ['dizel] *n* Dieselmotor *m*; Dieselöl *n*
**ντιβάνι** [di'vani] Couch *f*
**ντολμαδάκια** [dolma'ðakja] *n/pl.* Weinblätter mit Reis- oder Hackfleischfüllung
**ντομάτα** [do-] Tomate *f*
**ντουζίνα** [duz-] Dutzend *n*
**ντουλάπι** Schrank *m*; Fach *n*
**ντουμπλάρω** [du'blaro] synchronisieren
**ντούρος** ['duros] **(-α)** steif
**ντους** [dus] *n* Dusche *f*
**ντρέπομαι** ['drepome] sich schämen
**ντροπ|αλός** [dropa'los] schüchtern; **~ή** Scham *f*; Schande *f*
**νυκτ-** *s.* **νυχτ-**
**νύστα** Schläfrigkeit *f*
**νυστάζω** schläfrig sein
**νυσταλέος (-α)** schläfrig
**νύφη** ['nifi] Braut *f*; Schwiegertochter *f*
**νύχι** ['niçi] Fingernagel *m*; Kralle *f*; Huf *m*
**νύχτα** ['nixta] Nacht *f*
**νυχτ|ερίδα** Fledermaus *f*; **~ιά** Nacht(zeit) *f*; **~ικό** Nachthemd *n*; **~οφύλακας** Nachtwächter *m*
**νωπός** [no'pos] frisch
**νωρ|ίς** *Adv.* früh; **~ίτερα** *Adv.* früher

# Ξ

**ξαγρυπνώ** [ksaɣri'pno] **(-άς)** wachen
**ξαδέρφη** Kusine *f*
**ξάδερφος** Vetter *m*
**ξακουσ|μένος** [ksakuz-], **~τός** berühmt
**ξαλατίζω** entsalzen, wässern
**ξανά** *Adv.* wieder
**ξανα|βλέπω** wiedersehen; **~δίνω** zurückgeben; **~κυριεύω** [-kiri'evo] wiedererobern; **~λέ(γ)ω** wiederholen; **~μετρώ (-άς)** nachmessen; **~νιώνω** [-'njono] wieder jung werden; **~στέλνω** nachschicken
**ξανάστροφος** umgekehrt
**ξαναφέρνω** wiederbringen
**ξανθ|οκόκκινος** [ksanθ-] rotblond; **~ός** blond; *Bier*: hell
**ξαπλώνω** sich (hin)legen
**ξαρματώνω** entwaffnen; abtakeln
**ξασπρίζω** weißen; bleichen
**ξάστερα** *Adv.* klar, offen; ***καθαρά και ~*** klar und deutlich
**ξαστερ|ιά** Sternenhimmel *m*; **~ώνω** sich aufklären
**ξαφν|ιάζω** überraschen; **~ικός** plötzlich
**ξάφνισμα** *n* Überraschung *f*

ξεβγάζω 128

**ξε|βγάζω** (aus)spülen; sich entledigen; hinausbegleiten; **~βιδώνω** abschrauben
**ξέγδαρμα** *n* Hautabschürfung *f*
**ξεγελώ** [kseje'lo] **(-άς)** betrügen
**ξε|γεννώ** [-je'no] **(-άς)** entbinden; niederkommen; **~γνοιασιά** [-γnja'sja] Sorglosigkeit *f*
**ξέγνοιαστος** ['kseγnjastos] sorglos
**ξε|γυμνώνω** [-ji'mnono] entblößen; ausplündern; *fig.* aufdecken; **~δένω** losbinden; **~ζεύω** [-'zevo] *Pferd* ausspannen
**ξ(ε)ίδι** ['ksiði] Essig *m*
**ξε|καθαρίζω** begleichen; sich (auf)klären; **~καθάρισμα** *n* Klärung *f*; **~καρδίζομαι** herzlich lachen; **~κινώ** **(-άς)** aufbrechen, starten; einleiten; **~κλειδώνω** [-kli'ðono] aufschließen; **~κολλώ** **(-άς)** (sich) ablösen; **~κουμπώνω** [-kum'bono] aufknöpfen; **~κουράζομαι** [-ku'razome] sich ausruhen; **~κουφαίνω** [-ku'feno] taub machen; **~λέγω** ableugnen; **~μαθαίνω** [-ma'θeno] verlernen; sich abgewöhnen; **~μπερδεύω** [-ber'ðevo] in Ordnung bringen
**ξεν|αγός** Fremdenführer *m*; **~ικός** fremd; **~ιτιά** Fremde *f*; Ausland *n*; **~όγλωσσος** fremdsprachig; **~οδοχείο** [-'çio] Hotel *n*; Gasthaus *n*; **~οδόχος** Gastwirt *m*
**ξέν|ος** fremd; ausländisch; *Su. m* Fremde(r) *m*; Gast *m*; ***~ο σώμα*** *n* Fremdkörper *m*
**ξε|νυχτώ** [-ni'xto] **(-άς)** aufbleiben; **~νώνας** Fremdenzimmer *n*; ***~νώνας νεότητας*** [kse'nonas ne'otitas] Jugendherberge *f*; **~παγιάζω** [-pa'jazo] durchfrieren; **~παγώνω** [-'γono] auftauen; **~περνώ** **(-άς)** übertreffen; **~πλένω** (aus)spülen; **~πληρώνω** [-pli'rono] abzahlen; **~πούλημα** [-'pulima] *n* Ausverkauf *m*; **~ραΐλα** [-ra'ila] Dürre *f*; **~ραίνω** [-'reno] (aus)trocknen; **~ριζώνω** [-ri'zono] entwurzeln
**ξερνώ** **(-άς)** *fam.* kotzen
**ξερός** trocken; öde
**ξεροψημένος** knusprig
**ξέρω** wissen; verstehen (**από**/ von *D*); kennen; können; ***~ πως ...*** ich weiß, daß; ***~ καλά*** Bescheid wissen
**ξε|σηκώνω** [-si'kono] kopieren; in Aufruhr bringen; **~σκονόπανο** Staubtuch *n*; **~συνηθίζω** [-siniθ-] (sich) abgewöhnen; **~φλουδίζω** [-fluð-] (ab)schälen; **~φορτώνω** entladen
**ξεχασμένος** vergessen
**ξεχειλίζω** [-çil-] überlaufen
**ξεχνώ** [kse'xno] **(-άς)** vergessen

**ξεχωρίζω** [ksexo'rizo] sondern; trennen
**ξηλώνω** [ksi'lono] auseinandernehmen; auftrennen
**ξηρ|ά** Festland *n*; **~ασία** Trockenheit *f*, Dürre *f*
**ξιν|ίζω** sauer werden; **~ίλα** Säure *f*; **~όγαλο** saure Milch *f*; **~όγλυκος** süßsauer; **~ός** sauer; herb; **~ούτσικος** säuerlich
**ξιπ|άζω** (auf)scheuchen; **~ασμένος** eingebildet
**ξιφολόγχη** Bajonett *n*
**ξιφομαχώ** [-'xo] fechten
**ξίφος** *n* Schwert *n*
**ξοδεύω** [kso'ðevo] ausgeben
**ξύγκι** ['ksiŋgi] Schmalz *n*
**ξύδι** ['ksiði] Essig *m*
**ξυλ|άνθρακας** [ksil-] Holzkohle *f*; **~εία** [-'ia] Holz *n*
**ξύλινος** hölzern
**ξύλο** Holz *n*; Knüppel *m*; Prügel *pl*.
**ξυλο|γραφία** *n* Holzschnitt *m*; **~κοπώ** prügeln; **~πόδαρο** Holzbein *n*
**ξυλ|ουργείο** [-ur'jio] Tischlerei *f*; **~οφορτώνω** verprügeln
**ξύνω** ['ksino] kratzen; (ab)schaben; *Bleistift* spitzen; schälen; radieren
**ξυπν|ητήρι** [ksipni'tiri] Wecker *m*; **~ός** wach; **~ώ (-άς)** (auf)wecken; aufwachen
**ξυπόλυτος** barfuß
**ξυρ|άφι** [ksir-] Rasiermesser *n*; Rasierklinge *f*; **~ίζω** rasieren
**ξύρισμα** *n* Rasieren *n*
**ξυριστική μηχανή** [mix-] Rasierapparat *m*
**ξυσ(θ)-** *s.* **ξύνω**
**ξυστ|ός** [ksist-] (ab)gehobelt; geglättet; streifend; **~ρίζω** striegeln
**ξω(κ)κλήσι** [kso'klisi] Kapelle *f*

# Ο

**ο** [o] *m Artikel* der
**όαση (-εις)** ['oasi] Oase *f*
**οβελ|ίας** [ovel-] am Spieß gebratenes Lamm *n*; **~ίσκος** Obelisk *m*
**οβίδα** [o'viða] Geschoß *n*, Granate *f*
**ογδ|όη** [o'γðoi] Oktave *f*; **~οηκοστός** achtzigste(r); **~όντα** achtzig
**όγδο|ο** Achtel *n*; **~ος** achte(r)
**όγκος** ['oŋgos] Umfang *m*; Volumen *n*; Masse *f*; Geschwulst *f*
**ογκώδης** [oŋ'goðis] 2 umfangreich, mächtig
**οδ|εύω** [o'ðevo] gehen; fahren; **~ηγία** [-i'jia] Anleitung *f*; Verordnung *f*; Ratschlag *m*; **~ηγός** [-i'γos] Führer *m*; Reiseleiter *m*; (Auto-)Fahrer *m*; **~ηγώ** [-i'γo] führen; anleiten; *Auto* fahren; **~ικός**

οδογέφυρα 130

Straßen-, Weg-; ~**ογέφυρα** [-o'jefira] Überführung *f*
**οδοι|πορία** [oði-] Wanderung *f*, Marsch *m*; ~**πορικός** Reise-; *Su. n/pl.* Tagegelder *n/pl.*; ~**πόρος** Wanderer *m*; ~**πορώ** wandern, reisen
**οδοντ|αλγία** [-al'jia] Zahnschmerzen *m/pl.*; ~**ίατρος** Zahnarzt *m*; ~**όβουρτσα** [-'ovurtsa] Zahnbürste *f*; ~**ογλυφίδα** Zahnstocher *m*; ~**όπαστα** Zahnpasta *f*; ~**ωτός** (aus)gezackt; Zahn-; ***~ωτός τροχός*** Zahnrad *n*
**οδ|ός** *f* Straße *f*; Weg *m*; ***καθ' ~όν*** unterwegs
**οδόφραγμα** *n* Straßensperre *f*
**οδ|ύνη** [o'ðini] Schmerz *m*; ~**υνηρός** schmerzhaft
**Οδυσσ|έας, ~εύς** [oði'sefs] (**-έως**) Odysseus *m*
**οθόνη** Leinwand *f*
**οθωμανός** Osmane *m*; Türke *m*
**οι** [i] *Artikel pl. m, f* die
**οικεί|ος** [i'kios] (**-α**) häuslich; vertraut; ***οι ~οι*** [i'kii] die Angehörigen
**οικία** Haus *n*; Wohnung *f*
**οικο|γένεια** [iko'jenia] Familie *f*; ~**γενειακός** Familien-; ~**δόμημα** *n* Gebäude *n*; ~**δομικός** Bau-; ~**δόμος** Bauarbeiter *m*; Maurer *m*; ~**δομώ** bauen
**οικολογία** [iko-] Ökologie *f*
**οικονομ|ία** [iko-] Wirtschaft *f*; Sparsamkeit *f*; ~**ίες** [-'ies] *f/pl.* Ersparnisse *pl.*; ~**ικά** *n/pl.* Finanzen *pl.*; ~**ικός** wirtschaftlich, Wirtschafts-; finanziell; ~**ολογία** Wirtschaftswissenschaft *f*; ~**ώ** sparen
**οικόπεδο** Grundstück *n*
**οίκος** ['ikos] Haus *n*; Firma *f*
**οικ|όσημο** [ik-] Wappen *n*; ~**οτροφείο** Pension *f*; Internat *n*; ~**ότροφος** Pensionär *m*; Internatsschüler *m*
**οικουμ|ένη** [ikum-] Ökumene *f*; ~**ενικός** ökumenisch
**οιν|όπνευμα** [i'nopnevma] *n* Alkohol *m*; ~**οπνευματώδης** [-'toðis] 2 alkoholisch; ***~οπνευματώδη (ποτά)*** *n/pl.* Spirituosen *pl.*; ~**οπωλείο** [-opo'lio] Weinhandlung *f*
**οίνος** ['inos] Wein *m*
**οισοφάγος** [iso-] Speiseröhre *f*
**οιωνός** [ion-] Vorzeichen *n*
**οκτ-** *s.* **οχτ-**
**Οκτώβριος** Oktober *m*
**όλεθρος** Verderben *n*
**ολημέρα** den ganzen Tag
**ολίγ|ος** wenig; klein; ***εντός ~ου*** in Kürze; ***παρ' ~ο*** beinahe, fast; ***προ ~ου*** vor kurzem; vorhin
**ολικός** völlig; gesamt
**Ολλανδία** Holland *n*
**όλο** *Adv.* immer, stets
**ολογράφως** ausgeschrieben

**ολ|όγυρα** *Adv.* rundherum; **~οένα** *Adv.* fortwährend; **~όιδιος** [o'loið-] (**-α**) ganz derselbe; **~όκληρος** ganz; vollständig
**ολο|μέλεια** Vollversammlung *f*; **~μελής** 2 vollzählig
**όλ|ος** ganz; ***~ο, ~α*** alles; ***~οι*** [-i] alle; ***~οι μας*** (***σας, τους***) wir (ihr, sie) alle; ***~α ~α*** alles in allem; ***εν ~ω*** insgesamt
**ολοταχώς** [-ta'xos] mit voller Geschwindigkeit
**ολότητα** Gesamtheit *f*
**ολούθε** [o'luθe] von überall her
**ολο|φάνερος** offenkundig; **~χρονίς** das ganze Jahr hindurch; **~ψύχως** [-'psixos] von ganzem Herzen
**ολυμπιακ|ός** olympisch; ***~οί αγώνες*** Olympische Spiele *n/pl.*
**όλως** ['olos] *Adv.* ganz
**ομάδα** Gruppe *f*; Mannschaft *f*; Truppe *f*; ***~ αίματος*** Blutgruppe *f*; ***ταξιδιωτική ~*** Reisegesellschaft *f*
**ομαδικός** gemeinschaftlich; ***~ τάφος*** Massengrab *n*
**ομαλ|ός** glatt; gleichmäßig; normal; reibungslos; **~ότητα** Glätte *f*; Regelmäßigkeit *f*; Normalität *f*
**ομελέτα** Omelett *n*; Rühreier *n/pl.*
**Όμηρος** ['omir-] Homer *m*
**όμηρος** Geisel *f*
**ομιλ|ητικός** gesprächig; **~ία** Rede *f*; Predigt *f*
**όμιλος** Gruppe *f*; Verein *m*
**ομιλώ** sprechen
**ομ|ίχλη** [-xli] Nebel *m*; **~ιχλώδης** [-i'xloðis] 2 neblig
**όμοια** ['omja] *Adv.* gleich (-falls)
**ομοι|άζω** [omi-] ähneln (**προς** *A*/ *D*); **~όμορφος** gleichförmig
**ομοιοπαθητικός** [omiopaθi-] homöopathisch
**όμοιος** ['omjos] (**-α**) gleich, ähnlich
**ομοιότητα** Ähnlichkeit *f*
**ομολογία** Geständnis *n*, Eingeständnis *n*; Obligation *f*; Pfandbrief *m*; ***~ πίστεως*** Glaubensbekenntnis *n*
**ομόλογο** Lastschrift *f*; Schuldschein *m*
**ομολογώ** eingestehen
**ομόνοια** [-nia] Einigkeit *f*
**ομορφιά** Schönheit *f*
**όμορφος** schön
**ομοσπονδ|ία** Föderation *f*; Eidgenossenschaft *f*; Vereinigung *f*; **~ιακός** föderativ; Bundes-
**ομοφυλόφιλος** homosexuell
**ομ|οφωνία** Einmütigkeit *f*, Einstimmigkeit *f*; **~όφωνος** einstimmig, einmütig
**ομπρέλα** Schirm *m*
**ομφαλός** Nabel *m*
**όμως** jedoch, aber
**ον** (**όντος**) *n* Wesen *n*

**ονειρεύομαι** [oni'revome] träumen
**όνειρο** ['oniro] Traum *m*
**όνομα** *n* Name *m*; ***εν ονόματι*** (*G*) im Namen *G*; ***κατ' ~*** dem Namen nach; ***επ' ονόματι*** (*G*) auf den Namen
**ονομ|άζω** (be)nennen; bezeichnen; **~ασία** Bezeichnung *f*; **~αστί** *Adv.* namentlich; **~αστική** Nominativ *m*; **~αστικός** Namens-; namentlich; ***~αστική γιορτή*** Namenstag *m*; **~ατεπώνυμο** Vor- und Nachname *m*
**όνος** Esel *m*
**οξ|εία** [o'ksia] Akut *m*; Akzent *m*; **~(ε)ιδώνω** [-i'ðono] oxydieren
**όξος** *n* Essig *m*
**οξύ** [o'ksi] (**-έος**) *n* Säure *f*
**οξυά** Buche *f*
**οξύγαλα** *n* saure Milch *f*
**οξυ|γόνο** Sauerstoff *m*; **~θυμία** Jähzorn *m*
**οξύ|θυμος** jähzornig; **~νοια** [-nia] Scharfsinn *m*; **~νους** [-nus] (**-ουν**) scharfsinnig; **~ς** scharf; hoch; *Med.* akut; **~τητα** Schärfe *f*; Heftigkeit *f*; **~φωνος** Tenor *m*
**οπαδός** Anhänger *m*
**όπερα** Oper *f*
**οπερέτα** Operette *f*
**όπισθεν** [-sθen] *Adv.* (von) hinten; *prp.* (*G*) hinter (*A*, *D*); ***η ~*** Rückwärtsgang *m*
**οπισθενεργός** 2 rückwirkend
**οπίσθ|ια** *n/pl.* Rücken *m*; **~ιος** (**-α**) hintere(r), Hinter-, Rück-
**οπισθο|βουλία** [-vu'lia] Hintergedanke *m*; **~γράφηση** (**-εις**) Indossament *n*; **~δρόμηση** (**-εις**) Rückzug *m*; Rückschritt *m*; **~δρομικός** zurückweichend; rückständig; **~δρομώ** sich zurückziehen; *fig.* zurückbleiben
**οπίσω** *Adv.* hinten; *prp.* *G* hinter
**οπλ|ή** Huf *m*; **~ίζω** bewaffnen; **~ισμός** Bewaffnung *f*; Ausrüstung *f*
**όπλο** Waffe *f*; Gewehr *n*; Truppengattung *f*
**οπλοπολυβόλο** Maschinengewehr *n*
**οπόθεν** [-θen] *Adv.* woher
**όποιος** ['opjos] (**-α**) wer; der(jenige), der
**οποί|ος** [o'pios]: ***ο ~ος, η ~α, το ~ο*** *Relativpron.* der, die, das
**οποιοσδήποτε** [opjoz'ðipote] (**οποια-, οποιο-**) jeder beliebige; wer auch (immer)
**οπότ|αν** *Adv.* wenn; **~ε** *Adv.* wenn; *cj.* immer wenn; wann auch immer
**όπου** ['opu] wo; wohin
**οπουδήποτε** wo(hin) auch immer
**οπτάνθρακας** Koks *m*
**οπτικός** Seh-; optisch
**οπωρ|ικό** Frucht *f*;

**~οπωλείο** [-opo'lio] Obstgeschäft *n*
**όπως** ['opos] *cj.* wie; als; **~-~** irgendwie
**οπωσδήποτε** auf jeden Fall, sowieso
**όραση** Sehvermögen *n*
**ορατός** sichtbar
**οργαν|ικός** organisch; **~ισμός** Organismus *m*; Organisation *f*
**όργανο** Organ *n*; Orgel *f*; Werkzeug *n*
**οργανώνω** organisieren
**οργάνωση (-εις)** Organisation *f*
**οργώνω** pflügen
**ορδή** Horde *f*
**ορει|βάτης** [ori'vatis] Bergsteiger *m*; **~νός** gebirgig
**ορείχαλκος** Messing *n*
**ορεκτικ|ό** Aperitif *m*; **~ός** appetitlich
**όρεξη (-εις)** Appetit *m*; Lust *f* (**για**/zu *D*); ***καλή ~!*** guten Appetit!
**ορθ|ά** *Adv.* richtig; **~ά-κοφτά** geradezu
**όρθιος (-α)** stehend; gerade
**ορθο|γραφία** [orθo-] Rechtschreibung *f*; **~γώνιο** Rechteck *n*; **~γώνιος (-α)** rechtwinklig
**ορθόδοξος** orthodox
**ορθο|λογιστικός** rational; **~πεδικός** orthopädisch; *Su. m* Orthopäde *m*
**ορθός** richtig; gerade, aufrecht
**ορθότητα** Richtigkeit *f*
**όρθρος** Frühmesse *f*
**ορθ|ώνω** aufrichten; **~ώς** *Adv.* richtig; recht
**ορίζοντας** Horizont *m*
**οριζόντιος (-α)** waagerecht
**ορίζω** festsetzen; definieren
**όριο** Grenze *f*; ***~ ηλικίας*** Altersgrenze *f*
**ορισ|μένος** bestimmt, festgesetzt; **~μός** Festsetzung *f*; Definition *f*
**ορίστε** bitte!; (wie) bitte?; ***~ μέσα!*** treten Sie bitte ein!
**οριστικ|ή** Indikativ *m*; **~ός** endgültig; **~ότητα** Bestimmtheit *f*
**ορκίζ|ομαι** schwören; **~ω** *j-n* vereidigen
**όρκιση** Vereidigung *f*
**όρκο|ς** Eid *m*; ***παίρνω ψεύτικο*** ['perno 'pseft-] **~** e-n Meineid leisten
**ορκωτός** vereidigt
**ορμ|ή** Ansturm *m*; Trieb *m*; **~ίδι** Angelschnur *f*; **~όνη** Hormon *n*; **~ώ** stürmen
**όρνιθα** Huhn *n*
**οροπέδιο** Hochebene *f*
**όρος** *n* Berg *m*
**όρ|ος** Terminus *m*; Bedingung *f*; ***ανώτατος ~ος*** Maximum *n*; ***κατώτατος ~ος*** Minimum *n*; ***μέσος ~ος*** Durchschnitt *m*; ***κατά μέσο(ν) ~ο*** im Durchschnitt; ***άνευ ~ων*** bedingungslos; ***εφ' ~ου ζωής*** lebenslänglich; ***υπό τον ~ον ότι*** unter der Bedingung, daß

**οροφή** Decke *f*; Dach *n*
**οροφοκτησία** Eigentumswohnung *f*
**όροφος** Stockwerk *n*; (Raketen-)Stufe *f*
**όρυζα** Reis *m*
**ορυκτό** Erz *n*, Mineral *n*
**ορυχείο** [ori'çio] Bergwerk *n*
**ορφαν|ό** Waisenkind *n*; **~οτροφείο** Waisenhaus *n*
**ορχήστρα** [or'çistra] Orchester *n*
**όρχις (-εως)** *m* Hoden *m*
**οσάκις** sooft
**όσο(ν)** *Adv.* so sehr, so gut; wie sehr; *cj.* solange; **~** ... ***τόσο(ν)*** je ... desto
**όσ|ος** *Relativpron.* wer; der(jenige), der; ***~α*** *n/pl.* alles, was
**οστό** Knochen *m*; *pl.* Gebeine *n/pl.*
**όστρακο** Schale *f*; Muschel *f*
**οσφραίνομαι** [os'frenome] riechen; wittern; *etw.* ahnen
**όσφρηση** Geruch(ssinn) *m*
**οσφ|υαλγία** [osfial'jia] Hexenschuß *m*, Kreuzschmerzen *m/pl.*; **~ύς (-ύος)** *f* Kreuz *n*, Hüfte *f*
**όταν** wenn; als
**Ο.Τ.Ε.** *m* Telegrafen- und Telefonamt *n*
**ότι** daß
**ό,τι** (das), was; ***από*** **~** als (*nach Komparativ*)
**ότου** ['otu]: ***αφ'*** **~** seit(dem); ***μέχρις*** **~** solange; bis

**ου** [u] nicht; ***ναι ή*** **~** ja oder nein
**Ουάσιγκτων** *f* Washington *n*
**ουδ|είς** [u'ðis] **(-εμία, -έν)** kein; keiner, niemand; **~έποτε** niemals; **~έτερος** neutral; *Gr.* sächlich; **~ετερότητα** Neutralität *f*; **~ετερώνω** neutralisieren
**ούζο** ['uzo] *Art* Anisschnaps *m*
**ουίσκι** Whisky *m*
**ουκ** *s.* **ου**
**ουλή** [u'li] Narbe *f*
**ούλο** ['ulo] Zahnfleisch *n*
**ουρά** [u'ra] Schwanz *m*; *fig.* Schlange *f*; ***κάνω*** **~** sich anstellen; anstehen
**ουράνι|ος (-α)** Himmels-; himmlisch; ***~ο τόξο*** Regenbogen *m*
**ουρανίσκος** Gaumen *m*
**ουραν|οξύστης** [-'ksistis] Wolkenkratzer *m*; **~ός** Himmel *m*
**ουρ|ητήριο** [uri'tirio] Bedürfnisanstalt *f*; **~λιάζω** brüllen; **~λιαχτό** Gebrüll *n*
**ούρο** Harn *m*, Urin *m*
**ουρο|δοχείο** [uroðo'çio] Nachtgeschirr *n*; **~λόγος** Urologe *m*
**ουρώ** [u'ro] urinieren
**ουσία** Substanz *f*; Wesen *n*; Inhalt *m*; ***κατ' ~ν*** im wesentlichen
**ουσιαστικ|ό** [usiast-] Hauptwort *n*; **~ός** wesentlich

**ούτε** ['ute] und nicht; auch nicht; **~ ... ~** weder ... noch
**οφείλω** [o'filo] schulden; sollen, müssen (**να**/ + *Infinitiv*)
**όφελος** *n* Nutzen *m*; ***δεν έχει ~*** es hat keinen Zweck
**οφθαλμ|ίατρος** Augenarzt *m*; **~όρροια** Augenentzündung *f*; **~ός** Auge *n*
**όχθη** ['oxθi] Ufer *n*
**όχι** ['oçi] nein; nicht; ***~ μόνο(ν) ... αλλά και*** nicht nur ..., sondern auch
**οχτ|ακόσιοι** [oxt-] achthundert; **~απόδι** Polyp *m*, Krake *m*; **~άρι** Acht *f*; **~ώ** acht
**Οχτώβρης** Oktober *m*
**οχύρωμα** [o'çiroma] *n* Befestigung *f*
**οχυρώνω** befestigen
**όψ|η (-εις)** Blick *m*; Ansicht *f*; Aussehen *n*; Seite *f*; ***εκ πρώτης ~εως*** auf den ersten Blick; ***έχω υπ' ~η*** berücksichtigen

# Π

**παγίδα** Falle *f*
**πάγκος** (Sitz-)Bank *f*
**παγκόσμιος** [paŋ'gozmios] Welt-; weltweit
**παγο|δρομία** Eislaufen *n*; **~πέδιλο** Schlittschuh *m*
**πάγος** Eis *n*; Frost *m*
**παγωμένος** gekühlt; gefroren; Eis-; eisig
**παγων|ιά** Frost *m*; Reif *m*; **~ιέρα** Kühlschrank *m*
**παγώνω** tiefkühlen; (ge-) frieren
**παγωτό** (Speise-)Eis *n*
**πάει** ['pai] *s.* **πηγαίνω;** dahingegangen; *fam.* futsch; ***έχω ~*** ich bin gewesen; ***είχα ~*** ich war gewesen
**παζ|αρεύω** [-'revo] feilschen; **~άρι** Markt *m*
**παθαίνω** [pa'θeno] erleiden; ***τι έπαθες*** was ist dir passiert?; ***καλά να πάθει*** das geschieht ihm recht
**πάθημα** *n* Unglück *n*
**παθητικ|ός** passiv; **~ότητα** Passivität *f*
**πάθος** *n* Leiden *n*; Krankheit *f*; Leidenschaft *f*
**παιδαγωγ|ικά** [peða-] *n/pl.*, **~ική** Pädagogik *f*; **~ικός** pädagogisch; **~ός** Erzieher *m*
**παϊδάκι** [pai-] Rippchen *n*
**παιδάκι** [pe-] Kindchen *n*
**παιδ|ί** [pe'ði] Kind *n*; **~ίατρος** Kinderarzt *m*; **~ικός** kindlich, Kinder-
**παίζω** ['pezo] spielen; scherzen
**παίρνω** ['perno] (weg)nehmen; einnehmen; bekommen; kaufen
**παιχνίδι** [pe'xni-] Spiel (-zeug) *n*
**πακ|ετάρω** einpacken;

**~έτο** Paket *n*; Päckchen *n*
**παλ|αιός (-ά)** alt; **~άτι** Palast *m*; **~εύω** [-'evo] ringen; kämpfen
**πάλη** Ringkampf *m*; Kampf *m*; **~ *των τάξεων*** Klassenkampf *m*
**παλιάνθρωπος** Schuft *m*
**παλικάρι** junger Bursche *m*
**πάλι(ν)** wieder
**παλιός (-ά)** alt
**παλίρροια** [-ria] Ebbe und Flut *f*; Flut *f*
**παλούκι** Pfahl *m*
**παλτό** Mantel *m*
**παν: *το* ~** die Hauptsache; alles
**πανέ** paniert
**πανεπιστήμιο** Universität *f*
**πανηγύρι** [pani'jiri] Jahrmarkt *m*
**πανικός** Panik *f*
**πάντα** immer; ***τα* ~** alles
**πανταλόνι** Hose *f*
**πάντες** alle
**παντού** [pa'ndu] überall
**παντούφλα** Pantoffel *m*
**παντρ|ειά** Heirat *f*; **~εμένος** verheiratet; **~εύομαι** [-'evome] heiraten
**πάντως** immerhin
**πάνω** *s.* **επάνω**
**παξιμάδι** Zwieback *m*; *Tech.* Mutter *f*
**παπαγάλος** Papagei *m*
**παπαρούνα** Mohn *m*
**παπάς (-άδες)** Pfarrer *m*, Priester *m*, Pope *m*
**πάπας** Papst *m*
**πάπια** Ente *f*
**πάπλωμα** *n* Steppdecke *f*
**παπουτσής** [papu'tsis] (**-ήδες**) Schuster *m*
**παπούτσι** Schuh *m*
**παππούς (-ούδες)** Großvater *m*
**παρ-** *s.* **παίρνω**
**παρ'** *s.* **παρά**
**πάρα** sehr, zu ...
**παρά** (*A*) bei *D*; trotz *G*; gegen *A*; *Uhrzeit*: vor; ***μία* ~ *τέταρτο*** ein Viertel vor ein Uhr
**παρα|βαίνω** [-'veno] *Gesetz* übertreten, verletzen; *Wort* brechen; **~βολή** Vergleich *m*; Gleichnis *n*; Parabel *f*
**παραγγελ|ία** [paraŋgjel-] Bestellung *f*; Auftrag *m*; **~ιοδότης** Auftraggeber *m*
**παραγγέλνω** bestellen; anordnen
**παράγκα** [-ŋga] Baracke *f*
**παρα|γκωνίζω** [-ŋgo'nizo] verdrängen, zurückdrängen; **~γνωρίζω** [-gnor-] verkennen; verwechseln
**παράγοντας** Faktor *m*; *pl.* führende Persönlichkeiten *f*/*pl.*
**παραγραφή** Verjährung *f*
**παράγραφος** *f* (*m*) Paragraph *m*; Abschnitt *m*
**παραγράφομαι** verjähren
**παράγω** erzeugen, produzieren
**παραγωγ|ή** [-γo'ji] Produktion *f*; **~ικός** Produktions-; produktiv; **~ικότητα** Pro-

duktivität *f*; **~ός** Produzent *m*
**παραδάκια** *n/pl.* Geld *n*
**παράδειγμα** *n* Beispiel *n*; Muster *n*; ***παραδείγματος χάριν*** (***π.χ.***) zum Beispiel (z. B.)
**παραδειγματίζομαι** sich zum Vorbild nehmen
**παράδεισος** Paradies *n*
**παρα|δέχομαι** annehmen; zugeben; **~δίδω, ~δίνω** überreichen; liefern; lehren
**παρά|δοξος** merkwürdig; **~δοση** (**-εις**) Übergabe *f*; Lieferung *f*; Vorlesung *f*; Überlieferung *f*
**παρα|δουλεύτρα** [-ðu'leftra] Reinemachefrau *f*; **~δουλεύω** [-'levo] sich überarbeiten; **~δοχή** [-'çi] Annahme *f*; Zulassung *f*
**παραθερίζω** (Sommer-) Urlaub machen
**παράθεση** (**-εις**) Vergleich *m*; Servieren *n*; Zitat *n*
**παραθέτω** vergleichen; servieren; zitieren
**παρ|άθυρο** Fenster *n*; **~αθυρόφυλλο** Fensterladen *m*; **~αίνεση** (**-εις**) Ermahnung *f*; **~αινώ** [-e'no] ermahnen; **~αίτηση** (**-εις**) [-'etisi] Rücktritt *m*; Verzicht *m*; **~αιτούμαι** [-e'tume] zurücktreten; verzichten (auf *A*)
**παρακαλώ** bitten; (***σας***) **~** bitte
**παρα|καμπτήριος** *f* Umgehungsstraße *f*; **~κάμπτω** um'gehen; biegen um *A*; **~κάνω** übertreiben; **~καταθήκη** Vorrat *m*; Pfand *n*; **~κέντηση** (**-εις**) *Med.* Punktion *f*; **~κίνηση** (**-εις**) Anregung *f*; **~κινώ** anregen
**παράκληση** (**-εις**) Bitte *f*; Gebet *n*
**παρα|κμή** [-'kmi] Verfall *m*; **~κολουθώ** [-lu'θo] (ver-) folgen; überwachen; besuchen; **~λαβή** [-la'vi] Empfang *m*
**παραλείπω** [-'lipo] auslassen; unterlassen, versäumen
**παράλειψη** (**-εις**) [-lipsi] Auslassung *f*; Unterlassung *f*
**παραλήπτης** Empfänger *m*
**παραλ|ία** Strand *m*; **~ιακός** Ufer-, Küsten-
**παρά|λληλος** parallel; gleichzeitig; ähnlich; *Su. f* Parallele *f*; **~λογος** unvernünftig; unlogisch; **~λυση** (**-εις**) Lockerung *f*; Lähmung *f*; **~λυτος** kaputt; gelähmt
**παρα|λύω** [-'lio] kaputtmachen; lähmen; **~μάνα** Sicherheitsnadel *f*; **~μέληση** (**-εις**) Vernachlässigung *f*; **~μελώ** vernachlässigen; **~μερίζω** wegrücken; verdrängen; ausweichen; **~μιλώ** (**-άς**) phantasieren; **~μονεύω** [-'nevo] (auf)lauern; **~μονή** Aufenthalt *m*; Vorabend *m*; **~μορφώνω**

παραμόρφωση 138

entstellen; **~μόρφωση** (**-εις**) Entstellung *f*; Mißbildung *f*; Verformung *f*; **~μυθένιος** [-mi'θenj-] (**-α**) märchenhaft; **~μύθι** Märchen *n*
**παράνομος** ungesetzlich
**παραξενεύομαι** [-'nevome] sich wundern
**παράξενος** sonderbar
**παρα|πανήσιος** (**-α**) überflüssig; **~πάνω** *Adv.* weiter oben; mehr; **~πατώ** (**-άς**) fehltreten; **~πέτασμα** *n* Vorhang *m*; **~πλάνηση** (**-εις**) Irreführung *f*; Verführung *f*; **~πλανητικός** irreführend; verführerisch; **~πλανώ** (**-άς**) irreführen; verführen; **~πλεύρως** [-'plevros] daneben; **~ποίηση** (**-εις**) [-'piisi] Fälschung *f*; **~ποιώ** [-pi'o] fälschen; **~πολύ** sehr; zuviel, zu; **~πονιέμαι** [-po'njeme] sich beschweren (**για**/ über *A*)
**παράπονο** Beschwerde *f*; Klage *f*
**παραπόταμος** Nebenfluß *m*
**παρά|ρτημα** *n* Anhang *m*; Nebengebäude *n*; Filiale *f*; **~σημο** Orden *m*, Auszeichnung *f*; **~σιτα** *n*/*pl*. Nebengeräusche *n*/*pl*., Störungen *f*/*pl*.; **~σιτος** Schmarotzer *m*
**Παρασκευή** [-skje'vi] Freitag *m*; ***Μεγάλη ~*** Karfreitag *m*
**παρα|σκήνια** *n*/*pl*. Kulissen *f*/*pl*.; **~σπονδία** Vertragsbruch *m*; **~σπονδώ** den Vertrag brechen
**παράσταση** (**-εις**) Darstellung *f*; Vorstellung *f*; Formel *f*
**παραστέκ|ομαι, ~ω** beistehen
**παρά|ταξη** (**-εις**) Aufstellung *f*; Formation *f*; politisches Lager *n*; **~ταση** (**-εις**) Verlängerung *f*
**παρα|τείνω** [-'tino] verlängern; **~τήρηση** (**-εις**) Beobachtung *f*; Bemerkung *f*; Hinweis *m*; Vorwurf *m*
**παρατηρ|ητήριο** Beobachtungsstand *m*; **~ητής** Beobachter *m*; **~ώ** beobachten; bemerken; darauf hinweisen, *daß*
**παρα|τσούκλι** Spitzname *m*; **~τώ** (**-άς**) aufgeben; verlassen; **~φορτώνω** überlasten; **~φροσύνη** [-'sini] Wahnsinn *m*; **~φωνία** Mißklang *m*; **~χώρηση** (**-εις**) [-'xorisi] Zugeständnis *n*; **~χωρώ** nachgeben
**πάρε!** nimm!; *s.* **παίρνω**
**παρέα** Gesellschaft *f*
**παρ|έκβαση** (**-εις**) Abschweifung *f*; **~εκκλήσι** Kapelle *f*; **~εκκλίνω** abweichen (**από**/ von *D*); **~έκκλιση** (**-εις**) Abweichung *f*; **~έλαση** (**-εις**) Parade *f*
**παρελθόν** [-'θon] (**-όντος**) Vergangenheit *f*

**παρ|εμβαίνω** [-'veno] sich einmischen; **~εμβάλλω** einfügen, einschalten; **~έμβαση (-εις)** Intervention *f*, Eingreifen *n*; **~εμβατισμός** Interventionspolitik *f*; **~εμβολή** [-vo'li] Einfügung *f*; Zwischenfall *m*; *pl. Funk*: Störungen *f/pl.*; **~έμβυσμα** [-vizma] *n* Dichtung(sring *m*) *f*; **~ενέργεια** [-e'nerjia] Nebenwirkung *f*
**παρεξ|ήγηση (-εις)** [-'ksijisi] Mißverständnis *n*; **~ηγώ** [-i'yo] mißverstehen; übelnehmen
**πάρεργο** Nebenbeschäftigung *f*
**παρεστ-** *s.* **παρίσταμαι**
**παρεσταθ-, παρεστησ-** *s.* **παριστάνω**
**παρηγ-** *s.* **παράγω**
**παρηγορ|ιά** Trost *m*; **~ώ** trösten
**παρθέν|α, ~ος** *f* Jungfrau *f*
**παρθηκ-** *s.* **παίρνω**
**παρ|ίσταμαι** anwesend sein; erscheinen; **~ιστάνω** darstellen; **~κάρω** parken; **~κέτο** Parkett(fußboden *m*) *n*
**πάρκιν** *n* Parkplatz *m*
**πάρκο** Park *m*; ***εθνικό ~*** Nationalpark *m*; Naturschutzgebiet *n*
**παρμένος** genommen; *s.* **παίρνω**
**παρμπρίζ** [par'briz] *n* Windschutzscheibe *f*
**πάροδος** *f* Durchgang *m*; Nebenstraße *f*; Verlauf *m*
**παρ|οικία** [parik-] Kolonie *f*; **~οιμία** Sprichwort *n*; **~ολίγο** beinahe; **~όν (-όντος)** Gegenwart *f*; ***προς το ~όν*** zur Zeit, vorläufig; **~ότρυνση (-εις)** Anregung *f*, Ansporn *m*; **~οτρύνω** [-o'trino] anregen, anspornen
**παρουσ|ία** [paru'sia] Gegenwart *f*, Anwesenheit *f*; **~ιάζομαι** sich melden (**σε**/ bei *D*); **~ιάζω** vorlegen; *j-n* vorstellen; **~ίαση (-εις)** Vorlage *f*; Vorstellung *f*
**παροχ|έτευση (-εις)** [-'çetefsi] Kanalisation *f*; **~ετεύω** [-'tevo] *Leitungen* (ver)legen
**παρρησία** Freimütigkeit *f*
**πάρτε!** nehmt!; *s.* **παίρνω**
**παρών (-ούσα, -όν)** anwesend; hier!
**πάσα** *Sport*: Abgabe *f*, Zuspiel *n*
**πάσο** verbilligte Fahrkarte *f*; ***με το ~*** in aller Ruhe
**πάστα** Kuchen *m*; Paste *f*
**παστίτσιο** Nudelauflauf *m*
**παστ|ός** gesalzen, gepökelt; **~ουρμάς** [-ur'mas] Pökelfleisch *n*
**παστρ|εύω** [-'evo] säubern, putzen; **~ικός** sauber; redlich
**παστώνω** (ein)pökeln
**Πάσχα** [-xa] *n* Ostern *n*
**πάσχω** [-xo] (er)leiden
**πατάτα** Kartoffel *f*

**πατέρας** Vater *m*
**πατούσα** Fußsohle *f*
**πατρ|ίδα** Vaterland *n*; Heimat *f*; **~ικός** väterlich; **~ιώτης** [-i'otis] Patriot *m*; Landsmann *m*; **~ιωτικός** patriotisch; **~ιωτισμός** Patriotismus *m*; **~υιός** [-i'os] Stiefvater *m*
**πατώ (-άς)** treten; (aus)pressen; *j-n* überfahren; *Eid* brechen
**πάτωμα** *n* Boden *m*; Etage *f*
**παύση (-εις)** ['pafsi] Pause *f*; Entlassung(sschreiben *n*) *f*; *pl.* Ferien *pl.*
**παυσίπονο** [paf'sipono] schmerzstillendes Mittel *n*
**παύω** ['pavo] aufhören, beenden; entlassen
**παχαίνω** [pa'çeno] mästen; dick werden
**πάχνη** ['paxni] Reif *m*
**πάχος** *n* Dicke *f*, Stärke *f*
**παχύς** [-'çis] dick; fett
**παψ-** *s.* **παύω**
**πάψε!** hör auf!, sei still!
**πάω** *s.* **πηγαίνω**
**πέδιλο** Sandale *f*
**πεδίο** Ebene *f*; Feld *n*
**πεζ|ή** [pe'zi] zu Fuß; **~ογραφία** Prosa *f*; **~οδρόμιο** Gehsteig *m*; **~οπορώ** zu Fuß gehen; **~ός** Fußgänger *m*; *Adj.* prosaisch
**πεθαίνω** [pe'θeno] sterben; töten
**πεθερ|ά** Schwiegermutter *f*; **~ικά** *n*/*pl.* Schwiegereltern *pl.*; **~ός** Schwiegervater *m*
**πειθαρχ|ημένος** [piθ-] diszipliniert; **~ία** Disziplin *f*; **~ικός** disziplinarisch
**πείθ|ομαι** ['piθome] sich überzeugen (lassen); **~ω** überzeugen (**για**/ von *D*)
**πείνα** ['pina] Hunger *m*; ***απεργία ~ς*** Hungerstreik *m*
**πειν|ασμένος** hungrig; **~ώ (-άς)** Hunger haben; hungern
**πείρα** ['pira] Erfahrung *f*
**πειρ|άζομαι** sich ärgern (**με**/ über *A*); **~άζω** *j-n* ärgern; *j-m* schaden; stören; ***δεν ~άζει*** es schadet nichts
**Πειραι|άς** [pire'as], **~εύς** [-'efs] Piräus *m*
**πείραμα** *n* Versuch *m*
**πειραματ|ίζομαι** Versuche machen; **~ικός** experimentell
**πειρασμός** Versuchung *f*
**πείσμα** ['pizma] *n* Trotz *m*
**πεισματ|ικός** trotzig; **~ώνω** *j-n* herausfordern, reizen; trotzig sein
**πέλαγο(ς)** (*n*) offenes Meer *n*
**πελαργός** Storch *m*
**πελ|ατεία** Kundschaft *f*; **~άτης** Kunde *m*; Gast *m*; Patient *m*; **~άτισσα** Kundin *f*; Patientin *f*
**πελέκι** Beil *n*, Axt *f*
**Πελοπόννησος** [pelo'ponisos] *f* Peloponnes *m*, *f*
**πελτές** Mus *m*; Gelee *n*
**Πέμπτ|η** Donnerstag *m*; **2ος** fünfte(r)

**πένα** (Schreib-)Feder *f*
**πέναλτυ** *n* Strafstoß *m*
**πενήντα** fünfzig
**πενηντάρι** 50-Drachmen-Schein *m*
**πένθος** *n* Trauer *f*
**πενθώ** (be)trauern
**πεντ|ακόσιοι** [-sii] fünfhundert; **~άλεπτο** fünf Minuten *f/pl.*
**πεντάλι** [pe'dali] *n* Pedal *n*; **~ φρένων** Bremspedal *n*
**πεντ|άρι** [pend-] Fünf *f*; Fünfer *m*; **~αφωνία** Quintett *n*
**πέντε** fünf
**Πεντηκοστή** Pfingsten *n*
**πέπλο** Schleier *m*
**πεποίθηση** (**-εις**) [pe'piθisi] Überzeugung *f*; Vertrauen *n*
**πεπόνι** Zuckermelone *f*
**πεπρωμένο** Schicksal *n*
**πέρα** *Adv.* drüben, weiter; *prp.* (**από**) über *A* ... hinaus, mehr als; ***εδώ* ~** hier gleich; ***εκεί* ~** da hinten
**περασ-** *s.* **περνώ**
**πέρασμα** *n* Überquerung *f*; Durchgang *m*, Korridor *m*
**περασμένος** vergangen
**περαστικ|ός** vorübergehend; *Su. m* Passant *m*; **~ά** (***σας***)**!** gute Besserung!
**περγαμηνή** Pergament *n*
**πέρδικα** Rebhuhn *n*
**περ|ηφάν(ε)ια** Stolz *m*; **~ήφανος** stolz
**περί** (+*G*) über *A*, für *A*, um *A*; (+*A*) um *A* ... (herum)
**περι|βάλλον** (**-οντος**) *n* Milieu *n*, Umgebung *f*; **~βάλλω** umgeben
**περίβλημα** [-vlima] *n* Hülle *f*; Verkleidung *f*
**περι|βολάρης** (**-ηδες**) Gärtner *m*; **~βόλι** Garten *m*; **~γελώ** [-je'lo] auslachen; **~γραφή** Beschreibung *f*; **~γράφω** beschreiben; **~έργεια** [-'erjia] Neugier *f*
**περίεργος** neugierig; sonderbar
**περι|εχόμενο** Inhalt *m*; **~θώριο** Rand *m*; Spielraum *m*; **~κυκλώνω** einschließen; **~κύκλωση** Einkreisung *f*; **~λαμβάνω** (um)fassen; enthalten
**περίληψη** (**-εις**) [-lipsi] Zusammenfassung *f*, Übersicht *f*
**περιμένω** warten (*A*/ auf *A*); erwarten
**πέριξ** ringsherum
**περιοδ|εία** Rundreise *f*; Tournee *f*; **~ικός** periodisch; *Su. n* Zeitschrift *f*
**περίοδος** *f* Periode *f*
**περιορ|ίζω** begrenzen; einschränken; einsperren; **~ισμένος** beschränkt; **~ισμός** Begrenzung *f*; Einschränkung *f*; Arrest *m*; **~ιστικός** einschränkend
**περιουσ|ία** [perius-] Vermögen *n*; **~ιακός** Vermögens-
**περιπαίζω** [-'pezo] verspotten

**περιπατητής** Spaziergänger *m*
**περίπατος** Spaziergang *m*
**περι|πέτεια** [-'petia] Abenteuer *n*, Erlebnis *n*; **~πετειώδης** [-ti'oðis] 2 abenteuerlich; **~πλανιέμαι** [-'njeme] sich verirren; **~πλέκω** (um)wickeln; komplizieren; **~πλοκή** Verwicklung *f*; Komplikation *f*
**περίπλοκος** kompliziert
**περι|πνευμονία** [-pnevm-] Lungenentzündung *f*; **~ποίηση** (**-εις**) [-'piisi] Betreuung *f*; **~ποιούμαι** [-pi'ume] pflegen; sehr entgegenkommen; **~πολία** Streife *f*; **~πολώ** patrouillieren
**περίπου** [-pu] etwa, ungefähr, zirka
**περίπτερο** Kiosk *m*, Stand *m*; Pavillon *m*
**περίπτωση** (**-εις**) Fall *m*
**περίσσ|ευμα** [-sevma] Überschuß *m*; **~ιος** (**-α**) reich; überflüssig
**περισσότερ|ο** *Adv.* mehr; *Zeit*: länger; **~ος** *Adj.* mehr; länger; ***οι ~οι*** die meisten
**περίσταση** (**-εις**) Umstand *m*, Gelegenheit *f*
**περι|στατικό** Vorfall *m*; *pl.* Umstände *m/pl.*; **~στέρι** Taube *f*; **~στροφή** Umdrehung *f*; Umlauf *m*; **~στύλιο** Säulengang *m*
**περιττ|εύω** [-'evo] überflüssig sein; **~ός** überflüssig
**περιφέρεια** Umfang *m*
**περί|φημος** berühmt; **~φραγμα** *n* Umzäunung *f*; **~φραση** (**-εις**) Umschreibung *f*
**περι|φράσσω** umzäunen; **~φρόνηση** Mißachtung *f*; Verachtung *f*; **~φρονώ** verachten
**περίχωρα** [-xora] *n/pl.* Umgebung *f*
**πέρκ|α**, **~η** Barsch *m*
**περμανάντ** *n* Dauerwelle *f*
**περνώ** (**-άς**) überqueren; durchdringen; hinüberbringen; übertreffen; vorbeigehen; hineingehen; verbringen; (durch)kommen; vergehen
**περούκα** Perücke *f*
**περπατώ** (**-άς**) (zu Fuß) gehen
**πέρ(υ)σι** voriges Jahr
**πεσ-** *s.* **πέφτω**
**πεσόντες** *m/pl.* Gefallene *pl.*
**πέστροφα** Forelle *f*
**πεταγ-** *s.* **πετώ**
**πεταλούδα** Schmetterling *m*; *Tech.* Flügelmutter *f*
**πεταξ-** *s.* **πετώ**
**πετειν|άρι** [petin-] Hähnchen *n*; **~ός** Hahn *m*
**πέτο** Revers *n*
**πέτρα** Stein *m*
**πετράδι** Edelstein *m*
**πετρέλαιο** [pe'treleo] Erdöl *n*; Petroleum *n*
**πετρώδης** [-'oðis] 2 steinig
**πέτρωμα** *n* Steinart *f*

**πετσέτα** Handtuch *n*; Serviette *f*
**πετσί** Leder *n*; Haut *f*
**πέτσινος** Leder-, ledern
**πετυχ-** *s.* **επιτυχ-**
**πετώ** (**-άς**) (weg)werfen; hinauswerfen; fliegen; flattern
**πεύκο** ['pefko] Pinie *f*
**πέφτω** (aus)fallen; einstürzen; *Knopf*: abgehen; *Blitz*: einschlagen; nachlassen
**πηγ|άδι** [piɣ-] Brunnen *m*; **~άζω** entspringen; **~αίνω** [pi'jeno] gehen; (hin)bringen; *Kleider*: passen; **~ή** [-'ji] Quelle *f*
**πηγούνι** [pi'ɣuni] Kinn *n*
**πήδημα** ['piðima] *n* Sprung *m*
**πηδώ** [pi'ðo] (**-άς**) springen
**πήζω** ['pizo] gerinnen (lassen)
**πηλήκιο** Mütze *f*
**πηλ|ός** Lehm *m*; Schlamm *m*; **~ώδης** [-'oðis] 2 schlammig, lehmig
**πηρ-** *s.* **παίρνω**
**πηχτ|ή** Sülze *f*; **~ός** geronnen; dickflüssig
**πια** [pja] schon; endlich; ***όχι*** **~** nicht mehr
**πιάνο** Klavier *n*
**πιάν|ομαι** sich (fest)halten; hängenbleiben; in Streit geraten; **~ω** (an)fassen; (er-)greifen; mieten; *Platz* belegen; beginnen
**πιάσιμο** (**-ατος**) Griff *m*
**πιάτο** Teller *m*
**πιγούνι** Kinn *n*
**πιέζω** [pi'ezo] drücken; (zusammen)pressen
**πιές!** [pjes] trink!; *s.* **πίνω**
**πίεση** (**-εις**) Druck *m*; ***ατμοσφαιρική*** **~** Luftdruck *m*; ***αρτηριακή*** **~** Blutdruck *m*
**πιέστε!** ['pjeste] trinkt!; *s.* **πίνω**
**πιθαν|ός** wahrscheinlich; **~ότητα** Wahrscheinlichkeit *f*
**πίθηκος** ['piθi-] Affe *m*
**πικάπ** *n* Plattenspieler *m*
**πικρ|άδα** Bitterkeit *f*; **~ός** bitter
**πιλάφι** Reis mit Soße (u. Parmesankäse); ***ατζέμ*** **~** Reis mit Soße u. Fleisch
**πιλότος** Pilot *m*
**πίνακας** Tafel *f*; Bild *n*; Verzeichnis *n*
**πινέζα** Heftzwecke *f*
**πινέλο** Pinsel *m*
**πίνω** ['pino] trinken
**πιο** [pjo] *Adv.* mehr
**πιοτό** Getränk *n*
**πίπα** Pfeife *f*
**πιπ|εράτος** gepfeffert; **~έρι** Pfeffer *m*; **~εριά** Paprika *m*; **~ερόρριζα** Ingwer *m*; **~ερώνω** [-e'rono] pfeffern
**πιπίλα** Schnuller *m*
**πιρούνι** [pi'runi] Gabel *f*
**πισίνα** Schwimmbecken *n*
**πισινός** hinter-; *Su. m fam.* Hintern *m*
**πίσσα** Teer *m*
**πιστ|ευτός** [-eft-] glaub-

**πιστεύω** 144

haft; **~εύω** [-'evo] glauben; trauen
**πίστη** (**-εις**) Glaube *m*; Treue *f*
**πιστοδοτώ** Kredit gewähren
**πιστόλι** Pistole *f*
**πίστομα** kopfüber
**πιστ|οποιητικό** [-piiti'ko] Bescheinigung *f*; Zeugnis *n*; **~οποιώ** [-pi'o] bescheinigen; beglaubigen; **~ός** treu (**σε**/ *D*); richtig; gläubig; **~ώνω** gutschreiben
**πίστωση** (**-εις**) Kredit *m*; Guthaben *n*; Gutschrift *f*
**πιστωτής** Gläubiger *m*
**πίσω** *Adv*. hinten; zurück; wieder; *Adj*. hinter-; **~ από** hinter *A*, *D*; **πάει ~** *Uhr*: geht nach
**πιτσιλίζω** bespritzen
**πίτ(τ)α** Blätterteig *m* mit Käsefüllung
**πιωμένος** [pjom-] betrunken; *s*. **πίνω**
**πλαγιάζω** [pla'jazo] sich schlafen legen
**πλάγιος** (**-α**) schräg; Neben-
**πλαζ** *f* Strand *m*
**πλάθω** schaffen; formen; sich *etw*. ausdenken
**πλαίσιο** Rahmen *m*
**πλαισιώνω** [plesi'ono] (ein)rahmen
**πλάκα** Platte *f*
**πλακί** Zubereitungsart *f* von Speisen
**πλάνη**[1] Irrtum *m*
**πλάνη**[2] Hobel *m*
**πλαν|ήτης** [pla'nitis] Planet *m*; **~ίζω** hobeln
**πλαστήρι** Nudelholz *n*
**πλαστικ|ό** Kunststoff *m*; **~ός** plastisch; ***~ή σακ(κ)ούλα*** Plastiktüte *f*
**πλαταίνω** [-'teno] ausweiten
**πλάτανος** Platane *f*
**πλατεία** Platz *m*; *Thea*. Parkett *n*
**πλάτ|η** Rücken *m*; Schulter *f*; **~ος** *n* Breite *f*
**πλατύς** [pla'tis] breit
**πλειον|ότητα** Mehrheit *f*; **~οψηφία** [-opsi'fia] Stimmenmehrheit *f*
**πλειστηρ|ιάζω** [plistiri-] versteigern; **~ιασμός** Versteigerung *f*
**πλείστ|ος** ['plistos] zahlreich, sehr viel; ***οι ~οι*** die meisten; ***ως επί το ~ον*** meist(ens)
**πλέκω** flechten; stricken
**πλεμόνι** Lunge *f*
**πλέν|ομαι** sich waschen; **~ω** (ab)waschen; putzen
**πλεξούδα** [-'ksuða] Zopf *m*
**πλέον** mehr (*G*/ als); ***επί ~*** darüber hinaus
**πλεο|νέκτημα** *n* Vorteil *m*; Vorzug *m*; **~νεκτικός** vorteilhaft; habgierig; **~νεξία** Habgier *f*
**πλευρ|ά** [ple'vra] Seite *f*; Rippe(nfell *n*) *f*; **~ίτιδα** Rippenfellentzündung *f*
**πλεχτό** [-x-] Strickjacke *f*; Trikot *n*; *pl*. Strickwaren *f*/*pl*.

**πλέω** schwimmen; segeln
**πληγ|ή** [pli'ji] Wunde *f*; **~ωμένος** [-ɣo-] verletzt; **~ώνω** [-'ɣono] verletzen
**πλήθος** ['pliθ-] *n* Menge *f*
**πληθ|υντικός** [pliθind-] Plural *m*; **~υσμός** Bevölkerung *f*; **~ωρισμός** Inflation *f*
**πληκτικός** langweilig
**πλήκτρο** Taste *f*
**πλημμ|έλημα** *n* Vergehen *n*; **~ύρα** Überschwemmung *f*; *fig*. Flut *f*; **~υρίζω** überschwemmt werden; überschwemmen
**πλην** [plin] *prp*. (*G*) außer *D*; *cj*. aber, jedoch; *Adv*. minus; ***~ τούτου*** außerdem
**πλήξη** ['pliksi] Langeweile *f*
**πληρεξουσιότητα** [-ksusi'otita] Vollmacht *f*
**πλήρης** ['pliris] 2 voll (*G*/ von *D*); vollständig
**πληροφορ|ία** Nachricht *f*; Auskunft *f*; **~ική** Informatik *f*; **~ούμαι** [-'ume] sich erkundigen (**για**/ nach *D*); **~ώ** benachrichtigen; mitteilen
**πλήρωμα** *n Mar*. Mannschaft *f*, Besatzung *f*
**πληρ|ωμή** [pliro'mi] Zahlung *f*, Bezahlung *f*; Honorar *n*; **~ώνω** (be)zahlen
**πλησ|ιάζω** [plisi-] sich nähern; **~ιέστατος** nächste(r); **~ιέστερος** näher; **~ίον** *Adv*., *Adj*. nah(e); *prp*. (*G*) nahe bei *D*, nahe an *A*; ***ο ~ίον*** der Nächste
**πλήττω** ['plito] sich langweilen
**πλοίαρχος** ['pliarxos] Kapitän *m*
**πλοίο** ['plio] Schiff *n*
**πλούσιος** ['plus-] (**-α**) reich; reichlich
**πλουτίζω** [plu'tizo] (sich) bereichern
**πλούτ|ος** (*pl*. **τα ~η**) Reichtum *m*
**πλυν-** *s*. **πλένω**
**πλυντήριο** [plin'dirio] Wäscherei *f*; Waschmaschine *f*
**πλώρη** ['plori] Bug *m*
**πνεύμα** ['pnevma] *n* Geist *m*
**πνευματικός** [pnev-] geistig; Druckluft-
**πνεύμονας** Lunge *f*
**πνευμονία** Lungenentzündung *f*
**πνέω** wehen, blasen
**πνίγ|ομαι** ersticken; ertrinken; **~ω** erwürgen; ertränken
**πνοή** [pno'i] Hauch *m*; Atem(zug) *m*
**ποδ|ηλατιστής** (**-ίστρια**) Radfahrer(in *f*) *m*; **~ήλατο** Fahrrad *n*
**πόδι** Fuß *m*; Bein *n*; ***με τα ~α*** zu Fuß
**ποδιά** Schürze *f*
**ποδόλουτρο** Fußbad *n*
**ποδο|πατώ** (**-άς**) *j-n* mit Füßen treten; **~σφαιρική ομάδα** Fußballmannschaft *f*
**ποδόσφαιρο** Fußball *m*; ***παίζω ~*** Fußball spielen

**πόθος** Sehnsucht *f*; Begierde *f*
**ποίη|μα** ['piima] *n* Gedicht *n*; **~ση** Dichtung *f*
**ποιητ|ής** [pii'tis] Dichter *m*; **~ικός** poetisch
**ποικ|ιλία** [pik-] Vielfalt *f*; **~ίλλω** [pi'kilo] variieren; schwanken; **~ίλος** bunt; vielfältig
**ποικιλόχρωμος** [pik-] bunt
**ποίμνιο** ['pimnio] Herde *f*
**ποιν|ή** [pi'ni] Strafe *f*; ***επί ~ή*** bei Strafe; **~ικός** Straf-; ***~ικός κώδικας*** Strafgesetzbuch *n*
**ποιος** [pjos] (**-α**) welche(r, -s); wer
**ποιότητα** [pi'otita] Qualität *f*
**ποιώ** [pi'o] schaffen; machen
**πολεμ|ικός** kriegerisch; Kriegs-; **~ιστής** Kämpfer *m*, Krieger *m*
**πόλεμος** Krieg *m*; Kampf *m* (**κατά** *G*/ gegen *A*)
**πολεμώ** (**-άς**) (be)kämpfen
**πόλη** (**-εις**) Stadt *f*
**πολικλινική** Poliklinik *f*
**πολιομυελίτιδα** [poliomiel-] Kinderlähmung *f*
**πολιορκ|ία** Belagerung *f*; ***κατάσταση ~ίας*** Belagerungszustand *m*; **~ώ** belagern
**πολιτεία** Staat *m*; Stadt *f*
**πολίτευμα** [-tevma] *n* Regierungsform *f*
**πολίτης** Bürger *m*; Zivilist *m*
**πολιτ|ική** Politik *f*; **~ικός** politisch; zivil; *Su. m* Politiker *m*; **~ισμένος** kultiviert; **~ισμός** Kultur *f*, Zivilisation *f*; **~ιστικός** kulturell; **~οφυλακή** Miliz *f*
**πολλά** *s.* **πολύ**
**πολλαπλασ|ιάζω** vervielfältigen; multiplizieren; **~ιασμός** Multiplikation *f*
**πολλαπλάσιος** (**-α**) vielfach
**πολλή** *s.* **πολύς**
**πόλος** Pol *m*
**πολύ** [po'li] sehr; viel; *Zeit*: lange; ***πάρα ~*** (all)zu; ***το ~*** höchstens; ***πάει ~*** das geht zu weit
**πολυ|άριθμος** zahlreich; **~βόλο** Maschinengewehr *n*; **~γραφώ** vervielfältigen; **~δάπανος** kostspielig; **~ήμερος** mehrtägig; **~θρόνα** Sessel *m*; **~κατοικία** [-katik-] Wohnhaus *n*; **~λογάς** (**-ού, -άδικο**) geschwätzig; **~μέρεια** Vielseitigkeit *f*; **~μερής** 2 vielseitig
**πολύποδας** Polyp *m*
**πολ|ύς** (**~λή, -ύ**) viel; *Weg, Zeit*: lang; ***οι ~λοί*** [-'li] die Menge; ***προ ~λού*** [-'lu] seit langem
**πολυ|σήμαντος** vieldeutig; **~σύλλαβος** mehrsilbig; **~σχιδής** [-sçi'ðis] 2 weitverzweigt; **~τέλεια** Luxus *m*, Pracht *f*; **~τελής** 2 luxuriös, prachtvoll; **~τεχνείο** [-x-] technische Hochschule *f*

**πόμολο** Türklinke *f*
**πομπή** Prozession *f*, Festzug *m*
**πομπός** Sender *m*
**πονηρ|ία** Schlauheit *f*, List *f*; **~ός** schlau
**πον|όδοντος** Zahnschmerzen *m/pl.*; **~οκέφαλος** Kopfschmerzen *m/pl.*; **~όλαιμος** Halsschmerzen *m/pl.*; **~όμματος** Augenschmerzen *m/pl.*
**πόνος** Schmerz *m*; Leid *n*
**ποντίκι** Maus *f*
**ποντικ|οπιάστρα** Mausefalle *f*; **~ός** Maus *f*; Ratte *f*; **~οφάρμακο** Rattengift *n*
**ποντο-** Meer(es)-
**πόντος** Zentimeter *m*
**πον|ώ (-άς)** schmerzen; ***μου ~άει ...*** tut mir weh
**πορ|εία** Marsch *m*; Gang *m*; Kurs *m*; **~εύομαι** [-'evome] marschieren, gehen
**πόρνη** Dirne *f*
**πόρος** Pore *f*
**πόρπη** Schnalle *f*
**πορσελάνη** Porzellan *n*
**πόρτα** Tür *f*
**πορτατίφ** *n* Leselampe *f*
**πορτιέρης (-ηδες)** Portier *m*
**πορτο|καλάδα** Orangeade *f*; **~κάλι** Apfelsine *f*
**πορτοφόλι** Brieftasche *f*; Portemonnaie *n*
**πορτραίτο** [-'treto] Portrait *n*
**πόσιμος** trinkbar; Trink-
**ποσό** Menge *f*; Betrag *m*
**πόσ|ος** wieviel(e); wie groß; wie hoch; wie weit; ***~ο*** wie ...!; ***~ο ...;*** wie teuer ...?; ***κάθε ~ο*** wie oft
**ποσότητα** Menge *f*; Quantität *f*
**ποστρεστάν** postlagernd
**ποτ|άμι** Fluß *m*; **~αμός** Strom *m*
**πότε** wann; ***από ~*** seit wann; ***κάθε ~*** wie oft; ***ως ~*** bis wann; **~ - ~** ab und zu
**ποτέ(ς)** einmal, einst; nie(mals)
**ποτ|ήρι** [po'tiri] Glas *n*; **~ίζω** tränken; (be)gießen; **~ιστήρι** Gießkanne *f*; **~ό** Getränk *n*
**που** [pu] der, die, das; welche(r, -s); *cj.* daß; weil; ***έτσι ~*** so daß
**πού** [pu] wo(hin)?; ***από ~*** woher; **για ~** wohin; **από ~ ως ~** wieso denn, inwiefern
**πουγγί** [puŋ'gi] Geldbeutel *m*
**πούδρα** Puder *n*
**πουδράρω** pudern
**πουθενά** (n)irgendwo(hin)
**πουκάμισο** Hemd *n*
**πουλερικά** *n/pl.* Geflügel *n*
**πούλημα** ['pulima] *n* Verkauf *m*
**πουλί** Vogel *m*; Huhn *n*
**πούλμαν** *n* Reisebus *m*
**πουλώ** [pu'lo] **(-άς)** verkaufen
**πουρές** Püree *n*
**πουρμπουάρ** [purbu'ar] *n* Trinkgeld *n*

**πούρο** Zigarre *f*
**πουτίγγα** Pudding *m*
**πράγμα** *n* Sache *f*; Angelegenheit *f*; Ware *f*
**πράγματι** in der Tat
**πραγματικ|ός** wirklich, tatsächlich; wahr; **~ότητα** Wirklichkeit *f*
**πραγματο|ποίηση (-εις)** [-'piisi] Verwirklichung *f*; Erfüllung *f*; **~ποιώ** [-pi'o] verwirklichen
**πρακτικός** praktisch
**πράκτορας** Agent *m*
**πρακτορείο** Agentur *f*; Vertretung *f*; Vermittlung *f*
**πράξη (-εις)** Handlung *f*, Tat *f*; Geschäft *n*; Praxis *f*; Maßnahme *f*; Urkunde *f*; *Thea.* Aufzug *m*, Akt *m*
**πρασ|ιά** Beet *n*; **~ινάδα** Rasen *m*, Grün *n*
**πράσινος** grün; unreif
**πράσο** Porree *m*, Lauch *m*
**πρατήριο** Verkaufsstelle *f*; **~ *βενζίνης*** Tankstelle *f*
**πρέζα** Prise *f*
**πρεμιέρα** Premiere *f*
**πρέπει** ['prepi] zustehen (**σε**/ *D*); es ist nötig; müssen; sollen; **~ *να φύγω*** ich muß gehen
**πρεσβ|εία** Botschaft *f*; Abordnung *f*; **~ευτής** [-e'ftis], **πρέσβυς** Botschafter *m*
**πρήξιμο** ['priksimo] Schwellung *f*; Beule *f*
**πρίγκιπας** ['priŋgipas] Prinz *m*; Fürst *m*
**πρίζα** Steckdose *f*
**πριν** *Adv.* vorher, zuvor; früher; *Adj.* vorige(r); *prp.* (*G*) vor *D*; *cj.* bevor; ***από τα* ~** von vornherein; im voraus
**πριόνι** Säge *f*
**πριον|ίδια** *n*/*pl.* Sägespäne *m*/*pl.*; **~ίζω** (zer)sägen
**πρίσμα** *n* Prisma *n*
**προ** (*G*) vor *D*; **~ *ολίγου*** vor kurzem; **~ *πολλού*** seit langem; **~ *παντός*** vor allem
**προ|αισθάνομαι** [-e'sθanome] ahnen; **~αίσθηση (-εις)** Ahnung *f*; **~άστιο** Vorstadt *f*, Vorort *m*
**πρόβα** Anprobe *f*; Probe *f*
**προβάλλω** [-'valo] (hinaus)strecken; vorführen; vorbringen
**πρόβατο** Schaf *n*
**πρόβειος (-α)** Schaf-
**προβιβ|άζω** befördern; *Schüler* versetzen; **~ασμός** Beförderung *f*; Versetzung *f*
**προβλέπω** vorhersehen; vorsorgen
**πρόβλεψη (-εις)** Voraussicht *f*; Vorsorge *f*; *Hdl.* Sicherheit *f*
**πρόβλημα** ['provlima] *n* Problem *n*; Aufgabe *f*
**προ|βληματικός** fraglich, problematisch; **~βοκάτσια** Provokation *f*; **~βολέας** Scheinwerfer *m*; **~βολή** (Film-)Vorführung *f*
**πρόγευμα** ['projevma] *n* Frühstück *n*
**προγευματίζω** frühstükken

**πρόγνωση** (**-εις**) Vorhersage *f*
**πρόγονοι** [-ni] *m/pl.* Vorfahren *m/pl.*
**πρόγραμμα** *n* Programm *n*; Grundsatz *m*; ~ ***μαθημάτων*** Stundenplan *m*
**προγραμματ|ίζω** programmieren; **~ιστής** Programmierer *m*
**προ|δίδω** verraten; **~δοσία** Verrat *m*; ***εσχάτη ~δοσία*** Hochverrat *m*; **~δότης** Verräter *m*
**προεδρεία** Vorsitz *m*, Präsidium *n*
**πρόεδρος** Präsident *m*; Vorsitzende(r)
**προειδοποιώ** [proiðopi'o] warnen
**προ|ειπ-** *s.* **προλέγω; ~έκταση** (**-εις**) Verlängerung *f*; Ausdehnung *f*; **~εκτείνω** [-'tino] verlängern; ausdehnen; **~εξοφλώ** im voraus zahlen; voraussagen; **~έρχομαι** sich herleiten, abstammen
**προετοιμ|άζω** [-etim-] vorbereiten; **~ασία** Vorbereitung *f*
**πρόζα** Prosa *f*
**προζύμι** Hefe *f*; Sauerteig *m*
**προηγμένος** [proiγ-] fortschrittlich, entwickelt
**προηγ|ούμαι** [proi'γume] vorangehen; **~ούμενος** vorhergehend; Vor-; **~ουμένως** *Adv.* zuvor
**πρό|θεμα** *n* Vorsilbe *f*; **~θεση** (**-εις**) Absicht *f*; *Gr.* Verhältniswort *n*
**προ|θεσμία** Frist *f*; **~θυμία** [-θim-] Bereitwilligkeit *f*
**πρό|θυμος** bereit; **~θυρο** Vorplatz *m*
**προίκα** ['prika] Mitgift *f*
**προικ|ίζω** [prik-] ausstatten; **~ισμένος** begabt
**προ|ϊόν** [proi'on] (**-όντος**) Produkt *n*; Erlös *m*; **~ΐσταμαι** [-'istame] vorstehen (*G/D*); **~ϊστάμενος** Chef *m*, Leiter *m*, Vorgesetzte(r); **~ϊστορία** Vorgeschichte *f*; **~καλώ** herausfordern; erregen
**προκατα|βάλλω** vorschießen; im voraus bezahlen; **~βολή** Vorschuß *m*; Vorausbezahlung *f*; **~βολικός** Voraus-; *Adv.* im voraus
**προκατειλημμένος** [-tilim-] voreingenommen
**προκάτοχος** Vorgänger *m*
**πρόκειται** [-kite] es handelt sich (**για**/ um *A*); werden, sollen
**προ|κήρυξη** (**-εις**) [-'kiriksi] Aufruf *m*; Bekanntmachung *f*; **~κηρύσσω** [-ki'riso] ausrufen, bekanntmachen
**προκληθ-** *s.* **προκαλώ**
**πρόκληση** (**-εις**) Herausforderung *f*; Provokation *f*
**προ|κλητικός** herausfordernd; **~κόβω** vorankommen; gedeihen; **~κομμένος** fleißig; **~κοπή** Gedei-

hen *n*; Vorankommen *n*; **~κυμαία** [-ki'mea] Kai *m*, Mole *f*; **~κύπτω** sich ergeben; **~λαβαίνω** [-la'veno] einholen; *j-m* zuvorkommen; *Zug* erreichen; verhüten; **~λέγω** voraussagen
**προλεταρι|ακός** proletarisch; **~άτο** Proletariat *n*
**προληπτικός** [-lip-] vorbeugend; abergläubisch
**πρόληψη (-εις)** Vorbeugung *f*; Vorurteil *n*; Aberglaube *m*
**πρόλογος** Vorwort *n*
**προμάμμη** Urgroßmutter *f*
**πρόμαχος** Vorkämpfer *m*
**προμαχώνας** [-'xo-] Bollwerk *n*
**προμελ|έτη** Planung *f*; ***εκ ~έτης*** vorsätzlich; **~ετημένος** geplant; **~ετώ (-άς)** planen; vorsätzlich tun
**προμήθεια** [-'miθia] Lieferung *f*; Vorrat *m*; Provision *f*
**προμηθ|εύομαι** [-'evome] (sich) *etw.* anschaffen; **~ευτής** [-θe'ftis] Lieferant *m*; **~ευτικός** Liefer-; **~εύω** [-'evo] beschaffen; liefern
**πρόνοια** ['pronia] Fürsorge *f*; Vorsorge *f*; ***κοινωνική ~*** Sozialfürsorge *f*
**προνόμιο** [-mio] Vorrecht *n*, Privileg *n*
**προξεν|είο** Konsulat *n*; **~ιά** Ehevermittlung *f*; **~ώ** verursachen
**προο|δευτικός** [prooðeft-] fortschrittlich; **~δεύω** [-'ðevo] Fortschritte machen
**πρόοδος** *f* Fortschritt *m*
**προοπτική** Perspektive *f*
**προορ|ίζω** [proor-] bestimmen; **~ισμός** Bestimmung *f*; Bestimmungsort *m*
**προπαγ|άνδα** Propaganda *f*, Werbung *f*; **~ανδίζω** propagieren
**προπαίδεια** [-'peðia] Anfangsunterricht *m*; Einführung *f*; Einmaleins *n*
**προπάππος** Urgroßvater *m*
**προπέλα** Propeller *m*; Schiffsschraube *f*
**προ|πόνηση (-εις)** Training *n*; **~πονητής** Trainer *m*; **~πονώ** trainieren
**πρόποση (-εις)** Trinkspruch *m*
**προπώληση** [-'polisi] **(-εις)** Vorverkauf *m*
**προς** (+ *A*) zu *D*, nach *D*; gegen *A*; an *A*; für *A*; (+ *G*) von *D*; zu *D*; (+ *D*) außer *D*, bei *D*; ***~ τον κύριο ...*** (an) Herrn ...; ***~ το παρόν*** zur Zeit; ***~ το βράδυ*** gegen Abend
**προσανατολ|ίζομαι** sich orientieren; **~ισμός** Orientierung *f*
**προσ|αρμογή** Anpassung *f*; **~αρμόζομαι** sich anpassen (**σε**/ an *A*); sich abfinden; **~αρμοστικός** anpassungsfähig; **~άρτημα** *n* Zubehör *n*; Anlage *f*; **~άρτηση (-εις)** Beifügung *f*; Anschluß *m* (**σε**/ an *A*);

**~βάλλω** angreifen; beleidigen; *jur.* anfechten; **~βλητικός** beleidigend, verletzend; **~βολή** Angriff *m*; Anfall *m*; Beleidigung *f*; **~γειώνομαι** [-ji'onome] landen; **~γείωση (-εις)** [-'jiosi] Landung *f*; **~διορισμός** Bestimmung *f*; **~δοκία** Erwartung *f*; **~εκτικός** aufmerksam; einsichtsvoll; vorsichtig; **~έρχομαι** kommen; sich melden; **~ευχή** [-ef'çi] Gebet *n*; **~εύχομαι** [-'efxome] beten; **~έχω** aufpassen (*A*/ auf *A*); **~εχώς** demnächst

**προσηλ|υτίζω** bekehren; **~ωμένος** ergeben (**σε**/ *D*); **~ώνομαι** sich konzentrieren, sich widmen (**σε**/ *D*)

**προσημειώνω** [-simi'ono] vormerken

**πρόσ|θεση (-εις)** Hinzufügung *f*; Addition *f*; **~θετος** zusätzlich

**προσ|θέτω** hinzufügen; addieren; **~θήκη** [-'θiki] Anhang *m*; Beilage *f*; **~ιτός** zugänglich; erschwinglich; **~καλεσμένος** (ein)geladen; **~καλώ** (ein)laden; vorladen

**πρόσ|κληση (-εις)** Aufforderung *f*; Einladung *f*; Einberufung *f*; **~κομμα** *n* Hindernis *n*; **~κοπος** Pfadfinder *m*; **~κρουση (-εις)** Anstoß *m*

**προσ|κρούω** [-'kruo] anstoßen, anprallen; verstoßen; **~κύνημα** [-'kinima] *n* Wallfahrt(sort *m*) *f*; **~κύνηση** Anbetung *f*, Verehrung *f*; **~κυνητής** Pilger *m*; **~κυνώ** [-ki'no] (**-άς**) (an-)beten

**πρόσληψη (-εις)** Anstellung *f*; Annahme *f*

**προσοχή** [-'çi] Aufmerksamkeit *f*; Vorsicht *f*; **~!** Achtung!; ***με ~*** vorsichtig

**πρόσοψη (-εις)** Fassade *f*

**προσ|πάθεια** Bemühung *f*; **~παθώ** sich anstrengen; **~περνώ (-άς)** überholen; überflügeln

**προστα|σία** Schutz *m*; ***~σία περιβάλλοντος*** Umweltschutz *m*; **~τευτικός** [-teft-] Schutz-; **~τεύω** [-'tevo] beschützen; fördern

**προστάτης** Beschützer *m*; Schutzherr *m*

**προστεθ-** *s.* **προσθέτω**

**πρόστιμο** Geldstrafe *f*

**προστρέχω** [-xo] herbeieilen; appellieren

**προστυχ|αίνω** [-sti'çeno] verschlechtern; **~ιά** [-'ça] Gemeinheit *f*

**πρόστυχος** [-xos] gemein; minderwertig

**πρόσφατος** jüngst; frisch

**προσ|φέρω** (an)bieten; **~φεύγω** [-'fevγo] (**σε**) sich wenden an *A*; **~φορά** Angebot *n*; Geschenk *n*; Spende *f*

**πρόσφυγας** Flüchtling *m*

**προσ|φώνηση (-εις)** [-'fo-

**προσφωνώ** 152

nisi] Ansprache *f*; **~φωνώ** [-fo'no] begrüßen
**προσωπ|άρχης** [-çis] Personalchef *m*; **~ίδα** Maske *f*; **~ικός** persönlich; *Su. n* Personal *n*; Belegschaft *f*; *Su. n/pl.* Meinungsverschiedenheiten *f/pl.*; **~ικότητα** Persönlichkeit *f*
**πρόσωπο** Gesicht *n*; Person *f*; *Thea.* Rolle *f*
**προσωρινός** vorläufig; einstweilig
**πρόταση** (**-εις**) Vorschlag *m*; Antrag *m*; *Gr.* Satz *m*
**προ|τείνω** [-'tino] vorschlagen; *jur.* beantragen; **~τελευταίος** [-tele'fteos] (**-α**) vorletzte(r); **~τεραιότητα** [-tere'otita] Vorrang *m*; *Auto*: Vorfahrt *f*; **~τέρημα** *n* Vorzug *m*
**πρότερος**: ***εκ των προτέρων*** im voraus
**προτεσταντικός** protestantisch
**προ|τίμηση** (**-εις**) Bevorzugung *f*; ***κατά ~τίμηση*** vorzugsweise; **~τιμότερος** vorzuziehen(d); **~τιμώ** (**-άς**) vorziehen; lieber mögen; **~τομή** Büste *f*
**προτού** [-'tu] *cj.* bevor; *Adv.* vorher
**προτροπή** Ermunterung *f*
**πρότυπο** Muster *n*; Modell *n*; Form *f*; Vorbild *n*
**προϋπ|άντηση** (**-εις**) [proip-] Entgegenkommen *n*; **~αντώ** (**-άς**) entgegengehen; **~όθεση** (**-εις**) Voraussetzung *f*; ***με την ~όθεση*** unter der Voraussetzung; **~οθέτω** [-o'θeto] voraussetzen; **~ολογίζω** veranschlagen, schätzen; **~ολογισμός** Voranschlag *m*; Haushaltsplan *m*
**πρόφαση** (**-εις**) Vorwand *m*; Ausrede *f*
**προφασίζομαι** vorschützen
**προ|φέρω** aussprechen; äußern; **~φητεία** [-fi'tia] Prophezeiung *f*; **~φητεύω** [-fi'tevo] prophezeien; **~φήτης** [-'fitis] Prophet *m*
**προφίλ** *n* Profil *n*
**προ|φορά** Aussprache *f*; **~φορικός** mündlich; *Su. n/pl.* mündliche Prüfung *f*; **~φταίνω, ~φτάνω** einholen; erreichen; es schaffen
**προφυλ|άγομαι** sich vorsehen; **~άγω** schützen; **~ακή** Vorposten *m*; **~ακίζω** in Untersuchungshaft nehmen; **~άκιση** (**-εις**) Untersuchungshaft *f*; **~ακτικός** vorbeugend; vorsichtig; *Su. n* Vorbeugungsmittel *n*; Präservativ *n*
**προφύλαξη** (**-εις**) Vorsicht(smaßnahme) *f*; Rücksichtnahme *f*
**πρόχειρος** [-çiros] griffbereit; improvisiert; provisorisch; *Adv.* fürs erste; *Su. n* Kladde *f*; ***εκ του προχείρου*** aus dem Stegreif

**προ|χθές** [-'xθes] vorgestern; **~χθεσινός** vorgestrig; **~χτές** vorgestern
**πρόχωμα** [-xoma] *n* Damm *m*; Deich *m*
**προ|χωρώ** [-xo'ro] vorrükken, vorankommen; Fortschritte machen; *Fieber*: steigen; **~ωθώ** [-o'θo] vorantreiben; fördern
**πρόωρος** ['prooros] vorzeitig
**πρύμνη** ['primni] Heck *n*
**πρυτανείο** Rektorat *n*
**πρύτανης, ~ις** Rektor *m*
**πρωθυπουργός** [proθipur'γos] Ministerpräsident *m*
**πρωί** [pro'i] früh; *Su.* Morgen *m*; ***το ~*** morgens; ***~ και βράδυ*** morgens und abends; **~ - ~** sehr früh
**πρωινό** [proi'no] Frühstück *n*; Morgen *m*; **~ς** früh; Morgen-
**πρώτα** ['prota] zuerst; vorher; in erster Linie
**πρωταγων|ιστής** [protaγon-] Hauptdarsteller *m*; **~ιστώ** die Hauptrolle spielen
**πρωτ|άθλημα** [-'aθlima] *n* Meisterschaft *f*; **~αθλητής** Meister *m*, Sieger *m*; Wegbereiter *m*; **~εία** *n/pl.* Vorrang *m*; erster Platz *m*; **~εύουσα** [-'evusa] Hauptstadt *f*; **~οβουλία** Initiative *f*; **~οβρόχια** [-ça] *n/pl.* Herbstregen *m*; **~όγονος** Ur-; primitiv; *Su. m* Ureinwohner *m*; **~όγραφο** Original *n*
**πρωτοδικείο** Landgericht *n*
**πρωτόκολλο** Protokoll *n*; Etikette *f*
**Πρωτομαγιά** [-ma'ja] (der) erste Mai; Maifeier *f*; **♀τικος** Mai-
**πρωτομάστορας** Vorarbeiter *m*; Polier *m*
**πρώτον** *s.* **πρώτα;** erstens
**πρωτόπειρος** unerfahren; *Su. m* Neuling *m*
**πρωτο|πορία** Vorhut *f*; Avantgarde *f*; **~πόρος** Vorreiter *m*
**πρώτ|ος** erste(r); ***~η ύλη*** ['ili] Rohstoff *m*; ***εν ~οις*** [em'brotis] in erster Linie
**πρωτ|οτυπία** Originalität *f*; **~ότυπο** Original *n*; Urschrift *f*; Muster *n*; **~ότυπος** originell; Original-; **~οφανής** 2 neu, sonderbar
**πρωτοχρονιά** Neujahr *n*; **~τικος** Neujahrs-; *Adv.* zu Neujahr
**πρωτύτερα** *Adv.* früher
**πτερύγιο** Flügel *m*; Flosse *f*
**πτήση** (**-εις**) Flug *m*; Fliegen *n*
**πτυσσόμενος** zusammenklappbar
**πτυχή** [pti'çi] Falte *f*
**πτυχίο** Diplom *n*; Staatsexamen *n*
**πτώμα** *n* Leiche *f*; Kadaver *m*

**πτώση** (**-εις**) ['ptosi] Fall *m*, Sturz *m*; Ausfall *m*; Absturz *m*; Einsturz *m*; Kasus *m*
**πτωχ-** *s.* **φτωχ-**
**πτώχευση** (**-εις**) ['ptoçefsi] Verarmung *f*; Bankrott *m*, Konkurs *m*
**πυγμ|αχία** [piɣma'çia] Boxkampf *m*; **~άχος** [-xos] Boxer *m*; **~αχώ** [-'xo] boxen; **~ή** Faust *f*
**πυθμένας** Grund *m*; Boden *m*
**πυκν|ός** dicht; kompakt; **~ότητα** Dichte *f*; Prägnanz *f*; **~ώνω** verdichten; verdikken; zusammenrücken
**πύκνωση** (**-εις**) Verdichtung *f*; Kondensation *f*
**πυκνωτής** Kondensator *m*
**πύλη** ['pili] Tor *n*; Pforte *f*
**πυξίδα** Kompaß *m*; Büchse *f*
**πύο(ν)** ['pio(n)] Eiter *m*
**πυορροώ** [-ro'o] eitern
**πυρ** [pir] (**πυρός**) *n* Feuer *n*
**πυρ|ά** Scheiterhaufen *m*; *n/pl.* Geschützfeuer *n*; **~ακτώνω** glühend machen
**πυραμίδα** Pyramide *f*
**πυρ|ασφάλεια** Feuerversicherung *f*; **~ασφαλής** 2 feuersicher
**πύραυλος** ['piravlos] Rakete *f*
**πύργος** Turm *m*; Schloß *n*
**πυρετ|ικός** fieberhaft; fiebrig; **~ός** Fieber *n*
**πυρήνας** [pi'rin-] Kern *m*; Zellkern *m*
**πυρηνικ|ός** Kern-; Atom-; **~ός** ***αντιδραστήρας*** Kernreaktor *m*; **~ή** ***φυσική*** Kernphysik *f*
**πυρίμαχος** feuerfest
**πύρινος** feurig; heiß
**πυρίτιδα** Pulver *n*
**πυρκαγιά** [-ka'ja] Brand *m*
**πυρο|βολικό** [pirovol-] Artillerie *f*; **~βολισμός** Schießen *n*; *pl.* Schießerei *f*; **~βόλο** Geschütz *n*, Kanone *f*; **~βολώ** schießen; **~μαχικά** [-maç-] *n/pl.* Munition *f*
**πυρο|σβεστήρας** [-zve'stir-] Feuerlöscher *m*; **~σβέστης** Feuerwehrmann *m*
**πυροσβεστικ|ός** Feuerlösch-; **~ή** ***υπηρεσία***, **~ό** ***σώμα*** Feuerwehr *f*
**πυροτέχνημα** [-'texnima] *n* Feuerwerk *n*
**πυρώνω** [pi'rono] erhitzen; wärmen
**πυτζάμα** Schlafanzug *m*
**πώληση** (**-εις**) ['polisi] Verkauf *m*
**πωλητ|ήριο** [poli'tirio] Verkaufsvertrag *m*; **~ής** Verkäufer *m*
**πωλήτρια** Verkäuferin *f*
**πώμα** ['poma] *n* Stöpsel *m*, Pfropfen *m*; Verschluß *m*
**πώς** [pos] wie; wieso; sicher!, doch!; **~** ***όχι;*** wieso nicht?
**πως** [pos] daß

# Ρ

**ραβδί, ράβδος** ['ravðos] *f* Stock *m*; Stab *m*; **~ χρυσού** [xri'su] Goldbarren *m*
**ραβδωτός** gestreift
**ράβω** nähen; schneidern
**ραγίζω** [ra'jizo] springen, Sprünge bekommen
**ράγισμα** *n* Sprung *m*, Riß *m*
**ραδιεν|έργεια** [raðie-'nerjia] Radioaktivität *f*; **~εργός** [-'ɣos] radioaktiv
**ραδίκι** Zichorie *f*
**ράδιο** Radium *n*
**ραδιο|γράφημα** [raðjo-] *n* Röntgenaufnahme *f*; **~γραφία** Radiographie *f*; **~γραφώ** durchleuchten; funken; **~ενεργός** radioaktiv; **~θεραπεία** Radiotherapie *f*; **~πομπός** Rundfunksender *m*; **~πρόγραμμα** Rundfunkprogramm *n*; **~τηλεγράφημα** *n* Funktelegramm *n*, Funkspruch *m*
**ραδιουρ|γία** [raðiur'jia] Intrige *f*; **~γώ** [-'ɣo] intrigieren
**ραδιοφων|ία** Rundfunkwesen *n*; **~ικός** Rundfunk-
**ραδιόφωνο** [ra'ðjofono] Rundfunkgerät *n*
**ραθυμία** Faulheit *f*
**ράθυμος** fahrlässig; faul
**ρακένδυτος** zerlumpt
**ρακέτα** Tennisschläger *m*
**ρακ|ή, ~ί** Schnaps *m*; **~οπότηρο** Schnapsglas *n*
**ράκος** *n* Lumpen *m*; Fetzen *m*; *Adj.* kaputt
**ραμφίζω** aufpicken
**ράμφος** *n* Schnabel *m*
**ραντάρ** [ra'dar] *n* Radar *n*
**ραντεβού** *n* Verabredung *f*
**ραντίζω** bespritzen, besprengen
**ραπανάκι** Radieschen *n*
**ραπτομηχανή** [-mixa'ni] Nähmaschine *f*
**ράσο** Kutte *f*
**ράτσα** Rasse *f*
**ραφ|είο** Schneiderwerkstatt *f*; **~ή** Naht *f*
**ράφι** Regal *n*; Fach *n*
**ράφτ|ης** Schneider *m*; **~ρα** Schneiderin *f*
**ράχη** ['raçi] Rücken *m*; Rückgrat *n*
**ραχ|ίτιδα** [raç-] Rachitis *f*; **~οκόκαλο** [raxo-] Wirbelsäule *f*
**ρεαλισ|μός** Realismus *m*; **~τής** Realist *m*; **~τικός** realistisch
**ρεβανί** Grieß-Sirup-Kuchen *m*
**ρεβέρ** *n* Revers *n*, Umschlag *m*
**ρέγγα** ['reŋga] Hering *m*
**ρεζέρβα** Reserverad *n*; Ersatzreifen *m*; Reserve *f*
**ρεζές (-έδες)** Türangel *f*
**ρεζ|ιλεύω** [-'levo] blamieren; **~ίλι** Blamage *f*
**ρεκόρ** *n* Rekord *m*
**ρεμβάζω** träumen

**ρεπερτόριο** Spielplan *m*
**ρεπορτάζ** *n* Reportage *f*
**ρεπόρτερ** *m* Reporter *m*
**ρέστ|α** *n/pl.* Rest *m*; **~ος** übrig
**ρετσ|ίνα** Harzwein *m*; **~ινάτος** geharzt; *Su. n* Harzwein *m*; **~ίνι** Harz *n*; **~ινόλαδο** Rizinusöl *n*
**ρεύμα** ['revma] *n* Strom *m*; Strömung *f*; Lauf *m*; (Luft-)Zug *m*; **~** ***υψηλής τάσεως*** Starkstrom *m*
**ρευματ|ικός** [revmat-] rheumatisch; **~ισμός** Rheumatismus *m*
**ρεύομαι** ['revome] aufstoßen
**ρευστ|ό** [refst-] Flüssigkeit *f*; **~οποιώ** [-opi'o] verflüssigen; liquidieren; **~ός** flüssig; unbeständig; **~ότητα** flüssige Konsistenz *f*; Unbeständigkeit *f*
**ρευτ-** *s.* **ρεύγομαι**
**ρέω** ['reo] fließen, strömen
**ρήγας** ['riɣas] *Kartenspiel*: König *m*
**ρήγμα** *n* Bruch *m*, Riß *m*
**ρήμα** *n* Verb *n*
**ρημάζω** [ri'mazo] ruinieren
**ρητό** Spruch *m*
**ρήτορας** ['rit-] Redner *m*
**ρήτρα** Klausel *f*
**ρίγα** Lineal *n*; Streifen *m*
**ρίγος** *n* Schüttelfrost *m*
**ριγώ (-άς)** schaudern
**ριγ|ώνω** liniieren; **~ωτός** liniiert; gestreift
**ρίζα** Wurzel *f*; *Gr.* Stamm *m*; ***τετραγωνική*** **~** *Math.* Wurzel(zahl) *f*
**ρίζι** Reis *m*
**ριζικ|ό** Schicksal *n*; **~ός** Grund-; radikal
**ριζοσπαστι|κός** radikal; **~σμός** Radikalismus *m*
**ριζώνω** [ri'zono] Wurzeln schlagen
**ρίμα** Reim *m*
**ριμάρω** reimen
**ριν-** Nasen-
**ριξ-** *s.* **ρίχνω**
**ριξιά** Wurf *m*; Schuß *m*; Ladung *f*
**ρίχνω** ['rixno] (zu)werfen; stürzen; eingießen; niederreißen; streuen; (ab)schießen; äußern
**ριχτ-, ριψ-** *s.* **ρίχνω**
**ρόγα** Beere *f*
**ρόγχος** ['roŋxos] Röcheln *n*
**ρόδα** Rad *n*
**ροδ|άκινο** Pfirsich *m*; **~αλός** rosig, rosa; **~άνι** Spinnrad *n*; **~ανίζω** aufwickeln
**ροδέλα** Dichtungsring *m*; (Unterleg-)Scheibe *f*
**ρόδι** Granatapfel *m*
**ροδ|οδάφνη** Oleander *m*; **~όδενδρο** Rhododendron *m*, Alpenrose *f*
**ρολόι** [ro'loi] Uhr *f*
**ρόλος** Rolle *f*
**ρόμπα** ['roba] Hauskleid *n*; Morgenrock *m*
**ρομπότ** [ro'bot] *n* Roboter *m*
**ρόπαλο** Keule *f*

**ροπή** Neigung *f*
**ροσμπίφ** [ro'zbif] *n* Roastbeef *n*
**ρουζ** [ruz] *n* Rouge *n*
**ρουλεμάν** *n* Kugellager *n*
**ρούμι** Rum *m*
**ρουφ|ηξιά** [rufi'ksja] Schluck *m*; **~ώ (-άς)** schlürfen; einatmen; aufsaugen
**ρούχο** ['ruxo] Kleidungsstück *n*; *n*/*pl*. Kleider *n*/*pl*.
**ροχαλ|ητό** [rox-] Schnarchen *n*; **~ίζω** schnarchen
**ρυάκι** [ri'aki] Bach *m*
**ρύγχος** ['riŋxos] *n* Schnauze *f*, Maul *n*
**ρύζι** ['rizi] Reis *m*
**ρυζόγαλο** Milchreis *m*
**ρυθμ|ίζω** regeln, regulieren; **~ικός** rhythmisch
**ρύθμιση (-εις)** Regelung *f*, Regulierung *f*
**ρυθμ|ιστής** Regler *m*; **~ός** Rhythmus *m*; Takt *m*; Tempo *n*; *Kunst*: Stil *m*
**ρυμούλκα** [ri'mulka] Anhänger *m*
**ρυμουλκ|ό** Schlepper *m*; **~ώ** (ab)schleppen
**ρύπανση (-εις)** Verunreinigung *f*; **~ *περιβάλλοντος*** Umweltverschmutzung *f*
**ρύπος** Schmutz *m*; Schande *f*
**ρυτίδα** Runzel *f*, Falte *f*
**ρώγα** Beere *f*
**ρωμαίικος** [ro'meik-] neugriechisch
**Ρώμη** ['romi] Rom *n*
**Ρωμιός** (Neu-)Grieche *m*
**Ρωσ(σ)ία** Rußland *n*
**ρωσ(σ)ικός** russisch
**Ρώσ(σ)ος** Russe *m*
**ρωτώ** [ro'to] **(-άς)** fragen

# Σ

**σ' = σε¹, σε²**
**σα** *s*. **σαν**
**σαββατιάτικος** [savat-] Sonnabend-; *Adv*. sonnabends
**Σάββατο** Sonnabend *m*
**Σαββατοκύριακο** Wochenende *n*
**σαβούρα** [sa'vura] Ballast *m*; Plunder *m*
**σαγόνι** Kinn *n*
**σαθρός** morsch, baufällig; wacklig
**σαιζ-λόνγκ** [sez'loŋg] *f* Liegestuhl *m*
**σαιζόν** *f* Saison *f*
**σακ|άτεμα** *n* Verstümmelung *f*; **~ατεύω** [-a'tevo] verstümmeln; erschöpfen; **~άτης (-ηδες)** Krüppel *m*; **~άτικος** verstümmelt
**σακ(κ)|άκι** Jackett *n*; **~ί** Sack *m*; **~ίδιο** Rucksack *m*
**σάκ(κ)ος** Sack *m*, Beutel *m*
**σακ(κ)ούλα** Tüte *f*; ***νάυλον* ~** Plastiktüte *f*
**σάλα** Wohnzimmer *n*; Saal *m*
**σαλάμι** Salami(wurst) *f*

**σαλάτα** Salat *m*; ~ *ντομάτες* Tomatensalat *m*
**σαλεύω** [sa'levo] rütteln; schwanken; sich rühren
**σάλι** Schal *m*
**σάλιαγκας** ['saljaŋgas] Schnecke *f*
**σάλιο** Speichel *m*
**σαλόνι** Salon *m*
**σάλτσα** Soße *f*
**σαλτσιέρα** Soßenschüssel *f*
**σαμπάνια** [samp-] Sekt *m*
**σαμποτ|άζ** [sabo'taz] *n* Sabotage *f*; **~αριστής** Saboteur *m*; **~άρω** sabotieren
**σαμπουάν** [sampu'an] *n* Haarwaschmittel *n*
**σαμπρέλα** *Autoreifen*: Schlauch *m*
**σαν** wie; als; wenn; da (ja); ~ *να* als ob
**σανδάλι** Sandale *f*
**σαν|ίδα, ~ίδι** Brett *n*, Latte *f*; **~ιδένιος (-α)** Bretter-; **~ιδωτός** gedielt; getäfelt
**σανό(ς)** Heu *n*
**σαντάλι** Sandale *f*
**σάντουιτς** *n* Sandwich *n*
**σαπ|ίζω** verfaulen; verrotten; **~ίλα** Fäulnis *f*
**σάπιος (-α)** faul, verfault
**σαπ|ουνάδα** Seifenschaum *m*; **~ούνι** [-'uni] Seife *f*; **~ουνίζω** einseifen; **~ουνόφουσκα** Seifenblase *f*
**σαράβαλο** Wrack *n*; Bruchbude *f*
**σαρακοστή** Fastenzeit *f*
**σαράντα** vierzig
**σαρδέλα** Sardelle *f*; Sardine *f*
**σάρκα** Fleisch *n*
**σαρκικός** fleischlich, sinnlich
**σάρπα** Schärpe *f*
**σας** euer, Ihr; *D*, *A* euch; *D* Ihnen, *A* Sie
**σαστίζω** verwirren; aus der Fassung geraten
**σάτιρα** Satire *f*
**σαφ|ήνεια** [sa'finia] Klarheit *f*, Deutlichkeit *f*; **~ής** 2 klar, deutlich
**σαχλός** fade, schal; albern
**σβέλτος** ['zveltos] gewandt, rasch, flink
**σβελτοσύνη** Gewandtheit *f*
**σβέρκος** [zv-] Nacken *m*
**σβήνω** ['zvino] (er)löschen; ausmachen; (aus)radieren; sterben
**σβησμένος** erloschen; ausradiert; verwischt
**σβηστήρα** [zvi'stira] Radiergummi *m*
**σγουρ|αίνω** [zɣu'reno] (sich) kräuseln; **~ός** kraus, lockig
**σε**[1] in, an, auf, nach, zu
**σε**[2] dich
**σεβασμός** Ehrfurcht *f*
**σεβαστ|ός** respektiert, geehrt; ~*έ ...!* verehrter ...
**σέβομαι** ['sevome] (ver)ehren; achten
**σειρά** [si'ra] Reihe *f*; Reihenfolge *f*; Zeile *f*; Schicht *f*; Klasse *f*; ~ *ειδών* [i'ðon]

Sortiment *n*; ~ ***μαθημάτων*** Kursus *m*; ***με τη*** ~ der Reihe nach; ***είναι η*** ~ ***μου*** ich bin an der Reihe

**σειρήνα** [si'rina] Sirene *f*; Hupe *f*; ~ ***κινδύνου*** Alarmglocke *f*

**σεισμός** [si'zmos] Erdbeben *n*

**σείω** ['sio] schütteln; wakkeln; schwanken; beben

**σέλα** Sattel *m*

**σελάς (-άδες)** Sattler *m*

**σελήνη** [se'lini] Mond *m*

**σελίδα** Seite *f*

**σελίνιο** Schilling *m*

**σέλινο** Sellerie *m*

**σελώνω** satteln

**σεμνό|ς** anständig; würdevoll; **~τητα** Anstand *m*; Sittsamkeit *f*

**σένα** *betont* dir, dich

**σενάριο** Drehbuch *n*

**σεντόνι** Bettlaken *n*

**σεντούκι** Truhe *f*

**σεξουαλικός** sexuell

**Σεπτέμβριος** September *m*

**σερβ|ίρω** servieren; **~ιτόρος** Kellner *m*; **~ίτσιο** Service *n* (*Geschirr*)

**σέρνω** ziehen; schleppen; beschimpfen (*D*/ *A*)

**σεσημασμένος** registriert, erfaßt

**σεσουάρ** *n* Fön *m*

**σήκαλη** Roggen *m*

**σηκών|ομαι** [si'konome] aufstehen; **~ω** (ab)heben; wecken; raffen; *Lärm* machen; *Klima*: bekommen (*D*); *fam.* **~ει** es geht

**σηκώτι** [si'koti] Leber *f*

**σηκωτός** getragen; gehoben

**σήμα** *n* Zeichen *n*; Marke *f*; Abzeichen *n*; Signal *n*; Wappen *n*; ~ ***εμπορίου*** Warenzeichen *n*; ~ ***κινδύνου*** Notsignal *n*

**σημ|άδεμα** [-ðema] *n* Markierung *f*; **~αδεμένος** gekennzeichnet; **~αδεύω** [-'ðevo] kennzeichnen; zielen; **~άδι** Zielscheibe *f*; Zeichen *n*; **~αδούρα** Boje *f*; **~αία** [-'ea] Fahne *f*; **~αίνω** [-'eno] bedeuten; läuten; **~αιοστολίζω** beflaggen; **~αιοστόλιστος** beflaggt

**σήμανση (-εις)** Kennzeichnung *f*; Registrierung *f*

**σημαντικός** bedeutend

**σημασία** Bedeutung *f*, Sinn *m*; Belang *m*

**σηματο|δότης** Ampel *f*; **~δοτώ** signalisieren

**σημείο** [si'mio] Punkt *m*; Zeichen *n*; Note *f*; ~ ***του ορίζοντα*** Himmelsrichtung *f*

**σημείωμα** [si'mioma] *n* Bemerkung *f*; Notiz *f*; *Pol.* Note *f*

**σημειώνω** [simi'ono] anmerken; aufzeichnen; notieren; sich merken; berücksichtigen

**σημείωση (-εις)** [si'miosi] Aufzeichnung *f*; Vermerk *m*

**σήμερα** ['simera] heute; ***από*** ~ ab heute

**σημερινός** heutig
**σήμερον** heute; *η* ~ heutzutage
**σημύδα** [si'miða] Birke *f*
**σήπομαι** ['sipome] (ver)faulen, verwesen
**σηψαιμία** [sipse'mia] Blutvergiftung *f*
**σήψη** ['sipsi] Verwesung *f*
**σιαγόνα** [sia-] Kiefer *m*; Kinn *n*; *άνω* ~ Oberkiefer *m*; *κάτω* ~ Unterkiefer *m*
**σιάζω, σιάχνω** erledigen; in Ordnung bringen
**σιγά** *Adv.* leise; langsam; ~-~ (immer) langsam, sachte
**σιγαλ|ιά** Ruhe *f*; **~ός** leise
**σιγαρέτ(τ)ο** Zigarette *f*
**σιγή** [si'ji] Schweigen *n*; Ruhe *f*
**σίγουρος** ['siɣuros] sicher
**σιδερένιος** (-α) eisern
**σίδερο** Eisen *n*; Bügeleisen *n*
**σιδερ|ωμένος** gebügelt; **~ώνω** bügeln, plätten
**σιδηρόδρομος** [siðir-] Eisenbahn *f*
**σίδηρος** Eisen *n*
**σιδηροτροχιά** [-'ça] Gleis *n*
**σιδηρουργ|είο** [-rur'jio] Schmiede *f*; Eisenwerk *n*; **~ός** [-'ɣos] Schmied *m*
**σίκαλη** Roggen *m*
**Σικελία** Sizilien *n*
**σιλανσιέ** *n* Schalldämpfer *m*
**σιμιγδάλι** Grieß *m*
**σινεμά** *n* Kino *n*
**σινικός** chinesisch
**σιντριβάνι** Springbrunnen *m*
**σιρόπι** Sirup *m*
**σιτ|άρι** Getreide *n*; Weizen *m*; **~ευτός** [-eft-] gemästet, Mast-; **~εύω** [-'evo] mästen; **~οβολώνας** Scheune *f*
**σίτος** *s.* **σιτάρι**
**σιχ|αίνομαι** [si'çenome] verabscheuen; sich ekeln; **~αμερός** [sixam-] widerwärtig, ekelhaft; **~ασιά** [-x-] Abscheu *m*, Ekel *m*
**σιωπ|ή** [sio'pi] Schweigen *n*; **~ή!** Ruhe!; **~ηλός** schweigsam; verschwiegen; **~ητήριο** Zapfenstreich *m*; **~ώ** (-άς) schweigen
**σκάβω** (aus)graben
**σκάζω** platzen; hervorbrechen
**σκάκι** Schach(spiel) *n*
**σκακ|ιέρα** Schachbrett *n*; **~ιστής** Schachspieler *m*
**σκάλα** Treppe *f*; Leiter *f*; Tonleiter *f*; Steigbügel *m*
**σκαλ|ίζω** (um)graben; kratzen; durchwühlen; **~ιστήρι** Hacke *f*; Spaten *m*; **~οπάτι** Stufe *f*; Sprosse *f*; **~ώνω** klettern; stocken; **~ωσιά** Gerüst *n*
**σκαμνί** Fußbank *f*; Hocker *m*; Schemel *m*
**σκάνδαλο** Skandal *m*
**σκανδαλώδης** 2 skandalös, unerhört
**σκαντζόχοιρος** Igel *m*
**σκαπάνη** Hacke *f*, Haue *f*
**σκάρα** Bratrost *m*
**σκαρί** Stapel *m*
**σκαρπίνι** Halbschuh *m*

**σκαρφαλώνω** klettern
**σκασμός!** *fam.* halt's Maul!
**σκατά** *n/pl. fam.* Scheiße *f*
**σκάφη** Trog *m*; Mulde *f*
**σκελετός** Skelett *n*; Gerüst *n*; Rahmen *m*; Gestell *n*
**σκέλος** *n* (Ober-)Schenkel *m*
**σκεπάζ|ομαι** sich zudekken; **~ω** (be)decken; vertuschen
**σκέπασμα** *n* Decke *f*; Dekkel *m*; Vertuschen *n*
**σκέτος** rein; (*Kaffee*) ungezuckert
**σκετς** *n* Hörspiel *n*; Sketch *m*
**σκεύος** ['skjevos] *n* Gerät *n*; (Eß-)Geschirr *n*
**σκευοφόρος** [skjevo-] *f* Gepäckwagen *m*
**σκεφτικός** nachdenklich; skeptisch
**σκέφτομαι** (nach)denken; überlegen; erwägen
**σκέψη** (**-εις**) Überlegung *f*; Gedanke *m*
**σκην|ή** [ski'ni] Zelt *n*; Bühne *f*; Bühnenbild *n*; Szene *f*; **~ικός** Theater-
**σκηνο|θεσία** Regie *f*; Inszenierung *f*; **~θέτης** Regisseur *m*; **~θετώ** inszenieren
**σκι** *n* Schi *m*; Schilaufen *n*; ***κάνω ~*** Schi laufen; ***θαλάσσιο ~*** Wasserschi *m*
**σκιά** Schatten *m*; Gespenst *n*; **~ζω** [ski'a-] beschatten; verdunkeln; schattieren; ['skja-] *j-n* erschrecken
**σκιερός** schattig; dunkel
**σκιόφως** (**-ωτος**) *n* Zwielicht *n*
**σκίτσο** Skizze *f*
**σκλαβιά** Sklaverei *f*
**σκλάβος** Sklave *m*
**σκληρ|αγωγώ** [skliraɣo'ɣo] abhärten; **~αίνω** [-'eno] härten; **~όκαρδος** hartherzig; **~ός** hart; grausam; trotzig; **~ότητα** Härte *f*; Grausamkeit *f*
**σκολ-** *s.* **σχολ-**
**σκόνη** Staub *m*; Pulver *n*
**σκον|ίζομαι** staubig werden; **~ίζω** bestäuben; **~ισμένος** staubig; verstaubt
**σκοντάφτω** stolpern (**σε**/über *A*)
**σκόντο** Skonto *m*, Rabatt *m*
**σκόπελος** Klippe *f*
**σκόπευτρο** [-peftro] *Foto*: Sucher *m*
**σκοπ|εύω** [-'evo] zielen; beabsichtigen; **~ιά** Wache *f*
**σκόπιμος** absichtlich
**σκοπός** Ziel *n*; Zweck *m*; Wache *f*; Vorsatz *m*; Plansoll *n*
**σκορδαλιά** Knoblauchsoße *f*
**σκόρδο** Knoblauch *m*
**σκόρος** Motte *f*
**σκορπίζω** (zer)streuen; verbreiten; verschwenden
**σκοτάδι** Finsternis *f*
**σκοτειν|ιά** [-ti'nja] Dunkelheit *f*; **~ιάζω** dunkel werden; **~ός** dunkel; ***στα ~ά*** im Dunkeln
**σκοτ|ίζω** verwirren; belästi-

**σκοτωμός** 162

gen; **~ωμός** Tötung *f*; Strapaze *f*; **~ώνω** töten
**σκουλ|αρίκι** [skul-] Ohrring *m*; **~ήκι** [-'iki] Wurm *m*, Made *f*; **~ηκιάρης (-α, -ικο)** wurmstichig; madig
**σκουμπρί** Makrele *f*
**σκούπα** ['skupa] Besen *m*; ***ηλεκτρική ~*** Staubsauger *m*
**σκουπ|ίδι** [skup-] Müll *m*, Kehricht *m*; **~ίζω** fegen; abtrocknen; abwischen; putzen
**σκουρ|ιά** [skur-] Rost *m*; **~ιάζω** rosten; veralten; **~ιασμένος** verrostet
**σκούρος** ['skur-] dunkel
**σκούτερ** *n* Motorroller *m*
**σκουφάκι** Kappe *f*; ***~ του μπάνιου*** ['banju] Badekappe *f*
**σκούφια** Mütze *f*; Haube *f*
**σκύβω** ['skivo] (sich) beugen; sich bücken
**σκυλ|ί** [ski'li] Hund *m*; **~ολό(γ)ι** Gesindel *n*
**σκύλος** ['skilos] Hund *m*
**σκυλόψαρο** Hai(fisch) *m*
**σκυταλοδρομία** Staffellauf *m*
**σκυφτός** gebeugt
**σκύφτω** *s.* **σκύβω**
**σκωληκοειδίτιδα** [skolikoið-] Blinddarmentzündung *f*
**Σλάβος** Slawe *m*
**σλάιτς** ['slaits] *n* Diapositiv *n*
**σλιπ** *n* Slip *m*; Schwimmshorts *pl.*
**σμάλτο** [zm-] Emaille *f*
**σμαλτώνω** emaillieren
**σμήνος** *n* Schwarm *m*
**σμιλεύω** [zmi'levo] (aus-) meißeln
**σμίλη** Meißel *m*; Skalpell *n*
**σοβαρ|ός** ernst; *Adv.* im Ernst; **~ότητα** Ernst *m*
**σοβατίζω** verputzen
**σοβιετικ|ός** sowjetisch; ***~ή Ένωση*** Sowjetunion *f*
**σόδα** Soda *n*, *f*
**σοδειά** [-'ðja] Ernte *f*
**σοκάκι** Gasse *f*
**σοκολάτα** Schokolade *f*
**σόλα** Sohle *f*
**σολιάζω** besohlen
**σολομός** Lachs *m*
**σόμπα** ['soba] Ofen *m*
**σοπράνο** *f* Sopran *m*
**σορτς** *n/pl.* Shorts *pl.*
**σοσιαλισ|μός** Sozialismus *m*; **~τικός** sozialistisch
**σου** [su] dir; dein
**σου|βαντίζω** [-vad-] verputzen; **~βάς (-άδες)** Putz *m*
**σούβλα** ['suvla] Bratspieß *m*
**σουβλ|άκια** *n/pl.* Schaschlik *m*; **~ερός** spitz; **~ιά** Stich *m*; Stechen *n*; **~ίζω** aufspießen; erstechen; stechende Schmerzen verursachen
**σουγιάς** [su'jas] **(-άδες)** Taschenmesser *n*
**σούπα** ['supa] Suppe *f*
**σουπιά** Tintenfisch *m*
**σουπιέρα** Suppenschüssel *f*
**σουρ|ούπωμα** [su'rupoma] *n* Abenddämmerung *f*;

**~ουπώνει** [-ni] es wird dunkel; **~ώνω** filtern; **~ωτήρι** Filter *m*
**σουτιέν** *n* Büstenhalter *m*
**σοφία** Weisheit *f*, Klugheit *f*
**σοφίτα** Dachgeschoß *n*
**σοφός** weise; vernünftig
**σπάγ|γος, ~κος** ['spaŋgos] Bindfaden *m*, Schnur *f*
**σπάζω** (zer)brechen; zerreißen; entzweigehen
**σπαθί** Schwert *n*; Säbel *m*
**σπανάκι** Spinat *m*
**σπάνια** *Adv.* selten
**σπανίζω** knapp sein
**σπάνιος (-α)** selten; knapp
**σπανιότητα** Seltenheit *f*
**σπά(ν)ω** *s.* **σπάζω**
**σπαράγγι** [-'raŋgi] Spargel *m*
**σπάραχνο** Kieme *f*
**σπάργανο** Windel *f*
**σπαρ(θ)-** *s.* **σπέρνω**
**σπαρμένος** (aus)gesät
**σπαρταρώ (-άς)** zappeln; zucken
**Σπάρτη** [-ti] Sparta *n*
**σπάσιμο (-ατος)** Bruch *m*
**σπασμ|ένος** zerbrochen; gebrochen; ruiniert; **~ός** Krampf *m*; **~ωδικός** krampfhaft, krampfartig
**σπατάλη** Verschwendung *f*
**σπάταλος** verschwenderisch; *Su. m* Verschwender *m*
**σπαταλώ (-άς)** verschwenden
**σπάτουλα** Spachtel *m*, *f*
**σπείρα** ['spira] Spirale *f*; Bande *f*
**σπέρ|μα** *n* Same *m*; Keim *m*; **~νω** säen; verbreiten
**σπεσιαλιτέ** *n*, *f* Spezialität *f*
**σπηλιά** [spi'lja] Höhle *f*
**σπίθα** Funke *m*
**σπιθοβολώ (-άς)** funkeln; Funken sprühen
**σπιουνεύω** [spiu'nevo] (aus)spionieren
**σπιούνος** [spi'u-] Spion *m*; Intrigant *m*
**σπίρτο** Streichholz *n*; Alkohol *m*
**σπιρτοκούτι** Streichholzschachtel *f*
**σπιτήσιος (-α)** häuslich
**σπίτι** Haus *n*; *Adv.* nach Hause; zu Hause
**σπιτικός** häuslich, hausgemacht
**σπιτ|ονοικοκύρης** [-niko'kiris] **(-ηδες)** Hauswirt *m*; **~ώνω** *j-n* bei sich aufnehmen
**σπόγγος** ['spoŋgos] Schwamm *m*
**σπογγώδης** 2 schwammig, porös
**σπορ** *n* Sport *m*
**σπορά** Saat *f*, Aussaat *f*
**σπόρος** Same *m*; Kern *m*
**σπουδ|άζω** [spuð-] studieren; **~αίος (-α)** wichtig; ernst; **~αιότητα** Wichtigkeit *f*; **~αστήριο** Arbeitszimmer *n*; Seminar *n*; **~αστής** Student *m*; **~ή** Eile *f*; *pl.* Studium *n*
**σπρώχνω** ['sproxno] sto-

**σπυρί** 164

ßen; drängeln; *etw.* zu weit treiben
**σπυρί** Korn *n*; Pickel *m*
**στα** (in) den; in die (*pl.*)
**στάβλος** Stall *m*
**στάδιο** Stadion *n*; Stadium *n*
**σταδιοδρομία** Laufbahn *f*
**στάζω** tröpfeln, tropfen
**σταθ-** *s.* **στέκομαι**
**σταθερ|οποίηση** (**-εις**) [-'piisi] Stabilisierung *f*; **~οποιώ** [-opi'o] stabilisieren; **~ός** beständig; fest, stabil; **~ότητα** Beständigkeit *f*; Stabilität *f*
**στάθμευση** (**-εις**) ['staθmefsi] Stationierung *f*; Parken *n*; ***χώρος σταθμεύσεως*** Parkplatz *m*; ***απαγόρευση σταθμεύσεως*** Parkverbot *n*
**σταθμεύω** [-'mevo] halten; parken; anlegen
**σταθμός** Bahnhof *m*; Station *f*; Etappe *f*; ***ηλεκτρικός ~*** Elektrizitätswerk *n*; ***ραδιοφωνικός ~*** Rundfunksender *m*; ***~ πρώτων βοηθειών*** [voiθi'on] Unfallstation *f*
**σταλ-** *s.* **στέλνω**
**στάλα** Tropfen *m*; ein bißchen
**σταλακτίτης** Stalaktit *m*
**σταματώ** (**-άς**) stehenbleiben; aufhören; *j-n* aufhalten; abstellen
**στάμνα** Krug *m*
**στάρι** Getreide *n*; Weizen *m*
**στάση** (**-εις**) Aufenthalt *m*; Haltestelle *f*; Stagnation *f*; Haltung *f*; Meuterei *f*
**στασιάζω** meutern
**στατικός** statisch
**στατιστικ|ή** Statistik *f*; **~ός** statistisch
**σταύλος** ['stavlos] Stall *m*
**σταυρ|όλεξο** [sta'vrolekso] Kreuzworträtsel *n*; **~ός** Kreuz *n*; **~ωτός** gekreuzt; kreuzförmig; *Jackett*: zweireihig
**σταφ|ίδα** Rosine *f*; **~ύλι** Weintraube *f*
**στάχτη** Asche *f*
**σταχτοδοχείο** [-ðo'çio] Aschenbecher *m*
**στάχυ** ['staçi] *n* Ähre *f*
**στεατ-** Talg-
**στέγη** ['steji] Dach *n*
**στεγν|ός** trocken; dürr; **~ώνω** (ab)trocknen; austrocknen
**στειλ-** *s.* **στέλνω**
**στείρος** ['stir-] (**-α**) unfruchtbar
**στειρώνω** [sti'rono] sterilisieren
**στείρωση** (**-εις**) Sterilisation *f*
**στέκ|ομαι, ~ω** stehenbleiben; (da)stehen; sich stellen
**στέλεχος** *n* Stiel *m*; Stengel *m*; Stamm *m*; Kader *m*
**στέλ|λω, ~νω** (zu)schicken; senden
**στέμμα** *n* Krone *f*
**στεν|αγμός** Seufzer *m*; **~άζω** stöhnen
**στενεύω** [-'nevo] enger ma-

chen; zu eng sein; sich verschlechtern
**στενο|γράφημα** *n* Stenogramm *n*; **~γραφία** Kurzschrift *f*; **~γραφώ** stenographieren; **~δακτυλογράφος** *m*, *f* Stenotypist(in *f*) *m*
**στεν|ός** eng; **~ότητα** Enge *f*; Knappheit *f*
**στενο|χωρημένος** [-xorim-] bedrückt; **~χώρια** Kummer *m*; **~χωριέμαι** [-xor'jeme] sich Sorgen machen
**στέπ(π)α** Steppe *f*
**στερε|ός** fest; hart; haltbar; **~ότητα** Festigkeit *f*; Härte *f*; Haltbarkeit *f*; **~οφωνικός** stereophonisch; **~ώνω** (be)festigen; sichern
**στέρηση (-εις)** Entbehrung *f*
**στεριά** Festland *n*
**στεφάνι** Einfassung *f*; Kranz *m*
**στέφανος** Kranz *m*
**στεφ|άνωμα** *n* Trauung *f*; **~ανώνω** *j-n* trauen
**στέφω** krönen
**στέψη (-εις)** Krönung *f*
**στη(ν)** der, dem ; in der, in dem, in die, in den, in das
**στηθ(ηκ)-** *s.* **στήνω**
**στήθος** ['stiθos] *n* Brust *f*
**στήλη** ['stili] Säule *f*; Spalte *f*
**στήνω** ['stino] errichten; (auf)stellen; montieren
**στήριγμα** *n* Stütze *f*
**στηρίζ|ομαι** sich stützen; **~ω** stützen
**στίβω** (aus)wringen
**στιγμ|ή** [sti'ɣmi] Augenblick *m*; Zeitpunkt *m*; **~ιαίος** [-mi'eos] **(-α)** augenblicklich; **~ιότυπο** Momentaufnahme *f*
**στιλβώνω** [-'vono] polieren; glätten
**στις** (in) den, in die (*pl.*)
**στιφάδο** Fleisch mit Zwiebeln und Soße
**στίχος** Vers *m*; Reihe *f*; Zeile *f*
**στο(ν)** (in) dem, (in) der; in den, in die, in das
**στοά** Säulenhalle *f*
**στοίβα** ['stiva] Haufen *m*, Stapel *m*
**στοιβάζω** (auf)stapeln; verstauen
**στοιχ|ειό** [sti'ço] Gespenst *n*; **~είο** [-'çio] Element *n*; Bestandteil *m*; Buchstabe *m*; **~ειώδης** [-çi'oðis] 2 Grund-; elementar
**στοίχημα** ['stiçima] *n* Wette *f*
**στοιχηματίζω** wetten
**στόκος** Kitt *m*; Stuck *m*
**στολ|ή** [sto'li] Uniform *f*; Tracht *f*; **~ίδι** Schmuck *m*; **~ίζω** schmücken
**στόλος** Flotte *f*
**στόμα** *n* Mund *m*; Mündung *f*; Maul *n*
**στομ|άχι** [-çi] Magen *m*; ***έχω ~άχι*** ich habe ein Magenleiden; **~αχιάζω** sich den Magen verderben; **~αχικός** Magen-; **~αχόπο-**

**νος** Magenschmerzen *m/pl.*
**στόμαχος** Magen *m*
**στοργή** [stor'ji] Zärtlichkeit *f*
**στούντιο** ['studio] Studio *n*
**στοχασμός** Gedanke *m*
**στόχος** Ziel *n*
**στραβ|ά** *Adv.* schief; verkehrt; **~ίζω** schielen; **~ός** schief, krumm; blind; verkehrt, falsch; **~ώνω** (ver-) biegen; verdrehen; blenden; schiefgehen
**στραγγ|αλίζω** [straŋg-] erwürgen; **~ίζω** auswringen; abtropfen lassen; **~ιστήρι** Sieb *n*; Entsafter *m*
**στραμπ|ουλίζω** ausrenken; verrenken; **~ούλισμα** *n* Verrenkung *f*; Verstauchung *f*
**στράτευμα** ['stratevma] *n* Heer *n*
**στρατεύομαι** [stra'tevome] eingezogen werden
**στράτευση** (**-εις**) Wehrdienst *m*
**στρατεύσιμος** [-'tefsimos] wehrpflichtig
**στρατ|ηγείο** [-i'jio] Hauptquartier *n*; **~ηγός** [-iγ-] General *m*; **~ιά** [-i'a] Armee *f*; **~ιώτης** Soldat *m*; **~ιωτικός** militärisch; Kriegs-; **~οδικείο** Militärgericht *n*; **~ολογία** Einberufung *f*; **~οπεδεύω** [-'ðevo] lagern; **~όπεδο** Lager *n*; **~ός** Armee *f*, Heer *n*; **~ώνας** Kaserne *f*; **~ωνίζω** einquartieren
**στρείδι** ['striði] Auster *f*
**στρέμμα** *n* Fläche *f* von 10 Ar (= 1000 $m^2$)
**στρέφ|ομαι** sich drehen; **~ω** drehen
**στρίβω** drehen; aufspulen; abbiegen
**στρίγγλα** ['stri(ŋ)gla] Hexe *f*
**στριγγλίζω** kreischen
**στριφογυρίζω** [-ji'rizo] (sich) herumdrehen
**στρόβιλος** Turbine *f*; Kreisel *m*; Wirbel *m*; Strudel *m*
**στρογγυλ|εύω** [stroŋgi'levo] abrunden; **~ός** rund; deutlich
**στρόφαλ|ο** Kurbelwelle *f*; **~ος** Kurbel *f*; Griff *m*
**στροφή** [stro'fi] Wendung *f*; Umdrehung *f*; Kurve *f*; Strophe *f*
**στρώμα** *n* Schicht *f*; Lager *n*; Matratze *f*
**στρών|ομαι** sich hinlegen; sich machen (**σε**/ an *A*); **~ω** ausbreiten; auslegen; *Bett* machen; *Tisch* decken; glattgehen
**στύβω** ['stivo] ausquetschen
**στυλό** Füllfederhalter *m*
**στύλος** Säule *f*; Pfeiler *m*
**στυφός** herb, säuerlich
**στωικός** [stoik-] stoisch; *Su. m* Stoiker *m*
**συγγένεια** [siŋ'gjenia] Verwandtschaft *f*
**συγγεν|εύω** [singje'nevo] verwandt sein; **~ής** 2 verwandt; *Su.* Verwandte(r) *m*, *f*

**συ(γ)γνώμη** [si(ŋ)'ɣnomi] Verzeihung *f*, Entschuldigung *f*; **~!** Verzeihung!
**συγγραφ|έας** [siŋɣra'feas] Schriftsteller *m*; Verfasser *m*; **~ή** Abfassung *f*; Werk *n*
**συγγράφω** [siŋ'ɣrafo] verfassen, schreiben
**συγκαλώ** [siŋga'lo] einberufen
**συγκατάθεση (-εις)** Zustimmung *f*
**συγκάτοικος** [siŋ'gatikos] *m*, *f* Mitbewohner(in *f*) *m*
**συγ|κεκριμένος** [siŋgje-] konkret; **~κεντρώνω** (ver)sammeln; **~κέντρωση (-εις)** Versammlung *f*
**συγκεφαλ|αιώνω** [-le-'ono] zusammenfassen; **~αίωση (-εις)** Zusammenfassung *f*; **~αιωτικός** zusammenfassend
**συγ|κινημένος** bewegt, gerührt; **~κίνηση (-εις)** Rührung *f*; **~κινητικός** rührend, ergreifend; **~κινώ** rühren, ergreifen
**σύγκληση (-εις)** ['siŋglisi] Einberufung *f*
**συγκοινων|ία** [siŋginon-] Verbindung *f*, Verkehr *m*; **~ώ** verbunden sein
**συγ|κόλληση (-εις)** Schweißung *f*; Lötung *f*; **~κολλώ (-άς)** zusammenleimen; schweißen; löten
**συγκρατ|ιέμαι** [siŋgra-'tjeme] sich beherrschen; **~ώ** zurückhalten; zusammenhalten
**συγκρίνω** vergleichen
**σύγκριση (-εις)** Vergleich *m*; ***σε ~ με*** im Vergleich zu *D*
**συγκρίσιμος** vergleichbar
**συγκρούομαι** [-'gruome] zusammenstoßen
**σύγκρουση (-εις)** ['siŋgrusi] Zusammenstoß *m*; Konflikt *m*
**συγκρούω** zusammenschlagen
**συγυρίζω** [sijir-] aufräumen
**συγ|χαίρω** [siŋ'çero] beglückwünschen, gratulieren (**για**/ zu *D*); **~χαρητήρια** [-xari-] *n*/*pl.* Glückwünsche *m*/*pl.*; **~χορδία** [-x-] Akkord *m*; **~χρονίζω** modernisieren; synchronisieren; in Einklang bringen; **~χρονισμένος** zeitgemäß
**σύγχρονος** gleichzeitig; modern; *Su. m* Zeitgenosse *m*
**συγχύζω** [siŋ'çizo] verwirren; ärgern
**σύγχυση (-εις)** Verwirrung *f*; Aufregung *f*
**συγχυσμένος** aufgeregt
**συγχωρ|ώ** [siŋxo'ro] verzeihen; ***με ~είτε!*** verzeihen Sie!
**συζήτηση (-εις)** [si'zitisi] Erörterung *f*; Diskussion *f*; Debatte *f*
**συζητώ (-άς)** besprechen, diskutieren; verhandeln

**συζυγία** Konjugation *f*
**σύζυγος** *m, f* Gatte *m*; Gattin *f*
**συκιά** Feigenbaum *m*
**σύκο** Feige *f*
**συκοφαντ|ία** Verleumdung *f*; **~ικός** verleumderisch; **~ώ** verleumden
**συκώτι** [si'koti] Leber *f*
**συλλαβ|ή** Silbe *f*; **~ίζω** buchstabieren
**συλ|λαμβάνω** [-'vano] fangen; verhaften; begreifen; **~λέγω** sammeln; **~λέκτης** Sammler *m*
**σύλληψη (-εις)** ['silipsi] Verhaftung *f*; Empfängnis *f*
**συλλογ|ή** [-'ji] Sammlung *f*; Kollektion *f*; **~ίζομαι** (be)denken; folgern; **~ισμένος** nachdenklich; **~ισμός** Schlußfolgerung *f*
**σύλλογος** Verein *m*
**συλλυπητήρια** [silipi'tiria] *n/pl.* Beileid *n*
**συμ|βαίνω** [-'veno] sich ereignen; **~βάν (-άντος)** *n* Ereignis *n*, Zwischenfall *m*; **~βιβασμός** Kompromiß *m*; **~βόλαιο** [-'voleo] Vertrag *m*; **~βολαιογράφος** Notar *m*
**συμβολ|ίζω** symbolisieren; **~ικός** symbolisch
**σύμβολο** Symbol *n*; Zeichen *n*; **~ *πίστεως*** Glaubensbekenntnis *n*
**συμβουλ|εύομαι** [simvu'levome] um Rat fragen; **~εύω** (be)raten; **~ή** Rat *m*
**σύμβουλος** Ratgeber *m*
**συμμαζεύω** [-'zevo] aufräumen
**συμ|μαθητής** [-maθi'tis] Mitschüler *m*; **~μαχία** Bündnis *n*
**σύμμαχος** verbündet; *Su. m* Alliierte(r)
**συμμαχώ** sich verbünden
**συμ|μετέχω** [-xo] teilnehmen (**σε**/ an *D*); Anteil nehmen; **~μετοχή** [-'çi] Teilnahme *f* (**σε**/ an *D*); Beteiligung *f*; **~μέτοχος** [-x-] Teilnehmer *m*
**συμμετρ|ία** Symmetrie *f*; **~ικός** symmetrisch
**συμμορ|ία** Bande *f*; **~ίτης** Bandit *m*; **~ιτοπόλεμος** Bandenkrieg *m*
**συμ|μορφώνομαι** [-'fonome] sich richten (**προς** *A*/ nach *D*); **~μόρφωση** Anpassung *f*; **~πάθεια** [-'baθia] Sympathie *f*; **~παθητικός** sympathisch
**σύμπαν** ['simban] **(-αντος)** *n* Weltall *n*
**συμ|πατριώτης** [simb-] Landsmann *m*; **~περαίνω** [-be'reno] folgern; **~πέρασμα** *n* Schlußfolgerung *f*
**συμπεριλαμβ|άνομαι** [simberi-] mit einbegriffen sein; **~ανομένου** einschließlich *G*; **~άνω** mit aufnehmen
**συμπερι|φέρομαι** sich benehmen; **~φορά** Benehmen *n*

**συμ|πλέκτης** Kupplung *f*; **~πλήρωμα** [-'bliroma] *n* Ergänzung *f*; **~πληρωματικός** nachträglich; Zusatz-; **~πληρώνω** [-bli'rono] ergänzen; vollenden; besetzen; **~πολίτης** Mitbürger *m*; **~πόνια** [-nja] Mitleid *n*; **~πονώ (-άς)** bemitleiden; **~πόσιο** Tagung *f*
**σύμπτωμα** *n* Symptom *n*, Anzeichen *n*
**σύμπτωση (-εις)** Zufall *m*; ***κατά* ~** zufällig
**συμ|πυκνώνω** [-bi'knono] kondensieren; **~πυκνωτήρας** Kondensator *m*; **~φέρον (-οντος)** *n Wirtschaft*: Interesse *n*; **~φέρω** nützen; **~φιλιώνομαι** sich aussöhnen; **~φιλιώνω** aussöhnen; **~φιλίωση (-εις)** Aussöhnung *f*; **~φοιτητής** [-fiti'tis] Kommilitone *m*; **~φορά** Unheil *n*; **~φωνία** Übereinstimmung *f*; Vereinbarung *f*; Symphonie *f*
**σύμφων|ο** Pakt *m*; Konsonant *m*; **~ος** übereinstimmend; einverstanden; ***~οι!*** [-ni] einverstanden!
**συμφωνώ** [simfo'no] sich einig sein; einverstanden sein; übereinstimmen
**συν** [sin] plus
**συν|αγερμός** [sinajer'mos] Alarm *m*; **~αγωγή** [-aγo'ji] Synagoge *f*; Sammlung *f*; **~αγωνισμός** Konkurrenz *f*; **~αδελφικός** kollegial; **~άδελφος** Kollege *m*; **~αθροίζω** [-a'θrizo] (ver-) sammeln; **~άθροιση (-εις)** Addition *f*; (Ver-)Sammlung *f*; **~αίνεση** [-'enesi] Einwilligung *f*; **~αινώ** [-e'no] einwilligen; **~αισθάνομαι** [-e'sθanome] empfinden; **~αίσθηση** [-'esθisi] Bewußtsein *n*; **~άλλαγμα** *n* Devisen *f*/*pl.*; Wechseln *n*; **~αλλάσσω** (um)tauschen
**συναναστρ|έφομαι** [-ana'strefome] verkehren; **~οφή** Umgang *m*
**συν|άντηση (-εις)** Treffen *n*; **~αντιέμαι** [-an'djeme] sich treffen; **~αντώ (-άς)** treffen; **~άπτω** beifügen; **~αρμολογώ** zusammenfügen; montieren; **~αυλία** [-a'vlia] Konzert *n*; **~άφεια** [-'afia] Verbindung *f*; Zusammenhang *m*; **~αφής** 2 zusammenhängend
**συνάχι** [-çi] Schnupfen *m*; ***παίρνω* ~** Schnupfen bekommen
**συνδέομαι** sich verbinden
**σύνδεσ|η (-εις)** Verbindung *f*; Anschluß *m*; **~μος** Verbindung *f*; Bund *m*; Konjunktion *f*
**συνδέω** verbinden; (ein-) schalten
**συνδιάλεξη (-εις)** Gespräch *n*; ***τηλεφωνική* ~** Ferngespräch *n*
**συνδικάτο** Gewerkschaft *f*
**συνδρομ|ή** Unterstützung

συνδρομητής 170

*f*; Beitrag *m*; Abonnement *n*; **~ητής** [-i'tis] Abonnent *m*; ***γίνομαι ~ητής*** *G* abonnieren
**συνδυασμός** [-ðiaz-] Kombination *f*
**συνεδρ|ιάζω** e-e Sitzung abhalten; **~ίαση (-εις)** Tagung *f*, Sitzung *f*
**συνείδηση (-εις)** [si'niðisi] Bewußtsein *n*; Gewissen *n*
**συνειδητός** bewußt; gewissenhaft
**συνεισ|φέρω** [sini'sfero] spenden; beitragen; **~φορά** Spende *f*; Beitrag *m*
**συνελαβ-** *s.* **συλλαμβάνω**
**συνέλευση (-εις)** [-lefsi] Versammlung *f*
**συνενν|όηση (-εις)** [-'noisi] Verständigung *f*; Einverständnis *n*; **~οούμαι** [-o'ume] sich verständigen
**συνέντευξη (-εις)** [-defksi] Interview *n*; ***παίρνω ~*** interviewen
**συν|έπεια** [-pia] Folge *f*, Konsequenz *f*; Wirkung *f*; ***~επεία*** (*G*) infolge *G*; ***κατά ~έπεια(ν)*** infolgedessen; **~επής** 2 konsequent; **~επώς** folglich, infolgedessen
**συν|εργάζομαι** mitarbeiten, mitwirken; **~εργασία** Mitarbeit *f*; Zusammenarbeit *f*; **~εργάτης** Mitarbeiter *m*; **~έργεια** [-jia] Mitwirkung *f*; **~εργείο** [-er'jio] Werkstatt *f*; Belegschaft *f*; **~εργώ** mithelfen; **~έρχομαι** zusammenkommen; zu sich kommen
**σύνεση** Einsicht *f*, Verstand *m*
**συνέταιρος** Gesellschafter *m*; Partner *m*
**συν|ετός** einsichtig, vernünftig; **~έχεια** Fortsetzung *f*; Folge *f*; ***δίνω ~έχεια*** fortsetzen; **~εχής** [-e'çis] 2 fortwährend; **~εχίζω** fortsetzen; **~εχώς** dauernd
**συν|ηγορία** Plädoyer *n*; **~ήγορος** Verteidiger *m*; Rechtsanwalt *m*; **~ηγορώ** verteidigen
**συν|ήθεια** [-'iθia] Gewohnheit *f*; Angewohnheit *f*; Brauch *m*; **~ήθης** [-'iθis] 2 üblich, gewöhnlich; gewohnt; **~ηθίζω** (sich) gewöhnen (*A*/ an *A*); **~ηθισμένος** gewöhnt; gewöhnlich; **~ήθως** [-'iθos] *Adv.* gewöhnlich, meistens
**σύνθεση (-εις)** Zusammenstellung *f*; Zusammensetzung *f*; Komposition *f*
**συν|θέτης** Komponist *m*; **~θετικός** synthetisch
**σύνθετος** zusammengesetzt
**συν|θέτω** zusammensetzen, zusammenstellen; verfassen; komponieren; **~θήκη** [-'θiki] Pakt *m*, Vertrag *m*; *pl.* Verhältnisse *n*/*pl.*; ***~θήκη μη επιθέσεως*** Nichtangriffspakt *m*

**σύνθημα** ['sinθima] *n* Signal *n*, Zeichen *n*; Losung *f*
**συνθλίβω** [-'θlivo] zerdrükken
**συνίσταμαι** bestehen
**συνιστώ** (**-άς**) gründen; *j-n* vorstellen; empfehlen; verordnen
**συννεφ|ιά** Bewölkung *f*; **~ιάζω** sich bewölken; **~ιασμένος** bewölkt, wolkig
**σύννεφο** Wolke *f*
**συνοδ|εύω** [-'ðevo] begleiten; **~ία** Begleitung *f*; Gefolge *n*; **~ός** *m*, *f* Begleiter *m*; Stewardeß *f*
**συνοικ|ία** [sinik-] Stadtteil *m*; **~ίζω** besiedeln; **~ισμός** Viertel *n*; Besiedlung *f*
**συνολικός** gesamt
**σύνολο** Gesamtheit *f*, Summe *f*
**συνομήλικος** gleichaltrig
**συνομιλ|ητής** Gesprächspartner *m*; **~ία** Gespräch *n*; **~ώ** sich unterhalten
**συνομο|λόγηση** (**-εις**) Abschluß *m*; Vereinbarung *f*; **~σπονδία** Verband *m*
**συνορ|εύω** [-'revo] grenzen (**με**/ an *A*); **~ιακός** Grenz-
**σύνορο** Grenze *f*
**συνουσία** Geschlechtsverkehr *m*
**συνταγή** [sinda'ji] Rezept *n*
**σύνταγμα** *n* Verfassung *f*; Regiment *n*
**συν|ταγματικός** verfassungsmäßig, konstitutionell; **~τάκτης** Redakteur *m*
**σύνταξη** (**-εις**) Redaktion *f*; Rente *f*; Pension *f*; Syntax *f*
**συνταξι|διώτης** [-'ðjotis] Mitreisende(r); **~ούχος** [-daksi'uxos] Rentner *m*
**συν|τάσσω** verfassen; aufstellen; organisieren; **~ταυτίζω** [-daft-] identifizieren; **~ταύτιση** (**-εις**) Identifizierung *f*
**συν|τήρηση** (**-εις**) Erhaltung *f*; **~τηρητικός** konservativ; **~τηρώ** erhalten
**σύντομα** *Adv.* bald
**συντόμευση** (**-εις**) [-mefsi] Abkürzung *f*
**συντομ|εύω** [-'mevo] abkürzen; **~ία** Kürze *f*
**σύντομος** kurz
**συντον|ίζω** abstimmen, koordinieren; verstärken; **~ισμένος** abgestimmt; verstärkt; **~ισμός** Abstimmung *f*; Koordination *f*
**συντρίβω** [-'drivo] zerschmettern
**σύντριμμα** *n* Scherbe *f*, *pl.* Trümmer *pl.*
**συντροφ|εύω** [-'fevo] Gesellschaft leisten; sich zusammentun; **~ιά** Gesellschaft *f*; **~ικός** gemeinschaftlich
**συντρόφισσα** Gefährtin *f*; Genossin *f*
**σύντροφος** Kamerad *m*; Genosse *m*; Gefährte *m*
**συνωμιλησ-** *s.* **συνομιλώ**

**συνωμ|οσία** [sinom-] Verschwörung *f*; **~ότης** Verschwörer *m*; **~οτώ** sich verschwören
**συνωστ|ίζομαι** sich drängen; **~ισμός** Gedränge *n*
**σύρμα** *n* Draht *m*
**συρμ|ατόπλεγμα** *n* Stacheldraht *m*; Drahtverhau *m*; **~ατόσχοινο** [-sçino] Drahtseil *n*; **~ός** *Esb.* Zug *m*; Mode *f*
**συρρέω** [si'reo] zusammenfließen; zusammenströmen
**συρτάκι** (*Tanz*) Sirtaki *m*
**συρτάρι** Schublade *f*
**συρτός** schleppend; *Su. m, n* Reigentanz *m*
**συσκευ|άζω** [-skjev-] verpacken; **~ασία** Verpackung *f*; **~ή** Vorrichtung *f*, Gerät *n*
**συσκοτ|ίζω** verdunkeln; verschleiern; **~ισμός** Verdunklung *f*; Verschleierung *f*
**συσσίτιο** [-tio] Verpflegung *f*; gemeinsame Mahlzeit *f*
**συσσώρευση (-εις)** [si'sorefsi] Anhäufung *f*
**συσσωρ|ευτής** Akkumulator *m*; **~εύω** [-'evo] anhäufen
**σύσταση (-εις)** Zusammensetzung *f*; Gründung *f*; Empfehlung *f*; Zeugnis *n*; Anschrift *f*
**συστατικ|ό** Bestandteil *m*; **~ός** Empfehlungs-; konstituierend
**σύστημα** ['sistima] *n* System *n*; Methode *f*; ***εκ συστήματος*** aus Prinzip
**συστημ|ατικός** [sistim-] systematisch; **~ένος** eingeschrieben; empfohlen
**συστήνω** [si'stino] vorstellen; empfehlen
**συστοιχία** [sisti'çia] Reihe *f*; Batterie *f*
**συχν|ά** [six'na] oft; ***~ά πυκνά*** sehr oft; **~ός** häufig, ständig; **~ότητα** Häufigkeit *f*, Frequenz *f*
**συχωρεμένος** selig
**σφαγή** Massaker *n*
**σφάζω** schlachten; ermorden
**σφαίρα** ['sfera] Kugel *f*; Ball *m*; Sphäre *f*
**σφαιρ|ικός** kugelförmig; **~οβολία** Kugelstoßen *n*; **~οειδής** [-oi'ðis] 2 kugelförmig
**σφάλλω** sich irren
**σφάλμα** *n* Irrtum *m*; Fehler *m*
**σφεντ|όνα** Schleuder *f*; **~ονίζω** schleudern; abschießen
**σφήκα** ['sfika] Wespe *f*
**σφήνα** Keil *m*
**σφίγγω** drücken, pressen
**σφιχτός** fest, stramm
**σφοδρ|ός** heftig; **~ότητα** Heftigkeit *f*
**σφουγγ|άρι** [sfuŋ'gari] Schwamm *m*; **~αρόπανο** Scheuerlappen *m*; **~ίζω** (ab)wischen
**σφραγ|ίδα** Stempel *m*;

**~ίζω** stempeln; versiegeln; **~ισμένος** gestempelt
**σφυγμός** Puls(schlag) *m*
**σφύζω** *Puls*: schlagen; pochen
**σφυρί** Hammer *m*
**σφυρ|ίζω** [sfir-] pfeifen; (aus)zischen; **~ίχτρα** Pfeife *f*
**σχάρα** Grillrost *m*; ***της ~ς*** gegrillt, geröstet
**σχεδία** Floß *n*
**σχεδιά|γραμμα** [sçeði'a-] *n* Plan *m*, Grundriß *m*; **~ζω** skizzieren, entwerfen; vorhaben
**σχέδιο** ['sçeðio] Plan *m*; Entwurf *m*, Konzept *n*; Muster *n*; Absicht *f*
**σχεδόν** fast; ungefähr
**σχέση (-εις)** Beziehung *f*; Bezug *m*; Verbindung *f*
**σχετικός** betreffend; relativ; angemessen
**σχήμα** ['sçima] *n* Form *f*, Gestalt *f*; Format *n*
**σχηματ|ίζω** bilden; entwerfen; **~ικός** schematisch; figürlich
**σχίζω** spalten; zerschmettern; aufritzen; durchschneiden
**σχίσμα** *n* Riß *m*; Spalt *m*; Spaltung *f*, Schisma *n*
**σχιστ|όλιθος** Schiefer *m*; **~ός** gerissen; gespalten
**σχοινί** [sçi'ni] Seil *n*, Tau *n*; Leine *f*
**σχόλασμα** ['sxol-] *n* Feierabend *m*; Schulschluß *m*
**σχολαστικός** pedantisch; *Su. m* Pedant *m*
**σχολείο** Schule *f*; ***δημοτικό ~*** Volksschule *f*
**σχόλη** Feiertag *m*
**σχολή** Schule *f*; Fakultät *f*; **~ *οδηγών*** Fahrschule *f*
**σχολ|ιάζω** [-li-] kommentieren; **~ιαστής** Kommentator *m*; **~ικός** schulisch
**σχόλιο** ['sxolio] Kommentar *m*; Anmerkung *f*
**σχολ(ν)ώ (-άς)** Schulschluß (*od.* Feierabend) haben; entlassen
**σώβρακο** ['sovrako] Unterhose *f*
**σώζω** ['sozo] retten; bewahren
**σωληνάριο** [-rio] Tube *f*
**σωλήνας** [so'linas] Rohr *n*; Röhre *f*; ***δοκιμαστικός ~*** Reagenzglas *n*
**σώμα** ['soma] *n* Körper *m*; Körperschaft *f*; Heizkörper *m*; Exemplar *n*; Corpus *n*
**σωματ|ικός** körperlich; **~ώδης** [-'oðis] 2 korpulent
**σών|ομαι** ['sonome] zur Neige gehen; **~ω** aufbrauchen; ausreichen, langen; ***~ει*** es reicht, es genügt
**σώος** ['soos] **(-α)** heil, wohlbehalten
**σώπα!** ['sopa] schweig!, still!
**σωπαίνω** [so'peno] schweigen; beruhigen
**σωρ|ηδόν** [sori'ðon] haufenweise; **~ιάζομαι** zusam-

menbrechen; **~ός** Haufen *m*; Menge *f*
**σωσίβιο** [-vio] Rettungsring *m*; Schwimmweste *f*
**σωστ|ά** *Adv.* richtig; genau; **~ός** richtig; rechtschaffen; ernst; ***στα ~ά*** wirklich
**σωτ|ήρας** Retter *m*; Heiland *m*; **~ηρία** Rettung *f*; Erlösung *f*
**σωφέρ** *m* Fahrer *m*, Chauffeur *m*

# Τ

**τα** *pl. v.* **το:** die
**ταβάνι** [ta'vani] Zimmerdecke *f*
**ταβέρνα** Weinlokal *n*
**τάβλι** Spielbrett *n*
**ταγγ|ιάζω** [taŋg-] ranzig werden; **~ός** ranzig
**ταγιέρ** [ta'jer] *n* Kostüm *n*
**ταγκό** [taŋ'go] *n* Tango *m*
**τάγμα** *n* Bataillon *n*; Orden *m*
**τάδε:** ***ο ~(ς)*** der und der; ***η ~*** die und die; ***το ~*** das und das; soundso
**τάζω** geloben
**ταΐζω** [ta'izo] füttern
**ταινία** [te'nia] Band *n*; Streifen *m*, Banderole *f*; Film *m*; Bandwurm *m*; ***~ γραφομηχανής*** [-mixa'nis] Farbband *n*; ***~ ελαστική*** Gummiband *n*; ***~ μαγνητοφώνου*** Tonband *n*; ***~ οχτώ χιλιοστών*** Schmalfilm *m*
**ταίρι** ['teri] Partner *m*; Gegenstück *n*
**ταιριάζω** [te'rjazo] anpassen; passen (**με**/ zu *D*)
**τάκος** Dübel *m*; Klotz *m*
**τακούνι** (Schuh-)Absatz *m*
**τακτικ|ά** *Adv.* regelmäßig; ordentlich; **~ή** Taktik *f*; **~ός** regelmäßig; ordentlich; pünktlich
**τακτοποιώ** [-pi'o] (an)ordnen; regeln
**ταλαιπωρ|ία** [talepo'ria] Strapaze *f*; Plage *f*; **~ώ** quälen; strapazieren
**ταλ|αντεύομαι** [tala'ndevome] schwingen; schwanken; **~άντευση (-εις)** [-'andefsi] Schwingen *n*; Schwanken *n*
**τάλαντο, ταλέντο** Talent *n*, Begabung *f*
**τάλ|ηρο, ~ιρο** Fünfdrachmenstück *n*
**τάμα** *n* Gelübde *n*
**ταμείο** Kasse *f*; ***~ υγείας*** [i'jias] Krankenkasse *f*
**ταμίας** Kassierer *m*
**ταμιευτήριο** [tamie'ftirio] Sparkasse *f*; ***ταχυδρομικό ~*** Postsparkasse *f*
**ταμιευτικός** Spar-
**ταμπούρι** [ta'buri] Bollwerk *n*; Schützengraben *m*; Lager *n*
**τανάλια** Kneifzange *f*
**ταξ-** *s.* **τάζω, τάσσω**
**τάξει:** ***εν ~*** [e'ndaksi] in Ordnung

**τάξ|η** (**-εις**) Ordnung *f*; Klasse *f*; Stand *m*; *Mil*. Rang *m*; ***πρώτης ~εως*** erstklassig
**ταξί** Taxi *n*
**ταξ|ιαρχία** Brigade *f*; **~ιδεύω** [-i'ðevo] reisen; **~ίδι** Reise *f*; ***~ίδι αναψυχής*** [-psi'çis] Erholungsreise *f*; **~ιδιώτης** [-i'ðjotis] Reisende(r)
**ταξιθέτ|ης** Platzanweiser *m*; Logenschließer *m*; **~ρια** Platzanweiserin *f*
**τάξιμο** (**-ατος**) Gelübde *n*; Widmung *f*
**τάπα** Pfropfen *m*, Stöpsel *m*
**ταπειν|ός** [tapin-] bescheiden; demütig; **~οφροσύνη** [-'sini] Bescheidenheit *f*; **~ώνω** erniedrigen, demütigen
**ταπείνωση** (**-εις**) [ta'pinosi] Erniedrigung *f*
**ταπετσαρία** Tapete *f*
**τάπητας** ['tapitas] Teppich *m*
**ταραγμ|ένος** bewegt; aufgeregt; **~ός** Erschütterung *f*; Beunruhigung *f*
**ταράζω** (durch)rühren; schütteln; aufwühlen; beunruhigen; stören
**ταραμοσαλάτα** Fischrogencreme *f*
**ταράτσα** Terrasse *f*
**ταραχ|ή** [-'çi] Bewegung *f*; Unruhe *f*; Aufregung *f*; Störung *f*; **~οποιός** [-xopi'os] Unruhestifter *m*; **~ώδης** [-'xoðis] 2 unruhig, stürmisch
**ταρίφα** Tarif *m*
**τασάκι** Aschenbecher *m*
**τάση** (**-εις**) Ausdehnung *f*; *Elektr*. Spannung *f*; Tendenz *f*
**τάσι** Schüssel *f*; Radkappe *f*
**τασ-κεμπάπ** [taskje'bap] *n* *Art* Gulasch *n*
**τάσσω** hinstellen, unterbringen; bestimmen; ordnen
**ταυρομαχία** [tavroma'çia] Stierkampf *m*
**ταύρος** ['tavros] Stier *m*
**ταυτ|ίζω** [taft-] identifizieren; **~ισμός** Identifizierung *f*; **~όσημος** gleichbedeutend; identisch; **~ότητα** Identität *f*; Personalien *pl*.; Ausweis *m*; **~όχρονος** gleichzeitig
**ταφ|ή** [ta'fi] Beerdigung *f*; **~όπετρα** Grabstein *m*
**τάφος** Grab *n*
**τάφρος** *f* Graben *m*
**τάχα, ~τε(ς)** *Adv*. angeblich; denn; vielleicht; wohl
**ταχεία** [ta'çia] Schnellzug *m*
**ταχέως** *Adv*. schnell; bald
**ταχθ-** *s*. **τάσσω**
**ταχιά** [ta'ça] morgen früh
**τάχιστα** schnellstens
**ταχυδακτυλουργός** Jongleur *m*
**ταχυδρομ|είο** [taçiðro'mio] Post *f*; ***κεντρικό ~είο*** Hauptpostamt *n*; **~ικός** Post-; Brief-
**ταχυ|δρόμος** Briefträger

**ταχυδρομώ** 176

*m*; **~δρομώ** auf die Post geben, aufgeben
**ταχ|ύνω** [ta'çino] beschleunigen; sich beeilen; **~ύς** schnell; Schnell-; beschleunigt; **~ύτερος** schneller; ***το ~ύτερο*** möglichst bald; **~ύτητα** Geschwindigkeit *f*; Schnelligkeit *f*; *Auto*: Gang *m*
**ταψί** Backblech *n*
**τέζα** *Adv*. (lang) ausgestreckt
**τεζάκι** Ladentisch *m*
**τεθ-** *s*. **θέτω**
**τείνω** ['tino] spannen; ausstrecken; tendieren (**προς** *A*/ zu *D*)
**τείχος** ['tixos] *n* Mauer *f*
**τελεία** Punkt *m*
**τελειο|ποίηση (-εις)** [-'piisi] Vervollkommnung *f*; **~ποιώ** [-pi'o] vervollkommnen
**τέλειος (-α)** vollkommen; vollendet
**τελειό|τητα** Vollkommenheit *f*; Vollendung *f*; **~φοιτος** [-fitos] Abiturient *m*; Absolvent *m*
**τελειώνω** [te'ljono] beenden; vollenden; erledigen; aufbrauchen
**τελείως** [te'lios] *Adv*. vollkommen, völlig
**τελειωτικός** endgültig
**τελεσ|ίγραφο** Ultimatum *n*; **~ίδικος** rechtskräftig
**τελετή** Zeremonie *f*
**τελευταίος** [tele'fteos] **(-α)** letzte(r)
**τελικός** endlich; Final-
**τέλος** *n* Ende *n*; Schluß *m*; Gebühr *f*; Zoll *m*; *pl*. Kosten *pl*.
**τελώ** durchführen; vollenden; feiern
**τελων|ειακός** Zoll-; **~είο** [telo'nio] Zollamt *n*
**τελώνης** Zöllner *m*
**τεμάχιο** [-çio] Stück *n*
**τεμπ|έλης (-α, -ικο)** faul; **~ελιά** Faulheit *f*; **~ελιάζω** faulenzen; **~ελόσκυλο** Faulpelz *m*
**τέμπλο** Altarwand *f*
**τέμπο** Tempo *n*
**τενεκ|εδένιος (-α)** Blech-; **~ές (-έδες)** Blech *n*; Blechdose *f*; **~ετζής** [-e'dzis] **(-ήδες)** Klempner *m*
**τέν(ν)ις** *n* Tennis *n*
**τένοντας** Sehne *f*
**τενόρος** Tenor *m*
**τέντα** Zeltbahn *f*; Sonnensegel *n*; Markise *f*; *Adv*. sperrangelweit offen
**τέντζερες (-έδες)** Kochtopf *m*; Kasserolle *f*
**τεντώνω** spannen; (aus-) strecken
**τέρας (-ατος)** *n* Ungeheuer *n*; Mißgeburt *f*
**τεράστιος (-α)** riesig, ungeheuer
**τερατώδης** 2 entsetzlich
**τερεβινθίνη** Terpentin *n*
**τερηδόνα** Holzwurm *m*; Karies *f*
**τέρμα** *n* Ende *n*; Ziel *n*; Endhaltestelle *f*; *Sport*: Tor *n*

**τερματ|ίζω** beenden; **~οφύλακας** Torwart *m*
**τεσσάρα** Vier *f*
**τεσσαρ|άγκωνος** viereckig; **~άκοντα** vierzig; **~ακοστός** vierzigste(r)
**τέσσερ|α** *n*, **~ις** *m*, *f* vier
**τεστ** *n* Test *m*
**τε|ταγμένος** *s.* **τάσσω;** festgesetzt, bestimmt; **~ταμένος** *s.* **τείνω;** gespannt; straff
**τέτανος** Tetanus *m*, Starrkrampf *m*
**Τετάρτη** Mittwoch *m*
**τέταρτ|ο** Viertel *n*; Viertelstunde *f*; **~ον** *Adv.* viertens; **~ος** vierte(r)
**τέτοιος** ['tetjos] (**-α**) (ein) solcher, (eine) solche, (ein) solches; diese(r, -s)
**τετράγωνο** Viereck *n*; Quadrat *n*; **~ς** viereckig; quadratisch; klar
**τετρ|άδιο** Heft *n*; **~άδιπλος** vierfach; **~αήμερος** [-a'imer-] viertägig; **~ακόσ(ι)οι** (**-ες**, **-α**) vierhundert; **~άπατος** vierstöckig; **~απέρατος** Schlaukopf *m*; Pfiffikus *m*; **~απλάσιος** (**-α**) vierfach; **~αφωνία** Quartett *n*
**τεύτλο** ['teftlo] rote Rübe *f*, rote Bete *f*
**τεύχος** ['tefxos] *n* Heft *n*, Broschüre *f*
**τέφρα** Asche *f*
**τεφροδόχος** *f* Urne *f*; Aschenkasten *m*
**τέχνασμα** ['tex-] *n* Kniff *m*, Trick *m*, List *f*
**τέχνη** ['texni] Kunst *f*; Geschick *n*; Handwerk *n*
**τεχν|ητός** Kunst-, künstlich; **~ική** Technik *f*; **~ικός** Fach-; technisch; praktisch; künstlerisch; **~ίτης** Handwerker *m*; Techniker *m*; Meister *m*; **~οκράτης** Technokrat *m*; **~ολογικός** technologisch; **~οτροπία** Stil *m*
**τέως** *Adj.* bisherig, ehemalig
**τζαζ** [dzaz] *f* Jazz *m*
**τζάκι** Kamin *m*; Herd *m*; Heim *n*
**τζαμαρία** Glaswand *f*
**τζάμι** (Fenster-)Scheibe *f*
**τζαμί** Moschee *f*
**τζάμπα** ['dzaba] umsonst; vergebens; gratis
**τζάνερο** Mirabelle *f*
**τζατζίκι** [dza'dziki] Knoblauchcreme *f* mit Joghurt
**τζελατίνα** Gelatine *f*
**τζετ** [dzet] *n* Düsenflugzeug *n*
**τζίρος** ['dziros] Umsatz *m*
**τζίτζικας** ['dzidzikas], **τζιτζίκι** Grille *f*
**τζίφρα** Monogramm *n*
**τηγ|ανητός** [tiγ-] gebraten; ***~ανητές πατάτες*** *f/pl.* Bratkartoffeln *f/pl.*; **~άνι** (Brat-)Pfanne *f*; **~ανίζω** braten, schmoren; **~ανίτα** Eierkuchen *m*
**τηλε|γράφημα** *n* Telegramm *n*; **~γραφικός** telegrafisch; **~γραφώ** telegra-

**τηλεκατευθυνόμενος** 178

fieren; **~κατευθυνόμενος** [-katefθin-] ferngelenkt
**τηλέμετρο** Entfernungsmesser *m*
**τηλε|όραση (-εις)** Fernsehen *n*; ***βλέπω ~όραση*** fernsehen; ***συσκευή*** [siskje'vi] ***~οράσεως*** Fernsehempfänger *m*; **~πάθεια** [-'paθia] Telepathie *f*; **~πικοινωνία** [-pikinon-] Fernmeldewesen *n*; **~σκόπιο** Fernglas *n*, Teleskop *n*
**τηλέτυπο** [ti'letipo] Fernschreiber *m*
**τηλε|φώνημα** *n* Telefonanruf *m*; **~φωνήτρια** Telefonistin *f*; **~φωνικός** telefonisch; Telefon-; ***~φωνικός κατάλογος*** Telefonbuch *n*
**τηλέφωνο** [ti'lefono] Telefon *n*; ***παίρνω (στο)*** ~ anrufen
**τηλεφωνώ** [tilefo'no] telefonieren (**στον, στην**/ mit *D*), anrufen (*A*)
**την** *A v.* **η**; sie (*A*)
**τήρηση** ['tirisi] Einhaltung *f*
**τηρώ** [ti'ro] einhalten
**της** [tis] *G v.* **η**
**της** ihr; ***το βιβλίο*** ~ ihr Buch
**τι;** was?; was für ein(e)
**τίγρη (-εις)** Tiger *m*
**τιμαριωτισμός** Feudalismus *m*
**τιμ|ή** [ti'mi] Preis *m*; Wert *m*; Kurs *m*; Ehre *f*; ***~ής ένεκεν*** ehrenhalber; ***με ~ή*** hochachtungsvoll
**τιμητικός** ehrenvoll
**τίμιος (-α)** ehrlich; unbescholten; wertvoll, Edel-
**τιμιότητα** Ehrlichkeit *f*
**τιμο|κατάλογος** Preisliste *f*; **~λόγιο** Tarif *m*; Warenrechnung *f*; **~λογώ** Preise festlegen
**τιμόνι** Steuer *n*; Ruder *n*; Lenkrad *n*
**τιμονιέρης (-ηδες)** Steuermann *m*
**τιμώ (-άς)** ehren; schätzen
**τιμωρ|ία** Strafe *f*, Bestrafung *f*; **~ώ** bestrafen
**τινάζω** (durch)schütteln; ausschütteln, (aus)klopfen; schleudern; sprengen
**τίνος, τίνων;** wessen
**τίποτ|α, ~ε** etwas; *verneint*: nichts; keine Ursache!
**τιράντες** *f/pl.* Hosenträger *m/pl.*
**τιρμπουσόν** [tirbu'son] *n* Korkenzieher *m*
**τις** wer?
**τίτλος** Titel *m*
**τιτλούχος** Würdenträger *m*
**τμήμα** ['tmima] *n* Teil *m*; Abschnitt *m*; Polizeirevier *n*; Bezirk *m*; Abteilung *f*; Sektor *m*; Ausschnitt *m*
**τμηματ|άρχης** [-'tarçis] Abteilungsleiter *m*; **~ικός** Teil-; *Adv.* abschnittsweise
**το** das; ~ ***και*** ~ dies und das
**τοιούτος** [ti'utos] (**τοιαύτη, τοιούτο**) *s.* **τέτοιος**
**τοιχο|γραφία** [tixo-] Fresko *n*; Wandgemälde *n*;

**~κόλληση** (**-εις**) Anschlag *m*, Plakat *n*; **~κολλώ** (**-άς**) anschlagen
**τοίχος** ['tixos] Wand *f*; Mauer *f*
**τοκετός** Entbindung *f*
**τοκίζω** verzinsen
**τοκο|γλυφία** Wucher *m*; **~γλυφικός** wucherisch; **~γλύφος** Wucherer *m*; **~μερίδιο** Zinsschein *m*; Dividende *f*
**τόκος** Zins *m*
**τοκο|φορώ** Zinsen bringen; **~χρεωλύσιο** [-xreo'lisio] Tilgungsrate *f*
**τόλμη** Kühnheit *f*; **~μα** *n* Wagnis *n*
**τολμ|ηρός** kühn; **~ώ** (**-άς**) wagen
**τομάρι** Fell *n*; Schuft *m*
**τομάτα** Tomate *f*
**τομ|έας** [to'meas] Ausschnitt *m*; Gebiet *n*; **~ή** Schnitt *m*; Schnittpunkt *m*; Zäsur *f*
**τόμος** Band *m*
**τον** *A v.* **ο:** den; ihn
**τον|ίζω** betonen; darauf hinweisen; **~ισμός** Betonung *f*; Tonfall *m*
**τόννος** Tonne *f*; Thunfisch *m*
**τόνος** Ton *m*; Nachdruck *m*; Schwung *m*; Akzent *m*
**τονώνω** [to'nono] stärken
**τόνωση** Stärkung *f*
**τονωτικ|ό** Stärkungsmittel *n*; **~ός** stärkend
**τοξικός** toxisch, giftig
**τόξο** Bogen *m*; Gewölbe *n*; ***ουράνιο ~*** Regenbogen *m*
**τοπείο** [to'pio] Landschaft *f*
**τόπι** Ball *m*; Kugel *f*; Ballen *m*
**τοπικός** örtlich
**τοπίο** Landschaft *f*
**τοπο|γραφικός** topographisch; **~θεσία** Lage *f*; Gegend *f*; **~θέτηση** (**-εις**) Anstellung *f*, Unterbringung *f*; **~θετώ** [-θe'to] stellen; *j-n* anstellen, unterbringen
**τόπ|ος** Ort *m*, Platz *m*; Stelle *f*; Raum *m*; ***επί ~ου*** an Ort und Stelle; ***κατά ~ους*** stellenweise
**τοπωνυμία** Ortsname *m*
**τόρνος** Drehbank *f*
**τορπίλη** Torpedo *m*; Mine *f*
**τόσο(ν)** so; so sehr; **~ ...** ***όσο(ν)*** so ... wie
**τόσος** so viel; so groß
**τότε(ς)** dann; damals; *Adj.* damalig; ***από ~*** seitdem; ***έως ~*** bis dann, dahin; ***~ πια*** dann erst
**του** [tu] *G v.* **ο** *u.* **το:** des; ihm; ***το βιβλίο ~*** sein Buch
**τουαλέτα** [tua'leta] Toilette *f*
**τούβλο** ['tuvlo] Ziegelstein *m*
**τουλάχιστον** [tul-] wenigstens, mindestens
**τούλι** ['tuli] Tüll *m*
**τουλίπ|α, ~η** Tulpe *f*
**τουλ|ούμι** [tu'lumi] Schlauch *m*; **~ουμοτύρι** Ziegenkäse *m* aus Schläu-

chen; **~ούπα** [-'lupa] Knäuel *n*; Flocke *f*; **~πάνι** Musselin *m*
**τούμπα** ['tu(m)ba] Purzelbaum *m*; Grabhügel *m*
**τουναντίον** im Gegenteil
**τούνελ** *n*, **τουνέλι** Tunnel *m*
**τουρ|ισμός** Tourismus *m*; **~ίστας** Tourist *m*; **~ιστικός** touristisch; Touristen-
**Τουρκ|ία** [tur'kia] Türkei *f*; **♀ικός** türkisch
**τουρλού** [tur'lu] *n* Gemüseeintopf *m*
**τουρμπίνα** [tur'bina] Turbine *f*
**τουρνέ** *f* Tournee *f*
**τουρσί** eingesalzenes Gemüse *n*
**τούρτα** Torte *f*
**τους** [tus] *A pl. v.* **οι:** die; ihnen; sie *pl.*; ***το βιβλίο* ~** ihr Buch
**τούτος** ['tutos] dieser; ***εκτός τούτου*** außerdem; ***εν τούτοις*** [en'dutis] jedoch
**τούφα** ['tufa] Büschel *n*
**τουφ|έκι** [tu'feki] Gewehr *n*; **~εκιά** Schuß *m*; **~εκίζω** (er)schießen; **~εκισμός** Erschießung *f*
**τράβηγμα** *n* Ziehen *n*; *pl.* Unannehmlichkeiten *f/pl.*
**τραβ|ιέμαι** sich zurückziehen; *fam.* schuften; **~ώ (-άς)** (an)ziehen; schleppen; schieben; abfeuern; aufsaugen; verlangen nach *D*; *Geld* abheben; (ab)nehmen; (er)leiden; dauern
**τραγαν|ίζω** knabbern; knirschen; **~ιστός, ~ός** knusprig; *Su. n* Knorpel *m*
**τραγικ|ός** [trajik-] tragisch; **~ότητα** Tragik *f*
**τράγος** [-γ-] Bock *m*
**τραγούδι** [-'γuδi] Lied *n*
**τραγουδ|ιστής** Sänger *m*; **~ίστρια** [-tria] Sängerin *f*; **~ώ (-άς)** singen
**τραγωδία** [traγo'δia] Tragödie *f*
**τραίνο** ['treno] *s.* **τρένο**
**τρακ** *n* Lampenfieber *n*
**τρακτέρ** *n* Traktor *m*
**τραμ** *n* Straßenbahn *f*
**τραμπ|άλα** Wippe *f*; **~αλίζομαι** wippen
**τρανζίστορ** (*pl.* **-ς**) *n* Transistor *m*
**τράνζιτο** Transit(verkehr) *m*; *Adv.* im Transit
**τραπ-** *s.* **τρέπω**
**τράπεζα** Bank *f*; ***αγία*** [a'jia] **~** Altar *m*
**τραπ|εζαρία** Eßzimmer *n*; **~έζι** Tisch *m*; **~έζιο** [-zio] Trapez *n*
**τραπεζ|ίτης** Bankier *m*; Backenzahn *m*; **~ογραμμάτιο** Banknote *f*; **~ομάντηλο** [-o'mandilo] Tischtuch *n*; **~ώνω** bewirten
**τράπουλα** Kartenspiel *n*
**τραυλ|ίζω** [travl-] stottern, lispeln; stammeln; **~ισμός** Stottern *n*; **~ός** stotternd; *Su. m* Stotterer *m*
**τραύμα** ['travma] *n* Wunde

*f*; *jur*. Körperverletzung *f*
**τραυματ|ίας** [travma'tias] Verwundete(r), Verletzte(r); **~ίζω** verwunden, verletzen; **~ιοφόρος** Sanitäter *m*; **~ισμός** Verwundung *f*, Verletzung *f*
**τραφ-** *s.* **τρέφω**
**τραχ|εία** [tra'çia] Luftröhre *f*; **~ύνω** [-'ino] aufrauhen; reizen; verschlimmern; **~ύς** rauh; barsch; **~ύτητα** Rauheit *f*; Schroffheit *f*
**τρεις** [tris] *m*, *f* (*n*: **τρία**) drei
**τρέλα** Verrücktheit *f*, Wahnsinn *m*; Blödsinn *m*, Dummheit *f*
**τρελ|ά** *Adv.* verrückt; **~αίνομαι** [-'enome] verrückt werden, wahnsinnig werden; **~αίνω** [-'eno] verrückt machen; **~οκομείο** Irrenhaus *n*; **~ός** verrückt; närrisch
**τρεμ|οσβήνω** [-'zvino] flackern; **~ουλιάζω** [-u'ljazo] zittern; (er)schaudern; **~ούλιασμα** *n* Zittern *n*; Flackern *n*; **~ουλιαστός** zitternd
**τρέμω** zittern, beben
**τρένο** Zug *m*
**τρεξ-** *s.* **τρέχω**
**τρέξιμο (-ατος)** Laufen *n*; *pl.* Laufereien *f*/*pl.*
**τρέπω** (ab)wenden; wechseln; umwandeln
**τρέφω** mästen; (er)nähren
**τρέχ|ω** ['trexo] laufen; rennen; *Uhr*: vorgehen; fließen; *Hahn*: tropfen, undicht sein; ***τι ~ει;*** was ist los?
**τρία** *n v.* **τρεις**: drei
**τριάδα** Dreiergruppe *f*; ***Αγία*** ♀ Hl. Dreifaltigkeit *f*
**τρια|δικός** dreifach; dreiteilig; **~κόσ(ι)οι** [-'kos(j)i] **(-ες, -α)** dreihundert; **~κοσιοστός** dreihundertste(r); **~κοστός** dreißigste(r)
**τριάντα** [tri'anda] dreißig
**τριαντάφυλλο** Rose *f*
**τριάρ|α, ~ι¹** Drei *f*; **~ι²** Dreizimmerwohnung *f*
**τρίβω** ['trivo] (ein)reiben; putzen; abnutzen
**τριγυρίζω** [triji'rizo] umhergehen
**τρίγωνος** dreieckig; *Su. n* Dreieck *n*
**τρίζω** knarren; knirschen
**τριήμερος** [tri'i-] dreitägig
**τρικλίζω** schwanken
**τρίκυκλο** Dreirad *n*
**τρικυμ|ία** Sturm *m*, Unwetter *n*; **~ιώδης** 2 stürmisch
**τρι|μερής** 2 dreiteilig; **~μηνία** Trimester *n*, Vierteljahr *n*
**τρίμηνος** vierteljährlich; *Su. n* Vierteljahr *n*
**τριμμένος** abgetragen; gerieben
**τριπλ|ός, ~ούς (-ή, -ούν)** dreifach
**τριποδ|ίζω** traben; **~ισμός** Trab *m*
**τρίποδο** Dreifuß *m*; Staffelei *f*, Stativ *n*
**Τρίτη** ['triti] Dienstag *m*

τρίτο(ν) 182

**τρίτ|ο(ν)** Drittel *n*; *Adv.* drittens; **~ος** dritte(r)
**τριφύλλι** Klee *m*
**τριφωνία** Trio *n*
**τρίχ|α** [trixa] Haar *n*; ***παρά ~α*** um ein Haar; **~ινος** [-çi-] hären, Haar-
**τριχ|όπτωση** Haarausfall *m*; **~οφυία** [-ofi'ia] Haarwuchs *m*; **~ωτός** behaart
**τρίψιμο (-ατος)** Einreibung *f*; Abnutzung *f*
**τρόλεϋ** ['trolei] *n* Oberleitungsbus *m*
**τρομ|αγμένος** erschrokken, entsetzt; **~άζω** erschrecken; sich fürchten; **~άρα** Schreck *m*; **~ερός** schrecklich, entsetzlich; gewaltig; **~οκράτης** Terrorist *m*
**τρομοκρατ|ία** Schreckensherrschaft *f*, Terror *m*; **~ικός** terroristisch; **~ώ** terrorisieren
**τρόμος** Schreck *m*, Entsetzen *n*
**τρόμπα** ['tromba] Pumpe *f*
**τρομπ|άρω** (auf)pumpen; **~έτα** Trompete *f*; **~όνι** Posaune *f*
**τροπή** Wendung *f*; Umwandlung *f*; Sonnenwende *f*
**τροπικές χώρες** ['xores] *f/pl.* Tropen *pl.*
**τροπ|ικός** tropisch, Tropen-; figürlich; **~ολογία** Abänderung(santrag *m*) *f*; **~οποιώ** [-opi'o] abändern; modifizieren
**τρόπ|ος** Art und Weise *f*; Verfahren *n*; Wesen *n*; *pl.* Benehmen *n*; ***με κάθε ~ο*** unter allen Umständen; ***με κανέναν ~ο*** auf keinen Fall
**τρούλος** ['trulos] Kuppel *f*
**τρουμπέτα** [trumb-] Trompete *f*
**τρούφα** ['trufa] Trüffel *f*
**τροφ|αντός** frühreif; frisch; **~ή** Nahrung *f*; Verpflegung *f*; **~ική δηλητηρίαση** Nahrungsmittelvergiftung *f*
**τρόφιμ|α** *n/pl.* Lebensmittel *n/pl.*; **~ος** Pflegekind *n*; Pensionär *m*
**τροφο|δοσία** Verpflegung *f*; **~δότης** Lieferant *m*; **~δοτώ** verpflegen; ernähren; beliefern
**τροχ|αία** [tro'çea] Verkehrspolizei *f*; **~αίος (-α)** rollend; Verkehrs-; **~αλία** [-xal-] Flaschenzug *m*; **~ιά** [-'ça] Gleis *n*; Flugbahn *f*; **~ίζω** schleifen; **~ίλος** Kolibri *m*; **~ιόδρομος** Straßenbahn *f*; **~ίσκος** Rolle *f*; Tablette *f*; **~οπέδη** [-xo'peði] Bremse *f*; **~οπέδιλο** Rollschuh *m*; **~ός** Rad *n*; **~όσπιτο** Wohnwagen *m*; **~οφόρο** Fahrzeug *n*
**τρυγητ|ής** [triji'tis] Winzer *m*; **~ός** Weinlese *f*
**τρύγος** Weinlese *f*
**τρυγώ** [tri'γo] **(-άς)** keltern
**τρύπα** Loch *n*; *fam.* Bude *f*
**τρυπάνι** Bohrer *m*

**τρυπητ|ήρι** [tripi'tiri] Ahle *f*; Locher *m*; **~ός** durchlöchert; durchbohrt

**τρυπώ** [tri'po] **(-άς)** (durch)bohren; lochen; stechen

**τρυπώνω** [tri'pono] (sich) verstecken; heften

**τρυφερ|ός** [trifer-] zart; zärtlich; **~ότητα** Zartheit *f*; Zärtlichkeit *f*

**τρώ(γ)ω** ['tro(ɣ)o] essen; fressen; beißen; *Kleid* abtragen; verbrauchen; zernagen; quälen

**τρωκτικό** [trokt-] Nagetier *n*

**τσάγαλο** grüne Mandel *f*

**τσαγ(ι)έρα** [tsa'jera] Teekanne *f*

**τσάι** ['tsai] **(τσαγιού)** *n* Tee *m*; **~ του βουνού** [tu vu'nu] Kräutertee *m*

**τσακίζ|ομαι** zerbrechen; **~ω** *etw.* zerbrechen; zerdrücken; falten; hinfällig werden

**τσάκιση** (Bügel-)Falte *f*

**τσάκισμα** *n Art* Refrain *m*

**τσακ|μάκι** Feuerzeug *n*; **~μακόπετρα** Feuerstein *m*

**τσακώνω** [tsa'kono] fangen; ertappen, erwischen

**τσαλα|κώνω** [-'kono] (zer-)knittern; **~πατώ (-άς)** zertreten

**τσαμπούνα** Dudelsack *m*

**τσάντα** ['tsanda] (Hand-)Tasche *f*

**τσάπα** Hacke *f*, Haue *f*

**τσαπίζω** (auf)hacken

**τσαρδάκι** Schutzdach *n*; Baracke *f*

**τσαρικός** zaristisch

**τσαρλατάνος** Scharlatan *m*

**τσατίζω** ärgern

**τσεκ** *n* Scheck *m*; **~ ταξιδιού** [taksi'ðju] Reisescheck *m*

**τσεκάρω** kontrollieren; abzeichnen, abhaken

**τσεκ|ούρι** [tse'kuri] Axt *f*, Beil *n*; **~ουριά** Axthieb *m*; **~ουρώνω** [-u'rono] abhauen, behauen; *Schüler* durchfallen lassen

**τσεμπέρι** Kopftuch *n*

**τσέπη** (Jacken-)Tasche *f*

**τσεπώνω** [tse'pono] in die (eigene) Tasche stecken

**τσιγάρο** [tsi'ɣaro] Zigarette *f*

**τσιγγ|άνα** [tsiŋg-] Zigeunerin *f*; **~άνος** Zigeuner *m*

**τσιγγ|ουνεύομαι** [-u'nevome] knausern; **~ούνης (-α)** geizig; *Su.* Geizhals *m*

**τσιγκέλι** [-n'gje-] Haken *m*

**τσίγκος** ['tsiŋgos] Zink *n*

**τσικν|ίζω** anbrennen lassen; **~ισμένος** angebrannt

**τσιμ|εντάρω** zementieren; **~έντο** Zement *m*

**τσιμπ|ίδα** [tsimb-] Zange *f*; **~ίδι** Pinzette *f*; **~ούρι** Zekke *f*; Quälgeist *m*; **~ώ (-άς)** stechen; zwicken; *Fisch*: anbeißen

**τσίπουρο** Trester *m*

**τσίρκο** Zirkus *m*
**τσομπάνης (-ηδες)** Hirt *m*
**τσουβ|άλι** [tsu'vali] Sack *m*; **~αλιάζω** einsacken; *j-n* reinlegen
**τσουγκρ|άνα** [tsuŋ'grana] Harke *f*, Rechen *m*; **~ανιά** Kratzer *m*, Riß *m*; **~ανίζω** harken, rechen; kratzen; **~ίζω** anstoßen (mit *D*)
**τσούζω** ['tsuzo] brennen; verletzen
**τσουκάλ|α, ~ι** Topf *m*
**τσουκνίδα** [tsuk-] Brennnessel *f*
**τσούνια** *n/pl.* Kegeln *n*
**τσουράπι** (Woll-)Socke *f*
**τσουρέκι** *Art* Stollen *m*
**τσούρμο** (wilder) Haufen *m*
**τσόφλι** ['tsofli] (Eier-)Schale *f*
**τσόχα** Tuch *n*, Stoff *m*; Spitzbube *m*
**τυλ|ιγμένος** eingewickelt; (auf)gewickelt; verwickelt; **~ίγω** einwickeln, einpakken; aufwickeln; verwickeln
**τύμπανο** Trommel *f*; Pauke *f*; Trommelfell *n*
**τυπικ|ός** [tipik-] formell, förmlich; typisch; pedantisch; **~ότητα** Formalität *f*, Förmlichkeit *f*; Pedanterie *f*
**τυπογραφ|είο** Druckerei *f*; **~ία** Buchdruck *m*; **~ικός** Druck-, typographisch
**τυπο|γράφος** Drucker *m*; **~γραφώ** drucken (lassen)
**τυποποιώ** [-pi'o] normen
**τύπος** Presse *f*; Druck *m*; Abdruck *m*; Spur *f*; Gepräge *n*; Art *f*, Typ *m*; Formel *f*; *fig.* Type *f*
**τυπώνω** [ti'pono] drucken; veröffentlichen; prägen; sich einprägen
**τύπωση** ['tiposi] Druck *m*
**τυραννν|ία** [tiran-] Tyrannei *f*; Qual *f*; **~ικός** tyrannisch; qualvoll
**τύραννος** Tyrann *m*
**τυραννώ (-άς)** tyrannisieren; quälen
**τύρβη** ['tirvi] Trubel *m*
**τυρ|ί** Käse *m*; **~όπιτ(τ)α** Käsefüllung *f* in Blätterteig; **~ός** *s.* **τυρί**
**τύρφη** ['tirfi] Torf *m*
**τύφλα** Blindheit *f*
**τυφλοπόντικας** Maulwurf *m*
**τυφλ|ός** blind; ***~ό έντερο*** Blinddarm *m*; ***~ός δρόμος*** Sackgasse *f*; ***στα ~ά*** blindlings
**τυφλ|ότητα** Blindheit *f*; **~ώνομαι** erblinden; **~ώνω** [ti'flono] blenden
**τύφλωση (-εις)** ['tiflosi] Erblindung *f*; Verblendung *f*; Blendung *f*
**τύφος** Typhus *m*; ***εξανθηματικός ~*** Fleckfieber *n*
**τυφώνας** Taifun *m*, Orkan *m*
**τυχ|αίνω** [ti'çeno] *j-n* treffen; zufällig sein; *j-m* zustoßen; **~αίος (-α)** zufällig; alltäglich; **~αίως** *Adv.* zufällig, durch Zufall; **~άρπαστος**

Emporkömmling *m*; **~ερός** glücklich; glückbringend; Glücks-; ***~ερά*** *n/pl.* Nebeneinkünfte *f/pl.*
**τύχη** ['tiçi] Schicksal *n*; Glück *n*; Zufall *m*; ***κατά ~*** zufällig; ***στην ~*** auf gut Glück; ***λέω την ~*** wahrsagen
**τυχόν** [ti'xon] zufällig, etwa
**τύψεις** ['tipsis] *f/pl.* Gewissensbisse *m/pl.*
**των** [ton] *G pl. v.* **ο, η, το:** der; ihr (*pl.*)
**τώρα** ['tora] jetzt, nun; ***από ~*** von jetzt an; jetzt schon; ***(έ)ως ~*** bis jetzt
**τωρινός** gegenwärtig, heutig; *Su. m/pl.* Zeitgenossen *m/pl.*

# Υ

**ύαινα** ['iena] Hyäne *f*
**υάκινθος** [i'akinθos] Hyazinthe *f*
**υαλ-** *s.* **γυαλ-**
**υαλόπετρα** [ia'lo-] Quarz *m*
**υαλ|οπίνακας** [ial-] Glasscheibe *f*; **~ουργείο** [-ur'jio] Glashütte *f*; **~ώδης** [-'oðis] 2 gläsern, Glas-; glasig
**ύβρη (-εις)** Beschimpfung *f*; Schmähung *f*; Schimpfwort *n*
**υβρίζω** [i'vrizo] (be)schimpfen, beleidigen; fluchen
**υβριστικός** Schmäh-; beleidigend
**υγεία** [i'jia] Gesundheit *f*; ***στην υγειά σας!*** [stini'jasas] auf Ihr Wohl!
**υγειονομ|είο** [ijiono'mio] Quarantänestation *f*; **~ία** Gesundheitsamt *n*; **~ικός** Gesundheits-; sanitär
**υγ|ιαίνω** [iji'eno] gesund sein; ***~ίαινε*** [i'jiene] leb wohl!; **~ιαίνετε** [iji'enete] leben Sie wohl!
**υγιειν|ή** [ijii'ni] Hygiene *f*, Gesundheitspflege *f*; **~ός** hygienisch; gesund
**υγιής** [iji'is] 2 gesund
**υγρ|αίνομαι** [i'γrenome] feucht werden; **~αίνω** befeuchten; **~ασία** Feuchtigkeit *f*, Nässe *f*; **~ό** Flüssigkeit *f*; **~όμετρο** Hygrometer *n*; **~ός** feucht, naß; flüssig
**υδατ|ογραφία** [iðat-] Aquarell *n*; **~οστεγής** [-oste'jis] 2 wasserdicht; **~όσφαιρα** [-'osfera] Wasserball *m*; **~όφραγμα** *n* Staudamm *m*; **~ώδης** [-'oðis] 2 wäßrig
**υδραγωγ|είο** [iðraγo'jio] Wasserleitung *f*; **~ός** [-'γos] Wasserrohr *n*
**υδρ|αντλία** Wasserpumpe *f*; **~άργυρος** [-'arjiros] Quecksilber *n*; **~ατμός** Wasserdampf *m*; **~αυλικός** [-avli'kos] hydraulisch; *Su. m* Installateur *m*

**ύδρευση** ['iðrefsi] Wasserversorgung *f*
**υδρία** Wasserkrug *m*
**υδρόγειος** [i'ðrojios] *f* Erdkugel *f*, Globus *m*
**υδρο|γόνο** Wasserstoff *m*; **~γονοβόμβα** [-'vomva] Wasserstoffbombe *f*; **~γραφικός** hydrographisch; **~ηλεκτρικός σταθμός** Wasserkraftwerk *n*; **~θεραπεία** Wasserheilverfahren *n*, Kneippkur *f*; **~κυάνιο** [-ki'anio] Blausäure *f*; **~πλάνο** Wasserflugzeug *n*; **~ρρόη** [-'roi] Dachrinne *f*; **~στάθμη** [-'staθmi] Wasserwaage *f*; Wasserstand *m*; **~σωλήνας** [-so'linas] Wasserrohr *n*; **~φοβία** [-fo'via] Tollwut *f*; Wasserscheu *f*; **~φράκτης** Schleuse *f*; Staudamm *m*
**υδρόφυτο** [i'ðrofito] Wasserpflanze *f*
**υδροχλωρικό οξύ** [o'ksi] Salzsäure *f*
**υδρόχρωμα** [i'ðroxroma] *n* Wasserfarbe *f*
**υδρωπικία** Wassersucht *f*
**υιοθετώ** [ioθe'to] adoptieren; annehmen
**υιός** [i'os] Sohn *m*
**ύλη** ['ili] Stoff *m*, Materie *f*; Material *n*; Inhalt *m*; ***πρώτη ~*** Rohstoff *m*; ***τεχνητή ~*** Kunststoff *m*
**υλικ|ό** Material *n*; **~ός** materiell; sinnlich; körperlich
**υλισ|μός** Materialismus *m*; **~τικός** materialistisch
**υλο|ποίηση** (**-εις**) [ilo'piisi] Realisierung *f*; **~ποιώ** [-pi'o] verwirklichen; **~τομία** Holzgewinnung *f*; **~τόμος** Holzfäller *m*
**υμάς** [i'mas] *A* euch, Sie
**υμείς** [i'mis] *N* ihr, Sie
**ύμνος** ['imnos] (Lob-)Gesang *m*, Hymne *f*; Loblied *n*; ***εθνικός ~*** Nationalhymne *f*
**υμνώ** [im'no] preisen, besingen
**υπ'** *s.* **υπό**
**υπαγ|όρευση** (**-εις**) [-refsi] Diktat *n*; Gebot *n*; **~ορεύω** [-o'revo] diktieren; gebieten
**υπ|άγομαι** fallen (**σε**/ unter *A*), gehören (zu *D*); **~άγω** unterstellen; unterordnen; einordnen; **~αγωγή** [-aγo'ji] Einordnung *f*; Unterordnung *f*
**υπαίθριος** [i'peθ-] (**-α**) Freilicht-, Freiluft-
**ύπαιθρο: *στο ~*** im Freien
**υπαιν|ιγμός** [ipen-] Anspielung *f*; **~ίσσομαι** anspielen auf *A*; andeuten
**υπ|αίτιος** (**-α**) schuldig; verantwortlich (*G*/ für *A*); **~ακοή** [-ako'i] Gehorsam *m*; **~άκουος** [-'akuos] gehorsam; **~ακούω** [-a'kuo] gehorchen (**σε**/ *D*)
**υπάλληλος** *m*, *f* Beamte(r), Beamtin *f*; Angestellte(r) *m*, *f*
**υπαρκτός** existierend, vorhanden

**ύπαρξη (-εις)** Existenz *f*
**υπαρξισμός** Existenzialismus *m*
**υπαρχή** [-'çi]: ***εξ ~ς*** von Anfang an
**υπάρχ|οντα** *n/pl.* Hab und Gut *n*, Vermögen *n*; **~ω** [i'parxo] existieren, bestehen
**υπαστυνόμος** Polizeikommissar *m*
**ύπατος** höchste(r, -s)
**υπεισ|άγω** [ipi'saγo] unterschieben; **~έρχομαι** sich einschleichen
**υπεκ|μισθώνω** [-mi'sθono] untervermieten; **~φεύγω** [-'fevγo] entgehen *D*; sich entziehen; es vermeiden; **~φυγή** [-fi'ji] Ausrede *f*
**υπεν|θυμίζω** [-θi'mizo] erinnern (**του το**/ *j-n* an *A*); **~θύμιση (-εις)** Mahnung *f*, Erinnerung *f*
**υπεξ|αίρεση (-εις)** [ipeks-] Unterschlagung *f*; **~αιρώ** [-e'ro] unterschlagen
**υπέρ** [i'per] (*G*) für *A*; (*A*) über *D*, *A*; mehr als; ***~ τους πεντακοσίους*** über fünfhundert; ***~ παν άλλο*** über alles
**υπερ|αισθητός** [-esθi'tos] übersinnlich; **~άνθρωπος** Übermensch *m*; *Adj.* übermenschlich; **~άνω** *Adv.* darüber; *prp.* (*G*) über *D*, *A*; **~άριθμος** zahlreich; **~ασπίζω** verteidigen; **~άσπιση (-εις)** Verteidigung *f*; ***μάρτυς ~ασπίσεως*** Entlastungszeuge *m*; **~ασπιστής** Verteidiger *m*
**υπεραστικ|ός** überörtlich, Fern-; ***~ό*** Überlandbus *m*; ***~ό τηλεφώνημα*** Ferngespräch *n*
**υπερ|βαίνω** [-'veno] überschreiten; überwinden; übertreffen; **~βάλλον (-οντος)** Überschuß *m*; **~βάλλω** übertreiben
**υπέρβαση (-εις)** [i'pervasi] Überschreitung *f*; Übergriff *m*, Übertretung *f*
**υπερβολ|ή** [-vo'li] Übertreibung *f*; ***καθ' ~ήν*** übertrieben; **~ικός** übermäßig; übertrieben; ***είναι*** ['ine] ***~ικός*** er übertreibt; **~ικότητα** Übertreibung *f*
**υπερβραχ|ύς** [-vra'çis]: ***~ύ κύμα*** Ultrakurzwelle *f* (UKW)
**υπερ|ένταση** Überanstrengung *f*; **~εργασία** Mehrarbeit *f*; **~έρυθρος** 2 infrarot; **~ευαίσθητος** [-e'vesθitos] überempfindlich; **~ευτυχής** [-efti'çis] 2 überglücklich; **~έχω** [-'exo] überragen (*G* **κατά** *A*/ *A* um *A*); **~ήμερος** rückständig, überfällig; **~ηφάνεια** [-i'fania] Stolz *m*; **~ηφανεύομαι** [-ifa'nevome] stolz sein, eingebildet sein; **~ήφανος** stolz; eingebildet; **~ηχητικός** [-içit-] Überschall-; **~θεματίζω** überbieten

**υπερ|θερμαίνω** [-θer'meno] überhitzen; **~θέρμανση** Überhitzung *f*
**υπέρθεση** (-εις) Stundung *f*, Aufschub *m*
**υπερθετικ|ό, ~ός** Superlativ *m*
**υπερ|ίπταμαι** überfliegen (*G*/ *A*); **~ίσχυση** (-εις) [-'isçisi] Überwindung *f*; Übergewicht *n*; **~ισχύω** überwiegen; obsiegen; **~ιώδης** [-i'oðis] 2 ultraviolett; **~κομματικός** überparteilich; **~κόπωση** (-εις) Übermüdung *f*; **~κόσμιος** (-α) überirdisch; **~μετρωπία** Weitsichtigkeit *f*; **~νίκηση** Überwindung *f*; **~νικώ** (-άς) überwinden
**υπερ|οπτικός** arrogant; **~οχή** [-o'çi] Überlegenheit *f*; *Math.* Rest *m*
**υπέροχος** [-x-] unübertroffen; überragend
**υπερ|οψία** Hochmut *m*; **~παραγωγή** [-γo'ji] Überproduktion *f*; **~πέραν** *n* Jenseits *n*; **~πηδώ** [-pi'ðo] (-άς) überspringen; überwinden
**υπέρ|ταση** Überdruck *m*; hoher Blutdruck *m*; **~τατος** höchste(r, -s)
**υπερ|τερώ** überlegen sein (*G*/ *D*); **~τίμηση** (-εις) Preiserhöhung *f*; Überschätzung *f*; **~τιμώ** (-άς) *Preis* erhöhen; überschätzen; **~φορτίζω** überladen; **~φυσικός** übernatürlich; **~φωτίζω** [-fo'tizo] *Fot.* überbelichten; **~φωτισμένος** überbelichtet; **~χειλίζω** [-çi'lizo] überlaufen; überschäumen
**υπερωρία** [ipero'ria] Überstunde *f*
**υπερωριακ|ός: ~ή** ***εργασία*** Überstunden *f*/*pl*.
**υπεύθυνος** [i'pefθinos] verantwortlich (*G*/ für *A*)
**υπηγαγ-, υπηγμένος** *s.* **υπάγω**
**υπήκοος** [i'pi-] *m*, *f* Staatsangehörige(r) *m*, *f*
**υπηκοότητα** [ipiko'otita] Staatsangehörigkeit *f*
**υπηρεσία** [ipir-] Dienst *m*; Dienststelle *f*, Amt *n*; **~** ***διασώσεως*** [ðia'soseos] Rettungsdienst *m*; **~** ***πληροφοριών*** Nachrichtendienst *m*
**υπηρ|εσιακός** dienstlich, amtlich; Dienst-; **~έτης** Diener *m*; **~ετικός** Dienst-; **~έτρια** Dienstmädchen *n*; **~ετώ** beschäftigt sein; dienen
**υπήρξα** [i'pirksa], **υπήρχα** ich war; *s.* **υπάρχω**
**υπηχθ-** *s.* **υπάγω**
**ύπνος** ['ipnos] Schlaf *m*
**ύπνωση** (-εις) ['ipnosi] Hypnose *f*
**υπνωτ|ίζω** hypnotisieren; **~ικό** Schlafmittel *n*; **~ικός** Schlaf-; **~ιστικός** hypnotisch

**υπό** [iˈpo] (*G*) *beim Passiv* von *D*, durch *A*; (*A*) unter *D*, *A*; unterhalb *G*; **~ *τις διαταγές*** unter dem Befehl; **~ *το μηδέν*** unter Null; **~ *τους Τούρκους*** [tus ˈturkus] unter den Türken
**υπόβαθρο** Fundament *n*, Unterlage *f*; Sockel *m*
**υπο|βάλλω** *Grundlage* legen; unterbreiten; *Bericht* erstatten; *Antrag* einreichen; *Meinung* suggerieren; anregen; **~βαστάζω** stützen; **~βιβάζω** [-viˈvazo] herabsetzen; degradieren; demütigen; **~βιβασμός** Herabsetzung *f*; Degradierung *f*; **~βλέπω** [-ˈvlepo] beargwöhnen; trachten nach *D*; **~βλητικός** suggestiv, anregend; **~βολή** Vorlegen *n*; Suggestion *f*; **~βρύχιο** [-ˈvriçio] Unterseeboot *n*; **~*βρύχιο ψάρεμα*** Unterwasserjagd *f*; **~γάστριο** Unterleib *m*; **~γεγραμμένος** unterschrieben, unterzeichnet
**υπόγει|ο** [iˈpojio] Keller *m*; **~ος (-α)** unterirdisch; Tiefbau-; **~*ος σιδηρόδρομος*** Untergrundbahn *f*
**υπο|γραμμίζω** unterstreichen; **~γραφή** Unterschrift *f*; Unterzeichnung *f*; **~γράφω** unterschreiben
**υπόδειγμα** [iˈpoðiγma] *n* Muster *n*
**υπο|δειγματικός** vorbildlich; **~δεικνύω** [-ðiˈknio] hinweisen; vorschlagen
**υπόδειξη (-εις)** [iˈpoðiksi] Hinweis *m*; Vorschlag *m*
**υποδέχομαι** [-ˈðexome] empfangen; aufnehmen
**υπόδημα** [iˈpoðima] *n* Schuh *m*; Stiefel *m*
**υποδηματοποι|είο** [-piˈio] Schuhmacherei *f*; **~ός** [-piˈos] Schuhmacher *m*
**υποδιαίρεση (-εις)** [-ðiˈeresi] Unterteilung *f*
**υπόδικος** *m*, *f* Untersuchungsgefangene(r); Angeklagte(r)
**υποδομή** Fundament *n*; Infrastruktur *f*
**υπόδουλος** versklavt
**υπο|δουλώνω** [-ðuˈlono] unterjochen; **~δοχή** [-ðoˈçi] Empfang *m*; Aufnahme *f*; *Tech.* Lager *n*; **~ζύγιο** [-ˈzijio] Zugtier *n*, Lasttier *n*; **~θάλπω** [-ˈθalpo] (an)wärmen; *fig.* nähren
**υπόθερμος** lauwarm
**υπόθεση (-εις)** Annahme *f*; Hypothese *f*; Voraussetzung *f*; Angelegenheit *f*
**υποθετ|έος (-α)** vorausgesetzt; **~*έον ότι*** vorausgesetzt, daß; **~ικός** bedingend; mutmaßlich; **~*ική έγκλιση*** Konditional *m*
**υπόθετο** *Med.* Zäpfchen *n*
**υπο|θέτω** [-ˈθeto] annehmen, vermuten; **~θηκεύω** [-θiˈkjevo] mit e-r Hypothek belasten; **~θήκη** [-ˈθiki] Hy-

υποκατάστημα 190

pothek *f*; **~κατάστημα** *n* Zweigstelle *f*, Filiale *f*; **~κειμενικός** subjektiv; **~κείμενο** Subjekt *n*; Thema *n*; **~κινώ** anstiften; **~κλίνομαι** sich verneigen (**μπροστά σε**/ vor *D*)
**υπόκλιση** (**-εις**) Verneigung *f*; Knicks *m*
**υπόκοσμος** Unterwelt *f*
**υπο|κρίνομαι** darstellen, spielen; so tun (**ότι**/ als ob); heucheln; **~κρισία** Heuchelei *f*
**υποκριτ|ής** Heuchler *m*; *Thea.* Darsteller *m*; **~ικός** heuchlerisch, scheinheilig
**υπόκρουση** (**-εις**) *Mus.* Begleitung *f*
**υπο|κρύπτω** [-'kripto] verbergen, verschleiern; **~κύπτω** [-'kipto] sich fügen (**σε**/ *D*); nachgeben
**υπόκωφος** dumpf, hohl
**υπόλειμμα** *n* Überbleibsel *n*
**υπολείπομαι** [-'lipome] übrig sein, übrigbleiben; zurückbleiben
**υπόληψη** [-lipsi] Hochachtung *f*; Ansehen *n*; ***με ~*** hochachtungsvoll
**υπολογ|ίζω** berechnen; *fig.* rechnen mit *D*; **~ισμός** Berechnung *f*
**υπόλοιπ|ο** [-lipo] Rest *m*; *Hdl.* Überschuß *m*; **~ος** übrig, restlich
**υπο|μένω** ertragen; warten, sich gedulden; **~μίσθιος** [-'misθios] (**-α**) Lohn-, Miet-, bezahlt; **~μίσθωση** [-'misθosi] Untermiete *f*; **~μισθωτής** [-misθo'tis] Untermieter *m*
**υπόμνηση** (**-εις**) [-mnisi] Mahnung *f*
**υπομον|ετικός** geduldig; **~εύω** [-'nevo] sich gedulden; **~ή** Geduld *f*; ***κάνω ~ή*** Geduld haben
**υπόνοια** [i'ponia] Verdacht *m*; Argwohn *m*
**υπονομεύω** [-'mevo] untergraben, unterminieren
**υπόνομος** Abzugskanal *m*, Kloake *f*
**υπόξινος** säuerlich
**υποπόδιο** Fußbank *f*
**υποπτεύομαι** [ipo'ptevome] verdächtigen
**ύποπτος** verdächtig (*G*/ *G*)
**υποσημ|ειώνω** anmerken, (ab)zeichnen; **~είωση** (**-εις**) [-'iosi] Anmerkung *f*
**υπο|σκάπτω** untergraben; **~σκαφή** Aushöhlung *f*
**υπόσταση** (**-εις**) Bestand *m*; Grundlage *f*; Existenz *f*
**υπο|στήριγμα** [-'stiriγma] *n* Stütze *f*, Träger *m*; **~στηρίζω** stützen; unterstützen; behaupten; **~στηρικτής** Förderer *m*; **~στήριξη** (**-εις**) Unterstützung *f*; Behauptung *f*; **~στρέφω** (sich) umdrehen; **~συνείδητο** [-si'niðito] Unterbewußtsein *n*
**υποσχεθηκ-** *s.* **υπόσχομαι**

**υπό|σχεση (-εις)** Versprechen *n*; **~σχομαι** [-sxome] versprechen
**υπο|ταγή** [-ta'ji] Unterordnung *f* (**σε**/ unter *A*); Unterwerfung *f*; **~ταγμένος** unterworfen; **~τακτική** Konjunktiv *m*; **~τακτικός** untergeordnet, untergeben; unterwürfig; **~τάσσω** unterwerfen; bändigen; **~τίμηση (-εις)** Unterschätzung *f*; Senkung *f*; Entwertung *f*; **~τιμώ (-άς)** unterschätzen; *Preis* senken; *Geld* abwerten; **~τροπή** Rückfall *m*; **~τροφία** Stipendium *n*
**υπότροφος** *m*, *f* Stipendiat(in *f*) *m*
**υπο|τυπώνω** [-ti'pono] entwerfen, skizzieren; **~τύπωση (-εις)** Entwurf *m*, Skizze *f*
**ύπουλος** ['ipulos] tückisch
**υπουλότητα** Hinterlist *f*, Tücke *f*
**υπουργείο** [ipur'jio] Ministerium *n*; **≗ *Εσωτερικών*** Innenministerium *n*; **≗ *Εξωτερικών*** Außenministerium *n*
**υπουργός** [ipur'γos] Minister *m*
**υπο|φερτός** erträglich; passabel; **~φέρω** ertragen; leiden (**από**/ an *D*, *fig.* unter *D*)
**υπόφραγμα** *n* Zwischendeck *n*
**υπο|φώσκω** [ipo'fosko] *Tag*: anbrechen; *fig.* aufsteigen; **~φωτίζω** [-fo'tizo] *Fot.* unterbelichten; **~φωτισμένος** unterbelichtet; **~χθόνιος** [-'xθonios] **(-α)** unterirdisch
**υπο|χόντρια** Trübsinn *m*; **~χοντριακός** trübsinnig
**υπο|χρεώνω** [ipoxre'ono] zwingen (**σε**/ zu *D*); verpflichten; **~χρέωση (-εις)** Verpflichtung *f*; *Hdl.* Verbindlichkeit *f*; **~χρεωτικός** obligatorisch, Pflicht-; **~χώρηση (-εις)** [-'xorisi] Rückzug *m*; Zugeständnis *n*; **~χωρητικός** Rückzugs-; nachgiebig; **~χωρώ** [-xo'ro] sich zurückziehen; nachgeben; nachlassen; **~ψήφιος** [-'psifios] Kandidat *m*; Bewerber *m*; **~ψηφιότητα** Kandidatur *f*; ***βάζω ~ψηφιότητα*** kandidieren; **~ψία** [-'psia] Verdacht *m*; Argwohn *m*; **~ψιάζομαι** [-psi'azome] verdächtigen; argwöhnen
**ύστατος** letzte(r, -s)
**ύστερα** ['istera] *Adv.* dann, danach, später; außerdem, dazu; *prp.* **~ *από*** nach *D*
**υστερ|ία** [ister-] Hysterie *f*; **~ικός** hysterisch; **~ινός** (nach)folgend; letzte(r, -s); **~οβουλία** [-ovu'lia] Hintergedanke *m*; **~όβουλος** hinterhältig; **~όγραφο** Postskriptum *n*; Nachtrag *m*
**ύστερος** folgend, später; ***εκ***

υστερώ 192

***των υστέρων*** nachträglich, nachher
**υστερώ** zurückbleiben; unterlegen sein (*G*/ *j-m*)
**υφαίνω** [i'feno] weben
**υφαλοκρηπίδα** Schelf *m*, Festlandsockel *m*
**ύφαλος** *f* Riff *n*, Klippe *f*
**υφαντ|ική** Weberei *f*; **~ός** gewebt; **~ουργία** [-ur'jia] Textilindustrie *f*
**ύφασμα** ['ifazma] *n* Stoff *m*, Gewebe *n*; *pl.* Textilien *pl.*
**ύφεση** Nachlassen *n*; Entspannung *f*
**υφή** [i'fi] Gewebe *n*; Struktur *f*; Aufbau *m*
**υφ|ίσταμαι** [i'fistame] aushalten, ertragen; erleiden; *Prüfung* machen; bestehen, existieren; **~ιστάμενος** untergeordnet, untergeben; bestehend
**ύφος** ['ifos] *n* Stil *m*; Miene *f*; Haltung *f*
**υψηλ|ός** [ipsil-] hoch; groß; erhaben; ***αφ' ~ού*** von oben herab; **~ότατος** höchste(r, -s)
**υψικάμινος** [ipsi-] *f* Hochofen *m*
**υψίπεδο** Hochebene *f*
**ύψιστος** höchste(r, -s)
**υψόμετρο** Höhenangabe *f*; Höhenmesser *m*
**ύψος** ['ipsos] *n* Höhe *f*; Erhabenheit *f*; Stand *m*
**ύψωμα** ['ipsoma] *n* Anhöhe *f*, Höhe *f*
**υψώνω** [i'psono] (er)heben; erhöhen
**ύψωση** (**-εις**) Aufstieg *m*; Ansteigen *n*; Preiserhöhung *f*
**υψωτικός** steigend

# Φ

**φαγάνα** [fa'γana] Bagger *m*
**φά(γ)ε!** ['fa(j)e] iß!, *s.* **τρώ(γ)ω**
**φαγητό** [faji'to] Essen *n*; ***μεσημεριανό ~*** Mittagessen *n*; ***βραδινό ~*** Abendessen *n*
**φα(γ)ί** [fa'(j)i] Essen *n*
**φαγοπότι** Schmaus *m*
**φαγότο** [fa'γoto] Fagott *n*
**φαγούρα** Jucken *n*
**φαγ|ωμένος** satt; zerfressen; verschlissen; **~ώνομαι** [-'γonome] verschleißen; sich streiten; **~ώσιμος** eßbar; *Su. n*/*pl.* Eßwaren *f*/*pl.*
**φαΐ** [fa'i] Essen *n*
**φαιδρ|ός** [feðr-] froh; lustig; lächerlich; **~ότητα** Fröhlichkeit *f*; Lustigkeit *f*; Lächerlichkeit *f*; **~ύνω** [-'ino] erheitern
**φαίνομαι** ['fenome] sichtbar sein; (er)scheinen
**φαινομεν|ικός** scheinbar, Schein-; **~ικότητα** Schein *m*, Anschein *m*
**φαινόμεν|ο** Erscheinung *f*; Wunder *n*; ***κατά τα ~α*** dem Anschein nach

**φαιός** [fe'os] **(-ά)** grau
**φάκα** Falle *f*
**φάκελ(λ)ος** Umschlag *m*; Akte *f*, Ordner *m*; (Post-) Sendung *f*
**φακελ(λ)ώνω** in e-n Umschlag stecken; verpacken; eine Akte anlegen über (*A*)
**φακή** [fa'ki] Linse *f*; Linsengericht *n*
**φακίδα** Sommersprosse *f*
**φακιόλι** Kopftuch *n*
**φακ|ός** *Fot*. Linse *f*, Objektiv *n*; Taschenlampe *f*; ***προαντικειμενικός ~ός*** Vorsatzlinse *f*; ***~οί επαφής*** Kontaktlinsen *f/pl*.
**φάλαγγα** [-ŋga] Kolonne *f*
**φάλαινα** ['falena] Wal *m*
**φαλ|άκρα** Glatze *f*; **~ακρός** glatzköpfig; **~ακρώνω** [-a'krono] kahl werden
**φαλ|ιμέντο** Konkurs *m*; **~ίρω** Konkurs machen
**φαν-** *s.* **φαίνομαι**
**φανάρι** Laterne *f*; Ampel *f*
**φανατ|ικός** fanatisch; *Su. m* Fanatiker *m*; **~ισμός** Fanatismus *m*
**φανέλα** Flanell *m*; Unterhemd *n*
**φαν|ερός** klar, offenbar; **~ερώνω** [-e'rono] offenbaren; äußern; bezeichnen; **~έρωση (-εις)** Offenbarung *f*, Äußerung *f*
**φανηκ-** *s.* **φαίνομαι**
**φανός** Laterne *f*; Scheinwerfer *m*; Taschenlampe *f*
**φαντ|άζομαι** sich *etw*. einbilden; glauben, denken; **~άζω** Effekt machen; **~άρος** Rekrut *m*; **~ασία** Phantasie *f*; Einbildung *f*
**φαντασιο|κοπία** Illusion *f*, Wahn *m*; Täuschung *f*; **~κοπώ** phantasieren, träumen
**φάντασμα** *n* Gespenst *n*, Geist *m*; Phantom *n*
**φαντ|ασμένος** eingebildet; **~αστικός** eingebildet, imaginär; phantastisch; seltsam; **~αχτερός** aufgeputzt; bunt
**φανφάρα** Fanfare *f*; Blasorchester *n*
**φαράγγι** [-ŋgi] Schlucht *f*
**φαράσι** Müllschaufel *f*
**φάρδαιμα** ['farðema] *n* Verbreiterung *f*
**φαρδαίνω** [-'ðeno] verbreitern; erweitern; breiter werden
**φάρδος** *n* Breite *f*, Weite *f*
**φαρδύνω** *s.* **φαρδαίνω**
**φαρδύς** breit, weit
**φαρμακ|είο** [farma'kio] Apotheke *f*; **~εμπορία** [-embo'ria] Medikamentengroßhandlung *f*; **~ερός** giftig; **~ευτική** [-efti'ki] Pharmazeutik *f*; **~ευτικός** Arznei-; pharmazeutisch
**φαρμάκι** Gift *n*; Kummer *m*
**φάρμακο** Arznei *f*
**φαρμακοποιός** [-pi'os] *m*, *f* Apotheker(in *f*) *m*
**φαρμ|άκωμα** *n* Vergiftung

φαρμακώνω 194

*f*; **~ακώνω** [-a'kono] vergiften; verbittern
**φάρος** Leuchtturm *m*
**φάρυγγας** Rachen *m*
**φασαρία** Trubel *m*, Krach *m*; *pl*. Umstände *m*/*pl*.
**φάση (-εις)** Phase *f*
**φασιανός** Fasan *m*
**φασ|ισμός** Faschismus *m*; **~ίστας** Faschist *m*
**φασκι|ά** [fa'skja] Windel *f*; **~ώνω** *Kind* wickeln
**φάσμα** *n* Erscheinung *f*, Gespenst *n*; Spektrum *n*
**φασ|όλι, ~ούλι** Bohne *f*
**φάτνη** ['fatni] Krippe *f*
**φάτσα** Gesicht *n*; *fam*. Visage *f*
**Φεβρουάριος** [fevru'arios] Februar *m*
**φεγγ|άρι** [feŋg-] Mond (-schein) *m*; **~ίτης** Luke *f*, Dachfenster *n*
**φέγγω** ['feŋgo] leuchten; scheinen
**φείδομαι** ['fiðome] sparen; schonen
**φελλός** Korken *m*; Schwimmgürtel *m*
**φεμινισμός** Frauenbewegung *f*, Feminismus *m*
**φέρετρο** Sarg *m*; Bahre *f*
**φερμουάρ** [fermu'ar] *n* Reißverschluß *m*
**φέρνω** tragen; (her)bringen; mit sich bringen
**φέρομαι** sich benehmen; gelten, erwähnt werden
**φερρυ-μπότ** [feri'bot] *n* Fähre *f*
**φεστιβάλ** [-'val] *n* Festspiel *n*
**φέτα** Schnitte *f*, Scheibe *f*; Schafskäse *m*
**φετ(ε)ινός** diesjährig
**φέτος** *Adv*. dieses Jahr, heuer
**φευγ|αλέος** [fevɣ-] **(-α)** flüchtig; **~ατίζω** *j-n* entfliehen lassen; **~άτος** geflohen; abgefahren, weg
**φεύγω** ['fevɣo] (weg)gehen; (ab)fahren; (ab)reisen
**φήμη** ['fimi] Gerücht *n*; Ruf *m*
**φημ|ίζομαι** [fim-] bekannt werden; berühmt sein; **~ισμένος** berühmt, bekannt
**φθάνω** *s*. **φτάνω**
**φθαρ-** *s*. **φθείρω**
**φθαρμένος** abgenutzt, abgetragen
**φθαρτός** verderblich; vergänglich
**φθείρω** ['fθiro] abtragen; zerrütten; verderben
**φθιν|οπωρινός** [fθin-] herbstlich, Herbst-; **~όπωρο** Herbst *m*
**φθίνω** ['fθino] schwinden; sich verschlechtern
**φθίση** ['fθisi] Schwindsucht *f*, Tuberkulose *f*
**φθόγγος** ['fθoŋgos] Laut *m*
**φθονερός** [fθon-] neidisch
**φθόνος** Neid *m*
**φθονώ** beneiden; neidisch sein
**φιάλη** [fi'ali] Flasche *f*
**φιδές** Fadennudeln *f*/*pl*.

**φίδι** Schlange *f*
**φίλαθλος** ['filaθlos] Sportfreund *m*
**φιλανθρωπ|ία** [filanθrop-] Menschenliebe *f*; Wohltätigkeit *f*; **~ικός** wohltätig
**φιλ|αργυρία** [filarji'ria] Habsucht *f*; **~άργυρος** geldgierig, habsüchtig; **~άρεσκος** kokett
**φιλαρμονικ|ή** Philharmonie *f*; **~ός** philharmonisch
**φιλάσθενος** [fi'lasθenos] kränklich
**φίλαυτος** ['filaftos] egoistisch; *Su. m* Egoist *m*
**φιλ|ειρηνικός** [filirinik-] friedliebend; Friedens-; **~εκπαιδευτικός** [-ekpeðeft-] bildungsbeflissen; **~ελευθερισμός** [-elefθer-] Liberalismus *m*; **~ελεύθερος** liberal
**φίλεμα** *n* Bewirtung *f*
**φιλενάδα** Freundin *f*
**φίλεργος** arbeitsam
**φιλές (-έδες)** Haarnetz *n*
**φιλέτο** Filet *n*
**φιλεύω** [fi'levo] bewirten
**φίλημα** ['filima] *n* Kuß *m*
**φιλί** Kuß *m*; **~α** Freundschaft *f*
**φιλιγκράν** [fili'gran] *n* Wasserzeichen *n*
**φιλ|ικός** freundschaftlich; freundlich; **~ιώνω** [-'jono] versöhnen; sich vertragen; **~ιωτικός** versöhnlich
**φιλμ** *n* Film *m*
**φιλ|οδοξία** Ehrgeiz *m*; **~όδοξος** ehrgeizig
**φιλο|δώρημα** [-'ðorima] *n* Trinkgeld *n*; Geldgeschenk *n*; **~δωρία** Freigebigkeit *f*; Gabe *f*; **~δωρώ** [-ðo'ro] belohnen; beschenken
**φιλοκαλία** Freude *f* am Schönen
**φιλολογ|ία** [-'jia] Philologie *f*; Literatur *f*; **~ικός** philologisch; literarisch
**φιλόλογος** *m/f* Philologe *m*, Philologin *f*
**φιλ|ομάθεια** [filo'maθia] Wißbegierde *f*, Lerneifer *m*; **~ομαθής** 2 wißbegierig; **~όμουσος** Kunstfreund *m*; **~ονεικία** [-onik-] Streit *m*, Zank *m*; **~όνεικος** streitsüchtig; **~ονεικώ** [-oni'ko] (sich) streiten; **~οξενία** Gastfreundschaft *f*; **~όξενος** gastfreundlich; gastlich; **~οξενούμενος** Gast(freund) *m*; **~οξενώ** [-okse'no] gastfreundlich aufnehmen; **~οπατρία** Vaterlandsliebe *f*; **~όπατρις (-ιδος)** Patriot *m*; **~οπόλεμος** kriegerisch; **~οπονία** Strebsamkeit *f*; **~όπονος** strebsam; **~όπτωχος** armenfreundlich, wohltätig
**φίλος** Freund *m*; *Adj.* lieb, teuer; befreundet
**φιλοσοφ|ία** Philosophie *f*; **~ικός** philosophisch
**φιλ|όσοφος** Philosoph *m*; **~οσοφώ** [-'fo] philosophieren; **~οστοργία** [-'jia]

**φιλόστοργος** 196

Zärtlichkeit *f*; **~όστοργος** [-γos] zärtlich, liebevoll; **~ότεκνος** kinderlieb; **~οτελιστής** Briefmarkensammler *m*; **~οτέχνημα** [-x-] *n* Kunstwerk *n*; **~οτεχνία** Kunstverstand *m*; **~ότεχνος** kunstverständig, geschickt; **~οτιμία** Ehrgefühl *n*; Schamgefühl *n*; **~ότιμο: *έχω ~ότιμο*** sich nicht lumpen lassen; **~ότιμος** ehrliebend; großzügig

**φιλο|φρόνηση (-εις)** Liebenswürdigkeit *f*, Kompliment *n*; **~φρονητικός** liebenswürdig; **~χρήματος** geldgierig

**φίλτατος** liebste(r, -s), teuerste(r, -s)

**φιλτζάνι** [fil'dzani] Tasse *f*

**φιλτράρω** filtrieren

**φίλτρο** Filter *m*; Charme *m*

**φιλώ (-άς)** küssen

**φίμωτρο** Maulkorb *m*

**φίνος (-α)** fein; tadellos

**φιξ|άρω** fixieren; **~ατίφ** *n* Fixativ *n*, Fixiermittel *n*

**φιόγκος** ['fjoŋgos] Schleife *f*

**φίρμα** Firma *f*

**φίσα** *Elektr*. Stecker *m*; Karteikarte *f*; Spielkarte *f*

**φιστίκι** Erdnuß *f*

**φίστουλας** Fistel *f*

**φιτίλι** Docht *m*; Zündschnur *f*

**φλαμουριά** Linde *f*

**φλάουτο** ['flauto] Flöte *f*

**φλας** *n* Blitzlicht *n*

**φλέβα** ['fleva] Ader *f*, Vene *f*

**Φλεβάρης** Februar *m*

**φλεβίτιδα** Venenentzündung *f*

**φλέγμα** *n* Schleim *m*; Gleichgültigkeit *f*

**φλεγμονή** [fleγmo'ni] Entzündung *f*

**φλέματα** *n*/*pl*. (schleimiger) Auswurf *m*

**φλερτ** *n* Flirt *m*

**φλερτάρω** flirten

**φλιτζάνι** [fli'dzani] Tasse *f*

**φλόγα** ['floγa] Flamme *f*

**φλογέρα** (Hirten-)Flöte *f*

**φλογ|ερός** [floj-] brennend; *fig*. glühend; **~ίζω** entzünden

**φλοκάτη** langhaarige Wolldecke *f*, Hirtenteppich *m*

**φλούδα** ['fluða] Rinde *f*; Schale *f*; Kruste *f*

**φλυαρία** [fli-] Geschwätz *n*

**φλύαρος** schwatzhaft; *Su*. *m* Schwätzer *m*

**φλυαρώ** [flia'ro] schwatzen, faseln

**φοβάμαι** [fo'vame] (sich) fürchten

**φοβ|ερίζω** [fov-] einschüchtern; (be)drohen; **~έρισμα** *n* Einschüchterung *f*; **~ερός** schrecklich; gewaltig; **~ίζω** erschrecken; **~ιτσιάρης** [-i'tsjaris] **(-α, -ικο)** furchtsam, ängstlich

**φόβος** ['fovos] Furcht *f*, Angst *f* (*G*/ vor *D*)

**φοβούμαι** [fo'vume] fürchten (**μην**/ daß); sich fürchten (*A*/ vor *D*)

**φόδρα** ['foðra] Futter *n*
**φοιν|ίκι** [fin-] Dattel *f*; **~ικιά** [-i'kja] Dattelpalme *f*
**φοίτηση** (**-εις**) ['fitisi] Studium *n*; Besuch *m*
**φοιτητ|ής** [fitit-] Student *m*; **~ικός** Studenten-, studentisch
**φοιτ|ήτρια** [fit-] Studentin *f*; **~ώ** [fi'to] (**-άς**) studieren; *Schule* besuchen; verkehren
**φομπ** [fob] fob, frei an Bord
**φον|έας** Mörder *m*; **~εύω** [-'evo] ermorden, töten; **~ιάς** Mörder *m*; **~ικό** Mord *m*, Totschlag *m*; **~ικός** Mord-; mörderisch
**φόνος** Mord *m*
**φόντο** Hintergrund *m*
**φόρα** Stärke *f*; Anlauf *m*; Schwung *m*
**φορ|ά** Mal *n*; Gang *m*, Lauf *m*; ***άλλη ~ά*** ein anderes Mal; ***άλλη μια ~ά*** noch einmal; ***δύο, τρεις ~ές*** zweimal, dreimal *usw.*; ***μια ~ά*** einmal; ***πολλές ~ές*** häufig, oft; ***μια ~ά κι έναν καιρό ...*** es war einmal ...
**φορέας** Träger *m*
**φορείο** Tragbahre *f*
**φόρεμα** *n* Kleid *n*
**φορεμένος** getragen
**φορεσ-** *s.* **φορώ**
**φορητός** tragbar
**φόρμα** Form *f*; Trainingsanzug *m*; Overall *m*; Vordruck *m*
**φόρμουλα** Formel *f*
**φοροδιαφυγή** [-ðiafi'ji] Steuerhinterziehung *f*
**φορολογ|ήσιμος** [-'jis-] steuerpflichtig; **~ία** Besteuerung *f*; **~ικός** Steuer-; **~ούμενος** [-'ɣum-] Steuerzahler *m*; **~ώ** [-'ɣo] besteuern
**φόρος** Steuer *f*; Gebühr *f*; ***~ αποδοχών*** Lohnsteuer *f*; ***~ εισοδήματος*** Einkommensteuer *f*; ***εκκλησιαστικός ~*** Kirchensteuer *f*
**φορ|τηγό** [-ti'ɣo] Lastkraftwagen *m*; Frachtdampfer *m*; **~τίο** Ladung *f*, Last *f*, Fracht *f*; **~τώνω** (be)laden; aufbürden
**φορτωτ|ής** [-to'tis] Ladearbeiter *m*, Hafenarbeiter *m*; **~ική** Frachtbrief *m*; **~ικός** Lade-, Fracht-
**φορώ** [fo'ro] (**-άς**) tragen; anziehen; aufsetzen; umbinden
**φουγάρο** [fu'ɣaro] Schornstein *m*
**φουκαράς** Habenichts *m*; *Adj.* arm
**φουντούκι** Haselnuß *f*
**φουντώνω** [fun'dono] wuchern; wüten; aufbrausen
**φούρκα** ['furka] Galgen *m*; Wut *f*
**φουρκέτα** Haarnadel *f*
**φουρκίζ|ομαι** [fur'kizome] in Wut geraten; **~ω** aufhängen; in Wut bringen
**φούρνος** ['furnos] Backofen *m*; Brotbäckerei *f*; ***του φούρνου*** (im Ofen) gebakken

**φουρτ|ούνα** [fur'tuna] Sturm *m*; Unheil *n*; **~ουνιάζει** [-u'njazi] es wird stürmisch; **~ουνιασμένος** [-unjazm-] stürmisch; *fig.* bewegt
**φούσκα** ['fuska] Blase *f*; Bläschen *n*, Pickel *m*; Luftballon *m*
**φουσκονεριά** Sturmflut *f*
**φουσκών|ομαι** [fu'skonome] sich aufblähen; (an-) schwellen; **~ω** aufblasen; aufblähen; auftreiben; rasend machen
**φουσκωτός** [fusko'tos] aufgeblasen, aufgebläht; (an)geschwollen
**φούστα** ['fusta] Rock *m*
**φουστάνι** Kleid *n*
**φούχτα** ['fuxta] Handteller *m*; Handvoll *f*
**φραγκοστάφυλο** [fraŋgo-] Johannisbeere *f*
**Φραγκφούρτη** [fraŋk'furti] Frankfurt *n*
**φράγμα** *n* Einzäunung *f*; Zaun *m*; Staudamm *m*
**φραγμένος** eingezäunt
**φραγμός** Damm *m*, Schranke *f*
**φράζω** einzäunen; versperren; verstopfen
**φράουλα** ['fraula] Erdbeere *f*
**φραπέ** eisgekühlt(er Kaffee *m*)
**φράση (-εις)** ['frasi] Satz *m*; Ausdruck *m*; Wendung *f*
**φραστικός** Sprach-, Stil-
**φράχτης** ['fraxtis] Zaun *m*; Hecke *f*; *Tech.* Schleuse *f*
**φρέζα** Fräse *f*
**φρενάρω** bremsen
**φρενιάζω** wahnsinnig machen; toben
**φρένιασμα** *n* Tobsucht(sanfall *m*) *f*
**φρενίτιδα** Wahnsinn *m*
**φρένο** Bremse *f*; **~ *κόντρα*** Rücktrittbremse *f*
**φρενο|βλάβεια** [-'vlavia] Irrsinn *m*; **~βλαβής** [-vla'vis] 2 irrsinnig; **~κομείο** Irrenanstalt *f*; **~λόγος** Irrenarzt *m*; **~παθής** [-pa'θis] 2 geisteskrank
**φρεσκ|άδα** Frische *f*; **~άρω** erfrischen; frisch machen; frisch werden
**φρέσκο** Fresko *n*; Gefängnis *n*
**φρέσκος (-ια)** frisch
**φρικαλ|έος (-α)** grauenvoll; **~εότητα** Greueltat *f*, Abscheulichkeit *f*
**φρίκη** Entsetzen *n*
**φρικιαστικός** schauderhaft
**φρίττω** schaudern, sich entsetzen
**φριχτός** [-x-] entsetzlich
**φρόνημα** ['fronima] *n* Ansicht *f*; Moral *f*; Selbstbewußtsein *n*
**φρονιμ|άδα** Vernunft *f*, Besonnenheit *f*; **~εύω** [-'evo] zur Vernunft bringen; vernünftig werden

**φρόνιμος** vernünftig; artig
**φροντ|ίδα** Sorge *f*; **~ίζω** sorgen (*A*/ für *A*); *etw.* besorgen; sich kümmern (**για**/ um *A*); **~ιστήριο** Seminar *n*; private Nachhilfeschule *f*
**φρονώ** [fro'no] meinen
**φρουρ|ά** [fru'ra] Wache *f*; Garde *f*; Garnison *f*; **~αρχείο** [-'çio] Kommandantur *f*
**φρούρ|αρχος** ['frurarxos] Kommandant *m*; **~ηση** Bewachung *f*; **~ιο** Festung *f*
**φρουρ|ός** Wächter *m*; **~ώ** [fru'ro] (be)wachen
**φρούτα** ['fruta] *n*/*pl.* Obst *n*, Früchte *f*/*pl.*
**φρουτιέρα** Obstschale *f*
**φρούτο** Frucht *f*
**φρύγανα** ['friɣana] *n*/*pl.* Reisig *n*
**φρυγανίζω** rösten
**φρύδι** ['friði] Augenbraue *f*
**φρύνος** ['frinos] Kröte *f*
**φταί|ξιμο** ['fteksimo] (**-ατος**) Schuld *f*; Fehler *m*; **~ω** schuld haben (**για**/ an *D*)
**φτάνω** ankommen; erreichen; einholen; reichen
**φτενός** dünn, fein; knapp
**φτέρη** Farnkraut *n*
**φτέρνα** Ferse *f*
**φτερνίζομαι** niesen
**φτερ|ό** Feder *f*; **~ούγα** [-'uɣa] Flügel *m*; **~ουγίζω** [-u'jizo] flattern
**φτην|αίνω** [fti'neno] verbilligen; billiger werden; **~ός** billig
**φτιαγμένος** gemacht, angefertigt
**φτιά(χ)ν|ομαι** ['ftja(x)nome] sich schminken; **~ω** machen, anfertigen; ordnen; sich bessern; ***τι ~εις;*** was machst du?, wie geht's?
**φτιασ|ίδι** Schminke *f*; **~ίδωμα** *n* Schminken *n*; **~ιδώνω** [-i'ðono] schminken
**φτιαχτός** (nach)gemacht; gekünstelt
**φτυ|άρι** ['ftjari] Schaufel *f*; **~αρίζω** (weg)schaufeln
**φτύ|μα** ['ftima] *n* Speichel *m*, Spucke *f*; **~νω** spucken
**φτωχαίνω** [fto'çeno] verarmen
**φτώχ(ε)ια** ['ftoça] Armut *f*
**φτωχ|ικός** [-ç-] ärmlich, dürftig; **~οδέρνω** [-xo'ðerno] dahinvegetieren; **~ός** [-'xos] arm
**φυγ-** *s.* **φεύγω**
**φυγ|άδας** [fi'ɣa-] Flüchtling *m*; **~αδεύω** [-'ðevo] zur Flucht verhelfen; **~ή** [fi'ji] Flucht *f*; **~όπονος** [-'ɣo-] arbeitsscheu; **~όστρατος** Wehrdienstverweigerer *m*
**φύκια** ['fikja] *n*/*pl.* Algen *f*/*pl.*, Seetang *m*
**φυλά|γομαι** sich in acht nehmen (**από**/ vor *D*); vorsichtig sein; **~(γ)ω** bewachen; hüten; beschützen; (auf)bewahren; aufheben
**φύλακας** Wächter *m*; Wärter *m*, Aufseher *m*

**φυλακ|ή** Gefängnis *n*; **~ίζω** einsperren
**φυλ|άκιση** (**-εις**) Haft *f*, Gefängnisstrafe *f*; **~ακισμένος** Gefangene(r)
**φύλαξη** ['filaksi] Bewachung *f*; Aufbewahrung *f*
**φυλαχτό** Amulett *n*
**φυλ|ετικός** rassisch, Rassen-; **~ή** [fi'li] Stamm *m*; Rasse *f*
**φύλλο** ['filo] Blatt *n*; Bogen *m*; Folie *f*; Spielkarte *f*
**φυλλομετρώ** [filome'tro] (**-άς**) durchblättern
**φυλλοξήρα** [-'ksira] Reblaus *f*
**φύλλωμα** ['filoma] *n* Laub *n*
**φύλο** ['filo] Geschlecht *n*; Stamm *m*
**φυματικός** schwindsüchtig
**φυματίωση** [fima'tiosi] Tuberkulose *f* (Tbc)
**φυσαλίδα** Bläschen *n*
**φυσαρμόνικα** (Mund-) Harmonika *f*
**φυσέκι** Patrone *f*
**φύσ|η** (**-εις**) ['fisi] Natur *f*; Wesen *n*, Charakter *m*; ***~ει*** von Natur; ***παρά ~η*** widernatürlich
**φύσημα** ['fisima] *n* Luftzug *m*; Hauch *m*; Hauchen *n*
**φυσίγγιο** Patrone *f*
**φυσικ|ά** [fisik-] *Adv.* natürlich, selbstverständlich; **~ή** Physik *f*; **~ό** Naturell *n*; **~ός** natürlich; Natur-; physikalisch; unehelich; *Su. m* Physiker *m*, Naturwissenschaftler *m*; **~ότητα** Natürlichkeit *f*
**φυσιο|γνωμία** [fisioγno'mia] Erscheinung *f*; Gestalt *f*; **~δίφης** [-'ðifis] Naturforscher *m*; **~θεραπεία** Naturheilkunde *f*; **~κρατία** Naturalismus *m*; **~λογικός** [-loji'kos] normal; *Adv.* normal(erweise); **~προστασία** Naturschutz *m*
**φυσώ** [fi'so] (**-άς**) (an-) blasen, wehen; schnauben
**φυτ|εία** [fi'tia] Pflanzung *f*, Plantage *f*; **~εύω** [-'evo] (an-) pflanzen; schießen; **~ικός** Pflanzen-; vegetarisch
**φυτό** [fi'to] Pflanze *f*, Gewächs *n*
**φυτο|φαγία** [fitofa'jia] Vegetarismus *m*; **~φαγικός** vegetarisch; **~φάγος** [-γ-] Vegetarier *m*
**φυτ|ρώνω** [fi'trono] sprießen, wachsen; **~ώριο** Baumschule *f*
**φώκια** ['fokja] Seehund *m*
**φωλ|ιά** [fo'lja] Nest *n*; Höhle *f*; Bau *m*; **~ιάζω** nisten
**φώναγμα** ['fonaγma] *n* Rufen *n*; Schreien *n*
**φων|άζω** [fon-] rufen; schreien; **~ακλάς** (**-άδες**) Schreihals *m*; **~ασκία** Schreierei *f*; **~αχτά** *Adv.* laut; schrill; **~ή** Stimme *f*; Schrei *m*; Ton *m*; **~ήεν** [-'ien] (**-εντος**) *n* Vokal *m*; **~ητική** [-iti'ki] Phonetik *f*; **~οληψία** [fonoli'psia] Ton-

aufnahme *f*; **~ολογία** Phonologie *f*
**φως** [fos] (**φωτός**) *n* Licht *n*; Augenlicht *n*
**φωσφορίζω** [fosf-] phosphoreszieren; schimmern
**φώσφορο** Phosphor *m*
**φωτ|αγωγός** [fot-] Lichtschacht *m*; **~αγωγώ** [-aɣo'ɣo] festlich beleuchten; **~αέριο** [-a'er-] Leuchtgas *n*; ***φυσικό ~αέριο*** Erdgas *n*; **~εινός** hell; Leucht-; licht; **~εινότητα** Helligkeit *f*; Lichtstärke *f*
**φωτιά** [fo'tja] Feuer *n*; Brand *m*; ***βάζω ~*** Feuer legen; hetzen
**φωτίζω** [fo'tizo] beleuchten, erleuchten; *Fot.* belichten
**φώτιση** Erleuchtung *f*
**φωτισμός** Beleuchtung *f*; *Fot.* Belichtung *f*
**φωτο|βόλος** [foto-] leuchtend, strahlend; **~βολώ** [-vo'lo] leuchten, strahlen; **~γραφείο** Fotoatelier *n*; **~γραφία** Fotografie *f*, Foto *n*; **~γραφίζω** fotografieren; **~γραφικός** fotografisch, Foto-; ***~γραφική μηχανή*** Fotoapparat *m*; **~γράφος** Fotograf *m*
**φωτόμετρο** Belichtungsmesser *m*
**φωτο|σκιάζω** [-ski-] retuschieren; **~τυπία** Fotokopie *f*

# X

**χαβιάρι** [xavj-] Kaviar *m*
**χάδι** Liebkosung *f*, Streicheln *n*
**χαζ|εύω** [xa'zevo] gaffen; bummeln; **~ός** albern; *Su.* Gaffer *m*
**χαθ-** *s.* **χάνω**
**χαϊδ|ευτικός** [xaiðeft-] zärtlich; **~εύω** [-'evo] streicheln; verwöhnen
**χάιδι** ['xaiði] *s.* **χάδι**
**χαιρ|εκακία** [çer-] Schadenfreude *f*; **~έκακος** schadenfroh; **~εκακώ** schadenfroh sein
**χαίρετε** ['çerete] auf Wiedersehen!; guten Tag!
**χαιρ|έτισμα** *n* Gruß *m*; ***πολλά ~ετίσματα σε ...*** viele Grüße an ...; **~ετισμός** Gruß *m*; Begrüßung *f*; **~ετώ** (**-άς**) (be)grüßen; salutieren
**χαίρ|ομαι** ['çerome], **~ω** sich (er)freuen; ***~ω πολύ*** sehr angenehm!
**χαίτη** ['çeti] Mähne *f*
**χαλάζι** [xal-] Hagel *m*; ***πέφτει ~*** es hagelt
**χαλ|αζίας** [xal-] *m* Quarz *m*; **~άζιο** *Med.* Gerstenkorn *n*; **~αζόκοκκος** Hagelkorn *n*
**χαλαρ|ός** [xalar-] lose, lokker; flau; **~ώνομαι** [-'onome] sich lockern, nachlas-

sen; **~ώνω** lockern; sich entspannen
**χαλάρωση** [xal-] Lockerung *f*; Entspannung *f*
**χαλασ-** *s.* **χαλώ**
**χάλασμα** *n* Zerstörung *f*; Verführung *f*; *pl.* Trümmer *m/pl.*
**χαλασμένος** zerstört; entzwei
**χαλβάς** [xal'vas] Honiggrieß *m* (*mit geriebenen Mandeln u. Nüssen*)
**χαλί** [xa'li] Teppich *m*
**χάλι(α** *n/pl.*) schlechter Zustand
**χαλίκι** Kieselstein *m*
**χαλιν|άρι** [xalin-] Zügel *m*, Zaum *m*; Beschränkung *f*; **~ώνω** [-'ono] (auf)zäumen; *fig.* zügeln
**χάλκινος** Kupfer-, kupfern
**χαλκ|ογραφία** [xalk-] Kupferstich *m*; **~ός** Kupfer *n*
**χαλνώ** *s.* **χαλώ**
**χαλύβδινος** [xa'livðinos] stählern, Stahl-; *fig.* eisern
**χαλώ (-άς)** verderben, beschädigen; zerstören; (*Geld*) wechseln
**χαμένος** verloren; ruiniert
**χαμηλ|ός** [xamil-] niedrig; leise; **~ώνω** [-'ono] niedriger machen; (sich) senken; herunterlassen
**χαμ|όγελο** [xa'mojelo] Lächeln *n*; **~ογελώ** [-oje'lo] **(-άς)** lächeln; **~όκλαδα** *pl.* Gestrüpp *n*; **~ομήλι** [-o'mili] Kamille *f*
**χάμουρα** ['xamura] *n/pl.* Zaumzeug *n*
**χαμπάρι** [xa'bari] Nachricht *f*; ***τι ~α;*** was gibt's Neues?; ***δεν έχω ~*** ich habe keine Ahnung
**χάνομαι** verlorengehen; sich verlaufen; verschwinden
**χαντ|άκι** [xand-] Graben *m*; **~ακώνομαι** [-a'konome] zugrunde gehen; **~ακώνω** ruinieren
**χάντ-μπωλ** [-bol] *n* Handball *m*
**χάντρα** Glasperle *f*
**χάνω** ['xano] verlieren; verpassen; ***τα ~*** die Fassung verlieren
**χάος** ['xaos] *n* Chaos *n*; Abgrund *m*
**χάπι** ['xapi] Pille *f*
**χαρ|ά** [xa'ra] Freude *f*; Hochzeit *f*; ***μετά ~άς*** mit Vergnügen
**χάραγμα** *n* Kerbe *f*
**χαράδρα** Schlucht *f*, Kluft *f*
**χαράζω** (ein)gravieren; (ein)kerben; einschneiden; zeichnen; einprägen
**χάρακας** Lineal *n*
**χαρ|άκι** Lineal *n*; **~ακιά** Schramme *f*; Strich *m*
**χαρακτήρας** [xara'ktiras] Charakter *m*; Merkmal *n*; Stil *m*
**χαρακτηρ|ίζω** charakterisieren; bezeichnen; **~ισμός** Charakterisierung *f*; Charakteristik *f*; **~ιστικό** Merkmal *n*, Kennzeichen *n*; *pl.*

Gesichtszüge *m/pl.*; **~ιστικός** charakteristisch (*G*/ für *A*)
**χαράκωμα** *n* Schützengraben *m*
**χαρακ|ώνω** [-'ono] liniieren; kerben; ***~ωμένος*** liniiert; gefurcht
**χαραμίζω** verschwenden
**χαραυγή** [xara'vji] Tagesanbruch *m*
**χάρη** ['xari] Charme *m*; Gefallen *m*; Dank *m*; Gnade *f*, Begnadigung *f*; ***~ σε*** dank *D*; ***για ~ σου*** deinetwegen
**χαρηκ-** *s.* **χαίρομαι**
**χαριεντίζομαι** [xarien'dizome] scherzen; flirten
**χαρίζ|ομαι** e-n Gefallen tun (**τον**/ *j-m*); **~ω** schenken; *Strafe* erlassen
**χάρ|ις** ['xaris] (**-ιτος**) *f s.* **χάρη**; ***~ιν*** (*G*) für *A*, wegen *G*, *D* zuliebe; ***λόγου ~ιν*** (***λ.χ.***), ***παραδείγματος ~ιν*** (***π.χ.***) zum Beispiel (z. B.)
**χαρ|ιτωμένος** anmutig, graziös; **~οποιώ** [-pi'o] erfreuen
**Χάρος** Tod *m*; *fig.* Sensenmann *m*
**χαρούμενος** [xa'ru-] froh
**χαρτάκι** Zettel *m*
**χάρτης** ['xartis] Landkarte *f*; Urkunde *f*; Charta *f*
**χαρτί** Papier *n*; Dokument *n*, Zeugnis *n*; *pl.* Papiere *n/pl.*; Spielkarte *f*; ***~ αλληλογραφίας*** [alilo-] Briefpapier *n*; ***~ τουαλέτας*** [tual-] Toilettenpapier *n*; ***φωτογραφικό ~*** Fotopapier *n*
**χάρτινος** Papier-
**χαρτ|όδετος** [xart-] broschiert; kartoniert; **~ομάντισσα** Kartenlegerin *f*; **~όνι** Pappe *f*, Karton *m*
**χαρτο|νόμισμα** *n* Banknote *f*; Papiergeld *n*; **~παίγνιο** [-'peɣn-] Kartenspiel *n*; **~παίζω** [-'pezo] Karten spielen; **~παίχτης** (Karten-)Spieler *m*; **~πωλείο** [-po'lio] Papiergeschäft *n*; **~σακ(κ)ούλα** Tüte *f*; **~φύλακας** Aktenmappe *f*; Brieftasche *f*
**χασάπ|ης** [xa'sapis] (**-ηδες**) Fleischer *m*; **~ικο** Fleischerei *f*
**χασικλής** [xasi'klis] (**-ήδες**) Haschischraucher *m*
**χάσιμο** (**-ατος**) Verlust *m*
**χασίσ(ι)** *n* Haschisch *n*
**χάσμα** *n* Schlund *m*; Spalte *f*; Lücke *f*
**χασμουριέμαι** [xazmu'rjeme] gähnen
**χασο|μέρης** Nichtstuer *m*; **~μέρι** Nichtstun *n*; Zeitverlust *m*; **~μερώ** (**-άς**) herumbummeln; Zeit verlieren; *j-n* aufhalten
**χαστούκι** Ohrfeige *f*
**χατίρι** Gefallen *m*
**χαφ|ιεδισμός** [xafjeð-] Bespitzelung *f*; **~ιές** (**-ιέδες**) Spitzel *m*
**χάφτω** ['xafto] verschlingen

**χείλ|ι** ['çili] Lippe *f*; **~ος** *n* Rand *m*
**χειμ|ερινός** [çim-] winterlich; Winter-; **~ώνας** Winter *m*; **~ωνιάτικος** [-o'njatikos] winterlich
**χειρα|ποσκευή** [çiraposkje'vi] Handgepäck *n*; **~φέτηση** [-'fetisi] Emanzipation *f*
**χειρ|ίζομαι** [çir-] handhaben; betätigen; behandeln; regeln; **~ισμός** Handhabung *f*
**χείριστος** schlechteste(r, -s); schlimmste(r, -s)
**χειρ|οβομβίδα** [-vom'viða] Handgranate *f*; **~όγραφο** Manuskript *n*; **~όγραφος** handgeschrieben; **~οδικία** Faustrecht *n*; **~οκίνητος** handbetrieben; **~οκρότημα** *n* Händeklatschen *n*, Beifall *m*; **~οκροτώ** applaudieren; **~ολαβή** [-ola'vi] Handgriff *m*
**χειρονομ|ία** [çiro-] Gebärde *f*, Geste *f*; **~ώ** gestikulieren
**χειρο|πέδη** Handschelle *f*; **~πιαστός** [-pja'stos] fühlbar; offenkundig; **~ποίητος** [-'piitos] handgearbeitet; **~σφαίριση** [-'sferisi] Volleyball *m*
**χειρότερα** *Adv.* schlechter; schlimmer
**χειροτ|ερεύω** [-e'revo] sich verschlechtern; **~έρεψη** Verschlechterung *f*
**χειρότερ|ος** [çi'roteros] schlechter, schlimmer; ***τόσο το ~ο*** umso schlimmer
**χειρο|τέχνημα** *n* Handarbeit *f*; **~τέχνης** Handwerker *m*; **~τεχνία** Handwerk *n*; **~τεχνικός** handwerklich
**χειρουργ|είο** [çirur'jio] Operationssaal *m*; **~ική** Chirurgie *f*; **~ικός** chirurgisch
**χειρ|ούργος** [çi'ruryos] Chirurg *m*; **~ουργώ** [-'ɣo] operieren
**χειρόφρενο** Handbremse *f*
**χέλι** ['çeli] Aal *m*
**χελιδόνι** Schwalbe *f*
**χελώνα** Schildkröte *f*
**χέρι** ['çeri] Hand *f*; Arm *m*; Henkel *m*; ***βάζω ~*** anfassen; ***δίνω ~*** helfen
**χερούλι** [-'uli] Griff *m*; Henkel *m*; Stiel *m*
**χερσ|αίος** [çer'seos] **(-α)** Land-; Kontinental-; **~όνησος** *f* Halbinsel *f*
**χέρσος (-α)** brachliegend, unbebaut
**χημ|εία** [çi'mia] Chemie *f*; **~είο** Laboratorium *n*; **~ικός** chemisch; *Su.* *m/f* Chemiker(in *f*) *m*
**χήνα** ['çina] Gans *f*
**χήρα** ['çira] Witwe *f*
**χηρ|ε(υ)μένος** [çire(v)m-] verwitwet; **~εύω** [-'evo] Witwe(r) sein; *fig. Stelle*: unbesetzt sein
**χήρος** ['çiros] Witwer *m*
**χθες** [xθes] gestern: ***~ το***

**βράδυ** gestern abend; ~ **προχθές** neulich
**χθεσινός** gestrig
**χιαστός** [çia-] x-förmig
**χίλια** *s.* **χίλιοι**
**χιλιά|δα** [çilj-] Tausend *n*; tausend; *δύο* **~δες** zweitausend; **~ρικο** Tausenddrachmenschein *m*; **~ς (-άδος)** *f s.* **χιλιάδα**
**χιλιόγραμμο** [çi'ljo-] Kilo (-gramm) *n*
**χίλιοι** ['çilji] *pl.* tausend
**χιλιόμετρο** Kilometer *m*
**χιλιοστό|γραμμο** Milligramm *n*; **~μετρο** Millimeter *m*; **~ς** tausendst-; *ένα* ~ ein Tausendstel *n*, ein Millimeter *m*
**χίμαιρα** ['çimera] Hirngespinst *n*
**χιμαιρικός** phantastisch, überspannt
**Χιονάτη** [çon-] Schneewittchen *n*
**χιονάτος** [çon-] schneeweiß
**χιόνι** ['çoni] Schnee *m*
**χιον|ιά** Schneeball *m*; **~ίζει** [-'izi] es schneit; **~ίστρα** Frostbeule *f*; **~όβροχο** [-'ovroxo] Schneeregen *m*; **~οδρόμος** Schiläufer *m*; **~οθύελλα** [-çiono'θiela] Schneesturm *m*; **~όλευκος** [-'olefkos] schneeweiß; **~όνερο** Schneewasser *n*; **~οσκέπαστος** schneebedeckt; **~οστιβάδα** [çion-] Lawine *f*; **~οστρόβιλος** [çion-] Schneegestöber *n*
**χιούμορ** ['çumor] *n* Humor *m*
**χιουμοριστ|ής** [çu-] Humorist *m*; **~ικός** humoristisch
**χλευ|άζω** [xle'vazo] verhöhnen; **~ασμός** Verhöhnung *f*; Spott *m*; **~αστικός** höhnisch, spöttisch
**χλιαρός** [xliar-] lauwarm
**χλιμιντρίζω** wiehern
**χλόη** ['xloi] Rasen *m*
**χλωμ|άδα** [xlom-] Blässe *f*; **~ιάζω** [-'jazo] blaß werden; **~ός** blaß, bleich
**χλώριο** ['xlor-] Chlor *n*
**χλωρ|ός** grün; frisch; **~οτύρι** Quark *m*; **~οφύλλη** [-o'fili] Chlorophyll *n*
**χλώρωση** ['xlorosi] Bleichsucht *f*
**χνάρι** ['xnari] Schnittmuster *n*; Schablone *f*; Spur *f*
**χνότο** Hauch *m*, Atem *m*
**χνούδι** ['xnuði] Flaum *m*
**χόβολη** ['xovoli] glühende Asche *f*
**χοιρ|ίδιο** [çi'riðio] Ferkel *n*; **~ινό** Schweinefleisch *n*; **~ινός** Schweine-; **~ομέρι** Schinken *m*
**χοίρος** ['çiros] Schwein *n*
**χοιροστάσιο** [-'stasio] Schweinestall *m*
**χοιρ|όστριχα** [çir-] Borste *f*; **~οτροφία** Schweinezucht *f*
**χόκεϋ** ['xokei] *n* Hockey *n*
**χολ|έρα** [xol-] Cholera *f*; **~ή** Galle *f*; **~όλιθος** Gallenstein *m*

**χόνδρος** Graupe *f*; Grütze *f*; Knorpel *m*
**χοντρός** dick, stark; grobkörnig; grob; *Stimme*: tief
**χορδή** [xor'ði] Saite *f*; Sehne *f*
**χορ|ευτής** [xore'ftis] Tänzer *m*; **~ευτικός** Tanz-; tänzerisch; **~εύτρια** [-'eftria] Tänzerin *f*; **~εύω** [-'evo] tanzen
**χορήγη|μα** [xo'rijima] *n* Zuschuß *m*; **~ση (-εις)** Gewährung *f*, Bewilligung *f*, Zuteilung *f*
**χορηγ|ητής** [-ji'tis] Zuteiler *m*; **~ία** Zuwendung *f*; **~ός** [-'γos] Spender *m*; **~ώ** [-'γo] gewähren, zuteilen; erteilen; bewilligen
**χορ|οδιδασκαλείο** [xoroði-] Tanzschule *f*; **~όδραμα** *n* Ballett *n*; **~οεσπερίδα** [-oesp-] Tanzabend *m*; **~ός** Tanz *m*; Ball *m*; Chor *m*
**χορτ|άζω, ~αίνω** [-'eno] sättigen; satt werden; genug haben; ***~αίνω ύπνο*** sich ausschlafen; **~άρι** Gras *n*; Unkraut *n*; **~ασμός** Sättigung *f*; Überdruß *m*; **~άτος** satt
**χόρτο** Gras *n*; Heu *n*; *pl.* Gemüse *n*
**χορτ|όσουπα** Gemüsesuppe *f*; **~οφαγία** [-ofa'jia] Pflanzenkost *f*; **~οφάγος** [-γos] vegetarisch; *Su. m/f* Vegetarier(in *f*) *m*
**χορωδία** [xoro'ðia] Chor *m*
**χουζ|ουρεύω** [xuzu'revo] sich entspannen; **~ούρι** Entspannung *f*
**χουλιάρ|α** [xulj-] Suppenlöffel *m*; **~ι** Löffel *m*
**χούμελη** ['xum-] Hopfen *m*
**χούμος** ['xumos] Humus *m*
**χουνί** Trichter *m*
**χουρμ|αδιά** [xurm-] Dattelpalme *f*; **~άς (-άδες)** Dattel *f*
**χούφτα** Handvoll *f*
**χρεία** ['xria] Notwendigkeit *f*
**χρει|άζομαι** [xri'azome] brauchen, benötigen; ***μου ~άζεται*** (es) fehlt mir, ich brauche (es); ***~άζεται να ...*** es ist nötig, daß ...; **~αζούμενος** nötig, erforderlich
**χρέ|ος** ['xre-] *n* Schuldigkeit *f*; Aufgabe *f*; ***~η*** *pl.* Schulden *f/pl.*
**χρεώγραφο** Schuldverschreibung *f*
**χρεωκοπία** Bankrott *m*
**χρεών|ομαι** [xre'on-] belastet werden; Schulden machen; **~ω** *Hdl.* belasten
**χρέωση (-εις)** ['xreosi] Verschuldung *f*; Belastung *f*
**χρεώστης** Schuldner *m*
**χρεωστώ** *s.* **χρωστώ**
**χρήματα** ['xrimata] *n/pl.* Geld *n*
**χρηματιστήριο** Börse *f*
**χρηματο|δότης** [-'ðotis] Geldgeber *m*; **~δότηση (-εις)** Finanzierung *f*; **~δοτώ** finanzieren; **~κι-**

βώτιο [-ki'votio] Geldschrank *m*, Safe *m*
**χρήσ|η (-εις)** Gebrauch *m*, Benutzung *f*; ***οδηγίες ~εως*** Gebrauchsanweisung *f*; ***κάνω ~η*** Gebrauch machen (*G*/ von *D*)
**χρησιμ|εύω** [xrisi'mevo] dienen; nützlich sein; **~οποίηση (-εις)** [-o'piisi] Gebrauch *m*, Verwendung *f*; **~οποιήσιμος** [-opi'is-] verwendbar; **~οποιώ** [-opi'o] gebrauchen, verwenden
**χρήσιμος** nützlich, dienlich
**χρησιμότητα** Nützlichkeit *f*
**χρησμ|οδοτώ** [xrizm-] weissagen; **~ός** Orakel *n*, Prophezeiung *f*
**χρήστης** ['xristis] Nutznießer *m*
**χρηστ|ός** ehrbar; tugendhaft; **~ότητα** Ehrbarkeit *f*, Redlichkeit *f*
**χρίζω** ['xrizo] salben
**χριστιαν|ικός** [xristian-] christlich; **~ισμός** Christentum *n*; **~ός** Christ *m*
**Χριστ|ός** [xrist-] Christus *m*; ***μετά ~όν (μ.Χ.)*** nach Christus; ***προ ~ού (π.Χ.)*** vor Christus ; **~ούγεννα** [-'ujena] *n*/*pl*. Weihnachten *n*; **~ουγεννιάτικος** weihnachtlich
**χρόνια** ['xronja] *n*/*pl*. Jahre *n*/*pl*.; ***~ πολλά*** herzlichen Glückwunsch!
**χρον|ιά** Jahr *n*; Jahrgang *m*; **~ιάτικο** Jahresgehalt *n*; Jahrestag *m*; **~ιάτικος** Jahres-; **~ίζω** sich hinziehen; *Med*. chronisch werden
**χρονικ|ό** Chronik *f*; ***~ό διάστημα*** Zeitraum *m*; **~ός** Zeit-, zeitlich
**χρόνιος** ['xronios] **(-α)** langwierig; chronisch
**χρονο|γράφημα** [xrono-] *n* Feuilleton *n*; **~γράφος** Chronist *m*; **~λογία** [-lo'jia] Zeitrechnung *f*; Datum *n*; **~λογικός** chronologisch; **~λογώ** [-'γo] datieren
**χρον|όμετρο** Stoppuhr *f*; **~ομετρώ** die Zeit messen, abstoppen
**χρόν|ος** Zeit *f*; Jahr *n*; *Mus*. Takt *m*; ***του ~ου*** übers Jahr
**χρυσάφι** [xri'safi] Gold *n*
**χρυσ|ή** [xri'si] Gelbsucht *f*; **~ίζω** golden schimmern; **~ικός** Goldschmied *m*; **~ός** golden, Gold-; *fig*. goldig; *Su*. *m* Gold *n*; **~οχοείο** [-oxo'io] Juweliergeschäft *n*; **~όψαρο** Goldfisch *m*
**χρύσωμα** *n* Vergoldung *f*
**χρυσώνω** [xri'sono] vergolden
**χρώμα** ['xroma] *n* Farbe *f*; Schminke *f*
**χρωματ|ίζω** färben; **~ικός** farbig; Farben-; **~ισμός** Färbung *f*; **~ιστός** farbig, bunt
**χρώμιο** ['xromio] Chrom *n*
**χρωστήρας** [xro'stir-] Pinsel *m*

**χρωστώ** (**-άς**) schulden; verdanken; die Pflicht haben (**να**/ zu)
**χταπόδι** [xta'poδi] Krake *m*, Tintenfisch *m*
**χτέν|α, -ι** ['xten-] Kamm *m*
**χτες** *s.* **χθες**
**χτί|ζω** bauen; **~στης** Maurer *m*; Bauarbeiter *m*
**χτύπημα** *n* Schlag *m*
**χτυπητός** auffällig; geschlagen
**χτυπώ** [xti'po] (**-άς**) schlagen; klopfen; trampeln
**χυδ|αίος** [çi'δeos] (**-α**) gewöhnlich, vulgär; **~αιότητα** Gemeinheit *f*
**χυθ-** *s.* **χύνω**
**χυλόπιτ(τ)α** [çi-] *Art* Nudeln *f/pl.*
**χυλός** Brei *m*, Mus *n*
**χυμ|ός** [çim-] Saft *m*; **~ός** ***φρούτων*** ['fruton] Fruchtsaft *m*; **~ώδης** [-'oδis] 2 saftig
**χύνω** ['çino] (ein)gießen; ausgießen; vergießen; weggießen; (ein)schütten; ausschütten; verschütten
**χύτρα** Kochtopf *m*
**χωλ** [xol] *n* Diele *f*, Vorraum *m*
**χώμα** ['xoma] *n* Erde *f*; Staub *m*
**χων|ευτικός** [xonefti'kos] leichtverdaulich; **~ευτός** gegossen, geschmolzen; schmelzbar; **~εύω** [-'nevo] verdauen; gießen, schmelzen; zerfallen
**χώνεψη** ['xonepsi] Verdauung *f*
**χών|ομαι** ['xonome] sich (hinein)drängen; **~ω** (hinein)stecken; stoßen; vergraben
**χώρα** ['xora] Land *n*; Gebiet *n*; Stadt *f*
**χωρατ|ά** zum Spaß; **~εύω** [-'evo] scherzen; **~ό** Spaß *m*
**χωράφι** [xo'rafi] Feld *n*
**χωρητικότητα** [xoritik-] Fassungsvermögen *n*; Tonnage *f*
**χωρ|ιανός** Landsmann *m*; **~ιάτης** Bauer *m*; **~ιατιά** Grobheit *f*; **~ιάτικος** Land-; dörflich; grob; ***~ιάτικη σαλάτα*** Bauernsalat *m*; **~ιάτισσα** Bäuerin *f*
**χωρίζ|ομαι** [xo'rizome] sich trennen; **~ω** trennen; (zu-)teilen; sich scheiden lassen (**από**/ von *D*)
**χωριό** [xo'rjo] Dorf *n*
**χωρίς** [xo'ris] *prp.* ohne *A*; *cj.* ***~ να*** ohne daß, ohne zu; ***~ άλλο*** bestimmt, unbedingt, ohne weiteres
**χωρισ|μός** Trennung *f*; Teilung *f*; (Ehe-)Scheidung *f*; **~τά** einzeln; getrennt; **~τός** getrennt, separat, Einzel-
**χωρίστρα** Scheitel *m*
**χωρομετρώ** *Feld* vermessen
**χώρος** ['xoros] Platz *m*, Raum *m*
**χωροφύλακας** Polizist *m*

**χωρώ** [xo'ro] (**-άς**) fassen; Platz finden

**χωσ(θ)-** *s.* **χώνω**

**χωσιά** Hinterhalt *m*

## Ψ

**ψάθ|α** ['psaθa] Stroh *n*; Strohhut *m*; Strohmatte *f*; **~ινος** Stroh-

**ψαλ|ίδα, ~ίδι** Schere *f*; **~ιδίζω** (ab)schneiden

**ψαλμός** Psalm *m*

**ψαμμόλιθος** Sandstein *m*

**ψαρ|άδικο** Fischhandlung *f*; Fischerboot *n*; **~άς** (**-άδες**) Fischer *m*; **~εύω** [-'evo] fischen; angeln; aushorchen

**ψάρι** ['psari] Fisch *m*

**ψαρ|ική** Fischfang *m*; **~οκόκαλο** Gräte *f*; **~όκολλα** Fischleim *m*

**ψαρόνι** (*Vogel*) Star *m*

**ψαροπούλι** Eisvogel *m*

**ψαρός** grau(haarig)

**ψαρόσουπα** [-supa] Fischsuppe *f*

**ψαύω** ['psavo] berühren

**ψαχνίδα** [psax-] Kopfschuppen *f*/*pl*.

**ψαχνός** *Fleisch*: mager

**ψάχνω** ['psaxno] (durch)suchen

**ψείρα** ['psira] Laus *f*

**ψειρίζω** (ent)lausen

**ψεκ|άζω** (be)spritzen; **~αστήρας** Zerstäuber *m*; Sprühdose *f*

**ψελλ|ίζω** [psel-] stottern; **~ός** stotternd

**ψέμα** *n* Lüge *f*

**ψες** gestern abend

**ψευδ|άργυρος** [pse'vðarjiros] Zink *n*; **~ής** 2 falsch; künstlich; **~ίζω** stottern; **~ολόγος** lügnerisch

**ψεύδομαι** ['psevð-] lügen

**ψευδο|μάρτυρας** falscher Zeuge *m*; **~μαρτυρία** falsche Aussage *f*

**ψευδορκία** Meineid *m*

**ψεύδος** ['psevðos] *n* Lüge *f*

**ψευδώνυμο** [pse'vðonimo] Pseudonym *n*

**ψεύτης** ['pseftis] Lügner *m*; Betrüger *m*

**ψευτ|ιά** [pse'ftja] Lüge *f*; Trick *m*; **~ίζω** (ver)fälschen

**ψεύτικος** ['pseft-] falsch, unecht; künstlich

**ψευτοδουλειά** [pseftoðu'lja] Kleinigkeit *f*, Nichtigkeit *f*

**ψεύτρα** Lügnerin *f*

**ψηλ|ός** [psil-] hoch; **~ώνω** [-'ono] errichten; erhöhen; wachsen

**ψήνω** ['psino] braten; *Kaffee* kochen

**ψηστ|αριά** [psist-] Grillrestaurant *n*; **~ιέρα** Grill *m*

**ψητ|ό** [psi'to] Braten *m*; **~ός** gebraten

**ψηφιδωτό** [psifiðo'to] Mosaik *n*

**ψηφίζω** [psi'fizo] wählen; stimmen für *A*
**ψήφισ|η** Abstimmung *f*, Wahl *f*; Annahme *f*; **~μα** *n* Beschluß *m*
**ψηφο|δέλτιο** [psifo-] Stimmzettel *m*; **~θηρία** Stimmenfang *m*
**ψήφος** *f Wahl*: Stimme *f*; Wahlrecht *n*
**ψηφο|φορία** Wahl *f*; **~φόρος** *m, f* Wähler(in *f*) *m*, Stimmberechtigte(r) *m, f*
**ψιθυρίζω** [psiθi'rizo] flüstern; rascheln; summen
**ψιλά** *n/pl.* Kleingeld *n*
**ψιλικά** *n/pl.* Kurzwaren *f/pl.*
**ψιλο|δουλεύω** [-ðu'levo] (genau) ausarbeiten; **~κομμένος** fein geschnitten; *Kaffee*: fein gemahlen; **~λογώ** spitzfindig prüfen; **~ρωτώ** (**-άς**) genau ausfragen
**ψιλός** dünn; fein
**ψίχα** Krume *f*; *Bot.* Mark *n*; etwas, ein bißchen
**ψιχάλα** [psi'xala] Sprühregen *m*
**ψιχαλίζω** rieseln; sprühen
**ψοφίμι** Kadaver *m*
**ψόφιος** (**-α**) tot, verendet; todmüde
**ψυγείο** [psi'jio] Kühlschrank *m*; *Auto*: Kühler *m*
**ψύλλος** Floh *m*
**ψυχ|ή** [psi'çi] Seele *f*; Mut *m*; **~ίατρος** Psychiater *m*, Nervenarzt *m*; **~ικός** seelisch, psychisch
**ψυχολογ|ία** [psixo-] Psychologie *f*; **~ικός** psychologisch
**ψυχο|λόγος** *m, f* Psychologe *m*, Psychologin *f*; **~παίδι** [-'peði] Pflegekind *n*; **~πονώ** (**-άς**) Mitleid haben mit *D*
**ψυχόρμητο** Instinkt *m*
**ψύχρα** ['psixra] Kälte *f*; ***κάνει ~*** es ist kalt
**ψύχραιμος** kaltblütig
**ψυχρ|αίνω** [psi'xreno] (ab-)kühlen; **~ός** kühl; **~ότητα** Kühle *f*
**ψωμ|άδικο** [psom-] Bäckerladen *m*; **~άκι** Brötchen *n*; **~άς** (**-άδες**) Bäcker *m*; Brotesser *m*
**ψωμί** [pso'mi] Brot *n*; *fig.* Auskommen *n*; ***μαύρο ~*** Schwarzbrot *n*; ***άσπρο ~*** Weißbrot *n*
**ψώνια** ['pson-] *n/pl.* Einkäufe *m/pl.*
**ψωνίζω** [pso'nizo] (ein)kaufen

# Ω

**ωδείο** [o'ðio] Konservatorium *n*; Odeon *n*
**ωδίνες** [o'ðines] *f/pl.* Geburtswehen *pl.*
**ώθηση** (**-εις**) Stoß *m*; Drängen *n*; Antrieb *m*
**ωθώ** [o'θo] (vor)schieben; (an)treiben; stoßen
**ωκεανός** [okjean-] Ozean *m*
**ώμος** ['omos] Schulter *f*, Achsel *f*
**ωμ|ός** roh; unreif; grausam; **~ότητα** Roheit *f*
**ώρ|α** ['ora] Stunde *f*; Zeit *f*; ***~α καλή!*** alles Gute!; ***της ~ας*** à la carte, nach der Karte; ***με την ~α*** rechtzeitig; ***ώρες γραφείου*** Bürostunden *f/pl.*
**ωρ|αίος** [o'reos] (**-α**) schön; gut; **~αιότητα** Schönheit *f*; **~άριο** Stundenplan *m*; **~ιαίος** [-i'eos] (**-α**) stündlich; **~ιμάζω** reifen
**ώριμος** reif; reiflich
**ωριμότητα** Reife *f*
**ωρισμένος** *s.* **ορ-**
**ωρο|λόγιο(ν)** Uhr *f*; Stundenplan *m*; **~λογοποιός** [-pi'os] Uhrmacher *m*; **~μίσθιο** Stundenlohn *m*; **~σκόπιο** Horoskop *n*
**ως** [os] *prp.* (*A*) bis, bis zu *D*; *cj.* wie, als, sobald; *Adv.* etwa; ***~ να*** *cj.* als ob, als wenn; ***~ που*** ['pu] bis
**ωσάν** *s.* **σαν**
**ώστε** ['oste] *cj.* (so) ... daß; also
**ωστόσο** dennoch
**ωτακουστής** [otaku'stis] Spion *m*
**ωταλγία** [ota'ljia] Ohrenschmerzen *m/pl.*
**ωτίτιδα** Ohrenentzündung *f*
**ωτορρινολαρυγγολόγος** [otorinolaringo'loγos] Hals-, Nasen-, Ohrenarzt *m*
**ωφέλ|εια** [o'felia] Nutzen *m*; Gewinn *m*; **~ιμος** nützlich (**σε**/ *D od.* für *A*)
**ωφελώ** nützen, helfen
**ωχρ|αίνω** [o'xreno] blaß werden; **~ός** blaß

# Deutsch-Griechisches Wörterverzeichnis

## A

**Aal** *m* χέλι ['çeli] *n*
**ab** από [a'po]; ~ **und zu** πότε-πότε ['pote'pote]
**abänder|n** αλλάζω [a'lazo] (*in A*/ σε [se]); **2ung** *f* αλλαγή [ala'ji]
**Abbau** *m* εκμετάλλευση [ekme'talefsi]; **2en** (*Kohle*) εκμεταλλεύομαι [ekmeta'levome]
**abbeißen** δαγκάνω [ða'ŋgano]
**abberuf|en** ανακαλώ [anaka'lo]; **2ung** *f* ανάκληση (-εις) [a'naklisi]
**abbestell|en** ακυρώνω [aki'rono]; **2ung** *f* ακύρωση (-εις) [a'kirosi]
**abbiegen** (*Verkehr*) στρίβω ['strivo]
**abbild|en** απεικονίζω [apiko'nizo]; **2ung** *f* εικόνα [i'kona]
**abbrechen** (*Haus*) γκρεμίζω [gre'mizo]; *fig.* διακόπτω [ðia'kopto]
**abbrennen** καίω ['kjeo]
**abbringen** *fig.* αποτρέπω [apo'trepo]
**Abbruch** *m* διακοπή [ðiako'pi]
**abbürsten** βουρτσίζω [vur'tsizo]
**abdank|en** παραιτούμαι [pare'tume]; **2ung** *f* παραίτηση (-εις) [pa'retisi]

**abdecken** ξεσκεπάζω [kseskje'pazo]; (*Tisch*) σηκώνω [si'kono]
**Abdruck** *m* *Typ.* αντίτυπο [an'ditipo]; (*Finger2*) δαχτυλικό αποτύπωμα [ðaxtili'ko apo'tipoma] *n*
**abdrücken** (*Gewehr*) πυροβολώ [pirovo'lo]
**Abend** *m* βράδυ ['vraði] *n*; **~brot** *n* βραδινό [vraði'no]
**Abend|-, 2lich** βραδινός [vraði'nos]; **2s** το βράδυ [to 'vraði]
**Abenteu|er** *n* περιπέτεια [peri'petia]; **2erlich** περιπετειώδης [peripeti'oðis]; **~rer** *m* τυχοδιώκτης [tixo'ðjoktis]
**aber** μα [ma], αλλά [a'la]; **2glauben** *m* δεισιδαιμονία [ðisiðemo'nia]; **~gläubisch** προληπτικός [prolipti'kos]
**aberkennen** *jur.* αφαιρώ δικαστικώς [afe'ro ðikasti'kos]; *fig.* αρνιέμαι [ar'njeme]
**abfahr|en** ξεκινώ [kseki'no], αναχωρώ [anaxo'ro]; **2t** *f* αναχώρηση (-εις) [ana'xorisi]; **2tszeit** *f* ώρα αναχωρήσεως ['ora anaxo'riseos]
**Abfall** *m* σκουπίδια [sku'piðja] *n*/*pl*.; απομεινάρια [apomi'narja] *n*/*pl.*

**abfällig** 214

**abfällig** (*Urteil*) καταφρονητικός [katafroniti'kos]
**abfärben** ξεβάφω [kse'vafo]
**abfassen** (*Werk*) συντάσσω [sin'daso]
**abfertig|en** διεκπεραιώνω [ðiekpere'ono]; **²ung** *f* διεκπεραίωση (-εις) [ðiekpe'reosi]
**abfind|en:** ***sich ~en mit*** συμβιβάζομαι (με) [simvi'vazome (me)]; **²ung** *f* αποζημίωση (-εις) [apozi'miosi]
**abfliegen** απογειώνομαι [apoji'onome]
**abfließen** χύνομαι ['çinome]
**Abflug** *m* απογείωση (-εις) [apo'jiosi]
**Abflußrohr** *n* σωλήνας [so'linas]
**Abführmittel** *n* καθάρσιο [ka'θarsjo]
**abfüttern** ταΐζω [ta'izo]
**Abgabe** *f* (*Steuer*) φόρος ['foros]
**Abgang** *m* αναχώρηση (-εις) [ana'xorisi]; αποχώρηση (-εις) [apo'xorisi]
**Abgase** *n/pl.* καυσαέρια [kafsa'eria] *n/pl.*
**abgeben** παραδίδω [para'ðiðo]; ***sich ~ mit*** καταγίνομαι [kata'jinome], ασχολούμαι (με) [asxo'lume (me)]
**abgelegen** απόκεντρος [a'pokjendros]
**abgemacht** σύμφωνοι ['simfoni]
**abgeneigt** απρόθυμος [a'proθimos]
**abgenutzt** τριμμένος [tri'menos]; (*Kleidung*) σχισμένος [sçi'zmenos]
**Abgeordnete|(r)** *m/f* βουλευτής [vule'ftis] *m/f*; **~nhaus** *n* βουλή [vu'li]
**Abgesandte(r)** *m/f* απεσταλμένος (-νη) [apestal'menos, -ni]
**abgeschmackt** άνοστος ['anostos]
**abgesehen von** εκτός από [e'ktos a'po]
**Abgespanntheit** *f* κούραση ['kurasi]
**abgewöhnen** ξεσυνηθίζω [ksesini'θizo]; ***sich das Rauchen ~*** κόβω το κάπνισμα ['kovo to 'kapnizma]
**abgleiten** γλιστρώ (-άς) [γli'stro]
**Abgott** *m* είδωλο ['iðolo]
**abgrenzen** καθορίζω [kaθo'rizo]
**Abgrund** *m* άβυσσος ['avisos] *f*
**abhacken** κόβω ['kovo]
**abhanden kommen** χάνομαι ['xanome]
**Abhandlung** *f* διατριβή [ðiatri'vi]
**Abhang** *m* κατήφορος [ka'tiforos]; πλαγιά [pla'ja]
**abhängig** υποτελής [ipote'lis] 2; **~ *sein*** εξαρτώμαι [eksar'tome] (***von***/ από [a'po]); **²keit** *f* εξάρτηση (-εις) [e'ksartisi]
**abhärten** σκληραγωγώ [sklirayo'γo]

**abhauen** κόβω ['kovo]; *fam.* το σκάζω [to 'skazo]
**abheben** σηκώνω [si'kono]; (*Geld*) αποσύρω [apo'siro]; ***sich* ~** ξεχωρίζω [ksexo'rizo], διακρίνομαι [ðia'krinome]
**abholen** πηγαίνω να πάρω [pi'jeno na 'paro]; **~ *lassen*** στέλνω να πάρουν ['stelno na 'parun]
**abholzen** αποδασώνω [apoða'sono]
**Abitur** *n* απολυτήριο λυκείου [apoli'tirio li'kiu]
**Abiturient** *m* απόφοιτος λυκείου [a'pofitos li'kiu]
**abkommen** (*vom Weg*) χάνω το δρόμο ['xano to 'ðromo]; απομακρύνομαι [apoma'krinome]
**Abkommen** *n* συνθήκη [sin'θiki]
**Abkömmling** *m* απόγονος [a'poγonos]
**abkühl|en: *sich* ~en** δροσίζομαι [ðro'sizome]; **ᴤung** *f* δρόσισμα ['ðrosizma] *n*
**abkürz|en** συντομεύω [sindo'mevo]; **ᴤung** *f* συντόμευση (-εις) [sin'domefsi]; συντομογραφία [sindomoγra'fia]
**abladen** ξεφορτώνω [ksefor'tono]
**Ablauf** *m* (*Zeit*) λήξη ['liksi]; πορεία [po'ria]
**ablecken** γλείφω ['γlifo]
**ablegen** αποβάλλω [apo'valo]; (*Kleider*) βγάζω ['vγazo]; (*Gewohnheit*) αφήνω [a'fino]
**ablehn|en** (*Einladung, Vorschlag*) αποκρούω [apo'kruo]; **ᴤung** *f* απόκρουση (-εις) [a'pokrusi]; άρνηση (-εις) ['arnisi]
**ableit|en** παράγω [par'aγo]; **ᴤung** *f* παραγωγή [paraγo'ji]
**ablenk|en** αποσπώ (-άς) [apo'spo] (***von***/ από [a'po]); **ᴤung** *f* απόκλιση (-εις) [a'poklisi]; *fig.* διασκέδαση (-εις) [ðia'skjeðasi]
**ableugnen** αρνιέμαι [ar'njeme]
**abliefer|n** παραδίνω [para'ðino]; **ᴤung** *f* παράδοση (-εις) [pa'raðosi]
**ablös|en** ξεκολλώ (-άς) [kseko'lo]; (*Wache*) αλλάζω [a'lazo]; **ᴤung** *f* αλλαγή [ala'ji]
**Abmachung** *f* συμφωνία [simfo'nia]
**abmagern** αδυνατίζω [aðina'tizo]
**abmeld|en** ακυρώνω [aki'rono]; **ᴤung** *f* ακύρωση (-εις) [a'kirosi]
**abmessen** καταμετρώ (-άς) [katame'tro]
**abmühen: *sich* ~** κοπιάζω [ko'pjazo]
**Abnahme** *f* αφαίρεση (-εις) [a'feresi]
**abnehm|en** αφαιρώ [afe'ro]; **ᴤer** *m Hdl.* αγοραστής [aγora'stis]
**Abneigung** *f* αντιπάθεια [andi'paθia]

**abnorm** ανώμαλος [a'nomalos]
**abnutz|en** χαλνώ (-άς) [xal'no]; **≗ung** *f* φθορά [fθo'ra]
**abonnieren** γίνομαι συνδρομητής ['jinome sinðromi'tis]
**abordn|en** στέλνω σαν αντιπρόσωπο ['stelno san andi'prosopo]; **≗ung** *f* αντιπροσωπεία [andiproso'pia]
**Abort** *m* αποχωρητήριο [apoxori'tirio]
**ab|passen** (*Gelegenheit*) καιροφυλακτώ [kjerofila'kto]; **~prallen** αναπηδώ (-άς) [anapi'ðo]; **~raten** αποτρέπω [apo'trepo]; **~räumen** αδειάζω [a'ðjazo]; (*Tisch*) σηκώνω [si'kono]
**abrechn|en** (*abziehen*) αφαιρώ [afe'ro]; *Hdl.* εξοφλώ [ekso'flo]; **≗ung** *f* εξόφληση (-εις) [e'ksoflisi]
**abreib|en** τρίβω ['trivo]; **≗ung** *f* τρίψιμο ['tripsimo]
**Abreise** *f* αναχώρηση (-εις) [ana'xorisi]; **≗n** αναχωρώ [anaxo'ro]
**abreißen** (ξε)σχίζω [(kse)'sçizo]; (*Haus*) γκρεμίζω [gre'mizo]
**abriegeln** μανταλώνω [manda'lono]
**Abriß** *m* περίληψη (-εις) [pe'rilipsi]; (*Haus*) γκρέμισμα ['gremizma] *n*
**abrufen** ανακαλώ [anaka'lo]
**abrunden** στρογγυλεύω [stroŋgi'levo]
**abrüst|en** αφοπλίζω [afo'plizo]; **≗ung** *f* αφοπλισμός [afopli'zmos]
**abrutschen** γλιστρώ (-άς) [ɣli'stro]
**Absage** *f* άρνηση (-εις) ['arnisi]; **≗n** ανακαλώ [anaka'lo]; (*Einladung*) ακυρώνω [aki'rono]
**absägen** κόβω με το πριόνι ['kovo me to pri'oni]
**Absatz** *m* (*Treppe*) κεφαλόσκαλο [kjefa'loskalo]; (*Schuh*) τακούνι [ta'kuni]; *Typ.* τμήμα ['tmima] *n*; *Hdl.* πώληση (-εις) ['polisi]
**abschaff|en** καταργώ [katar'ɣo]; **≗ung** *f* κατάργηση (-εις) [ka'tarjisi]
**abschätz|en** υπολογίζω [ipolo'jizo]; **≗ung** *f* υπολογισμός [ipoloji'zmos]
**Abscheu** *m* αηδία [ai'ðia]; **≗lich** αποτροπιαστικός [apotropiasti'kos]
**abschicken** στέλνω ['stelno]
**Abschied** *m* αποχαιρετισμός [apoçereti'zmos]
**abschlagen** αποκόπτω [apo'kopto]; (*Angriff*) αποκρούω [apo'kruo]; (*Bitte*) αρνιέμαι [ar'njeme]
**abschlägig** αρνητικός [arniti'kos]
**abschlepp|en** ρυμουλκώ [rimul'ko]; **≗wagen** *m* ρυμουλκό [rimul'ko]
**abschließen** κλειδώνω [kli'ðono]; (*Vertrag*) κλείνω ['klino]

**Abschluß** *m* τέλος ['telos] *n*; κλείσιμο ['klisimo]; *Hdl.* ισολογισμός [isoloji'zmos]
**abschneiden** αποκόπτω [apo'kopto]
**Abschnitt** *m* απόκομμα [a'pokoma] *n*; μέρος ['meros] *n*
**ab|schrauben** ξεβιδώνω [ksevi'ðono]; **~schrecken** τρομάζω [tro'mazo], αποθαρρύνω [apoθa'rino], εκφοβίζω [ekfo'vizo]; **~schreiben** αντιγράφω [andi'γrafo]
**Abschrift** *f* αντίγραφο [an'diγrafo]
**abschüssig** κατηφορικός [katifori'kos]
**abschweif|en** *fig.* παρεκβαίνω [parek'veno]; **2ung** *f* παρέκβαση (-εις) [par'ekvasi]
**absehen** ***von*** αφήνω κατά μέρος [a'fino ka'ta 'meros]; **es ~ auf** έχω στο μάτι ['exo sto 'mati]
**abseits** παράμερα [pa'ramera], κατά μέρος [ka'ta 'meros]
**absend|en** αποστέλλω [apo'stelo]; **2er** *m* αποστολέας [aposto'leas]; **2ung** *f* αποστολή [aposto'li]
**absetzen** βάζω κάτω ['vazo 'kato], αποθέτω [apo'θeto]; (*Beamte*) απολύω [apo'lio]; (*Waren*) πουλώ (-άς) [pu'lo]
**Absicht** *f* σκοπός [sko'pos]; **2lich** επίτηδες [e'pitiðes]
**absonder|lich** παράξενος [pa'raksenos]; **2lichkeit** *f* παραξενιά [parakse'nja]; **~n** ξεχωρίζω [ksexo'rizo], αποχωρίζω [apoxo'rizo]; **2ung** *f* απομόνωση [apo'monosi]
**abspenstig: ~ *machen*** αποξενώνω [apokse'nono]
**absperr|en** φράζω ['frazo]; **2ung** *f* φραγμός [fraγ'mos]
**abspielen: *sich* ~** διαδραματίζομαι [ðiaðrama'tizome]
**Absprung** *m* πήδημα ['piðima] *n*
**abspülen** ξεπλένω [kse'pleno], αποπλένω [apo'pleno]
**abstamm|en** κατάγομαι [ka'taγome]; **2ung** *f* καταγωγή [kataγo'ji]
**Abstand** *m* απόσταση (-εις) [a'postasi]
**ab|stauben** ξεσκονίζω [ksesko'nizo]; **~steigen** κατεβαίνω [kate'veno]; **~stellen** (*Gepäck*) αποθέτω [apo'θeto]; (*Maschinen*) σταματώ (-άς) [stama'to]; **~stempeln** σφραγίζω [sfra'jizo]; **~sterben** απονεκρώνομαι [apone'kronome]
**abstimm|en** ψηφίζω [psi'fizo]; συντονίζω [sindo'nizo]; **2ung** *f* ψηφοφορία [psifofo'ria]
**abstoßen** απωθώ [apo'θo]; *fig.* προξενώ αντιπάθεια [prokse'no andi'paθia]
**abstrakt** αφηρημένος [afiri'menos]; **2ion** *f* αφαίρεση [a'feresi]
**abstreiten** αμφισβητώ [amfizvi'to]

**abstuf|en** ταξινομώ [taksino'mo]; **≈ung** *f* ταξινόμηση (-εις) [taksi'nomisi]
**Absturz** *m* πτώση (-εις) ['ptosi]
**abstürzen** γκρεμίζω [gre'mizo]; γκρεμίζομαι [gre'mizome]
**Abt** *m* ηγούμενος [i'γumenos]
**Abteil** *n* διαμέρισμα [ðia'merizma] *n*; **≈en** διαχωρίζω [ðiaxo'rizo]; **~ung** *f* τμήμα ['tmima] *n*
**abtragen** (*Kleid*) χαλνώ (-άς) [xal'no]; (*Speisen*) σηκώνω [si'kono]; (*Schuld*) εξοφλώ [ekso'flo]
**Abtreibung** *f* έκτρωση (-εις) ['ektrosi]
**abtrenn|en** (απο)χωρίζω [(apo)xo'rizo]; ξηλώνω [ksi'lono]; **≈ung** *f* αποχωρισμός [apoxori'zmos]
**abtret|en** παραχωρώ [paraxo'ro]; (*Schuhe*) καθαρίζω [kaθa'rizo]; **≈ung** *f* παραχώρηση (-εις) [para'xorisi]
**ab|trocknen** στεγνώνω [ste'γnono]; **~warten** αναμένω [ana'meno]
**abwärts** προς τα κάτω [pros ta 'kato]
**Abwasch** *m* πλύσιμο ['plisimo]
**Abwässer** *n/pl.* βρωμόνερα [vro'monera] *n/pl.*
**abwechs|eln** αλλάζω [a'lazo]; **~elnd** εναλλάξ [ena'laks]; **≈lung** *f* ποικιλία [piki'lia]
**Abwehr** *f* άμυνα ['amina]; **≈en** αποκρούω [apo'kruo]
**abweich|en** παρεκκλίνω [pare'klino]; *Mar.*, *Flgw.* αλλάζω διεύθυνση [a'lazo ði'efθinsi]; **≈ung** *f* απόκλιση (-εις) [a'poklisi]
**abweis|en** αποκρούω [apo'kruo]; **≈ung** *f* απόκρουση (-εις) [a'pokrusi]
**abwenden** αποτρέπω [apo'trepo]; ***sich* ~** απομακρύνομαι [apoma'krinome]
**abwerfen** αποβάλλω [apo'valo]; *Hdl.* φέρω κέρδος ['fero 'kjerðos]
**abwesen|d** απών [a'pon]; ***~d sein*** απουσιάζω [apusi'azo]; **≈heit** *f* απουσία [apu'sia]
**abwiegen** ζυγίζω [zi'jizo]
**abwischen** σφουγγίζω [sfuŋ'gizo]
**abzahl|en** πληρώνω με δόσεις [pli'rono me 'ðosis]; εξοφλώ [ekso'flo]; **≈ung** *f* πληρωμή με δόσεις [pliro'mi me 'ðosis]; ***auf ≈ung*** με δόσεις [me 'ðosis]
**Abzeichen** *n* διάσημο [ði'asimo]
**abzeichnen** αντιγράφω [andi'γrafo]
**abziehen** αποσύρω [apo'siro]; (*Gehalt*) αφαιρώ [afe'ro]
**Abzug** *m Mil.* αναχώρηση (-εις) [ana'xorisi]; *Fot.* αντίτυπο [an'ditipo]
**abzweig|en** διακλαδώνω [ðiakla'ðono]; **≈ung** *f* δια-

219 **Aktiengesellschaft**

κλάδωση (-εις) [ðia'klaðosi]
**Achse** *f* άξονας ['aksonas]
**Achsel** *f* μασχάλη [ma'sxali]
**acht** οχτώ [o'xto], οκτώ [o'kto]
**achtbar** σεβαστός [seva'stos]
**achte** όγδοος ['oγðoos]
**Achtel** *n* όγδοο ['oγðoo]
**acht|en** εκτιμώ (-άς) [ekti'mo]; προσέχω [pro'sexo] (***auf*** *A*/ κάτι ['kati]); **~geben** (***auf***) προσέχω [pro'sexo] *A*, δίνω προσοχή (σε) ['ðino proso'çi (se)]; **~los** απρόσεκτος [a'prosektos]; **≈losigkeit** *f* απροσεξία [aprose'ksia]; **≈ung** *f* εκτίμηση [e'ktimisi]
**acht|zehn** δεκαοχτώ [ðekao'xto]; **~zig** ογδόντα [o'γðonda]
**ächzen** αναστενάζω [anaste'nazo]
**Acker** *m* χωράφι [xo'rafi], αγρός [a'γros]; **~bau** *m* γεωργία [jeor'jia]
**addieren** προσθέτω [pros'θeto]
**Adel** *m* αριστοκρατία [aristokra'tia]; **≈ig** αριστοκρατικός [aristokrati'kos]
**Ader** *f* φλέβα ['fleva]
**Adler** *m* αετός [ae'tos]
**Administration** *f* διοίκηση (-εις) [ði'ikisi]
**Admiral** *m* ναύαρχος ['navarxos]; **~ität** *f* ναυαρχείο [navar'çio]
**Adoption** *f* υιοθεσία [ioθe'sia]
**Adresse** *f* διεύθυνση (-εις) [ði'efθinsi]
**Affe** *m* μαϊμού [mai'mu] *f*
**After** *m* πρωκτός [pro'ktos]
**Agent** *m* πράκτορας ['praktoras]; **~ur** *f* πρακτορείο [prakto'rio]
**aggressiv** επιθετικός [epiθeti'kos]
**Ahn** *m* πρόγονος ['proγonos]
**ähneln** *D* μοιάζω ['mjazo] (με [me], σαν [san] *od.* *A*)
**ahnen** προαισθάνομαι [proe'sθanome]
**ähnlich** *D* όμοιος ['omjos] (με [me], προς [pros]); **≈keit** *f* ομοιότητα [omi'otita]
**Ahnung** *f* προαίσθηση (-εις) [pro'esθisi]
**Ähre** *f* στάχυ ['staçi] *n*
**Akademiker** *m* επιστήμονας [epi'stimonas]
**Akkord** *m* *Mus.* συγχορδία [siŋxor'ðia]; **~arbeit** *f* εργασία κατ' αποκοπή [erγa'sia katapoko'pi]
**Akkumulator** *m* συσσωρευτής [sisore'ftis]
**Akropolis** *f* Ακρόπολη [a'kropoli]
**Akt** *m* *Thea.* πράξη (-εις) ['praksi]; (*Kunst*) γυμνό [ji'mno]
**Akten** *f/pl.* έγγραφα ['eŋγrafa] *n/pl.*; **~mappe** *f* χαρτοφύλακας [xarto'filakas]
**Aktie** *f* μετοχή [meto'çi]; **~ngesellschaft** *f* ανώνυμη εταιρεία [a'nonimi ete'ria]

**Aktionsradius** *m* κύκλος δράσεως ['kiklos 'ðraseos]
**aktiv** δραστήριος [ðra'stirios]
**aktuell** επίκαιρος [e'pikjeros]
**akut** *Med.* οξύς [o'ksis]
**akzeptieren** (απο)δέχομαι [(apo)'ðexome]
**Alarm** *m* συναγερμός [sinajer'mos]; **≈ieren, ~** ***schlagen*** σημαίνω συναγερμό [si'meno sinajer'mo]; **~signal** *n* σύνθημα *n* συναγερμού ['sinθima sinajer'mu]
**albern** χαζός [xa'zos]
**Algen** *f/pl.* φύκια ['fikja] *n/pl.*
**Alkohol** *m* οινόπνευμα [i'nopnevma] *n*; **≈isch** αλκοολικός [alkooli'kos], οινοπνευματώδης [inopnevma'toðis] 2
**All** *n* σύμπαν ['simban] *n*
**all, ~e, ~es** όλος, -η, -ο ['olos, -i, -o], όλα ['ola]
**Allee** *f* λεωφόρος [leo'foros] *f*
**Allein-** αποκλειστικός [apoklisti'kos]
**allein, ~ig** μόνος ['monos]; **~stehend** χωρίς οικογένεια [xo'ris iko'jenia]; **≈vertretung** *f* αποκλειστική αντιπροσωπεία [apoklisti'ki andiproso'pia]
**aller|dings** βέβαια ['vevea]; **~hand** λογής λογής [lo'jis lo'jis]; **≈heiligen** *n* των Αγίων Πάντων [ton a'jion 'pandon]; **≈seelen** *n* ψυχοσάββατο [psixo'savato]
**allgemein, Allgemein-** γενικός [jeni'kos]; **≈heit** *f* γενικότητα [jeni'kotita]; **~verständlich** σε όλους καταληπτός [se 'olus katali'ptos]
**all|jährlich** ετήσιος [e'tisios], κάθε χρόνο ['kaθe 'xrono]; **~mächtig** παντοδύναμος [pando'ðinamos]; **~mählich** σιγά σιγά [si'γasiγa]; **~täglich** καθημερινός [kaθimeri'nos]
**Almosen** *n* ελεημοσύνη [eleimo'sini]
**Alphabet** *n* αλφάβητο [al'favito]; **≈isch** αλφαβητικός [alfaviti'kos]
**als** (*zeitlich*) όταν ['otan]; (*wie*) σαν [san]; (*nach Komparativ*) από [a'po], ή [i]; **~** ***ob*** σαν να ['sana]
**also** λοιπόν [li'pon]
**alt** παλιός [pa'ljos]; γέρος ['jeros]; αρχαίος [ar'çeos]; ***wie ~ ist er?*** πόσων χρονών είναι; ['poson xro'non 'ine]
**Altar** *m* αγία τράπεζα [a'jia 'trapeza]
**Alte** *f* γριά [γri'a]; **~(r)** *m* γέρος ['jeros]
**Alter** *n* ηλικία [ili'kia]; **≈n** γερνώ (-άς) [jer'no]
**Alters|genosse** *m* συνομήλικος [sino'milikos]; **~schwäche** *f* γεροντική αδυναμία [jerondi'ki aðina'mia]
**Alter|tum** *n* αρχαιότητα [arçe'otita]; **≈tümlich** αρχαϊκός [arxai'kos]
**Altstadt** *f* παλιά πόλη [pa'lja 'poli]

221 **aneignen**

**Amateur** *m* ερασιτέχνης [erasi'texnis]
**Ameise** *f* μυρμήγκι [mir'miŋgi]
**Amortis|ation** *f* χρεωλύσιο [xreo'lisio]; **⁀ieren** εξοφλώ χρεωλυτικά [ekso'flo xreoliti'ka]
**Ampel** *f* φανάρι τροχαίας [fa'nari tro'çeas]
**Amsel** *f* κότσυφας ['kotsifas], κοτσύφι [ko'tsifi]
**Amt** *n* αξίωμα [a'ksioma] *n*, δημόσια υπηρεσία [ði'mosia ipire'sia]; ***Auswärtiges*** ~ υπουργείο εξωτερικών [ipur'jio eksoteri'kon]; **⁀lich** επισήμως [epi'simos]
**Amts|bezirk** *m* διοικητική περιφέρεια [ðiikiti'ki peri'feria]; **~gericht** *n* ειρηνοδικείο [irinoði'kio]
**amüsieren: *sich*** ~ διασκεδάζω [ðiaskje'ðazo]
**an** σε [se], προς [pros] *A*; ***von*** **...** ~ από [a'po]
**Anbau** *m* καλλιέργεια [kali'erjia]; **⁀en** καλλιεργώ [kalier'γo]
**anbehalten** κρατώ (-άς) [kra'to], φορώ (-άς) [fo'ro]
**anbei** συνημμένως [sini'menos]
**anberaumen** ορίζω [o'rizo]
**anbeten** προσεύχομαι [pro'sefxome] σε [se]
**Anbetracht: *in*** ~ λαμβανομένου υπ' όψιν [lamvano'menu i'popsin]
**anbieten** προσφέρω [pros'fero]
**anbinden** δένω ['ðeno]
**Anblick** *m* όψη (-εις) ['opsi]; **⁀en** κοιτάζω [ki'tazo]
**anbrechen** (*Flasche*) ανοίγω [a'niγo]; (*Tag*) χαράζει [xa'razi]; (*Nacht*) νυχτώνει [ni'xtoni]
**anbrennen** ανάβω [a'navo]; (*Speise*) καίω ['kjeo]
**Anbruch** *m* άνοιγμα ['aniγma] *n*, έναρξη (-εις) ['enarksi]; (*Tag*) ξημέρωμα [ksi'meroma] *n*; (*Nacht*) σουρούπωμα [su'rupoma] *n*
**Andacht** *f* ευλάβεια [e'vlavia]
**andächtig** ευλαβής [evla'vis]
**andauern** διαρκώ [ðiar'ko]; **~d** διαρκώς [ðiar'kos]
**Andenken** *n* ενθύμιο [en'θimio]
**ändern** αλλάζω [a'lazo]; ***sich*** ~ μεταβάλλομαι [meta'valome]
**andernfalls** αλλιώς [a'ljos]
**ander|s** αλλιώς [a'ljos]; **~seits** εξάλλου [eks'alu]; **~swo(hin)** αλλού [a'lu]
**anderthalb** ενάμισης [e'namisis], μιάμιση ['mjamisi], ενάμισι [e'namisi]
**Änderung** *f* αλλαγή [ala'ji]
**andeut|en** υπαινίσσομαι [ipe'nisome]; **⁀ung** *f* υπαινιγμός [ipeniγ'mos]
**Andrang** *m* συνωστισμός [sinosti'zmos]
**androhen** απειλώ [api'lo]
**aneignen: *sich*** (*D*) ~ ιδιοποιούμαι [iðiopi'ume]

aneinander 222

**aneinander** ο ένας κοντά στον άλλο [o 'enas kon'da ston 'alo]
**anerkenn|en** αναγνωρίζω [anaγno'rizo]; **≈ung** *f* αναγνώριση (-εις) [ana'γnorisi]
**anfahren** προσκρούω [pros-'kruo]
**Anfall** *m Med.* προσβολή [prozvo'li]; **≈en** επιτίθεμαι [epi'tiθeme]
**Anfang** *m* αρχή [ar'çi]; **≈en** (*A od.* **mit**) αρχίζω [ar'çizo] (*A od.* από)
**Anfänger** *m* αρχάριος [ar'xa-rios]
**anfangs** στην αρχή [stin ar'çi]; **≈gründe** *m/pl.* στοιχεία [sti'çia] *n/pl.*
**anfassen** πιάνω ['pjano], αγγίζω [aŋ'gizo]
**anfertig|en** κατασκευάζω [kataskje'vazo]; **≈ung** *f* κατασκευή [kataskje'vi]
**anfeuchten** μουσκεύω [mu'skjevo], βρέχω ['vrexo]
**anfeuern** παροτρύνω [paro-'trino]
**Anforderung** *f* αξίωση (-εις) [a'ksiosi]
**Anfrage** *f* επερώτηση (-εις) [epe'rotisi]; **≈n** επερωτώ (-άς) [epero'to]
**anführ|en** (*leiten*) ηγούμαι [i'γume]; (*Gründe, Worte*) αναφέρω [ana'fero]; (*betrügen*) απατώ (-άς) [apa'to]; *Mil.* διοικώ [ðii'ko]; **≈er** *m* αρχηγός [arçi'γos]
**Angabe** *f* δήλωση (-εις) ['ðilosi]
**angeb|en** δηλώνω [ði'lono], καταγγέλλω [kataŋ'gjelo], καυχιέμαι [kaf'çeme] (**mit**/ για [ja]); **≈er** *m* καυχησιάρης [kafçi'sjaris]; **~lich** δήθεν ['ðiθen]
**Angebot** *n* προσφορά [pros-fo'ra]
**angehen** (*betreffen*) αφορώ (-άς) [afo'ro]
**Angehörige** *m* στενός συγγενής [ste'nos siŋgje'nis]; (*Staats≈*) υπήκοος [i'pikoos]
**Angeklagte** *m* κατηγορούμενος [katiγo'rumenos]
**Angel** *f* πετονιά [peto'nja]; (*Tür≈*) μεντεσές [mende-'ses]
**Angelegenheit** *f* υπόθεση (-εις) [i'poθesi]
**Angel|haken** *m* αγκίστρι [aŋ'gistri]; **≈n** ψαρεύω [psa-'revo]; **~rute** *f* καλάμι [ka'la-mi]; **~schnur** *f* πετονιά [pe-to'nja]
**angenehm** ευχάριστος [ef-'xaristos]; ***sehr ~!*** χαίρω πολύ ['çero po'li]
**angenommen, daß** ας υποθέσουμε ότι [as ipo'θesume 'oti]
**angesehen** επιφανής [epifa-'nis] 2
**angesichts** *G* ενώπιον [e'no-pion]
**Angestellte(r)** *m/f* υπάλληλος [i'palilos] *m/f*
**angewöhnen: sich** (*D*) **~** συνηθίζω [sini'θizo]

**Angler** *m* ψαράς (-άδες) [psa'ras]
**angreif|en** επιτίθεμαι [epi'tiθeme]; **&er** *m* επιτιθέμενος [epiti'θemenos]
**angrenzen** συνορεύω [sino'revo]; **~d** γειτονικός [jitoni'kos]
**Angriff** *m* επίθεση (-εις) [e'piθesi]
**Angst** *f* φόβος ['fovos]; αγωνία [aγo'nia]
**ängstigen** τρομάζω [tro'mazo]; ***sich*** **~** φοβάμαι [fo'vame]
**ängstlich** δειλός [ði'los]
**Anhalt** *m* στήριγμα ['stiriγma] *n*; **&en** σταματώ (-άς) [stama'to]; **&end** διαρκής [ðiar'kis] 2
**Anhang** *m* παράρτημα [pa'rartima] *n*
**anhäng|en** προσκολλώ (-άς) [prosko'lo]; **&er** *m* οπαδός [opa'ðos]; (*Wagen*) ρυμούλκα [ri'mulka]; **~lich** αφοσιωμένος [afosio'menos]
**anhäuf|en** συσσωρεύω [siso'revo]; **&ung** *f* μάζωμα ['mazoma] *n*, συσσώρευση (-εις) [si'sorefsi]
**anheben** (ανα)σηκώνω [(ana)si'kono]
**anheimstellen** αφήνω στη διάθεση [a'fino sti ði'aθesi]
**Anhöhe** *f* ύψωμα ['ipsoma] *n*
**anhören** ακούω [a'kuo]
**Anker** *m* άγκυρα ['aŋgira]; **&n** αγκυροβολώ [aŋgirovo'lo]
**Anklage** *f* κατηγορία [katiγo'ria]; **&n** (*A* + *G*) κατηγορώ [katiγo'ro] (*A*/ για [ja])
**Ankläger** *m* κατήγορος [ka'tiγoros]
**ankleben** κολλώ (-άς) [ko'lo]; (*Plakat*) τοιχοκολλώ [tixoko'lo]
**ankleiden** ντύνω ['dino]
**anklopfen** χτυπώ (-άς) [xti'po]
**anknüpfen** συνάπτω [si'napto]; (*Beziehungen*) σχετίζομαι [sçe'tizome]; (*Gespräch*) ανοίγω [a'niγo]
**ankommen** φτάνω ['ftano]
**ankündig|en** αναγγέλλω [anaŋ'gjelo]; **&ung** *f* αναγγελία [anaŋgje'lia]
**Ankunft** *f* άφιξη (-εις) ['afiksi]
**ankurbeln** θέτω σε κίνηση ['θeto se 'kinisi]; (*Wirtschaft*) ανορθώνω [anor'θono]
**anlächeln** χαμογελώ (-άς) [xamoje'lo]
**Anlage** *f Arch.* εγκατάσταση (-εις) [eŋga'tastasi]; (*Fähigkeit*) ιδιοφυία [iðiofi'ia]; (*Beilage*) συνημμένο [sini'meno]
**Anlaß** *m* αφορμή [afor'mi]
**anlass|en** (*Maschine*) βάζω μπρος ['vazo 'bros]; **&er** *m* μίζα ['miza]
**anläßlich** *G* επ' ευκαιρία [epefkje'ria]
**Anlauf** *m* φόρα ['fora]; **&en** (*Sport*) παίρνω φόρα ['perno 'fora]; (*Hafen*) μπαίνω ['beno]

**anlege|n** (*Kleid*) φορώ (-άς) [fo'ro]; *Tech.* εγκαθιστώ (-άς) [eŋgaθi'sto]; (*Geld*) τοποθετώ [topoθe'to]; *Mar.* αράζω [a'razo]; **℗stelle** *f* αποβάθρα [apo'vaθra]
**anlehnen: *sich* ~** ακουμπώ (-άς) [akum'bo], στηρίζομαι [sti'rizome]
**Anleihe** *f* δάνειο ['ðanio]
**anleit|en** οδηγώ [oði'γo]; **℗ung** *f* οδηγία [oði'jia]
**Anliegen** *n* επιθυμία [epiθi'mia]
**anlocken** δελεάζω [ðele'azo]
**Anmaßung** *f* αυθάδεια [a'fθaðia]
**Anmelde|formular** *n* έντυπο δηλώσεως ['endipo ði'loseos]; **℗n** αναγγέλλω [anaŋ'gjelo]; (*Schüler*) δηλώνω [ði'lono]
**Anmeldung** *f* αγγελία [aŋgje'lia]; δήλωση (-εις) ['ðilosi]
**anmerk|en** σημειώνω [simi'ono]; **℗ung** *f* σημείωση (-εις) [si'miosi]
**Anmut** *f* χάρη ['xari]; **℗ig** χαριτωμένος [xarito'menos]
**annageln** καρφώνω [kar'fono]
**annähen** ράβω ['ravo]
**annäher|n** πλησιάζω [plisi'azo]; **~nd** κατά προσέγγιση [ka'ta pro'seŋgisi]; **℗ung** *f* προσέγγιση (-εις) [pro'seŋgisi]
**Annahme** *f* αποδοχή [apoðo'çi]; *fig.* εικασία [ika'sia]; **~stelle** *f* γραφείο παραλαβής [γra'fio parala'vis]
**annehm|bar** παραδεκτός [paraðe'ktos]; **~en** (παρα-) δέχομαι [(para)'ðexome]; ***sich*** (*e-r Sache*) **~en** φροντίζω για κάτι [fron'dizo ja 'kati]
**anordn|en** διατάζω [ðia'tazo]; **℗ung** *f* διαταγή [ðiata'ji]
**anpacken** αντιμετωπίζω [andimeto'pizo], αρπάζω [ar'pazo]
**anpass|en** προσαρμόζω [prosar'mozo]; ***sich* ~en** προσαρμόζομαι [prosar'mozome]; **℗ung** *f* προσαρμογή [prosarmo'ji]
**an|prallen** προσκρούω [pros'kruo]; **~preisen** διαφημίζω [ðiafi'mizo]; **~probieren** κάνω πρόβα ['kano 'prova]; **~rechnen** λογαριάζω [loγa'rjazo]
**Anrecht** *n* δικαίωμα [ði'kjeoma] *n* (**auf** *A*/ σε [se])
**Anrede** *f* προσφώνηση (-εις) [pro'sfonisi]; **℗n** προσφωνώ [prosfo'no]
**anreg|en** παρακινώ [paraki'no]; **℗ung** *f* παρακίνηση (-εις) [para'kinisi]
**Anreiz** *m* παρότρυνση (-εις) [pa'rotrinsi]
**Anrichte** *f* μπουφές [bu'fes]; **℗n** (*Essen*) ετοιμάζω [eti'mazo]
**Anruf** *m* επίκληση (-εις) [e'piklisi]; *Tel.* τηλεφώνημα

225 anstatt

[tile'fonima] *n*; **≈en** τηλεφωνώ [tilefo'no]
**anrühren** αγγίζω [aŋ'gizo]
**Ansag|e** *f* εκφώνηση (-εις) [ek'fonisi]; **≈en** εκφωνώ [ekfo'no]; **~er** *m* εκφωνητής [ekfoni'tis]
**ansammeln** μαζεύω [ma'zevo]
**anschaff|en** προμηθεύω [promi'θevo]; **≈ung** *f* προμήθεια [pro'miθia]
**anschau|en** κοιτάζω [ki'tazo]; **~lich** παραστατικός [parastati'kos]
**Anschein** *m* φαινόμενο [fe'nomeno]; **≈end** όπως φαίνεται ['opos 'fenete]
**anschicken:** ***sich ~ zu*** ετοιμάζομαι για [eti'mazome ja]
**Anschlag** *m* (*Attentat*) απόπειρα [a'popira]; **~brett** *n* πίνακας ['pinakas]; **≈en** χτυπώ (-άς) [xti'po]
**anschließen** συνδέω [sin'ðeo], επισυνάπτω [episi'napto]; ***sich ~*** προσχωρώ [prosxo'ro]
**Anschluß** *m* προσάρτηση (-εις) [pros'artisi]; *Esb.*, *Flgw.* ανταπόκριση (-εις) [anda'pokrisi]; *Tel.* σύνδεση (-εις) ['sinðesi]
**anschnallen:** ***sich ~*** προσδένομαι [proz'ðenome]
**anschrauben** βιδώνω [vi'ðono]
**Anschrift** *f* διεύθυνση (-εις) [ði'efθinsi]
**anschwellen** πρήζομαι ['prizome]; πλημυρίζω [plimi'rizo]
**ansehen** κοιτάζω [ki'tazo], βλέπω ['vlepo]; ***~ als*** θεωρώ σαν [θeo'ro san]
**ansehnlich** ευπαρουσίαστος [efparu'siastos]; αξιόλογος [aksi'oloγos]
**Ansicht** *f* γνώμη ['γnomi]; **~s(post)karte** *f* καρτ-ποστάλ [kartpo'stal] *f*
**ansied|eln** εγκαθιστώ (-άς) [eŋgaθi'sto]; **≈lung** *f* οικισμός [iki'zmos]
**anspann|en** (*Pferde*) ζεύω ['zevo]; (*Kräfte*) εντείνω [en'dino]; **≈ung** *f* ένταση ['endasi]
**anspiel|en** υπαινίσσομαι [ipe'nisome]; **≈ung** *f* υπαινιγμός [ipeni'γmos]
**an|spitzen** (*Bleistift*) ξύνω ['ksino]; **~spornen** *fig.* παροτρύνω [paro'trino]
**Ansprache** *f* προσφώνηση (-εις) [pros'fonisi]
**ansprechen** προσαγορεύω [prosaγo'revo]; **~d** ευχάριστος [ef'xaristos]
**Anspruch** *m* αξίωση (-εις) [a'ksiosi]; **≈svoll** απαιτητικός [apetiti'kos]
**Anstand** *m* αξιοπρέπεια [aksio'prepia]
**anständig** αξιοπρεπής [aksiopre'pis] 2
**anstarren** κοιτάζω με γουρλωμένα μάτια [ki'tazo me γurlo'mena 'matja]
**anstatt** *G* αντί [an'di]

**anstecken** 226

**ansteck|en** καρφιτσώνω [karfi'tsono]; *Med.* κολλώ (-άς) [ko'lo], μεταδίδω [meta'ðiðo]; (*anzünden*) ανάβω [a'navo]; **~end** κολλητικός [koliti'kos]; **≗ung** *f* μετάδοση [me'taðosi]

**anstehen** (*in der Schlange*) στέκομαι (στην ουρά) ['stekome (stin u'ra)]

**ansteigen** (*Weg*) ανηφορίζω [anifo'rizo]

**anstellen: *sich* ~** φέρομαι ['ferome]

**anstift|en** παρορμώ (-άς) [paror'mo] (***zu***/ σε [se]); **≗er** *m* αίτιος ['etios]; **≗ung** *f* υποκίνηση (-εις) [ipo'kinisi]

**Anstoß** *m* αφορμή [afor'mi]; **≗en** προσκρούω [pros'kruo]; (*angrenzen*) συνορεύω [sino'revo]; (*Gläser*) τσουγκρίζω [tsuŋ'grizo]; (***auf j-n***) πίνω στην υγεία (του) ['pino stin i'jia (tu)]

**anstößig** απρεπής [apre'pis] 2

**anstreng|en** κουράζω [ku'razo]; (*Klage*) εγείρω [e'jiro]; ***sich ~en*** κουράζομαι [ku'razome]; **≗ung** *f* κόπος ['kopos]

**Anstrich** *m* βάψιμο ['vapsimo]

**Anteil** *m* μερίδιο [me'riðio]

**Antenne** *f* αντένα [a'ndena]

**Antibabypille** *f* αντισυλληπτικό χάπι [andisilipti'ko 'xapi]

**Antike** *f* αρχαιότητα [arçe'otita]

**Antrag** *m* αίτηση (-εις) ['etisi]; ***einen ~ stellen*** (***auf*** *A*) υποβάλλω αίτηση [ipo'valo 'etisi]

**antreffen** συναντώ (-άς) [sinan'do]

**antreiben** σπρώχνω ['sproxno]; *fig.* παρορμώ (-άς) [paror'mo]; *Tech.* κινώ [ki'no]

**antreten** αρχίζω [ar'çizo], ξεκινώ (-άς) [kseki'no]

**Antrieb** *m* ώθηση (-εις) ['oθisi]; *Tech.* κίνηση (-εις) ['kinisi]; **~s-** κινητήριος [kini'tirios]

**Antritt** *m* έναρξη (-εις) ['enarksi]; **~s-** εναρκτήριος [enar'ktirios]

**Antwort** *f* απάντηση (-εις) [a'pandisi]; **≗en** απαντώ (-άς) [apan'do] (***auf*** *A*/ σε [se])

**anvertrauen** εμπιστεύομαι [embi'stevome]

**anwachsen** αυξάνω [af'ksano]

**Anwalt** *m* συνήγορος [si'niɣoros], δικηγόρος [ðiki'ɣoros]

**Anwärter** *m* υποψήφιος [ipo'psifios]

**anweis|en** προσδιορίζω [prozðio'rizo]; *Hdl.* δίνω εντολή ['ðino endo'li]; **≗ung** *f* οδηγία [oði'jia]; ένταλμα ['endalma] *n*; (*Post*) ταχυδρομική επιταγή [taçiðromi'ki epita'ji]

**anwend|bar** εφαρμόσιμος

227 ärgern

[efar'mosimos]; **~en** εφαρμόζω [efar'mozo], μεταχειρίζομαι [metaçi'rizome]; **2ung** *f* εφαρμογή [efarmo'ji]
**anwesen|d** παρών [pa'ron]; **2heit** *f* παρουσία [paru'sia]
**anwidern** προξενώ αηδία [prokse'no ai'δia]
**Anzahl** *f* αριθμός [ariθ'mos]; **2en** δίνω καπάρο ['δino ka'paro]; **~ung** *f* προκαταβολή [prokatavo'li]
**Anzeichen** *n* σημάδι [si'maδi], σημείο [si'mio]; σύμπτωμα ['simptoma] *n*
**Anzeig|e** *f* αγγελία [aŋgje'lia]; *jur.* καταγγελία [kataŋgje'lia]; **2en** αναγγέλλω [anaŋ'gjelo]; (*bei Gericht*) καταγγέλλω [kataŋ'gjelo]
**anzieh|en** (*Kleider*) φορώ (-άς) [fo'ro]; *fig.* τραβώ (-άς) [tra'vo]; (*Preise*) ανεβαίνω [ane'veno]; **~end** ελκυστικός [elkisti'kos]; γοητευτικός [γoitefti'kos]; **2ung** *f* έλξη (-εις) ['elksi]
**Anzug** *m* κο(υ)στούμι [ko-, ku'stumi]
**anzünd|en** ανάβω [a'navo]; **2er** *m* αναπτήρας [ana'ptiras]
**Apfel** *m* μήλο ['milo]; **~baum** *m* μηλιά [mi'lja]
**Apfelsine** *f* πορτοκάλι [porto'kali]; **~nbaum** *m* πορτοκαλιά [portoka'lja]
**Apotheke** *f* φαρμακείο [farma'kio]
**Apparat** *m* μηχάνημα [mi'xanima] *n*
**Appetit** *m* όρεξη (-εις) ['oreksi]; **2lich** ορεκτικός [orekti'kos]
**Aprikose** *f* βερύκοκ(κ)ο [ve'rikoko]
**April** *m* Απρίλιος [a'prilios]; **~scherz** *m* πρωταπριλιάτικο αστείο [protapri'ljatiko a'stio]
**Arbeit** *f* δουλειά [δu'lja], εργασία [erγa'sia]; **2en** δουλεύω [δu'levo]; εργάζομαι [er'γazome]; **~er** *m* εργάτης [er'γatis]; **~geber** *m* εργοδότης [erγo'δotis]; **~nehmer** *m* εργαζόμενος [erγa'zomenos]; **2sam** εργατικός [erγati'kos]
**Arbeits|-** εργατικός [erγati'kos]; **~lose(r)** *m* άνεργος ['anerγos]; **~losenunterstützung** *f* επίδομα *n* ανεργίας [e'piδoma aner'jias]; **~losigkeit** *f* ανεργία [aner'jia]; **~zeit** *f* ωράριο [o'rario]; ***gleitende* ~zeit** ελαστικό ωράριο [elasti'ko o'rario]
**Architekt** *m* αρχιτέκτονας [arçi'tektonas]
**Archiv** *n* αρχείο [ar'çio]
**arg** κακός [ka'kos]; *Adv.* άσχημα ['asçima]
**Ärger** *m* θυμός [θi'mos], μπελάς [be'las]; **2lich** (*Mensch*) θυμωμένος [θimo'menos]; (*Ding*) δυσάρεστος [δi'sarestos]; **sich 2n** θυμώνω [θi'mono] (***über*** *A*/ με [me])

**Arglist** 228

**Arg|list** *f* επιβουλή [epivu'li]; **~listig** επίβουλος [e'pivulos]; **~los** άκακος ['akakos]; **~wohn** *m* υποψία [ipo'psia]; **~wöhnisch** φιλύποπτος [fi'lipoptos]

**arm** φτωχός [fto'xos] (**an** *D*/ σε [se])

**Arm** *m* μπράτσο ['bratso]; χέρι ['çeri]; **~band** *n* βραχιόλι [vra'çoli]; **~banduhr** *f* ρολόι του χεριού [ro'loi tu çe'rju]

**Armee** *f* στρατός [stra'tos]

**Ärmel** *m* μανίκι [ma'niki]

**ärmlich** φτωχικός [ftoçi'kos]

**armselig** ελεεινός [elei'nos]

**Armut** *f* φτώχεια ['ftoça]

**Art** *f* είδος ['iδos] *n*

**artig** φρόνιμος ['fronimos]

**Artikel** *m* (*Ware*) είδος ['iδos] *n*; (*Gr.*, *Zeitungs~*) άρθρο ['arθro]

**Arznei** *f* φάρμακο ['farmako]

**Arzt** *m* γιατρός [ja'tros], ιατρός [ia'tros]

**Ärztin** *f* γιάτραινα ['jatrena], γιατρέσσα [ja'tresa]

**Asche** *f* στάχτη ['staxti], τέφρα ['tefra]; **~nbecher** *m* τασάκι [ta'saki], σταχτοδοχείο [staxtoδo'çio]

**Assistent** *m* βοηθός [voi'θos]

**Ast** *m* κλαδί [kla'δi]

**Atelier** *n* εργαστήριο [erγa'stirio]

**Atem** *m* αναπνοή [anapno'i]; **~ *holen*** αναπνέω [ana'pneo]; ***außer* ~ *sein*** λαχανιάζω [laxa'njazo]; **~los** λαχανιασμένος [laxanja'zmenos]

**Athen** *n* Αθήνα [a'θina], Αθήναι [a'θine] *f*/*pl.*

**atmen** αναπνέω [ana'pneo]

**Atom** *n* άτομο ['atomo]

**Atom|-**, **atomar** πυρηνικός [pirini'kos]; **~kraftwerk** *n* πυρηνικό εργοστάσιο [pirini'ko erγo'stasio]

**Attest** *n* πιστοποιητικό [pistopiiti'ko]

**ätzen** καυτηριάζω [kaftiri'azo]; **~d** καυστικός [kafsti'kos]

**auch** επίσης [e'pisis], και [kje]; **~ *noch*** και ακόμα [kje a'koma]; **~ *nicht*** ούτε ['ute]

**auf** πάνω σε ['pano se], επάνω σε [e'pano se], απάνω σε [a'pano se], επί [e'pi] *G*; (*offen*) ανοιχτός [ani'xtos]; **~ *und ab gehen*** ανεβοκατεβαίνω [anevokate'veno]; **~ *daß*** για να [ja na], ώστε ['oste]

**aufatmen** ανακουφίζομαι [anaku'fizome]

**Aufbau** *m* ανοικοδόμηση (-εις) [aniko'δomisi]; **~en** χτίζω ['xtizo], ανεγείρω [ane'jiro]

**auf|behalten** (*Hut*) δε βγάζω [δe 'vγazo]; **~bewahren** φυλά(γ)ω [fi'la(γ)o]; **~blühen** ακμάζω [a'kmazo]; **~brechen** (*abreisen*) ξεκινώ (-άς) [kseki'no]; αναχωρώ [anaxo'ro]; (*Tür*) σπάζω ['spazo]; **~bringen** (*Mode*) εισάγω [i'sayo]; *fig.* θυμώνω [θi'mono]

229 Aufklärung

**Aufbruch** *m* ξεκίνημα [kse'kinima] *n*, αναχώρηση (-εις) [ana'xorisi]
**aufdecken** *fig.* αποκαλύπτω [apoka'lipto]
**aufdringlich** ενοχλητικός [enoxliti'kos]
**aufeinander** ο ένας πάνω στον άλλο [o 'enas 'pano ston 'alo]; **ⴰfolge** *f* διαδοχή [ðiaðo'çi]; **~folgen** διαδέχομαι [ðia'ðexome]
**Aufenthalt** *m* διαμονή [ðiamo'ni]; **~sgenehmigung** *f* άδεια παραμονής ['aðia paramo'nis]
**auferlegen** επιθέτω [epi'θeto]; *jur.* επιβάλλω [epi'valo]
**auffahren** πηδώ (-άς) απάνω [pi'ðo a'pano]; *fig.* θυμώνω [θi'mono]
**auffallen** προξενώ εντύπωση [prokse'no en'diposi]; **~d** χτυπητός [xtipi'tos]; επιδεικτικός [epiðikti'kos]
**auffangen** αρπάζω [ar'pazo], πιάνω ['pjano]
**auffass|en** αντιλαμβάνομαι [andilam'vanome]; **ⴰung** *f* αντίληψη (-εις) [an'dilipsi]
**aufforder|n** προκαλώ [proka'lo], ζητώ (-άς) [zi'to]; **ⴰung** *f* πρόκληση (-εις) ['proklisi]
**aufführ|en** *Thea.* παριστάνω [pari'stano]; ***sich ~en*** (συμπερι)φέρομαι [(simberi)'ferome]; **ⴰung** *f* παράσταση (-εις) [pa'rastasi]; συμπεριφορά [simberifo'ra]
**Aufgabe** *f* μάθημα ['maθima] *n*; *Math.* πρόβλημα ['provlima] *n*; (*Verzicht*) παραίτηση (-εις) [pa'retisi]; (*Post*) παράδοση (-εις) [pa'raðosi]; καθήκον [ka'θikon] *n*
**Aufgang** *m* άνοδος ['anoðos] *f*
**aufgeben** (*Post*) παραδίδω [para'ðiðo]; (*Rätsel*) βάζω ['vazo]; (*verzichten*) παραιτούμαι [pare'tume]
**Aufgebot** *n* κινητοποίηση (-εις) [kinito'piisi]
**aufgehen** (*Saat*) (ξε)φυτρώνω [(kse)fi'trono]; (*Sonne*) βγαίνω ['vjeno], ανατέλλω [ana'telo]; (*Tür*) ανοίγω [a'niγo]
**aufgelegt** διατεθειμένος [ðiateθi'menos]
**Aufguß** *m* χύσιμο ['çisimo]
**aufhalten** κρατώ (-άς) [kra'to]; (*hindern*) εμποδίζω [embo'ðizo]; ***sich ~*** διαμένω [ðia'meno]
**auf|hängen** κρεμώ (-άς) [kre'mo]; **~häufen** συσσωρεύω [siso'revo]; **~heben** σηκώνω [si'kono]; (*abschaffen*) καταργώ [katar'γo]; **~hetzen** ερεθίζω [ere'θizo]; **~hören** παύω ['pavo], τελειώνω [te'ljono]
**aufklär|en: *sich ~en*** αιθριάζω [eθri'azo]; *fig.* διαφωτίζω [ðiafo'tizo]; **ⴰung** *f* διαφώτιση [ðia'fotisi]

**aufkleben** 230

**auf|kleben** επικολλώ (-άς) [epiko'lo]; **~knöpfen** ξεκουμπώνω [ksekum'bono]; **~kommen** (*für A*) εγγυώμαι [eŋgi'ome]; **~laden** φορτώνω [for'tono]
**Auflage** *f* ρήτρα ['ritra]; *Typ.* έκδοση (-εις) ['ekδosi]
**aufleben** ξαναζωντανεύω [ksanazonda'nevo]
**auflegen** βάζω επάνω ['vazo e'pano]; επιθέτω [epi'θeto]; *Typ.* εκδίδω [ek'δiδo]
**auflehn|en:** ***sich ~en*** ακουμπώ (-άς) [akum'bo]; *fig.* στασιάζω [stasi'azo]; **≈ung** *f* στάση (-εις) ['stasi]
**auflesen** μαζεύω [ma'zevo]
**auflösen** λειώνω ['ljono]; (*Rätsel*) λύνω ['lino]; (*Versammlung*) διαλύω [δia'lio]
**aufmachen** ανοίγω [a'niγo]
**Aufmarsch** *m* στρατιωτική παράταξη [stratioti'ki pa'rataksi]
**aufmerksam** προσεκτικός [prosekti'kos]; **≈keit** *f* προσοχή [proso'çi]
**Aufnahme** *f* υποδοχή [ipoδo'çi]; αποδοχή [apoδo'çi], ανάληψη (-εις) [a'nalipsi]; *Fot.* φωτογραφία [fotoγra'fia]; (*Ton≈*) ηχογράφηση (-εις) [ixo'γrafisi]
**auf|nehmen** (υπο)δέχομαι [(ipo)'δexome]; **~passen** (***auf*** *A*) προσέχω [pro'sexo] *A*; **~räumen** συγυρίζω [siji'rizo]
**aufrecht** όρθιος ['orθios]; **~erhalten** διατηρώ [δiati'ro]
**aufreg|en** ερεθίζω [ere'θizo]; ***sich ~en*** νευριάζω [nevri'azo]; **~end** ερεθιστικός [ereθisti'kos]; **≈ung** *f* έξαψη (-εις) ['eksapsi]; αναστάτωση (-εις) [ana'statosi]
**auf|reihen** αραδιάζω [ara'δjazo]; **~reißen** ανοίγω απότομα [a'niγo a'potoma]
**aufrichten** ανορθώνω [anor'θono], εγείρω [e'jiro]
**aufrichtig** ειλικρινής [ilikri'nis] 2; **≈keit** *f* ειλικρίνεια [ili'krinia]
**aufrollen** ξετυλίγω [kseti'liγo]
**Aufruf** *m* διακήρυξη (-εις) [δia'kiriksi]; **≈en** προσκαλώ [proska'lo]
**Aufruhr** *m* ταραχή [tara'çi]
**Aufrührer** *m* στασιαστής [stasja'stis]; **≈isch** στασιαστικός [stasjasti'kos]
**aufrüst|en** εξοπλίζω [ekso'plizo]; **≈ung** *f* εξοπλισμός [eksopli'zmos]
**aufsässig** ανυπότακτος [ani'potaktos]
**Aufsatz** *m* έκθεση (-εις) ['ekθesi]
**auf|saugen** απορροφώ (-άς) [aporo'fo]; **~schieben** αναβάλλω [ana'valo]
**Aufschlag** *m* χτύπημα ['xtipima] *n*; (*Preis*) ανατίμηση (-εις) [ana'timisi]; **≈en** (*Buch*) ανοίγω [a'niγo]; (*Lager*) στήνω ['stino]; (*Preis*) υψώνω [i'psono]

**auf|schließen** ξεκλειδώνω [ksekli'ðono]; **~schneiden** κόβω ['kovo]; *fig.* καυχιέμαι [kaf'çeme]

**Aufschnitt** *m* σαλαμικά [salami'ka] *n/pl.*

**aufschnüren** ξεδένω [kse'ðeno], λύνω ['lino]

**Aufschrift** *f* επιγραφή [epiɣra'fi]

**Aufschub** *m* αναβολή [anavo'li]

**Aufsehen:** ~ *erregen* κινώ την προσοχή [ki'no timbroso'çi]

**Aufseher** *m* επιστάτης [epi'statis]

**aufsetzen** (*Hut*) βάζω ['vazo], συντάσσω [sin'daso]

**Aufsicht** *f* επίβλεψη [e'pivlepsi]; **~srat** *m* διοικητικό συμβούλιο [ðiikiti'ko sim'vulio]

**auf|speichern** συσσωρεύω [siso'revo]; **~springen** αναπηδώ (-άς) [anapi'ðo]

**Aufstand** *m* ανταρσία [andar'sia]

**auf|stehen** σηκώνομαι [si'konome]; **~steigen** *s.* **starten**

**aufstell|en** τοποθετώ [topoθe'to]; **~ung** *f* τοποθέτηση (-εις) [topo'θetisi]

**Aufstieg** *m* ανήφορος [a'niforos], άνοδος ['anoðos] *f*

**auf|stoßen** ανοίγω σπρώχνοντας [a'niɣo 'sproxnondas]; (*Speisen*) ρεύομαι ['revome]; **~tauchen** αναδύομαι [ana'ðiome]; *fig.* προβάλλω [pro'valo]; **~tauen** λειώνω ['ljono]; *fig.* γίνομαι ομηλιτικός ['jinome omiliti'kos]; **~tischen** σερβίρω [ser'viro]

**Auftrag** *m* εντολή [endo'li]; *Hdl.* παραγγελία [paraŋgje'lia]

**auf|treiben** βρίσκω ['vrisko]; **~trennen** ξηλώνω [ksi'lono]; **~treten** πατώ (-άς) [pa'to]; *Thea.* παρουσιάζομαι [parusi'azome]

**Auftritt** *m* σκηνή [ski'ni]

**aufwachen** ξυπνώ (-άς) [ksi'pno]

**Aufwand** *m* δαπάνη [ða'pani]

**aufwärts** προς τα πάνω [pros ta 'pano]

**auf|wecken** ξυπνώ (-άς) [ksi'pno]; **~werfen** (*Frage*) ανακινώ [anaki'no]

**aufwert|en** ανατιμώ (-άς) [anati'mo]; **~ung** *f* ανατίμηση (-εις) [ana'timisi]

**auf|wickeln** ξετυλίγω [kseti'liɣo]; **~wiegeln** επαναστατώ [epanasta'to]; **~wiegen** σταθμίζω [staθ'mizo]; **~wischen** σφουγγίζω [sfuŋ'gizo]; **~zählen** απαριθμώ [apariθ'mo]; **~zeichnen** σημειώνω [simi'ono]; **~ziehen** (*Fahne*) υψώνω [i'psono]; (*Uhr*) κουρντίζω [kur'dizo]; (*Kind*) ανατρέφω [ana'trefo]

**Aufzug** *m* ασανσέρ [asan-

aufzwingen 232

'ser] *n*, ανελκυστήρας [anelki'stiras]
**aufzwingen** επιβάλλω [epi'valo]
**Auge** *n* μάτι ['mati], οφθαλμός [ofθal'mos]
**Augen|arzt** *m* οφθαλμίατρος [ofθal'miatros]; **~blick** *m* στιγμή [stiɣ'mi]; **~braue** *f* φρύδι ['friði]; **~lid** *n* βλέφαρο ['vlefaro]; **≗scheinlich** ολοφάνερος [olo'faneros]; **~wimper** *f* βλεφαρίδα [vlefa'riða]; **~zeuge** *m* αυτόπτης μάρτυς [a'ftoptiz'martis]
**August** *m* Αύγουστος ['avɣustos]
**Auktion** *f* πλειστηριασμός [plistiria'zmos]
**aus** *D* από [a'po] *A*, εκ (εξ) [ek (eks)] *G*
**ausarbeit|en** επεξεργάζομαι [epekser'ɣazome]; **≗ung** *f* επεξεργασία [epekserɣa'sia]
**aus|arten** εκφυλίζομαι [ekfi'lizome]; **~atmen** εκπνέω [ek'pneo]
**Ausbau** *m* τελειοποίηση (-εις) [telio'piisi]
**ausbesser|n** επισκευάζω [episkje'vazo]; **≗ung** *f* επισκευή [episkje'vi]
**ausbeut|en** εκμεταλλεύομαι [ekmeta'levome]; **≗ung** *f* εκμετάλλευση [ekme'talefsi]
**ausbild|en** μορφώνω [mor'fono]; **≗ung** *f* μόρφωση ['morfosi], εκπαίδευση [ek'peðefsi]
**Ausblick** *m* θέα ['θea]
**ausbrechen** (*Feuer*) ξεσπώ (-άς) [kse'spo]; (*Krieg*) εκρήγνυμαι [e'kriɣnime]; (*Gefangene*) δραπετεύω [ðrape'tevo]
**ausbreiten** *A* ξαπλώνω [ksa'plono]
**Ausbruch** *m* έκρηξη (-εις) ['ekriksi]
**Ausdauer** *f* επιμονή [epimo'ni]; (*Sport*) αντοχή [ando'çi]; **≗nd** επίμονος [e'pimonos]
**ausdehn|en** τεντώνω [ten'dono]; εκτείνω [e'ktino]; **≗ung** *f* επέκταση (-εις) [ep'ektasi]
**ausdörren** αποξηραίνω [apoksi'reno]
**Ausdruck** *m* έκφραση (-εις) ['ekfrasi]
**ausdrücken** εκφράζω [ek'frazo]
**ausdünst|en** εξατμίζω [eksa'tmizo]; **≗ung** *f* εξάτμιση (-εις) [e'ksatmisi]
**auseinander** χωρισμένος [xori'zmenos]; **~fallen** διαλύομαι [ðia'liome]; **~gehen** χωρίζομαι [xo'rizome]; **~nehmen** αποσυνθέτω [aposin'θeto]; **~ziehen** διασπώ (-άς) [ðia'spo]
**auserlesen** εκλεκτός [ekle'ktos]
**Ausfahrt** *f* έξοδος ['eksoðos] *f*
**Ausfall** *m* πέσιμο ['pesimo], πτώση (-εις) ['ptosi]; *Hdl.* έλλειμμα ['elima] *n*; **≗en**

233 ausklopfen

πέφτω ['pefto]; *fig.* ματαιώνομαι [mate'onome]
**ausfließen** χύνομαι ['çinome], εκρέω [e'kreo]
**Ausflucht** *f* υπεκφυγή [ipekfi'ji]
**Ausflug** *m* εκδρομή [egðro'mi]
**Ausflügler** *m* εκδρομέας [egðro'meas]
**Ausfluß** *m* εκροή [ekro'i]
**aus|forschen** εξερευνώ (-άς) [ekserev'no]; **~fragen** ψιλορωτώ (-άς) [psiloro'to]
**Ausfuhr** *f* εξαγωγή [eksaγo'ji]
**ausführ|bar** κατορθωτός [katorθo'tos]; **~en** εκτελώ [ekte'lo]; εξάγω [e'ksaγo]; **~lich** λεπτομερής [leptome'ris] 2
**ausfüllen** συμπληρώνω [simbli'rono]
**Ausgabe** *f* έξοδα ['eksoða] *n/pl.*; (*Post*) διανομή [ðiano'mi]; (*Buch*) έκδοση (-εις) ['ekðosi]
**Ausgang** *m* έξοδος ['eksoðos] *f*; *fig.* αποτέλεσμα [apo'telezma] *n*
**ausgeben** ξοδεύω [kso'ðevo]; (*verteilen*) μοιράζω [mi'razo]
**ausgehen** βγαίνω (έξω) ['vjeno ('ekso)]; (*Licht*) σβήνω ['zvino]; τελειώνω [te'ljono]
**aus|gelassen** κεφάτος [kje'fatos]; **~genommen** εκτός [e'ktos]; **~gerechnet** ίσα ίσα ['isa 'isa]; **~gezeichnet** έξοχος ['eksoxos]
**ausgiebig** αρκετός [arkje'tos]
**ausgießen** χύνω ['çino], εκχέω [ek'çeo]
**Ausgleich** *m* συμβιβασμός [simviva'zmos]; **2en** εξισώνω [eksi'sono], συμβιβάζω [simvi'vazo]
**ausgleiten** γλιστρώ (-άς) [γli'stro], ολισθαίνω [oli'sθeno]
**ausgrab|en** ανασκάβω [ana'skavo]; **2ung** *f* ανασκαφή [anaska'fi]
**Ausguß** *m* νεροχύτης [nero'çitis]
**aushalten** υποφέρω [ipo'fero]; ***es nicht mehr ~ vor*** δε βαστάω από [ðe va'stao a'po]
**aus|händigen** δίνω στο χέρι ['ðino sto 'çeri]; **~harren** υπομένω [ipo'meno]; **~hauchen** εκπνέω [ek'pneo]; **~heilen** θεραπεύομαι [θera'pevome]; **~holen** σηκώνω το χέρι [si'kono to 'çeri], παίρνω φόρα ['perno 'fora]; **~horchen** βολιδοσκοπώ [voliðosko'po]; **~jäten** ξεβοτανίζω [ksevota'nizo]; **~kehren** σαρώνω [sa'rono]
**auskennen: *sich ~*** ξέρω τα κατατόπια ['ksero ta kata'topja]
**auskleiden: *sich ~*** γδύνομαι ['γðinome]; ***~ (mit)*** επενδύω (με) [epen'ðio (me)]
**ausklopfen** ξεσκονίζω [ksesko'nizo]

**auskommen** (**mit** *j-m*) ταιριάζω [ter'jazo]; (**mit** *etw.*) περνώ (-άς) [per'no]; ♀ *n* πόροι ['pori] *m/pl.*
**auskosten** απολαμβάνω μέχρι τέλους [apolam'vano 'mexri 'telus]
**auskundschaften** κατασκοπεύω [katasko'pevo]
**Auskunft** *f* πληροφορία [plirofo'ria]; **~sstelle** *f* γραφείο πληροφοριών [γra'fio pliro-fori'on]
**auslachen** κοροϊδεύω [koroi'ðevo]
**ausladen** ξεφορτώνω [ksefor'tono]
**Auslage** *f* έξοδα ['eksoða] *n/pl.*; (*Schaufenster*) βιτρίνα [vi'trina]
**Ausland** *n* εξωτερικό [eksoteri'ko]
**Ausländer** *m* ξένος ['ksenos], αλλοδαπός [aloða'pos]
**auslassen** παραλείπω [para'lipo]
**auslaufen** διαρρέω [ðia'reo]; (*Schiff*) αποπλέω [apo'pleo]; *fig.* καταλήγω [kata'liγo]
**ausleeren** αδειάζω [a'ðjazo], εκκενώνω [ekje'nono]
**auslegen** στρώνω ['strono]; (*erklären*) εξηγώ [eksi'γo]; (*Geld*) προκαταβάλλω [prokata'valo]; (*Waren*) εκθέτω [ek'θeto]
**ausleihen** δανείζω [ða'nizo]
**Auslese** *f* επιλογή [epilo'ji]; (*Wein*) αποτρύγημα [apo'trijima] *n*; ♀**n** διαλέγω [ðia'leγo], εκλέγω [e'kleγo]; (*ein Buch*) τελειώνω [te'ljono]
**ausliefer|n** παραδίνω [para'ðino]; ♀**ung** *f* παράδοση (-εις) [pa'raðosi]
**auslöschen** σβήνω ['zvino], εξαλείφω [eksa'lifo]
**auslosen** κληρώνω [kli'rono]
**auslösen** (*Gefangene*) λυτρώνω [li'trono]; (*Pfand*) εξαγοράζω [eksaγo'razo]; προξενώ [prokse'no]
**Auslöser** *m* αίτιος ['etios]; *Fot.* κουμπί [kum'bi]
**auslüften** αερίζω [ae'rizo]
**ausmachen** (*Licht*) σβήνω ['zvino]; (*verabreden*) συμφωνώ [simfo'no]
**Ausmaß** *n* μέγεθος ['mejeθos] *n*, διάσταση (-εις) [ði'astasi]
**ausmerzen** απορρίπτω [apo'ripto]
**ausmessen** καταμετρώ (-άς) [katame'tro]
**Ausnahm|e** *f* εξαίρεση (-εις) [e'kseresi]; ♀**sweise** εξαιρετικώς [ekssereti'kos]
**ausnehmen** εξαιρώ [ekse'ro]; **~d** εκτάκτως [e'ktaktos]
**aus|nützen** εκμεταλλεύομαι [ekmeta'levome]; **~packen** αδειάζω (βαλίτσα) [a'ðjazo (va'litsa)]; **~pfeifen** γιουχαΐζω [juxa'izo]; **~plündern** ξεγυμνώνω [kseji'mnono]; λεηλατώ [leila'to]; **~pressen** στίβω ['stivo]; **~probieren** δοκιμάζω [ðoki'mazo]

**Auspuff** *m* εξάτμιση (-εις) [e'ksatmisi]
**ausradieren** σβήνω ['zvino]
**ausrechnen** λογαριάζω [loɣar'jazo]; (*berechnen*) υπολογίζω [ipolo'jizo]
**Ausrede** *f* πρόφαση (-εις) ['profasi]; **2n** τελειώνω το λόγο [te'ljono to 'loɣo]; ***sich* 2n** προφασίζομαι [profa'sizome]
**ausreichen** φτάνω ['ftano], αρκώ [ar'ko]; **~d** αρκετός [arkje'tos]
**aus|reißen** ξεριζώνω [kseri'zono]; αποσπώ [apo'spo]; *fig.* το κόβω λάσπη [to 'kovo 'laspi]; **~richten** (*Gruß*) διαβιβάζω [ðiavi'vazo]; **~rotten** εξολοθρεύω [eksolo'θrevo]; **~ruhen** ξεκουράζομαι [kseku'razome], αναπαύομαι [ana'pavome]; **~rüsten** εξοπλίζω [ekso'plizo]
**Aussaat** *f* σπορά [spo'ra]
**Aussage** *f* μαρτυρία [marti'ria], κατάθεση (-εις) [ka'taθesi]; **2n** μαρτυρώ (-άς) [marti'ro], καταθέτω [kata'θeto]
**Aussatz** *m* λέπρα ['lepra]
**ausschalten** αποχωρίζω [apoxo'rizo]; εξουδετερώνω [eksuðete'rono], (*Strom*) διακόπτω [ðia'kopto]
**ausscheiden** αποχωρίζω [apoxo'rizo]; (*Schweiß*, *Wasser*) εκκρίνω [e'krino]; (*aus einem Amt*) παραιτούμαι [pare'tume]
**ausschicken** στέλνω ['stelno]
**ausschimpfen** βρίζω ['vrizo]; επιπλήττω [epi'plito]; μαλώνω [ma'lono]
**ausschlafen** χορταίνω ύπνο [xor'teno 'ipno]
**Ausschlag** *m* εξάνθημα [e'ksanθima] *n*; **2en** (*Pferd*) κλωτσώ (-άς) [klo'tso]; **2gebend** αποφασιστικός [apofasisti'kos]
**ausschließ|en** αποκλείω [apo'klio], εξαιρώ [ekse'ro]; **~lich** αποκλειστικός [apoklisti'kos]
**Ausschluß** *m* αποκλεισμός [apokli'zmos]
**ausschneiden** κόβω ['kovo]
**Ausschnitt** *m* (*Zeitungs2*) απόκομμα [a'pokoma] *n*, περικοπή [periko'pi]; (*Kleid*) ντεκολτέ [dekol'te] *n*
**ausschreib|en** (*Stelle*) προκηρύσσω [proki'riso]; **2ung** *f* προκήρυξη (-εις) [pro'kiriksi]
**ausschreit|en** διασκελίζω [ðiaskje'lizo]; **2ung** *f* βιαιοπραγία [vieopra'jia]
**Ausschuß** *m* (*Komitee*) επιτροπή [epitro'pi]
**ausschütten** αδειάζω [a'ðjazo]; (*Herz*) ανοίγω [a'niɣo]; (*Geld*) διανέμω [ðia'nemo]
**ausschweif|end** ακόλαστος [a'kolastos]; **2ung** *f* ακολασία [akola'sia]
**aussehen** φαίνομαι ['feno-

**Aussehen** 236

me]; ≈ *n* (*Gesicht*) όψη (-εις) ['opsi]; εμφάνιση (-εις) [em'fanisi]
**außen** έξω ['ekso]
**aussenden** στέλνω ['stelno]
**Außen|-** έξω ['ekso]; εξωτερικός [eksoteri'kos]; **~handel** *m* εξαγωγικό εμπόριο [eksaγoji'ko em'borio]; **~seite** *f* έξω μέρος ['ekso 'meros] *n*; **~welt** *f* έξω κόσμος ['ekso 'kozmos]
**außer** *D* εκτός από [e'ktos a'po]; ~ ***Atem*** λαχανιασμένος [laxanja'zmenos]; ~ ***sich*** έξω φρενών ['ekso fre'non]; **~dem** εκτός τούτου [e'ktos 'tutu]
**äußere** εξωτερικός [eksoteri'kos]
**außer|ehelich** νόθος ['noθos]; **~gewöhnlich** έκτακτος ['ektaktos]; **~halb** (*G*) έξω από ['ekso a'po], εκτός [e'ktos] *G*
**äußerlich** *s.* **äußere**
**äußern** εξωτερικεύω [eksoteri'kjevo]
**außer|ordentlich** έκτακτος ['ektaktos]; **~stande sein** αδυνατώ [aδina'to]
**aussetzen** εκθέτω [ek'θeto]; (*e-e Summe*) διαθέτω [δia'θeto]; (*unterbrechen*) διακόπτω [δia'kopto]
**Aussicht** *f* θέα ['θea]; *fig.* ελπίδα [el'piδa]
**aussöhnen** συμφιλιώνω [simfili'ono]
**aussondern** ξεδιαλέγω [kseδja'leγo], αποχωρίζω [apoxo'rizo]
**ausspannen** τεντώνω [ten'dono], εκτείνω [e'ktino]; (*Pferde*) ξεζεύω [kse'zevo]; *fig.* ξεκουράζομαι [kseku'razome]
**aussperr|en** αποκλείω [apo'klio]; **≈ung** *f* ανταπεργία [andaper'jia], λοκ-άουτ [lok'aut] *n*
**ausspionieren** κατασκοπεύω [katasko'pevo]
**Aussprache** *f* (*e-s Wortes*) προφορά [profo'ra]; (*Dialog*) συζήτηση [si'zitisi]
**aussprechen** προφέρω [pro'fero]; ***sich*** ~ εξηγούμαι [eksi'γume]
**Ausspruch** *m* (*Sentenz*) ρητό(ν) [ri'to(n)]
**ausspucken** φτύνω ['ftino]
**ausspülen** ξεπλένω [kse'pleno]
**ausstatt|en** εφοδιάζω [efoδi'azo]; (*Tochter*) προικίζω [pri'kizo]; **≈ung** *f* εφοδιασμός [efoδia'zmos]; προικοδότηση (-εις) [priko'δotisi]
**ausstehen** (*fehlen*) καθυστερώ [kaθiste'ro]; (*leiden*) υποφέρω [ipo'fero]; ***nicht ~ können*** δε χωνεύω [δe xo'nevo]
**aussteigen** κατεβαίνω [kate'veno]
**ausstell|en** εκθέτω [ek'θeto]; (*einen Wechsel*) εκδίδω [ek'δiδo]; **≈ung** *f* έκθεση (-εις)

['ekθesi]; έκδοση (-εις) ['ekδosi]
**aussterben** χάνομαι ['xanome], εξαφανίζομαι [eksafa'nizome]
**Aussteuer** *f* προίκα ['prika]
**aus|stopfen** γεμίζω [je'mizo]; **~stoßen** βγάζω ['vγazo], αποβάλλω [apo'valo]; **~strecken** ξαπλώνω [ksa'plono], εκτείνω [e'ktino]; **~streichen** σβήνω ['zvino], εξαλείφω [eksa'lifo]; **~streuen** σκορπίζω [skor'pizo]; (*Gerüchte*) διαδίδω [δia'δiδo]; **~suchen** διαλέγω [δja'leγo]
**Austausch** *m* ανταλλαγή [andala'ji]; **2en** ανταλλάσσω [anda'laso]
**austeilen** μοιράζω [mi'razo], διανέμω [δia'nemo]
**Auster** *f* στρείδι ['striδi]
**aus|toben** ξεθυμαίνω [kseθi'meno]; **~tragen** (*Zeitungen*) μοιράζω [mi'razo], διανέμω [δia'nemo]; **~treten** (*aus einem Amt*) παραιτούμαι [pare'tume]; **~trinken** αδειάζω το ποτήρι [a'δjazo to po'tiri]
**Austritt** *m* παραίτηση (-εις) [pa'retisi]
**austrocknen** ξεραίνω [kse'reno], αποξηραίνω [apoksi'reno]
**ausüb|en** εξασκώ [eksa'sko]; **2ung** *f* εξάσκηση [e'ksaskisi]
**Ausverkauf** *m* ξεπούλημα [kse'pulima] *n*
**Auswahl** *f* εκλογή [eklo'ji]
**auswählen** διαλέγω [δja'leγo]
**Auswander|er** *m* μετανάστης [meta'nastis]; **2n** μεταναστεύω [metana'stevo]
**auswärtig** εξωτερικός [ekso-teri'kos]
**auswechseln** ανταλλάσσω [anda'laso]
**Ausweg** *m* διέξοδος [δi'eksoδos] *f*
**ausweichen** παραμερίζω [parame'rizo]
**Ausweis** *m* ταυτότητα [taf'totita]; **2en** απελαύνω [ape'lavno]; **~ung** *f* απέλαση (-εις) [a'pelasi]
**auswendig** απ' έξω [a'pekso]
**aus|wickeln** ξετυλίγω [kseti'liγo], εκτυλίσσω [ekti'liso]; **~wischen** σφουγγίζω [sfuŋ'gizo], εξαλείφω [eksa'lifo]; **~wringen** στίβω ['stivo]
**Auswuchs** *m* (*Pflanzen*) παραφυάδα [parafi'aδa]; (*Körper*) εξόγκωμα [e'ksoŋgoma] *n*; *fig*. έκτρωμα ['ektroma] *n*
**Auswurf** *m* φλέματα ['flemata] *n*/*pl*.; *fig*. απόβρασμα [a'povrazma] *n*
**aus|zahlen** πληρώνω [pli'rono]; **~zählen** αριθμώ [ariθ'mo]; καταμετρώ (-άς) [katame'tro]
**Auszahlung** *f* πληρωμή [pliro'mi]
**auszanken** μαλώνω [ma'lono]
**auszeichn|en** σημαδεύω [si-

## Auszeichnung

ma'ðevo]; απονέμω τιμή [apo'nemo ti'mi]; **sich ~en** διακρίνομαι [ðia'krinome] (*durch A*/ για [ja]); **2ung** *f* διάκριση (-εις) [ði'akrisi]
**ausziehen** (*Kleider*) βγάζω ['vγazo]; (*Person*) γδύνω ['γðino]; (*aus der Wohnung*) αλλάζω σπίτι [a'lazo 'spiti]; **sich ~** γδύνομαι ['γðinome]
**Auszug** *m* έξοδος ['eksoðos] *f*; (*Buch*) περίληψη (-εις) [pe'rilipsi]
**Auto** *n* αυτοκίνητο [afto'kinito]
**Autobahn** *f* εθνική οδός [eθni'ki o'ðos] *f*; **~gebühren** *f*/*pl.* διόδια [ði'oðia] *n*/*pl.*
**Autobus** *m* λεωφορείο [leo-

fo'rio]; (*O-Bus*) τρόλλεϋ ['trolei] *n*; (*Touristen2*) πούλμαν ['pulman] *n*
**Autofahrer** *m* αυτοκινητιστής [aftokiniti'stis]
**Automat** *m* αυτόματος [a'ftomatos]
**automatisch** αυτόματος [a'ftomatos]
**Autor** *m* συγγραφέας [siŋγra'feas]
**autorisieren** εξουσιοδοτώ [eksusioðo'to]
**Autorität** *f* αυθεντικότητα [afθendi'kotita]
**Axt** *f* τσάπα ['tsapa], αξίνα [a'ksina]
**Azetylen** *n* ασετυλίνη [aseti'lini]

## B

**Baby** *n* μωρό [mo'ro]
**Bach** *m* ρυάκι [ri'aki] *n*
**Backbord** *n* αριστερή πλευρά του πλοίου [ariste'ri ple'vra tu 'pliu]
**Backe** *f* μάγουλο ['maγulo]
**backen** ψήνω ['psino]
**Bäcker** *m* φούρναρης ['furnaris], αρτοποιός [artopi'os]
**Bäckerei** *f* φούρνος ['furnos], αρτοπωλείο [artopo'lio]
**Back|fisch** *m* ψητό ψάρι [psi'to 'psari] *n*; *fig.* φυντανάκι [finda'naki] *n*; **~ofen** *m* φούρνος ['furnos], κλίβανος ['klivanos]
**Bad** *n* μπάνιο ['banjo],

λουτρό [lu'tro]
**Bade|anstalt** *f* λουτρά [lu'tra] *n*/*pl.*; **~anzug** *m*, **~hose** *f* μαγιό [ma'jo]; **~mantel** *m* μπουρνούζι [bur'nuzi]; **2n** κάνω λουτρό ['kano lu'tro]; (*im Freien*) κάνω μπάνιο ['kano 'banjo]; **~wanne** *f* μπανιέρα [ba'njera]
**Bagger** *m* φαγάνα [fa'γana], εκσκαφέας [ekska'feas]
**Bahn** *f* δρόμος ['ðromos]; (*Sport*) πίστα ['pista], στίβος ['stivos]; *Esb.* σιδηρόδρομος [siði'roðromos]; (*Eis*) παγοδρόμιο [paγo'ðromio]; **~hof** *m* (σιδηροδρομικός) σταθμός [(siðiroðromi'kos) staθ-

'mos]; **~steig** *m* αποβάθρα [apo'vaθra]
**Bahre** *f* φορείο [fo'rio], φέρετρο ['feretro]
**Bakterie** *f* βακτηρίδιο [vakti'riðio], μικρόβιο [mi'krovio]
**bald** σε λίγο [se 'liγo], εντός ολίγου [en'dos o'liγu]
**Balken** *m* δοκάρι [ðo'kari], δοκός [ðo'kos] *f*
**Balkon** *m* μπαλκόνι [bal'koni]
**Ball** *m* τόπι ['topi], μπάλα ['bala]
**Ballast** *m* σαβούρα [sa'vura]
**Ballen** *m* δέμα ['ðema] *n*
**Ballett** *n* μπαλέτο [ba'leto]
**Ballon** *m* αερόστατο [ae'rostato]
**Banane** *f* μπανάνα [ba'nana]
**Band¹** *n* κορδέλα [kor'ðela], ταινία [te'nia]
**Band²** *m* τόμος ['tomos]
**Bandage** *f* επίδεσμος [e'piðezmos]
**Bande** *f* συμμορία [simo'ria]
**bändigen** δαμάζω [ða'mazo]
**Bandit** *m* ληστής [li'stis]
**Bank** *f* μπάγκος ['baŋgos], εδώλιο [e'ðolio]; (*Geld*) τράπεζα ['trapeza]
**Bankett** *n* επίσημο συμπόσιο [e'pisimo sim'bosio]
**Banknote** *f* χαρτονόμισμα [xarto'nomizma] *n*
**Bankrott** *m* χρεωκοπία [xreoko'pia]
**bar** τοις μετρητοίς [tiz metri'tis]; (*entblößt*) γυμνός [ji'mnos]; στερημένος [steri'menos]
**Bar** *f* μπαρ [bar] *n*, αναψυκτήριο [anapsi'ktirio]
**Bär** *m* αρκούδα [ar'kuða], άρκτος ['arktos] *f*
**Baracke** *f* παράγκα [pa'raŋga], παράπηγμα [pa'rapiγma] *n*
**Barbar** *m* βάρβαρος ['varvaros]
**Barbe** *f* μπαρμπούνι [bar'buni]
**barfuß** ξυπόλυτος [ksi'politos]
**Bargeld** *n* μετρητά [metri'ta] *n/pl.*
**Barke** *f* βάρκα ['varka], λέμβος ['lemvos] *f*
**barmherzig** πονετικός [poneti'kos], σπλαχνικός [splaxni'kos]; **≈keit** *f* ευσπλα(γ-)χνία [efspla(ŋ)'xnia]
**Barometer** *n* βαρόμετρο [va'rometro]
**Barren** *m* στήλη μετάλλου ['stili me'talu]; (*Sport*) δίζυγο ['ðiziγo]
**Barriere** *f* φραγμός [fraγ'mos]
**Barschaft** *f* μετρητά [metri'ta] *n/pl.*
**Bart** *m* γένια ['jenja] *n/pl.*; **≈los** σπανός [spa'nos]
**Barzahlung** *f* πληρωμή τοις μετρητοίς [pliro'mi tiz metri'tis]
**basieren** βασίζομαι [va'sizome]
**Baß** *m* μπάσος ['basos]

**basteln** μαστορεύω [masto'revo], καταγίνομαι με [kata'jinome me]
**Bataillon** *n* τάγμα ['taγma] *n*
**Batterie** *f Elektr.* μπαταρία [bata'ria], συστοιχία [sisti'çia]
**Bau** *m* χτίσιμο ['xtisimo], οικοδόμηση (-εις) [iko'ðomisi]; γιαπί [ja'pi]
**Bauch** *m* κοιλιά [ki'lja]; **~schmerzen** *m/pl.* κοιλόπονος [ki'loponos]
**bau|en** χτίζω ['xtizo], οικοδομώ [ikoðo'mo]; **²er** *m* χωριάτης [xor'jatis], χωρικός [xori'kos]
**bäuerlich** χωριάτικος [xor'jatikos], αγροτικός [aγroti'kos]
**Baum** *m* δέντρο ['ðendro]
**Baumeister** *m* αρχιτέκτονας [arçi'tektonas]
**Baum|schule** *f* φυτώριο [fi'torio]; **~wolle** *f* βαμβάκι [vam'vaki]
**Baustelle** *f* εργοτάξιο [erγo'taksio]
**Bauten** *m/pl.* κτίρια ['ktiria] *n/pl.*
**beabsichtigen** σκοπεύω [sko'pevo]
**beachten** προσέχω [pro'sexo]
**Beamt|e(r)** *m*, **~in** *f* υπάλληλος [i'palilos] *m/f*
**bean|spruchen** αξιώνω [aksi'ono]; **~tragen** κάνω αίτηση (για) ['kano 'etisi (ja)]
**beantworten** *A* απαντώ (-άς) (σε) [apan'do (se)]
**bearbeiten** επεξεργάζομαι [epekser'γazome]
**beauf|sichtigen** επιβλέπω [epi'vlepo]; **~tragen** επιφορτίζω [epifor'tizo]
**bebauen** καλλιεργώ [kalier'γo]; χτίζω ['xtizo]
**beben** τρέμω ['tremo]
**Becher** *m* κούπα ['kupa]
**Becken** *n* λεκάνη [le'kani]
**bedächtig** στοχαστικός [stoxasti'kos]
**bedanken:** ***sich ~ bei*** (*D*) ***für*** (*A*) ευχαριστώ *A* για [efxari'sto ja]
**Bedarf** *m* χρειαζούμενα [xria'zumena] *n/pl.*; ***~ haben an*** (*D*) έχω ανάγκη από ['exo a'naŋgi a'po]; **~sfall** *m*: ***im ~sfall*** εν ανάγκη [en a'naŋgi]
**bedauer|lich** λυπηρός [lipi'ros]; **~nswert** αξιολύπητος [aksio'lipitos]
**bedecken** σκεπάζω [skje'pazo], καλύπτω [ka'lipto]
**bedenk|en** συλλογίζομαι [silo'jizome]; **²en** *n* δισταγμός [ðistaγ'mos]; **~lich** αμφίβολος [am'fivolos]
**bedeuten** σημαίνω [si'meno]; **~d** σημαντικός [simandi'kos]
**Bedeutung** *f* σημασία [sima'sia]; **²svoll** αξιόλογος [aksi'oloγos]
**bedien|en** υπηρετώ [ipire'to]; **²ung** *f* υπηρεσία [ipire'sia]

241 Begabung

**Bedingung** *f* όρος ['oros]
**bedräng|en** πιέζω [pi'ezo]; **²nis** *f* ανάγκη [a'naŋgi]
**bedroh|en** απειλώ [api'lo]; **~lich** απειλητικός [apiliti'kos]; **²ung** *f* απειλή [api'li]
**bedrücken** καταπιέζω [katapi'ezo]
**bedürf|en** *G* χρειάζομαι [xri'azome] *A*, έχω ανάγκη (από) ['exo a'naŋgi (a'po)]; **²nis** *n* ανάγκη [a'naŋgi]; **²nisanstalt** *f* αποχωρητήριο [apoxori'tirio]
**Beefsteak** *n* στέικ ['steik] *n*
**beeilen: sich ~** βιάζομαι ['vjazome]; σπεύδω ['spevðo]
**beeinflussen** επηρεάζω [epire'azo]
**beend(ig)en** τελειώνω [te'ljono]
**beerben** κληρονομώ [klirono'mo]
**beerdig|en** θάβω ['θavo], κηδεύω [ki'ðevo]; **²ung** *f* ταφή [ta'fi], κηδεία [ki'ðia]
**Beere** *f* ρόγα ['roγa]
**Beet** *n* πρασιά [pra'sja]
**Befähigung** *f* ικανότητα [ika'notita]
**Befehl** *m* διαταγή [ðiata'ji]; **²en** διατάζω [ðia'tazo]
**befestig|en** στερεώνω [stere'ono]; *Mil.* οχυρώνω [oçi'rono]; **²ung** *f* στερέωση [ste'reosi], οχύρωμα [o'çiroma] *n*
**befeuchten** βρέχω ['vrexo]
**befinden: sich ~** βρίσκομαι ['vriskome]
**beflecken** λεκιάζω [le'kjazo], μολύνω [mo'lino]
**beflissen** αφοσιωμένος [afosio'menos]
**befolgen** ακολουθώ [akolu'θo], τηρώ [ti'ro]
**beförder|n** προβιβάζω [provi'vazo]; **²ung** *f* προβιβασμός [proviva'zmos]
**befragen** επερωτώ (-άς) [epero'to]
**befrei|en** ελευθερώνω [elefθe'rono]; *fig.* γλυτώνω [γli'tono] (*von*/ από [a'po]); **²ung** *f* απελευθέρωση (-εις) [apele'fθerosi]
**befreunden: sich ~ mit** γίνομαι φίλος με ['jinome 'filoz me]
**befriedig|en** ικανοποιώ [ikanopi'o]; **²ung** *f* ικανοποίηση [ikano'piisi]
**befruchten** γονιμοποιώ [γonimopi'o]
**Befug|nis** *f* εξουσιοδότηση (-εις) [eksusio'ðotisi]; **²t** εξουσιοδοτημένος [eksusioðoti'menos]
**Befund** *m* πόρισμα ['porizma] *n*
**befürcht|en** φοβάμαι [fo'vame], φοβούμαι [fo'vume]; **²ung** *f* φόβος ['fovos]
**befürworten** υποστηρίζω [iposti'rizo]
**begab|t** προικισμένος [priki'zmenos]; **²ung** *f* προικισμός [priki'zmos], ευφυία [efi'ia]

**begeben:** ***sich*** **~** μεταβαίνω [meta'veno], συμβαίνει [sim'veni]; **≈heit** *f* συμβάν [sim'van] *n*

**begegn|en** συναντώ (-άς) [sinan'do]; **≈ung** *f* συνάντηση (-εις) [si'nandisi]

**begehen** (*Verbrechen*) διαπράττω [δia'prato]; (*Fest*) γιορτάζω [jor'tazo]

**begehren** επιθυμώ [epiθi'mo]

**begeister|n** ενθουσιάζω [enθusi'azo]; **≈ung** *f* ενθουσιασμός [enθusia'zmos]

**begierig** αρπακτικός [arpakti'kos]

**begießen** ποτίζω [po'tizo]

**Beginn** *m* αρχή [ar'çi], έναρξη (-εις) ['enarksi]; **≈en** αρχίζω [ar'çizo]

**beglaubig|en** πιστοποιώ [pistopi'o]; **≈ung** *f* πιστοποίηση (-εις) [pisto'piisi]

**begleiten** συνοδεύω [sino'δevo]

**beglückwünschen** συγχαίρω [siŋ'çero]

**begnadig|en** δίνω χάρη ['δino 'xari]; **≈ung** *f* αμνηστεία [amni'stia]

**begnügen:** ***sich*** **~** αρκούμαι (***mit***/ με [me])

**begraben** θάπτω ['θapto], κηδεύω [ki'δevo]

**Begräbnis** *n* ταφή [ta'fi], κηδεία [ki'δia]

**begreif|en** καταλαβαίνω [kata'la'veno], εννοώ [eno'o]; **~lich** ευνόητος [ev'noitos]

**begrenzen** περιορίζω [perio'rizo]

**Begriff** *m* ιδέα [i'δea], έννοια ['enia]

**begründ|en** δικαιολογώ [δikjeolo'γo]; **≈ung** *f* αιτιολόγηση (-εις) [etio'lojisi]

**begrüß|en** χαιρετώ (-άς) [çere'to]; **≈ung** *f* χαιρετισμός [çereti'zmos]

**begünstigen** ευνοώ [evno'o]

**begutachten** γνωμοδοτώ [γnomoδo'to]

**behalten** κρατώ (-άς) [kra'to], φυλά(γ)ω [fi'la(γ)o]

**Behälter** *m* δοχείο [δo'çio]

**behand|eln** μεταχειρίζομαι [metaçi'rizome]; *Med.* νοσηλεύω [nosi'levo]; **≈lung** *f* νοσηλεία [nosi'lia]

**beharr|en** επιμένω [epi'meno]; **~lich** επίμονος [e'pimonos]

**behaupt|en** ισχυρίζομαι [isçi'rizome]; **≈ung** *f* ισχυρισμός [isçiri'zmos]

**beherbergen** φιλοξενώ [filokse'no]

**beherrschen** κυριαρχώ [kiriar'xo], κυβερνώ (-άς) [kiver'no]; ***sich*** **~** συγκρατιέμαι [siŋgra'tjeme]

**behindern** εμποδίζω [embo'δizo]

**Behörde** *f* αρχή [ar'çi], υπηρεσία [ipire'sia]

**behüten** φυλά(γ)ω [fi'la(γ)o]

**behutsam** προσεκτικός [prosekti'kos]; **≈keit** *f* προσεκτικότητα [prosekti'kotita]

**bei** (*D*) κοντά σε [kon'da se], παρά [pa'ra]; σε [se], με [me]; **~ *Tisch*** στο τραπέζι [sto tra'pezi]
**beibehalten** διαφυλάσσω [ðiafi'laso]
**beibringen** προσκομίζω [prosko'mizo]; (*lehren*) διδάσκω [ði'ðasko]
**Beichte** *f* εξομολόγηση (-εις) [eksomo'lojisi]
**beide** και οι δύο [kje i 'ðio], αμφότεροι [am'foteri]
**Beifall** *m* επιδοκιμασία [epiðokima'sia]
**beifügen** προσθέτω [pros'θeto]
**beigeben: *klein* ~** υποχωρώ [ipoxo'ro]
**Beihilfe** *f* συνδρομή [sinðro'mi]
**Beil** *n* τσεκούρι [tse'kuri]
**Beilage** *f* προσθήκη [pros'θiki]; (*e-r Zeitung*) παράρτημα [pa'rartima] *n*
**beiläufig** εν παρόδω [en pa'roðo]
**beilegen** προσθέτω [pros'θeto]; (*Streit*) εξομαλύνω [eksoma'lino]
**Beileid** *n* συλλυπητήρια [silipi'tiria] *n/pl.*
**beiliegend** συνημμένος [sini'menos]
**beimessen** (*D*) αποδίδω [apo'ðiðo]
**Bein** *n* πόδι ['poði], σκέλος ['skjelos]; (*Knochen*) κόκκαλο ['kokalo], οστούν [o'stun] *n*
**beinahe** παραλίγο [para'liɣo], σχεδόν [sçe'ðon]
**Beiname** *m* παρατσούκλι [para'tsukli], επωνυμία [eponi'mia]
**beipflichten** (*D*) συναινώ [sine'no]
**beisammen** μαζί [ma'zi]
**beisetz|en** προσθέτω [pros'θeto]; (*beerdigen*) κηδεύω [ki'ðevo]; **≈ung** *f* κηδεία [ki'ðia]
**Beisitzer** *m* πάρεδρος ['pareðros]
**Beispiel** *n* παράδειγμα [pa'raðiɣma] *n*; ***zum* ~** λόγου χάριν (λ.χ.) ['loɣu 'xarin]
**beißen** δαγκάνω [ðaŋ'gano]
**Beistand** *m* συμπαράσταση [simba'rastasi]
**beistehen** (*D*) παραστέκω [para'steko]; βοηθώ (-άς) [voi'θo]
**Beitrag** *m* (συν)εισφορά [(sin)isfo'ra]
**beitreten** (*D*) γίνομαι μέλος ['jinome 'melos]
**beiwohnen** παρευρίσκομαι [pare'vriskome]
**beizeiten** με την ώρα [me tin 'ora], εγκαίρως [eŋ'gjeros]
**bejahen** απαντώ καταφατικώς [apan'do katafati'kos]
**bejahrt** ηλικιωμένος [ilikio'menos]
**bekämpfen** καταπολεμώ (-άς) [katapole'mo]
**bekannt** γνωστός [ɣno'stos]; **≈e** *f* γνωστή [ɣno'sti]; **≈e(r)** *m* γνωστός [ɣno'stos]; **~lich** ως γνωστό(ν) [os ɣno-

**Bekanntmachung** 244

'sto(n)]; **≈machung** *f* γνωστοποίηση (-εις) [γnosto'piisi]; **≈schaft** *f* γνωριμία [γnori'mia]
**bekehren** προσηλυτίζω [prosili'tizo]
**bekenn|en** ομολογώ [omolo'γo]; **≈tnis** *n* ομολογία [omolo'jia]; (*Religion*) θρήσκευμα ['θriskjevma] *n*
**beklagen:** ***sich*** **~** παραπονιέμαι [parapo'njeme] (***bei ... über***/ σε ... για [se ... ja]); **~swert** αξιολύπητος [aksio-'lipitos]
**bekleid|en** ντύνω ['dino]; (*Amt*) κατέχω [ka'texo]; **≈ung** *f* ντύσιμο ['disimo], ενδυμασία [enδima'sia]
**Beklemmung** *f* στενοχώρια [steno'xorja]
**bekloppt** *fam.* χοντροκέφαλος [xondro'kjefalos]
**bekommen** παίρνω ['perno], λαμβάνω [lam'vano]; (***etw.***) ***satt*** **~** βαριέμαι [va'rjeme]
**bekömmlich** εύπεπτος ['efpeptos]
**beköstigen** τρέφω ['trefo]
**bekräftigen** επιβεβαιώνω [epiveve'ono]
**bekränzen** στεφανώνω [stefa'nono]
**bekreuzigen:** ***sich*** **~** σταυροκοπιέμαι [stavroko'pjeme]
**bekunden** εκδηλώνω [egδi-'lono]
**bekümmern** λυπώ [li'po]
**belächeln** ειρωνεύομαι [iro-'nevome]
**beladen** φορτώνω [for'tono]
**belager|n** πολιορκώ [polior-'ko]; **≈ung** *f* πολιορκία [polior'kia]
**belangen** κάνω μήνυση ['kano 'minisi]
**belasten** επιβαρύνω [epiva-'rino]; (*Konto*) χρεώνω [xre-'ono]
**belästigen** ενοχλώ [eno'xlo]
**belaufen:** ***sich*** **~** ανέρχομαι [a'nerxome] (***auf*** *A*/ σε [se])
**beleben** αναζωογονώ [anazooγo'no]; ***sich*** **~** ζωηρεύω [zoi'revo]
**Beleg** *m* απόδειξη (-εις) [a'poδiksi]; **≈en** στρώνω ['strono], σκεπάζω [skje-'pazo]; (*beweisen*) αποδεικνύω [apoδi'knio]; **~schaft** *f* προσωπικό [prosopi'ko]
**belehren** νουθετώ [nuθe'to]
**beleibt** παχουλός [paxu'los], εύσωμος ['efsomos]
**beleidig|en** προσβάλλω [pro'zvalo]; **≈ung** *f* προσβολή [prozvo'li]
**beleuchten** φωτίζω [fo'tizo]
**Belichtungsmesser** *m* φωτόμετρο [fo'tometro]
**belieb|ig** οποιοσδήποτε [opjoz'δipote]; **~t** δημοφιλής [δimofi'lis]; περιζήτητος [peri'zititos]; **≈theit** *f* δημοτικότητα [δimoti'kotita]
**bellen** γαυγίζω [γa'vjizo]
**belohn|en** αμοίβω [a'mivo]; **≈ung** *f* αμοιβή [ami'vi]
**belügen** λέω ψέματα ['leo 'psemata]

245 **bereitwillig**

**Belustigung** *f* διασκέδαση (-εις) [ðia'skjeðasi]
**bemächtigen:** ***sich* ~** (*G*) καταλαμβάνω [katalam'vano]
**bemalen** επιχρωματίζω [epixroma'tizo]
**bemannen** επανδρώνω [epan'ðrono]
**bemerk|en** παρατηρώ [parati'ro]; **~enswert** αξιοσημείωτος [aksiosi'miotos]; **ℒung** *f* παρατήρηση (-εις) [para'tirisi]
**bemitleiden** συμπονώ (-άς) [simbo'no]
**bemühen:** ***sich* ~** κοπιάζω [ko'pjazo]
**Bemühung** *f* προσπάθεια [pro'spaθia]
**benachbart** γειτονικός [jitoni'kos]
**Benachrichtigung** *f* ειδοποίηση (-εις) [iðo'piisi]
**benachteiligen** ζημιώνω [zi'mjono]; αδικώ [aði'ko]
**benehmen:** ***sich* ~** (συμπερι)φέρομαι [(simberi)'ferome]; **ℒ** *n* συμπεριφορά [simberifo'ra]
**beneiden** ζηλεύω [zi'levo], φθονώ [fθo'no]
**Bengel** *m* παλιόπαιδο [pa'ljopeðo]
**benommen** ζαλισμένος [zali'zmenos]
**benötigen** χρειάζομαι [xri'azome], έχω ανάγκη ['exo a'naŋgi]
**benutz|en** χρησιμοποιώ [xrisimopi'o]; **ℒung** *f* χρήση (-εις) ['xrisi]
**beobacht|en** παρατηρώ [parati'ro]; **ℒer** *m* παρατηρητής [paratiri'tis]; **ℒung** *f* παρατήρηση (-εις) [para'tirisi]
**bepflanzen** φυτεύω [fi'tevo]
**bequem** αναπαυτικός [anapafti'kos]; **ℒlichkeit** *f* άνεση (-εις) ['anesi]
**berat|en** (***j-n***) συμβουλεύω [simvu'levo]; (***über*** *A*) συζητώ (-άς) [sizi'to] *A*; **ℒung** *f* διάσκεψη ['ðjaskjepsi]
**berauben** ληστεύω [li'stevo]; (***j-n*** *G*) στερώ [ste'ro]
**berauschen** μεθώ (-άς) [me'θo]
**berechnen** υπολογίζω [ipolo'jizo]
**berechtig|en** εξουσιοδοτώ [eksusioðo'to]; **ℒung** *f* δικαίωμα [ði'kjeoma] *n*
**Bered|samkeit** *f* ευγλωττία [evɣlo'tia]; **ℒt** εύγλωττος ['evɣlotos]
**Bereich** *m* περιοχή [perio'çi]; *fig*. πεδίο [pe'ðio]
**bereicher|n** πλουτίζω [plu'tizo]; **ℒung** *f* πλουτισμός [pluti'zmos]
**bereisen** περιοδεύω [perio'ðevo]
**bereit** έτοιμος ['etimos] (***zu*** *D*/ για [ja]); **~en** ετοιμάζω [eti'mazo]; (*Kummer*, *Freude*) προξενώ [prokse'no]; **~s** κιόλας ['kjolas], ήδη ['iði]; **~willig** πρόθυμος ['proθimos]

**bereuen** (*A*) μετανοώ (για κάτι) [metano'o (ja 'kati)]
**Berg** *m* βουνό [vu'no], όρος ['oros] *n*; **≗ab** κατηφορικά [katifori'ka]; **∼arbeiter** *m* μεταλλωρύχος [metalo'rixos]; **≗auf** ανηφορικά [anifori'ka]; **∼bau** *m* εκμετάλλευση ορυχείου [ekme'talefsi ori'çiu]; **≗ig** ορεινός [ori'nos]; **∼mann** *m* μεταλλωρύχος [metalo'rixos]; **∼steiger** *m* ορειβάτης [ori'vatis]; **∼werk** *n* μεταλλείο [meta'lio]
**Bericht** *m* έκθεση (-εις) ['ekθesi]; **≗en** εκθέτω [ek'θeto], αναφέρω [ana'fero]; **∼erstatter** *m* ανταποκριτής [andapokri'tis]; **≗igen** διορθώνω [ðior'θono]
**bersten** σκάζω ['skazo]
**berüchtigt** διαβόητος [ðia'voitos]
**berücksichtigen** λαμβάνω υπ' όψη [lam'vano i'popsi]
**Beruf** *m* επάγγελμα [e'paŋgjelma] *n*; **≗en** καλώ [ka'lo]
**Berufstätige(r)** *m* εργαζόμενος [erɣa'zomenos]
**Berufung** *f* έφεση ['efesi]
**beruhen** βασίζομαι [va'sizome] (***auf*** *D*/ σε [se])
**beruhigen** ησυχάζω [isi'xazo]
**Beruhigungsmittel** *n* ηρεμιστικό [iremisti'ko]
**berühmt** ξακουσμένος [ksaku'zmenos], περίφημος [pe'rifimos] (***wegen*** *G*/ για [ja]); **≗heit** *f* δόξα ['ðoksa]
**berühr|en** εγγίζω [eŋ'gizo]; **≗ung** *f* επαφή [epa'fi]
**besänftigen** καταπραΰνω [katapra'ino]
**Besatzung** *f* στρατός κατοχής [stra'tos kato'çis]; *Mar*. πλήρωμα ['pliroma] *n*
**beschädigen** χαλνώ (-άς) [xal'no], φθείρω ['fθiro]
**beschaffen** προμηθεύω [promi'θevo]; **≗heit** *f* κατασκευή [kataskje'vi]
**beschäftig|en** απασχολώ [apasxo'lo]; **≗ung** *f* απασχόληση (-εις) [apa'sxolisi]
**beschämen** ντροπιάζω [dro'pjazo]
**Bescheid** *m* απάντηση (-εις) [a'pandisi], είδηση (-εις) ['iðisi]
**bescheiden** μετριόφρων [metri'ofron]; **≗heit** *f* μετριοφροσύνη [metriofro'sini]
**bescheinig|en** πιστοποιώ [pistopi'o]; **≗ung** *f* πιστοποιητικό [pistopiiti'ko]
**beschenken** (***mit***) χαρίζω [xa'rizo] *A*
**Bescherung** *f* μοίρασμα *n* δώρων ['mirazma 'ðoron]
**beschießen** βομβαρδίζω [vomvar'ðizo]
**beschimpfen** βρίζω ['vrizo]
**beschlag|en** επιστρώνω [epi'strono], πεταλώνω [peta'lono]; **≗nahme** *f* κατάσχεση (-εις) [ka'tasçesi]

**beschleunigen** επιταχύνω [epita'çino]
**beschließen** αποφασίζω [apofa'sizo]
**Beschluß** *m* απόφαση (-εις) [a'pofasi]
**beschmutzen** λερώνω [le'rono]
**beschränk|en** περιορίζω [perio'rizo]; **~t** στενοκέφαλος [steno'kjefalos]; **≗theit** *f* στενοκεφαλιά [stenokjefa'lja]; **≗ung** *f* περιορισμός [periori'zmos]
**beschreib|en** περιγράφω [peri'γrafo]; **≗ung** *f* περιγραφή [periγra'fi]
**beschuldig|en** κατηγορώ [katiγo'ro]; **≗ung** *f* κατηγορία [katiγo'ria]
**beschütz|en** προστατεύω [prosta'tevo]; **≗er** *m* προστάτης [pro'statis]
**Beschwer|de** *f* παράπονο [pa'rapono], διαμαρτυρία [ðiamarti'ria]; πόνος ['ponos]; **≗en:** ***sich ≗en*** διαμαρτύρομαι [ðiamar'tirome]
**beschwichtigen** καθησυχάζω [kaθisi'xazo]
**beschwindeln** γελώ (-άς) [je'lo], απατώ (-άς) [apa'to]
**beschwör|en** ορκίζομαι [or'kizome], εξορκίζω [eksor'kizo]; **≗ung** *f* εξορκισμός [eksorki'zmos]
**besehen** κοιτάζω [ki'tazo]
**beseitigen** παραμερίζω [parame'rizo]
**Besen** *m* σκούπα ['skupa]
**besessen** δαιμονισμένος [ðemoni'zmenos]
**besetz|en** κατέχω [ka'texo]; **~t** κατειλημμένος [katili'menos]; **≗ung** *f* κατοχή [kato'çi]
**besichtig|en** επιθεωρώ [epiθeo'ro]; **≗ung** *f* επιθεώρηση (-εις) [epiθe'orisi]
**besiegen** νικώ (-άς) [ni'ko]
**besinn|en:** ***sich ~en*** θυμάμαι [θi'mame]; **≗ung** *f*: ***zur ≗ung kommen*** συνέρχομαι [si'nerxome]; **~ungslos** αναίσθητος [a'nesθitos]
**Besitz** *m* κατοχή [kato'çi]; **≗en** κατέχω [ka'texo]; **~er** *m* κάτοχος ['katoxos]
**besohlen** σολιάζω [so'ljazo]
**besonder|-** ξεχωριστός [ksexori'stos], ιδιαίτερος [iði'eteros]; **~s** ιδιαιτέρως [iðie'teros]
**besonnen** συνετός [sine'tos]
**besorg|en** προμηθεύω [promi'θevo]; **≗nis** *f* φόβος ['fovos]; **≗ung** *f* προμήθεια [pro'miθia]
**besprech|en** συζητώ (-άς) [sizi'to]; **≗ung** *f* συζήτηση [si'zitisi]
**bespritzen** πιτσιλίζω [pitsi'lizo]
**besser|n** βελτιώνω [velti'ono]; **≗ung** *f* βελτίωση (-εις) [vel'tiosi]; ***gute ≗ung!*** περαστικά! [perasti'ka]
**Bestandteil** *m* συστατικό [sistati'ko]

**beständig** σταθερός [staθe'ros]
**bestärken** ενισχύω [eni'sçio]
**bestätig|en** επιβεβαιώνω [epiveve'ono]; **≈ung** *f* επιβεβαίωση (-εις) [epive'veosi]
**bestatt|en** κηδεύω [ki'ðevo]; **≈ung** *f* κηδεία [ki'ðia]
**beste** καλύτερος [ka'literos]
**bestech|en** δωροδοκώ [ðoroðo'ko]; **≈ung** *f* δωροδοκία [ðoroðo'kia]
**Besteck** *n* μαχαιροπίρουνο [maçero'piruno]
**bestehen** υφίσταμαι [i'fistame]; (**aus** *D*) αποτελούμαι [apote'lume]; (**auf** *A*) επιμένω [epi'meno]
**bestehlen** κλέβω ['klevo]
**bestell|en** παραγγέλνω [paraŋ'gjelno]; **≈ung** *f* παραγγελία [paraŋgje'lia]
**Bestie** *f* θηρίο [θi'rio]
**bestimm|en** ορίζω [o'rizo]; **≈ung** *f* ορισμός [ori'zmos], προορισμός [proori'zmos]
**bestrafen** τιμωρώ [timo'ro]
**bestrahl|en** ακτινοβολώ [aktinovo'lo]; **≈ung** *f* ακτινοβολία [aktinovo'lia]
**Bestreben** *n* προσπάθεια [pro'spaθia]
**bestreichen** αλείφω [a'lifo]
**bestreiten** αμφισβητώ [amfizvi'to]; (*Ausgaben*) πληρώνω [pli'rono]
**bestürmen** εφορμώ (-άς) [efor'mo]
**Bestürzung** *f* κατάπληξη [ka'tapliksi]
**Besuch** *m* επίσκεψη (-εις) [e'piskjepsi]; **≈en** επισκέπτομαι [epi'skjeptome]
**besudeln** λερώνω [le'rono]
**betagt** ηλικιωμένος [ilikio'menos]
**betasten** ψηλαφίζω [psila'fizo]
**betäuben** ξεκουφαίνω [kseku'feno]; *Med.* ναρκώνω [nar'kono]
**beteilig|en: sich ~en** συμμετέχω [sime'texo]; **≈ung** *f* συμμετοχή [simeto'çi]
**beten** προσεύχομαι [pro'sefxome]
**beteuern** διαβεβαιώνω [ðiaveve'ono]
**Beton** *m* μπετόν [be'ton]
**beton|en** τονίζω [to'nizo]; **≈ung** *f* τονισμός [toni'zmos]
**betören** ξεγελώ (-άς) [kseje'lo], εξαπατώ (-άς) [eksapa'to]
**betrachten** παρατηρώ [parati'ro]
**beträchtlich** σημαντικός [simandi'kos]
**Betrachtung** *f* παρατήρηση (-εις) [para'tirisi]
**Betrag** *m* ποσό [po'so]
**betragen** ανέρχομαι [a'nerxome]; ***sich* ~** (συμπερι-)φέρομαι [(simberi)'ferome]; **≈** *n* συμπεριφορά [simberifo'ra]
**betreffen** αφορώ (-άς) [afo'ro]; ***was ... betrifft*** όσον αφορά ['oson afo'ra]; **~d** σχετικός [sçeti'kos]

249 **Bewerbung**

**betreiben** (*Geschäft*) μετέρχομαι [me'terxome]
**betreten** μπαίνω σε ['beno se]
**betreuen** φροντίζω [fron'dizo]
**Betrieb** *m* λειτουργία [litur'jia], επιχείρηση (-εις) [epi'çirisi]; ***in ~ sein*** λειτουργώ [litur'γo]
**betrinken: *sich ~*** μεθώ (-άς) [me'θo]
**Betrüb|nis** *f* λύπη ['lipi]; **2t** θλιμμένος [θli'menos]; ***2t sein*** λυπάμαι [li'pame] (***über*** *A*/ για [ja])
**Betrug** *m* απάτη [a'pati]
**betrüg|en** απατώ (-άς) [apa'to]; **2er** *m* απατεώνας [apate'onas]
**betrunken** μεθυσμένος [meθi'zmenos]
**Bett** *n* κρεβάτι [kre'vati]; **~decke** *f* πάπλωμα ['paploma] *n*
**betteln** ζητιανεύω [zitja'nevo], επαιτώ [epe'to]
**Bettlaken** *n* σεντόνι [sen'doni]
**Bettler** *m* ζητιάνος [zi'tjanos], επαίτης [e'petis]
**beug|en** γέρνω ['jerno], κλίνω ['klino]; **2ung** *f* κλίση (-εις) ['klisi]
**Beule** *f* καρούμπαλο [ka'rumbalo], εξόγκωμα [e'ksoŋgoma] *n*
**beunruhigen** ανησυχώ [anisi'xo]
**beurlauben** δίνω άδεια ['ðino 'aðia]
**beurteil|en** κρίνω ['krino]; **2ung** *f* κρίση ['krisi]
**Beute** *f* λεία ['lia]
**Beutel** *m* πουγγί [puŋ'gi]
**bevölker|n** κατοικίζω [kati'kizo]; **2ung** *f* πληθυσμός [pliθi'zmos]
**bevollmächtigen** εξουσιοδοτώ [eksusioðo'to]
**bevor** προτού [pro'tu], πριν [prin]
**bevor|munden** κηδεμονεύω [kiðemo'nevo]; **~stehen** επίκειμαι [e'pikime]; **~zugen** προτιμώ (-άς) [proti'mo]
**bewachen** φρουρώ [fru'ro]
**bewaffnen** εξοπλίζω [ekso'plizo]
**bewahren** φυλά(γ)ω [fi'la(γ)o]; (*erhalten*) διατηρώ [ðiati'ro]
**bewähren: *sich ~*** δοκιμάζομαι [ðoki'mazome]
**bewältigen** καταφέρνω [kata'ferno]
**bewässer|n** αρδεύω [ar'ðevo]; **2ung** *f* άρδευση ['arðefsi]
**beweg|en** κινώ [ki'no]; *fig.* συγκινώ [siŋgi'no]; (***j-n zu etw.***) παρακινώ [paraki'no]; **~lich** ευκίνητος [ef'kinitos]; **2ung** *f* κίνηση (-εις) ['kinisi]
**Beweis** *m* απόδειξη (-εις) [a'poðiksi]; **2en** αποδεικνύω [apoði'knio]
**bewerb|en: *sich ~en*** (***um*** *A*) βάζω υποψηφιότητα ['vazo ipopsifi'otita]; **2ung** *f* υπο-

**bewilligen** 250

ψηφιότητα [ipopsifi'otita] (*um A*/ για [ja])
**bewillig|en** εγκρίνω [eŋ'grino]; **&ung** *f* έγκριση (-εις) ['eŋgrisi]
**bewirken** προκαλώ [proka'lo]
**bewirt|en** φιλεύω [fi'levo], φιλοξενώ [filokse'no]; **~schaften** διευθύνω [δief'θino], εκμεταλλεύομαι [ekmeta'levome]
**bewohn|en** κατοικώ [kati'ko]; **&er** *m* κάτοικος ['katikos]
**bewölken:** ***sich*** **~** συννεφιάζω [sine'fjazo]
**bewunder|n** θαυμάζω [θav'mazo]; **&ung** *f* θαυμασμός [θavma'zmos]
**bewußt** συνειδητός [siniδi'tos]; ***sich*** (*G*) **~ *sein*** ξέρω συνειδητά ['ksero siniδi'ta]; **~los** αναίσθητος [a'nesθitos]; **&sein** *n* συναίσθηση [si'nesθisi]
**be|zahlen** πληρώνω [pli'rono]; **~zaubern** γοητεύω [γoi'tevo]; μαγεύω [ma'jevo]; **~zeichnen** σημαδεύω [sima'δevo], σημειώνω [simi'ono]; **~zeugen** μαρτυρώ [marti'ro]; **~zichtigen** (***j-n*** *G*) κατηγορώ (για) [katiγo'ro (ja)]
**bezieh|en:** ***sich*** **~*en*** αναφέρομαι [ana'ferome] (***auf*** *A*/ σε [se]); **&ung** *f* σχέση (-εις) ['sçesi]
**Bezirk** *m* περιφέρεια [peri'feria]
**Bezug** *m* επένδυση (-εις) [e'penδisi], στρώση (-εις) ['strosi]; σχέση (-εις) ['sçesi]
**bezüglich** (*G*) σχετικώς (με) [sçeti'kos (me)]
**be|zwecken** σκοπεύω [sko'pevo]; **~zweifeln** αμφισβητώ [amfizvi'to]; **~zwingen** καταβάλλω [kata'valo]; νικώ (-άς) [ni'ko]
**Bibel** *f* βίβλος ['vivlos] *f*
**bieg|en** λυγίζω [li'jizo], κάμπτω ['kampto]; **~sam** λυγερός [lije'ros]; εύκαμπτος ['efkamptos]; **&ung** *f* στροφή [stro'fi], καμπή [ka'mbi]
**Biene** *f* μέλισσα ['melisa]; **~nstock** *m* κυψέλη [ki'pseli]
**Bier** *n* μπίρα ['bira], ζύθος ['ziθos]; **~schenke** *f* μπιραρία [bira'ria]
**bieten** προσφέρω [pro'sfero]
**Bilanz** *f* ισολογισμός [isoloji'zmos]
**Bild** *n* εικόνα [i'kona]; **&en** μορφώνω [mor'fono]; σχηματίζω [sçima'tizo]; αποτελώ [apote'lo]; **~ergalerie** *f* πινακοθήκη [pinako'θiki]; **~errahmen** *m* κορνίζα [kor'niza]; **~hauer** *m* γλύπτης ['γliptis]; **~schirm** *m* οθόνη τηλεοράσεως [o'θoni tileo'raseos]; **~ung** *f* μόρφωση ['morfosi]
**billig** φτηνός [fti'nos]; λογικός [loji'kos]; **&ung** *f* επιδοκιμασία [epiδokima'sia]

**Bind|e** *f* επίδεσμος [e'piðezmos]; **♀en** δένω ['ðeno]; **~faden** *m* σπάγγος ['spaŋgos]

**binnen** εντός [en'dos]; **♀-** εσωτερικός [esoteri'kos]

**Birke** *f* σημύδα [si'miða]

**Birn|baum** *m* αχλαδιά [axla'ðja], απιδιά [api'ðja]; **~e** *f* αχλάδι ['axlaði], απίδι [a'piði]

**bis** ως [os], μέχρι ['mexri]; **~ auf weiteres** προσωρινά [prosori'na]

**Bischof** *m* επίσκοπος [e'piskopos]

**bisher** ως τώρα [os 'tora], μέχρι τώρα ['mexri 'tora]

**Biß** *m* δάγκωμα ['ðaŋgoma] *n*

**bißchen: ein ~** λιγάκι [li'γaki]

**Bissen** *m* μπουκιά [bu'kja]

**bitte!** παρακαλώ [paraka'lo]

**Bitte** *f* παράκληση (-εις) [pa'raklisi]; **♀n (j-n um)** παρακαλώ [paraka'lo]; ζητώ (-άς) [zi'to] (του ... κάτι [tu ... 'kati])

**bitter** πικρός [pi'kros]; **♀keit** *f* πικράδα [pi'kraða]; *fig.* πικρία [pi'kria]

**bläh|en** φουσκώνω [fu'skono], εξογκώνω [eksoŋ'gono]; **♀ung** *f* αέρια [a'eria] *n/pl.*

**Blamage** *f* ρεζίλι [re'zili], ντροπή [dro'pi]

**blank** γυαλιστερός [jaliste'ros]

**Blase** *f* φούσκα ['fuska], φυσαλίδα [fisa'liða]; **♀n** φυσώ (-άς) [fi'so], σαλπίζω [sal'pizo]

**Blasinstrument** *n* πνευστό όργανο [pnef'sto 'orγano]

**blaß** ωχρός [o'xros], χλωμός [xlo'mos]; **~ werden** χλωμιάζω [xlo'mjazo] (**vor** / από [a'po])

**Blässe** *f* χλωμάδα [xlo'maða]

**Blatt** *n* φύλλο ['filo]

**Blattern** *f/pl.* βλογιά [vlo'ja], ευλογιά [evlo'ja]

**blau** γαλανός [γala'nos], κυανούς [kia'nus], μπλε [ble]

**Blech** *n* τενεκές [tene'kjes], λευκοσίδηρος [lefko'siðiros], λαμαρίνα [lama'rina]

**Blei** *n* μολύβι [mo'livi], μόλυβδος ['molivðos]

**bleib|en** μένω ['meno]; **es ~t dabei** όπως είπαμε ['opos 'ipame]

**bleich** χλωμός [xlo'mos]; **~en** ασπρίζω [a'sprizo], λευκαίνω [lef'kjeno]

**bleifrei: ~es Benzin** *n* αμόλυβδη βενζίνη [a'molivði ven'zini]

**Bleistift** *m* μολύβι [mo'livi]

**Blend|e** *f* διάφραγμα [ði'afraγma] *n*; **♀en** τυφλώνω [ti'flono]; θαμπώνω [θam'bono]

**Blick** *m* ματιά [ma'tja], θέα ['θea]; **♀en** κοιτάζω [ki'tazo], βλέπω ['vlepo]

**blind** τυφλός [ti'flos]; **♀darm** *m* τυφλό έντερο [ti'flo 'endero]; **♀darmentzündung** *f*

**Blindheit** 252

σκωληκοειδίτιδα [skolikoi'ðitiða]; **~heit** *f* τύφλα ['tifla], τυφλότητα [ti'flotita]
**blink|en** γυαλίζω [ja'lizo], λαμποκοπώ (-άς) [lambo-ko'po]; **~er** *m* (*Auto*) φλας [flas] *n*
**Blitz** *m* αστραπή [astra'pi]; **~ableiter** *m* αλεξικέραυνο [aleksi'kjeravno]; **~en** αστράφτω [a'strafto]; **~licht** *n Fot.* φλας [flas] *n*
**Block** *m* όγκος ['oŋgos]; **~ade** *f* αποκλεισμός [apokli'zmos]; **~ieren** μπλοκάρω [blo'karo]
**blöd|e** κουτός [ku'tos]; **~sinn** *m* κουταμάρα [kuta'mara]
**blöken** βελάζω [ve'lazo]
**blond** ξανθός [ksan'θos]
**bloß** γυμνός [ji'mnos]; *Adv.* μόνο(ν) ['mono(n)]
**Blöße** *f* γύμνια ['jimnja]; αδυναμία [aðina'mia]
**blühen** ανθίζω [an'θizo], ανθώ [an'θo]; ακμάζω [ak'mazo]
**Blume** *f* λουλούδι [lu'luði], άνθος ['anθos] *n*
**Blumen|kohl** *m* κουνουπίδι [kunu'piði]; **~strauß** *m* μπουκέτο [bu'kjeto], ανθοδέσμη [anθo'ðezmi]; **~topf** *m* γλάστρα ['ɣlastra]; **~vase** *f* ανθοδοχείο [anθoðo'çio]
**Blut** *n* αίμα ['ema]; **~arm** αναιμικός [anemi'kos]; **~druck** *m* πίεση ['piesi]
**Blüte** *f* άνθος ['anθos] *n*; *fig.* ακμή [ak'mi]
**Blut|egel** *m* βδέλλα ['vðela]; **~en** χάνω αίμα ['xano 'ema]; **~ig** ματωμένος [mato'menos], αιματηρός [emati'ros]; **~schande** *f* αιμομιξία [emomi'ksia]; **~stillend** αιμοστατικός [emostati'kos]; **~ung** *f* αιμορραγία [emora'jia]
**Bock** *m* τράγος ['traɣos]; **~en** πεισματώνω [pizma'tono]
**Boden** *m* χώμα ['xoma] *n*, έδαφος ['eðafos] *n*; **~los** απύθμενος [a'piθmenos]
**Bogen** *m* τόξο ['tokso]; **~förmig** καμαρωτός [kamaro'tos], τοξοειδής [toksoi'ðis] 2; **~schütze** *m* τοξότης [to'ksotis]; **~sehne** *f* χορδή [xor'ði]
**Bohle** *f* σανίδα [sa'niða]
**Bohne** *f* φασόλι [fa'soli]
**bohnern** γυαλίζω [ja'lizo]
**bohr|en** τρυπώ (-άς) [tri'po]; **~er** *m* τρυπητήρι [tripi'tiri]
**Boje** *f* σημαδούρα [sima'ðura]
**Bollwerk** *n* ταμπούρι [ta'mburi], οχύρωμα [o'çiroma] *n*
**Bombe** *f* βόμβα ['vomva]
**Bombenangriff** *m* βομβαρδισμός [vomvarði'zmos]
**Bonbon** *m* καραμέλα [kara'mela]
**Boot** *n* βάρκα ['varka], λέμβος ['lemvos] *f*; **~smann** *m* βαρκάρης [var'karis], λεμβούχος [lem'vuxos]
**Bord** *m* πλευρά [ple'vra], κατάστρωμα *n* πλοίου [ka'ta-

stroma 'pliu]; ***an ~ gehen*** επιβιβάζομαι [epivi'vazome]; **~kante** *f*, **~schwelle** *f* άκρο πεζοδρομίου ['akro pezoðro'miu]
**borgen** δανείζω [ða'nizo]
**borniert** στενοκέφαλος [steno'kjefalos]
**Börse** *f* χρηματιστήριο [xrimati'stirio]; (*Geldbeutel*) πουγγί [puŋ'gi]
**Borste** *f* γουρουνότριχα [γuru'notrixa]
**Borte** *f* κράσπεδο ['kraspeðo]; σιρίτι [si'riti]
**Böschung** *f* πλαγιά [pla'ja]
**böse** κακός [ka'kos]
**boshaft** μοχθηρός [moxθi'ros]
**böswillig** κακόβουλος [ka'kovulos]
**Botanik** *f* βοτανική [votani'ki]
**Bot|e** *m* αγγελιοφόρος [aŋgjelio'foros]; **~schaft** *f* είδηση (-εις) ['iðisi]; πρεσβεία [pre'zvia]; **~schafter** *m* πρεσβευτής [prezve'ftis]
**Bottich** *m* βαρέλι [va'reli], κάδος ['kaðos]
**Bouillon** *f* ζουμί κρέατος [zu'mi 'kreatos]
**boxen** πυγμαχώ [piγma'xo]; **2** *n* πυγμαχία [piγma'çia]
**Boykott** *m* μποϋκοτάζ [boiko'taz] *n*; **2ieren** μποϋκοτάρω [boiko'taro]
**brach** ακαλλιέργητος [akali'erjitos]
**Brand** *m* πυρκαγιά [pirka'ja]; *Med.* γάγγραινα ['γaŋgrena]
**branden** θραύομαι ['θravome]
**Brand|stifter** *m* εμπρηστής [embri'stis]; **~wunde** *f* έγκαυμα ['eŋgavma] *n*
**brat|en** ψήνω ['psino]; (*in der Pfanne*) τηγανίζω [tiγa'nizo]; **2en** *m* ψητό [psi'to]; **2kartoffeln** *f/pl.* τηγανητές πατάτες [tiγani'tes pa'tates]; **2ofen** *m* φούρνος ['furnos]; **2pfanne** *f* τηγάνι [ti'γani]; **2rost** *m* σκάρα ['skara]; **2spieß** *m* σούβλα ['suvla]
**Brauch** *m* έθιμο ['eθimo], συνήθεια [si'niθja]; **2bar** χρήσιμος ['xrisimos]; **2en** χρειάζομαι [xri'azome]
**Braue** *f* φρύδι ['friði]
**Brauerei** *f* ζυθοποιείο [ziθopi'io]
**braun** καστανός [kasta'nos], μελαχροινός [melaxri'nos]; καφετής [kafe'tis]; **~gebrannt** ηλιοκαμένος [iljoka'menos]
**Brauselimonade** *f* γκαζόζα [ga'zoza]
**Braut** *f* νύφη ['nifi], μνηστή [mni'sti]
**Bräutigam** *m* γαμπρός [γam'bros], μνηστήρας [mni'stiras]
**Brautpaar** *n* νεόνυμφοι [ne'onimfi] *m/pl.*
**brav** (φιλ)ήσυχος [(fil)'isixos]; (*Charakter*) χρηστός [xri'stos]; (*Kind*) φρόνιμος ['fronimos]

**brech|en** σπάζω ['spazo], θραύω ['θravo]; (*erbrechen*) κάνω εμετό ['kano eme'to]; (*Licht*) διαθλώ [δia'θlo]; (*Eid*) παραβαίνω [para'veno]; **2mittel** *n* εμετικό [emeti'ko]
**Brei** *m* χυλός [çi'los]
**breit** φαρδύς [far'δis], πλατύς [pla'tis]; **2e** *f* φάρδος ['farδos] *n*, πλάτος ['platos] *n*; **2engrad** *m* μοίρα ['mira]
**Brems|e** *f* *Zo.* αλογόμυγα [alo'γomiγa]; (*Auto*) φρένο ['freno], τροχοπέδη [troxo'peδi]; **2en** φρενάρω [fre'naro]
**brenn|bar** καύσιμος ['kafsimos]; **~en** καίω ['kjeo]; **2essel** *f* τσουκνίδα [tsu'kniδa]; **2stoff** *m* καύσιμη ύλη ['kafsimi 'ili]
**brenzlich** επικίνδυνος [epi'kinδinos]
**Brett** *n* σανίδι [sa'niδi]; (*Tee2, Kaffee2*) δίσκος ['δiskos]; **~spiel** *n* τάβλι ['tavli]
**Brief** *m* γράμμα ['γrama] *n*, επιστολή [episto'li]; **~bogen** *m* κόλα ['kola]; **~kasten** *m* γραμματοκιβώτιο [γramatoki'votio]; **~marke** *f* γραμματόσημο [γrama'tosimo]; **~papier** *n* επιστολόχαρτο [episto'loxarto]; **~porto** *n* ταχυδρομικό τέλος [taçiδromi'ko 'telos]; **~träger** *m* ταχυδρόμος [taçi'δromos]; **~umschlag** *m* φάκελλος ['fakjelos]; **~wechsel** *m* αλληλογραφία [aliloγra'fia]
**Brikett** *n* μπρικέτα [bri'kjeta]
**Brille** *f* γυαλιά [ja'lja] *n*/*pl.*
**bringen** φέρνω ['ferno]
**Brise** *f* αύρα ['avra]
**Brocken** *m* κομμάτι [ko'mati]
**brodeln** κοχλάζω [ko'xlazo]
**Brombeere** *f* βατόμουρο [va'tomuro]
**Bronze** *f* μπρούντζος ['brundzos]
**broschiert** χαρτόδετος [xar'toδetos]
**Brot** *n* ψωμί [pso'mi], άρτος ['artos]
**Brötchen** *n* ψωμάκι [pso'maki]; ***belegtes* ~** σάντουιτς ['sanduits] *n*
**Bruch** *m* σπάσιμο ['spasimo], ρήξη (-εις) ['riksi]; *Med.* (*Leisten2*) κήλη ['kili]; *Math.* κλάσμα ['klazma] *n*; **~rechnung** *f* κλασματικός λογαριασμός [klazmati'kos loγarja'zmos]; **~stück** *n* κομμάτι [ko'mati], απόσπασμα [a'pospazma] *n*
**Brücke** *f* γεφύρι [je'firi], γέφυρα ['jefira]
**Bruder** *m* αδελφός (αδερ-) [aδel'fos (aδer-)]
**brüderlich** αδελφικός [aδelfi'kos]
**Brüderschaft** *f*: ~ ***trinken*** αδελφοποιούμαι [aδelfopi'ume]
**Brühe** *f* ζουμί [zu'mi], ζωμός [zo'mos]
**brüllen** μουγκρίζω [muŋ'grizo]

**brummen** μουρμουρίζω [murmu'rizo]
**brünett** καστανός [kasta'nos]
**Brunnen** *m* πηγάδι [pi'γaði]; (*Kur*≈) ιαματική πηγή [iamati'ki pi'ji]
**Brust** *f* στήθος ['stiθos] *n*; **~bild** *n* προτομή [proto'mi]
**brüsten:** ***sich* ~** καυχιέμαι [kaf'çeme], καμαρώνω [kama'rono] (***mit***/ με [me])
**Brust|fellentzündung** *f* πλευρίτιδα [plev'ritiða]; **~kasten** *m* θώρακας ['θorakas]
**Brut** *f* νεοσσοί [neo'si] *m/pl.*; γόνος ['γonos]
**brutal** βάναυσος ['vanafsos]
**brüten** κλωσσώ (-άς) [klo'so], επωάζω [epo'azo]
**brutto** ακαθάριστος [aka'θaristos]
**Bube** *m* αγόρι [a'γori]; (*Karte*) φάντης ['fandis]
**Buch** *n* βιβλίο [vi'vlio]; **~binder** *m* βιβλιοδέτης [vivlio'ðetis]; **~drucker** *m* τυπογράφος [tipo'γrafos]
**Buche** *f* οξυά [o'ksja]
**buchen** εγγράφω [eŋ'γrafo]; (*Reise*) κλείνω ['klino]
**Bücherschrank** *m* βιβλιοθήκη [vivlio'θiki]
**Buch|halter** *m* λογιστής [loji'stis]; **~händler** *m* βιβλιοπώλης [vivlio'polis]; **~handlung** *f* βιβλιοπωλείο [vivliopo'lio]
**Büchse** *f* κουτί [ku'ti]; (*Flinte*) τουφέκι [tu'feki]
**Büchsenöffner** *m* ανοιχτήρι [anix'tiri]
**Buch|stabe** *m* γράμμα ['γrama] *n*, στοιχείο [sti'çio]; **≈stabieren** συλλαβίζω [sila'vizo]
**Bucht** *f* κόλπος ['kolpos]
**Buckel** *m* καμπούρα [kam'bura]; **≈ig** καμπούρης [kam'buris]
**bück|en:** ***sich* ~en** σκύβω ['skivo]; **≈ling** *m* καπνιστή ρέγκα [kapni'sti 'reŋga]
**Bude** *f* παράπηγμα [pa'rapiγma] *n*
**Budget** *n* προϋπολογισμός [proipoloji'zmos]
**Büfett** *n* μπουφές [bu'fes], κυλικείο [kili'kio]
**Büffel** *m* βουβάλι [vu'vali]
**Bug** *m* πλώρη ['plori], πρώρα ['prora]
**Bügel** *m* (*Kleider*≈) κρεμαστάρι [krema'stari]; **~eisen** *n* σίδερο ['siðero]; **≈n** σιδερώνω [siðe'rono]
**Bühne** *f* σκηνή [ski'ni]
**Bukett** *n* μπουκέτο [bu'kjeto], ανθοδέσμη [anθo'ðezmi]
**Bulle** *m* ταύρος ['tavros]
**Bummel** *m* σεργιάνι [ser'jani], περίπατος [pe'ripatos]; **≈n** σεργιανίζω [serja'nizo], χασομερώ (-άς) [xasome'ro]
**Bund** *m* μάτσο ['matso], δεσμός [ðe'zmos]; (*Verband*) σύνδεσμος ['sinðezmos]
**Bündel** *n* δεμάτι [ðe'mati], δέμα ['ðema] *n*
**Bundes|genosse** *m* σύμμα-

χος ['simaxos]; **~rat** *m* ομοσπονδιακό συμβούλιο [omosponðia'ko sim'vulio]; **~staat** *m* ομοσπονδία [omospon'ðia]
**Bündnis** *n* συμμαχία [sima'çia]
**Bungalow** *m* μπαγκαλόου [baŋga'lou] *n*
**bunt** ποικιλόχρωμος [piki'loxromos]
**Bürde** *f* φόρτωμα ['fortoma] *n*, βάρος ['varos] *n*
**Burg** *f* κάστρο ['kastro], φρούριο ['frurio]
**Bürg|e** *m* εγγυητής [eŋgii'tis]; **≈en** εγγυώμαι [eŋgi'ome]
**Bürger** *m* πολίτης [po'litis], αστός [a'stos]; **~krieg** *m* εμφύλιος πόλεμος [em'filios 'polemos]; **~meister** *m* δήμαρχος ['ðimarxos]; **~steig** *m* πεζοδρόμιο [pezo'ðromio]
**Büro** *n* γραφείο [γra'fio]; **~krat** *m* γραφειοκράτης [γrafio'kratis]
**Bursche** *m* νέος ['neos]
**Bürste** *f* βούρτσα ['vurtsa]; **≈n** βουρτσίζω [vur'tsizo]
**Bus** *m* λεωφορείο [leofo'rio]
**Busch** *m* θάμνος ['θamnos]
**Büschel** *n* τούφα ['tufa]
**Busen** *m* στήθος ['stiθos] *n*
**Buße** *f* μετάνοια [me'tanja]
**Büste** *f* προτομή [proto'mi]; **~nhalter** *m* σουτιέν [su'tjen] *n*
**Butter** *f* βούτυρο ['vutiro]; **~brot** *n* ψωμί με βούτυρο [pso'mi me 'vutiro]; ***belegtes ~brot*** σάντουιτς ['sandu-its] *n*; **~milch** *f* βουτυρόγαλα [vuti'roγala] *n*
**byzantinisch** βυζαντινός [vizandi'nos]

# C

**Café** *n* καφενείο [kafe'nio], ζαχαροπλαστείο [zaxaropla'stio]
**Camping** *n* κατασκήνωση (-εις) [kata'skinosi]; **~platz** *m* χώρος κατασκηνώσεως ['xoros kataski'noseos]
**Champagner** *m* σαμπάνια [sam'panja]
**Chaos** *n* χάος ['xaos] *n*
**Charakter** *m* χαρακτήρας [xara'ktiras]; **≈isieren** χαρακτηρίζω [xarakti'rizo]; **~zug** *m* χαρακτηριστικό [xaraktiristi'ko]
**chartern** ναυλώνω [na'vlono]
**Chef** *m* προϊστάμενος [proi'stamenos]
**Chemi|e** *f* χημεία [çi'mia]; **~ker** *m* χημικός [çimi'kos]
**Chinin** *n* κινίνο [ki'nino]
**Chirurg** *m* χειρούργος [çi'rurγos]
**Chor** *m* χορωδία [xoro'ðia]
**Christ** *m* χριστιανός [xristja-

'nos]; **~entum** *n* χριστιανισμός [xristjani'zmos]
**Christus** *m* Χριστός [xri'stos]
**Clown** *m* παλιάτσος [pa'ljatsos]
**Computer** *m* ηλεκτρονικός εγκέφαλος [ilektroni'kos eŋ'gjefalos]
**Container** *m* κονταίηνερ [kon'deiner] *n*
**Couch** *f* καναπές [kana'pes]
**Coupon** *m* κουπόνι [ku'poni]
**Cousine** *f* ξαδέρφη [ksa'ðerfi], εξαδέλφη [eksa'ðelfi]
**Creme** *f* κρέμα ['krema]

# D

**da** *Adv.* εκεί [e'kji]; *cj.* διότι [ði'oti], επειδή [epi'ði]
**dabei** κοντά [kon'da]; **~sein** παρευρίσκομαι [pare'vriskome]
**Dach** *n* στέγη ['steji]; **~kammer** *f* σοφίτα [so'fita]; **~rinne** *f* λούκι ['luki]; **~ziegel** *m* κεραμίδι [kjera'miði]
**dadurch** μ' αυτό [ma'fto], έτσι ['etsi]
**dafür** για τούτο [ja 'tuto], αντί τούτου [an'di 'tutu]
**dagegen** εναντίον (τούτου) [enan'dion ('tutu)]; (*jedoch*) όμως ['omos], κατά [ka'ta]
**daher** απ' εκεί [ape'kji]; (*deshalb*) γι' αυτό [ja'fto], από τούτο [a'po 'tuto]
**dahin** εκεί [e'kji]; προς τα εκεί [pros ta e'kji]
**dahinter** πίσω απ' αυτό ['pisapa'fto]
**damals** τότε ['tote]
**Dame** *f* κυρία [ki'ria]
**damit** μ' αυτό [ma'fto]; *cj.* για να [ja na]
**Damm** *m* πρόχωμα ['proxoma] *n*; (*Hafen*≈) προκυμαία [proki'mea]
**Dämmerung** *f* σουρούπωμα [su'rupoma] *n*, λυκόφως [li'kofos] *n*
**Dampf** *m* ατμός [at'mos]; **≈en** αχνίζω [ax'nizo]
**dämpfen** ψήνω στον ατμό ['psino ston a'tmo]; μετριάζω [metri'azo]
**Dampf|er** *m* βαπόρι [va'pori]; **~schiff** *n* ατμόπλοιο [at'moplio]
**danach** ύστερα ['istera], έπειτα ['epita], μετά [me'ta]
**daneben** δίπλα (σ' αυτό) ['ðipla (sa'fto)], παραπλεύρως [para'plevros]
**Dank** *m* ευχαριστία [efxari'stia]; ***Gott sei ~!*** δόξα τω Θεώ ['ðoksa to θe'o]; **≈bar** ευγνώμων [ev'ɣnomon]; **~barkeit** *f* ευγνωμοσύνη [evɣnomo'sini]; **≈e!** ευχαριστώ! [efxari'sto]; **≈en** ευχαριστώ [efxari'sto] (***ihm für***/ τον ... για [ton ... ja])
**dann** ύστερα ['istera], έπειτα ['epita]; τότε ['tote]
**daran** σ' αυτό [sa'fto]

**darauf** πάνω σ' αυτό ['pano sa'fto]
**daraus** απ' αυτό [apa'fto], εκ τούτου [ek 'tutu]
**darbiet|en** προσφέρω [pros'fero], παρέχω [pa'rexo]; **&ung** *f* προσφορά [prosfo'ra]; παρουσίαση (-εις) [paru'siasi]
**darin** μέσα σ' αυτό ['mesa sa'fto]
**Darlehen** *n* δάνειο ['ðanio]
**Darm** *m* έντερο ['endero]
**darstell|en** παριστάνω [pari'stano]; **&ung** *f* παράσταση (-εις) [pa'rastasi]
**darüber** πάνω σ' αυτό ['pano sa'fto]; **~ *hinaus*** παραπέρα [para'pera], εκτός τούτου [e'ktos 'tutu]
**darum** γι' αυτό [ja'fto]
**darunter** αποκάτω [apo'kato]; μεταξύ [meta'ksi]
**das** το [to]
**dasein** υπάρχω [i'parxo], είμαι παρών ['ime pa'ron]; **&** *n* ύπαρξη (-εις) ['iparksi]
**daß** να [na], πως [pos], ότι ['oti], που [pu]; **so ~** ώστε να ['oste na]
**Daten** *n/pl.* στοιχεία [sti'çia] *n/pl.*
**Datum** *n* ημερομηνία [imeromi'nia]
**Dauer** *f* διάρκεια [ði'arkia]; **&n** βαστώ (-άς) [va'sto], διαρκώ [ðiar'ko]; **~welle** *f* περμανάντ [perma'nant] *n*
**Daumen** *m* αντίχειρας [an'diçiras]
**davon** απ' αυτό [apa'fto], εξ αυτού [eksa'ftu], γι' αυτό [ja'fto]; **~kommen** γλυτώνω [γli'tono]
**davor** μπροστά [bro'sta], πριν [prin]
**dazu** επιπλέον [epi'pleon]; **~gehören** αποτελώ μέρος [apote'lo 'meros]
**dazwischen** ανάμεσα [a'namesa], μεταξύ [meta'ksi]; **~kommen** παρεμβαίνω [parem'veno]
**Debatte** *f* συζήτηση (-εις) [si'zitisi]
**Deck** *n* κατάστρωμα [ka'tastroma] *n*
**Deckbett** *n* πάπλωμα ['paploma] *n*
**Deck|e** *f* σκέπασμα ['skjepazma] *n*, ταβάνι [ta'vani]; **&en** σκεπάζω [skje'pazo]; **~el** *m* καπάκι [ka'paki], πώμα ['poma] *n*; **~ung** *f* εξασφάλιση (-εις) [eksa'sfalisi], αντίκρυσμα [an'dikrizma] *n*
**defekt** χαλασμένος [xala'zmenos]; **&** *m* βλάβη ['vlavi]
**defensiv** αμυντικός [amindi'kos]
**definieren** προσδιορίζω [prozðio'rizo]
**Defizit** *n* έλλειμμα ['elima] *n*
**Degen** *m* σπαθί [spa'θi]
**dehnbar** ελαστικός [elasti'kos]; **&keit** *f* ελαστικότητα [elasti'kotita]
**dehnen** τεντώνω [ten'dono], εκτείνω [e'ktino]

**Deich** *m* πρόχωμα ['proxoma] *n*
**Deichsel** *f* τιμόνι [ti'moni]
**dein** ... σου [su]
**Dekan** *m* κοσμήτορας [ko'zmitoras]
**Deklin|ation** *f* κλίση (-εις) ['klisi]; **≗ieren** κλίνω ['klino]
**Dekor|ation** *f* διακόσμηση (-εις) [δia'kozmisi]; **≗ieren** διακοσμώ [δiako'zmo]
**Delikatesse** *f* λειχουδιά [lixu'δja]
**Dement|i** *n* διάψευση (-εις) [δi'apsefsi]; **≗ieren** διαψεύδω [δia'psevδo]
**demgemäß** σύμφωνα μ' αυτό ['simfona ma'fto]
**Demission** *f* παραίτηση (-εις) [pa'retisi]; **≗ieren** παραιτούμαι [pare'tume]
**demnach** *s.* **demgemäß**
**demnächst** προσεχώς [prose'xos]
**Demokrat|ie** *f* δημοκρατία [δimokra'tia]; **≗isch** δημοκρατικός [δimokrati'kos]
**Demonstr|ation** *f* διαδήλωση (-εις) [δia'δilosi]; **≗ieren** κάνω διαδήλωση ['kano δia'δilosi]
**De|mut** *f* ταπεινοφροσύνη [tapinofro'sini]; **≗mütig** ταπεινός [tapi'nos]; **≗mütigen** ταπεινώνω [tapi'nono]
**demzufolge** *s.* **demgemäß**
**denk|en** (*an A*) σκέπτομαι ['skjeptome]; **≗mal** *n* μνημείο [mni'mio]; **~würdig** αξιομνημόνευτος [aksiomni'moneftos]
**denn** γιατί [ja'ti], διότι [δi'oti], αφού [a'fu]
**dennoch** μολαταύτα [mola'tafta], εν τούτοις [en'dutis]
**deponieren** καταθέτω [kata'θeto]
**Depot** *n* αποθήκη [apo'θiki]
**derb** χοντροκομμένος [xondroko'menos]
**Desert|eur** *m* λιποτάκτης [lipo'taktis]; **≗ieren** λιποτακτώ [lipota'kto]
**deshalb** γι' αυτό [ja'fto]
**Desinfektion** *f* απολύμανση (-εις) [apo'limansi]
**Dessert** *n* επιδόρπιο [epi'δorpio]
**desto** τόσο ['toso]; **~ *besser*** τόσο το καλύτερο ['toso to ka'litero]
**deswegen** γι' αυτό [ja'fto]
**Detektiv** *m* ντέτεκτιβ ['detektiv] *m*
**deuteln** λεπτολογώ [leptolo'γo]
**deut|en** εξηγώ [eksi'γo]; **~lich** σαφής [sa'fis]
**deutsch** γερμανικός [jermani'kos]
**Deutsch|e(r)** *m* Γερμανός [jerma'nos]; **~land** *n* Γερμανία [jerma'nia]
**Devise** *f* σύνθημα ['sinθima] *n*, συνάλλαγμα [si'nalaγma] *n*
**Dezember** *m* Δεκέμβριος [δe'kjemvrios]
**Diagnose** *f* διάγνωση [δi'aγnosi]

**Dialekt** *m* διάλεκτος [ði'alektos] *f*
**Dialog** *m* διάλογος [ði'aloγos]
**Diamant** *m* διαμάντι [ðja'mandi]
**Diapositiv** *n* σλάιτς ['slaits] *n*
**Diät** *f* δίαιτα ['ðieta]
**dicht** πυκνός [pi'knos]
**dicht|en** γράφω ποιήματα ['γrafo pi'imata]; **≈er** *m* ποιητής [pii'tis]; **≈ung** *f* ποίηση ['piisi]; (*Gedicht*) ποίημα ['piima] *n*; *Tech.* παρέμβυσμα [pa'remvizma] *n*
**dick** χοντρός [xon'dros], παχύς [pa'çis]; **≈e** *f* πάχος ['paxos] *n*
**Dieb** *m* κλέφτης ['kleftis]; **~stahl** *m* κλοπή [klo'pi]
**Diele** *f* σανίδα [sa'niða], προθάλαμος [pro'θalamos]
**dien|en** υπηρετώ [ipire'to]; ***~en zu*** χρησιμεύω σε, για [xrisi'mevo se, ja]; **≈er** *m* υπηρέτης [ipi'retis]; **~lich** χρήσιμος ['xrisimos]; **≈st** *m* υπηρεσία [ipire'sia]; **≈stag** *m* Τρίτη ['triti]; **≈stmädchen** *n* υπηρέτρια [ipi'retria]
**diese** αυτή [a'fti]; *pl.* αυτά, αυτές, αυτοί [a'fta, a'ftes, a'fti]; **~r** αυτός [a'ftos]; **~s** αυτό [a'fto]
**dies|mal** αυτή τη φορά [a'fti ti fo'ra]; **~seits** απ' εδώ [ape'ðo]
**Differenz** *f* διαφορά [ðiafo'ra]
**Digital-** ψηφιακός [psifia'kos]
**Dikt|at** *n* υπαγόρευση [ipa'γorefsi], ορθογραφία [orθoγra'fia]; **≈ieren** υπαγορεύω [ipaγo'revo]
**Dilettant** *m* ερασιτέχνης [erasi'texnis]
**Dimension** *f* διάσταση (-εις) [ði'astasi]
**Diner** *n* γεύμα ['jevma] *n*
**Ding** *n* πράγμα ['praγma] *n*
**Diplom** *n* δίπλωμα ['ðiploma] *n*; **~ingenieur** *m* διπλωματούχος μηχανικός [ðiploma'tuxos mixani'kos]
**dir** (ε)σένα [(e)'sena]; σου [su]
**direkt** ίσια ['isja], κατ' ευθείαν [kate'fθian]; **≈ion** *f* διεύθυνση (-εις) [ði'efθinsi]
**Dirigent** *m* διευθυντής ορχήστρας [ðiefθin'dis or'çistras]
**Dirne** *f* πόρνη ['porni], πουτάνα [pu'tana]
**Diskont** *m* προεξόφληση (-εις) [proe'ksoflisi]
**Diskussion** *f* συζήτηση (-εις) [si'zitisi]
**disponieren** διαθέτω [ðia'θeto]
**Dissertation** *f* διδακτορική διατριβή [ðiðaktori'ki ðiatri'vi]
**Distel** *f* γαϊδουράγκαθο [γaiðu'raŋgaθo]
**Disziplin** *f* πειθαρχία [piθar'çia]
**Dividende** *f* τοκομερίδιο [tokome'riðio]

**divi|dieren** διαιρώ [ðie'ro]; **②sion** *f* διαίρεση (-εις) [ði'eresi]; *Mil.* μεραρχία [merar'çia]
**doch** όμως ['omos], αλλά [a'la]
**Docht** *m* φιτίλι [fi'tili]
**Doktor** *m* διδάκτορας [ði'ðaktoras]; γιατρός [ja'tros]
**Dokument** *n* έγγραφο ['eŋɣrafo]
**Dolch** *m* στιλέτο [sti'leto]
**Dolmetscher** *m* διερμηνέας [ðiermi'neas]
**Dom** *m* μητρόπολη (-εις) [mi'tropoli]
**Donner** *m* βροντή [vron'di]; **②n** βροντώ (-άς) [vron'do]
**Donnerstag** *m* Πέμπτη ['pem(p)ti]
**doof** *fam.* κουτός [ku'tos]
**Doppel|punkt** *m* διπλή τελεία [ði'pli te'lia]; **②t** διπλός [ði'plos]; **~zimmer** *n* δίκλινο δωμάτιο ['ðiklino ðo'matio]
**Dorf** *n* χωριό [xo'rjo]
**Dorn** *m* αγκάθι [aŋ'gaθi]; **②ig** αγκαθωτός [aŋgaθo'tos]
**dort** εκεί [e'kji]
**Dos|e** *f* κουτί [ku'ti], κονσέρβα [kon'serva]; **~is** *f* *Med.* δόση (-εις) ['ðosi]
**Drachme** *f* δραχμή [ðrax'mi]
**Draht** *m* σύρμα ['sirma] *n*; **②los** ασύρματος [a'sirmatos]; **~seilbahn** *f* εναέριος σιδηρόδρομος [ena'erios siði'roðromos]; **~verhau** *m* συρματόπλεγμα [sirma'topleɣma] *n*
**Drang** *m* ορμή [or'mi], τάση (-εις) ['tasi]
**drängen** σπρώχνω ['sproxno], ωθώ [o'θo]
**draußen** έξω ['ekso]
**drechseln** τορνεύω [tor'nevo]
**Dreck** *m* βρωμιά [vro'mja], βόρβορος ['vorvoros]; **②ig** βρώμικος ['vromikos], λασπωμένος [laspo'menos]
**Dreh|bank** *f* τορνευτήρι [torne'ftiri]; **②bar** περιστρεφόμενος [peristre'fomenos]; **②en** γυρίζω [ji'rizo], στρίβω ['strivo], στρέφω ['strefo]; **~ung** *f* γύρισμα ['jirizma] *n*, στροφή [stro'fi]
**drei** τρεις, τρία [tris, 'tria]; **②eck** *n* τρίγωνο ['triɣono]; **~eckig** τρίγωνος ['triɣonos]; **②einigkeit** *f* Αγία Τριάδα [a'jia tri'aða]; **~fach** τριπλός [tri'plos]
**dreist** αυθάδης [af'θaðis] 2; **②igkeit** *f* αυθάδεια [af'θaðia]
**dresch|en** αλωνίζω [alo'nizo]; **②maschine** *f* αλωνιστική μηχανή [alonisti'ki mixa'ni]
**dress|ieren** γυμνάζω [ji'mnazo]; **②ur** *f* εκγύμναση [ek'jimnasi]
**dringen** εισορμώ (-άς) [isor'mo]; (***in j-n***) πιέζω [pi'ezo]; **~d** βιαστικός [vjasti'kos]
**Drittel** *n* τρίτο(ν) ['trito(n)]
**Droge** *f* ναρκωτικό [narko'ti'ko]

**drohen** απειλώ [api'lo]
**dröhnen** βροντώ (-άς) [vron'do]
**Drohung** *f* απειλή [api'li]
**drüben** πέρα ['pera]
**Druck** *m* πίεση (-εις) ['piesi]; εκτύπωση (-εις) [e'ktiposi]; **2en** τυπώνω [ti'pono]
**drücken** πιέζω [pi'ezo], σφίγγω ['sfiŋgo]
**Druck|er** *m* τυπογράφος [tipo'γrafos]; **~erei** *f* τυπογραφείο [tipoγra'fio]; **~sache** *f* έντυπο ['endipo]
**Drüse** *f* αδένας [a'ðenas]
**du** (ε)σύ [(e)'si]
**Dübel** *m* τάκος ['takos]
**ducken:** ***sich* ~** σκύβω ['skivo]
**Duell** *n* μονομαχία [monoma'çia]
**Duft** *m* μυρωδιά [miro'ðja], οσμή [o'zmi]; **2en** μυρίζω [mi'rizo], ευωδιάζω [evo'ðjazo]
**duld|en** υποφέρω [ipo'fero], ανέχομαι [a'nexome]; **2samkeit** *f* ανεκτικότητα [anekti'kotita]
**dumm** κουτός [ku'tos], ανόητος [a'noitos]; **2heit** *f* κουταμάρα [kuta'mara], ανοησία [anoi'sia]
**dumpf** υπόκωφος [i'pokofos]; (*Luft*) πνιγηρός [pniji'ros]
**Dünger** *m* λίπασμα ['lipazma] *n*
**dunkel** σκοτεινός [skoti'nos]; (*Farbe*) σκούρος ['skuros]
**Dünkel** *m* ξιπασιά [ksipa'sja]
**Dunkel|kammer** *f* σκοτεινός θάλαμος [skoti'nos 'θalamos]; **2n** σκοτεινιάζω [skoti'njazo]
**dünn** ψιλός [psi'los], λεπτός [le'ptos]
**Dunst** *m* άχνη ['axni], ατμός [at'mos]; **2ig** αχνισμένος [axni'zmenos]
**durch** διά [ði'a], διά μέσου [ði'a 'mesu]
**durcharbeiten** επεξεργάζομαι [epekser'γazome]
**durchaus** ολότελα [o'lotela], εντελώς [ende'los]; **~ *nicht*** καθόλου [ka'θolu], διόλου [ði'olu]
**durchblättern** φυλλομετρώ (-άς) [filome'tro]
**durchblicken** διαβλέπω [ðia'vlepo]; **~ *lassen*** υπαινίσσομαι [ipe'nisome]
**durch|bohren** διατρυπώ (-άς) [ðiatri'po]; **~brechen** διακόπτω [ðia'kopto]; **~brennen** καίομαι ['kjeome]; *fig.* δραπετεύω [ðrape'tevo]
**durchdringen** περνώ (-άς) [per'no]; επικρατώ [epikra'to]; **~d** διαπεραστικός [ðiaperasti'kos]
**durcheinander** ανάκατα [a'nakata]
**Durchfahrt** *f* δίοδος ['ðioðos]
**Durchfall** *m* διάρροια [ði'aria]; *fig.* αποτυχία [apoti'çia]; **2en** αποτυγχάνω [apotiŋ'xano]

**durchfließen** διαρρέω [δia'reo]
**durchforschen** διερευνώ (-άς) [δiere'vno]
**durchführ|en** πραγματοποιώ [praɣmatopi'o]; **≈ung** *f* πραγματοποίηση (-εις) [praɣmato'piisi]
**Durchgang** *m* πέρασμα ['perazma] *n*, δίοδος ['δioδos] *f*
**durchgehen** περνώ (-άς) [per'no], διαβαίνω [δja'veno]; **~ lassen** αφήνω ατιμώρητο [a'fino ati'morito]
**durchhauen** κόβω στη μέση ['kovo sti'mesi]; δέρνω ['δerno]
**durchkommen** περνώ (-άς) [per'no], διέρχομαι [δi'erxome]; (*durch e-e Gefahr*) γλυτώνω [ɣli'tono]; (*im Examen*) επιτυγχάνω [epitiŋ'xano]
**durchkreuzen** ματαιώνω [mate'ono]
**durch|lassen** αφήνω να περάσει [a'fino na pe'rasi]; **~laufen** διατρέχω [δia'trexo]; **~lesen** διαβάζω όλο [δja'vazo 'olo]; **~leuchten** διαφωτίζω [δiafo'tizo]; *Med.* ακτινοσκοπώ [aktinosko'po]; **~löchern** διατρυπώ (-άς) [δiatri'po]; **≈messer** *m* διάμετρος [δi'ametros] *f*; **~nässen** μουσκεύω [mu'skjevo], διαβρέχω [δia'vrexo]; **~prügeln** ξυλοκοπώ (-άς) [ksiloko'po], δέρνω ['δerno]; **~queren** διασχίζω [δia'sçizo]; **≈reise** *f* διέλευση (-εις) [δi'elefsi]; τράνζιτο ['tranzito]; **~sägen** πριονίζω [prio'nizo]; **~schauen** διαβλέπω [δia'vlepo]; **~scheinen** διαλάμπω [δia'lambo]
**Durchschlag** *m* αντίγραφο [an'diɣrafo]; **≈en** διασπώ (-άς) [δia'spo]; ***sich* ≈*en*** τα βγάζω πέρα [ta 'vɣazo 'pera]; **~papier** *n* καρμπόν [kar'bon]
**durch|schlüpfen** γλυτώνω [ɣli'tono], ξεφεύγω [kse'fevɣo]; **~schneiden** κόβω στη μέση ['kovo sti 'mesi]; **≈schnitt** *m* μέσος όρος ['mesos 'oros]; **~schreiten** διαβαίνω [δja'veno]; **~sehen** εξετάζω [ekse'tazo]; **~setzen** επιβάλλω [epi'valo]
**Durchsicht** *f* εξέταση (-εις) [e'ksetasi]; **≈ig** διαφανής [δiafa'nis]; **~igkeit** *f* διαφάνεια [δia'fania]
**durch|sickern** σταλάζω [sta'lazo]; **~sieben** κοσκινίζω [koski'nizo]; **~sprechen** συζητώ λεπτομερώς [sizi'to leptome'ros]; **~stechen** διατρυπώ (-άς) [δiatri'po]
**Durchstich** *m* διάνοιξη (-εις) [δi'aniksi]; (*Kanal*) τομή [to'mi]
**durch|stöbern** ψάχνω ['psaxno], διερευνώ (-άς) [δiere'vno]; **~stoßen** διαπερνώ (-άς) [δiaper'no]; **~streichen** σβήνω ['zvino];

**durchstreifen** 264

**~streifen** διατρέχω [δia'trexo]; **~strömen** διαρρέω [δia'reo]; **~suchen** ψάχνω ['psaxno], ερευνώ (-άς) [ere'vno]; **2suchung** *f* ψάξιμο ['psaksimo], έρευνα ['erevna]
**durchtrieben** τετραπέρατος [tetra'peratos]; **2heit** *f* πονηρία [poni'ria]
**durch|wachen** ξενυχτίζω [kseni'xtizo]; **~wandern** περιοδεύω πεζός [perio'ðevo pe'zos]; **~weg** ολότελα [o'lotela], γενικώς [jeni'kos]; **~wühlen** ανακατώνω [ana-ka'tono]; **~zählen** αριθμώ [ariθ'mo]; **~ziehen** περνώ (-άς) [per'no], διασχίζω [δia'sçizo]
**Durchzug** *m* πέρασμα ['perazma] *n*, διάβαση (-εις) [δi'avasi]; (*Luft*) ρεύμα ['revma] *n*
**dürfen** έχω την άδεια ['exo tin 'aδia]; μπορώ [bo'ro]
**dürftig** φτωχικός [ftoçi'kos]; **2keit** *f* φτώχεια ['ftoçja], ένδεια ['enδia]
**dürr** ξερός [kse'ros], ξηρός [ksi'ros]; (*hager*) λιγνός [li'γnos], ισχνός [is'xnos]; **2e** *f* ξεραΐλα [ksera'ila], ξηρασία [ksira'sia]
**Durst** *m* δίψα ['δipsa]; **~ haben**, **dürsten** διψώ (-άς) [δi'pso] (**nach** *D*/ για [ja]); **2ig** διψασμένος [δipsa'zmenos]
**Dusche** *f* ντους [dus] *n*
**Düsenflugzeug** *n* αεριοωθούμενο [aerioo'θumeno]
**düster** σκοτεινός [skoti'nos]
**Dutzend** *n* ντουζίνα [du'zina], δωδεκάδα [δoδe'kaδa]
**duzen** μιλώ στον ενικό [mi'lo ston eni'ko]
**D-Zug** *m* ταχεία [ta'çia]

# E

**Ebbe** *f* άμπωτη ['amboti]
**eben** ίσιος ['isjos]; **~bürtig** αντάξιος [an'daksios]
**Ebene** *f* πεδιάδα [peδi'aδa]
**eben|falls** επίσης [e'pisis]; **~so** ομοίως [o'mios]
**Eber** *m* κάπρος ['kapros]
**ebnen** ισιώνω [i'sjono], ισοπεδώνω [isope'δono]
**Echo** *n* αντίλαλος [an'dilalos], ηχώ [i'xo] *f*
**echt** γνήσιος ['γnisios]; **2heit** *f* γνησιότητα [γnisi'otita]
**Eck|e** *f* γωνία [γo'nia]; **2ig** γωνιακός [γonia'kos]
**edel** ευγενής [evje'nis] 2; πολύτιμος [po'litimos]; **2stein** *m* πολύτιμο πετράδι [po'litimo pe'traδi]
**Efeu** *m* κισσός [ki'sos]
**egal** ίδιος ['iδjos], όμοιος ['omios]
**ehe** πριν [prin], προτού [pro'tu]
**Ehe** *f* γάμος ['γamos]; **~paar** *n* αντρόγυνο [an'drojino];

265 einberufen

**~ring** *m* βέρα ['vera]; **~scheidung** *f* διαζύγιο [ðia'zijo]
**ehr|bar** χρηστός [xri'stos], έντιμος ['endimos]; **2barkeit** *f* εντιμότητα [endi'motita]; **2e** *f* τιμή [ti'mi]; **~en** τιμώ (-άς) [ti'mo]
**Ehren|bürger** *m* επίτιμος πολίτης [e'pitimos po'litis]; **2wert** αξιότιμος [aksi'otimos]; **~wort** *n* λόγος τιμής ['loγos ti'mis]
**Ehr|furcht** *f* σεβασμός [seva'zmos]; **~gefühl** *n* φιλοτιμία [filoti'mia]; **~geiz** *m* φιλοδοξία [filoðo'ksia]; **2lich** τίμιος ['timios]; **2los** άτιμος ['atimos]
**Ei** *n* αβγό [a'vγo]
**Eiche** *f* βελανιδιά [velani'ðja], δρυς [ðris] *f*; **~l** *f* βελανίδι [vela'niði]
**Eichhörnchen** *n* βερβερίτσα [verve'ritsa]
**Eid** *m* όρκος ['orkos]
**Eidechse** *f* γουστερίτσα [γuste'ritsa]; σαύρα ['savra]
**Eifer** *m* ζήλος ['zilos]; **~sucht** *f* ζήλεια ['zilja], ζηλοτυπία [ziloti'pia]; **2süchtig** ζηλιάρης [zi'ljaris]; ***2süchtig sein*** (***auf*** *A*) ζηλεύω [zi'levo] *A*
**eifrig** δραστήριος [ðra'stirios]; επιμελής [epime'lis] 2
**eigen** δικός μου [ði'kozmu]; (*sonderbar*) ιδιότροπος [iði'otropos]; **~artig** ιδιόρρυθμος [iði'oriθmos]; **~händig** ιδιόχειρος [iði'oçiros]; **2heit** *f* ιδιοτροπία [iðiotro'pia]; **2liebe** *f* φιλαυτία [fila'ftia]; **~mächtig** αυθαίρετος [af'θeretos]; **2name** *m* κύριο όνομα ['kirio 'onoma] *n*; **2nutz** *m* ιδιοτέλεια [iðio'telia]; **2schaft** *f* ιδιότητα [iði'otita]; **2sinn** *m* πείσμα ['pizma] *n*; **2tum** *n* ιδιοκτησία [iðiokti'sia]; **2tümer** *m* ιδιοκτήτης [iðio'ktitis]
**Eigentumswohnung** *f* ιδιόκτητο διαμέρισμα [iði'oktito ðia'merizma]
**eignen:** ***sich*** **~** είμαι κατάλληλος ['ime ka'talilos]
**Eil|brief** *m* επείγον γράμμα [e'piγon 'γrama]; **~e** *f* βία ['via], βιασύνη [vja'sini]; **2en** βιάζομαι ['vjazome]; σπεύδω ['spevðo]; **2ig** βιαστικός [vjasti'kos]; **~zug** *m* ταχεία [ta'çia]
**Eimer** *m* κουβάς [ku'vas], κάδος ['kaðos]
**ein, ~e, ~** ένας ['enas], μία (μια) ['mia (mja)], ένα ['ena]
**einander** ο ένας τον άλλον [o 'enas ton 'alon], αλληλ- [alil-]
**einatmen** εισπνέω [is'pneo]
**Einbahnstraße** *f* μονόδρομος [mo'noðromos]
**Einband** *m* δέσιμο (βιβλίου) ['ðesimo (vi'vliu)]
**einbegriffen** συμπεριλαμβανομένου [simberilamvano'menu]
**einberuf|en** συγκαλώ [singa'lo]; *Mil.* επιστρατεύω [epi-

stra'tevo]; **≈ung** *f* σύγκληση (-εις) ['siŋglisi]; *Mil.* επιστράτευση (-εις) [epi'stratefsi]

**einbild|en:** ***sich ~en*** φαντάζομαι [fan'dazome]; **≈ung** *f* φαντασία [fanda'sia]

**einbinden** δένω ['ðeno]

**einbrech|en** κάνω διάρρηξη ['kano ði'ariksi]; **≈er** *m* διαρρήκτης [ðia'riktis]

**einbüßen** χάνω ['xano]

**eindeutig** ξεκάθαρος [kse'kaθaros]

**eindring|en** εισβάλλω [iz'valo]; **~lich** έντονος ['endonos]; **≈ling** *m* εισβολέας [izvo'leas]

**Eindruck** *m* εντύπωση (-εις) [en'diposi]

**einen** ενώνω [e'nono]

**einengen** στενεύω [ste'nevo]

**einerseits** αφ' ενός [afe'nos]

**einfach** απλός [a'plos]; **≈heit** *f* απλότητα [a'plotita]

**Einfahrt** *f* είσοδος ['isoðos] *f*

**Einfall** *m Mil.* εισβολή [izvo'li]; (*Gedanke*) ιδέα [i'ðea]; **≈en** εισβάλλω [i'zvalo]; γκρεμίζομαι [gre'mizome]

**Ein|falt** *f* αφέλεια [a'felia]; **≈fältig** απλοϊκός [aploi'kos], ηλίθιος [i'liθios]

**Einfamilienhaus** *n* μονοκατοικία [monokati'kia]

**einfangen** πιάνω ['pjano], συλλαμβάνω [silam'vano]

**einfarbig** μονόχρωμος [mo'noxromos]

**ein|fassen** γαρνίρω [γar'niro]; περιβάλλω [peri'valo]; **~flößen** ενσταλάζω [ensta'lazo]; εμπνέω [em'bneo]

**Einfluß** *m* επιρροή [epiro'i]

**einförmig** μονότονος [mo'notonos]

**einfügen** παρενθέτω [paren'θeto]

**Ein|fuhr** *f* εισαγωγή [isaγo'ji]; **≈führen** εισάγω [i'saγo]; παρουσιάζω [parusi'azo]; **~führung** *f* εισαγωγή [isaγo'ji]; **~gang** *m* είσοδος ['isoðos] *f*

**ein|gebaut** εντοιχισμένος [endiçi'zmenos]; **~gebildet** φαντασμένος [fanda'zmenos]; *fig.* ξιπασμένος [ksipa'zmenos]

**Eingebung** *f* έμπνευση (-εις) ['embnefsi]

**eingehen** φτάνω ['ftano]; *fig.* πεθαίνω [pe'θeno]

**eingeschrieben** (*Brief*) συστημένος [sisti'menos]

**Einge|ständnis** *n* ομολογία [omolo'jia]; **≈stehen** ομολογώ [omolo'γo]

**Eingeweide** *n*/*pl.* εντόσθια [en'dosθia] *n*/*pl.*

**ein|gießen** χύνω ['çino]; **~gravieren** εγχαράσσω [eŋxa'raso]

**ein|greifen** επεμβαίνω [epem'veno]; **≈griff** *m* επέμβαση (-εις) [e'pemvasi]; *Med.* εγχείρηση (-εις) [eŋ'çirisi]; **~halten** σταματώ (-άς) [stama'to]; διατηρώ [ðiati'ro];

267 einordnen

προσέχω [pro'sexo]; **~hauchen** εμπνέω [em'bneo]
**einheimisch** (ε)ντόπιος [(en)'dopjos]
**Einheit** *f* μονάδα [mo'naδa]; ενότητα [e'notita]; **≈lich** ενιαίος [eni'eos]
**ein|holen** προφταίνω [pro'fteno]; (*einkaufen*) ψωνίζω [pso'nizo]; **~hüllen** κουκουλώνω [kuku'lono]; περικαλύπτω [perika'lipto]
**einig** σύμφωνος ['simfonos]
**einige** μερικοί [meri'ki]
**einigen** ενώνω [e'nono]
**einigermaßen** κάπως ['kapos]
**Einig|keit** *f* ομόνοια [o'monia]; **~ung** *f* συμφωνία [simfo'nia]
**einkassieren** εισπράττω [is'prato]
**Einkauf** *m* αγορά [aγo'ra], ψώνια ['psonja] *n/pl.*; **≈en** ψωνίζω [pso'nizo]; αγοράζω [aγo'razo]
**ein|kerkern** φυλακίζω [fila'kizo]; **~klammern** βάζω σε παρένθεση ['vazo se pa'renθesi]
**Ein|klang** *m* ομοφωνία [omofo'nia]; **~kommen** *n* εισοδήματα [iso'δimata] *n/pl.*
**einkreisen** περικυκλώνω [periki'klono]
**einlad|en** προσκαλώ [proska'lo]; **≈ung** *f* πρόσκληση (-εις) ['prosklisi]
**Einla|ß** *m* είσοδος ['isoδos] *f*; **≈ssen** αφήνω να μπει [a'fino na 'bi]
**einlaufen** (*Schiff*) καταπλέω [kata'pleo]; (*Stoff*) μαζεύω [ma'zevo]
**einlege|n** εσωκλείω [eso'klio]; **≈sohle** *f* πάτος ['patos]
**einleit|en** αρχίζω [ar'çizo]; (*Verfahren*) εγείρω [e'jiro]; **≈ung** *f* εισαγωγή [isaγo'ji]
**ein|leuchtend** φανερός [fane'ros]; **~liefern** παραδίνω [para'δino]; **~lösen** (*Pfand*) παίρνω πίσω ['perno 'piso]; (*Wechsel*) εξαργυρώνω [eksarji'rono]; **~machen** (*Obst, Gemüse*) κάνω γλυκό, τουρσί ['kano γli'ko, tur'si]
**einmal** μία φορά ['mia fo'ra]; ***noch ~*** άλλη μια φορά ['ali mja fo'ra]
**einmisch|en: *sich ~en*** ανακατεύομαι [anaka'tevome], επεμβαίνω [epem'veno]; **≈ung** *f* ανάμιξη (-εις) [a'namiksi]; *Pol.* επέμβαση (-εις) [e'pemvasi]
**einmütig** ομόφωνος [o'mofonos]; **≈keit** *f* ομοφωνία [omofo'nia]
**Einnahme** *f* (*Stadt*) κατάληψη (-εις) [ka'talipsi]; (*Geld*) είσπραξη (-εις) ['ispraksi]
**einnehmen** καταλαμβάνω [katalam'vano]; (*erobern*) κατακτώ (-άς) [kata'kto]; *Med.* παίρνω ['perno], λαμβάνω [lam'vano]
**Einöde** *f* ερημιά [eri'mja]
**ein|ordnen** κατατάσσω [ka-

**einpacken** 268

ta'taso]; **~packen** συσκευάζω [siskje'vazo]; **~prägen** χαράζω [xa'razo]; **~rahmen** κορνιζάρω [korni'zaro], πλαισιώνω [plesi'ono]; **~räumen** συγυρίζω [siji'rizo]; παραχωρώ [paraxo'ro]; **~reden** πείθω ['piθo]
**einreib|en** τρίβω ['trivo]; **2ung** *f* τρίψιμο ['tripsimo], εντριβή [endri'vi]
**ein|reichen** υποβάλλω [ipo-'valo]; **~reihen** αραδιάζω [ara'ðjazo]
**Einreise** *f* είσοδος ['isoδos] *f*; **~visum** *n* θεώρηση εισόδου [θe'orisi i'soðu]
**einreißen** γκρεμίζω [gre-'mizo], κατεδαφίζω [kate-ða'fizo]; *fig.* ριζώνω [ri-'zono]
**einricht|en** τακτοποιώ [ta-ktopi'o], κανονίζω [kano-'nizo]; **2ung** *f* τακτοποίηση (-εις) [takto'piisi]; επίπλωση (-εις) [e'piplosi]
**einrosten** σκουριάζω [skur-'jazo]
**eins** ένα ['ena]
**einsalzen** αλατίζω [ala'tizo]
**einsam** έρημος ['erimos]; **2keit** *f* μοναξιά [mona'ksja], ερημιά [eri'mja]
**einsammeln** μαζεύω [ma-'zevo], συλλέγω [si'leγo]
**Einsatz** *m* (*Spiel*) κατάθεση (-εις) [ka'taθesi]
**ein|schalten** παρενθέτω [pa-ren'θeto]; (*Licht*) ανάβω [a-'navo]; **~schätzen** διατιμώ [ðiati'mo]; **~schenken** κερνώ (-άς) [kjer'no]; **~schlafen** αποκοιμιέμαι [apokji'mjeme]; **~schlagen** (*Fenster*) σπάζω ['spazo]; (*Weg*) παίρνω ['perno]
**einschlägig** σχετικός [sçeti-'kos]
**einschließ|en** κλείνω μέσα ['klino 'mesa], περικυκλώνω [periki'klono]; **~lich** συμπεριλαμβανομένου [simberi-lamvano'menu]
**einschmeichelnd** κολακευτικός [kolakjefti'kos]
**ein|schmelzen** λειώνω ['ljo-no]; **~schmieren** αλείφω [a'lifo]; **~schmuggeln** εισάγω λαθραία [i'saγo la-'θrea]
**Einschnitt** *m* τομή [to'mi]
**einschränken** περιορίζω [perio'rizo]
**einschreiben** εγγράφω [eŋ-'γrafo]; **2** συστημένο [sisti-'meno]
**einschreiten** επεμβαίνω [epem'veno]
**einschüchter|n** φοβερίζω [fove'rizo]; **2ung** *f* φοβέρισμα [fo'verizma] *n*
**einsehen** κατανοώ [katano'o], παραδέχομαι [para-'ðexome]
**einseitig** μονόπλευρος [mo-'noplevros]
**ein|senden** αποστέλλω [apo'stelo]; **~setzen** βάζω ['vazo]; (*in e-e Stelle*) διορίζω [ðio'rizo]

269 einzäunen

**Einsicht** *f* σύνεση ['sinesi]; **≗ig** συνετός [sine'tos]
**einsinken** βουλιάζω [vu'ljazo], βυθίζομαι [vi'θizome]
**einsperren** φυλακίζω [fila'kizo], κλείνω μέσα ['klino 'mesa]
**Einspruch** *m* διαμαρτυρία [ðiamarti'ria]; *jur.* **~ erheben** υποβάλλω ένσταση [ipo'valo 'enstasi]
**einst** άλλοτε ['alote]
**ein|stecken** χώνω ['xono]; τσεπώνω [tse'pono]; **~stehen** εγγυώμαι [eŋgi'ome]; **~steigen** ανεβαίνω [ane'veno]
**einstellen** ρυθμίζω [riθ'mizo]; (*Arbeit*) απεργώ [aper'ɣo]; διακόπτω [ðia'kopto]; **sich ~** παρουσιάζομαι [parusi'azome]
**einstimmig** ομόφωνος [o'mofonos]
**einstöckig** μονώροφος [mo'norofos]
**Ein|sturz** *m* γκρέμισμα ['gremizma] *n*; **≗stürzen** γκρεμίζομαι [gre'mizome]
**einstweilen** προσωρινώς [prosori'nos]
**eintauchen** βουτώ (-άς) [vu'to]
**eintauschen** ανταλλάσσω [anda'laso]
**einteil|en** διαιρώ [ðie'ro]; **≗ung** *f* διαίρεση (-εις) [ði'eresi]
**eintönig** μονότονος [mo'notonos]
**Eintracht** *f* ομόνοια [o'monia]
**ein|tragen** εγγράφω [eŋ'ɣrafo]; **~treffen** φτάνω ['ftano]; **~treten** μπαίνω ['beno], εισέρχομαι [i'serxome]; (*geschehen*) συμβαίνω [sim'veno]
**Eintritt** *m* είσοδος ['isoðos] *f*; **~skarte** *f* εισιτήριο [isi'tirio]
**ein|trocknen** ξεραίνομαι [kse'renome]; **~verleiben** προσαρτώ [prosar'to]; **~verstanden** σύμφωνος ['simfonos]; **≗verständnis** *n* συμφωνία [simfo'nia]
**Einwand** *m* αντίρρηση (-εις) [an'dirisi]
**Einwander|er** *m* μετανάστης [meta'nastis]; **≗n** μεταναστεύω [metana'stevo]; **~ung** *f* μετανάστευση (-εις) [meta'nastefsi]
**ein|weihen** εγκαινιάζω [eŋgjeni'azo]; **~wenden** αντιτείνω [andi'tino]; **~wickeln** τυλίγω [ti'liɣo]; **~willigen** συναινώ [sine'no]; συμφωνώ [simfo'no]
**einwirk|en** επιδρώ (-άς) [epi'ðro]; **≗ung** *f* επίδραση (-εις) [e'piðrasi]
**Einwohner** *m* κάτοικος ['katikos]
**Einzahl** *f* ενικός [eni'kos]
**Einzahlung** *f* πληρωμή [pliro'mi]
**einzäunen** περιφράσσω [peri'fraso]

**Einzelheit** 270

**Einzel|heit** *f* λεπτομέρεια [lepto'meria]; **2n** χωριστός [xori'stos]; **~zimmer** *n* μονόκλινο δωμάτιο [mo'noklino ðo'matio]
**einziehen** μπαίνω ['beno]; (*Banknoten*) αποσύρω [apo'siro]; (*Erkundigungen*) ζητώ (-άς) [zi'to]
**einzig** μοναδικός [monaði'kos]
**Einzimmerwohnung** *f* διαμέρισμα ενός δωματίου [ðia'merizma e'nos ðoma'tiu]
**Einzug** *m* είσοδος ['isoðos] *f*
**Eis** *n* πάγος ['paγos]; (*Speise2*) παγωτό [paγo'to]
**Eisen** *n* σίδερο ['siðero], σίδηρος ['siðiros]; **~bahn** *f* σιδηρόδρομος [siði'roðromos]
**eitel** μάταιος ['mateos]; **2keit** *f* ματαιότητα [mate'otita]
**Eiter** *m* πύο(ν) ['pio(n)]
**Eiweiß** *n* ασπράδι [a'spraði], λεύκωμα ['lefkoma] *n*
**Ekel** *m* σιχασιά [sixa'sja], αηδία [ai'ðia]; **2haft** σιχαμερός [sixame'ros]; **2n: *sich* 2*n*** σιχαίνομαι [si'çenome] (***vor*** *D*/ κάτι ['kati]), αηδιάζω [aiði'azo]
**Elefant** *m* ελέφαντας [e'lefandas]
**elegan|t** κομψός [kom'psos]; **2z** *f* κομψότητα [kom'psotita]
**elektri|sch** ηλεκτρικός [ilektri'kos]; **~sieren** ηλεκτρίζω [ilek'trizo]; **2zität** *f* ηλεκτρισμός [ilektri'zmos]
**elektronisch** ηλεκτρονικός [ilektroni'kos]
**Element** *n* στοιχείο [sti'çio]; **2ar** στοιχειώδης [stiçi'oðis]
**elend** ελεεινός [elei'nos]; **2** *n* κακομοιριά [kakomi'rja], ελεεινότητα [elei'notita]
**elf** ένδεκα ['endeka]
**Elfenbein** *n* ελεφαντοστό [elefando'sto]
**Elite** *f* εκλεκτοί [ekle'kti] *m/pl.*
**Ellbogen** *m* αγκώνας [aŋ'gonas]
**Eltern** *pl.* γονείς [γo'nis] *m/pl.*
**Email** *n* σμάλτο ['zmalto]
**Emanzip|ation** *f* χειραφέτηση (-εις) [çira'fetisi]; **2ieren** χειραφετώ [çirafe'to]
**Emigrant** *m* πρόσφυγας ['prosfiγas]
**Empfang** *m* υποδοχή [ipoðo'çi], παραλαβή [parala'vi]; (*Radio*) λήψη (-εις) ['lipsi]; **2en** υποδέχομαι [ipo'ðexome], παραλαμβάνω [paralam'vano]
**Empfäng|er** *m* παραλήπτης [para'liptis]; (*Radio*) δέκτης ['ðektis]; **~nis** *f* σύλληψη (-εις) ['silipsi]
**empfehl|en** συσταίνω [si'steno], συνιστώ (-άς) [sini'sto]; **2ung** *f* σύσταση (-εις) ['sistasi]
**empfind|lich** ευαίσθητος [e'vesθitos], ευπρόσβλητος [ef'prozvlitos]; **2lichkeit** *f*

ευαισθησία [evesθi'sia]; **2ung** *f* αίσθημα ['esθima] *n*
**empor** προς τα πάνω [pros ta 'pano]
**empör|en** θυμώνω [θi'mono]; ***sich ~en*** εξοργίζομαι [eksor'jizome], επαναστατώ [epanasta'to]
**empor|heben** σηκώνω [si'kono], ανυψώνω [ani'psono]; **~steigen** ανεβαίνω [ane'veno]
**Empörung** *f* αγανάκτηση [aγa'naktisi]
**emsig** δραστήριος [ðra'stirios]
**End|e** *n* τέλος ['telos] *n*; **2en** τελειώνω [te'ljono] (***auf*** *A*/σε [se]); **~ergebnis** *n* αποτέλεσμα [apo'telezma] *n*; **2gültig** οριστικός [oristi'kos]; **2lich** επιτέλους [epi'telus]; **2los** ατελείωτος [ate'liotos]; **~station** *f* τέρμα ['terma] *n*; **~ung** *f* κατάληξη (-εις) [ka'taliksi]
**Energie** *f* ενέργεια [e'nerjia]
**eng** στενός [ste'nos]; (*Räume*) στενόχωρος [ste'noxoros]; **2e** *f* στενότητα [ste'notita]
**Engel** *m* άγγελος ['aŋgjelos]
**Eng|land** *n* Αγγλία [aŋ'glia]; **~länder** *m* Άγγλος ['aŋglos]; **~länderin** *f* Αγγλίδα [aŋ'gliða]
**Enkel** *m* εγγονός [eŋgo'nos]; **~in** *f* εγγονή [eŋgo'ni]
**Ensemble** *n* θίασος ['θiasos]
**entbehr|en** *A* στερούμαι [ste'rume] *G*; **2ung** *f* στέρηση (-εις) ['sterisi]
**entbind|en** απαλλάσσω [apa'laso]; *Med.* ξεγεννώ (-άς) [kseje'no]; **2ung** *f* τοκετός [tokje'tos]; **2ungsanstalt** *f* μαιευτήριο [mee'ftirio]
**entblößen** ξεγυμνώνω [kseji'mnono]
**entdeck|en** ανακαλύπτω [anaka'lipto]; **2ung** *f* ανακάλυψη (-εις) [ana'kalipsi]
**Ente** *f* πάπια ['papja]
**ent|ehren** ατιμάζω [ati'mazo]; **~eignen** απαλλοτριώνω [apalotri'ono]; **~erben** αποκληρώνω [apokli'rono]; **~falten** ξεδιπλώνω [kseði'plono]; αναπτύσσω [ana'ptiso]
**entfern|en** απομακρύνω [apoma'krino]; **2ung** *f* απόσταση (-εις) [a'postasi]
**entfliehen** δραπετεύω [ðrape'tevo]
**entführ|en** απάγω [a'paγo]; **2ung** *f* απαγωγή [apaγo'ji]
**entgegen** *D* εναντίον [enan'dion] *G*; **~gehen** προϋπαντώ [proipan'do]; **~gesetzt** αντίθετος [an'diθetos]; **~kommen** προϋπαντώ [proipan'do]; υποχωρώ [ipoxo'ro]; **~treten** αντιμετωπίζω [andimeto'pizo]
**ent|gehen** διαφεύγω [ðia'fevγo]; **~gelten** ανταποδίδω [andapo'ðiðo]; **~gleisen** εκτροχιάζομαι [ektroçi'azome]

**enthalten** περιλαμβάνω [perilam'vano]; ***sich*** ~ απέχω [a'pexo]
**ent|hüllen** αποκαλύπτω [apoka'lipto]; **~kleiden** γδύνω ['γðino]; **~kommen** γλυτώνω [γli'tono]; **~kräften** αδυνατίζω [aðina'tizo]; **~laden** ξεφορτώνω [ksefor'tono]
**entlang:** ***an*** *D* **~**, *A* **~** κατά μήκος [kata'mikos] *G*
**entlass|en** απολύω [apo'lio], παύω ['pavo]; **≗ung** *f* απόλυση (-εις) [a'polisi]
**ent|lasten** ανακουφίζω [anaku'fizo], αποσυμφορώ [aposimfo'ro]; **~laufen** δραπετεύω [ðrape'tevo]
**entlegen** απόκεντρος [a'pokjendros]
**ent|leihen** δανείζομαι [ða'nizome]; **~mutigen** αποθαρρύνω [apoθa'rino]; **~nehmen** παίρνω ['perno], λαμβάνω [lam'vano]; *fig.* συμπεραίνω [simbe'reno]; **~reißen** αρπάζω [ar'pazo], αποσπώ (-άς) [apo'spo]
**entrüst|en:** ***sich*** **~en** αγανακτώ [aγana'kto]; **≗ung** *f* αγανάκτηση [aγa'naktisi]
**entschädig|en** αποζημιώνω [apozimi'ono]; **≗ung** *f* αποζημίωση (-εις) [apozi'miosi]
**entscheid|en** αποφασίζω [apofa'sizo]; **≗ung** *f* απόφαση (-εις) [a'pofasi]
**entschlafen** αποκοιμιέμαι [apoki'mjeme]; (*sterben*) πεθαίνω [pe'θeno]
**entschließen:** ***sich*** **~** αποφασίζω [apofa'sizo]
**Entschluß** *m* απόφαση (-εις) [a'pofasi]
**entschuldig|en** δικαιολογώ [ðikjeolo'γo]; συγχωρώ [siŋxo'ro]; **≗ung** *f* συγνώμη [si'γnomi]
**entschwinden** εξαφανίζομαι [eksafa'nizome]
**entsetz|en** τρομάζω [tro'mazo]; **≗en** *n* τρομάρα [tro'mara], τρόμος ['tromos]; **~lich** τρομακτικός [tromakti'kos]
**entsinnen:** ***sich*** **~** θυμάμαι [θi'mame]
**entspann|en** χαλαρώνω [xala'rono]; **≗ung** *f* χαλάρωση [xa'larosi]
**entsprechen** *D* ανταποκρίνομαι [andapo'krinome], αντιστοιχώ (σε) [andisti'xo (se)]; **~d** *D* ανάλογα (με) [a'naloγa (me)]
**entspringen** (*Fluß*) πηγάζω [pi'γazo]
**entstehen** γίνομαι ['jinome]
**entstellen** παραμορφώνω [paramor'fono]
**enttäusch|en** απογοητεύω [apoγoi'tevo]; **≗ung** *f* απογοήτευση (-εις) [apoγo'itefsi]
**entwaffnen** αφοπλίζω [afo'plizo]
**entwässern** αποξηραίνω [apoksi'reno]

273 **Erfindung**

**entweder ... oder** ή ... ή [i ... i], είτε ... είτε ['ite ... 'ite]
**ent|weichen** δραπετεύω [ðrape'tevo]; **~weihen** βεβηλώνω [vevi'lono]; **~werfen** σχεδιάζω [sçeði'azo]
**entwert|en** υποτιμώ (-άς) [ipoti'mo]; **&ung** *f* υποτίμηση (-εις) [ipo'timisi]
**entwick|eln** αναπτύσσω [ana'ptiso]; **&lung** *f* ανάπτυξη (-εις) [a'naptiksi]; *Fot.* εμφάνιση (-εις) [em'fanisi]
**ent|wischen** το σκάζω [to 'skazo]; **~würdigen** εξευτελίζω [eksefte'lizo]
**Entwurf** *m* σχέδιο ['sçeðio]
**ent|wurzeln** ξεριζώνω [kseri'zono]; **~zücken** γοητεύω [γoi'tevo], μαγεύω [ma'jevo]
**entzünd|en** ανάβω [a'navo], αναφλέγω [ana'fleγo]; **&ung** *f Med.* φλεγμονή [fleγmo'ni]
**entzwei** σπασμένος [spa'zmenos]; **~brechen** σπάζω ['spazo], θραύω ['θravo]; **~en:** ***sich* ~en** τσακώνομαι [tsa'konome]
**Epoche** *f* εποχή [epo'çi]
**er** αυτός [a'ftos]
**erbarmen:** ***sich* ~** σπλαχνίζομαι [spla'xnizome]; **&** *n* ευσπλαχνία [efspla'xnia]
**erbärmlich** ελεεινός [elei'nos], άθλιος ['aθlios]
**Erb|e** *m* κληρονόμος [kliro'nomos]; **&en** κληρονομώ [klirono'mo]
**erbeuten** αρπάζω [ar'pazo]
**erbitten** ζητώ (-άς) [zi'to]
**erbittern** ερεθίζω [ere'θizo]
**erblich** κληρονομικός [klironomi'kos]
**erblicken** βλέπω ['vlepo]
**erblinden** τυφλώνομαι [ti'flonome]
**erbrechen:** ***sich* ~** κάνω εμετό ['kano eme'to]
**Erbschaft** *f* κληρονομιά [klirono'mja]
**Erbse** *f* μπιζέλι [bi'zeli]
**Erdbeere** *f* φράουλα ['fraula]
**Erd|e** *f* γη [ji]; **~beben** *n* σεισμός [si'zmos]; **~geschoß** *n* ισόγειο [i'sojio]; **~kunde** *f* γεωγραφία [jeoγra'fia]; **~öl** *n* πετρέλαιο [pe'treleo]
**er|dolchen** μαχαιρώνω [maçe'rono]; **~drosseln** στραγγαλίζω [straŋga'lizo]; **~drücken** συνθλίβω [sin'θlivo]
**Erdteil** *m* ήπειρος ['ipiros] *f*
**erdulden** υποφέρω [ipo'fero]
**ereifern:** ***sich* ~** εξάπτομαι [e'ksaptome]
**ereig|nen** συμβαίνω [sim'veno]; **&nis** *n* συμβάν [sim'van] *n*
**erfahr|en** μαθαίνω [ma'θeno] (***über*** *A*/ για [ja]); *Adj.* έμπειρος ['embiros] (***in*** *D*/ *G*); **&ung** *f* πείρα ['pira]
**erfassen** καταλαβαίνω [katala'veno], εννοώ [eno'o]
**erfind|en** εφευρίσκω [efe'vrisko]; **&ung** *f* εφεύρεση (-εις) [e'fevresi]

**erflehen** ικετεύω [ikje'tevo]
**Erfolg** *m* επιτυχία [epiti'çia]; **≈los** αποτυχημένος [apotiçi'menos]
**erfordern** χρειάζομαι [xri'azome]
**erforsch|en** εξερευνώ [ekserev'no]; **≈ung** *f* εξερεύνηση (-εις) [ekse'revnisi]
**erfragen** πληροφορούμαι [plirofo'rume]
**erfreu|en** χαροποιώ [xaropi'o], ευφραίνω [e'freno]; **~lich** ευχάριστος [ef'xaristos]; **~t sein** είμαι ευχαριστημένος ['ime efxaristi'menos]
**erfrieren** ξεπαγιάζω [ksepa'jazo]; πεθαίνω από το κρύο [pe'θeno a'po to 'krio]
**erfrisch|en** δροσίζω [ðro'sizo]; **≈ung** *f* αναψυκτικό [anapsikti'ko]
**erfüllen** εκπληρώνω [ekpli'rono]
**ergänz|en** συμπληρώνω [simbli'rono]; **≈ung** *f* συμπλήρωμα [sim'bliroma] *n*
**ergeb|en: sich ~en** προκύπτω [pro'kipto]; παραδίνομαι [para'ðinome]; **≈nis** *n* αποτέλεσμα [apo'telezma] *n*
**ergiebig** αποδοτικός [apoðoti'kos]
**ergießen: sich ~** χύνομαι ['çinome]
**ergrauen** *fig.* γερνώ (-άς) [jer'no]
**ergreifen** πιάνω ['pjano], συλλαμβάνω [silam'vano]; *fig.* συγκινώ [siŋgi'no]
**Ergriffenheit** *f* συγκίνηση (-εις) [siŋ'ginisi]
**ergründen** εξακριβώνω [eksakri'vono]; εξιχνιάζω [eksixni'azo]
**erhaben** *fig.* υπέροχος [i'peroxos]
**erhalten** παίρνω ['perno], λαμβάνω [lam'vano]; (*bewahren*) διατηρώ [ðiati'ro]
**erhängen: sich ~** κρεμιέμαι [kre'mjeme], απαγχονίζομαι [apaŋxo'nizome]
**erheb|en** (αν)υψώνω [(an)i'psono]; **~lich** σημαντικός [simandi'kos]
**erheitern** χαροποιώ [xaropi'o], φαιδρύνω [fe'ðrino]
**erhellen** φωτίζω [fo'tizo], διασαφηνίζω [ðiasafi'nizo]
**erhitz|en** ζεσταίνω [ze'steno], θερμαίνω [θer'meno]; **≈ung** *f* ζέσταμα ['zestama] *n*, θέρμανση (-εις) ['θermansi]
**erhöh|en** (αν)υψώνω [(an)i'psono]; **≈ung** *f* ύψωμα ['ipsoma] *n*; αύξηση (-εις) ['afksisi]
**erhol|en: sich ~en** ξεκουράζομαι [kseku'razome]; **≈ung** *f* αναψυχή [anapsi'çi]
**erinner|n** θυμίζω [θi'mizo] (***ihn an** A*/ του ... *A*); **sich ~n** (***an** A*) θυμάμαι [θi'mame] *A*; **≈ung** *f* ανάμνηση (-εις) [a'namnisi]
**erkalten** κρυώνω [kri'ono]
**erkält|en: sich ~en** κρυώνω [kri'ono], κρυολογώ [kriolo-

275 Eröffnung

'γο]; **≈ung** *f* κρυολόγημα [krio'lojima] *n*
**erkennen** (ανα)γνωρίζω [(ana)γno'rizo] (**an** *D*/ από [a'po])
**erklär|en** εξηγώ [eksi'γo]; (*Krieg*) κηρύττω [ki'rito]; **≈ung** *f* εξήγηση (-εις) [e'ksijisi]
**erkranken** αρρωσταίνω [aro'steno]
**erkundigen: sich ~** πληροφορούμαι [plirofo'rume] (**nach** *D*/ για [ja])
**erlangen** αποκτώ (-άς) [apo'kto]
**Erla|ß** *m* διάταγμα [ði'ataγma] *n*; **≈ssen** απαλάσσω [apa'laso]
**erlaub|en** επιτρέπω [epi'trepo]; **≈nis** *f* άδεια ['aðia]
**erleb|en** δοκιμάζω [ðoki'mazo]; **≈nis** *n* περιπέτεια [peri'petia], βίωμα ['vioma] *n*
**erledigen** κανονίζω [kano'nizo]
**erleichtern** διευκολύνω [ðiefko'lino]
**erleiden** παθαίνω [pa'θeno]
**erlesen** εκλεκτός [ekle'ktos]
**erleuchten** φωτίζω [fo'tizo]
**erliegen** υποκύπτω [ipo'kipto]
**Erlös** *m* κέρδος ['kjerðos] *n*; **≈en** λυτρώνω [li'trono]; **~ung** *f* (απο)λύτρωση [(apo)'litrosi]
**ermächtig|en** εξουσιοδοτώ [eksusioðo'to]; **≈ung** *f* εξουσιοδότηση (-εις) [eksusio'ðotisi]
**ermahn|en** παραινώ [pare'no]; **≈ung** *f* παραίνεση (-εις) [pa'renesi]
**ermäßig|en** (*Preis*) ελαττώνω [ela'tono]; **≈ung** *f* ελάττωση (-εις) [e'latosi]
**ermatten** κουράζομαι [ku'razome]
**ermitteln** εξακριβώνω [eksakri'vono]
**ermöglichen** καθιστώ δυνατό [kaθi'sto ðina'to]
**ermord|en** δολοφονώ [ðolofo'no]; **≈ung** *f* δολοφονία [ðolofo'nia]
**er|müden** κουράζομαι [ku'razome]; **~muntern** παροτρύνω [paro'trino]; **~mutigen** ενθαρρύνω [enθa'rino]
**ernähr|en** τρέφω ['trefo]; **≈ung** *f* διατροφή [ðiatro'fi]
**er|nennen** (**zu**) διορίζω [ðio'rizo] *A*; **~neuern** ανανεώνω [anane'ono]; **~niedrigen** ταπεινώνω [tapi'nono]
**Ernst** *m* σοβαρότητα [sova'rotita]; **≈** *Adj.* σοβαρός [sova'ros]
**Ernte** *f* σοδειά [so'ðja]; θερισμός [θeri'zmos]; **≈n** θερίζω [θe'rizo]
**Erober|er** *m* κατακτητής [katakti'tis]; **≈n** κατακτώ (-άς) [kata'kto], κυριεύω [kiri'evo]; **~ung** *f* κατάκτηση (-εις) [ka'taktisi]
**eröffn|en** ανοίγω [a'niγo], αρχίζω [ar'çizo]; **≈ung** *f* έναρξη (-εις) ['enarksi]

**erörtern** συζητώ (-άς) [sizi'to]
**erpress|en** εκβιάζω [ekvi'azo]; **2ung** *f* εκβιασμός [ekvia'zmos]
**er|proben** δοκιμάζω [ðoki'mazo]; **~raten** μαντεύω [man'devo]; **~regen** ερεθίζω [ere'θizo]; **~reichen** προφταίνω [pro'fteno]; κατορθώνω [kator'θono]; **~retten** (δια)σώζω [(ðia)'sozo]; **~röten** κοκκινίζω [koki'nizo] (***vor***/ από [a'po])
**Ersatz** *m* αντικατάσταση (-εις) [andika'tastasi]; **~teile** *n/pl.* ανταλλακτικά [andalakti'ka] *n/pl.*
**erschaffen** δημιουργώ [ðimiur'γo]
**erschein|en** εμφανίζομαι [emfa'nizome]; (*im Druck*) βγαίνω ['vjeno], εκδίδομαι [ek'ðiðome]; **2ung** *f* εμφάνιση (-εις) [em'fanisi]
**er|schießen** τουφεκίζω [tufe'kizo]; **~schlaffen** χαλαρώνω [xala'rono]; **~schlagen** σκοτώνω [sko'tono]
**erschöpf|en** εξαντλώ [eksan'dlo]; **2ung** *f* εξάντληση [e'ksandlisi]
**er|schrecken** τρομάζω [tro'mazo], εκφοβίζω [ekfo'vizo]; **~schrocken** τρομαγμένος [tromaγ'menos]
**erschüttern** τραντάζω [tran'dazo], σείω ['sio]; *fig.* συγκινώ [siŋgi'no]
**erschweren** δυσκολεύω [ðisko'levo], επιβαρύνω [epiva'rino]
**ersetzen** αντικαθιστώ (-άς) [andikaθi'sto]; (*Schaden*) αποζημιώνω [apozimi'ono]
**ersichtlich** φανερός [fane'ros]
**Ersparnis** *f* οικονομία [ikono'mia]
**erst** πρώτα ['prota], κατά πρώτον [ka'ta 'proton]
**erstatten:** ***Bericht*** **~** κάνω έκθεση ['kano 'ekθesi], πληροφορώ [plirofo'ro]
**Erstaufführung** *f* πρεμιέρα [pre'mjera]
**erstaun|en** απορώ [apo'ro], εκπλήττομαι [ek'plitome]; **2en** *n* απορία [apo'ria], έκπληξη (-εις) ['ekpliksi]; **~lich** εκπληκτικός [ekplikti'kos]; **~t** έκπληκτος ['ekpliktos]
**erstechen** μαχαιρώνω [maçe'rono]
**Erstgeborene(r)** *m* πρωτότοκος [pro'totokos]
**ersticken** πνίγω ['pniγo]
**erstreben** επιζητώ (-άς) [epizi'to]
**erstrecken:** ***sich*** **~** ξαπλώνομαι [ksa'plonome], εκτείνομαι [e'ktinome]
**er|suchen** ζητώ (-άς) [zi'to]; **~tappen** τσακώνω [tsa'kono], συλλαμβάνω [silam'vano]; **~teilen** παρέχω [pa'rexo]; **~tönen** ηχώ [i'xo]
**Ertrag** *m* εισόδημα [i'soðima]

*n*; **≗en** βαστώ (-άς) [va'sto], υποφέρω [ipo'fero]
**er|träglich** υποφερτός [ipofer'tos]; **~tränken** πνίγω ['pniγo]; **~trinken** πνίγομαι ['pniγome]
**Eruption** *f* έκρηξη (-εις) ['ekriksi]
**erwachen** ξυπνώ (-άς) [ksi'pno]
**Erwachsene(r)** *m* μεγάλος [me'γalos], ενήλικος [e'nilikos]
**er|wägen** συλλογίζομαι [silo'jizome]; **~wählen** εκλέγω [e'kleγo]; **~wähnen** αναφέρω [ana'fero]
**erwärm|en** ζεσταίνω [ze'steno], θερμαίνω [θer'meno]; **≗ung** *f* θέρμανση (-εις) ['θermansi]
**erwarten** περιμένω [peri'meno]
**erwehren: *sich ~*** (*G*) αμύνομαι [a'minome] (κατά [ka'ta] *G*), αποκρούω [apo'kruo] *A*
**erweichen** μαλακώνω [mala'kono]; *fig.* ***sich ~ lassen*** υποχωρώ [ipoxo'ro]
**erweisen** (*Ehre*) αποδίδω [apo'δiδo]; ***sich ~*** αναδεικνύομαι [anaδi'kniome]
**erweiter|n** φαρδαίνω [far'δeno], ευρύνω [e'vrino]; **≗ung** *f* διεύρυνση (-εις) [δi'evrinsi]
**Erwerb** *m* απόκτηση [a'poktisi]; **≗en** αποκτώ (-άς) [apo'kto]
**erwidern** απαντώ (-άς) [apan'do]
**erwürgen** πνίγω ['pniγo], στραγγαλίζω [straŋga'lizo]
**Erz** *n* χαλκός [xal'kos]
**erzähl|en** διηγούμαι [δii'γume]; **≗ung** *f* διήγημα [δi'ijima] *n*
**Erz|bischof** *m* αρχιεπίσκοπος [arçie'piskopos]; **~engel** *m* αρχάγγελος [ar'xaŋgjelos]
**erzeug|en** παράγω [pa'raγo]; γεννώ (-άς) [je'no]; **≗er** *m* παραγωγός [paraγo'γos]; γονέας [γo'neas]; **≗nis** *n* προϊόν [proi'on]
**erzieh|en** ανατρέφω [ana'trefo]; **≗ung** *f* ανατροφή [anatro'fi]; εκπαίδευση (-εις) [ek'peδefsi]
**erzielen** καταφέρω [kata'fero], κατορθώνω [kator'θono]
**erzürnen** θυμώνω [θi'mono], εξοργίζω [eksor'jizo]
**es** αυτό [a'fto]
**Esel** *m* γαϊδούρι [γai'δuri], γάιδαρος ['γaiδaros]
**Eselstreiber** *m* αγωγιάτης [aγo'jatis]
**eßbar** φαγώσιμος [fa'γosimos]
**essen** τρώ(γ)ω ['tro(γ)o]
**Essig** *m* ξύδι ['ksiδi]
**Eßzimmer** *n* τραπεζαρία [trapeza'ria]
**Etage** *f* πάτωμα ['patoma] *n*, όροφος ['orofos]
**Etat** *m* προϋπολογισμός [proipoloji'zmos]
**etliche** μερικοί [meri'ki]

**Etui** *n* θήκη ['θiki]
**etwa** (*Frage*) μήπως ['mipos]; περίπου [pe'ripu]; **~s** κάτι (τι) ['kati (ti)], κάπως ['kapos]; λίγο ['liγo]
**euch** (ε)σάς [(e)sas]
**euer** ... σας [sas], (*betont*) (ο) δικός σας [(o)ði'kosas]
**Eule** *f* κουκουβάγια [kuku'vaja]
**Euro|pa** *n* Ευρώπη [e'vropi]; **⁓päisch** ευρωπαϊκός [evropai'kos]
**Euter** *n* μαστός [ma'stos]
**evakuieren** εκκενώνω [ekje'nono]
**evangel|isch** ευαγγελικός [evaŋgjeli'kos]; **⁓ium** *n* Ευαγγέλιο [evaŋ'gjelio]
**ewig** αιώνιος [e'onios]; **⁓keit** *f* αιωνιότητα [eoni'otita]
**Examen** *n* εξετάσεις [ekse'tasis] *f/pl*.
**Exemplar** *n* αντίτυπο [an'ditipo]
**Exil** *n* εξορία [ekso'ria]
**Exist|enz** *f* ύπαρξη (-εις) ['iparksi]; **⁓ieren** υπάρχω [i'parxo]
**Experiment** *n* πείραμα ['pirama] *n*; **⁓ieren** κάνω πειράματα ['kano pi'ramata]
**explo|dieren** εκρήγνυμαι [e'kriγnime]; **⁓sion** *f* έκρηξη (-εις) ['ekriksi]
**Export** *m* εξαγωγή [eksaγo'ji]; **⁓ieren** εξάγω [e'ksaγo]
**extra** εκτάκτως [e'ktaktos]; επίτηδες [e'pitiðes]
**Extrem** *n* υπερβολή [ipervo'li], άκρο ['akro]

# F

**Fabel** *f* μύθος ['miθos]
**Fabrik** *f* εργοστάσιο [erγo'stasio]; **~ant** *m* κατασκευαστής [kataskjeva'stis]; **~at** *n* προϊόν [proi'on]
**Fach** *n* ράφι ['rafi]; *fig*. κλάδος ['klaðos]; **~ausdruck** *m* ειδικός όρος [iði'kos 'oros]
**Fächer** *m* βεντάγια [ven'daja]
**Fachmann** *m* ειδικός [iði'kos]
**Fackel** *f* λαμπάδα [lam'baða]
**fade** σαχλός [sa'xlos], άνοστος ['anostos]
**Faden** *m* κλωστή [klo'sti], νήμα ['nima] *n*
**fähig** ικανός [ika'nos]; **⁓keit** *f* ικανότητα [ika'notita]
**fahl** χλωμός [xlo'mos], ωχρός [o'xros]
**Fahne** *f* σημαία [si'mea]
**Fahrbahn** *f* άσφαλτος ['asfaltos] *f*; λωρίδα [lo'riða]
**Fähre** *f* φερρυ-μπώτ [feri'bot] *n*
**fahr|en** πηγαίνω (με αμάξι, τρένο κτλ.) [pi'jeno (me a'maksi, 'treno)]; **⁓gast** *m* επιβάτης [epi'vatis]; **⁓gestell** *n* σασί [sa'si]; **⁓karte** *f* εισιτήριο [isi'tirio]; **⁓kartenschalter** *m* θυρίδα [θi-

'riða]; ≗**plan** *m* δρομολόγιο [ðromo'lojio]; ≗**preis** *m* τιμή του εισιτηρίου [ti'mi tu isiti'riu]; ≗**rad** *n* ποδήλατο [po'ðilato]; ≗**schein** *m* εισιτήριο [isi'tirio]; ≗**schule** *f* σχολή οδηγών [sxo'li oði'γon]; ≗**stuhl** *m* ασανσέρ [asan'ser] *n*; ≗**t** *f* ταξίδι [ta'ksiði]

**Fährte** *f* ίχνος ['ixnos] *n*

**Fahr|zeit** *f* χρόνος μεταφοράς ['xronos metafo'ras]; **~zeug** *n* όχημα ['oçima] *n*

**Faktor** *m* παράγοντας [pa'raγondas]

**Fall** *m* πτώση (-εις) ['ptosi]; (*Sache*) περίπτωση (-εις) [pe'riptosi]; **~e** *f* παγίδα [pa'jiða]; ≗**en** πέφτω ['pefto]

**fäll|en** κόβω ['kovo]; *jur.* εκδίδω [ek'ðiðo]; **~ig** πληρωτέος [pliro'teos]

**falls** αν [an], εάν [e'an]

**Fallschirm** *m* αλεξίπτωτο [ale'ksiptoto]

**falsch** εσφαλμένος [esfal'menos], λανθασμένος [lanθa'zmenos]; (*Mensch*) ύπουλος ['ipulos]; (*unecht*) ψεύτικος ['pseftikos]

**fälsch|en** νοθεύω [no'θevo]; παραποιώ [parapi'o]; ≗**er** *m* νοθευτής [noθe'ftis]; ≗**ung** *f* νόθευση (-εις) ['noθefsi]

**Falte** *f* δίπλα ['ðipla], πτυχή [pti'çi]; (*Runzel*) ρυτίδα [ri'tiða]; ≗**n** διπλώνω [ði'plono]

**Famili|e** *f* οικογένεια [iko'jenia]; **~en-** οικογενειακός [ikojenia'kos]; **~enname** *m* επίθετο [e'piθeto]

**fangen** πιάνω ['pjano], συλλαμβάνω [silam'vano]

**Farb|band** *n* ταινία γραφομηχανής [te'nia γrafomixa'nis]; **~e** *f* χρώμα ['xroma] *n*; μπογιά [bo'ja]

**färb|en** χρωματίζω [xroma'tizo], βάφω ['vafo]; ≗**erei** *f* βαφείο [va'fio]

**Farb|film** *m* έγχρωμο φιλμ ['eŋxromo film] *n*; ≗**los** αχρωμάτιστος [axro'matistos]

**Färbung** *f* (*a. Farbton*) χρωματισμός [xromati'zmos]

**Farm** *f* αγρόκτημα [a'γroktima] *n*; **~er** *m* κτηματίας [ktima'tias]

**Fasching** *m* απόκριες [a'pokries] *f/pl.*

**Faser** *f* ίνα ['ina]; ≗**ig** ινώδης [i'noðis]

**Faß** *n* βαρέλι [va'reli], πίθος ['piθos]

**Fassade** *f* πρόσοψη (-εις) ['prosopsi]

**fass|en** πιάνω ['pjano], συλλαμβάνω [silam'vano]; (*enthalten*) περιλαμβάνω [perilam'vano]; (*einfassen*) περιβάλλω [peri'valo]; (*verstehen*) εννοώ [eno'o]; **sich ~en** συγκρατιέμαι [siŋgra'tjeme]; ≗**ung** *f* (*Ruhe*) αταραξία [atara'ksia]; (*Entwurf*) σύνταξη (-εις) ['sindaksi]; **~ungslos** σαστισμένος [sasti'zmenos]

**fast** σχεδόν [sçe'ðon]
**fast|en** νηστεύω [ni'stevo]; **≈enzeit** *f* σαρακοστή [sarako'sti]; **≈nacht** *f* κούλουμα ['kuluma] *n*/*pl.*
**faul** (*Frucht*) σάπιος ['sapjos]; (*träge*) τεμπέλης [tem'belis]; (*Witz*) σαχλός [sa'xlos]; **~en** σαπίζω [sa'pizo]; **~enzen** τεμπελιάζω [tembe'ljazo]; **≈heit** *f* τεμπελιά [tembe'lja]
**Fäulnis** *f* σαπίλα [sa'pila]
**Faust** *f* γροθιά [γro'θja]; **~schlag** *m* γροθιά [γro'θja]
**Favorit** *m* ευνοούμενος [evno'umenos]
**Februar** *m* Φεβρουάριος [fevru'arios]
**focht|en** ξιφομαχώ [ksifoma'xo]; **≈er** *m* ξιφομάχος [ksifo'maxos]; **≈sport** *m* ξιφομαχία [ksifoma'çia]
**Feder** *f* φτερό [fte'ro]; (*Schreib≈*) πένα ['pena]; **~bett** *n* πουπουλένιο πάπλωμα [pupu'lenio 'paploma] *n*; **≈nd** ελαστικός [elasti'kos]
**fegen** σκουπίζω [sku'pizo]
**fehl|en** λείπω ['lipo], απουσιάζω [apusi'azo]; **≈er** *m* λάθος ['laθos] *n*, σφάλμα ['sfalma] *n*; **≈schlag** *m* αποτυχία [apoti'çia]
**Feier** *f* γιορτή [jor'ti]; **~abend** *m* σχόλασμα ['sxolazma] *n*; **≈lich** γιορτάσιμος [jor'tasimos]; **≈n** γιορτάζω [jor'tazo]; **~tag** *m* αργία [ar'jia]
**feige** δειλός [ði'los]
**Feige** *f* σύκο ['siko]; **~nbaum** *m* συκιά [si'kja]
**Feig|heit** *f* δειλία [ði'lia]; **~ling** *m* φοβιτσιάρης [fovi'tsjaris]; δειλός [ði'los]
**Feile** *f* λίμα ['lima]; **≈n** λιμάρω [li'maro]
**feilschen** παζαρεύω [paza'revo]
**fein** ψιλός [psi'los]; (*a. höflich*) λεπτός [le'ptos]; (*elegant*) κομψός [kom'psos]
**Feind** *m* εχθρός [ex'θros]; **≈lich** εχθρικός [exθri'kos]; **~schaft** *f* έχθρα ['exθra]
**Feld** *n* χωράφι [xo'rafi]; (*Gebiet*) πεδίο [pe'ðio]; **~bett** *n* ράντζο ['randzo]; **~herr** *m* στρατηγός [strati'γos]; **~marschall** *m* στρατάρχης [stra'tarçis]; **~webel** *m* λοχίας [lo'çias]; **~zug** *m* εκστρατεία [ekstra'tia]
**Fell** *n* (*a. fig.*) τομάρι [to'mari]; δέρμα ['ðerma] *n*
**Fels** *m* βράχος ['vraxos]; **≈ig** βραχώδης [vra'xoðis]; **~wand** *f* απότομος βράχος [a'potomos 'vraxos]
**Fenster** *n* παράθυρο [pa'raθiro]; **~brett** *n* περβάζι [per'vazi]; **~laden** *m* παραθυρόφυλλο [paraθi'rofilo]; **~scheibe** *f* τζάμι ['dzami]
**Ferien** *pl.* διακοπές [ðiako'pes] *f*/*pl.*
**fern** μακριά [makri'a]; **≈bedienung** *f* τηλεκομάντ [tileko'mant] *n*; **~er** εκτός τού-

του [e'ktos 'tutu]; **&gespräch** *n* υπεραστική συνδιάλεξη [iperasti'ki sinδi'aleksi]; **&glas** *n* κιάλι ['kjali], τηλεσκόπιο [tile'skopio]; **&meldewesen** *n* τηλεπικοινωνίες [tilepikino'nies] *f/pl.*; **&schreiber** *m* τηλέτυπο [ti'letipo]; **&sehapparat** *m* συσκευή τηλεοράσεως [siskje'vi tileo'raseos]; **&sehen** *n* τηλεόραση (-εις) [tile'orasi]; **&sprechamt** *n* τηλεφωνικό κέντρο [tilefoni'ko 'kjendro]; **&sprecher** *m* τηλέφωνο [ti'lefono]

**Ferse** *f* φτέρνα ['fterna]

**fertig** έτοιμος ['etimos]; ***sich ~ machen*** ετοιμάζομαι [eti'mazome]

**Fessel** *f* δεσμά [δe'zma] *n/pl.*; **&n** δένω ['δeno]

**fest** στερεός [stere'os]

**Fest** *n* γιορτή [jor'ti], εορτή [eor'ti]

**fest|halten** κρατώ (-άς) [kra'to]; **&igkeit** *f* στερεότητα [stere'otita]; **&land** *n* στεριά [ster'ja]

**festlich** γιορταστικός [jortasti'kos]

**fest|machen** στερεώνω [stere'ono]; **&nahme** *f* σύλληψη (-εις) ['silipsi]; **~nehmen** πιάνω ['pjano]; συλλαμβάνω [silam'vano]; **~stellen** εξακριβώνω [eksakri'vono]; **&ung** *f* κάστρο ['kastro], φρούριο ['frurio]

**fett** παχύς [pa'çis]

**Fett** *n* πάχος ['paxos] *n*

**Fetzen** *m* κουρέλι [ku'reli], ράκος ['rakos] *n*

**feucht** υγρός [i'γros]; **&igkeit** *f* υγρασία [iγra'sia]

**Feuer** *n* φωτιά [fo'tja]; **~löscher** *m* πυροσβεστήρας [pirozve'stiras]; **~sbrunst** *f* πυρκαγιά [pirka'ja]; **~stein** *m* τσακμακόπετρα [tsakma'kopetra]; **~wehr** *f* πυροσβεστική υπηρεσία [pirozvesti'ki ipire'sia]; **~zeug** *n* αναπτήρας [ana'ptiras]

**Fibel** *f* αλφαβητάριο [alfavi'tario]

**Fichte** *f* πεύκο ['pefko]

**Fieber** *n* πυρετός [pire'tos], θέρμη ['θermi]; **&frei** απύρετος [a'piretos]; **&haft** πυρετώδης [pire'toδis]

**Figur** *f* ανάστημα [a'nastima] *n*

**Filet** *n* φιλέτο [fi'leto]

**Filiale** *f* υποκατάστημα [ipoka'tastima] *n*

**Film** *m* φιλμ [film] *n*; έργο ['erγo], ταινία [te'nia]; **&en** γυρίζω ένα φιλμ [ji'rizo 'ena film]; **~star** *m* αστέρας του κινηματογράφου [a'steras tu kinimato'γrafu]

**Filter** *m* στραγγιστήρι [straŋgi'stiri], φίλτρο ['filtro]; **~zigaretten** *f/pl.* τσιγάρα *n/pl.* με φίλτρο [tsi'γara me 'filtro]

**Finale** *n* τελικός αγώνας [teli'kos a'γonas]

**Finanzen** *pl.* οικονομικά [ikonomi'ka] *n/pl.*

**Findelkind** 282

**Find|elkind** *n* έκθετο ['ekθeto]; **2en** βρίσκω ['vrisko]; **2ig** έξυπνος ['eksipnos]
**Finger** *m* δάχτυλο ['ðaxtilo]; **~hut** *m* δαχτυλύθρα [ðaxti'liθra]; **~nagel** *m* νύχι ['niçi]
**Fink** *m* σπίνος ['spinos]
**finster** σκοτεινός [skoti'nos]; **2nis** *f* σκοτάδι [sko'taði], σκότος ['skotos] *n*
**Firma** *f* φίρμα ['firma], οίκος ['ikos]
**Firmament** *n* στερέωμα [ste'reoma] *n*
**Firnis** *m* βερνίκι [ver'niki]
**First** *m* κορυφή στέγης [kori'fi 'stejis]
**Fisch** *m* ψάρι ['psari]; **2en** ψαρεύω [psa'revo]; **~er** *m* ψαράς [psa'ras]; **~erboot** *n* ψαράδικο [psa'raðiko]; **~ernetz** *n* δίχτυ ['ðixti] *n*; **~fang** *m* ψάρεμα ['psarema] *n*; **~gräte** *f* ψαροκόκκαλο [psaro'kokalo]; **~händler** *m* ψαρέμπορος [psa'remboros]
**Fiskus** *m* δημόσιο ταμείο [ði'mosio ta'mio]
**flach** επίπεδος [e'pipeðos], αβαθής [ava'θis] 2; **~e Hand** *f* παλάμη [pa'lami]
**Fläche** *f* έκταση (-εις) ['ektasi]
**Flächeninhalt** *m* εμβαδόν [emva'ðon]
**Flachs** *m* λινάρι [li'nari]
**flackern** τρεμοσβήνω [tremo'zvino]
**Flagge** *f* σημαία [si'mea]
**Flamme** *f* φλόγα ['floγa]
**Flanell** *n* φανέλα [fa'nela]
**Flanke** *f* πλευρά [ple'vra]
**Flasche** *f* μπουκάλι [bu'kali], φιάλη [fi'ali]
**flattern** φτερουγίζω [fteru'jizo]
**flau** άτονος ['atonos]
**Flaum** *m* χνούδι ['xnuði]; **~feder** *f* πούπουλο ['pupulo]
**Flechte** *f* πλεξούδα [ple'ksuða], πλόκαμος ['plokamos]; **2n** πλέκω ['pleko]
**Fleck** *m* λεκές [le'kjes], κηλίδα [ki'liða]
**Fledermaus** *f* νυχτερίδα [nixte'riða]
**Flegel** *m fig.* αγροίκος [a'γrikos], βλάχος ['vlaxos]
**flehen** ικετεύω [ikje'tevo]
**Fleisch** *n* κρέας ['kreas] *n*; **~brühe** *f* ζουμί [zu'mi], ζωμός [zo'mos]; **~er** *m* χασάπης [xa'sapis]; **~erei** *f* χασάπικο [xa'sapiko], κρεοπωλείο [kreopo'lio]; **~klößchen** *n* κεφτές [kje'ftes]
**Fleiß** *m* εργατικότητα [erγati'kotita]; **2ig** εργατικός [erγati'kos]
**flicken** μπαλώνω [ba'lono]
**Flicken** *m* μπάλωμα ['baloma] *n*
**Flieder** *m* πασχαλιά [pasxa'lja]
**Flieg|e** *f* μύγα ['miγa]; **2en** πετώ (-άς) [pe'to]; **~er** *m* αεροπόρος [aero'poros]
**fliehen** δραπετεύω [ðrape'tevo], φεύγω ['fevγo] (*vor D*/ μπροστά [bro'sta])

283 **formen**

**Fliese** *f* πλακάκι [pla'kaki]
**fließen** ρέω ['reo]; **~d sprechen** μιλώ ευχερώς [mi'lo efçe'ros]
**flimmern** τρεμοσβήνω [tremo'zvino]
**flink** σβέλτος ['zveltos]
**Flinte** *f* τουφέκι [tu'feki]
**Flitterwochen** *f/pl.* μήνας του μέλιτος ['minas du 'melitos]
**Flocke** *f* τουλούπα [tu'lupa]
**Floh** *m* ψύλλος ['psilos]
**Floß** *n* σχεδία [sçe'ðia]
**Flosse** *f* πτερύγιο [pte'rijio]
**Flöte** *f* φλάουτο ['flauto], αυλός [a'vlos]
**Flotte** *f* στόλος ['stolos]
**Fluch** *m* βλαστήμια [vla'stimja]; **ℤen** βλαστημώ (-άς) [vlasti'mo]
**Flucht** *f* φυγή [fi'ji]
**flücht|en** δραπετεύω [ðrape'tevo]; **~ig** (*oberflächlich*) επιπόλαιος [epi'poleos]; (*vorübergehend*) περαστικός [perasti'kos]; **ℤling** *m* πρόσφυγας ['prosfiγas]
**Flug-** αεροπορικός [aeropori'kos]
**Flug** *m* πτήση (-εις) ['ptisi]
**Flügel** *m* φτερό [fte'ro]; φτερούγα [fte'ruγa], πτέρυγα ['pteriγa]; (*Klavier*) πιάνο με ουρά ['pjano me u'ra]
**Flug|gesellschaft** *f* αεροπορική εταιρία [aeropori'ki ete'ria]; **~plan** *m* δρομολόγιο [ðromo'lojio]; **~platz** *m* αεροδρόμιο [aero'ðromio]; **~zeug** *n* αεροπλάνο [aero'plano]
**Flur** *m* διάδρομος [ði'aðromos]
**Fluß** *m* ποτάμι [po'tami], ποταμός [pota'mos]
**flüssig** ρευστός [ref'stos]
**flüstern** κρυφομιλώ (-άς) [krifomi'lo], ψιθυρίζω [psiθi'rizo]
**Flut** *f* παλίρροια [pa'liria]
**Föhn** *m* νοτιάς [no'tjas]
**Folg|e** *f* συνέπεια [si'nepia], συνέχεια [si'neçia]; **ℤen** *D* ακολουθώ [akolu'θo]; **ℤerichtig** συνεπής [sine'pis]; **ℤern** συμπεραίνω [simbe'reno]; **~erung** *f* συμπέρασμα [sim'berazma] *n*; **ℤlich** συνεπώς [sine'pos]
**foltern** βασανίζω [vasa'nizo]
**Fön** *m* σεσουάρ [sesu'ar] *n*
**Fonds** *m* κεφάλαιο [kje'faleo]
**Fontäne** *f* σιντριβάνι [sindri'vani]
**foppen** κοροϊδεύω [koroi'ðevo]
**fordern** απαιτώ [ape'to]
**fördern** υποστηρίζω [iposti'rizo], εξορύσσω [ekso'riso]
**Forderung** *f* απαίτηση (-εις) [a'petisi]
**Förderung** *f* υποστήριξη [ipo'stiriksi]
**Forelle** *f* πέστροφα ['pestrofa]
**Form** *f* μορφή [mor'fi]; καλούπι [ka'lupi]; **ℤen** πλάθω ['plaθo], σχηματίζω [sçima'tizo]

**förmlich** τυπικός [tipi'kos]
**Formular** *n* υπόδειγμα [i'poδiγma] *n*
**Forsch|er** *m* (εξ)ερευνητής [(eks)erevni'tis]; **~ung** *f* έρευνα ['erevna]
**Forst** *m* δάσος ['δasos] *n*
**Förster** *m* δασονόμος [δaso'nomos]
**Fort** *n* φρούριο ['frurio]
**fort** φευγάτος [fe'vγatos]; μακριά [makri'a]; *in einem ~* συνεχώς [sine'xos]; **~bewegen:** *sich ~bewegen* προχωρώ [proxo'ro]; **2bildung** *f* μετεκπαίδευση [metek'peδefsi]; **~bleiben** λείπω ['lipo]; **~dauern** διαρκώ [δiar'ko]; **~fahren** αναχωρώ [anaxo'ro]; εξακολουθώ [eksakolu'θo]; **~gehen** φεύγω ['fevγo]; **~geschritten** προχωρημένος [proxori'menos]; **~jagen** διώχνω ['δjoxno]; **~pflanzen:** *sich ~pflanzen* πολλαπλασιάζομαι [polaplasi'azome]; **~schaffen** κουβαλώ (-άς) [kuva'lo], μεταφέρω [meta'fero]; **2schritt** *m* πρόοδος ['prooδos] *f*; **~setzen** συνεχίζω [sine'çizo]; **2setzung** *f* συνέχεια [si'neçia]; **~während** διαρκώς [δiar'kos]
**Foto** *n* φωτογραφία [fotoγra'fia]; **~apparat** *m* φωτογραφική μηχανή [fotoγrafi'ki mixa'ni]; **2grafieren** φωτογραφίζω [fotoγra'fizo]; **~kopie** *f* φωτοτυπία [fototi'pia]
**Fracht** *f* φορτίο [for'tio]; **~schiff** *n* φορτηγό πλοίο [forti'γo 'plio]
**Frag|e** *f* ερώτηση (-εις) [e'rotisi]; (*Problem*) ζήτημα ['zitima] *n*; **~ebogen** *m* ερωτηματολόγιο [erotimato'lojio]; **2en** ρωτώ (-άς) [ro'to]; **2en** ***nach*** ζητώ (-άς) [zi'to] *A*; **~ezeichen** *n* ερωτηματικό [erotimati'ko]; **2lich** αμφίβολος [am'fivolos]
**frankieren** βάζω γραμματόσημο ['vazo γrama'tosimo]
**Frankreich** *n* Γαλλία [γa'lia]
**Franse** *f* κρόσσι ['krosi]
**Franzose** *m* Γάλλος ['γalos]
**Frau** *f* γυναίκα [ji'neka]; (*Gattin*) σύζυγος ['siziγos] *f*; (*Anrede*) κυρία [ki'ria]; **~enarzt** *m* γυναικολόγος [jineko'loγos]
**Fräulein** *n* δεσποινίδα [δespi'niδa]
**frech** αυθάδης [a'fθaδis]; **2heit** *f* αυθάδεια [a'fθaδia]
**frei** (***von***) ελεύθερος [e'lefθeros]; **2er** *m* υποψήφιος γαμπρός [ipo'psifios γam'bros]; **~gebig** γενναιόδωρος [jene'oδoros]; **2heit** *f* ελευθερία [elefθe'ria]; **~heitlich** φιλελεύθερος [file'lefθeros]; **~lassen** (απ)ελευθερώνω [(ap)elefθe'rono]; **~lich** βεβαίως [ve'veos]; **2lichtbühne** *f* υπαίθριο

θέατρο [i'peθrio 'θeatro]; **~sprechen** αθωώνω [aθo'ono]; **≈staat** *m* δημοκρατία [ðimokra'tia]; **≈tag** *m* Παρασκευή [paraskje'vi]; **~willig** εθελοντικός [eθelondi'kos]; **≈zeit** *f* ελεύθερος χρόνος [e'lefθeros 'xronos]
**fremd** ξένος ['ksenos]; **≈e** *f* ξενιτειά [kseni'tja]
**Fremden|führer** *m* ξεναγός [ksena'γos]; **~verkehr** *m* τουρισμός [turi'zmos]; **~zimmer** *n* ξενώνας [kse'nonas]
**Fresko** *n* τοιχογραφία [tixoγra'fia]
**fressen** (*Tier*) τρώ(γ)ω ['tro(γ)o]
**Freu|de** *f* χαρά [xa'ra]; **≈dig** χαρούμενος [xa'rumenos]; **≈en: sich ≈en** χαίρομαι ['çerome] (**über** *A*/ για [ja], με [me]; **an** *D*/ *A*)
**Freund** *m* φίλος ['filos]; **~in** *f* φιλενάδα [file'naða]; **≈lich** ευγενικός [evjeni'kos]; **~lichkeit** *f* ευγένεια [e'vjenia]; **~schaft** *f* φιλία [fi'lia]
**Fried|en** *m* ειρήνη [i'rini]; **~ensschluß** *m* συνομολόγηση ειρήνης [sinomo'lojisi i'rinis]; **~hof** *m* νεκροταφείο [nekrota'fio]; **≈lich** ειρηνικός [irini'kos]
**frieren** κρυώνω [kri'ono]
**Frikadelle** *f* κεφτές [kjef'tes]
**frisch** φρέσκος ['freskos], νωπός [no'pos]
**Fris|eur** *m* κουρέας [ku'reas]; **~euse** *f* κομμώτρια [ko'motria]; **≈ieren** χτενίζω [xte'nizo]
**Frist** *f* προθεσμία [proθe'zmia]
**Frisur** *f* κόμμωση (-εις) ['komosi]
**froh** χαρούμενος [xa'rumenos], εύθυμος ['efθimos]
**fröhlich** εύθυμος ['efθimos]; **≈keit** *f* ευθυμία [efθi'mia]
**Frohsinn** *m* κέφι ['kjefi]
**fromm** ευσεβής [efse'vis]
**Frömmigkeit** *f* ευσέβεια [ef'sevia]
**Front** *f* μέτωπο ['metopo]
**Frosch** *m* βάτραχος ['vatraxos]
**Frost** *m* παγωνιά [paγo'nja], ψύχος ['psixos] *n*
**Frucht** *f* φρούτο ['fruto], καρπός [kar'pos]; **≈bar** εύφορος ['eforos]; **~barkeit** *f* ευφορία [efo'ria]; **~saft** *m* χυμός φρούτων [çi'mos 'fruton]
**früh** νωρίς [no'ris]; πρωί [pro'i]; **~er** άλλοτε ['alote]; **≈jahr** *n*, **≈ling** *m* άνοιξη ['aniksi]; **~reif** πρόωρος ['prooros]; **≈stück** *n* πρόγευμα ['projevma] *n*; **~stücken** προγευματίζω [projevma'tizo]
**Fuchs** *m* αλεπού [ale'pu] *f*
**Fuge** *f* αρμός [ar'mos]
**fügen: sich ~** υποτάσσομαι [ipo'tasome]
**fühl|bar** αισθητός [esθi'tos]; **~en** αισθάνομαι [e'sθano-

**Fuhre** 286

me]; (*tasten*) ψηλαφώ [psila'fo]
**Fuhre** *f* φορτίο [for'tio]
**führ|en** οδηγώ [oði'γo]; (*verwalten*) διοικώ [ðii'ko]; (*Bücher*) κρατώ (-άς) [kra'to]; ***sich*** **~*en*** συμπεριφέρομαι [simberi'ferome]; **²er** *m* οδηγός [oði'γos], αρχηγός [arçi'γos]; **²erschein** *m* άδεια οδηγήσεως ['aðia oði'jiseos]; **²ung** *f* διεύθυνση (-εις) [ði'efθinsi]; συμπεριφορά [simberifo'ra]
**Fuhrwerk** *n* άμαξα ['amaksa], όχημα ['oçima] *n*
**Füll|e** *f* αφθονία [afθo'nia]; **²en** γεμίζω [je'mizo]; **~federhalter** *m* στυλό [sti'lo]; **~ung** *f* γέμισμα ['jemizma] *n*
**Fund** *m* εύρημα ['evrima] *n*
**Fundament** *n* θεμέλιο [θe'meljo]
**fünf** πέντε ['pende]; **~zehn** δεκαπέντε [ðeka'pende]; **~zig** πενήντα [pe'ninda]
**Funk** *m* ραδιόφωνο [raði'ofono], ασύρματος [a'sirmatos]
**Funk|e** *m* σπίθα ['spiθa], σπινθήρας [spin'θiras]; **²eln** σπιθοβολώ [spiθovo'lo], λαμποκοπώ (-άς) [lamboko'po]; **~er** *m* ασυρματιστής [asirmati'stis]; **~spruch** *m* ραδιοτηλεγράφημα [raðiotile'γrafima] *n*
**funktionieren** λειτουργώ [litur'γo]
**für** για [ja]; υπέρ [i'per]; αντί [an'di]; ***was ~?*** τι, τι είδους [ti, ti 'iðus]
**Furche** *f* αυλάκι [a'vlaki]
**Furcht** *f* φόβος ['fovos]; **²bar** φοβερός [fove'ros]
**fürcht|en:** ***sich*** **~*en*** φοβάμαι [fo'vame]; **~erlich** τρομερός [trome'ros]
**furcht|los** άφοβος ['afovos]; **~sam** φοβιτσιάρης [fovi'tsjaris], δειλός [ði'los]
**Für|sorge** *f* πρόνοια ['pronia]; **~sprache** *f* συνηγορία [siniγo'ria]
**Fürst** *m* ηγεμόνας [ije'monas]; **²lich** ηγεμονικός [ijemoni'kos]
**Furt** *f* πέρασμα ['perazma] *n*, πόρος ['poros]
**Furunkel** *m* απόστημα [a'postima] *n*
**Fürwort** *n* αντωνυμία [andoni'mia]
**Fuß** *m* πόδι ['poði]; **~ball** *m* μπάλα ['bala]; (*als Sport*) ποδόσφαιρο [po'ðosfero]; **~boden** *m* πάτωμα ['patoma] *n*, έδαφος ['eðafos] *n*; **²en** βασίζομαι [va'sizome]; **~gänger** *m* πεζός [pe'zos]; **~sohle** *f* πατούσα [pa'tusa]; **~spur** *f* ίχνος ['ixnos] *n*; **~tritt** *m* κλωτσιά [klo'tsja]; **~weg** *m* πεζοδρόμιο [pezo'ðromio]
**Futter** *n* τροφή [tro'fi]; (*Stoff*) φόδρα ['foðra]
**füttern** ταΐζω [ta'izo], φοδράρω [fo'ðraro]

# G

**Gabe** *f* δώρο ['ðoro]
**Gabel** *f* πιρούνι [pi'runi]; **ⓢn:** ***sich ⓢn*** διακλαδώνομαι [ðiakla'ðonome]
**gaffen** χαζεύω [xa'zevo]
**gähnen** χασμουριέμαι [xazmu'rjeme]
**Galerie** *f* γαλαρία [γala'ria], στοά [sto'a]; *Thea.* υπερώο [ipe'roo]
**Galgen** *m* κρεμάλα [kre'mala]
**Galle** *f* χολή [xo'li]
**Gallerte** *f* πηχτή [pi'xti]
**galoppieren** καλπάζω [kal'pazo]
**Gang** *m* βάδισμα ['vaðizma] *n*, πορεία [po'ria]; (*Auto*) ταχύτητα [ta'çitita]; (*Speise*) πιάτο ['pjato]; ***in ~ bringen, setzen*** θέτω σε κίνηση ['θeto se 'kinisi]; **~schaltung** *f* σύστημα *n* ταχυτήτων ['sistima taçi'titon]
**Gans** *f* χήνα ['çina]
**Gänse|blume** *f* μαργαρίτα [marγa'rita]; **~braten** *m* ψητή χήνα [psi'ti 'çina]; **~füßchen** *n/pl.* εισαγωγικά [isaγoji'ka] *n/pl.*
**ganz** όλος ['olos], ολόκληρος [o'lokliros]; ***~ und gar*** εντελώς [ende'los]; **ⓢe** *n* σύνολο ['sinolo]
**gänzlich** ολότελα [o'lotela]
**gar** καλοβρασμένος [kalovra'zmenos], καλοψημένος [kalopsi'menos]; ***~ keiner*** κανείς [ka'nis]
**Garage** *f* γκαράζ [ga'raz] *n*
**Garantie** *f* εγγύηση (-εις) [eŋ'giisi]; **ⓢren** εγγυώμαι [eŋgi'ome]
**Garde** *f* φρουρά [fru'ra]
**Garderobe** *f* γκαρντερόμπα [garde'roba]
**Gardine** *f* κουρτίνα [kur'tina], παραπέτασμα [para'petazma] *n*
**gären** ζυμώνομαι [zi'monome]
**Garn** *n* κλωστή [klo'sti], νήμα ['nima] *n*
**garnieren** γαρνίρω [γar'niro]
**Garnison** *f* φρουρά [fru'ra]
**Garten** *m* περιβόλι [peri'voli], κήπος ['kipos]; **~bau** *m* κηπουρική [kipuri'ki]
**Gärtner** *m* περιβολάρης [perivo'laris], κηπουρός [kipu'ros]; **~ei** *f* κηπουρική [kipuri'ki]
**Gas** *n* γκάζι ['gazi], αέριο [a'erio]; **~kocher** *m* γκαζιέρα [ga'zjera]; **~licht** *n* αεριόφως [aeri'ofos] *n*; **~maske** *f* αντιασφυξιογόνα μάσκα [andiasfiksio'γona 'maska]
**Gasse** *f* σοκάκι [so'kaki]
**Gast** *m* επισκέπτης [epi'skjeptis], ξένος ['ksenos]; **ⓢfreundlich** φιλόξενος [fi'loksenos]; **~freundschaft** *f*

φιλοξενία [filokse'nia]; **~haus** *n* ξενοδοχείο [ksenoδo'çio]; **~wirt** *m* ξενοδόχος [kseno'δoxos]
**Gatt|e** *m*, **~in** *f* σύζυγος ['siziγos] *m*, *f*; **~ung** *f* είδος ['iδos] *n*
**Gaul** *m* παλιάλογο [pa'ljaloγo]
**Gaumen** *m* ουρανίσκος [ura'niskos]
**Gauner** *m* απατεώνας [apate'onas]
**Gebäck** *n* βουτήγματα [vu'tiγmata] *n/pl.*
**Gebälk** *n* δοκάρια [δo'karja] *n/pl.*, στέγασμα ['steγazma] *n*
**Gebärde** *f* μορφασμός [morfa'zmos]
**gebär|en** γεννώ (-άς) [je'no]; **2mutter** *f* μήτρα ['mitra]
**Gebäude** *n* κτίριο ['ktirio], οικοδόμημα [iko'δomima] *n*
**geben** δίνω ['δino], παρέχω [pa'rexo]; (*hervorbringen*) παράγω [pa'raγo]; ***es gibt*** έχει ['eçi], υπάρχει [i'parçi]
**Gebet** *n* προσευχή [prosef'çi]
**Gebiet** *n* περιφέρεια [peri'feria]; **2en** διατάσσω [δia'taso]
**gebildet** μορφωμένος [morfo'menos]
**Gebirge** *n* οροσειρά [orosi'ra]
**Gebiß** *n* οδοντοστοιχία [oδondosti'çia]; (*Zähne*) δόντια ['δondja] *n/pl.*
**Gebot** *n* διαταγή [δiata'ji]
**Gebrauch** *m* χρήση (-εις) ['xrisi]; (*Sitte*) έθιμο ['eθimo]; **2en** μεταχειρίζομαι [metaçi'rizome]
**gebräuchlich** συνηθισμένος [siniθi'zmenos]
**Gebrauchsanweisung** *f* οδηγίες χρήσεως [oδi'jies 'xriseos]
**Gebrech|en** *n* αναπηρία [anapi'ria]; **2lich** σακάτης [sa'katis]; αδύναμος [a'δinamos]
**Gebrüder** *pl.* αδελφοί [aδel'fi] *m/pl.*
**Gebühr** *f* τέλος ['telos] *n*, φόρος ['foros]
**Geburt** *f* γέννα ['jena], γέννηση (-εις) ['jenisi]
**Geburts|datum** *n* ημερομηνία γεννήσεως [imeromi'nia je'niseos]; **~helfer** *m* μαιευτήρας [meef'tiras]; **~ort** *m* τόπος γεννήσεως ['topos je'niseos]; **~tag** *m* γενέθλια [je'neθlia] *n/pl.*; **~urkunde** *f* πιστοποιητικό γεννήσεως [pistopiiti'ko je'niseos]
**Gebüsch** *n* θάμνοι ['θamni] *m/pl.*
**Gedächtnis** *n* μνημονικό [mnimoni'ko], μνήμη ['mnimi]
**Gedanke** *m* σκέψη (-εις) ['skjepsi]
**gedanken|los** αστόχαστος [a'stoxastos]; **2strich** *m* παύλα ['pavla]
**Gedeck** *n* σερβίτσιο [ser-

289 **gegenwärtig**

'vitsjo]; (*Essen*) μενού [me'nu] *n*
**gedeihen** προκόβω [pro'kovo], ευδοκιμώ [evδoki'mo]
**Gedenkmünze** *f* μετάλλιο [me'talio]
**Gedicht** *n* ποίημα ['piima] *n*
**Gedräng|e** *n* συνωστισμός [sinosti'zmos]; **≈t** σύντομος ['sindomos]
**Geduld** *f* υπομονή [ipomo'ni]; **sich ≈en** υπομένω [ipo'meno]; **≈ig** υπομονητικός [ipomoniti'kos]
**geeignet** κατάλληλος [ka'talilos]
**Gefahr** *f* κίνδυνος ['kinδinos]
**gefähr|den** εκθέτω σε κίνδυνο [ek'θeto se 'kinδino]; **~lich** επικίνδυνος [epi'kinδinos]
**Gefährte** *m* σύντροφος ['sindrofos]
**gefallen** αρέσω [a'reso]
**Gefallen** *m* χάρη ['xari]
**gefällig** πρόθυμος ['proθimos]; εξυπηρετικός [eksipireti'kos]; **≈keit** *f* προθυμία [proθi'mia]
**Gefangen|e(r)** *m* φυλακισμένος [filaki'zmenos]; (*Kriegs-*) αιχμάλωτος [ex'malotos]; **~schaft** *f* αιχμαλωσία [exmalo'sia]
**Gefängnis** *n* φυλακή [fila'ki]
**Gefäß** *n* δοχείο [δo'çio]
**gefaßt** ψύχραιμος ['psixremos]
**Gefecht** *n* αψιμαχία [apsima'çia]
**gefleckt** παρδαλός [parδa'los]
**Geflügel** *n* πουλερικά [puleri'ka] *n/pl.*
**Gefolge** *n* ακολουθία [akolu'θia]
**gefräßig** λαίμαργος ['lemarγos]
**Gefreite(r)** *m* δεκανέας [δeka'neas]
**gefrier|en** παγώνω [pa'γono]; **≈punkt** *m* βαθμός πήξης [vaθ'mos 'piksis]
**Gefüg|e** *n* συναρμογή [sinarmo'ji]; **≈ig** ευπειθής [efpi'θis] 2
**Gefühl** *n* αίσθημα ['esθima] *n*; **≈los** αναίσθητος [a'nesθitos]; **≈voll** ευαίσθητος [e'vesθitos]
**gegen** *A* εναντίον [enan'dion]; κατά [ka'ta] *G*; **≈angriff** *m* αντεπίθεση (-εις) [ande'piθesi]
**Gegend** *f* τοποθεσία [topoθe'sia]
**Gegen|gift** *n* αντίδοτο [an'diδoto]; **~satz** *m* αντίθεση (-εις) [an'diθesi]; **≈seitig** αμοιβαίος [ami'veos]; **~stand** *m* αντικείμενο [andi'kimeno]; **~teil** *n* αντίθετο [an'diθeto]; ***im ~teil*** τουναντίον [tunan'dion]; **≈über** απέναντι [a'penandi], αντίκρυ [an'dikri]; **~wart** *f* παρουσία [paru'sia]; παρόν [pa'ron]; **≈wärtig** παρών [pa'ron]; τωρινός [tori'nos];

**~wert** *m* αντίτιμο [an'ditimo]
**Gegner** *m* αντίπαλος [an'dipalos]
**Gehalt**[1] *m* περιεχόμενο [perie'xomeno]
**Gehalt**[2] *n* μισθός [mi'sθos]
**gehässig** κακόβουλος [ka'kovulos]; **≈keit** *f* εχθρότητα [ex'θrotita]
**Gehäuse** *n* θήκη ['θiki]
**geheim** μυστικός [misti'kos], κρυφός [kri'fos]; **~halten** αποκρύπτω [apo'kripto]; **≈nis** *n* μυστικό [misti'ko]; **~nisvoll** μυστηριώδης [mistiri'oδis]; **≈polizei** *f* μυστική αστυνομία [misti'ki astino'mia]
**gehen** πηγαίνω [pi'jeno], πάω ['pao]; (*fort-*) φεύγω ['fevγo]; ***zu Bett*** **~** πλαγιάζω [pla'jazo]
**Gehilfe** *m* βοηθός [voi'θos]
**Gehirn** *n* μυαλό [mja'lo], εγκέφαλος [eŋ'gjefalos]; **~erschütterung** *f* διάσειση εγκεφάλου [δi'asisi eŋgje'falu]
**Gehöft** *n* υποστατικό [ipostati'ko]
**Gehör** *n* ακοή [ako'i]
**gehorchen** υπακούω [ipa'kuo]
**gehören** ανήκω [a'niko] (***zu***/ σε [se]); ***sich*** **~** είναι ευπρεπές ['ine efpre'pes]
**gehorsam** υπάκουος [i'pakuos]
**Geier** *m* γυπαετός [jipae'tos]
**Geige** *f* βιολί [vjo'li]; **≈n** παίζω βιολί ['pezo vjo'li]
**Geisel** *f* όμηρος ['omiros]
**Geißel** *f* μάστιγα ['mastiγa]
**Geist** *m* πνεύμα ['pnevma] *n*; (*Gespenst*) στοιχειό [sti'ço], φάντασμα ['fandazma] *n*
**geistes|abwesend** αφηρημένος [afiri'menos]; **≈gegenwart** *f* ετοιμότητα πνεύματος [eti'motita 'pnevmatos]; **~krank** φρενοβλαβής [frenovla'vis]
**geist|ig** πνευματικός [pnevmati'kos]; (*Getränke*) οινοπνευματώδης [inopnevma'toδis]; **~lich** κληρικός [kliri'kos]; **≈lichkeit** *f* κλήρος ['kliros]; **~los** σαχλός [sa'xlos], άνοστος ['anostos]; **~reich** ευφυής [efi'is] 2
**Geiz** *m* τσιγκουνιά [tsiŋgu'nja]; **~hals** *m*, **≈ig** τσιγκούνης [tsiŋ'gunis]
**gekünstelt** προσποιητός [prospii'tos]
**Gelächter** *n* γέλια ['jelja] *n/pl.*
**Gelage** *n* φαγοπότι [fayo'poti], συμπόσιο [sim'bosio]
**gelähmt** παράλυτος [pa'ralitos]
**Gelände** *n* έδαφος ['eδafos] *n*
**Geländer** *n* κάγκελα ['kaŋgjela] *n/pl.*
**gelangen** φτάνω ['ftano]; ***zu etw.*** **~** αποκτώ (-άς) [apo'kto], κατορθώνω κάτι [kator'θono 'kati]

291 **Gemüsehändler**

**gelassen** ήρεμος ['iremos]; **Sheit** *f* αταραξία [atara'ksia]

**geläufig** ευχερής [efçe'ris] 2; γνώριμος ['γnorimos]; **Skeit** *f* ευχέρεια [ef'çeria]

**gelaunt:** ***gut ~*** ευδιάθετος [evδi'aθetos]; ***schlecht ~*** δύσθυμος ['δisθimos], κακοδιάθετος [kakoδi'aθetos]

**gelb** κίτρινος ['kitrinos]; **Ssucht** *f* ίκτερος ['ikteros]

**Geld** *n* λεφτά [le'fta] *n/pl.*, χρήματα ['xrimata] *n/pl.*; **~beutel** *m* πουγγί [puŋ'gi]; **~strafe** *f* πρόστιμο ['prostimo]; **~stück** *n* νόμισμα ['nomizma] *n*; **~wechsler** *m* σαράφης [sa'rafis]

**Gelee** *n* ζελέ [ze'le] *n*

**gelegen** (*passend*) εύθετος ['efθetos]; **Sheit** *f* ευκαιρία [efkje'ria]

**gelehrt** σοφός [so'fos], επιστήμονας [epi'stimonas]

**Geleit** *n* συνοδία [sino'δia], ακολουθία [akolu'θia]

**Gelenk** *n* αρμός [ar'mos]; *Anat.* κλείδωση (-εις) ['kliδosi]; **Sig** ευλύγιστος [e'vlijistos]

**geling|en** επιτυχαίνω [epiti'çeno], πετυχαίνω [peti'çeno]; ***es ~t mir zu ...*** κατορθώνω να ... [kator'θono na]

**gellend** διαπεραστικός [δiaperasti'kos]

**ge|loben** υπόσχομαι [i'posxome]; **Slöbnis** *n* τάξιμο ['taksimo]; όρκος ['orkos]

**gelt|en** ισχύω [is'çio]; (*wert sein*) αξίζω [a'ksizo]; (*gehalten werden*) θεωρούμαι [θeo'rume], περνώ (-άς) [per'no] (***als***/ για [ja]); **Sung** *f* ισχύς [i'sçis] *f*, σημασία [sima'sia]

**Gelübde** *n* τάξιμο ['taksimo], τάμα ['tama] *n*

**gemächlich** άνετος ['anetos]; **Skeit** *f* άνεση (-εις) ['anesi]

**Gemahl(in** *f*) *m* σύζυγος ['siziγos] *m*, *f*

**Gemälde** *n* πίνακας ['pinakas]; **~ausstellung** *f* έκθεση ζωγραφικής ['ekθesi zoγrafi'kis]

**gemäß** *D* σύμφωνα ['simfona] (με [me])

**gemäßigt** μετριοπαθής [metriopa'θis]; (*Klima*) εύκρατος ['efkratos]

**gemein** (*allgemein*) κοινός [ki'nos]; (*gewöhnlich*) πρόστυχος ['prostixos]

**Gemeinde** *f* κοινότητα [ki'notita], δήμος ['δimos]; **~vorsteher** *m* δήμαρχος ['δimarxos]

**Gemein|heit** *f* προστυχιά [prosti'çja]; **Snützig** κοινωφελής [kinofe'lis]; **Ssam** κοινός [ki'nos]; **~schaft** *f* κοινότητα [ki'notita], κοινωνία [kino'nia]

**Gemetzel** *n* σφαγή [sfa'ji]

**Gemurmel** *n* μουρμούρισμα [mur'murizma] *n*

**Gemüse** *n* λαχανικά [laxani'ka] *n/pl.*; **~händler** *m* μανάβης [ma'navis], λαχα-

**Gemüsesuppe** 292

νοπώλης [laxano'polis]; **~suppe** *f* χορτόσουπα [xor-'tosupa]

**Gemüt** *n* αίσθημα ['esθima] *n*; **≈lich** ευχάριστος [ef'xaristos]

**genau** ακριβής [akri'vis] 2; *Adv.* ακριβώς [akri'vos]; **≈igkeit** *f* ακρίβεια [a'krivia]

**genehmig|en** εγκρίνω [eŋ-'grino]; **≈ung** *f* έγκριση (-εις) ['eŋgrisi]

**geneigt** γερμένος [jer'menos], επικλινής [epikli'nis]; (*bereit*) διατεθειμένος [ðiateθi'menos]

**General** *m* στρατηγός [strati'γos]; **~direktor** *m* γενικός διευθυντής [jeni'kos ðiefθin'dis]; **~stab** *m* γενικό επιτελείο [jeni'ko epite'lio]; **~streik** *m* γενική απεργία [jeni'ki aper'jia]

**Generation** *f* γενεά [jene'a]

**genesen** θεραπεύομαι [θera-'pevome]

**genial** μεγαλοφυής [meγalofi'is]

**Genick** *n* σβέρκος ['zverkos]

**genieren:** ***sich*** **~** ντρέπομαι ['drepome]

**genieß|bar** φαγώσιμος [fa'γosimos]; **~en** απολαμβάνω [apolam'vano]; χαίρομαι ['çerome]

**Genosse** *m* σύντροφος ['sindrofos]

**genug** αρκετός [arkje'tos]

**genügen** φτάνω ['ftano], αρκώ [ar'ko]

**Genugtuung** *f* ικανοποίηση (-εις) [ikano'piisi]

**Genuß** *m* απόλαυση (-εις) [a'polafsi]

**Gepäck** *n* αποσκευές [aposkje'ves] *f/pl.*; **~schein** *m* απόδειξη αποσκευών [a'poðiksi aposkje'von]; **~träger** *m* αχθοφόρος [axθo'foros]; **~wagen** *m* σκευοφόρος [skjevo'foros]

**gerade** ίσιος ['isjos], όρθιος ['orθios]; **~aus** κατευθείαν [kate'fθian]

**Gerät** *n* σκεύη ['skjevi] *n/pl.*

**geräuchert** καπνιστός [kapni'stos]

**geräumig** ευρύχωρος [e'vrixoros]

**Geräusch** *n* θόρυβος ['θorivos]; **≈los** αθόρυβος [a'θorivos]; **≈voll** θορυβώδης [θori'voðis]

**Gerber** *m* βυρσοδέψης [virso'ðepsis]

**gerecht** δίκαιος ['ðikjeos]; **≈igkeit** *f* δικαιοσύνη [ðikjeo'sini]

**Gerede** *n* κουβέντες [ku'vendes] *f/pl.*

**Gericht** *n* δικαστήριο [ðika-'stirio]; (*Speise*) φαγητό [faji'to]; **≈lich** δικαστικός [ðikasti'kos]

**Gerichts|verfahren** *n* διαδικασία [ðiaðika'sia]; **~verhandlung** *f* συζήτηση [si'zitisi]

**gering** λιγοστός [liγo'stos]; ασήμαντος [a'simandos];

**~fügig** τιποτένιος [tipo'tenjos]; **℞schätzung** *f* καταφρόνηση [kata'fronisi]
**gerinn|en** πήζω ['pizo], κόβω ['kovo]; **℞sel** *n* θρόμβος ['θromvos]
**Gerippe** *n* σκελετός [skjele'tos]
**gerissen** πανούργος [pa'nurɣos], πονηρός [poni'ros]
**gern** ευχαρίστως [efxa'ristos]; **~ *haben*** αγαπώ (-άς) [aɣa'po]
**Gerste** *f* κριθάρι [kri'θari]
**Gerte** *f* βέργα ['verɣa]
**Geruch** *m* μυρωδιά [miro'ðja], οσμή [o'zmi]; (*Sinn*) όσφρηση ['osfrisi]
**Gerücht** *n* φήμη ['fimi]
**geruhen** ευδοκώ [evðo'ko]
**Gerümpel** *n* σαράβαλα [sa'ravala] *n/pl.*
**Gerüst** *n* σκαλωσιά [skalo'sja]
**gesamt** ολόκληρος [o'lokliros], συνολικός [sinoli'kos]; **℞betrag** *m* σύνολο ['sinolo]; **℞eindruck** *m* γενική εντύπωση [jeni'ki en'diposi]; **℞heit** *f* σύνολο ['sinolo]
**Gesandt|e(r)** *m* πρεσβευτής [prezve'ftis]; **~schaft** *f* πρεσβεία [pre'zvia]
**Gesang** *m* τραγούδι [tra'ɣuði]; (*der Vögel*) κελάιδημα [kje'laiðima] *n*
**Gesäß** *n* πισινός [pisi'nos]
**Geschäft** *n* εργασία [erɣa'sia]; κατάστημα [ka'tastima] *n*; **℞ig** δραστήριος [ðra'stirios]; **℞lich** εμπορικός [embori'kos]
**Geschäfts|inhaber** *m* καταστηματάρχης [katastima'tarçis]; **~ordnung** *f* κανονισμός [kanoni'zmos]
**geschehen** γίνομαι ['jinome], συμβαίνω [sim'veno]
**gescheit** έξυπνος ['eksipnos]
**Geschenk** *n* δώρο ['ðoro]
**Geschicht|e** *f* ιστορία [isto'ria]; **~sforscher** *m* ιστορικός [istori'kos]
**Geschick|lichkeit** *f* επιδεξιότητα [epiðeksi'otita]; **℞t** επιδέξιος [epi'ðeksios]
**Geschirr** *n* σκεύη ['skjevi] *n/pl.*; (*Pferde*℞) χάμουρα ['xamura] *n/pl.*
**Geschlecht** *n* γένος ['jenos] *n*, φύλο ['filo]; **℞lich** γενετήσιος [jene'tisios]
**Geschlechts|krankheit** *f* αφροδισιακή νόσος [afroðisja'ki 'nosos] *f*; **~wort** *n* άρθρο ['arθro]
**Geschmack** *m* γούστο ['ɣusto], γεύση (-εις) ['jefsi]; **℞los** άνοστος ['anostos], ακαλαίσθητος [aka'lesθitos]; **℞voll** με γούστο [me 'ɣusto], κομψός [kom'psos]
**geschmeidig** ευλύγιστος [e'vlijistos]
**Geschöpf** *n* πλάσμα ['plazma] *n*
**Geschoß** *n* (*Kugel*) βόλι ['voli]; (*Stockwerk*) πάτωμα ['patoma] *n*

**Geschrei** *n* φωνές [fo'nes] *f/pl.*
**Geschütz** *n* κανόνι [ka'noni]
**Geschwätz** *n* φλυαρία [flia-'ria]; **~ig** φλύαρος ['fliaros]
**Geschwindigkeit** *f* ταχύτητα [ta'çitita]
**Geschwister** *pl.* αδέρφια [a-'ðerfja] *n/pl.*
**Geschworene(r)** *m* ένορκος ['enorkos]
**Geschwulst** *f* πρήξιμο ['priksimo]; όγκος ['oŋgos]
**Geschwür** *n* απόστημα [a-'postima] *n*, έλκος ['elkos] *n*
**Gesell|e** *m* σύντροφος ['sindrofos]; (*Handwerks-*) κάλφας ['kalfas]; **~ig** κοινωνικός [kinoni'kos]; **~igkeit** *f* κοινωνικότητα [kinoni'kotita]; **~schaft** *f* κοινωνία [kino'nia]; παρέα [pa'rea]; **~schaftsreise** *f* ομαδικό ταξίδι [omaði'ko ta'ksiði]
**Gesetz** *n* νόμος ['nomos]; **~buch** *n* κώδικας ['koðikas]; **~entwurf** *m* νομοσχέδιο [nomo'sçeðio]; **~geber** *m* νομοθέτης [nomo'θetis]; **~lich** νόμιμος ['nomimos]; **~los** άνομος ['anomos]
**Gesicht** *n* πρόσωπο ['prosopo]
**Gesichts|kreis** *m* ορίζοντας [o'rizondas]; **~punkt** *m* άποψη (-εις) ['apopsi]; **~züge** *m/pl.* χαρακτηριστικά [xarakteristi'ka] *n/pl.*
**Gesindel** *n* σκυλολόι [skilo-'loi]
**Gesinnung** *f* φρόνημα ['fronima] *n*
**gesitt|et** πολιτισμένος [politi'zmenos]; **~ung** *f* πολιτισμός [politi'zmos]
**Gespann** *n* ζευγάρι [ze'vɣari], ζεύγος ['zevɣos] *n*
**Gespenst** *n* στοιχειό [sti'ço]
**Gespräch** *n* κουβέντα [ku-'venda], συνομιλία [sinomi-'lia]; **~ig** ομιλητικός [omili-ti'kos]
**Gestalt** *f* μορφή [mor'fi], σχήμα ['sçima] *n*; **~en** διαμορφώνω [ðiamor'fono], σχηματίζω [sçima'tizo]; **~ung** *f* διαμόρφωση [ðia-'morfosi], σχηματισμός [sçimati'zmos]
**Geständnis** *n* ομολογία [omolo'jia]; ***ein ~ ablegen*** ομολογώ [omolo'ɣo]
**Gestank** *m* βρώμα ['vroma] *n*, δυσωδία [ðiso'ðia]
**gestatten** επιτρέπω [epi-'trepo]
**Geste** *f* χειρονομία [çirono-'mia]
**gestehen** ομολογώ [omolo-'ɣo]
**Gestein** *n* ορυκτό [ori'kto]
**gestern** χτες [xtes], χθες [xθes]
**gestikulieren** χειρονομώ [çirono'mo]
**Gestirn** *n* αστέρι [a'steri], άστρο ['astro]
**gestreift** ριγωτός [riɣo'tos]
**Gestüt** *n* ιπποτροφείο [ipotro'fio]

**Gesuch** *n* αίτηση (-εις) ['etisi]
**gesund** γερός [je'ros], υγιής [iji'is] 2; υγιεινός [ijii'nos]; **~er Menschenverstand** *m* κοινός νους [ki'noz nus]; **2heit** *f* υγεία [i'jia]; **~heitsschädlich** ανθυγιεινός [anθijii'nos]
**Getränk** *n* ποτό [pjo'to], ποτό [po'to]
**getrauen:** ***sich ~*** τολμώ (-άς) [tol'mo]
**Getreide** *n* σιτάρι [si'tari], σίτος ['sitos]; **~speicher** *m* σιτοβολώνας [sitovo'lonas]
**getreu** πιστός [pi'stos]
**Getriebe** *n* (*Auto*) κιβώτιο ταχυτήτων [ki'votio taçi'titon]; κίνηση ['kinisi]
**Getümmel** *n* αντάρα [an'dara], οχλοβοή [oxlovo'i]
**Gewächs** *n* φυτό [fi'to]; **~haus** *n* θερμοκήπιο [θermo'kipio]
**Gewähr** *f* εγγύηση (-εις) [eŋ'giisi]; **2en lassen** αφήνω [a'fino]; **~smann** *m* εγγυητής [eŋgii'tis]
**Gewalt** *f* βία ['via]; εξουσία [eksu'sia]; **2ig** δυνατός [ðina'tos]; σφοδρός [sfo'ðros]; **2sam** βίαιος ['vieos]; **~tätigkeit** *f* βιαιοπραγία [vieopra'jia]
**Gewand** *n* ένδυμα ['enðima] *n*
**gewandt** σβέλτος ['zveltos], επιτήδειος [epi'tiðios]
**Gewässer** *n* νερά [ne'ra] *n/pl.*
**Gewebe** *n* ύφασμα ['ifazma] *n*, ιστός [i'stos]
**Gewehr** *n* τουφέκι [tu'feki], όπλο ['oplo]; **~kolben** *m* κόπανος ['kopanos]
**Geweih** *n* κέρατα ['kjerata] *n/pl.*
**Gewerbe** *n* επάγγελμα [e'paŋgjelma] *n*, βιοτεχνία [viote'xnia]; **~schule** *f* επαγγελματική σχολή [epaŋgjelmati'ki sxo'li]; **~steuer** *f* φόρος επιτηδεύματος ['foros epiti'ðevmatos]; **2treibend** βιοτέχνης [vio'texnis]
**Gewerkschaft** *f* συνδικάτο [sinði'kato]
**Gewicht** *n* βάρος ['varos] *n*; *fig.* σημασία [sima'sia]
**Gewimmel** *n* συνωστισμός [sinosti'zmos]
**Gewinde** *n* σπείρωμα *n* (βίδας) ['spiroma ('viðas)]
**Gewinn** *m* κέρδος ['kjerðos] *n*; **~anteil** *m* μερίδιο κέρδους [me'riðio 'kjerðus]; **2bringend** επικερδής [epikjer'ðis] 2; **2en** κερδίζω [kjer'ðizo]; **~er** *m* κερδισμένος [kjerði'zmenos]; νικητής [niki'tis]
**gewiß** βέβαιος ['veveos]
**Gewissen** *n* συνείδηση (-εις) [si'niðisi]; **2haft** ευσυνείδητος [efsi'niðitos]; **2los** ασυνείδητος [asi'niðitos]; **~sbisse** *m/pl.* τύψεις ['tipsis] *f/pl.*
**Gewißheit** *f* βεβαιότητα [veve'otita]
**Gewitter** *n* φουρτούνα [fur'tuna], καταιγίδα [kate'jiða]

**gewöhnen** 296

**gewöhnen:** *sich* ~ συνηθίζω [sini'θizo] (*an A*/ *A*, σε, με [se, me])
**Ge|wohnheit** *f* συνήθεια [si'niθia]; **2wöhnlich** *Adv.* συνήθως [si'niθos]
**Gewölbe** *n* καμάρα [ka'mara], θόλος ['θolos]
**Gewühl** *n* ανακατωσούρα [anakato'sura]
**Gewürz** *n* καρύκευμα [ka'rikjevma] *n*
**geziert** προσποιητός [prospii'tos]
**Gicht** *f* αρθρίτιδα [ar'θritiða]
**Giebel** *m* αέτωμα [a'etoma] *n*
**Gier** *f* βουλιμία [vuli'mia]; **2ig** αχόρταγος [a'xortaγos]
**gieß|en** χύνω ['çino]; **2er** *m* χύτης ['çitis]; **2erei** *f* χυτήριο [çi'tirio]; **2kanne** *f* ποτιστήρι [poti'stiri]
**Gift** *n* φαρμάκι [far'maki], δηλητήριο [ðili'tirio]; **2ig** φαρμακερός [farmakje'ros], δηλητηριώδης [ðilitiri'oðis]
**Gipfel** *m* κορυφή [kori'fi]
**Gips** *m* γύψος ['jipsos]; **~verband** *m* επίδεσμος γύψου [e'piðezmos 'jipsu]
**Giro** *n* τζίρος ['dziros]; **~konto** *n* λογαριασμός συναλλαγής [loγarja'zmos sinala'jis]
**Gitarre** *f* κιθάρα [ki'θara]
**Gitter** *n* κάγκελα ['kaŋgjela] *n/pl.*
**Glanz** *m* γυαλάδα [ja'laða], λάμψη (-εις) ['lampsi]; *fig.* μεγαλοπρέπεια [meγalo'prepia]
**glänzen** γυαλίζω [ja'lizo], λάμπω ['lambo]; **~d** γυαλιστερός [jaliste'ros]; λαμπρός [lam'bros]
**Glas** *n* γυαλί [ja'li], ύαλος ['ialos] *f*; ποτήρι [po'tiri]; **~er** *m* γυαλάς [ja'las], υαλοποιός [ialopi'os]; **~scheibe** *f* τζάμι ['dzami]
**glatt** λείος ['lios], ομαλός [oma'los]; **2eis** *n* γλιστερός πάγος [γliste'ros 'paγos]
**glätten** λειαίνω [li'eno]; γυαλίζω [ja'lizo]
**Glatze** *f* φαλάκρα [fa'lakra]
**Glaub|e** *m* πίστη ['pisti]; **2en** πιστεύω [pi'stevo] (*an A*/ σε [se]); (*meinen*) νομίζω [no'mizo]; **2haft** πιστευτός [piste'ftos]
**Gläubiger** *m Hdl.* πιστωτής [pisto'tis]
**gleich**[1] (*sofort*) αμέσως [a'mesos]
**gleich**[2] ίσιος ['isjos] (*D*/ με [me]); **~artig** όμοιος ['omios]; **~bedeutend** ταυτόσημος [ta'ftosimos]; **~berechtigt** ισότιμος [i'sotimos]; **2berechtigung** *f* ισοτιμία [isoti'mia]; **~en** μοιάζω ['mjazo]; **~falls** επίσης [e'pisis]; **~förmig** ομοιόμορφος [omi'omorfos]; μονότονος [mo'notonos]; **2gewicht** *n* ισορροπία [isoro'pia]; **~gültig** αδιάφορος [a'ðjaforos]; **2heit** *f* ισότητα [i'sotita]; **~mäßig** συμμετρικός [sime-

297 **Grabschrift**

tri'kos]; **≈mut** *m* αταραξία [atara'ksia]; **≈nis** *n* παραβολή [paravo'li]; **≈schaltung** *f* συντονισμός [sindoni'zmos]; **≈strom** *m* συνεχές ρεύμα [sine'çes 'revma] *n*; **~wertig** ισάξιος [i'saksios]; **~zeitig** σύγχρονος ['siŋxronos]

**Gleis** *n* σιδηροτροχιά [siδirotro'ça], γραμμή [γra'mi]

**gleiten** γλιστρώ (-άς) [γli'stro]

**Gletscher** *m* παγετώνας [paje'tonas]

**Glied** *n* μέλος ['melos] *n*; κρίκος ['krikos]; *Mil.* σειρά [si'ra]; **≈ern** διαρθρώνω [δiar'θrono]; **~erung** *f* διάρθρωση (-εις) [δi'arθrosi]

**glimmen** τρεμοσβήνω [tremo'zvino]

**glimpflich:** ~ ***davonkommen*** φτηνά τη γλυτώνω [fti'na ti γli'tono]

**glitzern** σπινθηροβολώ [spinθirovo'lo]

**Globus** *m* σφαίρα ['sfera]

**Glocke** *f* καμπάνα [kam'bana], κουδούνι [ku'δuni]

**Glocken|schlag** *m* κωδωνοκρουσία [koδonokru'sia]; **~turm** *m* καμπαναριό [kambana'rjo]

**Glück** *n* ευτυχία [efti'çia]; ~ ***wünschen*** συγχαίρω [siŋ'çero]; **≈en** πετυχαίνω [peti'çeno]; **≈lich** ευτυχισμένος [eftiçi'zmenos], ευτυχής [efti'çis] 2; **≈licherweise** ευτυχώς [efti'xos]; **~wunsch** *m* συγχαρητήρια [siŋxari'tiria]

**Glüh|birne** *f* γλόμπος ['γlo(m)bos]; **≈en** πυρώνω [pi'rono]; ***≈end heiß*** καυτερός [kafte'ros]

**Glut** *f* κάψα ['kapsa]; ανθρακιά [anθra'kja]

**Gnade** *f* χάρη ['xari], εύνοια ['evnia]

**gnädig** ευνοϊκός [evnoi'kos]

**Gold** *n* μάλαμα ['malama], χρυσάφι [xri'safi]; **≈en** χρυσός [xri'sos]; **~fisch** *m* χρυσόψαρο [xri'sopsaro]; **~schmied** *m* χρυσοχόος [xriso'xoos]; **~währung** *f* χρυσός κανόνας [xri'sos ka'nonas]

**gönn|en** δε ζηλεύω [δe zi'levo]; **≈er** *m* προστάτης [pro'statis]

**Gott** *m* θεός, Θεός [θe'os]; **~esdienst** *m* λειτουργία [litur'jia]; **~eslästerung** *f* βλασφημία [vlasfi'mia]; **~heit** *f* θεότητα [θe'otita]

**Gött|in** *f* θεά [θe'a]; **≈lich** θείος ['θios], θεϊκός [θei'kos]

**gottlos** άθεος ['aθeos]

**Götze** *m* είδωλο ['iδolo]

**Grab** *n* τάφος ['tafos]

**graben** σκάβω ['skavo]; **≈** *m* χαντάκι [xan'daki], τάφρος ['tafros] *f*

**Grab|hügel** *m* τύμβος ['timvos]; **~schrift** *f* επιτάφια επιγραφή [epi'tafja epiγra'fi];

**~stein** *m* ταφόπετρα [ta'fopetra]
**Grad** *m* βαθμός [vaθ'mos]
**Graf** *m* κόμης ['komis]
**Gräfin** *f* κόμισσα ['komisa]
**Gram** *m* λύπη ['lipi], θλίψη (-εις) ['θlipsi]
**grämen:** ***sich*** **~** λυπάμαι [li'pame], θλίβομαι ['θlivome]
**Gramm** *n* γραμμάριο [γra'mario]
**Grammatik** *f* γραμματική [γramati'ki]
**Granate** *f* οβίδα [o'viδa]
**Gras** *n* χορτάρι [xor'tari], χόρτο ['xorto]; **≗en** βόσκω ['vosko]; **~halm** *m* καλάμι χόρτου [ka'lami 'xortu]
**gräßlich** φρικτός [fri'ktos]
**Grat** *m* ράχη βουνού ['raçi vu'nu]
**Gräte** *f* ψαροκόκκαλο [psaro'kokalo]
**gratulieren** συγχαίρω [siŋ'çero]
**grau** γκρίζος ['grizos]
**grauen** ανατριχιάζω [anatri'çjazo], φρικιώ [friki'o]; **~haft** φρικτός [fri'ktos]
**grausam** σκληρός [skli'ros], άγριος ['aγrios]; **≗keit** *f* σκληρότητα [skli'rotita]
**Graz|ie** *f* χάρη ['xari]; **≗iös** χαριτωμένος [xarito'menos]
**greif|bar** χειροπιαστός [çiropja'stos]; **~en** πιάνω ['pjano], συλλαμβάνω [silam'vano]
**Greis** *m* γέροντας ['jerondas], γέρος ['jeros]; **~enalter** *n* γεράματα [je'ramata] *n/pl.*, γήρας ['jiras] *n*; **~in** *f* γερόντισσα [je'rondisa], γριά [γri'a]
**grell** (*Ton*) διαπεραστικός [δiaperasti'kos]; (*Licht*) εκτυφλωτικός [ektifloti'kos]; (*Farben*) ζωηρός [zoi'ros]
**Grenz|e** *f* σύνορα ['sinora] *n/pl.*; **≗enlos** απεριόριστος [aperi'oristos]; **~station** *f* συνοριακός σταθμός [sinoria'kos staθ'mos]
**Greu|el** *m* φρίκη ['friki]; **~eltat** *f* κακούργημα [ka'kurjima] *n*; **≗lich** φρικτός [fri'ktos], φρικαλέος [frika'leos]
**Griech|e** *m* Έλληνας ['elinas]; **~enland** *n* Ελλάς [e'las] *f*, Ελλάδα [e'laδa]; **~in** *f* Ελληνίδα [eli'niδa]; **≗isch** ελληνικός [elini'kos]
**Grieß** *m* σιμιγδάλι [simi'γδali]
**Griff** *m* πιάσιμο ['pjasimo], λαβή [la'vi]
**Grill** *m* εσχάρα [e'sxara]; ***vom*** **~** στη σχάρα [sti 'sxara]
**Grille** *f* τζίτζικας ['dzidzikas]; *fig.* παραξενιά [parakse'nja]
**Grimm** *m* οργή [or'ji]; **≗ig** άγριος ['aγrios], οργισμένος [orji'zmenos]
**grinsen** κουτογελώ (-άς) [kutoje'lo]
**Grippe** *f* γρίππη ['γripi]
**grob** χοντρός [xon'dros]; *fig.* άξεστος ['aksestos], αγροί-

299 Gutachten

κος [a'γrikos]; **≈heit** *f* χονδροκοπιά [xondroko'pja]
**Groll** *m* μίσος ['misos] *n*; **≈en** μνησικακώ [mnisika'ko]; (*Donner*) κουφοηχώ [kufoi'xo]
**groß** μεγάλος [me'γalos]
**Größe** *f* μέγεθος ['mejeθos] *n*; μεγαλείο [meγa'lio]
**Großeltern** *pl.* παππούδες [pa'puðes] *m/pl.*
**Größenwahn** *m* μεγαλομανία [meγaloma'nia]
**Groß|mut** *m* μεγαλοψυχία [meγalopsi'çia]; **~mutter** *f* γιαγιά [ja'ja], μάμμη ['mami]; **~stadt** *f* μεγαλούπολη (-εις) [meγa'lupoli]
**größtenteils** ως επί το πλείστον [os e'pi to 'pliston]
**Großvater** *m* παππούς [pa'pus], πάππος ['papos]
**großzügig** γενναιόδωρος [jene'oðoros]
**Grube** *f* λάκκος ['lakos], βόθρος ['voθros]
**Gruft** *f* τάφος ['tafos]
**grün** πράσινος ['prasinos]; ~ ***werden*** πρασινίζω [prasi'nizo]
**Grund** *m* πάτος ['patos], πυθμένας [piθ'menas]; *fig.* λόγος ['loγos], αιτία [e'tia]
**gründ|en** χτίζω ['xtizo], ιδρύω [i'ðrio]; **≈er** *m* ιδρυτής [iðri'tis]
**Grundlage** *f* θεμέλιο [θe'meljo], βάση (-εις) ['vasi]
**gründlich** ριζικός [rizi'kos]
**Grund|linie** *f* βασική γραμμή [vasi'ki γra'mi]; **~mauer** *f* θεμέλιο τείχος [θe'melio 'tixos] *n*; **~riß** *m* σχεδιάγραμμα [sçeði'aγrama] *n*; **~satz** *m* αρχή [ar'çi], αξίωμα [a'ksioma] *n*; **≈sätzlich** βασικός [vasi'kos], κατ' αρχήν [katar'çin]; **~schule** *f* δημοτικό [ðimoti'ko]; **~stück** *n* οικόπεδο [i'kopeðo]
**Gründung** *f* ίδρυση (-εις) ['iðrisi]
**Gruppe** *f* ομάδα [o'maða], όμιλος ['omilos]
**Gruß** *m* χαιρετισμός [çereti'zmos]
**grüßen** χαιρετώ (-άς) [çere'to]
**gucken** κοιτάζω [ki'tazo]
**gültig** έγκυρος ['eŋgiros]; ~ ***sein*** ισχύω [i'sçio]; **≈keit** *f* ισχύς [i'sçis] *f*
**Gummi** *m* λάστιχο ['lastixo]; **~band** *n* ελαστική κορδέλα [elasti'ki kor'ðela]
**Gunst** *f* εύνοια ['evnia]
**günstig** ευνοϊκός [evnoi'kos], ευμενής [evme'nis] 2
**Gurgel** *f* λάρυγγας ['lariŋgas]; **≈n** κάνω γαργάρα ['kano γar'γara]
**Gurke** *f* αγγούρι [aŋ'guri]
**Gürtel** *m* ζώνη ['zoni]
**Guß** *m* χύσιμο ['çisimo]; **~eisen** *n* χυτοσίδηρος [çito'siðiros]; **~stahl** *m* χυτοχάλυβας [çito'xalivas]
**gut** καλός [ka'los]; **≈** *n* κτήμα ['ktima] *n*; αγαθό [aγa'θo]; **≈achten** *n* γνωμοδότηση (-εις) [γnomo'ðotisi]

**Güte** *f* καλοσύνη [kalo'sini]
**Güter|abfertigung** *f* διεκπεραίωση εμπορευμάτων [ðiekpe'reosi emborev'maton]; **~bahnhof** *m* εμπορικός σταθμός [embori'kos staθ'mos]; **~wagen** *m* σκευοφόρος [skjevo'foros] *f*; **~zug** *m* φορτηγό τρένο [forti'γo 'treno]
**Gut|haben** *n* πίστωση (-εις) ['pistosi]; **2machen** (*wieder* **2machen**) σιάζω ['sjazo], επανορθώνω [epanor'θono]; **2mütig** καλόκαρδος [ka'lokarðos]; **~schein** *m* ένταλμα ['endalma] *n*, δελτίο [ðel'tio]; **~schrift** *f* πίστωση ['pistosi]
**Gymnasium** *n* γυμνάσιο [jim'nasio]
**Gymnastik** *f* γυμναστική [jimnasti'ki]
**Gynäkologe** *m* γυναικολόγος [jineko'loγos]

# H

**Haar** *n* τρίχα ['trixa]; (*Kopf*2) μαλλιά [ma'lja] *n*/*pl*.; **~ausfall** *m* τριχόπτωση [tri'xoptosi]; **~nadel** *f* φουρκέτα [fur'kjeta]; **~netz** *n* φιλές [fi'les]; **~schneiden** *n* κόψιμο μαλλιών ['kopsimo ma'ljon]; **~waschmittel** *n* σαμπουάν [sampu'an]; **~wasser** *n* λοσιόν μαλλιών [lo'sjon ma'ljon]; **~wuchs** *m* τριχοφυΐα [trixofi'ia]
**Habe** *f* ιδιοκτησία [iðiokti'sia]
**hab|en** έχω ['exo]; **2en** *n Hdl.* λαβείν [la'vin] *n*; **2gier** *f* πλεονεξία [pleone'ksia]; **~gierig** πλεονέκτης [pleo'nektis]
**Habicht** *m* γεράκι [je'raki]
**Hack|e** *f* τσάπα ['tsapa], σκαπάνη [ska'pani]; **2en** (*Holz*) κόβω ['kovo]
**Hacken** *m* φτέρνα ['fterna]
**Hackfleisch** *n* κιμάς [ki'mas]
**Hafen** *m* λιμάνι [li'mani]; **~damm** *m* προκυμαία [proki'mea]
**Hafer** *m* βρώμη ['vromi]
**Haft** *f* κράτηση (-εις) ['kratisi], φυλάκιση (-εις) [fi'lakisi]; **~befehl** *m* ένταλμα *n* συλλήψεως ['endalma si'lipseos]; **2en** εγγυώμαι [eŋgi'ome]; **~pflicht** *f* αστική ευθύνη [asti'ki ef'θini]
**Haftstrafe** *f* φυλάκιση [fi'lakisi]
**Hagel** *m* χαλάζι [xa'lazi]; **2n** πέφτει χαλάζι ['pefti xa'lazi]
**hager** αχαμνός [axa'mnos], ισχνός [is'xnos]
**Hahn** *m* πετεινός [peti'nos]; (*Faß*) κάνουλα ['kanula]; (*Waffe*) λύκος ['likos]
**Hai(fisch)** *m* σκυλόψαρο [ski'lopsaro], καρχαρίας [karxa'rias]
**häkeln** πλέκω βελονάκι ['pleko velo'naki]

**Haken** *m* τσιγκέλι [tsiŋ'gjeli], αγκίστρι [aŋ'gistri]; (*Kleider*&) κρεμαστάρι [krema'stari]

**halb** μισός [mi'sos], ήμισυς ['imisis]; **&dunkel** *n* ημίφως [i'mifos] *n*; **&insel** *f* χερσόνησος [çer'sonisos] *f*; **&kreis** *m* ημικύκλιο [imi'kiklio]; **&kugel** *f* ημισφαίριο [imi'sferio]; **&mond** *m* μισοφέγγαρο [miso'feŋgaro], ημισέληνος [imi'selinos] *f*; **&pension** *f* ντεμί πανσιόν [de'mi pan'sjon]; **&zeit** *f* (*Sport*) ημίχρονο [i'mixrono]

**Hälfte** *f* μισό [mi'so], ήμισυ ['imisi] *n*

**Halle** *f* στοά [sto'a]; (*Saal*) αίθουσα ['eθusa]; (*Markt*&) αγορά [aγo'ra]

**Hallenbad** *n* κλειστή πισίνα [kli'sti pi'sina]

**Hals** *m* λαιμός [le'mos]; **~entzündung** *f* φαρυγγίτιδα [fariŋ'gitiδa]; **~schmerzen** *m/pl.* πονόλαιμος [po'nolemos]; **~tuch** *n* μαντήλι [man'dili]

**Halt** *m* σταμάτημα [sta'matima] *n*; *fig.* στήριγμα ['stiriγma] *n*; **&bar** στερεός [stere'os]; **~barkeit** *f* στερεότητα [stere'otita]; **&en** σταματώ (-άς) [stama'to]; βαστώ (-άς) [va'sto]; πιστεύω [pi'stevo] (**für**/ για [ja]); διατηρώ [δiati'ro], κρατώ (-άς) [kra'to]; **~estelle** *f* στάση (-εις) ['stasi]; **&los** αβάσιμος [a'vasimos]; **&machen** σταματώ (-άς) [stama'to]; **~ung** *f* φέρσιμο ['fersimo], συμπεριφορά [simberifo'ra]

**Halunke** *m* παλιάνθρωπος [pa'ljanθropos]

**Hammel** *m* κριάρι [kri'ari]; **~fleisch** *n* αρνί [ar'ni]

**Hammer** *m* σφυρί [sfi'ri]

**Hand** *f* χέρι ['çeri]; **~arbeit** *f* χειροτέχνημα [çiro'texnima] *n*; (*weibliche*) εργόχειρο [er'γoçiro]; **~bremse** *f* χειρόφρενο [çi'rofreno]; **~buch** *n* εγχειρίδιο [eŋçi'riδio]

**Handel** *m* εμπόριο [em'borio]; **&n** εμπορεύομαι [embo'revome]; ενεργώ [ener'γo]; (*feilschen*) παζαρεύω [paza'revo]; **es &t sich um** πρόκειται για ['prokite ja]

**Handels-** εμπορικός [embori'kos]

**Hand|fläche** *f* παλάμη [pa'lami]; **~gelenk** *n* καρπός [kar'pos]; **~gepäck** *n* χειραποσκευή [çiraposkje'vi]; **~griff** *m* πιάσιμο ['pjasimo], χειρισμός [çiri'zmos]; **&haben** χειρίζομαι [çi'rizome]; **~habung** *f* χειρισμός [çiri'zmos]

**Händler** *m* έμπορος ['emboros]

**hand|lich** εύχρηστος ['efxristos]; **&lung** *f* πράξη (-εις) ['praksi]; ενέργεια [e'nerjia]

**Hand|schrift** *f* γράψιμο

**handschriftlich** 302

['ɣrapsimo], γραφή [ɣra'fi]; χειρόγραφο [çi'roɣrafo]; **߸schriftlich** χειρόγραφος [çi'roɣrafos]; **~schuh** *m* γάντι ['ɣandi]; **~tasche** *f* τσάντα ['tsanda]; **~tuch** *n* πετσέτα [pe'tseta]; **~werk** *n* τέχνη ['texni]; **~werker** *m* τεχνίτης [te'xnitis]; **~werkszeug** *n* εργαλεία [erɣa'lia] *n/pl.*
**Hanf** *m* καννάβι [ka'navi]
**Hang** *m* κλίση (-εις) ['klisi]; *fig.* τάση (-εις) ['tasi]
**Hänge|brücke** *f* κρεμαστή γέφυρα [krema'sti 'jefira]; **~lampe** *f* κρεμαστή λάμπα [krema'sti 'lamba]; **~matte** *f* κούνια ['kunja]; **߸n** κρεμώ (-άς) [kre'mo], κρέμομαι ['kremome]
**hänseln** κοροϊδεύω [koroi'ðevo], περιπαίζω [peri'pezo]
**Harfe** *f* άρπα ['arpa]
**Harke** *f* τσουγκράνα [tsuŋ'grana]; **߸n** συνάζω με την τσουγκράνα [si'nazo me tin tsuŋ'grana]
**harmlos** αθώος [a'θoos]; **߸igkeit** *f* αθωότητα [aθo'otita]
**harmon|ieren** ταιριάζω [ter'jazo]; **߸ika** *f* φυσαρμόνικα [fisar'monika]; **~isch** αρμονικός [armoni'kos]
**Harn** *m* κάτουρο ['katuro], ούρο ['uro]; **~blase** *f* κύστη ['kisti]
**Harpune** *f* αρπάγη [ar'paji]
**hart** σκληρός [skli'ros]
**Härte** *f* σκληρότητα [skli'rotita]; **߸n** σκληραίνω [skli'reno]
**hart|gekocht** (*Ei*) σφιχτό [sfi'xto]; **~herzig** σκληρόκαρδος [skli'rokarðos]; **~näckig** επίμονος [e'pimonos]; **߸näckigkeit** *f* επιμονή [epimo'ni]
**Harz** *n* ρετσίνι [re'tsini]; **߸ig** ρετσινάτος [retsi'natos]
**haschen** τσακώνω [tsa'kono]
**Hase** *m* λαγός [la'ɣos]
**Haselnuß** *f* φουντούκι [fun'duki]
**Haß** *m* μίσος ['misos] *n*
**hassen** μισώ [mi'so]
**häßlich** άσχημος ['asçimos]; **߸keit** *f* ασχήμια [as'çimja]
**Hast** *f* βία ['via]; **߸ig** βιαστικός [vjasti'kos]
**Haube** *f* σκούφια ['skufja]
**Hauch** *m* πνοή [pno'i]
**hau|en** χτυπώ (-άς) [xti'po]; **߸er** *m* μεταλλωρύχος [metalo'rixos]
**Haufe(n)** *m* σωρός [so'ros]; πλήθος ['pliθos] *n*
**häufen** συσσωρεύω [siso'revo], στοιβάζω [sti'vazo]
**haufenweise** σωρηδόν [sori'ðon]
**häufig** συχνός [si'xnos]; **߸keit** *f* συχνότητα [si'xnotita]
**Haupt** *n* κεφάλι [kje'fali]; *fig.* αρχηγός [arçi'ɣos]; **~bahnhof** *m* κεντρικός σταθμός [kjendri'kos staθ'mos]; **~bestandteil** *m* κύριο συστατικό ['kirio sistati'ko]; **~eingang** *m* κύρια είσοδος ['ki-

ria 'isoðos] *f*; **~gewinn** *m* πρώτος λαχνός ['protos la'xnos]; **~mann** *m* λοχαγός [loxa'γos]; **~postamt** *n* κεντρικό ταχυδρομείο [kjendri'ko taçiðro'mio]; **~quartier** *n Mil.* στρατηγείο [strati'jio]; **~sache** *f* κυριότερο [kiri'otero]; **~stadt** *f* πρωτεύουσα [pro'tevusa]; **~straße** *f* κεντρικός δρόμος [kjendri'kos 'ðromos]

**Haus** *n* σπίτι ['spiti], οικία [i'kia]; **~angestellte** *f* υπηρέτρια [ipi'retria]; **~arbeit** *f* οικιακή εργασία [ikia'ki erγa'sia]; **~besitzer** *m* νοικοκύρης [niko'kiris]; **~frau** *f* νοικοκυρά [nikoki'ra]; **~halt** *m* νοικοκυριό [nikokir'jo]; **~hälterin** *f* οικονόμος [iko'nomos] *f*; **⁀ieren** γυρολογώ [jirolo'γo]

**häuslich** οικιακός [ikia'kos]

**Haus|nummer** *f* αριθμός του σπιτιού [ari'θmos tu spiti'u]; **~schlüssel** *m* κλειδί εξώπορτας [kli'ði e'ksoportas]; **~schuhe** *m/pl.* παντούφλες [pan'dufles] *f/pl.*; **~tier** *n* κατοικίδιο ζώο [kati'kiðio 'zoo]; **~tür** *f* εξώπορτα [e'ksoporta]; **~wirt** *m* (σπιτο)νοικοκύρης [(spito)niko'kiris]

**Haut** *f* πετσί [pe'tsi], δέρμα ['ðerma] *n*; **~ausschlag** *m* εξάνθημα [e'ksanθima] *n*; **~creme** *f* κρέμα ['krema]

**Havarie** *f* αβαρία [ava'ria]

**Hebamme** *f* μαμμή [ma'mi], μαία ['mea]

**Hebel** *m* μοχλός [mo'xlos]

**heben** σηκώνω [si'kono], υψώνω [i'psono]

**Hecht** *m* λούτσος ['lutsos]

**Heck** *n* πρύμνη ['primni]

**Hecke** *f* φράχτης ['fraxtis]; **~nrose** *f* αγριοτριαντάφυλλο [aγriotrian'dafilo]

**Heer** *n* στρατός [stra'tos], στράτευμα ['stratevma] *n*

**Hefe** *f* προζύμι [pro'zimi], μαγιά [ma'ja]

**Heft** *n* (*Schreib⁀*) τετράδιο [te'traðio]; (*Lese⁀*) τεύχος ['tefxos] *n*; **⁀en** (*Buch*) χαρτοδένω [xarto'ðeno]; (*Blick*) καρφώνω [kar'fono]; (*Kleid*) ράβω ['ravo]

**heftig** ορμητικός [ormiti'kos], σφοδρός [sfo'ðros]; **⁀keit** *f* ορμητικότητα [ormiti'kotita]

**Heft|pflaster** *n* τσιρότο [tsi'roto], έμπλαστρο ['emblastro]; **~zwecke** *f* πινέζα [pi'neza]

**Hehler** *m* κλεπταποδόχος [kleptapo'ðoxos]; **~ei** *f* κλεπταποδοχή [kleptapoðo'çi]

**Heide**[1] *m* ειδωλολάτρης [iðolo'latris]

**Heide**[2] *f* ερεικόφυτος τόπος [eri'kofitos 'topos]

**heil** ακέραιος [a'kjereos], σώος ['soos]; **⁀** *n* σωτηρία [soti'ria]; **~bar** θεραπεύσιμος [θera'pefsimos]; **~en** θεραπεύω [θera'pevo]

**heilig** 304

**heilig** άγιος ['ajos], ιερός [ie'ros]; **2e(r)** ***Abend*** *m* παραμονή Χριστουγέννων [paramo'ni xristu'jenon]; **2keit** *f* αγιότητα [aji'otita]; **2tum** *n* ιερό [ie'ro]
**heil|kräftig** θεραπευτικός [θerapefti'kos]; **2mittel** *n* φάρμακο ['farmako]; **2quelle** *f* ιαματική πηγή [iamati'ki pi'ji]; **~sam** θεραπευτικός [θerapefti'kos]; *fig.* ωφέλιμος [o'felimos]; **2ung** *f* θεραπεία [θera'pia]
**Heim** *n* σπίτι ['spiti]
**Heimat** *f* πατρίδα [pa'triδa]; **2lich** πάτριος ['patrios]; **2los** χωρίς πατρίδα [xo'ris pa'triδa]
**heim|gehen** πηγαίνω σπίτι [pi'jeno 'spiti]; **~isch** οικείος [i'kios]; **~lich** κρυφός [kri'fos], μυστικός [misti'kos]; **2lichkeit** *f* μυστικότητα [misti'kotita]; **~tückisch** ύπουλος ['ipulos]; **2weg** *m* επάνοδος [e'panoδos] *f*; **2weh** *n* νοσταλγία [nosta'ljia]
**Heirat** *f* παντρειά [pandri'a], γάμος ['γamos]; **2en** παντρεύομαι [pan'drevome]
**heiser** βραχνός [vra'xnos]; **2keit** *f* βραχνάδα [vra'xnaδa]
**heiß** ζεστός [ze'stos]
**heiß|en** ονομάζομαι [ono'mazome], λέγομαι ['leγome]; (*bedeuten*) σημαίνω [si'meno]; ***das ~t*** δηλαδή [δila'δi]
**heiter** (*Himmel*) καθαρός [kaθa'ros], αίθριος ['eθrios]; (*fröhlich*) χαρούμενος [xa'rumenos]; **2keit** *f* ευθυμία [efθi'mia]
**heiz|en** ζεσταίνω [ze'steno], θερμαίνω [θer'meno]; **2er** *m* θερμαστής [θerma'stis]; **2kissen** *n* ηλεκτρικό μαξιλάρι [ilektri'ko maksi'lari]; **2körper** *m* καλοριφέρ [kalori'fer] *n*; **2material** *n* καύσιμα ['kafsima] *n/pl.*; **2ung** *f* θέρμανση (-εις) ['θermansi]
**Held** *m* ήρωας ['iroas]
**helf|en** *D* βοηθώ (-άς) [voi'θo]; **2er** *m* βοηθός [voi'θos]
**hell** φωτεινός [foti'nos]; (*Farbe*) ανοιχτός [ani'xtos]; **2igkeit** *f* φωτεινότητα [foti'notita]
**Helm** *m* κράνος ['kranos] *n*
**Hemd** *n* πουκάμισο [pu'kamiso]
**hemm|en** σταματώ (-άς) [stama'to]; εμποδίζω [embo'δizo]; **2nis** *n* εμπόδιο [em'boδio]; **2ung** *f* δειλία [δi'lia]
**Henkel** *m* λαβή [la'vi]
**Henker** *m* δήμιος ['δimios]
**Henne** *f* κότα ['kota], όρνιθα ['orniθa]
**her** εδώ [e'δo]
**herab** κάτω ['kato]; **~kommen** κατεβαίνω [kate'veno]; **~lassen** κατεβάζω [kate'vazo]; ***sich ~lassen*** καταδέχομαι [kata'δexome]; **2lassung** *f* καταδεκτικότητα [kataδekti'kotita]; **~setzen**

305 **herrühren**

(*Preis*) κατεβάζω [kate'vazo]; *fig.* (*j-n*) υποβιβάζω [ipovi'vazo]; **~steigen** κατεβαίνω [kate'veno]; **~ziehen** χαμηλώνω [xami'lono]
**heran** κοντά [kon'da], προς τα εδώ [pros ta e'ðo]; **~treten** πλησιάζω [plisi'azo]; **~wachsen** μεγαλώνω [meγa'lono]
**herauf** (ε)πάνω [(e)'pano], προς τα πάνω [pros ta 'pano]; **~beschwören** προκαλώ [proka'lo]; **~kommen, ~steigen** ανεβαίνω [ane'veno]; **~ziehen** ανασύρω [ana'siro]
**heraus** έξω ['ekso], προς τα έξω [pros ta 'ekso]; **~fordern** προκαλώ [proka'lo]; **~geben** παραδίνω [para'ðino]; (*Geld*) δίνω τα ρέστα ['ðino ta 'resta]; (*Buch*) εκδίδω [eg'ðiðo]; **2geber** *m* εκδότης [eg'ðotis]; **~kommen** βγαίνω ['vjeno]; εξέρχομαι [e'kserxome]; **~lassen** αφήνω να βγει [a'fino na 'vji]; **~reden: *sich ~reden*** δικαιολογούμαι [ðikjeolo'γume]
**herb** μπρούσκος ['bruskos], στυφός [sti'fos]
**herbei** κοντά [kon'da], προς τα εδώ [pros ta e'ðo]; **~bringen** φέρνω ['ferno]; **~eilen** προστρέχω [pros'trexo]; **~holen** προσκομίζω [prosko'mizo]; **~rufen** φωνάζω να έλθει [fo'nazo na 'elθi]; **~schaffen** προσκομίζω [prosko'mizo]
**Herberge** *f* ξενώνας [kse'nonas], πανδοχείο [panðo'çio]
**Herbst** *m* φθινόπωρο [fθi'noporo]; **2lich** φθινοπωρινός [fθinopori'nos]
**Herd** *m* τζάκι ['dzaki], εστία [e'stia]
**Herde** *f* κοπάδι [ko'paði], ποίμνιο ['pimnio]
**herein** μέσα ['mesa], εντός [en'dos]; **~!** εμπρός [em'bros]; **~fallen** την παθαίνω [timba'θeno]; **~kommen** μπαίνω ['beno], εισέρχομαι [i'serxome]
**her|führen** φέρνω ['ferno]; **~geben** δίνω ['ðino]; **~gebracht** πατροπαράδοτος [patropa'raðotos]
**Hering** *m* ρέγγα ['reŋga]
**her|kommen** προσέρχομαι [pro'serxome]; **2kunft** *f* καταγωγή [kataγo'ji]; **~leiten** παράγω [pa'raγo]
**Herr** *m* κύριος ['kirios]; (*Anrede*) κύριε ['kirie]; **~enanzug** *m* κουστούμι [ku'stumi]; **2enlos** αδέσποτος [a'ðespotos]
**herrichten** προετοιμάζω [proeti'mazo]
**Herr|in** *f* κυρία [ki'ria]; **2isch** δεσποτικός [ðespoti'kos]; **2lich** λαμπρός [lam'bros]; **2schen** κυριαρχώ [kiriar'xo]; **~scher** *m* κυρίαρχος [ki'riarxos]
**her|rühren** προέρχομαι

**herstammen** 306

[pro'erxome]; **~stammen** κατάγομαι [ka'tayome]; **~stellen** κατασκευάζω [kataskje'vazo]; **≗stellung** *f* κατασκευή [kataskje'vi]
**herüber** προς τα εδώ [pros ta e'ðo]
**herum** (τρι)γύρω [(tri)'jiro]; ***um*** (***etw.***) **~** γύρω από ['jiro a'po] *A*; **~drehen** στριφογυρίζω [strifoji'rizo], περιστρέφω [peri'strefo]; **~führen** γυρίζω [ji'rizo]; **~schlendern** σεριανίζω [serja'nizo]
**herunter** κάτω ['kato], προς τα κάτω [pros ta 'kato]; **~bringen** φέρνω κάτω ['ferno 'kato]; **~nehmen** κατεβάζω [kate'vazo]; **~schlucken** καταπίνω [kata'pino]
**hervor** από μέσα [a'po 'mesa]; **~brechen** εξορμώ (-άς) [eksor'mo]; **~bringen** παράγω [pa'rayo]; **~gehen** *fig.* προκύπτω [pro'kipto]; **~heben** τονίζω [to'nizo], εξαίρω [e'ksero]; **~kommen** βγαίνω ['vjeno], προβάλλω [pro'valo]; **~ragen** εξέχω [e'ksexo]; **~ragend** *fig.* έξοχος ['eksoxos]; **~tun: *sich* ~*tun*** διαπρέπω [ðia'prepo]
**Herz** *n* καρδιά [kar'ðja]; **~enslust: *nach* ~*enslust*** με την καρδιά (μου) [me tiŋ gar'ðja (mu)]; **~fehler** *m* καρδιακή πάθηση [karðia'ki 'paθisi]; **~infarkt** *m* καρδιακό έμφραγμα [karðia'ko 'emfrayma]; **~klopfen** *n* καρδιοχτύπι [karðjo'xtipi], παλμοί *m/pl.* της καρδιάς [pal'mi tis kar'ðjas]; **≗lich** εγκάρδιος [eŋ'garðios]; **~lichkeit** *f* εγκαρδιότητα [eŋgarði'otita]; **≗los** άκαρδος ['akarðos]
**Herzog** *m* δούκας ['ðukas]; **~in** *f* δούκισσα ['ðukisa]; **~tum** *n* δουκάτο [ðu'kato]
**Herzschlag** *m Med.* αποπληξία [apopli'ksia]
**hetzen** κυνηγώ (-άς) [kini'yo]
**Heu** *n* σανός [sa'nos]; **~boden** *m* αχυρώνας [aç'ironas]
**Heuchel|ei** *f* υποκρισία [ipokri'sia]; **≗n** υποκρίνομαι [ipo'krinome]
**Heuernte** *f* συγκομιδή χόρτου [siŋgomi'ði 'xortu]
**heulen** ουρλιάζω [ur'ljazo]; (*Wind*) σφυρίζει [sfi'rizi]; (*weinen*) κλαίω ['kleo]
**Heuschrecke** *f* ακρίδα [a'kriða]
**heut|e** σήμερα ['simera]; **~e *morgen*** σήμερα το πρωί ['simera to pro'i]; **~ig** σημερινός [simeri'nos]; **~zutage** σήμερα ['simera], την σήμερον [tin 'simeron]
**Hexe** *f* στρίγγλα ['stri(ŋ)gla]
**Hieb** *m* χτύπημα ['xtipima] *n*
**hier** εδώ [e'ðo]; (*auf Briefen*) ενταύθα [en'dafta]; **~auf** εδώ επάνω [e'ðo e'pano], ύστερα ['istera]; **~aus** από τούτο [a'po 'tuto], εκ τούτου [ek

307 **hinlegen**

'tutu]; **~durch** με τούτο [me 'tuto], δια τούτου [ðja 'tutu]; **~her** εδώ [e'ðo]; **~mit** με τούτο [me 'tuto]; **~von** απ' αυτό [apa'fto]; **~zu** προς τούτο [pros 'tuto]

**hiesig** ο εδώ [o e'ðo], εγχώριος [eŋ'xorios]

**Hilf|e** *f* βοήθεια [vo'iθia]; **~eruf** *m* κραυγή βοήθειας [kra'vji vo'iθias]; **&los** χωρίς βοήθεια [xo'ris vo'iθia], αβοήθητος [avo'iθitos]; **&reich** βοηθητικός [voiθiti'kos]; εξυπηρετικός [eksipireti'kos]; **~smittel** *n* βοήθημα [vo'iθima] *n*

**Himbeere** *f* σμέουρο ['zmeuro]

**Himm|el** *m* ουρανός [ura'nos]; ***unter freiem ~el*** στο ύπαιθρο [sto 'ipeθro]; **&elblau** γαλανός [γala'nos]; **~elfahrt** *f* Ανάληψη [a'nalipsi]; **~elsrichtung** *f* σημείο του ορίζοντα [si'mio tu o'rizonda]; **&lisch** ουράνιος [u'ranios]

**hin** προς τα εκεί [pros ta e'ki]; ***~ und her*** εδώ κι εκεί [e'ðo kje'ki]; ***~ und wieder*** κάποτε ['kapote]; ***~ und zurück*** με επιστροφή [me epistro'fi]

**hinab** προς τα κάτω [pros ta 'kato]; **~fahren, ~gehen, ~steigen** κατεβαίνω [kate'veno]

**hinauf** προς τα (ε)πάνω [pros ta (e)'pano]; **~fahren, ~gehen, ~steigen** ανεβαίνω [ane'veno]

**hinaus** έξω ['ekso]; **~beugen: *sich ~beugen*** σκύβω έξω ['skivo 'ekso]; **~gehen** βγαίνω ['vjeno]; **~schieben** αναβάλλω [ana'valo]; **~ziehen** παρατείνω [para'tino]

**hinder|lich** ενοχλητικός [enoxliti'kos]; **~n** εμποδίζω [embo'ðizo] (***ihn an***/ τον να ... [ton na]); **&nis** *n* εμπόδιο [em'boðio]

**hindurch** διά μέσου [ðia 'mesu]

**hinein** μέσα ['mesa], εντός [en'dos]; **~gehen** μπαίνω ['beno]; εισέρχομαι [i'serxome]; **~geraten** πέφτω μέσα ['pefto 'mesa]; **~tun** βάζω μέσα ['vazo 'mesa]

**Hinfahrt** *f* μετάβαση (-εις) [me'tavasi]; (*Hin- und Rückfahrt*) ταξίδι με επιστροφή [ta'ksiði me epistro'fi]

**hin|fallen** πέφτω κάτω ['pefto 'kato]; **~fällig** αδύνατος [a'ðinatos]; άκυρος ['akiros]; **~geben: *sich ~geben*** παραδίνομαι [para'ðinome]; **&gebung** *f* αφοσίωση [afo'siosi]; **~gegen** απεναντίας [apenan'dias]

**hin- und hergehen** πηγαινοέρχομαι [pijeno'erxome]

**hinken** κουτσαίνω [ku'tseno], χωλαίνω [xo'leno]; **~d** κουτσός [ku'tsos]

**hin|legen** βάζω ['vazo], καταθέτω [kata'θeto]; ***sich ~legen*** ξαπλώνομαι [ksa'plo-

**hinnehmen** 308

nome]; **~nehmen** δέχομαι ['ðexome]; *fig.* υποφέρω [ipo'fero]; **2reise** *f* μετάβαση (-εις) [me'tavasi]; **~reißen** ενθουσιάζω [enθusi'azo]; **~richten** εκτελώ [ekte'lo]; **2richtung** *f* εκτέλεση (-εις) [e'ktelesi]; **~setzen:** ***sich ~setzen*** κάθομαι ['kaθome]; **~sichtlich** όσο για ['oso ja], ως προς [os pros]; **~stellen** τοποθετώ [topoθe'to]
**hinten** πίσω ['piso], όπισθεν ['opisθen]
**Hinter-** πισινός [pisi'nos]
**hinter** από πίσω [a'po 'piso]; **2bliebene(r)** *m* επιζών [epi'zon] *m*; **~einander** ο ένας μετά τον άλλον [o 'enas me'ta ton 'alon]; **2grund** *m* φόντο ['fondo], βάθος ['vaθos] *n*; **2halt** *m* καρτέρι [kar'teri], ενέδρα [e'neðra]; **~her** ύστερα ['istera], κατόπιν [ka'topin]; **~lassen** αφήνω [a'fino]; **~legen** καταθέτω [kata'θeto]; **2list** *f* υπουλότητα [ipu'lotita]; **~listig** ύπουλος ['ipulos]; **~rücks** από πίσω [a'po 'piso]
**hinüber** εκεί πέρα [e'kji 'pera], απέναντι [a'penandi]; **~fahren, ~gehen, ~steigen** περνώ (-άς) [per'no]
**hinunter** κάτω ['kato], προς τα κάτω [pros ta 'kato]
**Hin|weis** *m* υπόδειξη (-εις) [i'poðiksi]; **2weisen** υποδεικνύω [ipoði'knio]; **2zu** επιπλέον [epi'pleon]; **2zufügen** προσθέτω [pros'θeto]; **2zukommen** προσέρχομαι [pro'serxome]; **2zuziehen** προσλαμβάνω [prozlam'vano]; (*Arzt*) συμβουλεύομαι [simvu'levome]
**Hirn** *n* μυαλό [mja'lo], εγκέφαλος [eŋ'gjefalos]
**Hirsch** *m* ελάφι [e'lafi]
**Hirt** *m* τσομπάνος [tso'banos], βοσκός [vo'skos]
**hissen** σηκώνω [si'kono], υψώνω [i'psono]
**Hitz|e** *f* ζέστη ['zesti]; **2ig** οξύθυμος [o'ksiθimos]; **~schlag** *m* ηλίαση [i'liasi]
**Hobby** *n* χόμπυ ['xobi] *n*
**Hobel** *m* ροκάνι [ro'kani]; **2n** ροκανίζω [roka'nizo]
**hoch** (υ)ψηλός [(i)psi'los]; **2achtung** *f* υπόληψη [i'polipsi]; εκτίμηση [ek'timisi]; **~achtungsvoll** με τιμή [me ti'mi]; **2bau** *m* υπέργειες κατασκευές [i'perjies kataskje'ves]; **2druck** *m* υψηλή πίεση [ipsi'li 'piesi]; **2ebene** *f* οροπέδιο [oro'peðio]; **2haus** *n* υψηλό κτίριο [ipsi'lo 'ktirio]; **2mut** *m* αλαζονεία [alazo'nia]; **~mütig** αλαζονικός [alazoni'kos]; **2ofen** *m* υψικάμινος [ipsi'kaminos]; **~rot** κατακόκκινος [kata'kokinos]; **2schule** *f*: ***Technische 2schule*** πολυτεχνείο [polite'xnio]; **2spannung** *f* υψηλή ένταση [ipsi'li 'endasi]; **2stapler** *m* απατεώνας [apate'onas]

**höchst|ens** το πολύ πολύ [to po'li po'li]; **2geschwindigkeit** *f* μέγιστη ταχύτητα ['mejisti ta'çitita]
**Hoch|verrat** *m* εσχάτη προδοσία [e'sxati proðo'sia]; **~wasser** *n* πλημμύρα [pli'mira]; **~zeit** *f* γάμος ['ɣamos]; **~zeitsreise** *f* γαμήλιο ταξίδι [ɣa'milio ta'ksiði]
**Hof** *m* αυλή [a'vli]
**hoff|en** ελπίζω [el'pizo]; **2nung** *f* ελπίδα [el'piða]; **~nungslos** απελπισμένος [apelpi'zmenos]
**höflich** ευγενικός [evjeni'kos]; **2keit** *f* ευγένεια [e'vjenia]
**Höhe** *f* ύψος ['ipsos] *n*; **~punkt** *m* αποκορύφωμα [apoko'rifoma] *n*; ακμή [ak'mi]
**hohl** κούφιος ['kufjos], κοίλος ['kilos]; *fig.* κλούβιος ['kluvjos]
**Höhle** *f* σπηλιά [spi'lja]
**Hohlraum** *m* κενός χώρος [kje'nos 'xoros]
**Hohn** *m* κοροϊδία [koroi'ðia], χλευασμός [xleva'zmos]
**höhnisch** χλευαστικός [xlevasti'kos]
**holen** πηγαίνω να πάρω [pi'jeno na 'paro]; **~ *lassen*** στέλνω να φέρει ['stelno na 'feri]
**Höll|e** *f* κόλαση ['kolasi]; **2isch** διαβολικός [ðjavoli'kos]
**Holz** *n* ξύλο ['ksilo]; **~scheit** *n* σχίζα ['sçiza]; **~schnitt** *m* ξυλογραφία [ksiloɣra'fia]
**Honig** *m* μέλι ['meli]; **~kuchen** *m* μελόπι(τ)τα [me'lopita]
**Honor|ar** *n* μισθός [mi'sθos]; **2ieren** αμείβω [a'mivo]
**Hopfen** *m* χούμελη ['xumeli]
**horchen** αφουγκράζομαι [afuŋ'grazome]
**Horde** *f* ορδή [or'ði]
**hör|en** ακούω [a'kuo] (***von** D*, ***über** A*/ για [ja]); **2er** *m* ακροατής [akroa'tis]; *Tel.* ακουστικό [akusti'ko]; **2erschaft** *f* ακροατήριο [akroa'tirio]
**Horizont** *m* ορίζοντας [o'rizondas]
**Horn** *n* κέρατο ['kjerato], κέρας ['kjeras] *n*; *Mus.* κορνέτο [kor'neto]
**Hörspiel** *n* σκετς [skjets] *n*
**Hose** *f* παντελόνι [panda'loni]; **~nträger** *m* τιράντα [ti'randa]
**Hotel** *n* ξενοδοχείο [ksenoðo'çio]
**hübsch** όμορφος ['omorfos]; χαριτωμένος [xarito'menos]
**Hubschrauber** *m* ελικόπτερο [eli'koptero]
**Huf** *m* νύχι ['niçi], οπλή [o'pli]; **~eisen** *n* πέταλο ['petalo]; **~schmied** *m* πεταλάς [peta'las]
**Hüft|e** *f* γοφός [ɣo'fos], ισχίο [i'sçio]; **~halter** *m* κορσές [kor'ses]

Hügel 310

**Hügel** *m* λόφος ['lofos]
**Huhn** *n* κότα ['kota], όρνιθα ['orniθa]
**Hühnchen** *n* κοτόπουλο [ko'topulo]
**Hühner|auge** *n* κάλος ['kalos]; **~stall** *m* κοτέτσι [ko'tetsi]
**Hülle** *f* περίβλημα [pe'rivlima] *n*; *in ~ und Fülle* μπόλικα ['bolika], άφθονα ['afθona]; **♀n** περιβάλλω [peri'valo]
**Hülse** *f* λουβί [lu'vi]; **~nfrucht** *f* όσπριο ['osprio]
**Hummel** *f* άγρια μέλισσα ['aγria 'melisa]
**Hummer** *m* αστακός [asta'kos]
**Humor** *m* χιούμορ ['çumor] *n*
**Hund** *m* σκυλί [ski'li], σκύλος ['skilos]; **~ehütte** *f* σκυλόσπιτο [ski'lospito]
**hundert** εκατό(ν) [eka'to(n)]
**Hung|er** *m* πείνα ['pina]; **♀ern** πεινώ (-άς) [pi'no]; **~ersnot** *f* λιμός [li'mos]; **♀rig** πεινασμένος [pina'zmenos]; *♀rig sein* πεινώ [pi'no], έχω πείνα ['exo 'pina]
**Hupe** *f* σειρήνα [si'rina]; κλάξον ['klakson]; **♀n** κορνάρω [kor'naro]
**hüpfen** πηδώ (-άς) [pi'ðo]
**Hürde** *f* μάντρα ['mandra]; (*Sport*) εμπόδιο [em'boðio]
**hüsteln** ξεροβήχω [ksero'vixo]
**husten** βήχω ['vixo]; **♀** *m* βήχας ['vixas]
**Hut** *m* καπέλο [ka'pelo]
**hüte|n** φυλά(γ)ω [fi'la(γ)o]; *sich ~n* προφυλάγομαι [profi'laγome]; **♀r** *m* φύλακας ['filakas]
**Hutkrempe** *f* γείσο ['jiso]
**Hütte** *f* καλύβα [ka'liva]; **~nwerk** *n* μεταλλουργείο [metalur'jio]
**Hydrant** *m* υδραυλικό επιστόμιο [iðravli'ko epi'stomio]
**Hygien|e** *f* υγιεινή [ij(i)i'ni]; **♀isch** υγιεινός [ij(i)i'nos]

# I

**ich** εγώ [e'γo]
**Ideal** *n* ιδανικό [iðani'ko]
**ident|ifizieren** ταυτίζω [ta'ftizo]; **~isch** ταυτόσημος [ta'ftosimos]; **♀ität** *f* ταυτότητα [ta'ftotita]
**Igel** *m* αχινός [açi'nos]
**ihnen** τους [tus], σ'αυτούς [sa'ftus]
**Ihr** ο ... σας [o ... sas]; *~ Buch* το βιβλίο σας [to vi'vlio sas]
**ihr** ο ... της (*pl.* τους) [o ...tis (tus)]
**Imbiß** *m* μεζές [me'zes]
**Imker** *m* μελισσοκόμος [meliso'komos]
**immer** πάντα ['panda], πάντοτε ['pandote]; **~hin** πάντως ['pandos]
**impf|en** μπολιάζω [bo'ljazo],

εμβολιάζω [emvoli'azo]; **≈ung** *f* εμβολιασμός [emvolia'zmos]
**imponieren** κάνω εντύπωση ['kano en'diposi]
**Import** *m* εισαγωγή [isaγo'ji]
**Impuls** *m* ώθηση (-εις) ['oθisi]
**imstande** σε θέση [se 'θesi]
**in** σε [se], εις [is]
**Inbegriff** *m* ουσία [u'sia]; **≈en** συμπεριλαμβανομένου [simberilamvano'menu]
**indes, ~sen** ωστόσο [os'toso], εντούτοις [en'dutis]; ενώ [e'no]
**Individuum** *n* άτομο ['atomo]
**Industrie** *f* βιομηχανία [viomixa'nia]; **≈ll** βιομηχανικός [viomixani'kos]
**ineinander|fügen** συναρμολογώ [sinarmolo'γo]; **~greifen** συναρμολογούμαι [sinarmolo'γume]
**Infektion** *f* μόλυνση (-εις) ['molinsi]
**infizieren** μολύνω [mo'lino]
**infolge** *G* κατά συνέπεια [ka'ta si'nepia] *G*
**Information** *f* πληροφορία [plirofo'ria]
**Ingenieur** *m* μηχανικός [mixani'kos]
**Inhaber** *m* ιδιοκτήτης [iðio'ktitis]
**Inhalt** *m* περιεχόμενο [perie'xomeno]; **~sverzeichnis** *n* κατάλογος περιεχομένων [ka'taloγos periexo'menon]
**Inkrafttreten** *n* έναρξη (-εις) ισχύος ['enarksi i'sçios]
**Inland** *n* εσωτερικό [esoteri'ko]
**in|liegend** συνημμένος [sini'menos]; **~mitten** ανάμεσα σε [a'namesa se]
**inne|haben** κατέχω [ka'texo]; **~halten** σταματώ (-άς) [stama'to]; **~n** μέσα ['mesa], εντός [en'dos]; **~re** εσωτερικός [esoteri'kos]; **~rhalb** (*von od. G*) μέσα (σε) ['mesa (se)]
**innig** οικείος [i'kios]; εγκάρδιος [eŋ'garðios]
**Insasse** *m* ένοικος ['enikos]
**insbesondere** ιδίως [i'ðios]
**Inschrift** *f* επιγραφή [epiγra'fi]
**Insekt** *n* έντομο ['endomo]
**Insel** *f* νησί [ni'si], νήσος ['nisos] *f*
**Inserat** *n* αγγελία [aŋgje'lia]
**insofern** καθ' όσον [ka'θoson]
**Installateur** *m* υδραυλικός [iðravli'kos]
**instand halten** διατηρώ [ðiati'ro]
**Institut** *n* ινστιτούτο [insti'tuto]
**Instrument** *n* εργαλείο [erγa'lio]; όργανο ['orγano]
**Inszenierung** *f* σκηνοθεσία [skinoθe'sia]
**Interess|e** *n* ενδιαφέρον [enðia'feron]; **≈ieren** ενδιαφέρω [enðia'fero]; ***sich ≈ieren für*** ενδιαφέρομαι για [enðia'ferome ja]
**international** διεθνής [ðie'θnis] 2

**Interview** *n* συνέντευξη [si'nendefksi]
**Invalide** *m* ανάπηρος [a'napiros]
**inzwischen** εν τω μεταξύ [endometa'ksi]
**irdisch** επίγειος [e'pijios]
**irgend|einer** κάποιος ['kapjos]; **~einmal** καμιά φορά [ka'mja fo'ra]; **~etwas** κάτι τι ['katiti]; **~jemand, ~wer** κάποιος ['kapjos]; **~wie** κάπως ['kapos]; **~wo** κάπου ['kapu]; **~woher** από κάπου [a'po 'kapu]; **~wohin** κάπου ['kapu]
**irr(e)** τρελός [tre'los]; συγχυσμένος [siŋçi'zmenos]
**irre|führen** παραπλανώ [parapla'no]; **~gehen** παραπλανιέμαι [parapla'njeme]; **~machen** σαστίζω [sa'stizo], συγχύζω [siŋ'çizo]
**irren:** ***sich*** **~** κάνω λάθος ['kano 'laθos] (***in*** *D*/ σε [se]); **ℒanstalt** *f* φρενοκομείο [frenoko'mio]
**Irr|sinn** *m* παραφροσύνη [parafro'sini], ανοησία [anoi'sia]; **ℒsinnig** παράφρονας [pa'rafronas]; **~tum** *m* πλάνη ['plani]; **ℒtümlich** κατά λάθος [kata'laθos]
**Isolierung** *f* μόνωση (-εις) ['monosi]

# J

**ja** ναι [ne]; **~*wohl*** μάλιστα ['malista]
**Jacht** *f* γιότ [jot] *n*
**Jackett** *n* σακ(κ)άκι [sa'kaki], ζακέτα [za'kjeta]
**Jagd** *f* κυνήγι [ki'niji]; **~flugzeug** *n* καταδιωκτικό αεροπλάνο [kataδiokti'ko aero'plano]
**jagen** κυνηγώ (-άς) [kini'γo]
**Jäger** *m* κυνηγός [kini'γos]
**Jahr** *n* χρόνος ['xronos], έτος ['etos] *n*; **~eszeit** *f* εποχή [epo'çi]; **~hundert** *n* αιώνας [e'onas]
**jährlich** ετήσιος [e'tisios]; *Adv.* κάθε χρόνο ['kaθe 'xrono]
**jähzornig** οξύθυμος [o'ksiθimos]
**Jammer** *m* θρήνος ['θrinos]; συμφορά [simfo'ra]
**jämmerlich** ελεεινός [elei'nos]
**jammern** θρηνώ [θri'no], οδύρομαι [o'δirome]
**Januar** *m* Ιανουάριος [ianu'arios]
**je** ποτέ [po'te]; από [a'po]; **~ *nach*** αναλόγως [ana'loγos]; **~ *nachdem*** εξαρτάται [eksar'tate]; **~ ... *desto*** όσο ... τόσο ['oso ... 'toso]
**Jeans** *pl.* τζην [dzin] *n/pl.*
**jed|enfalls** εν πάση περιπτώσει [em'basi peri'ptosi]; **~er** κάθε ['kaθe], ο καθένας [o ka'θenas]; **~ermann** ο

313 **Kälte**

καθένας [o ka'θenas]; **~esmal** κάθε φορά ['kaθe fo'ra]
**jedoch** όμως ['omos], εντούτοις [en'dutis]
**Jeep** *m* τζιπ [dzip] *n*
**jemals** ποτέ [po'te]
**jemand** κάποιος ['kapjos], κανένας [ka'nenas]
**jen|er** εκείνος [e'kjinos]; **~seits** (εκεί) πέρα [(e'kji) 'pera]
**jetz|ig** τωρινός [tori'nos]; **~t** τώρα ['tora]
**Joghurt** *m* γιαούρτι [ja'urti]
**Journalist** *m* δημοσιογράφος [ðimosio'γrafos]
**Jub|el** *m* αγαλλίαση [aγa'liasi]; **≈eln** αγαλλιάζω [aγali'azo]; **~iläum** *n* επέτειος [e'petios] *f*
**juck|en: *es ~t mich*** έχω φαγούρα ['exo fa'γura]
**Jude** *m* Εβραίος [e'vreos]
**Jugend** *f* νιάτα ['njata] *n/pl.*; νεολαία [neo'lea]; **≈lich** νεανικός [neani'kos]; **~liche(r)** έφηβος ['efivos]
**Juli** *m* Ιούλιος [i'ulios]
**jung** νέος ['neos]; **≈e** *m* αγόρι [a'γori]; **≈frau** *f* παρθένα [par'θena]; **≈geselle** *m* εργένης [er'jenis]
**Jüngling** *m* νέος ['neos], νεανίας [nea'nias]
**Juni** *m* Ιούνιος [i'unios]
**Jury** *f* κριτική επιτροπή [kriti'ki epitro'pi]
**Justiz** *f* δικαιοσύνη [ðikjeo'sini]
**Juwel** *n* πετράδι [pe'traði]; **~ier** *m* κοσμηματοπώλης [kozmimato'polis]

# K

**Kabel** *n* καλώδιο [ka'loðio]
**Kabine** *f* καμπίνα [ka'bina]
**Kachel** *f* πλακάκι [pla'kaki]
**Käfer** *m* σκαθάρι [ska'θari]
**Kaffee** *m* καφές [ka'fes]; **~kanne** *f* καφετιέρα [kafe'tjera]; **~tasse** *f* φλιτζάνι [fli'dzani]
**Käfig** *m* κλουβί [klu'vi]
**kahl** (*Bäume*) γυμνός [ji'mnos]; (*Kopf*) φαλακρός [fala'kros]
**Kahn** *m* βάρκα ['varka]
**Kai** *m* προκυμαία [proki'mea]
**Kaiser** *m* αυτοκράτορας [af'to'kratoras]; **~reich** *n* αυτοκρατορία [aftokrato'ria]
**Kajüte** *f* καμπίνα [ka'bina]
**Kakao** *m* κακάο [ka'kao]
**Kalb(fleisch)** *n* μοσχάρι [mo'sxari]
**Kalender** *m* ημερολόγιο [imero'lojio]
**Kalk** *m* ασβέστης [a'zvestis]
**kalt** κρύος ['krios], ψυχρός [psi'xros]; ***es ist ~*** κάνει κρύο ['kani 'krio]; ***mir ist ~, ~ werden*** κρυώνω [kri'ono]; **~blütig** ψύχραιμος ['psixremos]
**Kälte** *f* κρύο ['krio], ψύχος ['psixos] *n*

**Kamel** *n* καμήλα [ka'mila]
**Kamera** *f Fot.* φωτογραφική μηχανή [fotoγrafi'ki mixa'ni]
**Kamerad** *m* σύντροφος ['sindrofos]
**Kamille** *f* χαμομήλι [xamo'mili]
**Kamin** *m* τζάκι ['dzaki], καμινάδα [kami'naδa], φουγάρο [fu'γaro]
**Kamm** *m* χτένα ['xtena]
**kämmen** χτενίζω [xte'nizo]
**Kammer** *f* κάμαρα ['kamara]; θάλαμος ['θalamos]; **~musik** *f* μουσική δωματίου [musi'ki δoma'tiu]
**Kampf** *m* αγώνας [a'γonas]; μάχη ['maçi]
**kämpf|en** αγωνίζομαι [aγo'nizome], παλεύω [pa'levo] (*um, für A*/ για [ja]); **2er** *m* αγωνιστής [aγoni'stis]
**Kanal** *m* κανάλι [ka'nali], διώρυγα [δi'oriγa]
**Kanarienvogel** *m* καναρίνι [kana'rini]
**Kaninchen** *n* κουνέλι [ku'neli]
**Kanister** *m* δοχείο [δo'çio]
**Kanne** *f* κανάτα [ka'nata]
**Kanone** *f* κανόνι [ka'noni], πυροβόλο [piro'volo]
**Kante** *f* άκρη ['akri]; κόρα ['kora]
**Kanzel** *f* άμβωνας ['amvonas]
**Kanzl|ei** *f* γραμματεία [γrama'tia]; **~er** *m* καγκελλάριος [kangje'larios]
**Kapell|e** *f* παρεκκλήσι [pare'klisi]; *Mus.* μπάντα ['banda]; **~meister** *m* μαέστρος [ma'estros]
**Kapital** *n* κεφάλαιο [kje'faleo]; **~anlage** *f* τοποθέτηση κεφαλαίων [topo'θetisi kjefa'leon]
**Kapitän** *m* πλοίαρχος ['pliarxos]; καπετάνιος [kape'tanjos]
**Kapitel** *n* κεφάλαιο [kje'faleo]
**Kapitell** *n* κιονόκρανο [kio'nokrano]
**Kappe** *f* σκούφια ['skufja]
**Kapsel** *f* κάψουλα ['kapsula]
**kaputt** *fam.* χαλασμένος [xala'zmenos]
**Kapuze** *f* κουκούλα [ku'kula]
**Karaffe** *f* καράφα [ka'rafa], φιάλη [fi'ali]
**Karbonade** *f* μπριζόλα [bri'zola]
**Karfreitag** *m* Μεγάλη Παρασκευή [me'γali paraskje'vi]
**kariert** καρό [ka'ro]
**Karneval** *m* αποκριές [apokri'es] *f/pl.*, καρναβάλι [karna'vali]
**Karotte** *f* καρότο [ka'roto]
**Karpfen** *m* κυπρίνος [ki'prinos]
**Karren** *m* κάρο ['karo], καροτσάκι [karo'tsaki]
**Karte** *f* κάρτα ['karta], χάρτης ['xartis]; (*Eintritts2*) εισιτήριο [isi'tirio]
**Kartei** *f* δελτιοθήκη [δeltio'θiki]

**Kartenspiel** *n* χαρτοπαίγνιο [xarto'peɣnio]
**Kartoffel** *f* πατάτα [pa'tata]
**Karussell** *n* αλογάκια [alo'ɣakja] *n/pl.*
**Käse** *m* τυρί [ti'ri]
**Kasse** *f* ταμείο [ta'mio]
**Kassierer** *m* ταμίας [ta'mias]
**Kastanie** *f* κάστανο ['kastano]; **~nbaum** *m* καστανιά [kasta'nja]
**Kasten** *m* κιβώτιο [ki'votio]
**Katalog** *m* λίστα ['lista], κατάλογος [ka'taloɣos]
**Katarrh** *m* καταρροή [kataro'i]
**Katastrophe** *f* καταστροφή [katastro'fi]
**Kategorie** *f* κατηγορία [katiɣo'ria]
**Kater** *m* γάτος ['ɣatos]
**Katholi|k** *m*, **≈sch** καθολικός [kaθoli'kos], δυτικός [ðiti'kos]
**Katze** *f* γάτα ['ɣata]
**kauen** μασώ (-άς) [ma'so]
**Kauf** *m* ψώνια ['psonja] *n/pl.*, αγορά [aɣo'ra]; **≈en** αγοράζω [aɣo'razo] (***bei** D*/ από [a'po])
**Käufer** *m* αγοραστής [aɣora'stis]
**Kaufhaus** *n* πολυκατάστημα [polika'tastima] *n*
**Kauf|mann** *m* έμπορος ['emboros]; **≈männisch** εμπορικός [embori'kos]
**kaum** μόλις ['molis]
**Kaution** *f* εγγύηση (-εις) [eŋ'giisi]
**Kautschuk** *m* καουτσούκ [kau'tsuk] *n*
**Kegel** *m* κώνος ['konos]; (*Spiel*) τσούνι ['tsuni]; **≈n** παίζω μπόουλιγκ ['pezo 'bouliŋg]
**Kehl|e** *f*, **~kopf** *m* λαρύγγι [la'riŋgi]
**Keil** *m* σφήνα ['sfina]
**Keim** *m* βλαστάρι [vla'stari], σπέρμα ['sperma] *n*; **≈en** βλαστάνω [vla'stano]; **≈frei** αποστειρωμένος [apostiro'menos]
**kein** κανένας [ka'nenas], ουδείς [u'ðis]; **~erlei** τίποτε ['tipote]; **~esfalls, ~eswegs** καθόλου [ka'θolu], διόλου [ði'olu]
**Keks** *m* μπισκότο [bis'koto]
**Kelch** *m* κύπελλο ['kipelo], κάλυκας ['kalikas]
**Kelle** *f* μυστρί [mi'stri]; (*Schöpf≈*) χουλιάρα [xu'ljara]
**Keller** *m* υπόγειο [i'pojio], αποθήκη [apo'θiki]
**Kellner** *m* γκαρσόν(ι) [gar'son(i)]
**kenn|en** ξέρω ['ksero], γνωρίζω [ɣno'rizo]; **~enlernen** γνωρίζω [ɣno'rizo]; **≈er** *m* γνώστης ['ɣnostis], ειδικός [iði'kos]; **≈tnis** *f* γνώση (-εις) ['ɣnosi]; **≈zeichen** *n* γνώρισμα ['ɣnorizma] *n*
**kentern** ναυαγώ [nava'ɣo]
**Keramik** *f* κεραμικά [kjerami'ka] *n/pl.*

**Kerbe** *f* χάραγμα ['xaraγma] *n*

**Kerl** *m*: ***gemeiner*** ~ παλιάνθρωπος [pa'ljanθropos]

**Kern** *m* κουκούτσι [ku'kutsi], πυρήνας [pi'rinas]

**Kern|-** ατομικός [atomi'kos], πυρηνικός [pirini'kos]; **~kraftwerk** *n* θερμοπυρηνικός σταθμός [θermopiri'kos staθ'mos]

**Kerze** *f* κερί [kje'ri]

**Kessel** *m* καζάνι [ka'zani], λέβητας ['levitas]

**Kette** *f* αλυσίδα [ali'siδa]

**keuch|en** αγκομαχώ [aŋgoma'xo], ασθμαίνω [as'θmeno]; **2husten** *m* κοκκύτης [ko'kitis]

**Keule** *f* μαγκούρα [maŋ'gura], ρόπαλο ['ropalo]; (*Fleisch*) μπούτι ['buti]

**keusch** αγνός [a'γnos]

**kichern** χαζογελώ (-άς) [xazoje'lo]

**Kiefer** *m* σαγόνι [sa'γoni]

**Kiefer** *f* πεύκο ['pefko]

**Kiel** *m Mar.* καρίνα [ka'rina]

**Kieme** *f* σπάραχνο ['sparaxno]

**Kies** *m* χαλίκι [xa'liki]

**Kilo|gramm** *n* χιλιόγραμμο [çi'ljoγramo]; **~meter** *m* χιλιόμετρο [çi'ljometro]; **~watt** *n* κιλοβάτ [kilo'vat] *n*

**Kind** *n* παιδί [pe'δi]

**Kinder|garten** *m* νηπιαγωγείο [nipiaγo'jio]; **~gärtnerin** *f* νηπιαγωγός [nipiaγo'γos] *f*; **~wagen** *m* αμαξάκι [ama'ksaki]

**Kind|heit** *f* παιδική ηλικία [peδi'ki ili'kia]; **2isch** παιδιάστικος [pe'δjastikos]; **2lich** παιδικός [peδi'kos]

**Kinn** *n* πιγούνι [pi'γuni]

**Kino** *n* σινεμά [sine'ma] *n*, κινηματογράφος [kinimato'γrafos]

**Kiosk** *m* κιόσκι ['kjoski], περίπτερο [pe'riptero]

**kippen** γέρνω ['jerno], κλονίζω [klo'nizo]

**Kirch|e** *f* εκκλησία [ekli'sia]; **~hof** *m* νεκροταφείο [nekrota'fio]; **2lich** εκκλησιαστικός [eklisiasti'kos]; **~turm** *m* καμπαναριό [kambanar'jo]

**Kirsch|baum** *m* κερασιά [kjera'sja]; **~e** *f* κεράσι [kje'rasi]

**Kissen** *n* μαξιλάρι [maksi'lari]

**Kiste** *f* κάσα ['kasa], κιβώτιο [ki'votio]

**Kitt** *m* στόκος ['stokos]

**Kittel** *m* ποδιά [po'δja]

**kitzeln** γαργαλεύω [γarγa'levo]

**klaffen** χάσκω ['xasko]

**Klage** *f* παράπονο [pa'rapono]; **2n** παραπονιέμαι [parapo'njeme]; *jur.* κάνω αγωγή ['kano aγo'ji]

**Kläg|er** *m* κατήγορος [ka'tiγoros]; **2lich** ελεεινός [elei'nos], άθλιος ['aθlios]

**Klammer** *f* γάντζος ['γandzos]; (*runde*) παρένθεση (-εις) [pa'renθesi]; (*eckige*) αγκύλη [aŋ'gili]

**Klang** *m* ήχος ['ixos]; **≗voll** εύηχος ['evixos]
**Klappe** *f* βαλβίδα [val'viða]
**klappern** κροταλίζω [krota'lizo]
**klar** διαφανής [ðiafa'nis] 2, καθαρός [kaθa'ros]
**klären** ξεκαθαρίζω [ksekaθa'rizo]; ***sich ~*** κατασταλάζω [katasta'lazo]
**Klar|heit** *f* διαύγεια [ði'avjia]; σαφήνεια [sa'finia]; **≗machen** εξηγώ [eksi'ɣo]; **≗stellen** διασαφηνίζω [ðiasafi'nizo]
**Klass|e** *f* τάξη (-εις) ['taksi]; **≗ifizieren** ταξινομώ [taksino'mo]; **≗isch** κλασ(σ)ικός [klasi'kos]
**Klatsch** *m* κουτσομπολιό [kutsobo'ljo]; **≗en** χειροκροτώ [çirokro'to]; *fig.* κουτσομπολεύω [kutsobo'levo]
**Klausel** *f* ρήτρα ['ritra]
**Klavier** *n* πιάνο ['pjano]; **~spieler** *m* πιανίστας [pja'nistas]
**kleb|en** κολλώ (-άς) [ko'lo]; **~rig** γλοιώδης [ɣli'oðis]; **≗stoff** *m* κόλλα ['kola]
**Klecks** *m* λεκές [le'kjes], μελανιά [mela'nja]
**Klee** *m* τριφύλλι [tri'fili]
**Kleid** *n* φόρεμα ['forema] *n*; (*Frau*) φουστάνι [fu'stani]; **≗en** ντύνω ['dino]
**Kleider|bügel** *m* κρεμαστάρι [krema'stari]; **~haken** *m* κρεμαστάρι [krema'stari]; **~schrank** *m* ντουλάπα [du'lapa]
**kleid|sam** ταιριαστός [terja'stos]; **≗ung** *f* φορεσιά [fore'sja], ενδυμασία [enðima'sia]
**klein** μικρός [mi'kros]; **≗geld** *n* ψιλά [psi'la] *n/pl.*; **≗heit** *f* μικρότητα [mi'krotita]; **≗igkeit** *f* μικροδουλειά [mikroðu'lja]; **~lich** μικροπρεπής [mikropre'pis] 2
**Kleinod** *n* κειμήλιο [ki'milio]
**Kleister** *m* αλευρόκολλα [ale'vrokola]
**Klemme** *f* στενοχώρια [steno'xorja]; ανάγκη [a'naŋgi]; **≗n** σφίγγω ['sfiŋgo]
**Klempner** *m* τενεκετζής [tenekje'dzis]
**Klette** *f* κολλητσίδα [koli'tsiða]
**klettern** σκαρφαλώνω [skarfa'lono], αναρριχώμαι [anari'xome]
**Klima** *n* κλίμα ['klima] *n*
**Klinge** *f* λάμα ['lama], λεπίδα [le'piða]
**Klingel** *f* κουδούνι [ku'ðuni]; **≗n** κουδουνίζω [kuðu'nizo]
**klingen** ηχώ [i'xo]
**Klini|k** *f* κλινική [klini'ki]; **≗sch** κλινικός [klini'kos]
**Klinke** *f* λαβή [la'vi]
**klipp:** ***~ und klar*** ορθά κοφτά [or'θa ko'fta]
**Klippe** *f* βράχος ['vraxos], σκόπελος ['skopelos]
**klirren** κροταλίζω [krota'lizo], ηχώ [i'xo]
**klopfen** χτυπώ (-άς) [xti'po]
**Klosett** *n* απόπατος [a'popa-

**Kloster** 318

tos], αποχωρητήριο [apoxo'ri'tirio]
**Kloster** *n* μοναστήρι [mona'stiri]
**Klotz** *m* κούτσουρο ['kutsuro]
**Kluft** *f* χαράδρα [xa'raðra], βάραθρο ['varaθro]
**klug** έξυπνος ['eksipnos]; **Sheit** *f* εξυπνάδα [eksi'pnaða]
**Klumpen** *m* όγκος ['oŋgos], βώλος ['volos]
**knabbern** τραγανίζω [traγa'nizo]
**Knabe** *m* αγόρι [a'γori]
**knacken** σπάζω ['spazo]
**Knall** *m* κρότος ['krotos]; **Sen** βροντώ (-άς) [vron'do]
**knapp** στενός [ste'nos]; *Adv.* μόλις ['molis]; (*Stil*) σύντομος ['sindomos]
**knarren** τρίζω ['trizo]
**Knäuel** *n, m* κουβάρι [ku'vari]
**knauserig** τσιγγούνης [tsiŋ'gunis]
**Knebel** *m* φίμωτρο ['fimotro]; **Sn** φιμώνω [fi'mono]; *fig.* υποδουλώνω [ipoðu'lono]
**Knecht** *m* δούλος ['ðulos]; **~schaft** *f* δουλεία [ðu'lia]
**kneif|en** τσιμπώ (-άς) [tsi'mbo]; **Szange** *f* τανάλια [ta'nalja], λαβίδα [la'viða]
**Kneipe** *f* ταβέρνα [ta'verna]
**kneten** ζυμώνω [zi'mono]; μαλάζω [ma'lazo]
**Knick** *m* δίπλα ['ðipla], ρήγμα ['riγma] *n*; **Sen** διπλώνω [ði'plono]
**Knie** *n* γόνατο ['γonato]; **Sn** γονατίζω [γona'tizo]; **~scheibe** *f* επιγονατίδα [epiγona'tiða]
**Kniff** *m* δίπλα ['ðipla]; *fig.* τέχνασμα ['texnazma] *n*
**knipsen** (*Fahrkarten*) τρυπώ (-άς) [tri'po]; *Fot.* φωτογραφίζω [fotoγra'fizo]
**knirschen** τρίζω ['trizo]
**knistern** τσιτσιρίζω [tsitsi'rizo]
**knittern** τσαλακώνω [tsala'kono]
**Knoblauch** *m* σκόρδο ['skorðo]
**Knöchel** *m* κότσι ['kotsi], αστράγαλος [a'straγalos]
**Knoch|en** *m* κόκαλο ['kokalo], οστό [o'sto]; **~enbruch** *m* σπάσιμο οστού ['spasimo o'stu]; **Sig** κοκαλιάρης [koka'ljaris], οστεώδης [oste'oðis] 2
**Knolle** *f* βολβός [vol'vos]
**Knopf** *m* κουμπί [ku(m)'bi]; **~loch** *n* κουμπότρυπα [ku(m)'botripa]
**Knospe** *f* μπουμπούκι [bu'buki]; **Sn** μπουμπουκιάζω [bubu'kjazo]
**Knoten** *m* κόμπος ['kombos], κόμβος ['komvos]
**knüpfen** συμπλέκω [sim'bleko]
**Knüppel** *m* μαγκούρα [maŋ'gura]
**knurren** (*Hund*) ουρλιάζω

[ur'ljazo]; (*Magen*) γουργουρίζει [γurγu'rizi]
**knusprig** ξεροψημένος [kseropsi'menos]
**Koch** *m* μάγειρας ['majiras]; **2en** μαγειρεύω [maji'revo]; βράζω ['vrazo]; **~er** *m* μπρίκι ['briki]; **~herd** *m* κουζίνα [ku'zina]
**Köchin** *f* μαγείρισσα [ma'jirisa]
**Kochtopf** *m* τέντζερες ['tendzeres], χύτρα ['çitra]
**Köder** *m* δόλωμα ['ðoloma] *n*; **2n** δελεάζω [ðele'azo]
**Koffer** *m* βαλίτσα [va'litsa]; **~radio** *n* φορητό ραδιόφωνο [fori'to ra'ðjofono]
**Kognak** *m* κονιάκ [ko'njak] *n*
**Kohl** *m* λάχανο ['laxano]
**Kohle** *f* κάρβουνο ['karvuno], άνθρακας ['anθrakas]; (*Stein*2) γαιάνθρακας [je'anθrakas]
**Kohlen|bergwerk** *n* ανθρακωρυχείο [anθrakori'çio]; **~hydrat** *n* υδατάνθρακας [iða'tanθrakas]; **~säure** *f* ανθρακικό οξύ [anθraki'ko o'ksi] *n*; **~stoff** *m* άνθρακας ['anθrakas]
**Kohlepapier** *n* καρμπόν [kar'bon]
**Koje** *f* καμπίνα [ka'bina], θάλαμος ['θalamos]
**Kokos|nuß** *f* ινδοκάρυδο [inðo'kariðo]; **~palme** *f* κοκκοφοίνικας [koko'finikas]
**Kolben** *m Tech.* έμβολο ['emvolo]; (*Gewehr*2) κόπανος ['kopanos]; **~ring** *m* δακτύλιος εμβόλου [ða'ktilios em'volu]
**Kolik** *f* κολικός [koli'kos]
**Kolleg|e** *m* συνάδελφος [si'naðelfos]; **~ium** *n* συνέδριο [si'neðrio]
**Kolonie** *f* αποικία [api'kia]
**Kombination** *f* συνδυασμός [sinðia'zmos]
**komisch** κωμικός [komi'kos]; παράξενος [pa'raksenos]
**Komma** *n* κόμμα ['koma] *n*
**Kommando** *n* διοίκηση (-εις) [ði'ikisi]; **~brücke** *f* γέφυρα του πλοίου ['jefira tu 'pliu]
**kommen** έρχομαι ['erxome]
**Komödie** *f* κωμωδία [komo'ðia]
**Kompaß** *m* μπούσουλας ['busulas], πυξίδα [pi'ksiða]
**Komponist** *m* συνθέτης [sin'θetis]
**Kompott** *n* κομπόστα [kom'bosta]
**kommunal** κοινοτικός [kinoti'kos]
**Konditor** *m* ζαχαροπλάστης [zaxaro'plastis]
**Konditorei** *f* ζαχαροπλαστείο [zaxaropla'stio]
**Kondom** *n* προφυλακτικό [profilakti'ko]
**Konferenz** *f* διάσκεψη [ði'askjepsi]
**Konflikt** *m* διαφωνία [ðiafo'nia], σύγκρουση (-εις) ['siŋgrusi]

**Kongreß** 320

**Kongreß** *m* συνέδριο [si'neðrio]
**König** *m* βασιλιάς [vasi'ljas], βασιλεύς [vasi'lefs]; **~in** *f* βασίλισσα [va'silisa]; **2lich** βασιλικός [vasili'kos]
**Konkurr|enz** *f* συναγωνισμός [sinaγoni'zmos]; **2ieren** (*mit*) ανταγωνίζομαι [andaγo'nizome] *A*
**Konkurs** *m* πτώχευση (-εις) ['ptoçefsi], χρεωκοπία [xreoko'pia]
**können** μπορώ [bo'ro], ξέρω ['ksero]
**konservativ** συντηρητικός [sindiriti'kos]
**Konsonant** *m* σύμφωνο ['simfono]
**Konsul** *m* πρόξενος ['proksenos]; **~at** *n* προξενείο [prokse'nio]
**Kontakt** *m* επαφή [epa'fi]
**Konto** *n* λογαριασμός [loγarja'zmos]; **~auszug** *m* απόσπασμα *n* λογαριασμού [a'pospazma loγarja'zmu]
**Kontroll|e** *f* έλεγχος ['eleŋxos]; **2ieren** ελέγχω [e'leŋxo]
**Konzern** *m* τραστ [trast] *n*
**Konzert** *n* συναυλία [sina'vlia]
**Kopf** *m* κεφάλι [kje'fali], κεφαλή [kjefa'li]; **~hörer** *m* (*Radio*) ακουστικό [akusti'ko]; **~kissen** *n* μαξιλάρι [maksi'lari]; **~salat** *m* μαρούλι [ma'ruli]; **~schmerz** *m* πονοκέφαλος [pono'kjefalos]; **~sprung** *m* βουτιά με το κεφάλι [vu'tja me to kje'fali]; **2über** με το κεφάλι μπροστά [me to kje'fali bro'sta]
**Kopie** *f* κόπια ['kopja], αντίγραφο [an'diγrafo]
**koppeln** συνδυάζω [sinði'azo]
**Korb** *m* καλάθι [ka'laθi]
**Korinthe** *f* σταφίδα [sta'fiða]
**Kork** *m* φελλός [fe'los]; **~en** *m* τάπα ['tapa]; **~enzieher** *m* τιρμπουσόν [tirbu'son]
**Korn** *n* σπυρί [spi'ri]; (*Getreide*) σιτάρι [si'tari]
**Körper** *m* κορμί [kor'mi], σώμα ['soma] *n*; **~bau** *m* κορμοστασιά [kormosta'sja]; **2lich** σωματικός [somati'kos]
**korrekt** ακριβής [akri'vis] 2
**Korrektur** *f* διόρθωση (-εις) [ði'orθosi]
**Korrespond|ent** *m* (*Zeitung*) απεσταλμένος [apestal'menos]; **~enz** *f* αλληλογραφία [aliloγra'fia]; **2ieren** αλληλογραφώ [aliloγra'fo]
**Korridor** *m* διάδρομος [ði'aðromos]
**korrigieren** διορθώνω [ðior'θono]
**korrupt** διεφθαρμένος [ðiefθar'menos]
**Kost** *f* τροφή [tro'fi]; **2bar** πολύτιμος [po'litimos]; **2en** κοστίζω [ko'stizo]; (*Speisen*) δοκιμάζω [ðoki'mazo]
**Kosten** *pl.* έξοδα ['eksoða]

321 Kreis

*n/pl.*; **~anschlag** *m* προϋπολογισμός [proipoloji'zmos]; **&frei** δωρεάν [ðore'an]
**köstlich** εξαίσιος [e'ksesios]
**kostspielig** πολυέξοδος [poli'eksoðos]
**Kot** *m* κοπριά [kopri'a]; *Med.* περιττώματα [peri'tomata] *n/pl.*
**Kotelett** *n* κοτολέτα [koto'leta]
**Kotflügel** *m* φτερό [fte'ro]
**kotzen** *fam.* ξερνώ (-άς) [kser'no]
**Krach** *m* κρότος ['krotos]; καβγάς [ka'vγas]; **&en** θορυβώ [θori'vo]
**Kraft** *f* δύναμη (-εις) ['ðinami]; **&** *prp.* (*G*) δυνάμει [ði'nami] *G*; **~brühe** *f* ζουμί [zu'mi], ζωμός [zo'mos]; **~fahrer** *m* αυτοκινητιστής [aftokiniti'stis]; **~fahrzeug** *n* αυτοκίνητο [afto'kinito]
**kräftig** γερός [je'ros], δυνατός [ðina'tos]; **~en** δυναμώνω [ðina'mono], ενισχύω [eni'sçio]
**kraft|los** ανίσχυρος [a'nisçiros]; **&wagen** *m* αυτοκίνητο [afto'kinito]; **&werk** *n* ηλεκτρικό εργοστάσιο [ilektri'ko erγo'stasio]
**Kragen** *m* (*Hemd&*) κολάρο [ko'laro]; (*Mantel&*) γιακάς [ja'kas]
**Krähe** *f* καρακάξα [kara'kaksa]; **&n** λαλώ [la'lo]
**Kralle** *f* νύχι ['niçi]
**Krampf** *m* σπασμός [spa'zmos]; (*Muskel&*) κράμπα ['kramba]
**Kran** *m* γερανός [jera'nos]
**krank** άρρωστος ['arostos], ασθενής [asθe'nis] 2; **~ werden** αρρωσταίνω [aro'steno]
**kränken** προσβάλλω [pro'zvalo]
**Kranken|haus** *n* νοσοκομείο [nosoko'mio]; **~schwester** *f* νοσοκόμα [noso'koma]; **~wagen** *m* ασθενοφόρο [asθeno'foro]
**krank|haft** νοσηρός [nosi'ros]; **&heit** *f* αρρώστια [a'rostja]
**kränklich** αρρωστιάρικος [aro'stjarikos], φιλάσθενος [fi'lasθenos]
**Kranz** *m* στεφάνι [ste'fani]
**Krater** *m* κρατήρας [kra'tiras]
**kratzen** γρατσουνίζω [γratsu'nizo]
**kraus** σγουρός [zγu'ros], κατσαρός [katsa'ros]
**Kraut** *n* χόρτο ['xorto], βοτάνι [vo'tani]
**Krawall** *m* καβγάς [ka'vγas], οχλοβοή [oxlovo'i]
**Krawatte** *f* γραβάτα [γra'vata], λαιμοδέτης [lemo'ðetis]
**Krebs** *m* κάβουρας ['kavuras]; *Med.* καρκίνος [kar'kinos]
**Kredit** *m* πίστωση (-εις) ['pistosi]
**Kreide** *f* κιμωλία [kimo'lia]
**Kreis** *m* κύκλος ['kiklos]

**kreischen** στριγγλίζω [striŋ'glizo]
**kreis|en** περιστρέφομαι [peri'strefome]; **~förmig** κυκλικός [kikli'kos]; **2lauf** *m* κυκλοφορία [kiklofo'ria]
**Krem** *f* κρέμα ['krema]
**Kreuz** *n* σταυρός [sta'vros]; **2en** διασταυρώνω [ðiasta'vrono]; *Mar.* περιπλέω [peri'pleo]; **~er** *m Mar.* καταδρομικό [kataðromi'ko]; **~fahrt** *f* κρουαζιέρα [krua'zjera]; **2igen** σταυρώνω [sta'vrono]; **~otter** *f* όχεντρα ['oçendra], έχιδνα ['eçiðna]; **~ung** *f* διασταύρωση (-εις) [ðia'stavrosi]; **~worträtsel** *n* σταυρόλεξο [sta'vrolekso]
**kriechen** σέρνομαι ['sernome], έρπω ['erpo]
**Krieg** *m* πόλεμος ['polemos]; **~er** *m* πολεμιστής [polemi'stis]; **2erisch** πολεμικός [polemi'kos]
**Kriegs|beschädigte(r)** *m* ανάπηρος [a'napiros]; **~dienst** *m* στρατιωτική υπηρεσία [stratioti'ki ipire'sia]; **~erklärung** *f* κήρυξη πολέμου ['kiriksi po'lemu]; **~gefangene(r)** *m* αιχμάλωτος [ex'malotos]; **~gefangenschaft** *f* αιχμαλωσία [exmalo'sia]; **~schiff** *n* πολεμικό [polemi'ko]; **~verbrecher** *m* εγκληματίας πολέμου [eŋglima'tias po'lemu]
**Kriminal|ität** *f* εγκληματικότητα [eŋglimati'kotita]; **~polizei** *f* Ασφάλεια [a'sfalia]
**Krippe** *f* φάτνη ['fatni]
**Krise** *f* κρίση (-εις) ['krisi]
**Kriti|ker** *m*, **2sch** κριτικός [kriti'kos]; **2sieren** επικρίνω [epi'krino]
**Krone** *f* κορώνα [ko'rona] (*a. Zahn2*); στέμμα ['stema] *n*
**krönen** στέφω ['stefo]; βραβεύω [vra'vevo]
**Kröte** *f* φρύνος ['frinos]
**Krücke** *f* δεκανίκι [ðeka'niki]
**Krug** *m* στάμνα ['stamna]
**Krume** *f* ψίχα ['psixa], ψίχουλο ['psixulo]
**krumm** κυρτός [ki'rtos], καμπύλος [kam'bilos]
**krümmen** καμπουριάζω [kambur'jazo], κυρτώνω [kir'tono]
**Krüppel** *m* σακάτης [sa'katis], ανάπηρος [a'napiros]
**Kruste** *f* κόρα ['kora], φλούδα ['fluða]
**Kübel** *m* κουβάς [ku'vas], κάδος ['kaðos]
**Kubikmeter** *m* κυβικό μέτρο [kivi'ko 'metro]
**Küche** *f* κουζίνα [ku'zina], μαγειρείο [maji'rio]
**Kuchen** *m* πάστα ['pasta], γλυκό [γli'ko]; **~bäcker** *m* ζαχαροπλάστης [zaxaro'plastis]
**Küchengeschirr** *n* μαγειρικά σκεύη [majiri'ka 'skjevi] *n/pl.*
**Kuckuck** *m* κούκος ['kukos]

**Kugel** *f* σφαίρα ['sfera]; (*Billard*~) μπίλια ['bilja]; (*Gewehr*~) βόλι ['voli]; (*Kanonen*~) βλήμα ['vlima] *n*; ~**förmig** σφαιροειδής [sferoi'ðis] 2; **~schreiber** *m* μολύβι διαρκείας [mo'livi ðiar'kias]

**Kuh** *f* αγελάδα [aje'laða]

**kühl** δροσερός [ðrose'ros]; ~**anlage** *f* ψυκτική εγκατάσταση [psikti'ki eŋga'tastasi]; ~**e** *f* δροσιά [ðro'sja], ψύχρα ['psixra]; **~en** δροσίζω [ðro'sizo]; ~**er** *m* (*Auto*) ψυγείο [psi'jio]; ~**schrank** *m* ψυγείο [psi'jio]

**kühn** τολμηρός [tolmi'ros]; ~**heit** *f* τόλμη ['tolmi]

**Küken** *n* κλωσσοπούλι [kloso'puli]

**Kultur** *f* πολιτισμός [politi'zmos], καλλιέργεια [kali'erjia]

**Kummer** *m* έγνοια ['eγnja]

**kümmer|lich** φτωχικός [ftoçi'kos]; **~n: *sich* ~*n um*** φροντίζω για [fron'dizo ja]

**Kund|e** *m* πελάτης [pe'latis]; ~**ig** έμπειρος ['embiros]

**kündig|en** διαλύω (συμφωνία) [ðia'lio (simfo'nia)]; ~**ung** *f* αναγγελία [anaŋgje'lia], απόλυση (-εις) [a'polisi]

**Kundschaft** *f* πελατεία [pela'tia]

**künftig** μελλοντικός [melondi'kos]

**Kunst** *f* τέχνη ['texni], καλλιτεχνία [kalite'xnia]; **~dünger** *m* χημικό λίπασμα [çimi'ko 'lipazma] *n*; **~gewerbe** *n* βιοτεχνία λαϊκής τέχνης [viote'xnia lai'kis 'texnis]

**Künst|ler** *m* καλλιτέχνης [kali'texnis]; **~lerin** *f* καλλιτέχνιδα [kali'texniða]; ~**lerisch** καλλιτεχνικός [kalitexni'kos]; ~**lich** τεχνητός [texni'tos]; ψεύτικος ['pseftikos], συνθετικός [sinθeti'kos]

**Kunst|seide** *f* τεχνητό μετάξι [texni'to me'taksi]; **~stück** *n* τέχνασμα ['texnazma] *n*; ~**voll** καλλιτεχνικός [kalitexni'kos]; **~werk** *n* καλλιτέχνημα [kali'texnima] *n*

**Kupfer** *n* μπακίρι [ba'kiri], χαλκός [xal'kos]; **~schmied** *m* χαλκωματάς (-άδες) [xalkoma'tas]; **~stich** *m* χαλκογραφία [xalkoγra'fia]

**Kuppel** *f* θόλος ['θolos] *f*

**Kupplung** *f* (*Auto*) συμπλέκτης [sim'blektis]

**Kur** *f* θεραπεία [θera'pia]

**Kurbel** *f* μανιβέλα [mani'vela], λοστός [lo'stos]; **~welle** *f* στροφαλοφόρος άξονας [strofalo'foros 'aksonas]

**Kürbis** *m* κολοκύθι [kolo'kiθi]

**Kurort** *m* λουτρόπολη (-εις) [lu'tropoli]

**Kurs** *m* (*Geld*) τρέχουσα τιμή ['trexusa ti'mi]; (*Richtung*) κατεύθυνση (-εις) [ka'tef-

θinsi]; (*Kursus*) μάθημα ['maθima] *n*; **~buch** *n* δρομολόγιο [ðromo'lojio]; **~wagen** *m* κατ' ευθείαν (βαγόνι) [kate'fθian (va'γoni)]
**Kurve** *f* στροφή [stro'fi]
**kurz** κοντός [kon'dos], βραχύς [vra'çis], σύντομος ['sindomos]; ***in ~em*** σε λίγο [se 'liγo]; ***vor ~em*** προ ολίγου [pro o'liγu], μόλις ['molis]
**Kürz|e** *f* βραχύτητα [vra'çitita]; συντομία [sindo'mia]; **≗en** κονταίνω [ko'ndeno]; συντομεύω [sindo'mevo]; **≗lich** προ ολίγου [pro o'liγu]
**Kurz|schluß** *m* βραχυκύκλωμα [vraçi'kikloma] *n*; **~schrift** *f* στενογραφία [stenoγra'fia]; **≗sichtig** κοντόφθαλμος [kon'dofθalmos], μύωπας ['miopas]; **~welle** *f* βραχύ κύμα [vra'çi 'kima] *n*
**Kuß** *m* φιλί [fi'li], φίλημα ['filima] *n*
**küssen** φιλώ (-άς) [fi'lo]
**Küste** *f* ακρογιαλιά [akroja'lja], ακτή [a'kti]
**Kutsche** *f* καρότσα [ka'rotsa], άμαξα ['amaksa]; **~r** *m* αμαξάς (-άδες) [ama'ksas]

# L

**labil** ασταθής [asta'θis] 2
**Labor** *n*, **Laboratorium** *n* εργαστήριο [erγa'stirio]
**lächeln** χαμογελώ (-άς) [xamoje'lo], μειδιώ (-άς) [miði'o]; **≗** *n* χαμόγελο [xa'mojelo], μειδίαμα [mi'ðiama] *n*
**lachen** γελώ (-άς) [je'lo]
**lächerlich** γελοίος [je'lios]; ***~ machen*** γελοιοποιώ [jeliopi'o]
**Lachs** *m* σολομός [solo'mos]
**Lack** *m* βερνίκι [ver'niki]; **≗ieren** λουστράρω [lu'straro], βερνικώνω [verni'kono]
**laden** φορτώνω [for'tono]; καλώ [ka'lo]
**Laden** *m* μαγαζί [maγa'zi], κατάστημα [ka'tastima] *n*; **~tisch** *m* πάγκος ['paŋgos]
**Ladung** *f* φόρτωμα ['fortoma] *n*
**Lage** *f* θέση (-εις) ['θesi]; τοποθεσία [topoθe'sia]; κατάσταση (-εις) [ka'tastasi]; (*Schicht*) στοίβα ['stiva], στρώμα ['stroma] *n*; ***in der ~ sein*** είμαι σε θέση ['ime se 'θesi]
**Lager** *n* στρώμα ['stroma] *n*, κρεβάτι [kre'vati]; *Mil.* στρατόπεδο [stra'topeðo]; (*Waren≗*) αποθήκη [apo'θiki]
**lahm** παράλυτος [pa'ralitos], χωλός [xo'los]
**lähm|en** παραλύω [para'lio]; **≗ung** *f* παράλυση [pa'ralisi]

**Laie** *m* μη ειδικός [mi iði'kos]; λαϊκός [lai'kos]
**Laken** *n* σεντόνι [sen'doni]
**Lamm** *n* αρνί [ar'ni]; (*Fleisch*) αρνάκι [ar'naki]
**Lampe** *f* λάμπα ['lamba]
**Lampen|fieber** *n* τρακ [trak] *n*; **~schirm** *m* αμπαζούρ [aba'zur] *n*
**Land** *n* χώρα ['xora], εξοχή [ekso'çi], στεριά [ster'ja]; **~arbeiter** *m* αγροτοεργάτης [aɣrotoer'ɣatis]; **≈en** αράζω [a'razo], προσορμίζομαι [prosor'mizome]; *Flgw.* προσγειώνομαι [prozji'onome]; **~enge** *f* ισθμός [isθ'mos]; **~flucht** *f* αστυφιλία [astifi'lia]; **~karte** *f* χάρτης ['xartis]
**ländlich** αγροτικός [aɣroti'kos]; εξοχικός [eksoçi'kos]
**Land|schaft** *f* τοπίο [to'pio]; **~smann** *m* (συμ)πατριώτης [simbatri'otis]; **~ung** *f Mar.* προσόρμιση (-εις) [pro'sormisi]; *Flgw.* προσγείωση (-εις) [proz'jiosi]; **~ungsplatz** *m* σκάλα ['skala], αποβάθρα [apo'vaθra]
**Landwirt** *m* αγρότης [a'ɣrotis]; **~schaft** *f* γεωργία [jeor'jia]; **≈schaftlich** γεωργικός [jeorji'kos]
**lang** μακρύς [ma'kris]; **~e** πολύν καιρό [po'liŋgje'ro]; ***wie ~e?*** πόσον καιρό ['posoŋgje'ro]
**Länge** *f* μάκρος ['makros] *n*, μήκος ['mikos] *n*
**Langeweile** *f* πλήξη ['pliksi]
**läng|lich** μακρουλός [makru'los], επιμήκης [epi'mikis] 2; **~s** κατά μήκος [kata 'mikos]
**langsam** αργός [ar'ɣos], βραδύς [vra'ðis]
**längst** προ πολλού [pro po'lu]
**langweil|en:** ***sich ~en*** βαριέμαι [var'jeme]; **~ig** πληκτικός [plikti'kos]
**Lanze** *f* κοντάρι [kon'dari], λόγχη ['loŋçi]
**Lappen** *m* κουρέλι [ku'reli]
**Lärm** *m* θόρυβος ['θorivos]; **≈en** θορυβώ [θori'vo]; **≈end** θορυβώδης [θori'voðis] 2
**lassen** αφήνω [a'fino]
**lässig** αδρανής [aðra'nis] 2, νωθρός [no'θros]; **≈keit** *f* αμέλεια [a'melia]
**Last** *f* βάρος ['varos] *n*, φορτίο [for'tio]; **~auto** *n* καμιόνι [ka'mjoni], φορτηγό αυτοκίνητο [forti'ɣo afto'kinito]; **≈en** βαραίνω [va'reno]
**Laster** *n* βίτσιο ['vitsjo]; **≈haft** κακοήθης [kako'iθis] 2
**läst|ern** βλασφημώ [vlasfi'mo]; **~ig** ενοχλητικός [enoxliti'kos]
**Lastkraftwagen** *m* καμιόνι [ka'mjoni], φορτηγό [forti'ɣo]
**Latein** *n* λατινικά [latini'ka] *n/pl.*
**Laterne** *f* φανάρι [fa'nari], φανός [fa'nos]; **~npfahl** *m* φανοστάτης [fano'statis]
**Latte** *f* δοκάρι [ðo'kari]

**lau, ~warm** χλιαρός [xlia'ros]; *fig.* αδιάφορος [a'ðjaforos]
**Laub** *n* φύλλωμα ['filoma] *n*; **~e** *f* κρεβατίνα [kreva'tina]
**lauern** παραμονεύω [paramo'nevo]
**Lauf** *m* τρέξιμο ['treksimo], δρόμος ['ðromos]; (*Gewehr*2) κάννη ['kani]; **~bahn** *f* πίστα ['pista], στίβος ['stivos]; *fig.* σταδιοδρομία [staðioðro'mia]; **2en** τρέχω ['trexo]
**Läufer** *m* δρομέας [ðro'meas]
**Laufmasche** *f* πόντος ['pondos]
**Laune** *f* κέφι ['kjefi], διάθεση (-εις) [ði'aθesi]; **2nhaft** καπριτσιόζος [kapri'tsjozos]
**Laus** *f* ψείρα ['psira]
**lausch|en** κρυφακούω [krifa'kuo]; **2er** *m* ωτακουστής [otaku'stis]
**Laut** *m* ήχος ['ixos]; φθόγγος ['fθoŋgos]
**laut** δυνατός [ðina'tos]; *prp.* (*G*) κατά [ka'ta] *A*, σύμφωνα με ['simfona me] *A*; **~en** λέγομαι ['leγome]
**läuten** κουδουνίζω [kuðu'nizo]
**lauter** ακέραιος [a'kjereos]; **2keit** *f* ακεραιότητα [akjere'otita]
**läutern** εξαγνίζω [eksa'γnizo]
**laut|los** άφωνος ['afonos]; **2sprecher** *m* μεγάφωνο [me'γafono]; **2stärke** *f* ένταση (-εις) ['endasi]
**Lavendel** *m* λεβάντα [le'vanda]
**Lawine** *f* χιονοστιβάδα [çonosti'vaða]
**Lazarett** *n* στρατιωτικό νοσοκομείο [stratjoti'ko nosoko'mio]
**leben** ζω [zo] (**von**/ με [me], από [a'po]); **2** *n* ζωή [zo'i]; βίος ['vios]; **~dig** ζωντανός [zonda'nos]; *fig.* ζωηρός [zoi'ros]; **2digkeit** *f* ζωηρότητα [zoi'rotita]
**Lebens|alter** *n* ηλικία [ili'kia]; **~beschreibung** *f* βιογραφία [vioγra'fia]; **~fähigkeit** *f* ζωτικότητα [zoti'kotita]; **~gefahr** *f* κίνδυνος ζωής ['kinðinos zo'is]; **2länglich** ισόβιος [i'sovios]; **~lauf** *m* βιογραφία [vioγra'fia]; **~mittel** *n/pl.* τρόφιμα ['trofima] *n/pl.*; **~standard** *m* βιωτικό επίπεδο [vioti'ko e'pipeðo]; **~unterhalt** *m* πόροι *m/pl.* ζωής ['pori zo'is]; **~versicherung** *f* ασφάλεια ζωής [a'sfalia zo'is]; **~wandel** *m* συμπεριφορά [simberifo'ra]
**Leber** *f* συκώτι [si'koti], ήπαρ ['ipar] *n*
**Leb|ewesen** *n* ζωντανό ον [zonda'no on]; **2haft** ζωηρός [zoi'ros]; **~haftigkeit** *f* ζωηρότητα [zoi'rotita]
**Lebkuchen** *m* μελόπι(τ)τα [me'lopita]
**leblos** άψυχος ['apsixos]

**Leck** *n* ρήγμα (πλοίου) ['riγma ('pliu)] *n*

**lecke|n** γλείφω ['γlifo]; **~r** νόστιμος ['nostimos], ορεκτικός [orekti'kos]; **2rmaul** *n* λιχουδιάρης [lixu'ðjaris]

**Leder** *n* πετσί [pe'tsi], δέρμα ['ðerma] *n*; **~waren** *f/pl.* δερμάτινα [ðer'matina] *n/pl.*

**ledig** ελεύθερος [e'lefθeros]; (*unverheiratet*) άγαμος ['aγamos]

**leer** άδειος ['aðjos], κενός [kje'nos]; **2e** *f* κενό [kje'no]; **~en** αδειάζω [a'ðjazo], εκκενώνω [ekje'nono]

**legen** βάζω ['vazo], θέτω ['θeto]; (*Eier*) γεννώ (-άς) [je'no]; ***sich* ~** πλαγιάζω [pla'jazo], ξαπλώνομαι [ksa'plonome]; (*Wind*) πέφτω ['pefto], κοπάζω [ko'pazo]

**Legierung** *f* κράμα ['krama] *n*

**Lehm** *m* λάσπη ['laspi], πηλός [pi'los]; **2ig** λασπώδης [la'spoðis] 2

**Lehn|e** *f* ακουμπιστήρι [akumbi'stiri], πλάτη ['plati]; **2en: *sich* 2en** ακουμπώ (-άς) [akum'bo] (***an*** *A*/ σε [se]), στηρίζομαι [sti'rizome]; **~stuhl** *m* πολυθρόνα [poli'θrona]

**Lehr|buch** *n* διδακτικό βιβλίο [ðiðakti'ko vi'vlio]; **~e** *f* διδασκαλία [ðiðaska'lia]; **2en** μαθαίνω [ma'θeno], διδάσκω [ði'ðasko]; **~er** *m* (δι)δάσκαλος [(ði)'ðaskalos]; (*Volksschul-*) δημοδιδάσκαλος [ðimoði'ðaskalos]; **~erin** *f* δασκάλα [ða'skala], διδασκάλισσα [ðiða'skalisa]; **~gang** *m* κύκλος μαθημάτων ['kiklos maθi'maton]; **~ling** *m* μαθητευόμενος [maθite'vomenos]; **2reich** διδακτικός [ðiðakti'kos]; **~satz** *m* θεώρημα [θe'orima] *n*; **~stelle** *f* θέση μαθητείας ['θesi maθi'tias]; **~zeit** *f* μαθητεία [maθi'tia]

**Leib** *m* κορμί [kor'mi], σώμα ['soma] *n*; (*Bauch*) κοιλιά [ki'lja]; **~esübungen** *f/pl.* γυμναστική [jimnasti'ki], σπορ [spor] *n*; **2lich** σωματικός [somati'kos]; **~schmerzen** *m/pl.* κοιλόπονος [ki'loponos], κόψιμο ['kopsimo]; **~wäsche** *f* ασπρόρουχα [a'sproruxa] *n/pl.*

**Leiche** *f* λείψανο ['lipsano], πτώμα ['ptoma] *n*

**Leichen|begängnis** *n* κηδεία [ki'ðia]; **~halle** *f* νεκροτομείο [nekroto'mio]; **~wagen** *m* νεκροφόρα [nekro'fora]

**leicht** ελαφρός [ela'fros]; εύκολος ['efkolos]; **2athletik** *f* αθλητισμός [aθliti'zmos]; **2igkeit** *f* ευκολία [efko'lia]; **2sinn** *m* απερισκεψία [aperiskje'psia]; **~sinnig** ελαφρόμυαλος [ela'fromjalos]

**Leid** *n* πόνος ['ponos], δυστυχία [ðisti'çia]; ***es tut mir* 2**

λυπάμαι [li'pame]; **2en** πάσχω ['pasxo]; υποφέρω [ipo'fero] (***an, unter*** *D*/ από [a'po]); **~en** *n* πάθηση (-εις) ['paθisi], πάθη ['paθi] *n*/*pl*.; **~enschaft** *f* πάθος ['paθos] *n*; **2enschaftlich** εμπαθής [emba'θis] 2; ενθουσιώδης [enθusi'oδis] 2; **2er** δυστυχώς [δisti'xos]

**Leih|bibliothek** *f* δανειστική βιβλιοθήκη [δanisti'ki vivlio'θiki]; **2en** δανείζω [δa'nizo]; **2weise** δανεικά [δani'ka]

**Leim** *m* κόλλα ['kola]; **2en** κολλώ (-άς) [ko'lo]

**Leine** *f* σχοινί [sçi'ni]

**Lein|en** *n* λινό [li'no]; **~wand** *f* (*Film-*) οθόνη [o'θoni]

**leise** σιγανός [siγa'nos]; *Adv*. σιγά [si'γa]

**leisten** παρέχω [pa'rexo]; κατορθώνω [kator'θono]

**Leisten** *m* καλαπόδι [kala'poδi]; **~bruch** *m Med*. κήλη ['kili]

**Leistung** *f* απόδοση [a'poδosi]; **~sfähigkeit** *f* αποδοτικότητα [apoδoti'kotita]

**Leit|artikel** *m* κύριο άρθρο ['kirio 'arθro]; **2en** οδηγώ [oδi'γo], διευθύνω [δief'θino]; **~er** *m* διευθυντής [δiefθin'dis]; *Elektr*. αγωγός [aγo'γos]; **~er** *f* σκάλα ['skala], κλίμακα ['klimaka]; **~ersprosse** *f* σκαλοπάτι [skalo'pati], βαθμίδα [vaθ'miδa]; **~ung** *f* διεύθυνση (-εις) [δi'efθinsi]; (*Wasserleitung, Elektr*.) αγωγός [aγo'γos]

**Lek|tion** *f* μάθημα ['maθima] *n*; **~tor** *m* λέκτορας ['lektoras]; **~türe** *f* ανάγνωσμα [a'naγnozma] *n*

**Lende** *f* ισχίο [i'sçio]

**lenk|en** διευθύνω [δief'θino]; (*Auto*) οδηγώ [oδi'γo]; (*Staat*) διοικώ [δii'ko]; **2rad** *n* βολάν [vo'lan] *n*; **2stange** *f* τιμόνι [ti'moni]

**Lerche** *f* κορυδαλός [koriδa'los]

**lernen** μαθαίνω [ma'θeno]

**les|bar** ευανάγνωστος [eva'naγnostos]; **2ebuch** *n* αναγνωστικό [anaγnosti'ko]; **~en** διαβάζω [δja'vazo]; **2er** *m* αναγνώστης [ana'γnostis]

**letzte** τελευταίος [tele'fteos]

**leucht|en** φέγγω ['feŋgo], λάμπω ['lambo]; **~end** λαμπερός [lambe'ros]; **2er** *m* πολυέλαιος [poli'eleos]; **2feuer** *n* φωτεινό σινιάλο [foti'no si'njalo]; **2röhre** *f* στήλη φωτισμού ['stili foti'zmu]; **2turm** *m* φάρος ['faros]

**leugnen** αρνιέμαι [ar'njeme]

**Leute** *pl*. άνθρωποι ['anθropi] *m*/*pl*., κόσμος ['kozmos]

**Lexikon** *n* λεξικό [leksi'ko]

**Licht** *n* φως [fos]; **2** φωτεινός [foti'nos]; **~bild** *n* φωτογραφία [fotoγra'fia]; **2en** (*Anker*) σηκώνω [si'kono]; ***sich*** **2en** αιθριάζω [eθri'azo];

329 lochen

**~maschine** *f* δυναμό [ðina'mo]; **~schalter** *m* διακόπτης [ðia'koptis]; **~strahl** *m* (φωτεινή) αχτίδα [(foti'ni) a'xtiða], ακτίνα [a'ktina]; **~ung** *f* ξέφωτο ['ksefoto]

**Lid** *n* βλέφαρο ['vlefaro]

**lieb** αγαπητός [aγapi'tos]; **&e** *f* αγάπη [a'γapi], έρωτας ['erotas]; έρως ['eros]; **~en** αγαπώ (-άς) [aγa'po]; **~enswürdig** αξιαγάπητος [aksia'γapitos]; **&enswürdigkeit** *f* ευγένεια [ev'jenia]; **~er** καλύτερα [ka'litera], μάλλον ['malon]; **&esbrief** *m* ραβασάκι [rava'saki], ερωτικό γράμμα [eroti'ko 'γrama] *n*; **&espaar** *n* ζευγαράκι [zevγa'raki]; **~evoll** φιλόστοργος [fi'lostorγos]; **&haber** *m* εραστής [era'stis]; *fig.* ερασιτέχνης [erasi'texnis]; **~kosen** χαϊδεύω [xai'ðevo]; **~lich** χαριτωμένος [xarito'menos]; **&ling** *m* μονάκριβος [mo'nakrivos], ευνοούμενος [evno'umenos]; **~los** άστοργος ['astorγos]; **&ste(r)** *m* αγαπημένος [aγapi'menos]; **&ste** *f* αγαπημένη [aγapi'meni]

**Lied** *n* τραγούδι [tra'γuði]

**liederlich** ακατάστατος [aka'tastatos]

**Liefer|ant** *m* προμηθευτής [promiθe'ftis]; **&n** προμηθεύω [promi'θevo]

**Liege** *f* ξαπλωτούρα [ksaplo'tura]; **&n** είμαι ξαπλωμένος ['ime ksaplo'menos]; **&nlassen** αφήνω [a'fino]; ξεχνώ (-άς) [kse'xno]; **~stuhl** *m* ξαπλωτούρα [ksaplo'tura]; **~wagen** *m* κουκέτα [ku'kjeta]

**Lift** *m* ασανσέρ [asan'ser] *n*

**Likör** *m* λικέρ [li'kjer] *n*

**Limonade** *f* λεμονάδα [lemo'naða]

**Linde** *f* φλαμουριά [flamu'rja], φιλύρα [fi'lira]

**linder|n** ανακουφίζω [anaku'fizo]; **&ung** *f* ανακούφιση [ana'kufisi]

**Lin|eal** *n* χαράκι [xa'raki]; **~ie** *f* γραμμή [γra'mi]; **&iieren** χαρακώνω [xara'kono]

**link|e(r)** αριστερός [ariste'ros]; **~isch** αδέξιος [a'ðeksios]; **~s** αριστερά [ariste'ra]

**Linse** *f* φακή [fa'ki]; φακός [fa'kos]

**Lippe** *f* χείλος ['çilos] *n*

**Lippenstift** *m* κραγιόν(ι) [kra'jon(i)]

**List** *f* πονηριά [poni'rja]

**Liste** *f* λίστα ['lista], κατάλογος [ka'taloγos]

**listig** πονηρός [poni'ros]

**Liter** *m* λίτρο ['litro]

**litera|risch** λογοτεχνικός [loγotexni'kos]; **&tur** *f* λογοτεχνία [loγote'xnia]

**Lizenz** *f* άδεια ['aðia]

**Lob** *n* έπαινος ['epenos]; **&en** επαινώ [epe'no]; **&enswert** αξιέπαινος [aksi'epenos]

**Loch** *n* τρύπα ['tripa]; **&en**

τρυπώ (-άς) [tri'po]; **~er** *m* τρυπητήρι [tripi'tiri]
**Locke** *f* μπούκλα ['bukla]
**locken** δελεάζω [ðele'azo]
**locker** χαλαρός [xala'ros]; **~n** χαλαρώνω [xala'rono]
**lockig** κατσαρός [katsa'ros]
**lodern** φλέγομαι ['fleγome]
**Löffel** *m* κουτάλι [ku'tali], κοχλιάριο [koxli'ario]; **~voll** *m* κουταλιά [kuta'lja]
**Log|ik** *f* λογική [loji'ki]; **⁀isch** λογικός [loji'kos]
**Lohn** *m* αμοιβή [ami'vi], μισθός [mi'sθos]; **⁀en** ανταμείβω [anda'mivo]; ***sich* ⁀en** αξίζω [a'ksizo]
**Lokal** *n* κέντρο ['kjendro]; **⁀** τοπικός [topi'kos]
**Lokomotive** *f* ατμομηχανή [atmomixa'ni]
**Lorbeer** *m* δάφνη ['ðafni]
**Los** *n* λαχείο [la'çio]; ***das Große* ~** πρώτος λαχνός ['protos la'xnos]
**los|(e)** χαλαρός [xala'ros]; *Adv.* χύμα ['çima]; ***was ist* ~?** τι τρέχει [ti 'treçi]; **~binden** ξεδένω [kse'ðeno]
**Lösch|blatt** *n* στουπόχαρτο [stu'poxarto]; **⁀en** (*a. Durst*) σβήνω ['zvino]; (*Schiff*) ξεφορτώνω [ksefor'tono]
**losen** κληρώνω [kli'rono]
**lösen** λύνω ['lino], διαλύω [ðia'lio]; (*Rätsel*) μαντεύω [man'devo]; (*Fahrkarte*) βγάζω ['vγazo]
**los|gehen** αρχίζω [ar'çizo]; ξεκολλώ (-άς) [kseko'lo]; **~lassen** αφήνω [a'fino]; **~reißen** αποσχίζω [apo'sçizo]; **~schrauben** ξεβιδώνω [ksevi'ðono]; **~trennen** αποχωρίζω [apoxo'rizo]
**Lösung** *f* λύση (-εις) ['lisi]; (*Chemie*) διάλυμα [ði'alima] *n*
**loswerden** *A* ξεφορτώνομαι [ksefor'tonome] *A*
**Lot** *n* στάθμη ['staθmi]; **⁀en** βολιδοσκοπώ [voliðosko'po]
**löt|en** κολλώ (-άς) [ko'lo]; **⁀kolben** *m* κολλητήρι [koli'tiri]
**lotrecht** κάθετος ['kaθetos]
**Lotterie** *f* λαχείο [la'çio]
**Lotto** *n* λότος ['lotos]
**Löw|e** *m* λιοντάρι [ljon'dari]; **~in** *f* λέαινα ['leena]
**Luchs** *m* λύγκας ['liŋgas]
**Lücke** *f* χάσμα ['xazma] *n*, κενό [kje'no]
**Luft** *f* αέρας [a'eras]; **⁀dicht** αεροστεγής [aeroste'jis] 2; **~druck** *m* ατμοσφαιρική πίεση [atmosferi'ki 'piesi]
**lüften** αερίζω [ae'rizo]
**Luft|fahrt** *f* αεροπορία [aeropo'ria]; **⁀ig** ελαφρός [ela'fros]; δροσερός [ðrose'ros]; **⁀leer** κενός αέρος [kje'nos a'eros]; **~linie** *f* ευθεία γραμμή [e'fθia γra'mi]; αεροπορική γραμμή [aeropori'ki γra'mi]; **~matratze** *f* φουσκωτό στρώμα [fusko'to 'stroma] *n*; **~post** *f* αεροπορικό ταχυδρομείο [aeropo-

ri'ko taçiðro'mio]; ***per ~post*** αεροπορικώς [aeropori'kos]; **~pumpe** *f* τρόμπα ['tromba]; **~röhre** *f* τραχεία [tra'çia]; **~schutz** *m* αεροπορική άμυνα [aeropori'ki 'amina]
**Lüftung** *f* αερισμός [aeri'zmos]
**Luft|verschmutzung** *f* ατμοσφαιρική ρύπανση [atmosferi'ki 'ripansi]; **~waffe** *f* πολεμική αεροπορία [polemi'ki aeropo'ria]; **~weg** *m*: ***auf dem ~weg*** αεροπορικώς [aeropori'kos]
**Lüg|e** *f* ψέμα ['psema] *n*, ψεύδος ['psevðos] *n*; **≗en** λέω ψέματα ['leo 'psemata], ψεύδομαι ['psevðome]; **~ner** *m* ψεύτης ['pseftis]; **≗nerisch** ψευδής [psev'ðis] 2
**Luke** *f* φεγγίτης [feŋ'gitis]
**Lump** *m* παλιάνθρωπος [pa'ljanθropos]
**Lumpen** *m* κουρέλι [ku'reli]; ράκος ['rakos] *n*
**Lunge** *f* πλεμόνι [ple'moni], πνεύμονας ['pnevmonas]
**Lungenentzündung** *f* πνευμονία [pnevmo'nia]
**lungern** χασομερώ (-άς) [xasome'ro]
**Lunte** *f* φιτίλι [fi'tili]
**Lupe** *f* φακός [fa'kos]
**Lust** *f* όρεξη (-εις) ['oreksi]; **≗ig** χαρούμενος [xa'rumenos]; εύθυμος ['efθimos]; ***sich ≗ig machen*** (***über***) κοροϊδεύω [koroi'ðevo] *A*, γελώ (με) [je'lo (me)]; **~igkeit** *f* ευθυμία [efθi'mia]; **~mord** *m* σεξουαλικός φόνος [seksuali'kos 'fonos]; **~spiel** *n* κωμωδία [komo'ðia]
**luxu|riös** πολυτελής [polite'lis] 2; **≗s** *m* πολυτέλεια [poli'telia]
**Lyrik** *f* λυρική ποίηση [liri'ki 'piisi]

# M

**machen** κάνω ['kano]; ***das macht nichts*** δεν πειράζει [ðen bi'razi]
**Macht** *f* δύναμη (-εις) ['ðinami]; εξουσία [eksu'sia]
**mächtig** δυνατός [ðina'tos], ισχυρός [isçi'ros]
**machtlos** αδύναμος [a'ðinamos], ανίσχυρος [a'nisçiros]
**Mädchen** *n* κορίτσι [ko'ritsi], κοπέλα [ko'pela]; (*Dienst≗*) υπηρέτρια [ipi'retria]
**Made** *f* σκουλήκι [sku'liki]
**Magen** *m* στομάχι [sto'maçi]; **~schmerzen** *m/pl.* στομαχόπονος [stoma'xoponos]
**mager** λιγνός [li'ɣnos], ισχνός [is'xnos]; ψαχνός [psa'xnos]; **≗keit** *f* ισχνότητα [is'xnotita]
**Magistrat** *m* δημοτικό συμβούλιο [ðimoti'ko sim'vulio]
**Magnet** *m* μαγνήτης

**magnetisch** 332

[ma'ɣnitis]; **≈isch** μαγνητικός [maɣniti'kos]
**mähen** θερίζω [θe'rizo]
**Mahl(zeit** *f*) *n* γεύμα ['jevma] *n*
**mahlen** αλέθω [a'leθo]
**Mähmaschine** *f* θεριστική μηχανή [θeristi'ki mixa'ni]
**Mähne** *f* χαίτη ['çeti]
**mahn|en** νουθετώ [nuθe'to]; υπενθυμίζω [ipenθi'mizo]; **≈ung** *f* υπενθύμιση (-εις) [ipen'θimisi]
**Mai** *m* Μάιος ['maios]; **~feier** *f* πρωτομαγιά [protoma'ja]; **~glöckchen** *n* άγριος κρίνος ['aɣrios 'krinos]
**Mais** *m* καλαμπόκι [kalam'boki], αραβόσιτος [ara'vositos]
**Majestät** *f* μεγαλειότητα [meɣali'otita]; **≈isch** μεγαλοπρεπής [meɣalopre'pis] 2
**Makel** *m* ψεγάδι [pse'ɣaði]
**Makler** *m* μεσίτης [me'sitis]
**Makrele** *f* σκουμπρί [skum'bri]
**Mal¹** *n* (*Zeichen*, *Fleck*) σημείο [si'mio], στίγμα ['stiɣma] *n*
**Mal²** *n* φορά [fo'ra]
**mal** *Math.* επί [e'pi]
**male|n** ζωγραφίζω [zoɣra'fizo]; **≈r** *m* ζωγράφος [zo'ɣrafos]; **~risch** γραφικός [ɣrafi'kos]
**Malz** *n* κριθάρι [kri'θari]
**Mama** *f* μάνα ['mana], μαμά [ma'ma]
**man** κανείς [ka'nis]; **~** ***muß*** πρέπει κανείς να ... ['prepi ka'nis na]
**manch|(er)** μερικοί [meri'ki] *pl.*; **~erlei** λογής λογής [lo'jis lo'jis]; **~mal** κάποτε ['kapote]
**Mandel** *f* αμύγδαλο [a'miɣðalo]; *Anat.* αμυγδαλή [amiɣða'li]; **~baum** *m* αμυγδαλιά [amiɣða'lja]; **~entzündung** *f* αμυγδαλίτιδα [amiɣða'litiða]
**Mangel** *m* έλλειψη (-εις) ['elipsi]; ***aus ~*** (***an***), **≈s** ελλείψει [e'lipsi] *G*; **≈haft** ελλειπής [eli'pis] 2, ελαττωματικός [elatomati'kos]; **≈n** (***an***) λείπω ['lipo] *N*; στερούμαι [ste'rume] *G*
**Mann** *m* άντρας ['andras], άνδρας ['anðras]; (*Ehe*≈) σύζυγος ['siziɣos]
**Männ|chen** *n* (*Tier*) αρσενικό [arseni'ko]; **≈lich** αρσενικός [arseni'kos]; **~lichkeit** *f* ανδρισμός [anðri'zmos]
**mannigfach** ποικίλος [pi'kilos]
**Mannschaft** *f* *Mar.* πλήρωμα ['pliroma] *n*; (*Sport*) ομάδα [o'maða]
**Manöver** *n* *Mil.* γυμνάσια [ji'mnasia] *n/pl.*
**Mantel** *m* πανωφόρι [pano'fori], παλτό [pal'to]
**Manuskript** *n* χειρόγραφο [çi'roɣrafo]
**Mappe** *f* χαρτοφύλακας [xarto'filakas]

**Märchen** *n* παραμύθι [para'miθi]
**Margarine** *f* μαργαρίνη [marγa'rini]
**Marine** *f* ναυτικό [nafti'ko]
**Mark¹** *n* μεδούλι [me'ðuli]
**Mark²** *f* (*Münze*) μάρκο ['marko]; **~e** *f* μάρκα ['marka]; (*Brief-*) γραμματόσημο [γrama'tosimo]; **⁀ieren** σημαδεύω [sima'ðevo]
**Markt** *m* αγορά [aγo'ra], παζάρι [pa'zari]; **~halle** *f* σκεπαστή αγορά [skjepa'sti aγo'ra]
**Marmelade** *f* μαρμελάδα [marme'laða]
**Marmor** *m* μάρμαρο ['marmaro]
**Marsch** *m* πορεία [po'ria]; *Mus.* εμβατήριο [emva'tirio]; **⁀ieren** βαδίζω [va'ðizo], πορεύομαι [po'revome]
**Marter** *f* βάσανο ['vasano], μαρτύριο [mar'tirio]; **⁀n** βασανίζω [vasa'nizo]
**Märtyrer** *m* μάρτυρας ['martiras], ιερομάρτυς [iero'martis]
**März** *m* Μάρτιος ['martios]
**Masche** *f* θηλειά [θi'lja], βρόχος ['vroxos]
**Maschin|e** *f* μηχανή [mixa'ni]; **~enbau** *m* μηχανουργεία [mixanur'jia]; **~engewehr** *n* πολυβόλο [poli'volo]; **~ist** *m* μηχανικός [mixani'kos]
**Masern** *f/pl.* ιλαρά [ila'ra]
**Maske** *f* μάσκα ['maska], προσωπίδα [proso'piða]
**Maß** *n* μέτρο ['metro]
**Masse** *f* μάζα ['maza], πλήθος ['pliθos] *n*
**maßgebend** αυθεντικός [afθendi'kos]
**massieren** κάνω μασάζ ['kano ma'saz], μαλάζω [ma'lazo]
**mäßig** μέτριος ['metrios]; **~en** μετριάζω [metri'azo]; **⁀keit** *f* μετριοπάθεια [metrio'paθia]; **⁀ung** *f* μετριασμός [metria'zmos]
**massiv** συμπαγής [simba'jis] 2; ογκώδης [oŋ'goðis] 2
**maß|los** υπερβολικός [ipervoli'kos]; **~nehmen** παίρνω μέτρο ['perno 'metro]; **⁀stab** *m* κανόνας [ka'nonas]; **~voll** μετρημένος [metri'menos]; εγκρατής [eŋgra'tis] 2
**Mast** *m* κατάρτι [ka'tarti], ιστός [i'stos]
**mästen** τρέφω ['trefo]; παχαίνω [pa'çeno]
**Mastvieh** *n* θρεφτάρια [θre'ftarja] *n/pl.*
**Materi|al** *n* υλικό [ili'ko]; **~alismus** *m* υλισμός [ili'zmos]; **~e** *f* ύλη ['ili]
**Mathematik** *f* μαθηματικά [maθimati'ka] *n/pl.*; **~er** *m* μαθηματικός [maθimati'kos]
**Matratze** *f* στρώμα ['stroma] *n*
**Matrose** *m* ναύτης ['naftis]

**matt** κουρασμένος [kura'zmenos], κατάκοπος [ka'takopos]; (*trübe*) θαμπός [θam'bos]; (*Schach*) ματ [mat]
**Matte** *f* ψάθα ['psaθa]; λιβάδι [li'vaði]
**Mau|er** *f* τείχος ['tixos] *n*; **ᴥern** χτίζω ['xtizo]
**Maul** *n* στόμα (ζώου) ['stoma ('zou)]; **~beere** *f* μούρο ['muro]; **~esel** *m* μουλάρι [mu'lari]; **~korb** *m* φίμωτρο ['fimotro]; **~schelle** *f* μπάτσος ['batsos]; **~wurf** *m* τυφλοπόντικας [tiflo'pondikas]
**Maurer** *m* χτίστης ['xtistis]
**Maus** *f* ποντικός [pondi'kos]; **~efalle** *f* ποντικοπαγίδα [pondikopa'jiða]
**Mechani|k** *f* μηχανική [mixani'ki]; **~ker** *m*, **ᴥsch** μηχανικός [mixani'kos]; **~smus** *m* μηχανισμός [mixani'zmos]
**meckern** γκρινιάζω [γri'njazo]
**Medikament** *n* φάρμακο ['farmako]
**Medizin** *f* ιατρική [iatri'ki]; (*Arznei*) φάρμακο ['farmako]
**Meer** *n* θάλασσα ['θalasa]; **~busen** *m* κόλπος ['kolpos]; **~esspiegel** *m* επιφάνεια της θάλασσας [epi'fania tis 'θalasas]
**Mehl** *n* αλεύρι [a'levri]
**mehr** περισσότερος [peri'soteros]; *Adv.* πιο [pjo], πλέον ['pleon]; **~deutig** πολυσήμαντος [poli'simandos]; **~en** αυξάνω [af'ksano], πληθαίνω [pli'θeno]; **~ere** κάμποσοι ['kambosi]; **~fach** πολλαπλάσιος [pola'plasios]; *Adv.* επανειλημμένως [epanili'menos]; **ᴥheit** *f* πλειοψηφία [pliopsi'fia]; **~mals** πολλές φορές [po'les fo'res], συχνά [si'xna]; **ᴥzahl** *f* περισσότεροι [peri'soteri] *m/pl.*; *Gr.* πληθυντικός [pliθindi'kos]
**meiden** αποφεύγω [apo'fevγo]
**Meile** *f* μίλι ['mili]
**mein** ο ... μου [o ... mu]
**Meineid** *m* ψευδορκία [psevðor'kia]
**meinen** νομίζω [no'mizo]
**meinetwegen!** ας είναι [as 'ine]
**Meinung** *f* γνώμη ['γnomi]; ***meiner ~ nach*** κατά τη γνώμη μου [kata ti 'γnomi mu]
**Meißel** *m* σμίλη ['zmili]; **ᴥn** σκαλίζω [ska'lizo], σμιλεύω [zmi'levo]
**meist|-** περισσότερος [peri'soteros]; **~ens** ως επί το πλείστον [os epi to 'pliston]
**Meister** *m* μάστορας ['mastoras], αρχιτεχνίτης [arçite'xnitis]; **~schaft** *f* μαστοριά [mastor'ja], αριστοτεχνία [aristotex'nia]; (*Sport*) πρωτάθλημα [pro'taθlima] *n*

**melancholisch** μελαγχολικός [melaŋxoli'kos]
**Meld|eamt** *n* γραφείο απογραφής [γra'fio apoγra'fis]; **2en** δηλώνω [ði'lono], ανακοινώνω [anaki'nono]; ***sich* 2en** παρουσιάζομαι [parusi'azome]; **~ung** *f* δήλωση (-εις) ['ðilosi], αγγελία [aŋgje'lia]
**melken** αρμέγω [ar'meγo]
**Melodie** *f* μελωδία [melo'ðia]
**Melone** *f* πεπόνι [pe'poni]; (*Wassser2*) καρπούζι [kar'puzi]
**Menge** *f* πλήθος ['pliθos] *n*; ποσότητα [po'sotita]
**Mensch** *m* άνθρωπος ['anθropos]; **2enleer** παντέρημος [pan'derimos]; **~heit** *f* ανθρωπότητα [anθro'potita]; **2lich** ανθρώπινος [an'θropinos]; φιλάνθρωπος [fi'lanθropos]; **~lichkeit** *f* ανθρωπισμός [anθropi'zmos]
**merk|en** καταλαβαίνω [katala'veno]; ***sich* ~en** θυμάμαι [θi'mame]; **2mal** *n* γνώρισμα ['γnorizma] *n*; **~würdig** περίεργος [pe'rierγos]
**Messe** *f* (*Religion*) λειτουργία [litur'jia]; *Hdl.* (εμπορική) έκθεση [(embori'ki) 'ekθesi]
**messen** μετρώ (-άς) [me'tro]
**Messer** *n* μαχαίρι [ma'çeri]
**Messing** *n* μπρούντζος ['brundzos], ορείχαλκος [o'rixalkos]
**Metall** *n* μέταλλο ['metalo]; **2isch** μεταλλικός [metali'kos]
**Meter** *m*, *n*, **~maß** *n* μέτρο ['metro]
**Methode** *f* μέθοδος ['meθoδos] *f*
**Metzger** *m* χασάπης [xa'sapis]; **~ei** *f* χασάπικο [xa'sapiko]
**Meuter|ei** *f* ανταρσία [andar'sia]; **~er** *m* αντάρτης [an'dartis]; **2n** στασιάζω [stasi'azo]
**Miene** *f* φυσιογνωμία [fisioγno'mia]
**Miet|e** *f* νοίκι ['niki], ενοίκιο [e'nikio]; **2en** (ε)νοικιάζω [(e)ni'kjazo]; **~er** *m* νοικάτορας [ni'katoras]; **~shaus** *n* πολυκατοικία [polikati'kia]; **~vertrag** *m* ενοικιαστήριο [enikia'stirio]
**Milch** *f* γάλα ['γala] *n*; **~geschäft** *n* γαλατάδικο [γala'taðiko]; **~kanne** *f* γαλατιέρα [γala'tjera]
**mild** ήμερος ['imeros]; (*Strafe*) ελαφρός [ela'fros]; **~ern** μετριάζω [metri'azo]; **2erung** *f* μετριασμός [metria'zmos]; **2tätigkeit** *f* ευεργεσία [everje'sia]
**Militär** *n* στρατός [stra'tos]; **~dienstpflicht** *f* στρατιωτική υποχρεωτική υπηρεσία [stratioti'ki ipoxreoti'ki ipire'sia]; **2isch** στρατιωτικός [stratioti'kos]
**Milli|arde** *f* δισεκατομμύριο

[ðisekato'mirio]; **~on** *f* εκατομμύριο [ekato'mirio]
**minder** λιγώτερος [li'ɣoteros]; **≈heit** *f* μειονότητα [mio'notita]; **~jährig** ανήλικος [a'nilikos]; **~n** ελαττώνω [ela'tono], μειώνω [mi'ono]; **~wertig** μειονεκτικός [mionekti'kos]; κατώτερος [ka'toteros]; **≈wertigkeit** *f* κατωτερότητα [katote'rotita]
**mindest** ελάχιστος [e'laçistos]; ***nicht im ~en*** καθόλου [ka'θolu], διόλου [ði'olu]; **~ens** τουλάχιστον [tu'laçiston]
**Mine** *f* ορυχείο [ori'çio], νάρκη ['narki]
**Mineral** *n* ορυκτό [ori'kto]; **~wasser** *n* μεταλλικό νερό [metali'ko ne'ro]
**Minister** *m* υπουργός [ipur'ɣos]; **~ium** *n* υπουργείο [ipur'jio]
**Minute** *f* λεπτό [le'pto]; **~nzeiger** *m* λεπτοδείκτης [lepto'ðiktis]
**mir** μου [mu], (ε)μένα [(e)'mena]
**misch|en** ανακατώνω [anaka'tono], αναμιγνύω [anami'ɣnio]; **≈ung** *f* μείγμα ['miɣma] *n*, ανάμιξη (-εις) [a'namiksi]
**miß|achten** περιφρονώ [perifro'no]; **≈achtung** *f* περιφρόνηση [peri'fronisi]; **≈bildung** *f* παραμόρφωση (-εις) [para'morfosi]; **~billigen** αποδοκιμάζω [apoðoki'mazo]; **≈brauch** *m* κατάχρηση (-εις) [ka'taxrisi]; **≈erfolg** *m* αποτυχία [apoti'çia]; **≈ernte** *f* κακή σοδειά [ka'ki so'ðja]; **~fallen** δεν αρέσω [ðen a'reso]; **≈geburt** *f* έκτρωμα ['ektroma] *n*; **≈geschick** *n* δυστυχία [ðisti'çia]; **~gestimmt** δύσθυμος ['ðisθimos]; **~glücken** αποτυχαίνω [apoti'çeno]; **~gönnen** ζηλεύω [zi'levo], φθονώ [fθo'no]; **≈gunst** *f* ζήλεια ['zilja], φθόνος ['fθonos]; **~handeln** κακομεταχειρίζομαι [kakometaçi'rizome]; **≈handlung** *f* κακοποίηση (-εις) [kako'piisi]; **≈mut** *m* δυσθυμία [ðisθi'mia]; **≈stimmung** *f* δυσαρέσκεια [ðisa'reskia]; **≈ton** *m* παραφωνία [parafo'nia]; **~trauen** δυσπιστώ [ðispi'sto]; **≈trauen** *n* δυσπιστία [ðispi'stia]; **~trauisch** δύσπιστος ['ðispistos]; **≈verhältnis** *n* δυσαναλογία [ðisanalo'jia]; **≈verständnis** *n* παρεξήγηση (-εις) [pare'ksijisi]; **~verstehen** παρεξηγώ [pareksi'ɣo]
**Mist** *m* κοπριά [kopri'a], κόπρος ['kopros]
**mit** (*D*) με [me] *A*; **≈arbeit** *f* συνεργασία [sinerɣa'sia]; **≈arbeiter** *m* συνεργάτης [siner'ɣatis]; **~bringen** φέρνω μαζί ['ferno ma'zi];

337 **Moment**

**&bürger** *m* συμπολίτης [simbo'litis]; **~einander** ο ένας με τον άλλον [o 'enas me ton 'alon]; **~fahren, ~gehen** συνοδεύω [sino'ðevo]; **&gefühl** *n* συμπάθεια [sim'baθia]; **&gift** *f* προίκα ['prika]; **&glied** *n* μέλος ['melos] *n*; **&inhaber** *m* συγκάτοχος [siŋ'gatoxos]; **&leid** *n* συμπόνια [sim'bonja]; **~machen** συμμετέχω [sime'texo]; **&mensch** *m* συνάνθρωπος [si'nanθropos]; **~nehmen** παίρνω μαζί ['perno ma'zi]; **&reisende(r)** *m* συνταξιδιώτης [sindaksi'ðjotis]; **&schuldige(r)** *m* συνένοχος [si'nenoxos]; **&schüler** *m* συμμαθητής [simaθi'tis]

**Mittag** *m* μεσημέρι [mesi'meri]; **~essen** *n* μεσημεριανό [mesimerja'no], γεύμα ['jevma] *n*

**Mitte** *f* μέση ['mesi]

**mitteil|en** πληροφορώ [pliro-fo'ro]; **&ung** *f* πληροφορία [plirofo'ria]; ανακοίνωση (-εις) [ana'kinosi]

**Mittel** *n* μέσο(ν) ['meso(n)]; **~alter** *n* μεσαίωνας [me'seonas]; **&alterlich** μεσαιωνικός [meseoni'kos]; **~finger** *m* μεσιανό δάχτυλο [mesja'no 'ðaxtilo]; **&los** άπορος ['aporos]; **&mäßig** μέτριος ['metrios]; **~mäßigkeit** *f* μετριότητα [metri'otita]; **~meer** *n* Μεσόγειος [me'sojios] *f*; **~punkt** *m* κέντρο ['kjendro]; **&s** διά μέσου [ði'a 'mesu]; **~welle** *f* μεσαίο κύμα [me'seo 'kima]

**mitten:** ~ *in* μέσα σε ['mesa se]; **~durch** διά μέσου [ðia'mesu]

**Mitternacht** *f* μεσάνυχτα [me'sanixta] *n/pl.*

**mittlerweile** εν τω μεταξύ [en do meta'ksi]

**Mittwoch** *m* Τετάρτη [te'tarti]

**mitwirk|en** συνεργάζομαι [siner'γazome]; **&ung** *f* συνεργασία [sinerγa'sia]

**Möbel** *n* έπιπλο ['epiplo]

**mobil** ευκίνητος [ef'kinitos]; **&machung** *f* κινητοποίηση (-εις) [kinito'piisi]

**möblier|en** επιπλώνω [epi'plono]; **~t** επιπλωμένος [epiplo'menos]

**Mode** *f* μόδα ['moða], συρμός [sir'mos]

**Modell** *n* μακέτα [ma'kjeta]; (*Kunst*) μοντέλο [mo'delo]

**Modenschau** *f* επίδειξη μόδας [e'piðiksi 'moðas]

**mög|en** θέλω ['θelo], μου αρέσει [mu a'resi], αγαπώ [aγa'po]; ***ich möchte* (*gern*)** (θα) ήθελα [(θa) 'iθela]; **~lich** δυνατός [ðina'tos]; **&lichkeit** *f* δυνατότητα [ðina'totita]

**Mohn** *m* παπαρούνα [papa'runa]

**Mohrrübe** *f* καρότο [ka'roto]

**Molkerei** *f* γαλακτοκομείο [γalaktoko'mio]

**Moment** *m* στιγμή [sti'γmi];

**momentan** 338

**≗an** *Adv.* προς στιγμήν [pros sti'γmin]

**Monat** *m* μήνας ['minas]; **≗lich** μηνιαίος [mini'eos]

**Mönch** *m* καλόγερος [ka'lojeros]

**Mond** *m* φεγγάρι [feŋ'gari], σελήνη [se'lini]; **~schein** *m* φεγγάρι [feŋ'gari], φεγγαρόφωτο [feŋga'rofoto]

**Montag** *m* Δευτέρα [ðe'ftera]

**montieren** μοντάρω [mon'taro], συναρμολογώ [sinarmolo'γo]

**Moor** *n* βάλτος ['valtos], έλος ['elos] *n*

**Moos** *n* βρύο ['vrio]

**Moral** *f* ηθική [iθi'ki]

**Morast** *m* βούρκος ['vurkos], τέλμα ['telma] *n*

**Mord** *m* φονικό [foni'ko], φόνος ['fonos]; **≗en** φονεύω [fo'nevo]

**Mörder** *m* φονιάς [fo'njas]; δολοφόνος [ðolo'fonos]

**morgen** αύριο ['avrio]; **~ *früh*** αύριο το πρωί ['avrio to pro'i]

**Morgen** *m* πρωί [pro'i]; (*Akkermaß*) στρέμμα ['strema] *n*; ***guten ~!*** καλημέρα! [kali'mera]; **~dämmerung** *f* χάραμα ['xarama] *n*, αυγή [a'vji]; **~rock** *m* ρόμπα ['roba]; **~röte** *f* χαραυγή [xara'vji]

**Morphium** *n* μορφίνη [mor'fini]

**morsch** σάπιος ['sapjos], σαθρός [sa'θros]

**Mörtel** *m* σουβάς [su'vas]

**Moschee** *f* τζαμί [dza'mi]

**Most** *m* μούστος ['mustos]

**Motor** *m* κινητήρας [kini'tiras]; **~boot** *n* βενζινάκατος [venzi'nakatos]; **~haube** *f* καπό [ka'po]; **~rad** *n* μοτοσυκλέτα [motosi'kleta]; **~roller** *m* μηχανάκι [mixa'naki]

**Motte** *f* σκόρος ['skoros]

**Motto** *n* γνωμικό [γnomi'ko]

**Möwe** *f* γλάρος ['γlaros]

**Mücke** *f* κουνούπι [ku'nupi]

**müd|e** κουρασμένος [kura'zmenos]; **≗igkeit** *f* κούραση ['kurasi]

**muffig** μουχλιασμένος [muxlja'zmenos]; *fig.* κατσουφιασμένος [katsufja'zmenos]

**Müh|e** *f* κόπος ['kopos]; **≗elos** άκοπος ['akopos]; **≗evoll, ≗sam** κοπιαστικός [kopjasti'kos], επίπονος [e'piponos]

**Mühle** *f* μύλος ['milos]

**Müll** *m* σκουπίδια [sku'piðja] *n/pl.*, απορρίμματα [apo'rimata] *n/pl.*; **~abfuhr** *f* μεταφορά απορριμμάτων [metafo'ra apori'maton]

**Müller** *m* μυλωνάς (-άδες) [milo'nas]

**Müllkasten** *m* δοχείο απορριμμάτων [ðo'çio apori'maton]

**Multipli|kation** *f* πολλαπλασιασμός [polaplasia'zmos]; **≗zieren** πολλαπλασιάζω [polaplasi'azo]

**Mund** *m* στόμα ['stoma] *n*; **~art** *f* διάλεκτος [ði'alektos], ιδίωμα [i'ðioma] *n*
**münden** χύνομαι ['çinome]
**mündig** ενήλικος [e'nilikos]; **&keit** *f* ενηλικίωση [enili'kiosi]
**münd|lich** προφορικός [profori'kos]; **&ung** *f* εκβολή [ekvo'li]
**munter** ζωηρός [zoi'ros], χαρούμενος [xa'rumenos]; **&keit** *f* ζωηρότητα [zoi'rotita]
**Münz|e** *f* νόμισμα ['nomizma] *n*; **~fernsprecher** *m* δημόσιο τηλέφωνο [ði'mosio ti'lefono]
**mürbe** μαλακός [mala'kos]
**murmeln** μουρμουρίζω [murmu'rizo]
**murren** γκρινιάζω [gri'njazo]
**mürrisch** γκρινιάρης [gri'njaris]; (*Gesicht*) κατσουφιασμένος [katsufja'zmenos]
**Mus** *n* πελτές [pel'tes], πολτός [pol'tos]
**Muschel** *f* κοχύλι [ko'çili], όστρακο ['ostrako]; (*eßbar*) μύδι ['miði]
**Museum** *n* μουσείο [mu'sio]
**Musi|k** *f* μουσική [musi'ki]; **&kalisch, ~ker** *m* μουσικός [musi'kos]
**Muskel** *m* μυς (μυός) [mis]
**Muße** *f* ησυχία [isi'çia], ανάπαυση [a'napafsi]
**müssen** πρέπει να ['prepi na]
**müßig** αργόσχολος [ar'γosxolos]; **&gang** *m* αργία [ar'jia]
**Muster** *n* δείγμα ['ðiγma] *n*; *fig.* πρότυπο ['protipo]; **&gültig** παραδειγματικός [paraðiγmati'kos]; **~ung** *f* εξέταση (-εις) [e'ksetasi]; επιθεώρηση (-εις) [epiθe'orisi]
**Mut** *m* θάρρος ['θaros] *n*; **&los** άτολμος ['atolmos]; **&maßlich** πιθανός [piθa'nos]
**Mutter** *f* μητέρα [mi'tera]; (*Schrauben&*) θηλυκό [θili'ko]; **~sprache** *f* μητρική γλώσσα [mitri'ki 'γlosa]
**mutwillig** παράτολμος [pa'ratolmos], θρασύς [θra'sis]
**Mütze** *f* σκούφος ['skufos], κασκέτο [ka'skjeto], πηλήκιο [pi'likio]
**mythisch** μυθικός [miθi'kos]

# N

**Nabel** *m* αφαλός [afa'los]
**nach** *D* (*örtlich*) σε [se], για [ja], προς [pros]; (*zeitlich*) ύστερα από ['istera a'po], μετά [me'ta] *A*; (*gemäß*) σύμφωνα με ['simfona me], κατά [ka'ta] *A*; **~ und ~** σιγά σιγά [si'γa siγa]; **~ahmen** μιμούμαι [mi'mume]; **&ahmung** *f* μίμηση (-εις) ['mimisi]
**Nachbar** *m* γείτονας ['jito-

**Nachbarin** 340

nas]; **~in** *f* γειτόνισσα [ji'tonisa]; **≈lich** γειτονικός [jitoni'kos]
**nach|bilden** αντιγράφω [andi'γrafo]; **~blättern** ξεφυλλίζω [ksefi'lizo]
**nachdem** αφού [a'fu]; *je* ~ εξαρτάται [eksar'tate]
**nach|denken** συλλογίζομαι [silo'jizome]; **~denklich** σκεπτικός [skjepti'kos]; **≈druck** *m* ανατύπωση (-εις) [ana'tiposi], έμφαση ['emfasi]; *mit* **≈druck** έντονα ['endona]; **~drücklich** έντονος ['endonos]; **~eifern** συναγωνίζομαι [sinaγo'nizome]; **~einander** ο ένας μετά τον άλλον [o'enas me'taton 'alon]
**Nachfolg|e** *f* διαδοχή [δiaδo'çi]; **≈en** διαδέχομαι [δia'δexome]; **~er** *m* διάδοχος [δi'aδoxos]
**nach|forschen** ερευνώ [ere'vno]; **≈forschung** *f* έρευνα ['erevna]; **≈frage** *f* *Hdl.* ζήτηση (-εις) ['zitisi]; **~fragen** πληροφορούμαι [pliro-fo'rume]; **~geben** υποχωρώ [ipoxo'ro], ενδίδω [en'δiδo]; **~gehen** ακολουθώ [akolu'θo]; (*Uhr*) πηγαίνει πίσω [pi'jeni 'piso]; **~giebig** υποχωρητικός [ipoxoriti'kos]; **≈giebigkeit** *f* υποχωρητικότητα [ipoxoriti'kotita]; **~hallen** αντηχώ [andi'xo]; **~helfen** παραστέκομαι [para'stekome]
**nachher** ύστερα ['istera], κατόπιν [ka'topin]
**nach|holen** συμπληρώνω [simbli'rono]; **≈komme** *m* απόγονος [a'poγonos]; **≈kommenschaft** *f* απόγονοι [a'poγoni] *m/pl.*; **≈laß** *m* *Hdl.* έκπτωση (-εις) ['ekptosi]; *jur.* κληρονομιά [kliro-no'mja]; **~lassen** χαλαρώνω [xala'rono]; (*Strafe*) αφήνω [a'fino]; (*vom Preis*) κατεβάζω [kate'vazo]; (*Wind*) πέφτω ['pefto], κοπάζω [ko'pazo]; **~lässig** αμελής [ame'lis] 2; **≈lässigkeit** *f* αμέλεια [a'melia]; **~machen** μιμούμαι [mi'mume]; **≈mittag** *m* απόγευμα [a'pojevma] *n*; **≈nahme** *f* αντικαταβολή [andikatavo'li]; **≈name** *m* επώνυμο [e'ponimo]; **≈porto** *n* πρόσθετα τέλη ['prosθeta 'teli] *n/pl.*; **~prüfen** επανεξετάζω [epanekse'tazo]
**Nachricht** *f* είδηση (-εις) ['iδisi]; **~endienst** *m* υπηρεσία πληροφοριών [ipire'sia plirofori'on]
**Nachruf** *m* νεκρολογία [nekrolo'jia]
**nach|schicken** στέλνω κατόπιν ['stelno ka'topin]; **~schlagen** (*Stelle*) αναζητώ (-άς) [anazi'to]; **≈schlüssel** *m* αντικλείδι [andi'kliδi]; **≈schrift** *f* υστερόγραφο [iste'roγrafo]; **~sehen** κοιτάζω [ki'tazo]; ακολουθώ

με το βλέμμα [akolu'θo me to 'vlema]; *fig.* παραβλέπω [para'vlepo]; **℘sicht** *f* επιείκεια [epi'ikia]; **~sichtig** επιεικής [epii'kis] 2
**nächste(r)** (*zeitlich*) επόμενος [e'pomenos]; (*örtlich*) πλησιέστερος [plisi'esteros]
**nachstell|en** (*j-m*) καταδιώκω κατατρέχω [kata'trexo]; **℘ung** *f* κατατρεγμός [katatre'γmos]
**Nächst|enliebe** *f* αλτρουισμός [altrui'zmos]; **℘ens** προσεχώς [prose'xos]
**nachsuchen** ψάχνω ['psaxno]; ζητώ την άδεια [zi'to tin 'aδia]
**Nacht** *f* νύχτα ['nixta]; *gute ~!* καληνύχτα [kali'nixta]
**Nachteil** *m* μειονέκτημα [mio'nektima] *n*
**Nachthemd** *n* νυχτικό [nixti'ko]
**Nachtigall** *f* αηδόνι [ai'δoni]
**Nachtisch** *m* επιδόρπιο [epi'δorpio]
**Nachtlokal** *n* νυκτερινό κέντρο [nikteri'no 'kjendro]
**Nach|trag** *m* συμπλήρωμα [sim'bliroma] *n*; **℘tragen** (*ergänzen*) συμπληρώνω [simbli'rono]; *fig.* μνησικακώ [mnisika'ko]; **℘träglich** κατόπιν [ka'topin]
**nacht|s** την νύχτα [ti'nixta]; **℘tisch** *m* κομοδίνο [komo'δino]; **℘wächter** *m* νυχτοφύλακας [nixto'filakas]
**Nach|weis** *m* απόδειξη (-εις) [a'poδiksi]; **℘weisen** αποδεικνύω [apoδi'knio]; **℘wirken** βαστώ (-άς) [va'sto], επενεργώ [epener'γo]; **~wirkung** *f* επενέργεια [epe'nerjia]; **~wort** *n* επίλογος [e'piloγos]; **~wuchs** *m* νέα γενεά ['nea jene'a]; **℘zählen** ξαναμετρώ (-άς) [ksaname'tro]; **~zahlung** *f* πρόσθετη πληρωμή ['prosθeti pliro'mi]
**Nacken** *m* σβέρκος ['zverkos], αυχένας [af'çenas]
**nackt** γυμνός [ji'mnos]; **℘heit** *f* γύμνια ['jimnja], γυμνότητα [ji'mnotita]
**Nadel** *f* βελόνα [ve'lona]; **~holz** *n* βελονοφόρα δέντρα [velono'fora 'δendra] *n/pl.*
**Nagel** *m* καρφί [kar'fi]; (*Finger℘*) νύχι ['niçi]; **℘n** καρφώνω [kar'fono]
**nagen** τραγανίζω [traγa'nizo]
**nahe** (*D*) κοντά (σε) [kon'da (se)]; **~kommen** πλησιάζω [plisi'azo]; **~legen** συνιστώ (-άς) [sini'sto]
**Nähe** *f* γειτνίαση [jit'niasi]
**nahen** πλησιάζω [plisi'azo]
**näh|en** ράβω ['ravo]; **℘erin** *f* ράφτρα ['raftra]
**nähern:** *sich ~* (*D*) πλησιάζω [plisi'azo] *A*
**Näh|garn** *n* κλωστή [klo'sti]; **~maschine** *f* ραπτομηχανή [raptomixa'ni]; **~nadel** *f* βελόνα [ve'lona]
**nähren** τρέφω ['trefo]; (*Kind*) βυζαίνω [vi'zeno]
**nahr|haft** θρεπτικός [θrepti-

**Nahrung** 342

'kos]; **≗ung** *f* τροφή [tro'fi]; **≗ungsmittel** *n/pl.* τρόφιμα ['trofima] *n/pl.*
**Naht** *f* ραφή [ra'fi]
**naiv** απλοϊκός [aploi'kos], αφελής [afe'lis] 2, αθώος [a'θoos]; **≗ität** *f* αφέλεια [a'felia], απλοϊκότητα [aploi'kotita]
**Name** *m* όνομα ['onoma] *n*; **≗ns** ονόματι [o'nomati]; **~nsfest** *n* ονομαστική γιορτή [onomasti'ki jor'ti]; **≗ntlich** ονομαστικός [onomasti'kos]; κυρίως [ki'rios]
**nämlich** δηλαδή [ðila'ði]
**Napf** *m* γαβάθα [γa'vaθa]
**Narbe** *f* σημάδι [si'maði], ουλή [u'li]
**Narkose** *f* νάρκωση ['narkosi]
**Narr** *m* παλαβός [pala'vos]; **~heit** *f* τρέλα ['trela]
**närrisch** τρελός [tre'los] (**vor**/ από [a'po])
**nasch|en** τρώω γλυκά ['troo γli'ka]; **~haft** λειχουδιάρης [lixu'ðjaris]
**Nase** *f* μύτη ['miti]
**Nasen|bluten** *n* αιμορραγία της μύτης [emora'jia tiz 'mitis]; **~loch** *n* ρουθούνι [ru'θuni]
**naß** βρεγμένος [vre'γmenos], υγρός [i'γros]; **~ *werden*** βρέχομαι ['vrexome]
**Nässe** *f* υγρασία [iγra'sia]
**Nation** *f* έθνος ['eθnos] *n*
**national** εθνικός [eθni'kos]; **≗hymne** *f* εθνικός ύμνος [eθni'kos 'imnos]
**Natron** *n* σόδα ['soða]
**Natter** *f* οχιά [o'ça]
**Natur** *f* φύση ['fisi]; **~forscher** *m* φυσιοδίφης [fisio'ðifis]; **~katastrophe** *f* θεομηνία [θeomi'nia]
**natürlich** φυσικός [fisi'kos]
**Nebel** *m* ομίχλη [o'miçli], καταχνιά [kata'xnja]; **≗ig** ομιχλώδης [omi'xloðis] 2
**neben, ~an** δίπλα ['ðipla], παραπλεύρως [para'plevros]; **~bei** εν παρόδω [emba'roðo]; **≗buhler** *m* ανταγωνιστής [andaγoni'stis]; **~einander** ο ένας δίπλα στον άλλον [o'enas 'ðipla ston 'alon]; **≗einkünfte** *f/pl.* έκτακτα έσοδα ['ektakta 'esoða] *n/pl.*; **≗fluß** *m* παραπόταμος [para'potamos]; **≗gebäude** *n* παράρτημα [pa'rartima] *n*; **≗geräusch** *n* (*Radio*) παράσιτα [pa'rasita] *n/pl.*; **≗produkt** *n* υποπροϊόν [ipoproi'on]; **~sächlich** ασήμαντος [a'simandos]; **~stehend** πλαϊνός [plai'nos]; **≗straße** *f* πάροδος ['paroðos] *f*; **≗wirkung** *f* παρενέργεια [pare'nerjia]; **≗zimmer** *n* πλαϊνή κάμαρα [plai'ni 'kamara]
**neck|en** πειράζω [pi'razo]; **≗erei** *f* πείραγμα ['piraγma] *n*
**Neffe** *m* ανιψιός [ani'psjos]
**negativ** αρνητικός [arniti'kos]

**Negativ** *n* αρνητικό [arniti'ko]
**Neger** *m* αράπης [a'rapis], μαύρος ['mavros]; **~in** *f* αράπισσα [a'rapisa], μαύρη ['mavri]
**nehmen** παίρνω ['perno], λαμβάνω [lam'vano]; (**an~**) δέχομαι ['ðexome]; (**weg~**) αφαιρώ [afe'ro], αρπάζω [ar'pazo]
**Neid** *m* ζήλεια ['zilja], φθόνος ['fθonos]; **²isch** ζηλιάρης [zi'ljaris], φθονερός [fθone'ros]
**neig|en** γέρνω ['jerno], κλίνω ['klino]; ***sich ~en*** κατηφορίζω [katifo'rizo]; **²ung** *f* κλίση (-εις) ['klisi], κατωφέρεια [kato'feria]
**nein** όχι ['oçi]
**Nelke** *f* γαρύφαλο [ɣa'rifalo]
**nenn|en** ονομάζω [ono'mazo]; **²er** *m* ονομαστής [onoma'stis]; **²wert** *m* ονομαστική αξία [onomasti'ki a'ksia]
**Nerv** *m* νεύρο ['nevro]
**Nerven|arzt** *m* νευρολόγος [nevro'loɣos]; **~heilanstalt** *f* νευρολογική κλινική [nevroloji'ki klini'ki]; **~leiden** *n* νευροπάθεια [nevro'paθia]; **~zusammenbruch** *m* νευρική κρίση [nevri'ki 'krisi]
**nervös** νευρικός [nevri'kos]
**Nessel** *f* τσουκνίδα [tsu'kniða]
**Nest** *n* φωλιά [fo'lja]
**nett** ευχάριστος [ef'xaristos], ευγενικός [evjeni'kos]
**netto** σκέτος ['skjetos], καθαρός [kaθa'ros]
**Netz** *n* δίχτυ ['ðixti], δίκτυο ['ðiktio]; **~haut** *f* αμφιβληστροειδής [amfivlistroi'ðis]
**neu** καινούργιος [kje'nurjos], νέος ['neos]; **~erdings** τελευταία [telef'tea]; **²gier** *f* περιέργεια [peri'erjia]; **~gierig** περίεργος [pe'rierɣos]; **~griechisch** νεοελληνικός [neoelini'kos]; **²heit** *f* νεωτερισμός [neoteri'zmos]; **²igkeit** *f* νέο ['neo]; **²jahr** *n* πρωτοχρονιά [protoxro'nja]; **~lich** πρόσφατα ['prosfata]; **²ling** *m* πρωτόπειρος [pro'topiros]; **²mond** *m* νέα σελήνη ['nea se'lini]
**neun** εννιά [e'nja], εννέα [e'nea]; **~te(r)** ένατος ['enatos]; **~zehn** δεκαεννέα [ðekae'nea]; **~zig** ενενή(κο)ντα [ene'ni(ko)nda]
**Neuralgie** *f* νευραλγία [nevral'jia]
**neutral** ουδέτερος [u'ðeteros]; **²ität** *f* ουδετερότητα [uðete'rotita]
**Neuzeit** *f* νεώτεροι χρόνοι [ne'oteri 'xroni] *m/pl.*
**nicht** δεν [ðen]; όχι ['oçi]; ***gar ~*** καθόλου [ka'θolu], διόλου [ði'olu]; **²angriffspakt** *m* συνθήκη μη επιθέσεως [sin'θiki mi epi'θeseos]
**Nichte** *f* ανιψιά [ani'psja]
**nicht|ig** τιποτένιος [tipo'te-

**Nichtigkeitserklärung** 344

njos]; άκυρος ['akiros]; **≈igkeitserklärung** *f* ακύρωση (-εις) [a'kirosi]; **≈raucher** *m* μη καπνιστής [mi kapni'stis]

**nichts** τίποτε ['tipote], τίποτα ['tipota]; **≈tuer** *m* ακαμάτης [aka'matis], φυγόπονος [fi'γoponos]; **~würdig** αχρείος [a'xrios]

**Nickel** *n* νικέλιο [ni'kjelio]

**nicken** γνέφω ['γnefo]

**nie, ~mals** ποτέ [po'te]; *~ mehr* ποτέ πια [po'te pja]

**nieder** κάτω ['kato]; **~drükken** καταπιέζω [katapi'ezo]; **≈gang** *m* κατάπτωση (-εις) [ka'taptosi]; **~knien** γονατίζω [γona'tizo]; **≈lage** *f Hdl.* αποθήκη [apo'θiki]; *Mil.* ήττα ['ita]; **~lassen:** ***sich ~lassen*** εγκαθίσταμαι [eŋga'θistame]; **≈lassung** *f* εγκατάσταση (-εις) [eŋga'tastasi]; **~legen** καταθέτω [kata'θeto]; (*Amt*) παραιτούμαι [pare'tume]; ***sich ~legen*** πλαγιάζω [pla'jazo]; **~machen** κατασφάζω [kata'sfazo]; **~reißen** γκρεμίζω [gre'mizo]; **~schießen** τουφεκίζω [tufe'kizo]; **≈schlag** *m* (*Regen*) βροχόπτωση (-εις) [vro'xoptosi]; **~schlagen** ρίχνω κάτω ['rixno 'kato]; (*Augen*) χαμηλώνω [xami'lono]; **~setzen** καταθέτω [kata'θeto]; ***sich ~setzen*** κάθομαι ['kaθome]; **~trächtig** αχρείος [a'xrios]; **≈trächtigkeit** *f* αχρειότητα [axri'otita]

**niedlich** χαριτωμένος [xarito'menos]

**niedrig** χαμηλός [xami'los]; *fig.* πρόστυχος ['prostixos]; **≈keit** *f* προστυχιά [prosti'ça]

**niemand** κανείς [ka'nis]

**Niere** *f* νεφρό [ne'fro]

**niesen** φτερνίζομαι [fter'nizome]

**Niete** *f* πρόκα ['proka]; **≈n** βάζω πρόκες ['vazo 'prokjes]

**nirgends** πουθενά [puθe'na]

**Nische** *f* κόχη ['koçi], κοίλωμα *n* τοίχου ['kiloma 'tixu]

**nisten** φωλιάζω [fo'ljazo]

**Niveau** *n* επίπεδο [e'pipeδo]

**noch** ακόμα [a'koma], ακόμη [a'komi]; ***weder ... ~*** ούτε ... ούτε ['ute ... 'ute]; **~mals** άλλη μία φορά ['ali 'mia fo'ra]

**Nonne** *f* καλόγρια [ka'loγria], μοναχή [mona'çi]

**Nord(en)** *m* βορράς [vo'ras]

**nördlich** βορεινός [vori'nos], βόρειος ['vorios]

**nord|östlich** βορειοανατολικός [virioanatoli'kos]; **≈pol** *m* βόρειος πόλος ['vorios 'polos]; **~westlich** βορειοδυτικός [vorioδiti'kos]; **≈wind** *m* βοριάς [vor'jas]

**Norm** *f* κανόνας [ka'nonas]

**normal** κανονικός [kanoni'kos]; *Med.* φυσιολογικός [fisioloji'kos]

**Not** *f* ανάγκη [a'naŋgi]

**Notar** *m* συμβολαιογράφος [simvoleo'ɣrafos]
**Not|ausgang** *m* έξοδος *f* κινδύνου ['eksoðos kin'ðinu]; **~bremse** *f* φρένο κινδύνου ['freno kin'ðinu]
**Not|e** *f* (*Zensur*) βαθμός [vaθ'mos]; (*Geld*) χαρτονόμισμα [xarto'nomizma] *n*; *Mus.* νότα ['nota]; **≗ieren** σημειώνω [simi'ono]
**nötig** αναγκαίος [anaŋ'gjeos]; **~ haben** έχω ανάγκη ['exo a'naŋgi]; **~en** αναγκάζω [anaŋ'gazo]
**Notiz** *f* σημείωμα [si'mioma] *n*
**not|gedrungen** εξ ανάγκης [eks a'naŋgis]; **≗landung** *f* αναγκαστική προσγείωση [anaŋgasti'ki proz'jiosi]; **~leidend** άπορος ['aporos]; **≗lüge** *f* αναγκαστικό ψέμα [anaŋgasti'ko 'psema] *n*; **≗signal** *n* σήμα κινδύνου ['sima kin'ðinu]; **≗verband** *m* πρόχειρος επίδεσμος ['proçiros e'piðezmos]; **~wendig** αναγκαίος [anaŋ'gjeos]; **≗wendigkeit** *f* ανάγκη [a'naŋgi], αναγκαιότητα [anaŋgje'otita]
**Novelle** *f* νουβέλα [nu'vela], διήγημα [ði'ijima] *n*
**November** *m* Νοέμβριος [no'emvrios]
**nüchtern** νηστικός [nisti'kos]; νηφάλιος [ni'falios]; **≗heit** *f* νηφαλιότητα [nifali'otita]
**Nudeln** *f/pl.* μακαρόνια [maka'ronja] *n/pl.*, ζυμαρικά [zimari'ka] *n/pl.*
**Null(punkt** *m*) *f* μηδενικό [miðeni'ko], μηδέν [mi'ðen]
**num|erieren** αριθμώ [ariθ'mo]; **≗mer** *f* νούμερο ['numero], αριθμός [ariθ'mos]
**nun** τώρα ['tora]
**nur** μονάχα [mo'naxa], μόνο(ν) ['mono(n)]
**Nuß** *f* καρύδι [ka'riði]; **~knakker** *m* καρυοθραύστης [kario'θrafstis]
**nutz|bar** χρήσιμος ['xrisimos]; **~bringend** επωφελής [epofe'lis] 2; **≗en** *m* όφελος ['ofelos] *n*, κέρδος ['kjerðos] *n*; **≗en ziehen aus** ωφελούμαι από [ofe'lume a'po]
**nütz|en** (*D*) ωφελώ [ofe'lo] *A*; **~lich** ωφέλιμος [o'felimos]; **≗lichkeit** *f* ωφελιμότητα [ofeli'motita]
**nutzlos** ανώφελος [a'nofelos]; **≗igkeit** *f* αχρηστία [axri'stia]

# O

**Oase** *f* όαση (-εις) ['oasi]
**ob** (ε)άν [(e)'an]; ***als ~*** σαν να [san na]; ***und ~*** και βέβαια [kje 'vevea]
**Obacht** *f*: **~ *geben*** προσέχω [pro'sexo]
**Obdach** *n* άσυλο ['asilo]
**oben** επάνω [e'pano]; ***nach ~***

προς τα επάνω [pros ta e'pano]; *von ~ herab* από πάνω [apo 'pano], αφ' υψηλού [afipsi'lu]
**Ober** *m*: *Herr Ober!* γκαρσόν! [gar'son]
**ober** ανώτερος [a'noteros]; **2arzt** *m* αρχίατρος [ar'çiatros]; **2befehlshaber** *m* αρχιστράτηγος [arçi'strativos]; **2bett** *n* πάπλωμα ['paploma] *n*; **2bürgermeister** *m* (πρώτος) δήμαρχος [('protos) 'δimarxos]; **2deck** *n* κατάστρωμα [ka'tastroma] *n*; **2fläche** *f* επιφάνεια [epi'fania]; **~flächlich** επιπόλαιος [epi'poleos]; **~halb** πάνω από ['pano a'po]; **2hemd** *n* πουκάμισο [pu'kamiso]; **2kiefer** *m* πάνω σιαγώνα ['pano sia'γona]; **2körper** *m* πάνω μέρος *n* του σώματος ['pano 'meros tu 'somatos]; **2leutnant** *m* υπολοχαγός [ipoloxa'γos]; **2lippe** *f* πάνω χείλος ['pano 'çilos] *n*; **2schenkel** *m* μηρός [mi'ros]; **2schule** *f* γυμνάσιο [jim'nasio]; **2schüler** *m* γυμνασιόπαιδο [jimna'sjopeδo]; **2st** *m* συνταγματάρχης [sindaγma'tarçis]; **~ste(r)** ανώτερος [a'noteros], ύψιστος ['ipsistos]
**obgleich** αν και [aŋ 'kje]
**Obhut** *f* προστασία [prosta'sia]
**Objekt** *n* αντικείμενο [andi'kimeno]; **2iv** αντικειμενικός [andikimeni'kos]
**Obst** *n* φρούτα ['fruta] *n/pl.*; **~baum** *m* καρποφόρο δέντρο [karpo'foro 'δendro]; **~händler** *m* μανάβης [ma'navis], οπωροπώλης [oporo'polis]; **~wein** *m* μηλίτης [mi'litis]
**Ochse** *m* βόδι ['voδi]
**öde** έρημος ['erimos]
**oder** ή [i]
**Ofen** *m* σόμπα ['soba], θερμάστρα [θer'mastra]; **~rohr** *n* μπουρί [bu'ri]
**offen** ανοιχτός [ani'xtos]; **~baren** φανερώνω [fane'rono]; **2barung** *f* αποκάλυψη (-εις) [apo'kalipsi]; **2heit** *f* ειλικρίνεια [ili'krinia]; **~herzig** ανοιχτόκαρδος [ani'xtokarδos]; **~sichtlich** (ολο)φάνερος [(olo)'faneros]
**öffentlich** δημόσιος [δi'mosios]; **2keit** *f* δημοσιότητα [δimosi'otita], κοινό [ki'no]
**offiziell** επίσημος [e'pisimos]
**Offizier** *m* αξιωματικός [aksiomati'kos]
**öffnen** ανοίγω [a'niγo]
**oft** πολλές φορές [po'les fo'res], συχνά [si'xna]
**ohne** (*A*) χωρίς [xo'ris] *A*
**Ohn|macht** *f* λιποθυμία [lipoθi'mia]; *in ~macht fallen* λιποθυμώ (-άς) [lipoθi'mo]; **2mächtig** λιπόθυμος [li'poθimos]
**Ohr** *n* αυτί [a'fti]; **~enent-**

**zündung** *f* ωτίτιδα [o'titiða]; **~feige** *f* μπάτσος ['batsos]; **2feigen** μπατσίζω [ba'tsizo]; **~ring** *m* σκουλαρίκι [skula'riki]
**Ökologie** *f* οικολογία [ikolo'jia]
**Oktober** *m* Οκτώβριος [o'ktovrios]
**Öl** *n* λάδι ['laði]; **2en** λαδώνω [la'ðono]; **~gemälde** *n* ελαιογραφία [eleoγra'fia]; **~farbe** *f* λαδομπογιά [laðobo'ja]; **~heizung** *f* θέρμανση πετρελαίου ['θermansi petre'leu]
**Olive(nbaum** *m*) *f* ελιά [e'lja]
**Olivenöl** *n* ελαιόλαδο [ele'olaðo]
**Öl|kanne** *f* λαδερό [laðe'ro]; **~presse** *f* ελαιοτριβείο [eleotri'vio]; **~pumpe** *f* αντλία λαδιού [an'dlia la'ðju]; **~sardine** *f* σαρδέλα λαδιού [sar'ðela la'ðju]
**Omnibus** *m s.* **Autobus**
**Onkel** *m* θείος ['θios]
**Oper** *f* όπερα ['opera]
**Oper|ation** *f* εγχείρηση (-εις) [eŋ'çirisi]; **2ieren** εγχειρίζω [eŋçi'rizo]
**Opfer** *n* θύμα ['θima] *n*; θυσία [θi'sia]; **2n** θυσιάζω [θisi'azo]
**Opposition** *f* αντιπολίτευση [andipo'litefsi]
**Optiker** *m* οπτικός [opti'kos]
**Orakel** *n* μαντείο [ma'ndio]
**Orange** *f* πορτοκάλι [porto'kali]; **~ade** *f* πορτοκαλάδα [portoka'laða]
**Orchester** *n* ορχήστρα [or'çistra]
**Orden** *m* παράσημο [pa'rasimo]
**ord|entlich** τακτικός [takti'kos]; **~nen** τακτοποιώ [taktopi'o]; **2nung** *f* τάξη (-εις) ['taksi]; *in* **2nung** εν τάξει [en'daksi]
**Organ** *n* όργανο ['orγano]; **~isation** *f* οργάνωση (-εις) [or'γanosi]; **2isieren** οργανώνω [orγa'nono]
**Orient** *m* Ανατολή [anato'li]; **2ieren** κατατοπίζω [katato'pizo]; *sich* **2ieren** προσανατολίζομαι [prosanato'lizome]; **~ierung** *f* προσανατολισμός [prosanatoli'zmos]
**Original** *n* πρωτότυπο [pro'totipo]
**Orkan** *m* τυφώνας [ti'fonas]
**Ort** *m* μέρος ['meros] *n*, τόπος ['topos]
**örtlich** τοπικός [topi'kos]
**Ortsgespräch** *n Tel.* αστική συνδιάλεξη [asti'ki sin'ðjaleksi]
**Ost(en)** *m* ανατολή [anato'li]
**Ostern** *pl.* Λαμπρή [lam'bri], Πάσχα ['pasxa] *n*
**Österreich** *n* Αυστρία [af'stria]; **~er** *m* Αυστριακός [afstria'kos]
**östlich** ανατολικός [anatoli'kos]
**Ozean** *m* ωκεανός [okjea'nos]

**Paar** *n* ζευγάρι [ze'vγari]; **~ung** *f* ζευγάρωμα [ze'vγaroma] *n*; **Ձweise** δυο δυο [δjo δjo], κατά ζεύγη [ka'ta 'zevji]

**Pacht** *f* μίσθωμα ['misθoma] *n*; **Ձen** μισθώνω [mi'sθono]

**Pächter** *m* μισθωτής [misθo'tis]

**Päckchen** *n* (*Post*) δεματάκι [δema'taki]; (*Zigaretten*) κουτί [ku'ti]

**pack|en** τσακώνω [tsa'kono], συλλαμβάνω [silam'vano]; συσκευάζω [siskje'vazo]; **Ձung** *f* συσκευασία [siskjeva'sia]

**Paket** *n* πακέτο [pa'kjeto], δέμα ['δema] *n*; **~annahme** *f* παραλαβή δεμάτων [parala'vi δe'maton]; **~ausgabe** *f* παράδοση δεμάτων [pa'raδosi δe'maton]; **~karte** *f* δελτίο αποστολής δεμάτων [δel'tio aposto'lis δe'maton]

**Pakt** *m* συνθήκη [sin'θiki]

**Palast** *m* παλάτι [pa'lati]

**Palme** *f* χουρμαδιά [xurma'δja], φοινικιά [fini'kja]

**panier|en** αλευρώνω [alev'rono]; **~t** πανέ [pa'ne]

**Pan|ik** *f*, **Ձisch** πανικός [pani'kos]

**Panne** *f* (*Auto*) ατύχημα [a'tiçima] *n*

**Pantoffel** *m* παντούφλα [pan'dufla]

# P

**Panzer** *m* θώρακας ['θorakas]; τανκ [taŋk] *n*; **~wagen** *m* άρμα (μάχης) ['arma ('maçis)] *n*

**Papa** *m* μπαμπάς [ba'bas]

**Papagei** *m* παπαγάλος [papa'γalos]

**Papier** *n* χαρτί [xar'ti]; **~geld** *n* χαρτονομίσματα [xartono'mizmata] *n/pl.*; **~geschäft** *n* χαρτοπωλείο [xartopo'lio]; **~korb** *m* καλάθι αχρήστων [ka'laθi a'xriston]

**Pappe** *f* χαρτόνι [xar'toni]

**Pappel** *f* λεύκα ['lefka]

**Paprika** *f* πιπεριά [pipe'rja]

**Papst** *m* πάπας ['papas]

**päpstlich** παπικός [papi'kos]

**Parade** *f* παρέλαση (-εις) [pa'relasi]

**parallel** παράλληλος [pa'ralilos]

**Parfüm** *n* άρωμα ['aroma] *n*, μυρωδικό [miroδi'ko]

**Park** *m* πάρκο ['parko]; **Ձen** (*Auto*) σταθμεύω [staθ'mevo], παρκάρω [par'karo]

**Parkett** *n* παρκέτο [par'kjeto]; *Thea.* πλατεία [pla'tia]

**Park|platz** *m* πάρκιγκ ['parkiŋg], χώρος σταθμεύσεως ['xoros staθ'mefseos]; **~uhr** *f* παρκόμετρο [par'kometro]; **~verbot** *n* απαγόρευση σταθμεύσεως [apa'γorefsi staθ'mefseos]

**Parlament** *n* βουλή [vu'li]

**Partei** *f* κόμμα ['koma] *n*; **⁓isch** μεροληπτικός [merolipti'kos]; **⁓lichkeit** *f* μεροληψία [meroli'psia]
**Partisan** *m* αντάρτης [an'dartis]
**Partner** *m* ταίρι ['teri]
**Party** *f* πάρτυ ['parti] *n*
**Paß** *m* κλεισούρα [kli'sura], στενό [ste'no]; (*Reise⁓*) διαβατήριο [ðiava'tirio]
**Passagier** *m* επιβάτης [epi'vatis]
**passen** ταιριάζω [te'rjazo]; **⁓d** ταιριαστός [terja'stos] (**zu** *D*/ με [me]), κατάλληλος [ka'talilos]
**passier|en** περνώ (-άς) [per'no], διαβαίνω [ðja'veno]; (*sich ereignen*) συμβαίνει [sim'veni]; **⁓schein** *m* άδεια διαβάσεως ['aðia ðia'vaseos]
**passiv** παθητικός [paθiti'kos]
**Paßkontrolle** *f* έλεγχος διαβατηρίων ['eleŋxos ðiavati'rion]
**Paste** *f* πάστα ['pasta]; **⁓te** *f* ζύμη ['zimi]
**Pate** *m* κουμπάρος [ku(m)'baros], νουνός [nu'nos]; **⁓nkind** *n* βαφτισίμι [vafti'simi]
**Patent** *n* δίπλωμα *n* ευρεσιτεχνίας ['ðiploma evresite'xnias]
**Patient** *m* άρρωστος ['arostos], πελάτης [pe'latis]; **⁓in** *f* πελάτισσα [pe'latisa]
**Patras** *n* Πάτρα ['patra]
**Patrone** *f* φυσίγγιο [fi'siŋgio]
**Pauke** *f* τύμπανο ['timbano]
**Pauschalpreis** *m* αποκοπή [apoko'pi]
**Pause** *f* διακοπή [ðiako'pi], διάλειμμα [ði'alima] *n*
**Pech** *n fig.* ατυχία [ati'çia]
**pein|igen** βασανίζω [vasa'nizo]; **⁓lich** δυσάρεστος [ði'sarestos]
**Peitsche** *f* καμουτσίκι [kamu'tsiki], μαστίγιο [ma'stijio]
**Peloponnes** *m* Πελοπόννησος [pelo'ponisos] *f*
**Pelz** *m* γούνα ['γuna], δέρμα ['ðerma] *n*; **⁓mantel** *m* γούνα ['γuna]
**Pendel** *n* (*Uhr⁓*) εκκρεμές [ekre'mes] *n*; **⁓n** ταλαντεύομαι [talan'devome]
**Pension** *f* οικοτροφείο [ikotro'fio], πανσιόν [pan'sjon]; (*Ruhegehalt*) σύνταξη (-εις) ['sindaksi]; **⁓ieren** δίνω σύνταξη ['ðino 'sindaksi]
**perfekt** τέλειος ['telios]
**Pergament** *n* περγαμηνή [perγami'ni]
**Periode** *f* περίοδος [pe'rioðos] *f*
**Perl|e** *f* μαργαριτάρι [marγari'tari]; **⁓en** αφρίζω [a'frizo]
**Person** *f* πρόσωπο ['prosopo], άτομο ['atomo]
**Personal** *n* προσωπικό [prosopi'ko]; **⁓ausweis** *m* δελτίο ταυτότητας [ðel'tio ta'ftotitas]; **⁓ien** *pl.* προ-

**Personenzug** 350

σωπικά στοιχεία [prosopi'ka sti'çia]
**Personenzug** *m* επιβατική αμαξοστοιχία [epivati'ki amaksosti'çia]
**persönlich** προσωπικός [prosopi'kos]; **&keit** *f* προσωπικότητα [prosopi'kotita]
**Perücke** *f* περούκα [pe'ruka]
**Pessimist** *m*, **&isch** απαισιόδοξος [apesi'oδoksos]
**Pest** *f* πανούκλα [pa'nukla]
**Petersilie** *f* μαϊντανός [maida'nos]
**Petroleum** *n* πετρέλαιο [pe'treleo]
**Pfad** *m* μονοπάτι [mono'pati]; **~finder** *m* πρόσκοπος ['proskopos]
**Pfahl** *m* παλούκι [pa'luki]
**Pfand** *n* ενέχυρο [e'neçiro]; **~brief** *m* χρεώγραφο υποθήκης [xre'oγrafo ipo'θikis]
**pfänd|en** κατάσχω [ka'tasxo]; **&ung** *f* κατάσχεση (-εις) [ka'tasçesi]
**Pfann|e** *f* τηγάνι [ti'γani]; **~kuchen** *m* τηγανίτα [tiγa'nita]
**Pfarrer** *m* παππάς [pa'pas], ιερέας [ie'reas]
**Pfau** *m* παγόνι [pa'γoni]
**Pfeffer** *m* πιπέρι [pi'peri]; **~minze** *f* μέντα ['menda]
**Pfeife** *f* σφυρίχτρα [sfi'rixtra]; (*Tabaks&*) πίπα ['pipa]; **&n** σφυρίζω [sfi'rizo]
**Pfeil** *m* σαΐτα [sa'ita], βέλος ['velos] *n*; **~er** *m* στύλος ['stilos]
**Pfennig** *m fig.* δεκάρα [δe'kara]
**Pferd** *n* άλογο ['aloγo]
**Pferde|kraft** *f* δύναμη ίππου ['δinami 'ipu]; **~rennen** *n* ιπποδρομία [ipoδro'mia]
**Pfiff** *m* σφύριγμα ['sfiriγma] *n*
**Pfingsten** *n* Πεντηκοστή [pendiko'sti]
**Pfirsich** *m* ροδάκινο [ro'δakino]
**Pflanz|e** *f* φυτό [fi'to]; **&en** φυτεύω [fi'tevo]; **~ung** *f* φυτεία [fi'tia]
**Pflaster** *n* λιθόστρωτο [li'θostroto]; *Med.* έμπλαστρο ['emblastro]; **&n** λιθοστρώνω [liθo'strono]
**Pflaume** *f* δαμάσκηνο [δa'maskino]; **~nbaum** *m* δαμασκηνιά [δamaski'nja]
**Pflege** *f* περιποίηση (-εις) [peri'piisi]; **~kind** *n* ψυχοπαίδι [psixo'peδi]; **&n** περιποιούμαι [peripi'ume]; **~r** *m* νοσοκόμος [noso'komos]; **~rin** *f* νοσοκόμα [noso'koma]
**Pflicht** *f* καθήκον [ka'θikon]
**pflücken** κόβω ['kovo]
**Pflug** *m* αλέτρι [a'letri], άροτρο ['arotro]
**pflügen** οργώνω [or'γono]
**Pforte** *f* πόρτα ['porta], πύλη ['pili]
**Pförtner** *m* θυρωρός [θiro'ros]
**Pfosten** *m* παραστάτης [para'statis]

**Pfote** *f* ποδάρι (ζώου) [po'ðari ('zou)]
**pfropfen** στουπώνω [stu'pono]
**pfui!** ουστ! [ust], ντροπή! [dro'pi]
**Pfund** *n* μισό κιλό [mi'so ki'lo], λίρα ['lira]
**pfusch|en** ψευτοδουλεύω [pseftoðu'levo]; **°er** *m* κακοδουλευτής [kakoðule'ftis]
**Pfütze** *f* τέλμα ['telma] *n*
**Phantasie** *f* φαντασία [fanda'sia]; **°ren** φαντασιοκοπώ [fandasioko'po]; παραμιλώ (-άς) [parami'lo]
**Physi|k** *f* φυσική [fisi'ki]; **°kalisch, °sch** φυσικός [fisi'kos]
**Picke|l** *m* τσάπα ['tsapa]; *Med.* σπυρί [spi'ri]; **°n** τσιμπώ (-άς) [tsim'bo]
**Pilger** *m* προσκυνητής [proskini'tis]; **~fahrt** *f* προσκύνημα [pro'skinima] *n*
**Pille** *f* χάπι ['xapi]
**Pilot** *m* πιλότος [pi'lotos]
**Pilz** *m* μανιτάρι [mani'tari]
**Pinie** *f* κουκουναριά [kukuna'rja], πεύκο ['pefko]
**Pinsel** *m* πινέλο [pi'nelo]
**Pinzette** *f* τσιμπίδα [tsim'biða], λαβίδα [la'viða]
**Pirat** *m* πειρατής [pira'tis]
**pissen** *fam.* κατουρώ (-άς) [katu'ro]
**Pistole** *f* πιστόλι [pi'stoli]
**Plage** *f* βάσανο ['vasano]
**Plakat** *n* τοιχοκόλλημα [tixo'kolima] *n*
**Plakette** *f* έμβλημα ['emvlima] *n*
**Plan** *m* σχέδιο ['sçeðio]; **°en** σχεδιάζω [sçeði'azo]; **°los** αμέθοδος [a'meθoðos]; **°mäßig** συστηματικός [sistimati'kos]
**Planet** *m* πλανήτης [pla'nitis]
**Planke** *f* σανίδα [sa'niða]
**Plantage** *f* φυτεία [fi'tia]
**plätschern** πλαταγίζω [plata'jizo]
**platt** ίσιος ['isjos], ομαλός [oma'los]; **°e** *f* πλάκα ['plaka]; *Mus.* δίσκος ['ðiskos]
**Plätt|eisen** *n* σίδερο ['siðero]; **°en** σιδερώνω [siðe'rono]
**Plattenspieler** *m* πικάπ [pik'ap] *n*
**Platz** *m* θέση (-εις) ['θesi], πλατεία [pla'tia]; **°en** σκάζω ['skazo]; εκρήγνυμαι [e'kriγnime]; **~karte** *f* αριθμημένη θέση [ariθmi'meni 'θesi]; **~regen** *m* μπόρα ['bora]
**Plauder|ei** *f* κουβέντα [ku'venda]; **°n** κουβεντιάζω [kuven'djazo]
**Pleite** *f* χρεωκοπία [xreoko'pia]
**Plomb|e** *f* σφράγισμα ['sfrajizma] *n*; **°ieren** σφραγίζω [sfra'jizo]
**plötzlich** ξαφνικός [ksafni'kos], αιφνίδιος [e'fniðios]; *Adv.* έξαφνα ['eksafna]
**plump** χοντροκαμωμένος [xondrokamo'menos]

**Plunder** *m* παλιόπανα [pa'ljopana] *n/pl.*
**plünder|n** λεηλατώ [leila'to]; **≈ung** *f* λεηλασία [leila'sia]
**Pöbel** *m* όχλος ['oxlos]
**Pocken** *f/pl.* ευλογιά [evlo'ja]
**Podium** *n* εξέδρα [e'kseδra]
**Pokal** *m* κύπελλο ['kipelo]
**Pol** *m* πόλος ['polos]
**polieren** γυαλίζω [ja'lizo], στιλβώνω [stil'vono]
**Politi|k** *f* πολιτική [politi'ki]; **~ker** *m*, **≈sch** πολιτικός [politi'kos]
**Politur** *f* βερνίκι [ver'niki]
**Polizei** *f* αστυνομία [astino'mia]; **~wache** *f* τμήμα ['tmima] *n*
**Polizist** *m* αστυνομικός [astinomi'kos]; χωροφύλακας [xoro'filakas]
**Polster** *n* μαξιλάρι καρέκλας [maksi'lari ka'reklas]
**poltern** θορυβώ [θori'vo]
**Pommes frites** *pl.* πατάτες τηγανιτές [pa'tates tiγani'tes] *f/pl.*
**Por|e** *f* πόρος ['poros]; **≈ös** πορώδης [po'roδis] 2
**Portal** *n* πύλη ['pili]
**Portemonnaie** *n* πορτοφόλι [porto'foli]
**Portier** *m* πορτιέρης [por'tjeris], θυρωρός [θiro'ros]
**Portion** *f* μερίδα [me'riδa]
**Porto** *n* ταχυδρομικά (τέλη) [taçiδromi'ka ('teli)] *n/pl.*
**Porträt** *n* πορτραίτο [por'treto]
**Porzellan** *n* πορσελάνη [porse'lani]
**Position** *f* θέση ['θesi], στάση ['stasi]
**positiv** θετικός [θeti'kos]
**Posse** *f* φάρσα ['farsa]
**Post|-, ≈alisch** ταχυδρομικός [taçiδromi'kos]
**Post** *f*, **~amt** *n* ταχυδρομείο [taçiδro'mio]; **~anweisung** *f* ταχυδρομική επιταγή [taçiδromi'ki epita'ji]; **~bote** *m* ταχυδρόμος [taçi'δromos]; **~einlieferungsschein** *m* απόδειξη παραδόσεως [a'poδiksi para'δoseos]
**Posten** *m* θέση (-εις) ['θesi]; *Mil.* σκοπός [sko'pos]; *Hdl.* ποσότητα εμπορευμάτων [po'sotita emborev'maton]
**Post|fach** *n* θυρίδα [θi'riδa]; **~gebühr** *f* ταχυδρομικά τέλη [taçiδromi'ka 'teli] *n/pl.*; **~karte** *f* καρτ-ποστάλ [kartpo'stal] *n*; **≈lagernd** ποστ-ρεστάντ [post re'stant]; **~leitzahl** *f* κωδικός αριθμός [koδi'kos ariθ'mos]; **~schalter** *m* ταχυδρομική θυρίδα [taçiδromi'ki θi'riδa]; **~scheck** *m* ταχυδρομική επιταγή [taçiδromi'ki epita'ji]; **~stempel** *m* ταχυδρομική σφραγίδα [taçiδromi'ki sfra'jiδa]; **≈wendend** επιστρεφόμενο [epistre'fomeno]
**Pracht** *f* μεγαλοπρέπεια [meγalo'prepia]
**prächtig** μεγαλοπρεπής [meγalopre'pis] 2

**prahl|en** καυχιέμαι [ka'fçeme] (*mit D*/ για [ja]); **℘er** *m* καυχησιάρης [kafçi'sjaris]; **℘erei** *f* καυχησιολογία [kafçisiolo'jia]
**Prakti|ker** *m*, **℘sch** πρακτικός [prakti'kos]
**Präm|ie** *f* επιδότηση (-εις) [epi'ðotisi]; (*Versicherungs-*) ασφάλιστρα [a'sfalistra] *n*/*pl.*; **℘iieren** βραβεύω [vra'vevo]
**Präparat** *n* παρασκεύασμα [para'skjevazma] *n*
**Präservativ** *n* προφυλακτικό [profilakti'ko]
**Präsident** *m* πρόεδρος ['proeðros]
**prasseln** τσιτσιρίζω [tsitsi'rizo]
**Praxis** *f* πρακτική [prakti'ki]; (*Arzt℘*) ιατρείο [ia'trio]
**predig|en** κηρύσσω [ki'riso]; **℘t** *f* κήρυγμα ['kiriγma] *n*
**Preis** *m* τιμή [ti'mi]; ***um jeden ~*** πάση θυσία ['pasi θi'sia]; **℘en** δοξάζω [ðo'ksazo]; **℘geben** εγκαταλείπω [eŋgata'lipo]; **℘gekrönt** βραβευμένος [vravev'menos]; **~liste** *f* τιμολόγιο [timo'lojio]; **~richter** *m* διαιτητής [ðieti'tis]; **℘wert** φτηνός [fti'nos]
**prellen** *fig.* γελώ (-άς) [je'lo]
**Press|e** *f* τύπος ['tipos]; (*Frucht-*) στραγγιστήρι [straŋgi'stiri]; *Typ.* πιεστήριο [pie'stirio]; **℘en** στριμώχνω [stri'moxno], πιέζω [pi'ezo]
**Preßluft** *f* πιεσμένος αέρας [pie'zmenos a'eras]
**Priester** *m* παππάς [pa'pas], ιερέας [ie'reas]
**primitiv** πρωτόγονος [pro'toγonos]
**Prinz** *m* πρίγκιπας ['priŋgipas]; **~essin** *f* πριγκίπισσα [priŋ'gipisa]
**privat** ιδιωτικός [iðioti'kos]
**Prob|e** *f* δοκιμή [ðoki'mi]; *Thea.* πρόβα ['prova]; *Hdl.* δείγμα ['ðiγma] *n*; **℘en** *Thea.* κάνω πρόβα ['kano 'prova]; **℘ieren** δοκιμάζω [ðoki'mazo]
**Problem** *n* πρόβλημα ['provlima] *n*
**Produ|kt** *n* προϊόν [proi'on]; **~ktion** *f* παραγωγή [paraγo'ji]; **℘zieren** παράγω [pa'raγo]
**Professor** *m* καθηγητής [kaθiji'tis]
**profitieren** επωφελούμαι [epofe'lume] (***von***/ από [a'po])
**Programm** *n* πρόγραμμα ['proγrama] *n*
**Propaganda** *f* προπαγάνδα [propa'γanða]
**Propeller** *m* προπέλα [pro'pela], έλικας ['elikas]
**prophezei|en** προφητεύω [profi'tevo]; **℘ung** *f* προφητεία [profi'tia]
**Prosa** *f* πεζογραφία [pezoγra'fia]
**Prosit!** γεια σας ['jasas]

**Prospekt** *m* διαφημιστικό [ðiafimisti'ko]
**Protest** *m* διαμαρτυρία [ðiamarti'ria]; **≈ieren** διαμαρτύρομαι [ðiamar'tirome]
**Prothese** *f* τεχνητό μέλος [texni'to 'melos]; (*Zahn≈*) μασέλα [ma'sela]
**Protokoll** *n* πρωτόκολλο [pro'tokolo]
**Proviant** *m* προμήθειες [pro-'miθies] *f/pl.*, τρόφιμα ['trofima] *n/pl.*
**Provinz** *f* επαρχία [epar'çia]
**Provision** *f* προμήθεια [pro-'miθia]
**provisorisch** προσωρινός [prosori'nos]
**Prozent** *n* τοις εκατόν [tis eka'ton]; **~satz** *m* ποσοστό [poso'sto]
**Prozeß** *m* δίκη ['ðiki]
**prüf|en** εξετάζω [ekse'tazo]; **≈ung** *f* εξέταση (-εις) [e'ksetasi]
**prügeln** δέρνω ['ðerno], ξυλοκοπώ (-άς) [ksiloko'po]
**Psyche** *f* ψυχή [psi'çi]
**Publikum** *n* κοινό [ki'no]
**Pudding** *m* πουτίγγα [pu-'tiŋga]
**Puder** *m* πούδρα ['puðra]; **≈n** πουδράρω [pu'ðraro]
**Pulli** *m* πουλόβερ [pu'lover] *n*
**Puls|(schlag)** *m* σφυγμός [sfiɣ'mos]; **~ader** *f* αρτηρία [arti'ria]
**Pulver** *n* σκόνη ['skoni]; (*Schieß≈*) μπαρούτι [ba'ruti]
**Pumpe** *f* τρόμπα ['tromba], αντλία [an'dlia]; **≈n** τρομπάρω [trom'baro], αντλώ [an'dlo]
**Punkt** *m* σημάδι [si'maði], σημείο [si'mio]; *Gr.* τελεία [te'lia]; **≈ieren** στίζω ['stizo]
**pünktlich** ακριβής [akri'vis] 2; **≈keit** *f* ακρίβεια [a'krivia]
**Pupille** *f* μαυράδι [ma'vraði], κόρη ['kori]
**Puppe** *f* κούκλα ['kukla]
**Purpur** *m* πορφύρα [por'fira]
**Purzelbaum** *m* τούμπα ['tu(m)ba]
**Puter** *m* γάλος ['ɣalos]
**Putsch** *m* πραξικόπημα [praksi'kopima] *n*
**Putz** *m* στολίδια [sto'liðja] *n/pl.*; *Arch.* ασβέστωμα [a'zvestoma] *n*; **≈en** στολίζω [sto'lizo]; καθαρίζω [kaθa-'rizo]; (*Schuhe*) γυαλίζω [ja'lizo]; **~frau** *f* καθαρίστρια [kaθa'ristria]

# Q

**Quadrat** *n* τετράγωνο [te'traɣono]; **~meter** *m* τετραγωνικό μέτρο [tetraɣoni'ko 'metro]
**Qual** *f* βάσανο ['vasano]
**quäl|en** βασανίζω [vasa-'nizo]; **≈geist** *m* βασανιστής [vasani'stis]
**Qualität** *f* ποιότητα [pi'otita]

**Qualle** *f* τσούχτρα ['tsuxtra], μέδουσα ['meδusa]
**Qualm** *m* πυκνός καπνός [pi'knos ka'pnos]
**Quantität** *f* ποσότητα [po'sotita]
**Quarantäne** *f* καραντίνα [kara'ntina]
**Quark** *m* μυζήθρα [mi'ziθra]
**Quartal** *n* τριμηνία [trimi'nia]
**Quartier** *n* κατάλυμα [ka'talima] *n*
**Quarz** *m* χαλαζίας [xala'zias]
**Quatsch** *m* κολοκύθια [kolo'kiθja] *n/pl.*
**Quecksilber** *n* υδράργυρος [i'δrarjiros]
**Quelle** *f* βρύση ['vrisi], πηγή [pi'ji]; **&n** πηγάζω [pi'γazo]
**quer** πλάγιος ['plajios], λοξός [lo'ksos]; **&schnitt** *m* διατομή [δiato'mi]; **&straße** *f* πλάγιος δρόμος ['plajios 'δromos]
**quetsch|en** ζουλώ (-άς) [zu'lo], πιέζω [pi'ezo]; **&ung** *f* ζούλιγμα ['zuliγma] *n*; *Med.* μωλώπισμα [mo'lopizma] *n*
**Quitte** *f* κυδώνι [ki'δoni]
**quitt|ieren** εξοφλώ [ekso'flo]; υπογράφω λογαριασμό [ipo'γrafo loγarja'zmo]; **&ung** *f* απόδειξη (-εις) [a'poδiksi]
**Quote** *f* ποσοστό [poso'sto]
**Quotient** *m* πηλίκο [pi'liko]

# R

**Rabatt** *m* έκπτωση (-εις) ['ekptosi]
**Rabe** *m* κόρακας ['korakas]
**Rache** *f* εκδίκηση (-εις) [eg'δikisi]
**Rachen** *m* στόμα *n* (άγριου ζώου) ['stoma ('aγriu 'zou)]
**rächen** εκδικιέμαι [egδi'kjeme]; ***sich ~ an*** παίρνω εκδίκηση ['perno eg'δikisi]
**Rad** *n* ρόδα ['roδa], τροχός [tro'xos]; (*Fahr&*) ποδήλατο [po'δilato]
**Radar** *n od. m* ραντάρ [ra'dar] *n*; **~schirm** *m* οθόνη ραντάρ [o'θoni ra'dar]
**radfahr|en** ποδηλατώ [poδila'to]; **&er** *m* ποδηλατιστής [poδilati'stis]
**radier|en** σβήνω ['zvino], εγχαράσσω [eŋxa'raso]; **&gummi** *m* σβηστήρα [zvi'stira]; **&ung** *f* χαλκογραφία [xalkoγra'fia]
**Radieschen** *n* ραπανάκι [rapa'naki]
**Radio** *n* ραδιόφωνο [ra'δjofono]; **&aktiv** ραδιενεργός [raδiener'γos]; **~aktivität** *f* ραδιενέργεια [raδie'nerjia]
**Rahmen** *m* πλαίσιο ['plesio]
**Rakete** *f* πύραυλος ['piravlos]
**rammen** μπήγω ['biγo]
**Rand** *m* άκρη ['akri], περιθώριο [peri'θorio]
**Rang** *m* τάξη (-εις) [taksi], βαθμός [vaθ'mos]; *Thea.* εξώστης [e'ksostis]

**Ranke** *f* περιπλοκάδα [peri-plo'kaða]; **2n:** ***sich 2n*** περιπλέκομαι [peri'plekome]
**Ranzen** *m* ταγάρι [ta'ɣari], μαθητική τσάντα [maθiti'ki 'tsanda]
**ranzig** ταγγός [taŋ'gos]
**rasch** γοργός [ɣor'ɣos], ταχύς [ta'çis]
**rascheln** θροΐζω [θro'izo]
**rasen** λυσσ(ι)άζω [li's(j)azo], μαίνομαι ['menome]; τρέχω ιλιγγιωδώς ['trexo iliŋgio-'ðos]; **~d** λυσσασμένος [lisa'zmenos]
**Rasen(platz)** *m* γκαζόν [ga-'zon], χλόη ['xloi]
**Rasier|apparat** *m* ξυριστική μηχανή [ksiristi'ki mixa'ni]; **2en** ξυρίζω [ksi'rizo]; **~klinge** *f* λάμα ['lama]
**Rasse** *f* ράτσα ['ratsa], φυλή [fi'li]
**Rast** *f* ανάπαυση (-εις) [a'napafsi]; **2en** αναπαύομαι [ana'pavome]
**Rat** *m* συμβουλή [simvu'li]; ***um ~ fragen*** συμβουλεύομαι [simvu'levome]
**Rate** *f* δόση (-εις) ['ðosi]
**raten** (*erraten*) μαντεύω [man'devo]
**Ratenzahlung** *f* πληρωμή με δόσεις [pliro'mi me 'ðosis]
**Rat|geber** *m* σύμβουλος ['simvulos]; **~haus** *n* δημαρχείο [ðimar'çio]; **~schlag** *m* συμβουλή [simvu'li]
**Rätsel** *n* αίνιγμα ['eniɣma] *n*; **2haft** αινιγματικός [eniɣmati'kos]
**Ratte** *f* (μεγάλος) ποντικός [(me'ɣalos) pondi'kos]
**Raub** *m* αρπαγή [arpa'ji]; ληστεία [li'stia]; **2en** ληστεύω [li'stevo]
**Räuber** *m* ληστής [li'stis]
**Raub|mord** *m* φόνος με ληστεία ['fonoz me li'stia]; **~tier** *n* θηρίο [θi'rio], αρπακτικό ζώο [arpakti'ko 'zoo]
**Rauch** *m* καπνός [ka'pnos]; **2en** καπνίζω [ka'pnizo]; **~er** *m* καπνιστής [kapni'stis]; **~erabteil** *n* διαμέρισμα *n* καπνιστών [ðia'merizma kapni'ston]
**räucher|n** λιβανίζω [liva-'nizo]; καπνίζω [ka'pnizo]; **2waren** *f/pl.* καπνιστά [kapni'sta] *n/pl.*
**rauf|en:** ***sich ~en*** τσακώνομαι [tsa'konome]; **2erei** *f* καβγάς [ka'vɣas]
**rauh** τραχύς [tra'çis]; (*Stimme*) βραχνός [vra'xnos]
**Raum** *m* χώρος ['xoros]
**räumen** αδειάζω [a'ðjazo], εκκενώνω [ekje'nono]
**Raumschiff** *n* διαστημόπλοιο [ðiasti'moplio]
**Räumung** *f* εκκένωση (-εις) [e'kjenosi]
**Raupe** *f* κάμπια ['kambja]
**Rausch** *m* μεθύσι [me'θisi]; *fig.* έκσταση (-εις) ['ekstasi]; **2en** βουΐζω [vu'izo], τρίζω ['trizo]; **~gift** *n* χασίς [xa'sis] *n*

357 Regenschirm

**räuspern:** ***sich*** **~** ξεροβήχω [ksero'vixo]
**Razzia** *f* αιφνιδιασμός [efniδia'zmos]
**Reaktion** *f* αντίδραση (-εις) [an'diδrasi]
**Reaktor** *m* αντιδραστήρας [andiδra'stiras]
**realistisch** ρεαλιστικός [realisti'kos]
**Reb|e** *f*, **~stock** *m* κλήμα ['klima] *n*
**Rechen|aufgabe** *f* αριθμητικό πρόβλημα [ariθmiti'ko 'provlima] *n*; **~maschine** *f* υπολογιστής [ipoloji'stis]
**Rechenschaft** *f* λογοδοσία [loγoδo'sia]
**Rech|enschieber** *m* αριθμολόγιο [ariθmo'lojio]; **≗nen** λογαριάζω [loγar'jazo], υπολογίζω [ipolo'jizo]; **~nung** *f* λογαριασμός [loγarja'zmos]
**recht** σωστός [so'stos]; δίκαιος ['δikjeos]; **~** ***haben*** έχω δίκιο ['exo 'δikjo]; **≗** *n* δίκαιο ['δikjeo]; δικαίωμα [δi'kjeoma] *n* (***auf*** *A*/ σε [se]); **≗eck** *n* τετράγωνο [te'traγono]; **≗fertigung** *f* δικαιολογία [δikjeolo'jia]; **~mäßig** νόμιμος ['nomimos]; **~los** χωρίς δικαιώματα [xo'ris δikje'omata] *n/pl.*; **~s** δεξιά [δeksi'a]; **≗sanwalt** *m* δικηγόρος [δiki'γoros]; **≗schaffenheit** *f* εντιμότητα [endi'motita]; **≗schreibung** *f* ορθογραφία [orθoγra'fia]; **~skräftig** έγκυρος ['eŋgiros]; **~swidrig** παράνομος [pa'ranomos]; **≗swissenschaft** *f* νομική [nomi'ki]; **~winklig** ορθογώνιος [orθo'γonios]; **~zeitig** έγκαιρος ['eŋgjeros]
**Redaktion** *f* σύνταξη ['sindaksi]
**Red|e** *f* λόγος ['loγos], ομιλία [omi'lia]; **≗en** μιλώ (-άς) [mi'lo]; **~ensart** *f* ιδιωματισμός [iδiomati'zmos]; **~ner** *m* ρήτορας ['ritoras]
**Reede** *f* όρμος ['ormos]; **~r** *m* εφοπλιστής [efopli'stis]
**Referat** *n* εισήγηση (-εις) [i'sijisi]
**reflektieren** αντανακλώ (-άς) [andana'klo]
**Reform** *f* μεταρρύθμιση (-εις) [meta'riθmisi]
**Regal** *n* ράφι ['rafi]
**rege** ζωηρός [zoi'ros]
**Regel** *f* κανόνας [ka'nonas]; (*Monats≗*) περίοδος [pe'rioδos] *f*; **≗mäßig** κανονικός [kanoni'kos], τακτικός [takti'kos]; **~mäßigkeit** *f* κανονικότητα [kanoni'kotita]; **≗n** κανονίζω [kano'nizo], ρυθμίζω [riθ'mizo]; **~ung** *f* ρύθμιση (-εις) ['riθmisi]
**regen:** ***sich*** **~** σαλεύω [sa'levo]
**Regen** *m* βροχή [vro'çi]; **~bogen** *m* ουράνιο τόξο [u'ranio 'tokso]; **~mantel** *m* αδιάβροχο [a'δjavroxo]; **~schauer** *m* μπόρα ['bora]; **~schirm** *m* ομπρέλα [om'brela]

**Regie** *f* σκηνοθεσία [skinoθe'sia]
**regier|en** κυβερνώ (-άς) [kiver'no]; **2ung** *f* κυβέρνηση (-εις) [ki'vernisi]
**Regisseur** *m* σκηνοθέτης [skino'θetis]
**Regist|er** *n* κατάλογος [ka'taloγos]; (*Buch*) κατάστιχο [ka'tastixo]; **2rieren** καταχωρίζω [kataxo'rizo]
**regne|n** βρέχω ['vrexo]; **~risch** βροχερός [vroçe'ros]
**regungslos** ακίνητος [a'kinitos]
**Reh** *n* ζαρκάδι [zar'kaδi]
**reib|en** τρίβω ['trivo]; **2ung** *f* τρίψιμο ['tripsimo]
**Reich** *n* κράτος ['kratos] *n*; (*König2*) βασίλειο [va'silio]; (*Kaiser2*) αυτοκρατορία [aftokrato'ria]
**reich** πλούσιος ['plusios] (***an D***) σε [se]); **~en** (*Hand*) τείνω ['tino]; (*ausreichen*) φτάνω ['ftano]; (*sich erstrekken*) εκτείνομαι [e'ktinome]; **~haltig** άφθονος ['afθonos]; **~lich** μπόλικος ['bolikos]; **2tum** *m* πλούτος ['plutos]; **2weite** *f* (*Radio*) απόδοση [a'poδosi]
**Reif** *m* πάχνη ['paxni]
**reif** ώριμος ['orimos]; ***~ werden*** ωριμάζω [ori'mazo]; **2e** *f* ωριμότητα [ori'motita]
**Reifen** *m* (*Auto*) λάστιχο ['lastixo]
**Reihe** *f* αράδα [a'raδa], σειρά [si'ra]; ***der ~ nach*** με τη σειρά [me ti si'ra]; **~nfolge** *f* διαδοχή [δiaδo'çi]
**Reim** *m* ρίμα ['rima]; **2en:** ***sich 2en*** ομοιοκαταληκτώ [omiokatali'kto]
**rein** καθαρός [kaθa'ros]; **2heit** *f* καθαριότητα [kaθari'otita]; **~igen** καθαρίζω [kaθa'rizo]; **2igung** *f* καθαρισμός [kaθari'zmos]; **~lich** *s.* **rein**
**Reis** *m* ρίζι ['rizi]
**Reise** *f* ταξίδι [ta'ksiδi]; **~büro** *n* ταξιδιωτικό γραφείο [taksiδjoti'ko γra'fio]; **~führer** *m*, **~leiter** *m* οδηγός [oδi'γos], ξεναγός [ksena'γos]; **2n** ταξιδεύω [taksi'δevo]; **~nde(r)** *m* ταξιδιώτης [taksi'δjotis]; επιβάτης [epi'vatis]; *Hdl.* πλασιέ [pla'sje]; **~paß** *m* διαβατήριο [δiava'tirio]
**reiß|en** σχίζω ['sçizo]; **2en** *n* ρευματισμός [revmati'zmos]; **~end** ορμητικός [ormiti'kos], άγριος ['aγrios]; **2nagel** *m* πινέζα [pi'neza]; **2verschluß** *m* φερμουάρ [fermu'ar] *n*
**Reit|bahn** *f* ιππόδρομος [i'poδromos]; **2en** καβαλικεύω [kavali'kjevo]; **~er** *m* ιππέας [i'peas]; **~sport** *m* ιππασία [ipa'sia]
**Reiz** *m* θέλγητρο ['θeljitro]; **2en** ερεθίζω [ere'θizo]; **2end** χαριτωμένος [xarito'menos], θελκτικός [θelkti'kos]

359 Richtlinie

**Reklame** *f* διαφήμιση (-εις) [ðia'fimisi]
**reklamieren** απαιτώ [ape'to]
**Rekord** *m* ρεκόρ [re'kor] *n*
**Rekrut** *m* νεοσύλλεκτος [neo'silektos]
**relativ** σχετικός [sçeti'kos]
**Religion** *f* θρησκεία [θri'skia]
**Renn|bahn** *f* πίστα ['pista]; **2en** τρέχω ['trexo]; **~en** *n* δρόμος ['ðromos]; **~fahrer** *m* αυτοκινητιστής αγώνων [aftokiniti'stis a'γonon]; **~pferd** *n* άλογο αγώνων ['aloγo a'γonon]; **~wagen** *m* κούρσα ['kursa]
**renovieren** ανακαινίζω [anakje'nizo]
**Rent|e** *f* σύνταξη (-εις) ['sindaksi]; **~ner** *m* συνταξιούχος [sindaksi'uxos]
**Reparatur** *f* επιδιόρθωση (-εις) [epiði'orθosi]; **~werkstatt** *f* εργαστήριο επιδιορθώσεων [erγa'stirio epiðior'θoseon]
**reparieren** επιδιορθώνω [epiðior'θono]
**Reporter** *m* ρεπόρτερ [re'porter] *m*
**Republik** *f* δημοκρατία [ðimokra'tia]
**Reserve**(**rad** *n*) *f* ρεζέρβα [re'zerva]
**reservieren** φυλά(γ)ω [fi'la(γ)o]; (*Platz*) πιάνω ['pjano]; (*Zimmer*) κρατώ [kra'to]
**Respekt** *m* σεβασμός [seva'zmos]
**Rest** *m* ρέστα ['resta] *n/pl.*, υπόλοιπο [i'polipo]
**Restaurant** *n* εστιατόριο [estia'torio]
**rett|en** σώζω ['sozo]; **2er** *m* σωτήρας [so'tiras]; **2ung** *f* σωτηρία [soti'ria]
**Rettungs|boot** *n* ναυαγοσωστική λέμβος [navaγososti'ki 'lemvos] *f*; **~ring** *m* σωσίβιο [so'sivio]; **~stelle** *f* σταθμός διασώσεως [staθ'mos ðia'soseos]
**Reue** *f* μετάνοια [me'tanja]
**Revier** *n* περιοχή [perio'çi]
**Revolution** *f* επανάσταση [epa'nastasi]
**Revue** *f* επιθεώρηση (-εις) [epiθe'orisi]
**Rezension** *f* κριτική [kriti'ki]
**Rezept** *n* συνταγή [sinda'ji]
**Rezeption** *f* υποδοχή [ipoðo'çi]
**rheumati|sch** ρευματικός [revmati'kos]; **2smus** *m* ρευματισμός [revmati'zmos]
**Rhythmus** *m* ρυθμός [riθ'mos]
**richt|en** (*Frage*) απευθύνω [ape'fθino]; ***sich* ~en** (***nach***) συμμορφώνομαι (με) [simor'fonome (me)]; **2er** *m* δικαστής [ðika'stis]; **~erlich** δικαστικός [ðikasti'kos]; **~ig** σωστός [so'stos]; ορθός [or'θos]; **2igkeit** *f* ορθότητα [or'θotita]; **~igstellen** σιάζω ['sjazo], διορθώνω [ðior'θono]; **2linie** *f* κατευθυντήρια γραμμή [katefθin'di-

ria ɣra'mi]; **&ung** *f* διεύθυνση (-εις) [ði'efθinsi]
**riechen** μυρίζω [mi'rizo]; οσφραίνομαι [o'sfrenome] (*A od.* **an** *D*| κάτι ['kati])
**Riegel** *m* μάνταλος ['mandalos]
**Riemen** *m* λουρί [lu'ri], ιμάντας [i'mandas]
**Riese** *m* γίγαντας ['jiɣandas]; **&nhaft** γιγάντειος [ji'ɣandios]
**Riff** *n* ξέρα ['ksera], ύφαλος ['ifalos] *m*|*f*
**Rille** *f* χαραμάδα [xara'maða]
**Rind** *n* βόδι ['voði]
**Rinde** *f* φλούδα ['fluða]; (*Brot&*) κόρα ['kora]
**Rindfleisch** *n* βοδινό κρέας [voði'no 'kreas]
**Ring** *m* δαχτυλίδι [ðaxti'liði]
**ring|en** παλεύω [pa'levo]; **&kampf** *m* πάλη ['pali]
**ringsumher** γύρω (-γύρω) ['jiro (-'jiro)]
**Rinn|e** *f* (*Dach-*) υδρορρόη [iðro'roi]; **&en** τρέχω ['trexo]; **~stein** *m* νεροχύτης [nero'çitis]
**Rippe** *f* παγίδι [pa'jiði], πλευρό [ple'vro]
**Risiko** *n* κίνδυνος ['kinðinos]
**Riß** *m* σχίσιμο ['sçisimo], ρήγμα ['riɣma] *n*
**Ritze** *f* σχισμάδα [sçi'zmaða]; **&n** χαράζω [xa'razo]
**Rival|e** *m* αντίπαλος [an'dipalos]; **~ität** *f* αντιζηλία [andizi'lia]
**Rizinusöl** *n* ρετσινόλαδο [retsi'nolaðo]
**röcheln** αγκομαχώ [aŋgoma'xo]
**Rock** *m* φουστάνι [fu'stani]
**roden** ξεχερσώνω [kseçer'sono]
**Rogen** *m* ταραμάς [tara'mas]
**Roggen** *m* σίκαλη ['sikali], βρίζα ['vriza]
**roh** ωμός [o'mos], ακατέργαστος [aka'terɣastos]; *fig.* άγριος ['aɣrios]; **&kost** *f* ωμή τροφή [o'mi tro'fi]
**Rohr** *n* καλάμι [ka'lami]; *Tech.* σωλήνας [so'linas]
**Röhre** *f* σωλήνας [so'linas]; (*Radio&*) λυχνία [li'xnia]
**Rohrleitung** *f* αγωγός [aɣo'ɣos]
**Rohstoffe** *m*|*pl.* πρώτες ύλες ['protes 'iles] *f*|*pl.*
**Roll|e** *f* καρούλι [ka'ruli]; (*Wäsche-*) μάγγανο ['maŋgano]; *fig.* ρόλος ['rolos]; **&en** κυλώ (-άς) [ki'lo]; **~stuhl** *m* αναπηρική καρέκλα [anapiri'ki ka'rekla]; **~treppe** *f* κυλιόμενη σκάλα [kili'omeni 'skala]
**Roman** *m* μυθιστόρημα [miθi'storima] *n*
**röntgen** ακτινογραφώ [aktinoɣra'fo]; **&bild** *n* ακτινογραφία [aktinoɣra'fia]
**rosa** ρόδινος ['roðinos]
**Rose** *f* τριαντάφυλλο [trian'dafilo]
**Rosine** *f* σταφίδα [sta'fiða]
**Rost** *m* σκουριά [sku'rja];

(*Brat*♒) σκάρα ['skara]; ♒**en** σκουριάζω [sku'rjazo]
**rösten** τηγανίζω [tiγa'nizo]; (*Kaffee*) καβουρντίζω [kavur'dizo]
**rostig** σκουριασμένος [skurja'zmenos]
**rot** κόκκινος ['kokinos]
**Röteln** *f/pl.* κοκκινίτσα [koki'nitsa]
**Rotwein** *m* μαύρο κρασί ['mavro kra'si]
**Rübe** *f* (*rote* ~) κοκκινογούλι [kokino'γuli]; (*Zucker*♒) ζαχαρότευτλο [zaxa'roteftlo]
**Ruck** *m* κούνημα ['kunima] *n*
**Rück|antwort** *f* ανταπάντηση [anda'pandisi]; **~blick** *m* ανασκόπηση (-εις) [ana'skopisi]; **~en** *m* ράχη ['raçi]; ♒**en** παραμερίζω [parame'rizo]; κινώ [ki'no]; **~fahrkarte** *f* εισιτήριο με επιστροφή [isi'tirio me epistro'fi]; **~fahrt** *f* επιστροφή [epistro'fi]; **~fall** *m Med.* υποτροπή [ipotro'pi]; **~flug** *m* επιστροφή [epistro'fi]; **~gabe** *f* απόδοση (-εις) [a'poδosi]; ♒**gängig machen** ακυρώνω [aki'rono]; **~grat** *n* σπονδυλική στήλη [sponδili'ki 'stili]; **~halt** *m* στήριγμα ['stiriγma] *n*; **~kehr** *f*, **~reise** *f* επιστροφή [epistro'fi]
**Rucksack** *m* σα(κ)κίδιο [sa'kiδio]
**Rück|schritt** *m* οπισθοδρόμηση [opisθo'δromisi]; **~seite** *f* πίσω μέρος ['piso 'meros] *n*; **~sendung** *f* επιστροφή [epistro'fi]; **~sicht** *f* προσοχή [proso'çi]; ♒**sichtslos** αδιάφορος [a'δjaforos]; **~spiegel** *m* οπισθοοπτικός καθρέφτης [opisθoopti'kos ka'θreftis]; **~stand** *m* κατακάθι [kata'kaθi], υπόλοιπο [i'polipo]; ♒**ständig** οπισθοδρομικός [opisθoδromi'kos]; **~stoß** *m* απώθηση (-εις) [a'poθisi]; **~tritt** *m* παραίτηση (-εις) [pa'retisi]; ♒**wärts** πίσω ['piso]; **~weg** *m* επιστροφή [epistro'fi]; **~wirkung** *f* αντίκτυπος [an'diktipos]; **~zahlung** *f* επιστροφή χρημάτων [epistro'fi xri'maton]; **~zug** *m* υποχώρηση (-εις) [ipo'xorisi]
**Ruder** *n* κουπί [ku'pi]; **~boot** *n* βάρκα ['varka], λέμβος ['lemvos] *f*; **~er** *m* κωπηλάτης [kopi'latis]; **~klub** *m* ναυτικός όμιλος [nafti'kos 'omilos]; ♒**n** κωπηλατώ [kopila'to]
**Ruf** *m* φωνή [fo'ni], κραυγή [kra'vji]; *fig.* φήμη ['fimi]; ♒**en** φωνάζω [fo'nazo]; **~nummer** *f* αριθμός κλήσεως [ariθ'mos 'kliseos]
**Rüge** *f* μομφή [mom'fi]; ♒**n** μέμφομαι ['memfome], επιπλήττω [epi'plito]
**Ruh|e** *f* ησυχία [isi'çia]; ανάπαυση [a'napafsi]; ♒**en** αναπαύομαι [ana'pavome]; ♒**ig** ήσυχος ['isixos]

**Ruhm** *m* δόξα ['ðoksa]
**rühmen** δοξάζω [ðo'ksazo]; επαινώ [epe'no]; ***sich*** ~ (*G*) καυχιέμαι για [kaf'çeme ja]
**ruhmvoll** ένδοξος ['enðoksos]
**Rühr|eier** *n/pl.* αυγά *n/pl.* χτυπητά [a'vγa xtipi'ta]; **≗en** ανακατώνω [anaka'tono]; συγκινώ [siŋgi'no]; **≗end** συγκινητικός [siŋginiti'kos]; **≗ig** δραστήριος [ðra'stirios]; **~ung** *f* συγκίνηση (-εις) [siŋ'ginisi]
**ruinieren** καταστρέφω [kata'strefo]
**Rumpf** *m* κορμός [kor'mos]; (*Schiffs≗*) σκελετός [skjele'tos]
**rund** στρογγυλός [stroŋgi'los]; **≗blick** *m* πανόραμα [pa'norama] *n*; **≗e** *f* (*Sport*) γύρος ['jiros], κύκλος ['kiklos]; **≗fahrt** *f* περιοδεία [perio'ðia]
**Rundfunk** *m* ραδιοφωνία [raðiofo'nia]; **~meldung** *f* ραδιοφωνική είδηση [raðiofoni'ki 'iðisi]; **~übertragung** *f* ραδιοφωνική αναμετάδοση [raðiofoni'ki ana-me'taðosi]
**Runzel** *f* ζαρωματιά [zaroma'tja]; **≗n** (*Stirn*) κατσουφιάζω [katsu'fjazo]
**rupfen** μαδώ (-άς) [ma'ðo]
**Ruß** *m* καπνιά [ka'pnja]
**Rüssel** *m* ρύγχος ['riŋxos] *n*
**rüsten** προετοιμάζω [proeti'mazo]; (*bewaffnen*) εξοπλίζω [ekso'plizo]
**rüstig** γερός [je'ros], εύρωστος ['evrostos]; **≗keit** *f* ευρωστία [evro'stia]
**Rüstung** *f* εξοπλισμός [ekso-pli'zmos]
**Rute** *f* βέργα ['verγa]
**rutschen** γλιστρώ (-άς) [γli'stro]
**rütteln** τινάζω [ti'nazo], σείω ['sio]

# S

**Saal** *m* αίθουσα ['eθusa]
**Saat** *f* σπορά [spo'ra]; **~korn** *n* σπόρος ['sporos]
**Säbel** *m* σπαθί [spa'θi], ξίφος ['ksifos] *n*
**Sach|e** *f* πρά(γ)μα ['pra(γ)ma] *n*; **~kenntnis** *f* εμπειρία [embi'ria]; **≗kundig** έμπειρος ['embiros], ειδήμων [i'ðimon] 2; **≗lich** αντικειμενικός [andikimeni'kos]
**sächlich** *Gr.* ουδέτερος [u'ðeteros]
**Sach|lichkeit** *f* αντικειμενικότητα [andikimeni'kotita]; **~register** *n* πίνακας πραγμάτων ['pinakas praγ'maton]; **~schaden** *m* υλική ζημία [ili'ki zi'mia]; **~verständige(r)** *m* εμπειρογνώμονας [embiro'γnomonas]

**Sack** *m* σά(κ)κος ['sakos]; **~gasse** *f* αδιέξοδο [aδi'eksoδo]
**säen** σπέρνω ['sperno]
**Saft** *m* χυμός [çi'mos], ζουμί [zu'mi]; **2ig** ζουμερός [zume'ros]
**Sage** *f* μύθος ['miθos]
**Säge** *f* πριόνι [pri'oni]; **~fisch** *m* ξιφίας [ksi'fias]; **~mühle** *f* νεροπρίονο [nero'priono]
**sagen** λέ(γ)ω ['le(γ)o]
**sägen** πριονίζω [prio'nizo]
**Sahne** *f* καϊμάκι [kai'maki]
**Saison** *f* σαιζόν [se'zon] *f*
**Saite** *f* χορδή [xor'δi]
**Salat** *m* σαλάτα [sa'lata]
**Salb|e** *f* αλοιφή [ali'fi]; **2en** αλείφω [a'lifo]
**Saldo** *m* υπόλοιπο λογαριασμού [i'polipo loγarja'zmu]
**Salmiakgeist** *m* αμμωνία [amo'nia]
**Salon** *m* σαλόνι [sa'loni]
**Salz** *n* αλάτι [a'lati]; **2en** αλατίζω [ala'tizo]; **2ig** αλμυρός [almi'ros]; **~kartoffeln** *f/pl.* πατάτες βραστές [pa'tates vra'stes] *f/pl.*; **~säure** *f* υδροχλωρικό οξύ [iδroxlori'ko o'ksi] *n*; **~wasser** *n* άλμη ['almi]
**Samen** *m* σπέρμα ['sperma] *n*; **~korn** *n* σπόρος ['sporos]
**samm|eln** μαζεύω [ma'zevo], συλλέγω [si'leγo], **2lung** *f* συλλογή [silo'ji]
**Samstag** *m* Σάββατο ['savato]
**samt** *D* μαζί με [ma'zi me]
**Samt** *m* βελούδο [ve'luδo]
**Sand** *m* άμμος ['amos] *f*
**Sandale** *f* πέδιλο ['peδilo]
**sandig** αμμώδης [a'moδis] 2
**sanft, ~mütig** πράος ['praos], ήπιος ['ipios]
**Sänger** *m* τραγουδιστής [traγuδi'stis]; **~in** *f* τραγουδίστρια [traγu'δistria]
**Sanitäter** *m* νοσοκόμος [noso'komos]
**Sankt ...** Άγιος ... ['aj(i)os], Αγία ... [a'jia]
**Sard|elle** *f* σαρδέλα [sar'δela]; **~ine** *f* σαρδέλα (του κουτιού) [sar'δela (tu ku'tju)]
**Sarg** *m* φέρετρο ['feretro]
**satt** χορτάτος [xor'tatos], φαγωμένος [faγo'menos]
**Satt|el** *m* σέλα ['sela]; **2eln** σελώνω [se'lono]
**sättigen** χορταίνω [xor'teno], χορτάζω [xor'tazo]
**Satz** *m* (*Sprung*) πήδημα ['piδima] *n*; (*Kaffee2*) κατακάθι [kata'kaθi]; *Gr.* πρόταση (-εις) ['protasi], φράση (-εις) ['frasi]; (*Lehr2*) θεώρημα [θe'orima] *n*; **~ung** *f* καταστατικό [katastati'ko]
**Sau** *f* γουρούνα [γu'runa]
**sauber** παστρικός [pastri'kos], καθαρός [kaθa'ros]; **2keit** *f* καθαριότητα [kaθari'otita]; **~machen, säubern** καθαρίζω [kaθa'rizo]
**sauer** ξινός [ksi'nos], οξύς

[o'ksis]; **≈kraut** *n* λάχανο τουρσί ['laxano tur'si]
**säuerlich** ξινούτσικος [ksi'nutsikos]
**Sauerstoff** *m* οξυγόνο [oksi'γono]
**saufen** *fam.* το τσούζω [to 'tsuzo]; *Tier*: πίνω ['pino]
**Säufer** *m* μπεκρής [be'kris]
**saugen** πιπιλίζω [pipi'lizo], ρουφώ (-άς) [ru'fo]
**säug|en** βυζαίνω [vi'zeno], θηλάζω [θi'lazo]; **≈etier** *n* θηλαστικό ζώο [θilasti'ko 'zoo]; **≈ling** *m* βρέφος ['vrefos] *n*
**Säule** *f* κολώνα [ko'lona], στήλη ['stili]; **~ngang** *m* περιστύλιο [peri'stilio]
**Saum** *m* άκρη ['akri], ποδόγυρος [po'ðojiros]
**säum|en** στριφώνω [stri'fono]; *fig.* αργοπορώ [arγopo'ro]; **~ig** καθυστερημένος [kaθisteri'menos]
**saumselig** αμελής [ame'lis] 2
**Sauna** *f* σάουνα ['sauna]
**Säure** *f* οξύ [o'ksi] *n*, ξινίλα [ksi'nila]
**sausen** βουΐζω [vu'izo], τρέχω γρήγορα ['trexo 'γriγora]
**schaben** ξύνω ['ksino]
**Schablone** *f* καλούπι [ka'lupi], υπόδειγμα [i'poðiγma] *n*
**Schach** *n* σκάκι ['skaki]; **~brett** *n* σκακιέρα [ska'kjera]; **~figur** *f* πιόνι ['pjoni]
**Schacht** *m* σήραγγα ['siraŋga]; (*Licht≈*) φωταγωγός [fotaγo'γos]
**Schachtel** *f* κουτί [ku'ti]
**schade: *es ist* ~** είναι κρίμα ['ine 'krima]
**Schädel** *m* κρανίο [kra'nio]
**schaden** (*D*) βλάφτω ['vlafto] *A*, ζημιώνω [zi'mjono]; **≈** *m* βλάβη ['vlavi], ζημία [zi'mia]; **≈ *erleiden*** ζημιώνομαι [zi'mjonome] (***durch*** *A*/ από [a'po]); **≈ersatz** *m* αποζημίωση (-εις) [apozi'miosi]; **≈freude** *f* χαιρεκακία [çereka'kia]; **~froh** χαιρέκακος [çe'rekakos]
**schadhaft** ελαττωματικός [elatomati'kos]
**schäd|igen** ζημιώνω [zi'mjono]; **~lich** βλαβερός [vlave'ros]
**Schaf** *n* πρόβατο ['provato]; **~skäse** *m* πρόβειο τυρί ['provjo ti'ri]
**Schäfer** *m* τσομπάνης [tso'banis]
**schaffen** δημιουργώ [ðimiur'γo]
**Schaffner** *m* (*Bus≈*) εισπράκτορας [i'spraktoras]
**Schaft** *m* κοτσάνι [ko'tsani], κοντάκι [kon'daki]
**schal** άνοστος ['anostos]; μπαγιάτικος [ba'jatikos]
**Schal** *m* σάλι ['sali]
**Schale** *f* φλούδι ['fluði]; (*Eier≈*) τσόφλι ['tsofli]; (*Gefäß*) πιατέλα [pja'tela]
**schälen** ξεφλουδίζω [kseflu'ðizo]
**schalkhaft** αστείος [a'stios]

365 Scheckbuch

**Schall** *m* ήχος ['ixos]; **~dämpfer** *m* σιγαστήρας [siγa'stiras]; **2en** ηχώ [i'xo]; **~platte** *f* δίσκος ['ðiskos]
**Schalt|brett** *n* πίνακας διανομής ['pinakas ðiano'mis]; **2en** διακόπτω [ðia'kopto]; **~er** *m* θυρίδα [θi'riða]; *Elektr.* διακόπτης [ðia'koptis]; **~jahr** *n* δίσεκτο έτος ['ðisekto 'etos] *n*; **~ung** *f* ζεύξη ['zefksi]
**schämen:** ***sich ~*** ντρέπομαι ['drepome]
**schamhaft** ντροπαλός [dropa'los]; **2igkeit** *f* ντροπή [dro'pi]
**Schande** *f* αίσχος ['esxos] *n*; ντροπή [dro'pi]
**schänd|en** ατιμάζω [ati'mazo], διαφθείρω [ðia'fθiro]; **~lich** άτιμος ['atimos]; **2lichkeit** *f* ατιμία [ati'mia]
**Schandtat** *f* κακούργημα [ka'kurjima] *n*
**Schändung** *f* ατίμωση (-εις) [a'timosi]
**Schar** *f* ομάδα [o'maða]
**scharf** κοφτερός [kofte'ros]; οξύς [o'ksis]; ***~ sein auf*** ψοφώ για [pso'fo ja]; **2blick** *m* οξυδέρκεια [oksi'ðerkia]
**Schärf|e** *f* οξύτητα [o'ksitita]; αυστηρότητα [afsti'rotita]; **2en** ακονίζω [ako'nizo]
**Scharfsinn** *m* οξύνοια [o'ksinia]; **2ig** οξύνους [o'ksinus]
**Scharlach** *m* οστρακιά [ostra'kja]
**Scharnier** *n* ρεζές [re'zes]
**Schärpe** *f* (ε)σάρπα [(e)'sarpa]
**scharren** σκαλίζω [ska'lizo]
**Schatt|en** *m* ίσκιος ['iskjos], σκιά [ski'a]; **2ieren** σκιάζω [ski'azo]; **2ig** σκιερός [skie'ros]
**Schatz** *m* θησαυρός [θisa'vros]
**schätz|en** εκτιμώ (-άς) [ekti'mo]; υπολογίζω [ipolo'jizo]; **2ung** *f* υπολογισμός [ipoloji'zmos]
**Schau** *f* θέα ['θea]; έκθεση (-εις) ['ekθesi]
**Schauder** *m* φρίκη ['friki]; **2haft** φρικτός [fri'ktos]; **2n** ανατριχιάζω [anatri'çazo]
**schauen** κοιτάζω [ki'tazo]
**Schauer** *m* (*Regen*) μπόρα ['bora]; **2lich** τρομακτικός [tromakti'kos]
**Schaufel** *f* φτυάρι ['ftjari]
**Schaufenster** *n* βιτρίνα [vi'trina]
**Schaukel** *f* κούνια ['kunja]; **2n** κουνιέμαι [ku'njeme], κουνώ [ku'no]; ταλαντεύομαι [talan'devome]
**Schaum** *m* αφρός [a'fros]
**schäumen** αφρίζω [a'frizo]
**Schaumwein** *m* σαμπάνια [sam'banja], καμπανίτης [kamba'nitis]
**Schau|spiel** *n* δράμα ['ðrama] *n*; **~spieler(in** *f*) *m* ηθοποιός [iθopi'os] *m/f*
**Scheck** *m* τσεκ [tsek] *n*, επιταγή [epita'ji]; **~buch** *n* βι-

**Scheckkarte** 366

βλιάριο επιταγών [vivli'ario epita'ɣon]; **~karte** *f* κάρτα τσεκ ['karta tsek]
**Scheibe** *f* φέτα ['feta]; (*Fenster*~) τζάμι ['dzami]; **~nwischer** *m* υαλοκαθαριστήρας [ialokaθari'stiras]
**Scheid|e** *f* θήκη ['θiki]; (*Grenze*) όριο ['orio]; **~en** χωρίζω [xo'rizo]; ***sich ~en lassen*** παίρνω διαζύγιο ['perno δia'zijio]; **~ung** *f* (*Ehe-*) διαζύγιο [δia'zijio]
**Schein** *m* (*Bescheinigung*) πιστοποιητικό [pistopiiti'ko]; (*Licht*) λάμψη (-εις) ['lampsi]; **~bar** κατά τα φαινόμενα [kata ta fe'nomena]; **~en** λάμπω ['lambo], φέγγω ['feŋgo]; φαίνομαι ['fenome]; **~werfer** *m* προβολέας [provo'leas]
**Scheit** *n* σχίζα ['sçiza]
**Scheitel** *m* (*Haar*~) χωρίστρα [xo'ristra]
**scheitern** ναυαγώ [nava'ɣo]
**Schelm** *m* κατεργάρης [kater'ɣaris]
**schelten** μαλώνω [ma'lono]
**Schema** *n* σχήμα ['sçima] *n*; πρότυπο ['protipo]
**Schemel** *m* σκαμνί [ska'mni]
**Schenke** *f* ταβέρνα [ta'verna]
**Schenkel** *m* σκέλος ['skjelos] *n*
**schenken** χαρίζω [xa'rizo], δωρίζω [δo'rizo]
**Scherbe** *f* θρύψαλο ['θripsalo]
**Schere** *f* ψαλίδι [psa'liδi]; **~nschleifer** *m* ακονιστής [akoni'stis]
**Schererei** *f* σκοτούρα [sko'tura]
**Scherz** *m* χωρατό [xora'to], αστείο [a'stio]; **~en** αστειεύομαι [asti'evome] (***mit*** *D*/ με [me], μαζί [ma'zi])
**scheu** δειλός [δi'los], ντροπαλός [dropa'los]; **~** *f* δειλία [δi'lia]
**scheuchen** διώχνω ['δjoxno]
**scheuen** φοβάμαι [fo'vame]
**Scheuer|lappen** *m* σφουγγαρόπανο [sfuŋga'ropano]; **~n** σφουγγαρίζω [sfuŋga'rizo]
**Scheune** *f* αχυρώνας [açi'ronas]
**scheußlich** φρικτός [fri'ktos]
**Schi** *m* σκι [ski] *n*; ***~ laufen*** κάνω σκι ['kano ski]
**Schicht** *f* στρώμα ['stroma] *n*, στοίβα ['stiva]; **~en** στοιβάζω [sti'vazo]
**schick** κομψός [kom'psos]
**schick|en** (απο)στέλνω [(apo)'stelno]; ***sich ~en*** ταιριάζει [te'rjazi] (***für*** *A*/ μου [mu]); **~lich** ευπρεπής [efpre'pis] 2
**Schicksal** *n* τύχη ['tiçi], μοίρα ['mira]
**schieben** σπρώχνω ['sproxno], ωθώ [o'θo]
**Schieds|gericht** *n* διαιτητικό δικαστήριο [δietiti'ko δika'stirio]; **~richter** *m* διαιτητής [δieti'tis]; **~spruch** *m* διαιτησία [δieti'sia]

**schief** στραβός [stra'vos], λοξός [lo'ksos]
**Schiefer** *m* σχιστόλιθος [sçi'stoliθos]; **~tafel** *f* μαυροπίνακας [mavro'pinakas]
**schielen** αλληθωρίζω [aliθo'rizo]
**Schienbein** *n* καλάμι [ka'lami]
**Schiene** *f* σιδηροτροχιά [siðirotro'ça]; *Med.* νάρθηκας ['narθikas]
**schieß|en** πυροβολώ [pirovo'lo]; **2pulver** *n* μπαρούτι [ba'ruti]; **2scheibe** *f* σημάδι [si'maði], σκοπός [sko'pos]; **2stand** *m* σκοπευτήριο [skope'ftirio]
**Schiff** *n* καράβι [ka'ravi], πλοίο ['plio]
**Schiffahrt** *f* ναυτιλία [nafti'lia]
**Schiff|bruch** *m* ναυάγιο [na'vajio]; **2brüchig** ναυαγός [nava'γos]; **~er** *m* ναύτης ['naftis]
**Schiffs|ladung** *f* φορτίο πλοίου [for'tio 'pliu]; **~mannschaft** *f* πλήρωμα ['pliroma] *n*; **~schraube** *f* έλικα ['elika]; **~werft** *f* ναυπηγείο [nafpi'jio]
**Schiläufer** *m* χιονοδρόμος [çiono'ðromos]
**Schild** *m* ασπίδα [a'spiða]
**Schild** *n* πινακίδα [pina'kiða]
**schilder|n** περιγράφω [peri'γrafo]; **2ung** *f* περιγραφή [periγra'fi]
**Schildkröte** *f* χελώνα [çe'lona]
**Schilf** *n* καλάμι [ka'lami]
**Schilling** *m* σελίνιο [se'linio]
**Schimmel** *m* (*Pferd*) άσπρο άλογο ['aspro 'aloγo]; μούχλα ['muxla]; **2ig** μουχλιασμένος [muxlja'zmenos]; **2n** μουχλιάζω [mu'xljazo]
**Schimmer** *m* λάμψη (-εις) ['lampsi]; **2n** λαμπυρίζω [lambi'rizo]
**Schimpf** *m* ντροπή [dro'pi]; **2en** βρίζω ['vrizo]
**Schinken** *m* ζαμπόνι [zam'boni]
**Schirm** *m* ομπρέλα [om'brela]; (*Sonnen2*) ομπρέλα ήλιου [om'brela 'ilju]; *fig.* προστασία [prosta'sia]
**Schlacht** *f* μάχη ['maçi]; **2en** σφάζω ['sfazo]
**Schlächter** *m* χασάπης [xa'sapis]; **~ei** *f* χασάπικο [xa'sapiko], κρεοπωλείο [kreopo'lio]
**Schlachtfeld** *n* πεδίο μάχης [pe'ðio 'maçis]
**Schlacke** *f* απόβλητα [a'povlita] *n/pl.*
**Schlaf** *m* ύπνος ['ipnos]; **~anzug** *m* πυτζάμα [pi'dzama]; **2en** κοιμάμαι [ki'mame]; ***sich* 2en *legen*** πλαγιάζω [pla'jazo]; **~losigkeit** *f* αϋπνία [aip'nia]; **~mittel** *n* υπνωτικό [ipnoti'ko]
**schläfrig** νυσταγμένος [nista'γmenos]
**Schlaf|wagen** *m* κλινάμαξα

**Schlafzimmer** 368

[kli'namaksa], βαγκόν-λι [va'gon 'li] *n*; **~zimmer** *n* κρεβατοκάμαρα [krevato-'kamara]
**Schlag** *m* χτύπημα ['xtipima] *n*; **~ader** *f* αρτηρία [arti'ria]; **~anfall** *m* αποπληξία [apopli'ksia]; **2en** χτυπώ (-άς) [xti'po]
**Schlager** *m* μεγάλη επιτυχία [me'γali epiti'çia]
**Schlägerei** *f* γρονθοκοπήματα [γronθoko'pimata] *n/pl.*
**schlag|fertig** ετοιμόλογος [eti'moloγos]; **2sahne** *f* χτυπητό ανθόγαλα [xtipi'to an'θoγala]; **2zeile** *f* χτυπητός τίτλος εφημερίδας [xtipi'tos 'titlos efime'riðas]
**Schlamm** *m* λάσπη ['laspi], πηλός [pi'los]; **2ig** λασπωμένος [laspo'menos]
**Schlange** *f* φίδι ['fiði]; *fig.* ουρά [u'ra]
**schlängeln: *sich* ~** ελίσσομαι [e'lisome]
**schlank** λυγερός [lije'ros], λιγνός [li'γnos]; λεπτός [le-'ptos]
**Schlappe** *f* ήττα ['ita]
**schlau** πονηρός [poni'ros]
**Schlauch** *m* ασκί [a'ski]; (*Auto*) σαμπρέλα [sam'brela]
**Schlauheit** *f* πονηριά [poni'rja]
**schlecht** κακός [ka'kos]; **2igkeit** *f* κακία [ka'kia]
**schleichen** κρυφοπατώ (-άς) [krifopa'to], σέρνομαι ['sernome]
**Schleier** *m* βέλο ['velo], πέπλος ['peplos]; **2haft** μυστηριώδης [mistiri'oðis] 2
**Schleife** *f* φιόγγος ['fjoŋgos]; (*Krümmung*) στροφή [stro-'fi]
**schleif|en** ακονίζω [ako-'nizo]; **2stein** *m* ακόνι [a'koni]
**Schleim** *m* φλέμα ['flema] *n*; **2ig** βλεννώδης [vle'noðis] 2
**schlemm|en** καλοτρώω [kalo'troo]; **2er** *m* κοιλιόδουλος [kili'oðulos]; **2erei** *f* καλοφαγία [kalofa'jia]
**schlend|ern** σεριανίζω [serja'nizo]; **2rian** *m* ρουτίνα [ru'tina]
**Schleppe** *f* ουρά [u'ra]
**schlepp|en** σέρνω ['serno], κουβαλώ (-άς) [kuva'lo]; *Mar.* ρυμουλκώ [rimul'ko]; **2er** *m* ρυμουλκό [rimul'ko]
**Schleuder** *f* σφεντόνα [sfen-'dona]; **2n** εκσφενδονίζω [eksfenðo'nizo]; κατρακυλώ (-άς) [katraki'lo]
**schleunigst** πολύ γρήγορα [po'li 'γriγora]
**Schleuse** *f* υδροφράκτης [iðro'fraktis]
**Schliche** *m/pl.* τερτίπια [ter-'tipja] *n/pl.*, τεχνάσματα [te'xnazmata] *n/pl.*
**schlicht** απλός [a'plos], λιτός [li'tos]; **~en** εξομαλύνω [eksoma'lino]; **2ung** *f* διαιτησία [ðieti'sia]
**schließ|en** κλείνω ['klino];

(*endigen*) τελειώνω [te'ljono]; (*folgern*) συμπεραίνω [simbe'reno]; (*Vertrag*) συνομολογώ [sinomolo'γo]; (*Freundschaft*) κάνω ['kano], συνάπτω [si'napto]; **≈fach** *n* ταχυδρομική θυρίδα [taçiδromi'ki θi'riδa]; **~lich** επιτέλους [epi'telus]

**Schliff** *m* ακόνισμα [a'konizma] *n*

**schlimm** κακός [ka'kos], άσχημος ['asçimos]

**Schling|e** *f* θηλειά [θi'lja]; παγίδα [pa'jiδa]; **≈en** περιπλέκω [peri'pleko]

**schlingern** παρακουνώ (-άς) [paraku'no]

**Schlips** *m* γραβάτα [γra'vata]

**Schlitt|en** *m* έλκυθρο ['elkiθro]; **≈ern** γλιστρώ (-άς) [γli'stro]; **~schuh** *m* παγοπέδιλο [paγo'peδilo]; **~schuhlaufen** *n* παγοδρομία [paγoδro'mia]; **~schuhläufer** *m* παγοδρόμος [paγo'δromos]

**Schlitz** *m* σχισμάδα [sçi'zmaδa]; **≈en** σχίζω ['sçizo]

**Schloß** *n* ανάκτορο [a'naktoro]; (*Tür*) κλειδαριά [kliδa'rja]

**Schlosser** *m* κλειδαράς [kliδa'ras]; **~ei** *f* κλειδαράδικο [kliδa'raδiko]

**Schlucht** *f* χαράδρα [xa'raδra], γκρεμός [gre'mos]

**schluchzen** κλαίω ['kleo], οδύρομαι [o'δirome]

**Schluck** *m* ρουφηξιά [rufi'ksja]; **≈en** καταπίνω [kata'pino]; **~en** *m* λόξυγγας ['loksiŋgas]

**Schlummer** *m* γλυκοκοίμισμα [γliko'kimizma] *n*; **≈n** γλυκοκοιμάμαι [γlikoki'mame]

**Schlund** *m* λάρυγγας ['lariŋgas]

**schlüpf|en** τρυπώνω [tri'pono], χώνομαι ['xonome]; **≈er** *m* κυλότα [ki'lota]; **~rig** γλιστερός [γliste'ros], άσεμνος ['asemnos]

**Schluß** *m* τέλος ['telos] *n*; (*Folgerung*) συμπέρασμα [sim'berazma] *n*

**Schlüssel** *m* κλειδί [kli'δi]; **~bein** *n* κλειδοκόκκαλο [kliδo'kokalo]; **~bund** *n* κρίκος κλειδιών ['krikos kli'δjon]; **~loch** *n* κλειδαρότρυπα [kliδa'rotripa]

**Schlußlicht** *n* οπίσθιο φως [o'pisθio fos]

**Schmach** *f* ντροπή [dro'pi], αίσχος ['esxos] *n*

**schmachten** λαχταρώ (-άς) [laxta'ro]

**schmächtig** λεπτός [le'ptos], αδύνατος [a'δinatos]

**schmachvoll** επονείδιστος [epo'niδistos]

**schmackhaft** νόστιμος ['nostimos]

**schmäh|en** βρίζω ['vrizo]; **~lich** ντροπιαστικός [dropjasti'kos]; **≈ung** *f* βρισιά [vri'sja]

**schmal** στενός [ste'nos]

**schmälern** ελαττώνω [ela'tono]
**Schmalz** *n* ξύγγι ['ksiŋgi]
**Schmarotzer** *m* παράσιτος [pa'rasitos]
**schmeck|en** γεύομαι ['jevome]; ***es ~t gut*** είναι νόστιμο ['ine 'nostimo]; ***es ~t mir*** μου αρέσει [mu a'resi]
**Schmeichel|ei** *f* κολακεία [kola'kia]; **≈haft** κολακευτικός [kolakjefti'kos]; **≈n** κολακεύω [kola'kjevo]
**schmeißen** *fam.* πετώ (-άς) [pe'to]
**schmelzen** λειώνω ['ljono]
**Schmerz** *m* πόνος ['ponos]; **≈en** πονώ (-άς) [po'no]; λυπώ [li'po]; **≈haft** οδυνηρός [oδini'ros]; **~mittel** *n* παυσίπονο [paf'sipono]
**Schmetterling** *m* πεταλούδα [peta'luδa]
**Schmied** *m* σιδηρουργός [siδirur'γos]; **~e** *f* σιδηρουργείο [siδirur'jio]
**schmiegen:** ***sich ~*** (***an*** *A*) σφίγγομαι (πάνω σε) ['sfiŋgome ('pano se)]; προσαρμόζομαι (σε) [prosar'mozome (se)]
**Schmier|e** *f* αλοιφή [ali'fi]; **≈en** αλείφω [a'lifo]; **≈ig** λιγδιασμένος [liγδja'zmenos]; **~öl** *n* λιπαντικό λάδι [lipandi'ko 'laδi]
**Schminke** *f* φτιασίδι [ftja'siδi]; **≈n** φτιασιδώνω [ftjasi'δono], βάφω ['vafo]
**Schmor|braten** *m* καπαμάς [kapa'mas]; **≈en** ψήνω ['psino], βράζω ['vrazo]
**Schmuck** *m* στολίδι [sto'liδi], χρυσαφικά [xrisafi'ka] *n/pl.*
**schmücken** στολίζω [sto'lizo]
**Schmugg|el** *m* λαθρεμπόριο [laθrem'borio]; **≈eln** κάνω λαθρεμπόριο ['kano laθrem'borio]; **~ler** *m* λαθρέμπορος [la'θremboros]
**Schmutz** *m* βρωμιά [vro'mja]; **≈ig** βρώμικος ['vromikos], λερωμένος [lero'menos]
**Schnabel** *m* μύτη ['miti], ράμφος ['ramfos] *n*
**Schnalle** *f* πόρπη ['porpi]
**schnappen** χάφτω ['xafto], αρπάζω [ar'pazo]
**Schnaps** *m* ρακί [ra'ki]
**schnarchen** ροχαλίζω [roxa'lizo]
**schnattern** φαφλατίζω [fafla'tizo], φλυαρώ [flia'ro]
**schnauben** φυσώ (-άς) [fi'so]; ***sich*** *D* (*die Nase*) ~ ξεμυξίζομαι [ksemi'ksizome]
**Schnauze** *f* ρύγχος ['riŋxos] *n*
**Schnecke** *f* σάλιαγκας ['saljaŋgas]; (*ohne Haus*) κοχλίας [ko'xlias]
**Schnee** *m* χιόνι ['çoni]; **~ball** *m* χιονόσφαιρα [ço'nosfera]; **~flocke** *f* νιφάδα [ni'faδa]; **~gestöber** *n* χιονιά [ço'nja]
**Schneide** *f* κόψη (-εις) ['ko-

371 **Schraubenzieher**

psi]; **⁓n** κόβω ['kovo]; **⁓nd** κοφτερός [kofte'ros]; *fig.* διαπεραστικός [ðiaperasti'kos], δριμύς [ðri'mis]; **~r** *m* ράφτης ['raftis]; **~rin** *f* ράφτρια ['raftria]
**schneien** χιονίζω [ço'nizo]
**Schneise** *f* άδεντρη λωρίδα ['aðendri lo'riða]
**schnell** γρήγορος ['γriγoros], ταχύς [ta'çis]; **⁓igkeit** *f* γρηγοράδα [γriγo'raða], ταχύτητα [ta'çitita]; **⁓zug** *m* ταχεία [ta'çia]
**schneuzen:** ***sich*** **~** ξεμυξίζομαι [ksemi'ksizome]
**Schnitt** *m* κοπή [ko'pi]; τομή [to'mi]; (*Kleid*) κόψιμο ['kopsimo]; **~e** *f* φέτα ['feta]; **~muster** *n* πατρόν [pa'tron]
**Schnitzel** *n* σνίτσελ ['znitsel] *n*
**schnitzen** γλύφω ['γlifo], σμιλεύω [zmi'levo]
**schnüffeln** μουσουνίζω [musu'nizo]; *fig.* κατασκοπεύω [katasko'pevo]
**Schnupfen** *m* συνάχι [si'naçi]
**Schnur** *f* κορδέλα [kor'ðela], ταινία [te'nia]
**schnüren** δένω ['ðeno]
**Schnurr|bart** *m* μουστάκι [mu'staki]; **⁓en** χουρχουρίζω [xurxu'rizo]
**Schnürsenkel** *m* κορδόνι [kor'ðoni]
**Schock** *m* τρομάρα [tro'mara]; *Med.* νευρικός κλονισμός [nevri'kos kloni'zmos]
**Schokolade** *f* σοκολάτα [soko'lata]
**Scholle** *f* (*Eis⁓*) κομμάτι πάγου [ko'mati 'paγu]; (*Fisch*) γλώσσα ['γlosa]
**schon** πια [pja], ήδη ['iði], κιόλας ['kjolas]
**schön** όμορφος ['omorfos], ωραίος [o'reos]
**schonen** φείδομαι ['fiðome]; (*Sachen*) προσέχω [pro'sexo]
**Schönheit** *f* ομορφιά [omor'fja]
**Schonung** *f* επιείκεια [epi'ikia]; προφύλαξη (-εις) [pro'filaksi]; (*Wald*) φυτώριο [fi'torio]
**schöpf|en** αντλώ [an'dlo]; **⁓er** *m* δημιουργός [ðimiur'γos]; **⁓ung** *f* δημιουργία [ðimiur'jia]
**Schornstein** *m* καμινάδα [kami'naða]; **~feger** *m* καπνοδοχοκαθαριστής [kapnoðoxokaθari'stis]
**Schoß** *m* αγκαλιά [aŋga'lja]
**schräg** πλάγιος ['plajios], λοξός [lo'ksos]
**Schramme** *f* αμυχή [ami'çi]
**Schrank** *m* ντουλάπι [du'lapi]
**Schranke** *f* φραγμός [fraγ'mos]; **⁓nlos** *fig.* αχαλίνωτος [axa'linotos]
**Schraube** *f* βίδα ['viða]; έλικα ['elika]; **⁓n** βιδώνω [vi'ðono]
**Schrauben|schlüssel** *m* στριφτάρι [stri'ftari]; **~zie-**

**Schrecken** 372

**her** *m* κατσαβίδι [katsa'viði]
**Schreck|en** *m* τρομάρα [tro'mara]; **2en** τρομάζω [tro'mazo]; **2lich** (*a. fig.*) τρομερός [trome'ros]
**Schrei** *m* κραυγή [kra'vji]
**Schreib|en** *n* έγγραφο ['eŋγrafo]; **2en** γράφω ['γrafo]; **~heft** *n* τετράδιο [te'traðio]; **~mappe** *f* χαρτοφύλακας [xarto'filakas]; **~maschine** *f* γραφομηχανή [γrafomixa'ni]; **~tisch** *m* γραφείο [γra'fio]; **~warenhandlung** *f* χαρτοπωλείο [xartopo'lio]
**schreien** κραυγάζω [kra'vγazo], ξεφωνίζω [ksefo'nizo]
**Schrift** *f* γραφή [γra'fi]; (*Schriftstück*) έγγραφο ['eŋγrafo]; **~führer** *m* γραμματέας [γrama'teas]; **2lich** γραπτός [γra'ptos]; **~steller** *m* συγγραφέας [siŋγra'feas]; **~wechsel** *m* αλληλογραφία [aliloγra'fia]
**schrill** διαπεραστικός [ðiaperasti'kos]
**Schritt** *m* βήμα ['vima] *n*; διάβημα [ði'avima] *n*
**schroff** απόκρημνος [a'pokrimnos]; *fig.* απότομος [a'potomos], αψύς [a'psis]
**Schrott** *m* παλιοσίδερα [paljo'siðera] *n/pl.*
**schrubb|en** σφουγγαρίζω [sfuŋga'rizo]; **2er** *m* σφουγγαρόσκουπα [sfuŋga'roskupa]
**schrumpfen** ζαρώνω [za'rono], *a. fig.* ελαττώνομαι [ela'tonome]
**Schub|karren** *m* καροτσάκι [karo'tsaki]; **~lade** *f* συρτάρι [sir'tari]
**schüchtern** ντροπαλός [dropa'los], δειλός [ði'los]; **2heit** *f* ντροπαλότητα [dropa'lotita]
**Schuft** *m* παλιάνθρωπος [pa'ljanθropos]
**Schuh** *m* παπούτσι [pa'putsi]; **~creme** *f* βερνίκι (παπουτσιών) [ver'niki (papu'tsjon)]; **~geschäft** *n* υποδηματοπωλείο [ipoðimatopo'lio]; **~macher** *m* παπουτσής [papu'tsis]; **~putzer** *m* λούστρος ['lustros]; **~sohle** *f* σόλα ['sola]
**Schul|bildung** *f* σχολική μόρφωση [sxoli'ki 'morfosi]; **~buch** *n* διδακτικό βιβλίο [ðiðakti'ko vi'vlio]
**Schuld** *f* χρέος ['xreos] *n*; φταίξιμο ['fteksimo], ενοχή [eno'çi]; **2 *sein*** φταίω ['fteo]; **2en** χρωστώ [xro'sto]; **2ig** (***an** D*) ένοχος ['enoxos] *G*
**Schule** *f* σχολείο [sxo'lio], σχολή [sxo'li]
**Schüler** *m* μαθητής [maθi'tis]; **~in** *f* μαθήτρια [ma'θitria]
**Schul|ferien** *pl.* διακοπές [ðjako'pes] *f/pl.*; **~pflicht** *f* υποχρεωτική εκπαίδευση [ipoxreoti'ki ek'peðefsi]; **~stunde** *f* μάθημα ['maθima] *n*

**Schulter** *f* ώμος ['omos]
**Schulzeugnis** *n* ενδεικτικό [enðikti'ko]
**Schund** *m* σαβούρα [sa'vura]
**Schuppe** *f* λέπι ['lepi], **~n** *pl.* πιτυρίδα [piti'riða]
**Schuppen** *m* αποθήκη [apo-'θiki]
**schüren** σκαλίζω [ska'lizo]; *fig.* υποθάλπω [ipo'θalpo]
**Schürze** *f* ποδιά [po'ðja]
**Schuß** *m* τουφεκιά [tufe'kja], βολή [vo'li]
**Schüssel** *f* γαβάθα [γa'vaθa], λεκάνη [le'kani]
**Schußwaffe** *f* πυροβόλο όπλο [piro'volo 'oplo]
**Schuster** *m* παπουτσής [pa-pu'tsis], τσαγκάρης [tsaŋ-'garis]
**Schutt** *m* απορρίμματα [apo-'rimata] *n/pl.*
**Schüttel|frost** *m* ρίγος ['riγos] *n*; **2n** τινάζω [ti'nazo]
**schütten** χύνω ['çino]
**Schutz-** προστατευτικός [prostatefti'kos]
**Schutz** *m* προστασία [pro-sta'sia]; **~blech** *n* φτερό αυ-τοκινήτου [fte'ro aftoki-'nitu]; **~brille** *f* προστατευ-τικά γυαλιά [prostatefti'ka ja'lja] *n/pl.*
**Schütz|e** *m* σκοπευτής [sko-pe'ftis]; **2en** προστατεύω [prosta'tevo] (*vor D*/ από [a'po])
**Schutz|haft** *f* προφυλάκιση [profi'lakisi]; **~heilige(r)** *m* προστάτης άγιος [pro'statis 'ajios]; **~mann** *m* αστυφύ-λακας [asti'filakas]
**schwach** αδύνατος [a'ðina-tos]
**Schwäche** *f* αδυναμία [aði-na'mia]; **2n** αδυνατίζω [aði-na'tizo]
**schwachsinnig** ηλίθιος [i'li-θios]
**Schwager** *m* κουνιάδος [ku-'njaðos]
**Schwägerin** *f* κουνιάδα [ku-'njaða]
**Schwalbe** *f* χελιδόνι [çeli-'ðoni]
**Schwamm** *m* σφουγγάρι [sfuŋ'gari], σπόγγος ['spoŋ-gos]
**Schwan** *m* κύκνος ['kiknos]
**schwanger** έγκυος ['eŋgios]; **2schaft** *f* εγκυμοσύνη [eŋgi-mo'sini]
**schwanken** σαλεύω [sa-'levo], ταλαντεύομαι [talan-'devome]; *fig.* διστάζω [ði-'stazo]
**Schwanz** *m* ουρά [u'ra]
**Schwarm** *m* σμήνος ['zmi-nos] *n*, σμάρι ['zmari]
**schwärm|en** *fig.* ενθουσιά-ζομαι [enθusi'azome], πε-θαίνω [pe'θeno] (***für** A*/ για [ja]); **~erisch** ενθουσιαστι-κός [enθusiasti'kos]
**schwarz** μαύρος ['mavros], μελανός [mela'nos]; **2brot** *n* μαύρο ψωμί ['mavro pso'mi]
**schwärzen** μαυρίζω [ma-'vrizo]
**schwatzen** φλυαρώ [flia'ro]

**Schwätzer** *m* πολυλογάς [polilo'γas]
**schwatzhaft** φλύαρος ['fliaros]
**schweben** αιωρούμαι [eo'rume]
**Schwefel** *m* θειάφι ['θjafi], θείο ['θio]; **~säure** *f* θειικό οξύ [θii'ko o'ksi] *n*
**schweig|en** σωπαίνω [so'peno], σιωπώ [sjo'po]; **&en** *n* σιωπή [sio'pi]; **~sam** σιωπηλός [siopi'los]
**Schwein** *n* γουρούνι [γu'runi]; **~efleisch** *n* χοιρινό κρέας [çiri'no 'kreas] *n*; **~erei** *f* βρωμοδουλειά [vromoðu'lja]
**Schweiß** *m* ιδρώτας [i'ðrotas]
**schweißen** συγκολλώ (-άς) [siŋgo'lo]
**Schweiz** *f* Ελβετία [elve'tia]; **~er** *m* Ελβετός [elve'tos]
**Schwell|e** *f* κατώφλι [ka'tofli]; **&en** πρήζομαι ['prizome], φουσκώνω [fu'skono], εξογκώνω [eksoŋ'gono]; **~ung** *f* φούσκωμα ['fuskoma] *n*; πρήξιμο ['priksimo]
**schwenk|en** κουνώ [ku'no]; (*intransitiv*) στρέφομαι ['strefome]; **&ung** *f* στροφή [stro'fi]
**schwer** βαρύς [va'ris]; *fig.* δύσκολος ['ðiskolos]; **&beschädigte(r)** *m* ανάπηρος [a'napiros]; **~fällig** δυσκίνητος [ði'skinitos], βραδύς [vra'ðis]; **~hörig** βαρήκοος [va'rikoos]; **&kraft** *f* βαρύτητα [va'ritita]; **&punkt** *m* κέντρο του βάρους ['kjendro tu 'varus]
**Schwert** *n* σπαθί [spa'θi], ξίφος ['ksifos] *n*
**Schwester** *f* αδελφή [aðel'fi]
**Schwieger|eltern** *pl.* πεθερικά [peθeri'ka] *n/pl.*; **~mutter** *f* πεθερά [peθe'ra]; **~sohn** *m* γαμπρός [γam'bros]; **~tochter** *f* νύφη ['nifi]; **~vater** *m* πεθερός [peθe'ros]
**Schwiele** *f* κάλος ['kalos]
**schwierig** δύσκολος ['ðiskolos]; **&keit** *f* δυσκολία [ðisko'lia]
**Schwimm|bad** *n* πισίνα [pi'sina]; **&en** κολυμπώ [kolim'bo]; **~er** *m* κολυμβητής [kolimvi'tis]; **~gürtel** *m* κολυμβητική ζώνη [kolimviti'ki 'zoni]; **~sport** *m* κολύμπι [ko'limbi]; **~weste** *f* σωσίβιο [so'sivio]
**Schwindel** *m* ζάλη ['zali]; (*Betrug*) απάτη [a'pati]; **&ig** ζαλισμένος [zali'zmenos]; **&n** λέ(γ)ω ψέματα ['le(γ)o 'psemata]
**schwind|en** αφανίζομαι [afa'nizome]; **&sucht** *f* φθίση ['fθisi]
**schwing|en** κινώ [ki'no], σείω ['sio]; **&ung** *f* κραδασμός [kraða'zmos]
**Schwitz|bad** *n* ατμόλουτρο [a'tmolutro]; **&en** ιδρώνω [i'ðrono]
**schwören** ορκίζομαι [or'kizome]

**schwül** πνιγερός [pnije'ros]
**Schwung** *m* φόρα ['fora]
**Schwur** *m* όρκος ['orkos]
**sech|s** έξι ['eksi]; **~zehn** δεκαέξι [ðeka'eksi]; **~zig** εξή(κο)ντα [e'ksi(ko)nda]
**See 1.** *m* λίμνη ['limni]; **2.** *f* θάλασσα ['θalasa]; **~bad** *n* θαλάσσιο λουτρό [θa'lasio lu'tro]; **~gang** *m* (*hoher*) φουσκοθαλασσιά [fuskoθala'sja]; **~hund** *m* φώκια ['fokja]; **~krankheit** *f* ναυτίαση [na'ftiasi]
**Seel|e** *f* ψυχή [psi'çi]; **≈isch** ψυχικός [psiçi'kos]
**See|mann** *m* ναυτικός [nafti'kos]; **~meile** *f* ναυτικό μίλι [nafti'ko 'mili]; **~reise** *f* θαλασσινό ταξίδι [θalasi'no ta'ksiði]; **~weg** *m* θαλασσινός δρόμος [θalasi'noz 'ðromos]
**Segel** *n* πανί [pa'ni], ιστίο [i'stio]; **~boot** *n* βάρκα με πανί ['varka me pa'ni], ιστιοφόρο [istio'foro]; **~flugzeug** *n* ανεμόπτερο [ane'moptero]; **≈n** αρμενίζω [arme'nizo]; ιστιοδρομώ [istioðro'mo]; **~schiff** *n* ιστιόπλοιο [isti'oplio]; **~tuch** *n* καραβόπανο [kara'vopano]
**Seg|en** *m* ευλογία [evlo'jia]; **≈nen** ευλογώ [evlo'ɣo]
**sehen** βλέπω ['vlepo]; **≈swürdigkeiten** *f/pl.* αξιοθέατα [aksio'θeata] *n/pl.*
**Sehne** *f* νεύρο ['nevro], τένων ['tenon] *m*; χορδή [xor'ði]
**sehnen:** ***sich ~*** λαχταρώ (-άς) [laxta'ro]
**sehn|lich, ~süchtig** λαχταριστός [laxtari'stos], διακαής 2 [ðiaka'is]; **≈sucht** *f* λαχτάρα [la'xtara], πόθος ['poθos]
**sehr** πολύ [po'li]; ***zu ~*** πάρα πολύ ['para po'li]
**seicht** ρηχός [ri'xos]; *fig.* άνοστος ['anostos]
**Seide** *f* μετάξι [me'taksi]
**Seiden|papier** *n* λεπτό χαρτί [le'pto xar'ti]; **~raupe** *f* μεταξοσκώληκας [metakso'skolikas]
**Seife** *f* σαπούνι [sa'puni]
**Seil** *n* σχοινί [sçi'ni]
**sein** είμαι ['ime]; (*Pronomen*) ... του [... tu]; **≈** *n* ύπαρξη (-εις) ['iparksi], το είναι [to 'ine]
**seit** από [a'po], εδώ και [e'ðo kje]; **~dem** από τότε [a'po 'tote], αφότου [a'fotu]
**Seit|e** *f* πλευρά [ple'vra]; **≈ens** (*G*) εκ μέρους [ek 'merus]; **~enstraße** *f* πάροδος ['paroðos] *f*; **≈lich** πλάγιος ['plajios]
**Sekretär** *m* γραμματέας [ɣrama'teas]
**Sekt** *m* σαμπάνια [sam'panja], καμπανίτης [kamba'nitis]
**Sekte** *f* αίρεση (-εις) ['eresi]
**Sekunde** *f* δευτερόλεπτο [ðefte'rolepto]

**selbst** ο ίδιος [o 'iδjos], αυτός [a'ftos]
**selbst|ändig** ανεξάρτητος [ane'ksartitos]; **≈bestimmungsrecht** *n* δικαίωμα *n* αυτοδιαθέσεως [δi'kjeoma aftoδia'θeseos]; **~bewußt** σίγουρος ['siγuros], περήφανος [pe'rifanos]; **~los** αλτρουιστικός [altruisti'kos]; **≈mord** *m* αυτοκτονία [aftokto'nia]; **≈mörder** *m* αυτόχειρας [a'ftoçiras]; **~süchtig** εγωιστικός [eγoisti'kos]; **~tätig** αυτόματος [a'ftomatos]; **~verständlich** αυτονόητος [afto'noitos]; *Adv.* φυσικά [fisi'ka], εννοείται [eno'ite]
**selig** μακάριος [ma'karios]; **≈keit** *f* μακαριότητα [makari'otita]
**selt|en** σπάνιος ['spanjos]; **≈enheit** *f* σπανιότητα [spa'njotita]; **~sam** παράξενος [pa'raksenos]
**Semester** *n* εξάμηνο [e'ksamino]
**Seminar** *n* φροντιστήριο [frondi'stirio]; (*Priester≈*) ιερατική σχολή [ierati'ki sxo'li]
**send|en** (απο)στέλλω [(apo)'stelo]; (*Radio*) εκπέμπω [ek'pembo]; **≈er** *m* πομπός [pom'bos]; **≈ung** *f* αποστολή [aposto'li]; (*Radio*) εκπομπή [ekpom'bi]
**Senf** *m* μουστάρδα [mu'starδa]
**senk|en** κατεβάζω [kate'vazo]; *fig.* ελαττώνω [ela'tono]; **~recht** κάθετος ['kaθetos]; **≈ung** *f* κατέβασμα [ka'tevazma] *n*, μείωση (-εις) ['miosi]
**Sensation** *f* πάταγος ['pataγos]
**Sense** *f* δρεπάνι [δre'pani]
**September** *m* Σεπτέμβριος [se'ptemvrios]
**Serie** *f* σειρά [si'ra]
**servieren** σερβίρω [ser'viro]
**Serviette** *f* πετσέτα [pe'tseta]
**Sessel** *m* πολυθρόνα [poli'θrona]
**Setz|eier** *n/pl.* αυγά μάτια [a'vγa 'matja]; **≈en** βάζω ['vazo], τοποθετώ [topoθe'to]; ***sich*** **≈en** κάθομαι ['kaθome]; **~er** *m* στοιχειοθέτης [stiçio'θetis]
**Seuche** *f* επιδημία [epiδi'mia]
**seufz|en** αναστενάζω [anaste'nazo]; **≈er** *m* αναστεναγμός [anastenaγ'mos]
**Sichel** *f* δρεπάνι [δre'pani]
**sicher** βέβαιος ['veveos]; σίγουρος ['siγuros]; **≈heit** *f* βεβαιότητα [veve'otita]; ασφάλεια [a'sfalia]; **≈heitsgurt** *m* ζώνη ασφαλείας ['zoni asfa'lias]; **≈heitsnadel** *f* παραμάνα [para'mana]; **~n** (εξ)ασφαλίζω [(eks)asfa'lizo]; **≈ung** *f* *Elektr.* ασφάλεια [a'sfalia]
**Sicht** *f* θέα ['θea]; **≈bar** ορατός [ora'tos]; **≈en** ξεδιαλέγω

[kseðja'leɣo]; ανακαλύπτω [anaka'lipto]

**sie** (*3. Person Einzahl, N*) αυτή [a'fti]; (*A*) τη(ν); αυτή(ν); (*3. Person pl., N*) αυτοί, αυτές, αυτά [a'fti, a'ftes, a'fta]; (*A*) τους [tus], αυτούς [a'ftus]; τις [tis]; αυτές [a'ftes]; τα [ta], αυτά [a'fta]; **𝔖** (*N*) εσείς [e'sis]; (*A*) σας [sas], εσάς [e'sas]

**Sieb** *n* κόσκινο ['koskino]

**sieb|en** εφτά [e'fta], επτά [e'pta]; **~zehn** δεκαεφτά [ðekae'fta]; **~zig** εβδομήντα [evðo'minda]

**sieden** βράζω ['vrazo]

**Siedlung** *f* οικισμός [iki'zmos]

**Sieg** *m* νίκη ['niki]

**Siegel** *n* βούλα ['vula], σφραγίδα [sfra'jiða]

**sieg|en** νικώ (-άς) [ni'ko]; **𝔖er** *m* νικητής [niki'tis]; **~reich** νικηφόρος [niki'foros]

**Silbe** *f* συλλαβή [sila'vi]; **~nrätsel** *n* συλλαβόγριφος [sila'voɣrifos]

**Silber** *n* ασήμι [a'simi], άργυρος ['arjiros]

**Sinfonie** *f* συμφωνία [simfo'nia]

**singen** τραγουδώ (-άς) [traɣu'ðo]

**sinken** κατεβαίνω [kate'veno]; πέφτω ['pefto]; (*Schiff*) βουλιάζω [vu'ljazo], βυθίζομαι [vi'θizome]

**Sinn** *m* νους [nus]; αίσθηση (-εις) ['esθisi]; **𝔖en** σκέφτομαι ['skjeftome]; **𝔖lich** αισθησιακός [esθisia'kos]; **~lichkeit** *f* αισθησιασμός [esθisia'zmos]; **𝔖los** παράλογος [pa'raloɣos]; **𝔖reich** πνευματώδης [pnevma'toðis] 2

**Sirup** *m* σιρόπι [si'ropi]

**Sitt|e** *f* έθιμο ['eθimo]; **𝔖lich** ηθικός [iθi'kos]; **~lichkeit** *f* ηθική [iθi'ki]; **~lichkeitsverbrechen** *n* σεξουαλικό έγκλημα [seksuali'ko 'eŋglima]

**Sitz** *m* έδρα ['eðra]; **𝔖en** κάθομαι ['kaθome]; (*Kleider*) πάω ['pao]; **~platz** *m* θέση (-εις) ['θesi]; **~ung** *f* συνεδρίαση (-εις) [sine'ðriasi]

**Skala** *f* σκάλα ['skala], κλίμακα ['klimaka]

**Skandal** *m* σκάνταλο ['skandalo]

**Skelett** *n* σκελετός [skjele'tos]

**Skizze** *f* σκίτσο ['skitso], σχέδιο ['sçeðio]

**Sklave** *m* σκλάβος ['sklavos], δούλος ['ðulos]; **~rei** *f* σκλαβιά [skla'vja], δουλεία [ðu'lia]

**Smog** *m* νέφος ['nefos] *n*

**so** έτσι ['etsi]; **~ *daß*** ώστε ['oste]; **~bald** μόλις ['molis], ευθύς ως [e'fθis os]

**Socke** *f* (κοντή) κάλτσα [(kon'di) 'kaltsa]

**Sockel** *m* υπόβαθρο [i'povaθro]

**Soda** *f* σόδα ['soða]
**so|eben** μόλις ['molis]; **~fern** εφόσον [e'foson]; **~fort** αμέσως [a'mesos]; **~gar** ακόμα και [a'koma kje], και μάλιστα [kje 'malista]; **~genannt** λεγόμενος [le'γomenos]
**Sohle** *f* σόλα ['sola]; (*Fuß*℘) πατούσα [pa'tusa]
**Sohn** *m* γιος [jos]
**solange** όσον (καιρό) ['oson (gje'ro)]
**solch** τέτοιος ['tetjos]
**Soldat** *m* στρατιώτης [strati'otis]
**sollen** οφείλω [o'filo]; πρέπει ['prepi]
**Sommer** *m* καλοκαίρι [kalo'kjeri]; **℘lich** καλοκαιρινός [kalokjeri'nos]; **~sprossen** *f/pl.* φακίδες [fa'kiðes] *f/pl.*
**Sonder|-** ειδικός [iði'kos]; **℘bar** παράξενος [pa'raksenos]; **℘n** χωρίζω [xo'rizo]; *cj.* αλλά [a'la]
**Sonnabend** *m* Σάββατο ['savato]
**Sonne** *f* ήλιος ['iljos]
**sonnen:** ***sich*** **~** ηλιάζομαι [i'ljazome]; **℘aufgang** *m* ανατολή [anato'li]; **℘brand** *m* ηλιακό έγκαυμα [ilia'ko 'eŋgavma]; **℘brille** *f* γυαλιά *n/pl.* ηλίου [ja'lja i'liu]; **℘krem** *f* κρέμα ηλίου ['krema i'liu]; **℘öl** *n* λάδι ηλίου ['laði i'liu]; **℘schirm** *m* ομπρέλα ηλίου [om'brela i'liu]; **℘stich** *m* ηλίαση [i'liasi]; **℘untergang** *m* ηλιοβασίλεμα [iljova'silema] *n*; **~verbrannt** (η)λιοκαμμένος [(i)ljoka'menos]
**Sonntag** *m* Κυριακή [kirja'ki]
**sonst** αλλιώς [a'ljos]; άλλοτε ['alote]
**Sorg|e** *f* φροντίδα [fron'diða]; **℘en** φροντίζω [fron'dizo] (***für*** *A*/ για [ja]); ***sich*** ***℘en*** ανησυχώ [anisi'xo]; **~falt** *f* προσοχή [proso'çi]; **℘fältig** προσεκτικός [prosekti'kos]; **℘los** ξέγνοιαστος ['kseγnjastos], αδιάφορος [a'ðjaforos]
**Sort|e** *f* είδος ['iðos] *n*; **℘ieren** κατατάσσω [kata'taso]
**Soße** *f* σάλτσα ['saltsa]
**soundso** τάδε ['taðe]
**so|viel** καθόσον [ka'θoson]; **~wohl ... als auch** και ... και [kje ... kje]
**sozial** κοινωνικός [kinoni'kos]; **℘versicherung** *f* κοινωνικές ασφαλίσεις [kinoni'kjes asfa'lisis] *f/pl.*
**sozusagen** σα να λέμε [sa na 'leme]
**Spalt** *m*, **~e** *f* σχισμάδα [sçi'zmaða], σχισμή [sçi'zmi]; *Typ.* στήλη ['stili]; **℘en** σχίζω ['sçizo], κόβω ['kovo]; ***sich*** ***℘en*** διαχωρίζομαι [ðiaxo'rizome]; **~ung** *f* διαίρεση (-εις) [ði'eresi]; σχίσμα ['sçizma] *n*
**Spange** *f* κόπιτσα ['kopitsa]

379 Spielzeug

**spann|en** τεντώνω [ten'dono]; **~end** συναρπαστικός [sinarpasti'kos]; **≈ung** *f* ένταση ['endasi], αγωνία [aγo'nia]; **≈weite** *f* άνοιγμα σε πλάτος ['aniγma se 'platos]

**Spar|buch** *n* βιβλιάριο ταμιευτηρίου [vivli'ario tamiefti'riu]; **~büchse** *f* κουμπαράς [kumba'ras]; **≈en** (εξ)οικονομώ [(eks)ikono'mo]; φείδομαι ['fiδome]; **~kasse** *f* ταμιευτήριο [tamie'ftirio]; **≈sam** οικονόμος [iko'nomos]; **~samkeit** *f* οικονομία [ikono'mia]

**Spaß** *m* αστείο [a'stio]

**spät** αργά [ar'γa]

**Spaten** *m* φτυάρι ['ftjari]

**Spatz** *m* σπουργίτης [spur'jitis]

**spazier|engehen** πηγαίνω περίπατο [pi'jeno pe'ripato], κάνω βόλτα ['kano 'volta]; **≈fahrt** *f* περίπατος με αμάξι [pe'ripatos me a'maksi]; **≈gang** *m* περίπατος [pe'ripatos], βόλτα ['volta]; **≈gänger** *m* περιπατητής [peripati'tis]; **≈stock** *m* μπαστούνι [ba'stuni]

**Specht** *m* δρυοκολάπτης [δrioko'laptis]

**Speck** *m* λαρδί [lar'δi]

**Spedition** *f* γραφείο μεταφορών [γra'fio metafo'ron]

**Speer** *m* κοντάρι [kon'dari], ακόντιο [a'kondio]

**Speiche** *f* ακτίνα [a'ktina]

**Speichel** *m* σάλια ['salja] *n/pl.*

**Speicher** *m* αποθήκη [apo'θiki]

**Speise** *f* φαγητό [faji'to]; **~karte** *f* κατάλογος φαγητών [ka'taloγos faji'ton]; **≈n** γευματίζω [jevma'tizo]; δειπνώ [δi'pno]; **~saal** *m* τραπεζαρία [trapeza'ria]; **~wagen** *m* βαγόνι-εστιατόριο [va'γoni estia'torio]

**Spend|e** *f* δωρεά [δore'a]; **≈ieren** κερνώ (-άς) [kjer'no]

**Sperre** *f* αποκλεισμός [apokli'zmos]; *Esb.* έλεγχος ['eleŋxos]; **≈n** αποκλείω [apo'klio], φράζω ['frazo]

**Spesen** *pl.* έξοδα ['eksoδa] *n/pl.*

**Spezialist** *m* ειδικός [iδi'kos]

**Spezialität** *f* ειδικότητα [iδi'kotita], σπεσιαλιτέ [spesiali'te] *n*

**speziell** ειδικός [iδi'kos]

**Spiegel** *m* καθρέφτης [ka'θreftis]; **~eier** *n/pl.* αυγά μάτια [a'vγa 'matja]; **≈n** καθρεφτίζω [kaθre'ftizo]; ***sich* ≈n** αντανακλώ (-άς) [andana'klo]; **~ung** *f* αντανάκλαση (-εις) [anda'naklasi]

**Spiel** *n* παιχνίδι [pe'xniδi]; **≈en** παίζω ['pezo]; **~er** *m* παίχτης ['pextis]; **~karte** *f* χαρτί [xar'ti]; **~plan** *m* δραματολόγιο [δramato'lojio]; **~platz** *m* παιδότοπος [pe'δotopos]; **~raum** *m fig.* περιθώριο [peri'θorio]; **~zeug**

**Spieß** 380

*n* παιχνίδια [pe'xniðja] *n/pl.*
**Spieß** *m* κοντάρι [kon'dari]; (*Brat*≈) σούβλα ['suvla]
**Spinat** *m* σπανάκι [spa'naki]
**Spindel** *f* αδράχτι [a'ðraxti]
**Spinn|e** *f* αράχνη [a'raxni]; **≈en** γνέθω ['γneθo]; **~erei** *f* υφαντουργείο [ifandur'jio]; **~gewebe** *n* ιστός αράχνης [i'stos a'raxnis]; **~rad** *n* ροδάνι [ro'ðani]
**Spion** *m* σπιούνος [spi'unos], κατάσκοπος [ka'taskopos]; **~age** *f* κατασκοπεία [kata-sko'pia]
**Spirit|uosen** *pl.* οινοπνευματώδη ποτά [inopnevma-'toði po'ta] *n/pl.*; **~us** *m* σπίρτο ['spirto], οινόπνευμα [i'nopnevma] *n*; **~uskocher** *m* καμινέτο [kami'neto]
**spitz** μυτερός [mite'ros]; **≈e** *f* μύτη ['miti], αιχμή [e'xmi]; (*Gewebe*) δαντέλα [ðan'tela]
**Spitzel** *m* χαφιές [xa'fjes]
**spitz|en** (*Ohren*) τεντώνω [ten'dono]; (*Bleistift*) ξύνω ['ksino]; **~findig** ψιλολόγος [psilo'loγos]; **≈name** *m* παρατσούκλι [para'tsukli]
**Splitter** *m* αγκίδα [aŋ'giða]
**Sport** *m* σπορ [spor] *n*, αθλητισμός [aθliti'zmos]; **~ler** *m* αθλητής [aθli'tis]; **~lerin** *f* αθλήτρια [aθ'litria]; **≈lich** αθλητικός [aθliti'kos]; **~platz** *m* στάδιο ['staðio], γήπεδο ['jipeðo]; **~verein** *m* αθλητικός σύλλογος [aθli-ti'kos 'siloγos]
**Spott** *m* κοροϊδία [koroi'ðia]; **≈en** κοροϊδεύω [koroi-'ðevo], περιπαίζω [peri-'pezo]
**spöttisch** κοροϊδευτικός [ko-roiðefti'kos]
**Sprach|e** *f* γλώσσα ['γlosa]; **~führer** *m* γλωσσικός οδηγός [γlosi'kos oði'γos]; **≈lich** γλωσσικός [γlosi'kos]; **≈los** βουβός [vu'vos]
**Spray** *n* σπρέι ['sprei] *n*
**sprech|en** μιλώ (-άς) [mi'lo], λέ(γ)ω ['le(γ)o] (**über** *A*/ για [ja]); **≈er** *m* (*Radio*) εκφωνητής [ekfoni'tis]; **≈stunde** *f* ώρα επισκέψεων ['ora epi-'skjepseon]
**spreng|en** ανατινάζω [anati-'nazo]; (*Rasen*) καταβρέχω [kata'vrexo]; **≈ladung** *f* εκρηκτική γέμιση [ekrikti-'ki 'jemisi]; **≈stoff** *m* εκρηκτική ύλη [ekrikti'ki 'ili]
**Sprichwort** *n* παροιμία [pa-ri'mia]
**sprießen** βλασταίνω [vla-'steno]
**Spring|brunnen** *m* σιντριβάνι [si(n)dri'vani]; **≈en** πηδώ (-άς) [pi'ðo]; **~er** *m* (*Sport*) άλτης ['altis]
**Spritze** *f Med.* σύριγγα ['si-riŋga]; (*Injektion*) ένεση (-εις) ['enesi]; **≈n** καταβρέχω [kata'vrexo], κάνω ένεση ['kano 'enesi]
**spröde** ξερός [kse'ros], σκληρός [skli'ros], ευκολόσπαστος [efko'lospastos];

381 **standhaft**

*fig.* σεμνότυφος [se'mnotifos]
**Sprosse** *f* σκαλοπάτι [skalo'pati]
**Spruch** *m* ρητό [ri'to]
**sprüh|en** σπινθηροβολώ [spinθirovo'lo]; **⁓regen** *m* ψιχάλα [psi'xala]
**Sprung** *m* πήδημα ['piðima] *n*; (*Spalt*) σχισμάδα [sçi'zmaða]; (*im Glas*) ράγισμα ['rajizma] *n*; **⁓brett** *n* βατήρας [va'tiras]
**spucken** φτύνω ['ftino]
**Spule** *f* μασούρι [ma'suri], άτρακτος ['atraktos] *f*
**Spüle** *f* νεροχύτης [nero'çitis]; **⁓n** ξεπλένω [kse'pleno]
**Spur** *f* αχνάρι [a'xnari], ίχνος ['ixnos] *n*
**spüren** νιώθω ['njoθo], αισθάνομαι [e'sθanome]
**Staat** *m* κράτος ['kratos] *n*, πολιτεία [poli'tia]; **⁓lich** κρατικός [krati'kos]
**Staats|angehörigkeit** *f* ιθαγένεια [iθa'jenia]; **⁓anwalt** *m* εισαγγελέας [isaŋgje'leas]; **⁓bürger** *m* πολίτης [po'litis]; **⁓mann** *m* πολιτικός [politi'kos]; **⁓streich** *m* πραξικόπημα [praksi'kopima] *n*
**Stab** *m* ραβδί [rav'ði]; *Mil.* επιτελείο [epite'lio]
**stabil** σταθερός [staθe'ros]
**Stachel** *m* κεντρί [kjen'dri], αγκάθι [aŋ'gaθi]; **⁓draht** *m* συρματόπλεγμα [sirma'topleγma] *n*; **⁓ig** αγκαθωτός [aŋgaθo'tos]
**Stadion** *n* στάδιο ['staðio]
**Stadium** *n* φάση (-εις) ['fasi]
**Stadt** *f* πόλη (-εις) ['poli]
**Städt|er** *m* πολίτης [po'litis], αστός [a'stos]; **⁓isch** δημοτικός [ðimoti'kos], αστικός [asti'kos]
**Stadt|plan** *m* χάρτης της πόλεως ['xartis tis 'poleos]; **⁓rundfahrt** *f* γύρος της πόλεως ['jiros tis 'poleos]; **⁓teil** *m* συνοικία [sini'kia]
**Staffel** *f* (*Sport*) σκυταλοδρομία [skitaloðro'mia]; *Flgw.* σμήνος ['zminos] *n*; **⁓ei** *f* καβαλέτο [kava'leto]; **⁓n** διαβαθμίζω [ðiavaθ'mizo]
**Stahl** *m* ατσάλι [a'tsali], χάλυβας ['xalivas]; **⁓werk** *n* χαλυβουργείο [xalivur'jio]
**Stall** *m* σταύλος ['stavlos]
**Stamm** *m* κορμός [kor'mos]; σόι ['soi], γένος ['jenos] *n*; **⁓baum** *m* γενεαλογία [jenealo'jia]; **⁓buch** *n* λεύκωμα ['lefkoma] *n*; **⁓en** κατάγομαι [ka'taγome]
**stampfen** κοπανίζω [kopa'nizo], ποδοπατώ (-άς) [roðopa'to]; *Mar.* σκαμπανεβάζω [skambane'vazo]
**Stand** *m* τάξη (-εις) ['taksi], κατάσταση (-εις) [ka'tastasi], επάγγελμα [e'paŋgjelma] *n*; (*Wasser⁓*) στάθμη ['staθmi]; **⁓bild** *n* ανδριάντας [anθri'andas]; **⁓esamt** *n* ληξιαρχείο [liksjar'çio]; **⁓haft**

**standhalten** 382

σταθερός [staθe'ros]; **≈halten** αντέχω [an'dexo]
**ständig** διαρκής [ðiar'kis] 2
**Standort** *m* σταθμός [staθ'mos], θέση ['θesi]
**Stange** *f* ραβδί [ra'vði]
**stanzen** εκτυπώνω [ekti'pono]
**Stapel** *m* σκαρί [ska'ri]; στοίβα ['stiva]; **~lauf** *m* καθέλκυση (-εις) [ka'θelkisi]; **≈n** στοιβάζω [sti'vazo]
**Star** *m* ψαρόνι [psa'roni]; (*Film*) αστέρας [a'steras]
**stark** γερός [je'ros], δυνατός [ðina'tos]
**Stärk|e** *f* δύναμη (-εις) ['ðinami]; **≈en** δυναμώνω [ðina'mono]; κολαρίζω [kola'rizo]
**Starkstrom** *m* ρεύμα *n* υψηλής τάσεως ['revma ipsi'lis 'taseos]
**Stärkung** *f* δυνάμωμα [ði'namoma] *n*, ενίσχυση (-εις) [e'nisçisi]
**starr** άκαμπτος ['akamptos]; (*Blick*) απλανής [apla'nis] 2; **~en** ατενίζω [ate'nizo]; **~köpfig** πεισματάρης [pizma'taris]; **≈sinn** *m* ισχυρογνωμοσύνη [isçiroγnomo'sini]
**Start** *m* (*Sport*) εκκίνηση (-εις) [e'kinisi]; *Flgw.* απογείωση (-εις) [apo'jiosi]; **≈en** ξεκινώ (-άς) [kseki'no]; απογειώνομαι [apoji'onome]
**Station** *f* σταθμός [staθ'mos]
**Statistik** *f* στατιστική [statisti'ki]
**Stativ** *n* τρίποδο ['tripoδo]
**statt** αντί [an'di]
**Stätte** *f* τόπος ['topos]
**statt|finden** λαμβάνω χώρα [lam'vano 'xora]; **~lich** αξιόλογος [aksi'oloγos]
**Statue** *f* άγαλμα ['aγalma] *n*
**Stau** *m* μποτιλιάρισμα [boti'ljarizma] *n*
**Staub** *m* σκόνη ['skoni]; **≈ig** σκονισμένος [skoni'zmenos]; **~sauger** *m* ηλεκτρική σκούπα [ilektri'ki 'skupa]
**Stau|damm** *m* φράγμα ['fraγma] *n*; **≈en: *sich* ≈en** μαζεύομαι [ma'zevome]
**staunen** εκπλήττομαι [ek'plitome], απορώ [apo'ro]; **≈** *n* έκπληξη ['ekpliksi]
**Steak** *n* στέικ ['steik] *n*
**stech|en** κεντώ (-άς) [kjen'do]; τρυπώ (-άς) [tri'po]; (*Sonne*) καίω ['kjeo]; **≈mücke** *f* κουνούπι [ku'nupi]
**Steck|brief** *m* περιγραφή καταζητουμένου [periγra'fi katazitu'menu]; **~dose** *f* πρίζα ['priza]; **≈en** χώνω ['xono]; **≈enbleiben** κομπιάζω [kom'bjazo]; **~enpferd** *n* χόμπυ ['xobi] *n*; **~nadel** *f* καρφίτσα [kar'fitsa]
**Steg** *m* μονοπάτι [mono'pati], γεφυράκι [jefi'raki]
**steh|en** στέκομαι ['stekome]; **~enbleiben** σταματώ (-άς) [stama'to]; **~end** (*Wasser*) στεκάμενος [ste'kamenos]; **~enlassen** αφήνω [a'fino];

383 **Stich**

**≈lampe** *f* λαμπατέρ [lamba'ter] *n*
**stehlen** κλέβω ['klevo]
**steif** αλύγιστος [a'lijistos]
**Steig|bügel** *m* αναβολέας [anavo'leas]; **≈en** ανεβαίνω [ane'veno]; **≈ern** ανεβάζω [ane'vazo], αυξάνω [af'ksano]; **~erung** *f* ανέβασμα [a'nevazma] *n*, αύξηση (-εις) ['afksisi]; **~ung** *f* ανωφέρεια [ano'feria]
**steil** απότομος [a'potomos]
**Stein** *m* πέτρα ['petra]; **~bruch** *m* λατομείο [lato'mio]; **~butt** *m* καλκάνι [kal'kani]; **~kohle** *f* λιθάνθρακας [li'θanθrakas]
**Stell|e** *f* θέση (-εις) ['θesi], τόπος ['topos]; (*Buch*) χωρίο [xo'rio]; **≈en** θέτω ['θeto], τοποθετώ [topoθe'to]; (*Uhr*) κανονίζω [kano'nizo]; ***sich* ≈en** (*als ob*) προσποιούμαι [prospi'ume]; **~ung** *f* θέση (-εις) ['θesi]; **~ungnahme** *f* γνώμη ['γnomi]; **~vertreter** *m* αντιπρόσωπος [andi'prosopos]
**stemmen: *sich* ~** εναντιώνομαι [enandi'onome]
**Stempel** *m* σφραγίδα [sfra'jiδa]; **≈n** σφραγίζω [sfra'jizo]
**Stengel** *m* κοτσάνι [ko'tsani]
**steno|graphieren** στενογραφώ [stenoγra'fo]; **≈typistin** *f* δακτυλογράφος [δaktilo'γrafos] *f*
**Steppe** *f* στέππα ['stepa]
**sterb|enskrank** ετοιμοθάνατος [etimo'θanatos]; **~en** πεθαίνω [pe'θeno] (***an*** *D*, ***vor*** *D*/ από [a'po]); ***im* ≈en *liegen*** ψυχομαχώ [psixoma'xo], πνέω τα λοίσθια ['pneo ta 'lisθia]; **~lich** θνητός [θni'tos]
**Stereo-** στερεοφωνικός [stereofoni'kos]
**Stern** *m* αστέρι [a'steri], άστρο ['astro]; **~schnuppe** *f* διάττοντας [δi'atondas]; **~warte** *f* αστεροσκοπείο [asterosko'pio]
**stet|ig** αδιάκοπος [a'δjakopos], διαρκής [δiar'kis] 2; **≈igkeit** *f* σταθερότητα [staθe'rotita]; **~s** πάντοτε ['pandote]
**Steuer 1.** *f* φόρος ['foros]; **2.** *n* τιμόνι [ti'moni]; **≈frei** αφορολόγητος [aforo'lojitos]; **~hinterziehung** *f* φοροδιαφυγή [foroδiafi'ji]; **~karte** *f* δελτίο φορολογίας [δel'tio forolo'jias]; **~mann** *m* τιμονιέρης [timo'njeris]; **≈n** διευθύνω [δie'fθino]; **≈pflichtig** φορολογήσιμος [forolo'jisimos]; **~rad** *n* τιμόνι [ti'moni], βολάν [vo'lan] *n*; **~zahler** *m* φορολογούμενος [forolo'γumenos]
**Steward** *m*, **~ess** *f* καμαρότος [kama'rotos]; *Flgw.* αεροσυνοδός [aerosino'δos]
**Stich** *m* κεντιά [kjen'dja]; *Med.* σουβλιά [su'vlja]; ***im* ~ *lassen*** εγκαταλείπω [eŋga-

**stichhaltig** 384

ta'lipo]; **≗haltig** βάσιμος ['vasimos]; **~probe** *f* μερική δοκιμή [meri'ki ðoki'mi]

**sticke|n** κεντώ (-άς) [kjen'do]; **≗rei** *f* κέντημα ['kjendima] *n*

**Stickstoff** *m* άζωτο ['azoto]

**Stiefel** *m* μπότα ['bota]; **~putzer** *m* λούστρος ['lustros]

**Stief|mutter** *f* μητριά [mitri'a]; **~mütterchen** *n* *Bot.* πανσές [pan'ses]

**Stiel** *m* κοτσάνι [ko'tsani], στέλεχος ['stelexos] *n*; λαβή [la'vi]

**Stier** *m* ταύρος ['tavros]

**Stift** *m* πρόκα ['proka], μολύβι [mo'livi]

**stift|en** ιδρύω [i'ðrio]; χορηγώ [xori'γo]; **≗er** *m* ιδρυτής [iðri'tis]; **≗ung** *f* ίδρυμα ['iðrima] *n*; χορήγηση (-εις) [xo'rijisi]

**Stil** *m* ύφος ['ifos] *n*; *Arch.* ρυθμός [riθ'mos]

**still** σιγανός [siγa'nos], ήσυχος ['isixos]; **≗e** *f* ησυχία [isi'çia]; **~en** καθησυχάζω [kaθisi'xazo]; (*Durst*) σβήνω ['zvino]; (*Hunger*) καταπαύω [kata'pavo]; (*Kind*) βυζαίνω [vi'zeno]; **~schweigen** σωπαίνω [so'peno]; **≗stand** *m* στασιμότητα [stasi'motita]; **~stehen** σταματώ (-άς) [stama'to]

**Stimm|e** *f* φωνή [fo'ni]; (*Wahl-*) ψήφος ['psifos] *f*; **≗en** είναι σωστό ['ine so'sto]; *Mus.* κουρδίζω [kur'ðizo]; (***für, gegen*** *A*) ψηφίζω [psi'fizo]

**Stimmung** *f* κέφι ['kjefi], διάθεση [ði'aθesi]; **≗svoll** ρομαντικός [romandi'kos]

**stinken** βρωμώ (-άς) [vro'mo]

**Stipendium** *n* υποτροφία [ipotro'fia]

**Stock** *m* μπαστούνι [ba'stuni], ραβδί [rav'ði]; *Arch.* όροφος ['orofos]

**stock|en** σταματώ (-άς) [stama'to], κομπιάζω [kom'bjazo]; **≗fisch** *m* μπακαλιάρος [baka'ljaros]; **≗werk** *n* πάτωμα ['patoma] *n*, όροφος ['orofos]

**Stoff** *m* ύφασμα ['ifazma] *n*; *fig.* ύλη ['ili], θέμα ['θema] *n*

**stöhnen** αναστενάζω [anaste'nazo]

**stolpern** σκοντάφτω [skon'dafto]

**stolz** (υ)περήφανος [(i)pe'rifanos] (***auf*** *A*/ για [ja]); **~ *sein auf*** καμαρώνω με [kama'rono me]

**Stolz** *m* (υ)περηφάνεια [(i)peri'fanja]

**stopfen** γεμίζω [je'mizo]; (*Strumpf*) μπαλώνω [ba'lono]

**Stoppel** *f* καλάμι [ka'lami]

**stopp|en** εμποδίζω [embo'ðizo], σταματώ (-άς) [stama'to]; **≗uhr** *f* χρονόμετρο [xro'nometro]

**Stöpsel** *m* τάπα ['tapa], πώμα ['poma] *n*

**Storch** *m* λελέκι [le'leki], πελαργός [pelar'γos]

385 **Strecke**

**stören** ενοχλώ [eno'xlo]
**stornieren** ακυρώνω [aki'rono]
**störrisch** πεισματάρης [pizma'taris]
**Störung** *f* ενόχληση (-εις) [e'noxlisi], διατάραξη (-εις) [ðia'taraksi]
**Stoß** *m* σπρωξιά [spro'ksja], ώθηση (-εις) ['oθisi]; (*Haufen*) στοίβα ['stiva]; **~dämpfer** *m* αμορτισέρ [amorti'ser] *n*; **2en** σπρώχνω ['sproxno], ωθώ [o'θo]
**stottern** τραυλίζω [tra'vlizo], ψελλίζω [pse'lizo]
**straf|bar** αξιόποινος [aksi'opinos]; **2e** *f* τιμωρία [timo'ria]; *jur.* ποινή [pi'ni]; (*Geld-*) πρόστιμο ['prostimo]; **~en** τιμωρώ [timo'ro]
**straff** τεντωμένος [tendo'menos]; αυστηρός [afsti'ros]
**straf|frei** ατιμώρητος [ati'moritos]; **2gesetzbuch** *n* ποινικός κώδικας [pini'kos 'koðikas]; **2porto** *n* εισπρακτέα τέλη [ispra'ktea 'teli] *n/pl.*; **2prozeß** *m* ποινική δίκη [pini'ki 'ðiki]; **2recht** *n* ποινικό δίκαιο [pini'ko 'ðikjeo]; **2verfahren** *n* ποινική διαδικασία [pini'ki ðiaðika'sia]
**Strahl** *m* αχτίδα [a'xtiða], ακτίνα [a'ktina]; **2en** ακτινοβολώ [aktinovo'lo]; *fig.* λάμπω ['lambo] (**vor**/ από [a'po])
**stramm** τεντωμένος [tendo'menos]; γερός [je'ros]
**Strand** *m* αμμουδιά [amu'ðja], ακτή [ak'ti], γιαλός [ja'los], παραλία [para'lia]; **2en** εξωκέλω [ekso'kjelo]; **~korb** *m* κάθισμα *n* παραλίας ['kaθizma para'lias]
**Strang** *m* σκοινί [ski'ni]
**Strapaze** *f* ταλαιπωρία [talepo'ria]
**Straße** *f* δρόμος ['ðromos], οδός [o'ðos] *f*
**Straßen|bahn** *f* τραμ [tram] *n*; **~graben** *m* τάφρος ['tafros] *f*; **~händler** *m* πλανόδιος πωλητής [pla'noðios poli'tis]; **~kreuzung** *f* διασταύρωση (-εις) [ðia'stavrosi]; **~laterne** *f* φανάρι δρόμου [fa'nari 'ðromu]; **~verkehr** *m* κυκλοφορία [kiklofo'ria]; **~verkehrsordnung** *f* κανονισμός κυκλοφορίας [kanoni'zmos kiklofo'rias]
**sträuben:** ***sich ~*** εναντιώνομαι [enandi'onome]; (*Haare*) σηκώνομαι [si'konome]
**Strauch** *m* θάμνος ['θamnos]
**Strauß** *m* *Zo.* στρουθοκάμηλος [struθo'kamilos] *f*; (*Blumen2*) μπουκέτο [bu'kjeto], ανθοδέσμη [anθo'ðezmi]
**streb|en** προσπαθώ [prospa'θo]; ***~en nach*** επιδιώκω [epiði'oko] *A*; **~sam** δραστήριος [ðra'stirios]
**Streck|e** *f* διάστημα [ði'astima] *n*; *Esb.* γραμμή [γra-

*13 Uni Neugr.*

'mi]; **≈en** τεντώνω [ten'dono]
**Streich** *m* χτύπημα ['xtipima] *n*; *fig.* φάρσα ['farsa]; **≈eln** χαϊδεύω [xai'δevo]; **≈en** (*über A*) περνώ (-άς) [per'no]; (*bemalen*) βάφω ['vafo]; (*tilgen*) σβήνω ['zvino]; (*Segel*) μαζεύω [ma'zevo]; **~holz** *n* σπίρτο ['spirto]; **~holzschachtel** *f* κουτί σπίρτα [ku'ti 'spirta]; **~instrument** *n* έγχορδο όργανο ['eŋxorδo 'oɣano]
**Streif|e** *f* περίπολος [pe'ripolos] *f*; **~en** *m* λουρίδα [lu'riδa]; (*im Stoff*) ρίγα ['riɣa]; **≈en** αγγίζω [aŋ'gizo]; (*umher-*) γυρίζω [ji'rizo]
**Streik** *m* απεργία [aper'jia]; **≈en** απεργώ [aper'ɣo]; **~ende(r)** *m* απεργός [aper'ɣos]
**Streit** *m* καβγάς [ka'vɣas]; **≈en** μαλώνω [ma'lono], φιλονεικώ [filoni'ko] (**über** *A*/ για [ja]); **~er** *m* υπέρμαχος [i'permaxos]; **≈ig**: **≈*ig machen*** αμφισβητώ [amfizvi'to]; **~kräfte** *f/pl.* ένοπλες δυνάμεις ['enoples δi'namis]; **≈süchtig** φιλόνεικος [fi'lonikos]
**streng** αυστηρός [afsti'ros]; **≈e** *f* αυστηρότητα [afsti'rotita]
**Streß** *m* άγχος ['aŋxos], ένταση ['endasi]
**Streu** *f* άχυρο ['açiro]; **≈en** σκορπίζω [skor'pizo]
**Strich** *m* αράδα [a'raδa], γραμμή [ɣra'mi]
**Strick-** πλεκτός [ple'ktos]
**Strick** *m* σχοινί [sçi'ni]; **≈en** πλέκω ['pleko]
**strittig** αμφισβητήσιμος [amfizvi'tisimos]
**Stroh** *n* άχυρο ['açiro]; **~halm** *m* στάχυ ['staçi] *n*; **~hut** *m* ψάθα ['psaθa]
**Strolch** *m* αλήτης [a'litis]
**Strom** *m* ποταμός [pota'mos]; χείμαρος ['çimaros]; *Elektr.* ρεύμα ['revma] *n*; **≈abwärts** με το ρεύμα [me to 'revma]; **≈aufwärts** αντίθετα στο ρεύμα [an'diθeta sto 'revma]
**strömen** ρέω ['reo]
**strom|linienförmig** αεροδυναμικός [aeroδinami'kos]; **≈stärke** *f* ένταση ρεύματος ['endasi 'revmatos]
**Strömung** *f* ρεύμα ['revma] *n*; *fig.* τάση (-εις) ['tasi]
**Strudel** *m* στρόβιλος ['strovilos]
**Strumpf** *m* κάλτσα ['kaltsa]
**struppig** αναμαλλιάρης [anama'ljaris]
**Stube** *f* δωμάτιο [δo'matio]; **~nmädchen** *n* καμαριέρα [kama'rjera]
**Stück** *n* κομμάτι [ko'mati], τεμάχιο [te'maçio]; **~gut** *n* δέμα *n* εμπορεύματος ['δema embo'revmatos]
**Stud|ent** *m* φοιτητής [fiti'tis]; **~entin** *f* φοιτήτρια [fi'titria]; **~ie** *f* μελέτη [me'leti], σπουδές [spu'δes] *f/pl.*; **≈ieren** σπουδάζω [spu'δazo], με-

387 **Sünde**

λετώ (-άς) [mele'to]; **~io** *n* στούντιο ['studio]; **~ium** *n* μελέτη [me'leti], σπουδή [spu'ði]
**Stufe** *f* σκαλοπάτι [skalo'pati], βαθμίδα [vaθ'miða]
**Stuhl** *m* καρέκλα [ka'rekla], κάθισμα ['kaθizma] *n*; **~gang** *m* κένωση (-εις) ['kjenosi]
**stumm** βουβός [vu'vos], άλαλος ['alalos]
**Stümper** *m* κακοτέχνης [ka-ko'texnis]
**Stumpf** *m* κούτσουρο ['kutsuro], κορμός [kor'mos]
**stumpf** αμβλύς [am'vlis]; αναίσθητος [a'nesθitos]; **2sinn** *m* ηλιθιότητα [iliθi'otita]; **~sinnig** ηλίθιος [i'liθios]
**Stund|e** *f* ώρα ['ora]; (*Lehr-*) μάθημα ['maθima] *n*; **2en** παρέχω αναβολή πληρωμής [pa'rexo anavo'li pliro'mis]; **~enlohn** *m* ωρομίσθιο [oro'misθio]
**stündlich** κάθε ώρα ['kaθe 'ora]
**Sturm** *m* καταιγίδα [kate'jiða], τρικυμία [triki'mia]; *Mil.* έφοδος ['efoðos] *f*
**stürm|en** *Mil.* κυριεύω με έφοδο [kiri'evo me 'efoðo]; **es ~t** έχει φουρτούνα ['eçi fur'tuna]
**Sturmflut** *f* θαλασσοπλημμύρα [θalasopli'mira]
**stürmisch** τρικυμισμένος [trikimi'zmenos]
**Sturz** *m* πτώση (-εις) ['ptosi]
**stürzen** γκρεμίζω [gre'mizo], πέφτω ['pefto]; ***sich ~*** (***auf*** *A*) ρίχνομαι ['rixnome] (σε [se])
**Stute** *f* φοράδα [fo'raða]
**Stütz|e** *f* στήριγμα ['stiriγma] *n*; **2en** στηρίζω [sti'rizo]
**stutzen** κόβω ['kovo], κουτσουρεύω [kutsu'revo]; *fig.* ξαφνιάζομαι [ksa'fnjazome]
**Stützpunkt** *m* *Mil.* (στρατιωτική) βάση [(stratioti'ki) 'vasi]
**subtrahieren** αφαιρώ [afe'ro]
**Such|e** *f* αναζήτηση (-εις) [ana'zitisi]; **2en** γυρεύω [ji'revo], ζητώ (-άς) [zi'to]; προσπαθώ [prospa'θo]
**Sucht** *f* μανία [ma'nia]
**süchtig** τοξικομανής [toksikoma'nis]
**Süd|en** *m* νότος ['notos]; **2lich** νότιος ['notios]; **2östlich** νοτιοανατολικός [notioanatoli'kos]; **2westlich** νοτιοδυτικός [notioðiti'kos]; **~wind** *m* νοτιάς [no'tjas]
**Sühn|e** *f* εξιλασμός [eksila'zmos], ανταμοιβή [andami'vi]; **2en** εξιλεώνω [eksile'ono]
**Sülze** *f* πηχτή [pi'xti]
**Summ|e** *f* ποσό(ν) [po'so(n)]; **2en** βουΐζω [vu'izo]; **2ieren** αθροίζω [a'θrizo]
**Sumpf** *m* βάλτος ['valtos]; **2ig** ελώδης [e'loðis] 2
**Sünd|e** *f* αμαρτία [amar'tia];

**~er** *m*, **≈ig** αμαρτωλός [amarto'los]; **≈igen** αμαρτάνω [amar'tano]
**Supermarkt** *m* σούπερ-μάρκετ ['super-'market] *n*
**Suppe** *f* σούπα ['supa]
**Suppen|löffel** *m* κουτάλα [ku'tala]; **~schüssel** *f* σουπιέρα [su'pjera]; **~teller** *m* βαθύ πιάτο [va'θi 'pjato]
**surfen** κάνω σέρφιγκ ['kano 'serfiŋg]
**süß** γλυκός [ɣli'kos], γλυκύς [ɣli'kis]; **~en** γλυκαίνω [ɣli'kjeno]; **≈stoff** *m* ζαχαρίνη [zaxa'rini]
**Swimmingpool** *m* πισίνα [pi'sina]
**Symbol** *n* σύμβολο ['simvolo]
**symmetrisch** συμμετρικός [simetri'kos]
**sympathisch** συμπαθητικός [simbaθiti'kos]
**synchronisieren** συγχρονίζω [siŋxro'nizo]
**System** *n* σύστημα ['sistima] *n*; **≈atisch** συστηματικός [sistimati'kos]
**Szene** *f* σκηνή [ski'ni]

# T

**Tabak** *m* καπνός [ka'pnos]; **~spfeife** *f* πίπα ['pipa]
**Tabelle** *f* πίνακας ['pinakas]
**Tablett** *n* δίσκος ['ðiskos]; **~e** *f* χάπι ['xapi], δισκίο [ði'skio]
**Tachometer** *n* ταχύμετρο [ta'çimetro]
**Tadel** *m* μομφή [mom'fi]; **≈los** άμεμπτος ['amemptos]; **≈n** μέμφομαι ['memfome]
**Tafel** *f* πλάκα ['plaka], πίνακας ['pinakas]; τραπέζι [tra'pezi]
**Tag** *m* (η)μέρα [(i)'mera]; ***guten ~!*** καλημέρα (σας)! [kali'mera (sas)]; **~ebuch** *n* ημερολόγιο [imero'lojio]; **~elohn** *m* ημερομίσθιο [imero'misθio]; **≈en** συνεδριάζω [sineðri'azo]; **es ≈t** ξημερώνει [ksime'roni]
**Tages|ausflug** *m* ημερησία εκδρομή [imeri'sia ekðro'mi]; **~ordnung** *f* ημερησία διάταξη [imeri'sia ði'ataksi]
**täglich** καθημερινός [kaθimeri'nos], ημερήσιος [ime'risios]
**Tagung** *f* συνεδρίαση (-εις) [sine'ðriasi]
**Takt** *m* ρυθμός [riθ'mos]; *fig.* διάκριση [ði'akrisi]; **≈los** αδιάκριτος [aði'akritos]; **≈voll** διακριτικός [ðiakriti'kos]
**Tal** *n* κοιλάδα [ki'laða]
**Talent** *n* ταλέντο [ta'lendo]
**Talg** *m* ξύγγι ['ksiŋgi]
**Talsperre** *f* φράγμα ['fraɣma] *n*
**Tank** *m* ντεπόζιτο [de'pozito], δεξαμενή [ðeksame'ni]; **≈en** παίρνω βενζίνη

389 tauschen

['perno ven'zini]; **~er** *m* δεξαμενόπλοιο [ðeksame'noplio]; **~stelle** *f* πρατήριο βενζίνης [pra'tirio ven'zinis]
**Tanne** *f* έλατο ['elato]
**Tante** *f* θεία ['θia]
**Tanz** *m* χορός [xo'ros]; **⁀en** χορεύω [xo'revo]
**Tänzer** *m* χορευτής [xore'ftis]; **~in** *f* χορεύτρια [xo'reftria]
**Tanzsaal** *m* αίθουσα χορού ['eθusa xo'ru]
**Tape|te** *f* ταπέτο [ta'peto]; **⁀zieren** ταπετσάρω [tape'tsaro]
**tapfer** αντρειωμένος [andrio'menos], ανδρείος [an'ðrios]; **⁀keit** *f* ανδρεία [an'ðria]
**Tarif** *m* ταρίφα [ta'rifa]; **~vertrag** *m* συλλογική σύμβαση [siloji'ki 'simvasi]
**tarn|en** καμουφλάρω [kamu'flaro]; **⁀ung** *f* καμουφλάρισμα [kamu'flarizma] *n*
**Tasche** *f* (*Kleidung*) τσέπη ['tsepi]; (*Akten⁀*) τσάντα ['tsanda]
**Taschen|buch** *n* βιβλίο τσέπης [vi'vlio 'tsepis]; **~dieb** *m* πορτοφολάς [portofo'las]; **~geld** *n* χαρτζιλίκι [xardzi'liki]; **~lampe** *f* φακός [fa'kos]; **~messer** *n* σουγιάς [su'jas]; **~rechner** *m* υπολογιστής τσέπης [ipoloji'stis 'tsepis]; **~tuch** *n* μαντήλι [man'dili]
**Tasse** *f* φλιτζάνι [fli'dzani]
**Tast|e** *f* πλήκτρο ['pliktro]; **⁀en** πασπατεύω [paspa'tevo], ψηλαφώ [psila'fo]; **~sinn** *m* αφή [a'fi]
**Tat** *f* πράξη (-εις) ['praksi]; ενέργεια [e'nerjia]; ***in der ~*** πράγματι ['praɣmati]; **⁀enlos** αδρανής [aðra'nis] 2
**Tät|er** *m* δράστης ['ðrastis]; **⁀ig** δραστήριος [ðra'stirios]; ***⁀ig sein*** εργάζομαι [er'ɣazome]; **~igkeit** *f* δραστηριότητα [ðrastiri'otita]
**Tat|kraft** *f* δραστηριότητα [ðrastiri'otita]; **⁀kräftig** δραστήριος [ðra'stirios]; **~sache** *f* γεγονός [jeɣo'nos] *n*; **⁀sächlich** πραγματικός [praɣmati'kos]
**Tatze** *f* χερούκλα [çe'rukla]
**Tau 1.** *n* σχοινί [sçi'ni]; **2.** *m* δροσιά [ðro'sja]
**taub** κουφός [ku'fos]
**tauch|en** βουτώ (-άς) [vu'to], βυθίζω [vi'θizo]; **⁀er** *m* βουτηχτής [vuti'xtis]; δύτης ['ðitis]
**tau|en: *es ~t*** λειώνει το χιόνι ['ljoni to 'çoni]
**Tauf|e** *f* βάφτισμα ['vaftizma] *n*; **⁀en** βαφτίζω [va'ftizo]
**taug|en** αξίζω [a'ksizo]; **~lich** κατάλληλος [ka'talilos]; ικανός [ika'nos]
**Taumel** *m* ζάλη ['zali], ίλιγγος ['iliŋgos]; **⁀n** τρικλίζω [tri'klizo]
**Tausch** *m* (αντ)αλλαγή [(and)ala'ji]; **⁀en** αλλάζω [a'lazo]

**täuschen** απατώ (-άς) [apa'to]; *sich* ~ γελιέμαι [je-'ljeme] (*in D*/ από [a'po])
**tausend** χίλιοι ['çilii]; ² *n* χιλιάδα [çi'ljaða]
**Tax|e** *f*, **~i** *n* ταξί [ta'ksi]; **²ieren** διατιμώ [ðiati'mo], εκτιμώ (-άς) [ekti'mo]
**Techni|k** *f* τεχνική [texni'ki]; **~ker** *m*, **²sch** τεχνικός [te-xni'kos]
**Tee** *m* τσάι ['tsai]; **~kanne** *f* τσαγιέρα [tsa'jera]; **~löffel** *m* κουταλάκι [kuta'laki]
**Teer** *m* κατράμι [ka'trami], πίσσα ['pisa]
**Teig** *m* προζύμι [pro'zimi], ζύμη ['zimi]
**Teil-** μερικός [meri'kos]
**Teil** *m*, *n* μέρος ['meros] *n*, κομμάτι [ko'mati]; (*An²*) μερίδιο [me'riðio]; *zum* ~ ενμέρει [en'meri]; **²en** μοιράζω [mi'razo]; διαιρώ [ðie'ro] (*in A*/ σε [se]); **²haben** συμμετέχω [sime'texo], συμμερίζομαι [sime'rizome]; **~haber** *m* μέτοχος ['metoxos]; **~nahme** *f* συμμετοχή [simeto'çi]; **²nahmslos** απαθής [apa'θis] 2; **²nehmen** λαμβάνω μέρος [lam-'vano 'meros] (*an D*/ σε [se]); **~nehmer** *m* συμμετέχοντας [sime'texondas]; **~ung** *f* χωρισμός [xori'zmos], διαίρεση (-εις) [ði'eresi]; **~zahlung** *f* πληρωμή με δόσεις [pliro'mi me 'ðosis]
**Telefon-** τηλεφωνικός [tile-foni'kos]
**Telefon** *n* τηλέφωνο [ti'le-fono]; **~anruf** *m* τηλεφώνημα [tile'fonima] *n*; **~buch** *n* τηλεφωνικός κατάλογος [tilefoni'kos ka'taloγos]; **²ieren** τηλεφωνώ [tilefo-'no]; **²isch** τηλεφωνικός [tilefoni'kos]; **~nummer** *f* αριθμός τηλεφώνου [ariθ-'mos tile'fonu]; **~zelle** *f* τηλεφωνικός θάλαμος [tile-foni'kos 'θalamos]
**Telegra|fenamt** *n* τηλεγραφείο [tileγra'fio]; **²fieren** τηλεγραφώ [tileγra'fo]
**Telegramm** *n* τηλεγράφημα [tile'γrafima] *n*
**Teller** *m* πιάτο ['pjato]
**Tempel** *m* ναός [na'os]
**Tempera|ment** *n* κράση (-εις) ['krasi], ιδιοσυγκρασία [iðiosiŋgra'sia]; **~tur** *f* θερμοκρασία [θermokra'sia]
**Tempo** *n* ρυθμός [riθ'mos]
**Tendenz** *f* τάση (-εις) ['tasi]
**Tennis** *n* τέννις ['tenis] *n*; **~schläger** *m* ρακέτα [ra-'kjeta]
**Teppich** *m* χαλί [xa'li]
**Termin** *m* προθεσμία [proθe'zmia]
**Terpentin** *n* νέφτι ['nefti]
**Terrasse** *f* ταράτσα [ta'ratsa]
**Terror|(ismus)** *m* τρομοκρατία [tromokra'tia]; **~ist** *m* τρομοκράτης [tromo'kratis]
**Testament** *n* διαθήκη [ðia'θi-ki]
**teuer** ακριβός [akri'vos]

**Teuf|el** *m* διάβολος ['ðjavolos]; **~lisch** διαβολικός [ðjavoli'kos]
**Text** *m* κείμενο ['kimeno]
**Textilien** *pl.* είδη *n*/*pl.* υφάσματος ['iði i'fazmatos]
**Theater** *n* θέατρο ['θeatro]; **~kasse** *f* ταμείο θεάτρου [ta'mio θe'atru]
**Thema** *n* θέμα ['θema] *n*; υπόθεση (-εις) [i'poθesi]
**theoretisch** θεωρητικός [θeoriti'kos]
**Thermo|meter** *n* θερμόμετρο [θer'mometro]; **~sflasche** *f* θερμός [θer'mos] *n*
**Thron** *m* θρόνος ['θronos]; **~besteigung** *f* ενθρόνιση (-εις) [en'θronisi]
**Thunfisch** *m* τόννος ['tonos]
**tief** βαθύς [va'θis]; **~** *n* (*Wetter*) χαμηλό βαρομετρικό [xami'lo varometri'ko]; **~bau** *m* οδοποιία [oðopi'ia]; **~e** *f* βάθος ['vaθos] *n*; **~ebene** *f* κάμπος ['kambos], πεδιάδα [peði'aða]
**Tier** *n* ζώο ['zoo]; (*wildes*) θηρίο [θi'rio]; **~arzt** *m* κτηνίατρος [kti'niatros]; **~isch** κτηνώδης [kti'noðis] 2
**Tiger** *m* τίγρη (-εις) ['tiγri]
**tilg|en** σβήνω ['zvino], εξαλείφω [eksa'lifo]; (*Schuld*) εξοφλώ [ekso'flo]; **~ung** *f* εξόφληση (-εις) [e'ksoflisi]
**Tinte** *f* μελάνι [me'lani]; **~nfisch** *m* (ο)χταπόδι [(o)xta'poði]
**Tisch** *m* τραπέζι [tra'pezi]; **~ler** *m* ξυλουργός [ksilur'γos]; **~lerei** *f* ξυλουργείο [ksilur'jio]; **~tennis** *n* πιγκ-πογκ [piŋ poŋ] *n*; **~tuch** *n* τραπεζομάντηλο [trapezo'mandilo]
**Titel** *m* τίτλος ['titlos]
**toben** θορυβώ [θori'vo], μαίνομαι ['menome]
**Tochter** *f* κόρη ['kori], θυγατέρα [θiγa'tera]
**Tod** *m* θάνατος ['θanatos]
**Todes|angst** *f* αγωνία [aγo'nia]; **~kampf** *m* ψυχομάχημα [psixo'maçima] *n*; **~strafe** *f* θανατική ποινή [θanati'ki pi'ni]; **~urteil** *n* καταδίκη σε θάνατο [kata'ðiki se 'θanato]
**todkrank** ετοιμοθάνατος [etimo'θanatos]
**tödlich** θανάσιμος [θa'nasimos]
**Toilette** *f* τουαλέτα [tua'leta]; αποχωρητήριο [apoxori'tirio]; **~npapier** *n* χαρτί υγείας [xar'ti i'jias]
**toll** θαυμάσιος [θav'masios]; **~heit** *f* τρέλα ['trela], παραφροσύνη [parafro'sini]
**Tölpel** *m* αγροίκος [a'γrikos]
**Tomate** *f* ντομάτα [do'mata]; **~nsuppe** *f* ντοματόσουπα [doma'tosupa]
**Ton** *m* τόνος ['tonos], ήχος ['ixos]; (*Lehm*) πηλός [pi'los]; **~band** *n* μαγνητοταινία [maγnitote'nia]; **~bandaufnahme** *f* ηχογράφηση (-εις) [ixo'γrafisi]

**tönen** ηχώ [i'xo]
**Ton|film** *m* ομιλούσα ταινία [omi'lusa te'nia]; **~leiter** *f* διαπασών [ðiapa'son] *f*
**Tonne** *f* βαρέλι [va'reli], βυτίο [vi'tio]; (*Maß*) τόννος ['tonos]
**Topf** *m* τέντζερες ['tendzeres], χύτρα ['çitra]
**Töpfer** *m* αγγειοπλάστης [aŋgio'plastis]; **~ei** *f* κεραμοποιία [kjeramopi'ia]
**Tor 1.** *n* εξώπορτα [e'ksoporta], πύλη ['pili]; (*Sport*) τέρμα ['terma] *n*, γκολ [gol] *n*; **2.** *m* ανόητος [a'noitos]
**töricht** κουτός [ku'tos], ανόητος [a'noitos]
**Torte** *f* τούρτα ['turta], πάστα ['pasta]
**Torwart** *m* τερματοφύλακας [termato'filakas]
**tosen** βροντώ (-άς) [vron'do]
**tot** πεθαμένος [peθa'menos], νεκρός [ne'kros]
**töten** σκοτώνω [sko'tono], θανατώνω [θana'tono]
**Tote(r)** *m* νεκρός [ne'kros]
**Totschlag** *m* φόνος εξ αμελείας ['fonos eksame'lias]; **2en** σκοτώνω [sko'tono], φονεύω [fo'nevo]
**Tour** *f* γύρος ['jiros], εκδρομή [egðro'mi]; **~ismus** *m* τουρισμός [turi'zmos]; **~ist** *m* τουρίστας [tu'ristas], περιηγητής [periiji'tis]
**Trab** *m* τριποδισμός [tripoði'zmos]; **2en** τριποδίζω [tripo'ðizo]
**Tracht** *f* φορεσιά [fore'sja], ενδυμασία [enðima'sia]; **2en** σκοπεύω [sko'pevo], προσπαθώ [prospa'θo], επιζητώ [epizi'to]
**Tradition** *f* παράδοση (-εις) [pa'raðosi]
**Trag|bahre** *f* φορείο [fo'rio]; **2bar** φορητός [fori'tos]; *fig.* υποφερτός [ipofer'tos]
**träge** τεμπέλης [tem'belis], οκνηρός [okni'ros]
**tragen** φέρνω ['ferno], φορώ [fo'ro]
**Träger** *m* φορέας [fo'reas]
**Trägheit** *f* τεμπελιά [tembe'lja], οκνηρία [okni'ria]
**Tragödie** *f* τραγωδία [traɣo'ðia]
**Train|er** *m* προπονητής [proponi'tis]; **2ieren** προπονιέμαι [propo'njeme]; προπονώ [propo'no]; **~ing** *n* προπόνηση (-εις) [pro'ponisi]
**Traktor** *m* τρακτέρ [tra'kter] *n*
**trampeln** ποδοπατώ (-άς) [roðopa'to]
**Träne** *f* δάκρυ ['ðakri] *n*
**Transit** *m* διαμετακόμιση [ðiameta'komisi], τράνζιτο ['tranzito]
**Transport** *m* μεταφορά [metafo'ra]; **2ieren** μεταφέρω [meta'fero]; μετακομίζω [metako'mizo]
**Traube** *f* σταφύλι [sta'fili]
**trauen** εμπιστεύομαι [embi'stevome], πιστεύω [pi'stevo]; (*Brautpaar*) στεφανώνω [stefa'nono]

**Trauer** *f* πένθος ['penθos] *n*; **≈n** πενθώ [pen'θo]; **~spiel** *n* τραγωδία [trayo'ðia]
**Traum** *m* όνειρο ['oniro]
**träumen** (***von***) ονειρεύομαι [oni'revome] *A*; *fig.* ονειροπολώ [oniropo'lo]
**traurig** λυπημένος [lipi'menos]; **≈keit** *f* λύπη ['lipi]
**Trau|ring** *m* βέρα ['vera]; **~ung** *f* στεφάνωμα [ste'fanoma] *n*
**treff|en** (*begegnen*) συναντώ (-άς) [sinan'do], ανταμώνω [anda'mono]; (*Ziel*) πετυχαίνω [peti'çeno]; (*Vorbereitungen*) κάνω ['kano]; (*Maßregeln*) λαμβάνω [lam'vano]; **≈punkt** *m* εντευκτήριο [endef'ktirio]
**treib|en** κινώ [ki'no]; παρορμώ (-άς) [paror'mo]; (*Beruf*) εξασκώ [eksa'sko]; **≈haus** *n* θερμοκήπιο [θermo'kipio]; **≈riemen** *m* ιμάντας [i'mandas]; **≈stoff** *m* καύσιμα ['kafsima] *n/pl.*
**trennen** χωρίζω [xo'rizo]; ***sich ~*** (απο)χωρίζομαι [(apo)xo'rizome] (***von***/ από [a'po]); (*Naht*) ξηλώνω [ksi'lono]
**Treppe** *f* σκάλα ['skala]
**Treppen|absatz** *m* κεφαλόσκαλο [kjefa'loskalo]; **~geländer** *n* κιγκλίδωμα [kiŋ'gliðoma] *n*; **~stufe** *f* σκαλοπάτι [skalo'pati]
**Tresor** *m* θησαυροφυλάκιο [θisavrofi'lakio]
**Tretboot** *n* ποδήλατο θαλάσσης [po'ðilato θa'lasis]
**treten** πατώ (-άς) [pa'to]; ***in Verbindung ~*** επικοινωνώ [epikino'no]; ***mit Füßen ~*** τσαλαπατώ (-άς) [tsalapa'to]
**treu** πιστός [pi'stos]; **≈e** *f* πίστη ['pisti]; **~herzig** άδολος ['aðolos]; **~los** άπιστος ['apistos]; **≈losigkeit** *f* απιστία [api'stia]
**Tribüne** *f* βήμα ['vima] *n*
**Trichter** *m* χωνί [xo'ni]
**Trick** *m* τέχνασμα ['texnazma] *n*; **~film** *m* ταινία με κινούμενα σχέδια [te'nia me ki'numena 'sçeðia]
**Trieb** *m* ορμή [or'mi], ροπή [ro'pi]; **~feder** *f* ελατήριο [ela'tirio]; *fig.* αφορμή [afor'mi]; **~kraft** *f* κινητήρια δύναμη [kini'tiria 'ðinami]; **~wagen** *m* ωτομοτρίς [otomo'tris] *n*; **~werk** *n* σύστημα *n* προωθήσεως ['sistima proo'θiseos]
**Trikot** *n* πλεχτό [ple'xto]
**trink|bar** πόσιμος ['posimos]; **≈becher** *m* κούπα ['kupa], ποτήρι [po'tiri]; **~en** πίνω ['pino]; **≈er** *m* μπεκρής [be'kris], κρασοπατέρας [krasopa'teras]; **≈geld** *n* πουρμπουάρ [purbu'ar] *n*, φιλοδώρημα [filo'ðorima] *n*; **≈spruch** *m* πρόποση (-εις) ['proposi]; **≈wasser** *n* πόσιμο νερό ['posimo ne'ro]
**Tritt** *m* βήμα ['vima] *n*; (*Fuß≈*) κλωτσιά [klo'tsja]; **~brett** *n*

σκαλοπάτι [skalo'pati], βαθμίδα [vaθ'miδa]
**Triumph** *m* θρίαμβος ['θriamvos]; **≈ieren** θριαμβεύω [θriam'vevo]
**trock|en** ξερός [kse'ros], ξηρός [ksi'ros]; στεγνός [ste'γnos]; **≈enheit** *f* ξηρασία [ksira'sia]; **≈enrasierer** *m* ηλεκτρική μηχανή ξυρίσματος [ilektri'ki mixa'ni ksi'rizmatos]; **~nen** ξεραίνω [kse'reno]; στεγνώνω [ste'γnono]
**tröd|eln** αργοπορώ [arγopo'ro]; **≈ler** *m* παλαιοπώλης [paleo'polis]
**Trog** *m* σκάφη ['skafi]
**Trommel** *f* τύμπανο ['timbano]; **≈n** τυμπανίζω [timba'nizo]
**Trompete** *f* τρουμπέτα [trum'beta]
**Tropen** *pl.* τροπικές χώρες [tropi'kjes 'xores] *f/pl.*
**tropfen** στάζω ['stazo]; **≈** *m* στάλα ['stala]
**Trost** *m* παρηγοριά [pariγo'rja]
**trösten** παρηγορώ [pariγo'ro]
**trostlos** απελπιστικός [apelpisti'kos]
**trotz** *G* παρόλη [pa'roli], παρόλο [pa'rolo], παρά [pa'ra] *A*; **≈** *m* πείσμα ['pizma] *n*; **~dem** μολαταύτα [mola'tafta], και όμως [kje 'omos]; **~en** πεισματώνω [pizma'tono]; **~ig** πεισματάρης [pizma'taris]
**trüb|e** θολός [θo'los]; (*Himmel*) σκεπασμένος [skjepa'zmenos]; (*Stimmung*) λυπημένος [lipi'menos]; **~en** θολώνω [θo'lono]
**trüge|n** εξαπατώ (-άς) [eksapa'to]; **~risch** απατηλός [apati'los]
**Trugschluß** *m* σόφισμα ['sofizma] *n*
**Truhe** *f* σεντούκι [sen'duki]
**Trümmer** *pl.* χαλάσματα [xa'lazmata] *n/pl.*, ερείπια [e'ripia] *n/pl.*; **~haufen** *m* σωρός ερειπίων [so'ros eri'pion]
**Trumpf** *m* κόζι ['kozi], ατού [a'tu] *n*
**Trunk|enheit** *f* μεθύσι [me'θisi]; **~sucht** *f* αλκοολισμός [alkooli'zmos]
**Trupp** *m* στίφος ['stifos] *n*; **~e** *f* (στρατιωτικό) σώμα [(stratjoti'ko) 'soma] *n*
**Tube** *f* σωληνάριο [soli'nario]
**Tuch** *n* πανί [pa'ni], ύφασμα ['ifazma] *n*
**tüchtig** άξιος ['aksios]; **≈keit** *f* αξιοσύνη [aksio'sini]
**Tück|e** *f* κακοήθεια [kako'iθia]; **≈isch** κακοήθης [ka-ko'iθis] 2
**Tugend** *f* αρετή [are'ti]
**Tulpe** *f* τουλίπα [tu'lipa]
**Tümpel** *m* βάλτος ['valtos], τέλμα ['telma] *n*
**Tumult** *m* σαματάς [sama'tas], θόρυβος ['θorivos]

395 übereinander

**tun** κά(μ)νω ['ka(m)no]; ***zu ~ haben*** έχω δουλειά ['exo ðu-'lja], είμαι απασχολημένος ['ime apasxoli'menos]
**Tünche** *f* ασβέστης [az've-stis]; **2n** ασπρίζω [a'sprizo], ασβεστώνω [azve'stono]
**Tunnel** *m* τούνελ ['tunel] *n*, σήραγγα ['siraŋga]
**tupfen** εγγίζω ελαφρά [eŋ-'gizo ela'fra]
**Tür** *f* πόρτα ['porta], θύρα ['θira]; **~angel** *f* ρεζές [re-'zes]; **~flügel** *m* θυρόφυλλο [θi'rofilo]; **~hüter** *m* θυρωρός [θiro'ros]
**Türk|e** *m* Τούρκος ['turkos]; **~ei** *f* Τουρκία [tur'kia]; **2isch** τουρκικός [turki'kos]
**Tür|klinke** *f* πόμολο ['po-molo]; **~schwelle** *f* κατώφλι [ka'tofli]
**Turm** *m* πύργος ['pirγos]
**turn|en** κάνω γυμναστική ['kano jimnasti'ki]; **2er** *m* γυμναστής [jimna'stis]; **2halle** *f* γυμναστήριο [ji-mna'stirio]
**Tusche** *f* σινική μελάνη [si-ni'ki me'lani]
**tuscheln** ψιθυρίζω [psiθi-'rizo]
**Tüte** *f* σακ(κ)ούλα [sa'kula]
**Typhus** *m* τύφος ['tifos]
**typisch** τυπικός [tipi'kos]
**Tyrann** *m* τύραννος ['ti-ranos]; **2isieren** τυραννώ (-άς) [tira'no]

# U

**U-Bahn** *f* μετρό [me'tro]
**übel** άσχημος ['asçimos], κακός [ka'kos]; **2** *n* κακό [ka'ko]; **2keit** *f* αναγούλα [ana'γula]; **~nehmen** κρατώ κακία [kra'to ka'kia]
**üben** γυμνάζω [ji'mnazo], ασκώ [a'sko]
**über** πάνω από ['pano a'po], υπεράνω [ipe'rano]; **~all** παντού [pan'du]; **~anstrengen** παρακουράζω [paraku-'razo]; **~arbeiten** επεξεργάζομαι [epekser'γazome]; ***sich ~arbeiten*** παρακουράζομαι [paraku'razome]; **~aus** πάρα πολύ ['para po-'li]; **~bieten** υπερθεματίζω [iperθema'tizo]; **2bleibsel** *n* απομεινάρι [apomi'nari]; **2blick** *m* επισκόπηση (-εις) [epi'skopisi]; **~blicken** συνοψίζω [sino'psizo]; **~bringen** φέρνω ['ferno]; **~dauern** επιζώ [epi'zo]; **~dies** εκτός τούτου [e'ktos 'tutu]
**Über|druß** *m* βαρεμάρα [vare'mara], κόρος ['koros]; **~drüssig sein** *G* βαριέμαι [var'jeme] *A*
**über|eilen** επιταχύνω πάρα πολύ [epita'çino 'para po'li]; **~eilt** πάρα πολύ βιαστικός ['para po'li vjasti'kos]; **~einander** ο ένας πάνω από τον άλλον [o 'enas 'pano a'po

**übereinkommen** 396

ton 'alon]; **~einkommen** συμφωνώ [simfo'no]; **2einkommen** *n* συμφωνία [simfo'nia]; **~fahren** παρασύρω [para'siro]; **2fahrt** *f* διαπεραίωση (-εις) [ðiape'reosi]; **2fall** *m* αιφνιδιαστική επίθεση [efniðiasti'ki e'piθesi]; **~fallen** αιφνιδιάζω [efniði'azo]; **~fließen** ξεχειλίζω [kseçi'lizo]; **~flügeln** ξεπερνώ [ksepe'no]; **2fluß** *m* αφθονία [afθo'nia]; **~flüssig** περιττός [peri'tos]; **~fluten** πλημμυρίζω [plimi'rizo]; **~führen** μετακομίζω [metako'mizo]; αποδεικνύω την ενοχή [apoði'knio tin eno'çi]; **~füllt** παραγεμισμένος [parajemi'zmenos], υπερπλήρης [iper'pliris] 2; **2gabe** *f* παράδοση (-εις) [pa'raðosi]; **2gang** *m* πέρασμα ['perazma] *n*; **~geben** παραδίνω [para'ðino]; ***sich ~geben*** κάνω εμετό ['kano eme'to]; **~gehen** περνώ (-άς) [per'no]; παραλείπω [para'lipo]; **~haupt** γενικά [jeni'ka], καθόλου [ka'θolu]; **~holen** προσπερνώ (-άς) [prosper'no]; (*reparieren*) διορθώνω [ðior'θono]; **~lassen** αφήνω [a'fino], παραχωρώ [paraxo'ro]; **~lasten** παραφορτώνω [parafor'tono]; **~laufen** ξεχειλίζω [kseçi'lizo]; *Mil.* λιποτακτώ [lipota'kto]; **~leben** επιζώ [epi'zo]; **~legen** σκέφτομαι ['skjeftome], αναλογίζομαι [analo'jizome]; *Adj.* ανώτερος [a'noteros]; **2legung** *f* περίσκεψη [pe'riskjepsi], σκέψη (-εις) ['skjepsi]; **2macht** *f* υπεροχή [ipero'çi]; **2maß** *n* υπερβολή [ipervo'li]; **~mäßig** υπερβολικός [ipervoli'kos]; **~mitteln** διαβιβάζω [ðiavi'vazo]; **~morgen** μεθαύριο [me'θavrio]; **2mut** *m* έπαρση ['eparsi]; **~mütig** ξιπασμένος [ksipa'zmenos]; **~nachten** διανυκτερεύω [ðianikte'revo]; **2nachtung** *f* διανυκτέρευση [ðianik'terefsi]; **2nahme** *f* παραλαβή [parala'vi]; **~natürlich** υπερφυσικός [iperfisi'kos]; **~nehmen** παραλαμβάνω [paralam'vano]; **2prüfung** *f* αναθεώρηση [anaθe'orisi]; **~queren** περνώ (-άς) [per'no]; **~ragen** προεξέχω [proe'ksexo], υπερέχω [ipe'rexo]; **~raschen** ξαφνιάζω [ksa'fnjazo], εκπλήττω [ek'plito]; **2raschung** *f* έκπληξη (-εις) ['ekpliksi]; **~reden** καταφέρνω [kata'ferno], πείθω ['piθo]; **~reichen** προσφέρω [pro'sfero]; **2schall-** υπερηχητικός [iperiçiti'kos]; **~schätzen** υπερτιμώ (-άς) [iperti'mo]; **2schlag** *m* προσωρινός υπολογισμός [prosori'nos ipoloji'zmos]

**überschlagen:** ***sich ~*** ανατρέπομαι [ana'trepome]

**überschneiden:** *sich* ~ διασταυρώνομαι [ðiastav'ronome]
**über|schreiten** περνώ (-άς) [per'no], διαβαίνω [ðja'veno]; παραβαίνω [para'veno]; **≗schrift** *f* επιγραφή [epiγra'fi]; **≗schuß** *m* περίσσευμα [pe'risevma] *n*; **~schüssig** περίσσιος [pe'risjos]; **~schütten** περεχύνω [pere'çino]; *fig.* παραγεμίζω [paraje'mizo], κατακλύζω [kata'klizo]; **~schwemmen** πλημμυρίζω [plimi'rizo]; **≗schwemmung** *f* πλημμύρα [pli'mira]; **~seeisch** υπερπόντιος [iper'pondios]; **~sehen** παραβλέπω [para'vlepo]; **~senden** αποστέλνω [apo'stelno]
**über|setzen** περνώ (-άς) [per'no]; μεταφράζω [meta'frazo]; **≗setzer** *m* μεταφραστής [metafra'stis]; **≗setzung** *f* μετάφραση (-εις) [me'tafrasi]; *Tech.* πολλαπλασιασμός [polaplasia'zmos]
**Über|sicht** *f* περίληψη (-εις) [pe'rilipsi]; **≗siedeln** μετοικώ [meti'ko]; **≗springen** *fig.* παραλείπω [para'lipo]; **≗stehen** ξεπερνώ (-άς) [kseper'no]; **~stunden** *f/pl.* υπερωρίες [ipero'ries] *f/pl.*; **≗stürzen** βιάζομαι πάρα πολύ ['vjazome 'para po'li]
**Übertrag** *m* μεταφορά [meta'fo'ra]; **≗bar** μεταδοτικός [metaðoti'kos]; **≗en** μεταφέρω [meta'fero]; μεταφράζω [meta'frazo]; (*Aufgabe*) αναθέτω [ana'θeto]; **~ung** *f* μεταφορά [metafo'ra]; μετάφραση (-εις) [me'tafrasi]
**über|treffen** ξεπερνώ (-άς) [kseper'no] (**an** *D*/ σε [se]); **~treiben** παρακάνω [para'kano]; **≗treibung** *f* υπερβολή [ipervo'li]; **~treten** *Pol.* αποσκιρτώ (-άς) [aposkir'to]; (*Gesetz*) παραβαίνω [para'veno]; **≗tretung** *f* παράβαση (-εις) [pa'ravasi]; **≗völkerung** *f* υπερπληθυσμός [iperpliθi'zmos]; **~wachen** επιτηρώ [epiti'ro]; **≗wachung** *f* επιτήρηση (-εις) [epi'tirisi]; **~wältigen** καταβάλλω [kata'valo], υπερνικώ (-άς) [iperni'ko]; **~weisen** μεταβιβάζω [metavi'vazo]; (*Geld*) εμβάζω [em'vazo]; **≗weisung** *f* έμβασμα ['emvazma] *n*; **~wiegen** υπερισχύω [iperi'sçio]; **~winden** καταβάλλω [kata'valo], υπερνικώ (-άς) [iperni'ko]; **~zeugen** πείθω ['piθo]; **≗zeugung** *f* πεποίθηση (-εις) [pe'piθisi]; **~ziehen** σκεπάζω [skje'pazo], υπερβαίνω [iper'veno]
**üblich** συνηθισμένος [siniθi'zmenos]
**U-Boot** *n* υποβρύχιο [ipo'vriçio]
**übrig** υπόλοιπος [i'polipos];

**übrigbleiben** 398

**~bleiben** υπολείπομαι [ipo'lipome]; **~ens** άλλωστε ['aloste]; **~lassen** αφήνω [a'fino]
**Übung** *f* άσκηση (-εις) ['askisi]
**Ufer** *n* όχθη ['oxθi], ακτή [a'kti]
**Uhr** *f* ρολόι [ro'loi]; **~macher** *m* ωρολογοποιός [oroloγopi'os]
**Ultimatum** *n* τελεσίγραφο [tele'siγrafo]
**ultra|-** υπέρ- [i'per]; **~rot** υπέρυθρος [i'periθros]
**um** (*Uhrzeit*) στις [stis]; γύρω σε ['jiro se], περί [pe'ri]; **~ *zu*** για να [ja na]; **~ *so besser*** τόσο το καλύτερο ['toso to ka'litero]
**um|ändern** αλλάζω [a'lazo], μεταλλάζω [meta'lazo]; **~arbeiten** μεταποιώ [metapi'o]; **~armen** αγκαλιάζω [aŋga'ljazo]; **②armung** *f* αγκάλιασμα [aŋ'galjazma] *n*
**Umbau** *m* μετασκευή οικοδομής [metaskje'vi ikoδo'mis]; **②en** μετασκευάζω [metaskje'vazo]
**umbiegen** λυγίζω [li'jizo], κάμπτω ['kampto]
**umbinden** περιδένω [peri'δeno]
**umblicken: *sich* ~** κοιτάζω γύρω [ki'tazo 'jiro]
**um|bringen** σκοτώνω [sko'tono]; **~buchen** αλλάζω [a'lazo]
**umdreh|en** γυρίζω [ji'rizo]; **②ung** *f* περιστροφή [peristro'fi]
**umfallen** πέφτω ['pefto]; (*Wagen*) ανατρέπομαι [ana'trepome]
**Umfang** *m* περιφέρεια [peri'feria]; **②reich** ογκώδης [oŋ'goδis] 2
**umfassen** (συμ)περιλαμβάνω [(sim)berilam'vano]; περιβάλλω [peri'valo]
**umformen** μετασχηματίζω [metasçima'tizo]
**Umfrage** *f* έρευνα ['erevna], δημοσκόπηση (-εις) [δimo'skopisi]
**umfüllen** αδειάζω από ... σε [a'δjazo a'po ... se]
**Umgang** *m* συναναστροφή [sinanastro'fi]; **~ssprache** *f* καθομιλουμένη [kaθomilu'meni]
**umgeben** τριγυρίζω [triji'rizo], περικυκλώνω [periki'klono]
**Umgegend** *f* περίχωρα [pe'rixora] *n/pl.*
**umgehen** γυρίζω [ji'rizo], παρακάμπτω [para'kampto]; (***mit j-m***) συναναστρέφομαι [sinana'strefome]
**umgekehrt** αντίθετος [an'diθetos], αντίστροφος [an'distrofos]
**umgestalten** μετασχηματίζω [metasçima'tizo]
**umgießen** μεταγγίζω [metaŋ'gizo]
**Umhang** *m* μπέρτα ['berta]
**umhängen** περιβάλλω [peri-

399 **Umsturz**

'valo], φορώ (-άς) [fo'ro]
**umher** (τρι)γύρω [(tri)'jiro]; **~streifen** τριγυρίζω [triji-'rizo]
**umhin:** ***nicht ~ können zu*** δεν μπορώ παρά να [ðem bo'ro pa'ra na]
**umkehren** γυρίζω [ji'rizo], επιστρέφω [epi'strefo]
**umkippen** ανατρέπομαι [ana'trepome], ανατρέπω [ana'trepo]
**umkleiden:** ***sich ~*** αλλάζω φόρεμα [a'lazo 'forema]
**Umkreis** *m* περιφέρεια [peri-'feria]; ***im ~*** τριγύρω [tri'jiro]
**Umlauf** *m* κυκλοφορία [ki-klofo'ria]
**umleit|en** παρακάμπτω [pa-ra'kampto]; **žung** *f* παρα-καμπτήριος [parakamp'ti-rios] *f*
**umrahmen** κορνιζάρω [kor-ni'zaro], πλαισιώνω [ple-si'ono]
**umrechn|en** μετατρέπω [me-ta'trepo]; **žungskurs** *m* τιμή συναλλάγματος [ti'mi sina-'laymatos]
**umreißen** ρίχνω κάτω ['rixno 'kato]
**umringen** περικυκλώνω [pe-riki'klono]
**Umriß** *m* περίγραμμα [pe'ri-ɣrama] *n*
**umrühren** ανακατώνω [ana-ka'tono]
**Umsatz** *m* τζίρος ['dziros]
**Umschlag** *m* περίβλημα [pe-'rivlima] *n*; (*Brief*ž) φάκελ(λ)ος ['fakjelos]; (*Buch*ž) περικάλυμμα [peri-'kalima] *n*; *Med.* κατά-πλασμα [ka'taplazma] *n*; **žen** (*Seite*) γυρίζω [ji'rizo]; (*Wetter*) αλλάζω [a'lazo]
**um|schlingen** περιπλέκω [peri'pleko]; αγκαλιάζω [aŋ-ga'ljazo]; **~schnallen** πε-ριζώνω [peri'zono], περι-σφίγγω [peri'sfiŋgo]; **~schreiben** περιφράζω [peri-'frazo]; **žschulung** *f* μετεκ-παίδευση (-εις) [metek-'peðefsi]; **žschwung** *m* με-ταβολή [metavo'li]
**umsehen:** ***sich ~*** κοιτάζω γύρω [ki'tazo 'jiro]
**Umsicht** *f* περίσκεψη [pe-'riskjepsi]; **žig** προσεκτικός [prosekti'kos]
**um so mehr** τόσο το περισ-σότερο ['toso to peri'sotero]
**umsonst** (*gratis*) δωρεάν [ðo-re'an]; του κάκου [tu 'kaku], μάταια ['matea]
**Um|stand** *m* περίσταση (-εις) [pe'ristasi]; ανα-στάτωση (-εις) [ana'statosi]; **žständlich** αργός [ar'ɣos]
**Umsteigefahrschein** *m* εισι-τήριο συνεχείας [isi'tirio sine'çias]
**um|steigen** αλλάζω τρένο [a'lazo 'treno]; **~stellen** με-ταθέτω [meta'θeto]; **žstel-lung** *f* μετάθεση [meta'θesi]; **~stoßen** ρίχνω κάτω ['rixno 'kato], ανατρέπω [ana'trepo]
**Um|sturz** *m* ανατροπή [a-

natro'pi]; **≗stürzen** ανατρέπω [ana'trepo]
**Umtausch** *m* ανταλλαγή [andala'ji]; **≗en** ανταλλάσσω [anda'laso]
**umwälz|en** αναστατώνω [anasta'tono], ανατρέπω [ana'trepo]; **~end** επαναστατικός [epanastati'kos]
**umwandeln** μεταμορφώνω [metamor'fono]
**Umweg** *m* γύρος ['jiros]
**Umweltverschmutzung** *f* ρύπανση του περιβάλλοντος ['ripansi tu peri'valondos]
**umwerfen** καταρρίπτω [ka'taripto]
**umwickeln** περιτυλίγω [peri'tiliγo]
**umzäun|en** περιφράσσω [peri'fraso]; **≗ung** *f* περίφραξη (-εις) [pe'rifraksi]
**umziehen** αλλάζω σπίτι [a'lazo 'spiti]; μετακομίζω [metako'mizo]; ***sich* ~** αλλάζω (φόρεμα) [a'lazo ('forema)]
**umzingeln** περικυκλώνω [periki'klono]
**Umzug** *m* πομπή [pom'bi], μετακόμιση (-εις) [meta'komisi]
**unabhängig** ανεξάρτητος [ane'ksartitos]; **≗keit** *f* ανεξαρτησία [aneksarti'sia]
**unab|lässig** διαρκής [ðiar'kis] 2; **~sichtlich** απρομελέτητος [aprome'letitos]
**unachtsam** απρόσεκτος [a'prosektos]; **≗keit** *f* απροσεξία [aprose'ksia]
**unähnlich** ανόμοιος [a'nomios]
**unan|gebracht** αταίριαστος [a'terjastos]; **~genehm** δυσάρεστος [ði'sarestos]; **~nehmbar** απαράδεκτος [apa'raðektos]; **~ständig** απρεπής [apre'pis] 2
**unappetitlich** αποκρουστικός [apokrusti'kos]
**Unart** *f* αταξία [ata'ksia]; **≗ig** άτακτος ['ataktos]
**unauf|findbar** ανεύρετος [a'nevretos]; **~hörlich** αδιάκοπος [a'ðjakopos]; **~merksam** απρόσεκτος [a'prosektos]
**unausbleiblich** αναπόφευκτος [ana'pofefktos]
**unbarmherzig** άσπλαχνος ['asplaxnos]; **≗keit** *f* ασπλαχνία [aspla'xnia]
**unbe|achtet** απαρατήρητος [apara'tiritos]; **~dacht** απερίσκεπτος [ape'riskjeptos]; **~deckt** ξεσκέπαστος [kse'skjepastos]; **~deutend** ασήμαντος [a'simandos]; **~dingt** *Adv.* χωρίς άλλο [xo'ris 'alo], οπωσδήποτε [opoz'ðipote]; **~friedigt** ανικανοποίητος [anikano'piitos]; **~fugt** αναρμόδιος [anar'moðios]; **~greiflich** ακατάληπτος [aka'taliptos]; **~grenzt** απεριόριστος [aperi'oristos]; **~gründet** αδικαιολόγητος [aðikjeo'lojitos]

**Unbehag|en** *n* αδιαθεσία [aðjaθe'sia]; **ᘓlich** δυσάρεστος [ði'sarestos]
**unbe|holfen** αδέξιος [a'ðeksios]; **~kannt** άγνωστος ['aγnostos]; **~liebt** αντιδημοτικός [andiðimoti'kos]; **~merkt** απαρατήρητος [apara'tiritos]; **~quem** άβολος ['avolos], ενοχλητικός [enoxliti'kos]; **~rechtigt** αδικαιολόγητος [aðikjeo'lojitos], αβάσιμος [a'vasimos]; **~schränkt** απεριόριστος [aperi'oristos]; **~siegbar** ακατανίκητος [akata'nikitos]; **~sonnen** απερίσκεπτος [ape'riskjeptos]; **~sorgt** ξέγνοιαστος ['kseγnjastos]
**unbeständig** άστατος ['astatos]; **ᘓkeit** *f* αστάθεια [a'staθia]
**unbestimmt** αόριστος [a'oristos]
**unbeugsam** αλύγιστος [a'lijistos]
**unbe|weglich** ακίνητος [a'kinitos]; **~wohnt** ακατοίκητος [aka'tikitos]; **~wußt** ασυναίσθητος [asi'nesθitos]
**unbrauchbar** άχρηστος ['axristos]
**und** και [kje]; **~ so weiter** (**usw.**) και τα λοιπά (κτλ.) [kje ta li'pa]
**undankbar** αχάριστος [a'xaristos]
**undeutlich** ασαφής [asa'fis] 2
**undurchdringlich** αδιαπέραστος [aðia'perastos]
**uneben** ανώμαλος [a'nomalos]
**unecht** ψεύτικος ['pseftikos]; κάλπικος ['kalpikos]
**unehelich** νόθος ['noθos]
**uneigennützig** αφιλοκερδής [afilokjer'ðis] 2
**Uneinigkeit** *f* διαφωνία [ðiafo'nia]
**unempfindlich** αναίσθητος [a'nesθitos]; **ᘓkeit** *f* αναισθησία [anesθi'sia]
**unendlich** ατελείωτος [ate'liotos]; **ᘓkeit** *f* άπειρο ['apiro]
**unent|behrlich** απαραίτητος [apa'retitos]; **~geltlich** άμισθος ['amisθos]; *Adv.* δωρεάν [ðore'an]; **~schieden** αμφίβολος [am'fivolos]; (*Sport*) ισόπαλος [i'sopalos]; **~schlossen** αναποφάσιστος [anapo'fasistos]
**uner|bittlich** άκαμπτος ['akamptos]; **~fahren** άπειρος ['apiros]; **~freulich** δυσάρεστος [ði'sarestos]; **~füllbar** ανεκπλήρωτος [anek'plirotos]; **~giebig** άκαρπος ['akarpos], ασύμφορος [a'simforos]; **~heblich** ασήμαντος [a'simandos]; **~klärlich** ανεξήγητος [ane'ksijitos]; **~läßlich** απαραίτητος [apa'retitos]; **~laubt** αθέμιτος [a'θemitos], απαγορευμένος [apaγorev'menos]; **~meßlich** αμέτρητος [a'metritos]; **~müdlich** ακούραστος [a'kurastos]; **~reichbar** ακα-

τόρθωτος [aka'torθotos]; ανέφικτος [a'nefiktos]; **~schöpflich** ανεξάντλητος [ane'ksandlitos]
**unerschrocken** ατρόμητος [a'tromitos]; **≈heit** *f* τόλμη ['tolmi]
**uner|schütterlich** ακλόνητος [a'klonitos]; **~setzlich** αναντικατάστατος [anandika'tastatos]; **~träglich** ανυπόφορος [ani'poforos]; **~wartet** αναπάντεχος [ana'pandexos]
**unfähig** ανίκανος [a'nikanos]; **≈keit** *f* ανικανότητα [anika'notita]
**Unfall** *m* ατύχημα [a'tiçima] *n*; **~station** *f* σταθμός πρώτων βοηθειών [staθ'mos 'proton voiθi'on]
**un|freiwillig** αθέλητος [a'θelitos]; **~freundlich** αγενής [aje'nis] 2; **~fruchtbar** άγονος ['aγonos]
**Unfug** *m* αταξία [ata'ksia]
**unge|bildet** αγράμματος [a'γramatos], αμόρφωτος [a'morfotos]; **~bräuchlich** ασυνήθιστος [asi'niθistos]; **~braucht** αμεταχείριστος [ameta'çiristos]
**Ungeduld** *f* ανυπομονησία [anipomoni'sia]; **≈ig** ανυπόμονος [ani'pomonos]
**ungeeignet** ακατάλληλος [aka'talilos]
**ungefähr** περίπου [pe'ripu]; **~lich** ακίνδυνος [a'kinδinos]
**ungefällig** απρόθυμος [a'proθimos]
**ungeheuer** θεόρατος [θe'oratos], τεράστιος [te'rastios]; **≈** *n* τέρας ['teras] *n*
**ungehindert** ανεμπόδιστος [anem'boδistos]
**ungehorsam** ανυπάκουος [ani'pakuos], ανυπότακτος [ani'potaktos]; **≈** *m* απείθεια [a'piθia]
**ungekocht** ωμός [o'mos]
**ungelegen** άκαιρος ['akjeros]
**ungemütlich** δυσάρεστος [δi'sarestos]
**ungenau** ανακριβής [anakri'vis] 2; **≈igkeit** *f* ανακρίβεια [ana'krivia]
**ungenießbar:** ***das ist ~*** δεν τρώγεται [δen'drojete]; *fig.* αχώνευτος [a'xoneftos]
**ungenügend** ανεπαρκής [anepar'kis] 2
**ungerade** (*Zahl*) μονός [mo'nos]
**ungerecht** άδικος ['aδikos]; **≈igkeit** *f* αδικία [aδi'kia]
**ungern** όχι ευχαρίστως ['oçi efxa'ristos]
**unge|schickt** αδέξιος [a'δeksios]; **~setzlich** παράνομος [pa'ranomos]; **~stüm** ορμητικός [ormiti'kos]; **~sund** ανθυγιεινός [anθij(i)i'nos]
**ungewiß** αβέβαιος [a'veveos]; **≈heit** *f* αβεβαιότητα [aveve'otita]
**unge|wohnt** ασυνήθιστος [asi'niθistos]; **≈ziefer** *n* ζωύφια [zo'ifia] *n/pl.*; **~zogen**

άτακτος ['ataktos]; **~zwungen** απροσποίητος [apro'spiitos]
**un|gläubig** άπιστος ['apistos]; **~glaublich** απίστευτος [a'pisteftos], απίθανος [a'piθanos]; **~gleich(mäßig)** άνισος ['anisos]
**Unglück** *n* δυστυχία [ðisti'çia]; **≗lich** δυστυχισμένος [ðistiçi'zmenos]; **~sfall** *m* δυστύχημα [ði'stiçima] *n*
**ungültig** άκυρος ['akiros]
**ungünstig** δυσμενής [ðizme'nis] 2
**Unheil** *n* κακό [ka'ko], συμφορά [simfo'ra]; **≗bar** αγιάτρευτος [a'jatreftos], αθεράπευτος [aθe'rapeftos]; **≗voll** ολέθριος [o'leθrios]
**unheimlich** φοβερός [fove'ros]; *Adv.* πάρα πολύ ['para po'li]
**unhöflich** αγενής [aje'nis] 2; **≗keit** *f* αγένεια [a'jenia]
**Uniform** *f* στολή [sto'li]
**Universität** *f* πανεπιστήμιο [panepi'stimio]
**unkennt|lich** αγνώριστος [a'ɣnoristos]; **≗nis** *f* άγνοια ['aɣnia]
**unkontrolliert** ανεξέλεγκτος [ane'kseleŋktos]
**Unkosten** *pl.* έξοδα ['eksoða] *n*/*pl.*
**Unkraut** *n* ζιζάνιο [zi'zanio]
**un|leserlich** δυσανάγνωστος [ðisa'naɣnostos]; **~lösbar** αδιάλυτος [aði'alitos]; **~mäßig** υπερβολικός [ipervoli'kos]; **~merklich** ανεπαίσθητος [ane'pesθitos]; **~mittelbar** άμεσος ['amesos]; **~modern** απαρχαιωμένος [aparçeo'menos]; **~nachgiebig** ανένδοτος [a'nenðotos]; **~natürlich** αφύσικος [a'fisikos]; **~nötig** περιττός [peri'tos]; **~nütz** ανώφελος [a'nofelos]
**unord|entlich** (*Mensch*) ακατάστατος [aka'tastatos]; (*Sachen*) ατακτοποίητος [atakto'piitos]; **≗nung** *f* ακαταστασία [akatasta'sia]
**unparteiisch** αμερόληπτος [ame'roliptos]
**un|passend** ακατάλληλος [aka'talilos]; **~päßlich** αδιάθετος [a'ðjaθetos]; **~pünktlich** ανακριβής [anakri'vis] 2
**Unrat** *m* σκουπίδια [sku'piðja] *n*/*pl.*
**Unrecht** *n* άδικο ['aðiko]; **≗mäßig** παράνομος [pa'ranomos]
**un|regelmäßig** ανώμαλος [a'nomalos]; **~reif** άγουρος ['aɣuros]; **~rein** ακάθαρτος [a'kaθartos]
**Unruh|e** *f* ανησυχία [anisi'çia]; **≗ig** ανήσυχος [a'nisixos]
**uns** μας [mas], εμάς [e'mas]
**un|sauber** ακάθαρτος [a'kaθartos]; **~schädlich** αβλαβής [avla'vis] 2; **~schätzbar** ανεκτίμητος [ane'ktimitos]; **~scheinbar** ασήμαντος [a'simandos]

**Unschuld** 404

**Unschuld** *f* αθωότητα [aθo'otita]; **⁀ig** αθώος [a'θoos], αγνός [a'γnos]
**unser** ο ... μας [o ... mas]
**un|sicher** αβέβαιος [a'veveos]; **~sichtbar** αόρατος [a'oratos]
**Unsinn** *m* ανοησία [anoi'sia], κολοκύθια [kolo'kiθja] *n/pl.*; **⁀ig** παράλογος [pa'raloγos]
**Unsitt|e** *f* κακή συνήθεια [ka'ki si'niθja]; **⁀lich** ανήθικος [a'niθikos]
**unsterblich** αθάνατος [a'θanatos]; **⁀keit** *f* αθανασία [aθana'sia]
**un|stillbar** αχόρταγος [a'xortaγos]; **~sympathisch** αντιπαθητικός [andipaθiti'kos]; **~tätig** αδρανής [aδra'nis] 2; **~tauglich** ακατάλληλος [aka'talilos]; *Mil.* ανίκανος [a'nikanos]; **~teilbar** αδιαίρετος [aδi'eretos]
**unten** κάτω ['kato]
**unter** (*D*) κάτω από ['kato a'po], υπό [i'po] *A*; (*zwischen*) ανάμεσα σε [a'namesa se], μεταξύ [meta'ksi] *G*; **~belichtet** υποφωτισμένος [ipofoti'zmenos]; **⁀bewußtsein** *n* υποσυνείδητο [iposi'niδito]; **~brechen** διακόπτω [δia'kopto]; **⁀brechung** *f* διακοπή [δiako'pi]; **~breiten** υποβάλλω [ipo'valo]; **~bringen** τοποθετώ [topoθe'to]; **~dessen** εν τω μεταξύ [en do meta'ksi]; **~drücken** καταπιέζω [katapi'ezo]; **⁀drückung** *f* καταπίεση (-εις) [kata'piesi]; **~einander** αμοιβαία [ami'vea]; **⁀führung** *f* τούνελ ['tunel] *n*
**Unter|gang** *m* πτώση (-εις) ['ptosi], καταστροφή [katastro'fi]; (*Schiff*) ναυάγιο [na'vajio]; (*Sonne*) ηλιοβασίλεμμα [iljova'silema] *n*; **⁀gehen** χάνομαι ['xanome], καταστρέφομαι [kata'strefome]; (*Schiff*) βουλιάζω [vu'ljazo]; (*Sonne*) βασιλεύω [vasi'levo]
**unter|geordnet** κατώτερος [ka'toteros]; **⁀grundbahn** *f* υπόγειος σιδηρόδρομος [i'pojios siδi'roδromos]; **~halb** (*G*) κάτω από ['kato a'po] *A*, υπό [i'po] *A*
**Unterhalt** *m* διατροφή [δiatro'fi]; **⁀en** διατηρώ [δiati'ro]; διασκεδάζω [δiaskje'δazo]; ***sich* ⁀en** κουβεντιάζω [kuven'djazo], συνομιλώ [sinomi'lo]; **⁀end** διασκεδαστικός [δiaskjeδasti'kos]; **~ung** *f* συνομιλία [sinomi'lia], διασκέδαση (-εις) [δia'skjeδasi]
**unter|handeln** διαπραγματεύομαι [δiapraγma'tevome]; **⁀händler** *m* μεσίτης [me'sitis]; **⁀hemd** *n* φανέλα [fa'nela]; **⁀hose** *f* σώβρακο ['sovrako]; **~irdisch** υπόγειος [i'pojios]; **~jochen** υποδουλώνω [ipoδu'lono]; **⁀kiefer** *m* κάτω σιαγόνα

405 **unverkäuflich**

['kato sia'γona]; **&kunft** *f* κατάλυμα [ka'talima] *n*; **~lassen** παραλείπω [para'lipo]; **~liegen** ηττώμαι [i'tome], υποκύπτω [ipo'kipto]; **&lippe** *f* κάτω χείλος ['kato 'çilos] *n*; **&mieter** *m* υπομισθωτής [ipomisθo'tis]

**unternehm|en** επιχειρώ [epiçi'ro]; **&en** *n* επιχείρηση (-εις) [epi'çirisi]; **&er** *m* επιχειρηματίας [epiçirima'tias]; **~ungslustig** δραστήριος [ðra'stirios]

**unter|ordnen** υποτάσσω [ipo'taso]; **&redung** *f* συνομιλία [sinomi'lia]; **&richt** *m* διδασκαλία [ðiðaska'lia], μάθημα ['maθima] *n*; **~richten** διδάσκω [ði'ðasko]; πληροφορώ [plirofo'ro] (***von***/ για [ja]); **&rock** *m* μεσοφόρι [meso'fori]; **~schätzen** υποτιμώ (-άς) [ipoti'mo]; **~scheiden** διακρίνω [ðia'krino]; **&scheidung** *f* διάκριση (-εις) [ði'akrisi]; **&schied** *m* διαφορά [ðiafo'ra]; **~schlagen** υπεξαιρώ [ipekse'ro]; **&schlagung** *f* υπεξαίρεση (-εις) [ipe'kseresi]; **&schlupf** *m* καταφύγιο [kata'fijio]; **~schreiben** υπογράφω [ipo'γrafo]; **&schrift** *f* υπογραφή [ipoγra'fi]; **&seeboot** *n* υποβρύχιο [ipo'vriçio]; **~st** κατώτατος [ka'totatos]; **~streichen** υπογραμμίζω [ipoγra'mizo]; **~stützen** υποστηρίζω [iposti'rizo]; **&stützung** *f* υποστήριξη (-εις) [ipo'stiriksi]

**untersuch|en** εξετάζω [ekse'tazo]; (*Gepäck*) ερευνώ (-άς) [ere'vno]; **&ung** *f* εξέταση [e'ksetasi], έρευνα ['erevna]

**Unter|tan** *m* υπήκοος [i'pikoos]; **~tasse** *f* πιατάκι (φλιτζανιού) [pja'taki (flidza'nju)]; **&tauchen** βουτώ (-άς) [vu'to], βυθίζω [vi'θizo]; **&wegs** στο δρόμο [sto 'ðromo]; **&werfen** υποτάσσω [ipo'taso]; **&würfig** δουλοπρεπής [ðulopre'pis] 2; **&ziehen:** ***sich &ziehen*** (*D*) υποβάλλομαι σε [ipo'valome se]

**un|trennbar** αχώριστος [a'xoristos]; **~treu** άπιστος ['apistos]; **~tröstlich** απαρηγόρητος [apari'γoritos]

**unüber|legt** απερίσκεπτος [ape'riskjeptos]; **~trefflich** ανυπέρβλητος [ani'pervlitos]

**ununterbrochen** αδιάκοπος [a'ðjakopos]

**unver|änderlich** αμετάβλητος [ame'tavlitos]; **~antwortlich** ανεύθυνος [a'nefθinos]; **~besserlich** αδιόρθωτος [aði'orθotos]; **~daulich** αχώνευτος [a'xoneftos]; **~einbar** ασυμβίβαστος [asim'vivastos]; **~geßlich** αξέχαστος [a'ksexastos]; **~gleichlich** ασύγκριτος [a'siŋgritos]; **~heiratet** άγαμος ['aγamos]; **~käuflich**

**unverletzt** 406

ανεκποίητος [anek'piitos]; **~letzt** ατραυμάτιστος [atrav'matistos]; **~meidlich** αναπόφευκτος [ana'pofefktos]; **~nünftig** ασύνετος [a'sinetos]; **~schämt** αδιάντροπος [a'ðjandropos], αυθάδης [a'fθaðis] 2; **2schämtheit** *f* αδιαντροπιά [aðjandro'pja], αυθάδεια [a'fθaðia]; **~sehrt** σώος ['soos]; **~ständlich** ακατάληπτος [aka'taliptos]; **~wundbar** άτρωτος ['atrotos]; **~zeihlich** ασυγχώρητος [asiŋ'xoritos]

**unvollendet** ατελείωτος [ate'liotos]

**unvollkommen** λειψός [li'psos], ατελής [ate'lis] 2; **2heit** *f* ατέλεια [a'telia]

**unvollständig** ασυμπλήρωτος [asim'bliroτos]

**unvorbereitet** απροετοίμαστος [aproe'timastos]

**unvorsichtig** απρόσεκτος [a'prosektos]; **2keit** *f* απροσεξία [aprose'ksia]

**unvorstellbar** αδιανόητος [aðia'noitos]

**unwahr** αναληθής [anali'θis] 2; **2heit** *f* αναλήθεια [ana'liθia]; **~scheinlich** απίθανος [a'piθanos]

**unwegsam** δύσβατος ['ðizvatos]

**Unwetter** *n* κακοκαιρία [kakokje'ria], μπόρα ['bora]

**Unwill|e** *m* αγανάκτηση [aγa'naktisi]; **2kürlich** αθέλητος [a'θelitos]

**unwirksam** ατελέσφορος [ate'lesforos]

**unwissen|d** ανήξερος [a'nikseros], αμαθής [ama'θis] 2; **2heit** *f* αμάθεια [a'maθia]

**unwürdig** ανάξιος [a'naksios]

**unzählig** αναρίθμητος [ana'riθmitos]

**unzer|brechlich** άθραυστος ['aθrafstos]; **~reißbar** άρρηκτος ['ariktos]; **~trennlich** αχώριστος [a'xoristos]

**unzufrieden** δυσαρεστημένος [ðisaresti'menos]; **2heit** *f* δυσαρέσκεια [ðisa'reskia]

**un|zulässig** απαράδεκτος [apa'raðektos]; **~zusammenhängend** ασυνάρτητος [asi'nartitos]; **~zutreffend** ανακριβής [anakri'vis] 2; **~zuverlässig** αναξιόπιστος [ana'ksjopistos]; **~zweckmäßig** άσκοπος ['askopos]

**Urin** *m* ούρο ['uro]

**Ur|kunde** *f* έγγραφο ['eŋγrafo]; **~laub** *m* άδεια ['aðia], διακοπές [ðiako'pes] *f/pl.*, **~sache** *f* αιτία [e'tia]; ***keine ~sache!*** τίποτε ['tipote]; **~sprung** *m* αρχή [ar'çi], πηγή [pi'ji]; **2sprünglich** αρχικός [arçi'kos], πρωτότυπος [pro'totipos]; **~teil** *n* κρίση (-εις) ['krisi], γνώμη ['γnomi]; *jur.* απόφαση (-εις) [a'pofasi]; **2teilen** κρίνω ['krino]; **~wald** *m* παρθένο δάσος [par'θeno 'ðasos] *n*

# V

**Valuta** *f* χρηματική αξία [xrimati'ki a'ksia]
**Vanille** *f* βανίλια [va'nilja]
**Vase** *f* βάζο ['vazo], αγγείο [aŋ'gio]
**Vater** *m* πατέρας [pa'teras]; **~land** *n* πατρίδα [pa'triða]
**väterlich** πατρικός [patri'kos]
**Vaterunser** *n* Πάτερ ημών ['pater i'mon]
**vegetarisch** χορτοφάγος [xorto'faγos]
**Vene** *f* φλέβα ['fleva]
**Ventil** *n* βαλβίδα [val'viða]
**Ventilator** *m* ανεμιστήρας [anemi'stiras]
**verabred|en:** ***sich ~en*** κλείνω ραντεβού ['klino rande'vu], συνεννοούμαι [sineno'ume]; **≗ung** *f* ραντεβού [rande'vu] *n*, συνάντηση (-εις) [si'nandisi]
**verabscheuen** απεχθάνομαι [apex'θanome]
**verabschieden:** ***sich ~ von*** (*D*) αποχαιρετώ (-άς) [apoçere'to] *A*
**veracht|en** περιφρονώ [perifro'no]; **≗ung** *f* περιφρόνηση [peri'fronisi]
**verallgemeinern** γενικεύω [jeni'kjevo]
**veraltet** απαρχαιωμένος [aparçeo'menos]
**veränder|lich** μεταβλητός [metavli'tos]; **~n** αλλάζω [a'lazo], μεταβάλλω [meta'valo]; **≗ung** *f* μεταβολή [metavo'li]
**Veran|lagung** *f* φυσική προδιάθεση [fisi'ki proði'aθesi]; **≗lassen** παρακινώ [paraki'no]; **~lassung** *f* αφορμή [afor'mi]; **≗schlagen** υπολογίζω [ipolo'jizo]; **≗stalten** διοργανώνω [ðiorγa'nono]; **~staltung** *f* εκδήλωση (-εις) [eg'ðilosi]
**verantwort|en** ευθύνομαι [e'fθinome]; ***sich ~en*** δικαιολογούμαι [ðikjeolo'γume]; **~lich** υπεύθυνος [i'pefθinos] (***für*** *A*/ για [ja] *od.* *G*); **≗ung** *f* ευθύνη [e'fθini]
**verarm|en** φτωχαίνω [fto'çeno]; **≗ung** *f* πτώχευση ['ptoçefsi]
**Verband** *m* σύνδεσμος ['sinðezmos]; *Med.* επίδεσμος [e'piðezmos]; **~kasten** *m* φορητό φαρμακείο [fori'to farma'kio]; **~stoff** *m* γάζα (φαρμακευτική) ['γaza (farmakjefti'ki)]; **~zeug** *n* υλικό πρώτων βοηθειών [ili'ko 'proton voiθi'on]
**verbann|en** εξορίζω [ekso'rizo]; **≗te(r)** *m* εξόριστος [e'ksoristos]; **≗ung** *f* εξορία [ekso'ria]
**verbergen** κρύβω ['krivo]
**verbesser|n** βελτιώνω [vel-

**Verbesserung** 408

ti'ono], καλυτερεύω [kalite'revo]; **&ung** *f* βελτίωση (-εις) [vel'tiosi]

**verbeugen: *sich ~*** υποκλίνομαι [ipo'klinome]

**ver|biegen** στραβώνω [stra'vono], κυρτώνω [kir'tono]; **~bieten** απαγορεύω [apaγo'revo]

**verbind|en** συνδέω [sin'δeo]; επιδένω [epi'δeno]; **~lich** υποχρεωτικός [ipoxreoti'kos]; ευγενικός [evjeni'kos]; **&ung** *f* (*Beziehung*) σχέση (-εις) ['sçesi]; *Esb.* συγκοινωνία [siŋgino'nia]; *Tel.* σύνδεση (-εις) ['sinδesi]

**ver|blüffen** καταπλήσσω [kata'pliso]; **~blühen** μαραίνομαι [ma'renome]; **~bluten** αιμορραγώ [emora'γo]

**Verbot** *n* απαγόρευση (-εις) [apa'γorefsi]

**Verbrauch** *m* κατανάλωση (-εις) [kata'nalosi]; **&en** καταναλώνω [katana'lono]; **~er** *m* καταναλωτής [katanalo'tis]

**Verbrech|en** *n* έγκλημα ['eŋglima] *n*; **~er** *m* εγκληματίας [eŋglima'tias]; **&erisch** εγκληματικός [eŋglimati'kos]

**verbreit|en** διαδίδω [δia'δiδo]; **~ern** διευρύνω [δie'vrino]; **&ung** *f* διάδοση (-εις) [δi'aδosi]; έκταση (-εις) ['ektasi]

**verbrenn|en** καίω ['kjeo]; **&ung** *f* κάψιμο ['kapsimo]

**ver|bringen** περνώ (-άς) [per'no]; **~brühen** ζεματίζω [zema'tizo]; **~bünden: *sich ~bünden*** συμμαχώ [sima'xo]; **&dacht** *m* υποψία [ipo'psia]; **~dächtig** (*G*) ύποπτος ['ipoptos] *G*; **~dammen** καταριέμαι [kata'rjeme], αναθεματίζω [anaθema'tizo]; **~dammt** καταραμένος [katara'menos]

**verdampf|en** εξατμίζομαι [eksat'mizome]; **&ung** *f* εξάτμιση (-εις) [e'ksatmisi]

**verdanken** οφείλω [o'filo]

**verdau|en** χωνεύω [xo'nevo]; **&ung** *f* χώνεψη ['xonepsi]

**Verdeck** *n* (*Wagen*) στέγη ['steji]; (*Schiff*) κατάστρωμα [ka'tastroma] *n*; **&en** σκεπάζω [skje'pazo]

**Verderb** *m* φθορά [fθo'ra]; **&en** χαλ(ν)ώ (-άς) [xal'(n)o], σαπίζω [sa'pizo]; φθείρω ['fθiro]; **&lich** καταστρεπτικός [katastrepti'kos]

**verdien|en** κερδίζω [kjer'δizo]; αξίζω [a'ksizo]; **&st 1.** *m* κέρδος ['kjerδos] *n*; **2.** *n* αξία [a'ksia]

**verdoppeln** διπλασιάζω [δiplasi'azo]

**verdorben** χαλασμένος [xala'zmenos]; διεφθαρμένος [δiefθar'menos]; σάπιος ['sapjos]

**verdrängen** παραμερίζω [parame'rizo], παραγκωνίζω [paraŋgo'nizo]

**verdrehen** στραβώνω [stra-

'vono], διαστρεβλώνω [ðia-stre'vlono]; (*Augen*) στραβογυρίζω [stravoji'rizo]
**Verdruß** *m* μπελάς [be'las], σκασίλα [ska'sila]
**verdunkel|n** συσκοτίζω [si-sko'tizo]; **&ung** *f* συσκοτισμός [siskoti'zmos]
**ver|dünnen** νερώνω [ne-'rono], αραιώνω [are'ono]; **~dunsten** εξατμίζω [eksa-'tmizo]; **~dursten** πεθαίνω από τη δίψα [pe'θeno a'po ti 'ðipsa]; **~edeln** εξευγενίζω [eksevje'nizo]
**verehr|en** λατρεύω [la-'trevo]; σέβομαι ['sevome]; **&er** *m* θαυμαστής [θavma-'stis]; **&ung** *f* λατρεία [la'tria]; σεβασμός [seva-'zmos]
**Verein** *m* σύλλογος ['siloyos]; **&baren** συμφωνώ [simfo'no]; **~barung** *f* συμφωνία [simfo'nia]; **&fachen** απλοποιώ [aplopi'o]; **&heitlichen** ενοποιώ [enopi'o]; **&igen** ενώνω [e'nono]; **~igung** *f* ένωση (-εις) ['enosi]
**vereiteln** ματαιώνω [mate'o-no]
**vereng|en** στενεύω [ste-'nevo]; **&ung** *f* στένωση (-εις) ['stenosi], στένεμα ['stenema] *n*
**vererb|en** κληροδοτώ [kliro-ðo'to]; **&ung** *f* κληρονομικότητα [klironomi'kotita]
**Verfahren** *n jur.* διαδικασία [ðiaðika'sia]
**Verfall** *m* κατάπτωση [ka-'taptosi], παρακμή [parak-'mi]; (*Termin*) λήξη (-εις) ['liksi]; **&en** καταρρέω [ka-ta'reo]; λήγω ['liyo]
**verfass|en** συντάσσω [sin-'daso]; **&er** *m* συγγραφέας [siŋgra'feas]; **&ung** *f* κατάσταση (-εις) [ka'tastasi]; *Pol.* σύνταγμα ['sindayma] *n*; **~ungswidrig** αντισυνταγματικός [andisindaymati'kos]
**verfaulen** σαπίζω [sa'pizo]
**verfehlen** αποτυχαίνω [apoti'çeno], αστοχώ [asto'xo]; (*Weg*) χάνω ['xano]
**verfluchen** καταριέμαι [ka-ta'rjeme]
**verfolg|en** καταδιώκω [kata-ði'oko]; *fig.* επιδιώκω [epi-ði'oko]; **&er** *m* διώκτης [ði'oktis]; **&ung** *f* καταδίωξη (-εις) [kata'ðioksi]
**verfüg|bar** διαθέσιμος [ðia-'θesimos]; **~en** διαθέτω [ðia-'θeto]; **&ung** *f* διάθεση (-εις) [ði'aθesi]
**verführ|en** αποπλανώ [apo-pla'no]; **&er** *m* διαφθορέας [ðiafθo'reas]; **~erisch** γοητευτικός [yoitefti'kos]; **&ung** *f* αποπλάνηση (-εις) [apo-'planisi]
**vergangen** περασμένος [pe-ra'zmenos], παρελθών [pa-rel'θon]; **&heit** *f* παρελθόν [parel'θon]
**vergänglich** περαστικός [pe-rasti'kos]

**Vergaser** *m* καρμπυρατέρ [karbira'ter] *n*
**vergeb|ens** του κάκου [tu 'kaku], μάταια ['matea]; **~lich** μάταιος ['mateos]
**vergehen** (*Zeit*) περνώ (-άς) [per'no]; **≈** *n* αμάρτημα [a'martima] *n*; *jur.* πλημμέλημα [pli'melima] *n*
**vergelt|en** ανταποδίδω [andapo'ðiðo]; **≈ung** *f* ανταπόδοση (-εις) [anda'poðosi], εκδίκηση (-εις) [eg'ðikisi]
**verge|ssen** ξεχνώ (-άς) [kse'xno], λησμονώ [lizmo'no]; **≈ssenheit** *f* λήθη ['liθi]; **~ßlich** ξεχασιάρης [ksexa'sjaris]; **≈ßlichkeit** *f* ξεχασιά [ksexa'sja]
**vergewaltig|en** βιάζω [vi'azo]; **≈ung** *f* βιασμός [via'zmos]
**vergewissern:** *sich* **~** βεβαιώνομαι [veve'onome]
**vergießen** χύνω ['çino]
**vergift|en** φαρμακώνω [farma'kono], δηλητηριάζω [ðilitiri'azo]; **≈ung** *f* φαρμάκωμα [far'makoma] *n*, δηλητηρίαση (-εις) [ðiliti'riasi]
**Vergleich** *m* σύγκριση (-εις) ['siŋgrisi], συμβιβασμός [simviva'zmos]; **≈bar** συγκρίσιμος [siŋ'grisimos]; **≈en** συγκρίνω [siŋ'grino]
**Vergnüg|en** *n* διασκέδαση (-εις) [ðia'skjeðasi]; **≈en:** *sich* **≈en** διασκεδάζω [ðiaskje'ðazo]; **≈t** χαρούμενος [xa'rumenos], εύθυμος ['efθimos]
**vergolden** επιχρυσώνω [epixri'sono]
**vergraben** καταχώνω [kata'xono]
**vergreifen:** *sich* **~** βάζω χέρι ['vazo 'çeri] (*an D*/ σε [se])
**vergrößer|n** μεγεθύνω [meje'θino]; **≈ung** *f* μεγέθυνση (-εις) [me'jeθinsi]; **≈ungsglas** *n* μεγεθυντικός φακός [mejeθindi'kos fa'kos]
**Vergünstigung** *f* προνόμιο [pro'nomjo]
**vergüt|en** αποζημιώνω [apozimi'ono]; ανταμοίβω [anda'mivo]; **≈ung** *f* αποζημίωση (-εις) [apozi'miosi]; ανταμοιβή [andami'vi]
**verhaft|en** συλλαμβάνω [silam'vano]; **≈ung** *f* σύλληψη (-εις) ['silipsi]
**verhalt|en:** *sich* **~en** συμπεριφέρομαι [simberi'ferome]; **≈en** *n* συμπεριφορά [simberifo'ra]
**Verhältnis** *n* σχέση (-εις) ['sçesi]; (*Größen≈*) αναλογία [analo'jia]; **≈mäßig** σχετικός [sçeti'kos]
**verhand|eln** διαπραγματεύομαι [ðiapraγma'tevome]; **≈lung** *f* διαπραγμάτευση (-εις) [ðiapraγ'matefsi]
**Verhängnis** *n* μοίρα ['mira]; πεπρωμένο [pepro'meno]; **≈voll** μοιραίος [mi'reos]; ολέθριος [o'leθrios]

**ver|haßt** μισητός [misi'tos]; **~heerend** καταστρεπτικός [katastrepti'kos]; **~hehlen, ~heimlichen** κρύβω ['krivo], αποκρύπτω [apo'kripto]
**verheirat|en** παντρεύω [pan'drevo]; **2ung** *f* παντρειά [pandri'a]
**verherrlichen** δοξάζω [δo'ksazo]
**verhinder|n** εμποδίζω [embo'δizo]; **2ung** *f* παρακώλυση (-εις) [para'kolisi]
**verhöhnen** κοροϊδεύω [koroi'δevo], περιπαίζω [peri'pezo]
**Verhör** *n* ανάκριση (-εις) [a'nakrisi]; **2en** ανακρίνω [ana'krino]; ***sich* 2en** παρακούω [para'kuo]
**verhüllen** σκεπάζω [skje'pazo], καλύπτω [ka'lipto]
**verhungern** πεθαίνω από την πείνα [pe'θeno apo tim'bina]
**verhüt|en** αποτρέπω [apo'trepo], προλαβαίνω [prola'veno]; **2ungsmittel** *n* προφυλακτικό [profilakti'ko]
**verirren:** ***sich* ~** χάνω το δρόμο ['xano to 'δromo], περιπλανιέμαι [peripla'njeme]
**ver|jagen** διώχνω ['δjoxno]; **~jähren** παραγράφω [para'γrafo]; **~jüngen** ξανανιώνω [ksana'njono]
**verkannt** παραγνωρισμένος [paraγnori'zmenos]
**Verkauf** *m* πούλημα ['pulima] *n*, πώληση (-εις) ['polisi]; **2en** πουλώ (-άς) [pu'lo]
**Verkäuf|er** *m* πωλητής [poli'tis]; **~erin** *f* πωλήτρια [po'litria]; **2lich** για πούλημα [ja 'pulima]
**Verkehr** *m* συγκοινωνία [siŋgino'nia], επικοινωνία [epikino'nia]; **2en** συναναστρέφομαι [sinana'strefome], κυκλοφορώ [kiklofo'ro]
**Verkehrs|-** κυκλοφοριακός [kikloforia'kos]; **~ampel** *f* φανάρι [fa'nari]; **~büro** *n* τουριστικό γραφείο [turisti'ko γra'fio]; **~mittel** *n* συγκοινωνιακό μέσο [siŋginonia'ko 'meso]; **~polizei** *f* τροχαία [tro'çea]; **~unfall** *m* τροχαίο ατύχημα [tro'çeo a'tiçima] *n*; **~zeichen** *n* σήμα *n* κυκλοφορίας (*od.* τροχαίας) ['sima kiklofo'rias (tro'çeas)]
**ver|kehrt** ανάποδος [a'napoδos], αντίστροφος [an'distrofos]; **~kennen** παραγνωρίζω [paraγno'rizo]; **~klagen** ενάγω [e'naγo]
**verkleid|en** μασκαρεύω [maska'revo]; **2ung** *f* μεταμφίεση (-εις) [metam'fiesi]
**verkleiner|n** μικραίνω [mi'kreno]; **2ung** *f* σμίκρυνση (-εις) ['zmikrinsi]
**ver|knüpfen** συνδέω [sin'δeo]; **~körpern** προσωποποιώ [prosopopi'o]; **~krüppelt** σακάτης [sa'katis];

**~kümmern** μαραίνομαι [ma'renome]
**verkünd(ig)|en** διακηρύσσω [δiaki'riso]; **&ung** *f* διακήρυξη (-εις) [δia'kiriksi]
**verkürzen** κονταίνω [kon'deno]
**verlad|en** φορτώνω [for'tono]; **&ung** *f* φόρτωμα ['fortoma] *n*
**Verlag** *m* εκδοτικός οίκος [egδoti'kos 'ikos]
**verlangen** ζητώ (-άς) [zi'to], απαιτώ [ape'to]; **&** *n* επιθυμία [epiθi'mia]
**verlänger|n** μακραίνω [ma'kreno]; παρατείνω [para'tino]; **&ung** *f* προέκταση (-εις) [pro'ektasi], παράταση (-εις) [pa'ratasi]
**verlangsamen** βραδύνω [vra'δino]
**verlassen** αφήνω [a'fino], εγκαταλείπω [eŋgata'lipo]; ***sich ~ auf*** (*A*) στηρίζομαι [sti'rizome], βασίζομαι σε [va'sizome se]
**Verlauf** *m* πορεία [po'ria], εξέλιξη (-εις) [e'kseliksi]; **&en** περνώ (-άς) [per'no]; λήγω ['liγo]; ***sich &en*** χάνω το δρόμο ['xano to 'δromo]
**verleben** περνώ (-άς) [per'no]
**verleg|en** μεταθέτω [meta'θeto]; (*Buch*) εκδίδω [eg'δiδo]; *Adj.* αμήχανος [a'mixanos]; **&enheit** *f* αμηχανία [amixa'nia]; **&er** *m* εκδότης [eg'δotis]
**verleihen** δανείζω [δa'nizo]; απονέμω [apo'nemo]
**verleiten** παρασύρω [para'siro]
**verlernen** ξεχνώ (-άς) [kse'xno]
**verletz|en** πληγώνω [pli'γono], τραυματίζω [travma'tizo]; *fig.* προσβάλλω [pro'zvalo]; (*Gesetz*) παραβαίνω [para'veno]; **&ung** *f* τραυματισμός [travmati'zmos], παράβαση (-εις) [pa'ravasi]
**verleumd|en** συκοφαντώ [sikofan'do] (***bei*** *D*/ σε [se]); **&ung** *f* συκοφαντία [sikofan'dia]
**verlieb|en: *sich ~en*** ερωτεύομαι [ero'tevome]; **~t** ερωτευμένος [erotev'menos]
**verlier|en** χάνω ['xano]; **&er** *m* χαμένος [xa'menos]
**verlob|en** αρραβωνιάζω [aravo'njazo]; **&te** *f* αρραβωνιαστικιά [aravonjasti'kja]; **&te(r)** *m* αρραβωνιαστικός [aravonjasti'kos]; **&ung** *f* αρραβώνες [ara'vones] *m/pl.*
**ver|locken** δελεάζω [δele'azo]; **~logen** ψεύτης ['pseftis]; **~lorengehen** χάνομαι ['xanome]; **~löschen** σβήνω ['zvino]; **~losen** κληρώνω [kli'rono]; **&lust** *m* απώλεια [a'polia]; **~machen** κληροδοτώ [kliroδo'to]; **&mächtnis** *n* κληροδότημα [kliro'δotima] *n*
**vermähl|en** παντρεύω [pan-

'ðrevo]; ≈**ung** *f* γάμοι ['γami] *m/pl.*
**vermehr|en** αυξάνω [af'ksano]; ≈**ung** *f* αύξηση (-εις) ['afksisi]
**ver|meiden** αποφεύγω [apo'fevγo]; ~**mengen** ανακατώνω [anaka'tono]
**Vermerk** *m* σημείωση (-εις) [si'miosi]
**vermiet|en** (ε)νοικιάζω [(e)ni'kjazo]; *zu* ~*en!* ενοικιάζεται [eni'kjazete]; ≈**er** *m* ενοικιαστής [enikja'stis]; ≈**ung** *f* ενοικίαση [eni'kiasi]
**verminder|n** μειώνω [mi'ono]; ≈**ung** *f* μείωση (-εις) ['miosi]
**ver|mischen** αναμιγνύω [anami'γnio]; ~**missen** δεν βρίσκω [ðem'vrisko], μου λείπει [mu 'lipi]
**vermitt|eln** μεσιτεύω [mesi'tevo], μεσολαβώ [mesola'vo]; ≈**ler** *m* μεσίτης [me'sitis]; ≈**lung** *f* μεσολάβηση (-εις) [meso'lavisi]
**vermögen** δύναμαι ['ðiname]; ≈ *n* περιουσία [periu'sia]
**vermut|en** υποθέτω [ipo'θeto]; ~**lich** πιθανόν [piθa'non]; ≈**ung** *f* υπόθεση (-εις) [i'poθesi], εικασία [ika'sia]
**vernachlässigen** παραμελώ [parame'lo]
**vernehm|en** ακούω [a'kuo], μαθαίνω [ma'θeno]; *jur.* ανακρίνω [ana'krino]; ≈**ung** *f* ανάκριση [a'nakrisi]
**verneigen:** *sich* ~ υποκλίνομαι [ipo'klinome]
**verneìn|en** αρνιέμαι [ar'njeme]; ≈**ung** *f* άρνηση (-εις) ['arnisi]
**vernicht|en** καταστρέφω [kata'strefo], εξολοθρεύω [eksolo'θrevo]; ≈**ung** *f* καταστροφή [katastro'fi], εξόντωση (-εις) [e'ksondosi]
**Ver|nunft** *f* λογικό [loji'ko], νόηση ['noisi], νους [nus]; ≈**nünftig** λογικός [loji'kos], γνωστικός [γnosti'kos]
**veröffentlich|en** δημοσιεύω [ðimosi'evo]; ≈**ung** *f* δημοσίευση (-εις) [ðimo'siefsi]
**verordn|en** διατάζω [ðia'tazo]; ≈**ung** *f* διάταγμα [ði'ataγma] *n*
**verpachten** μισθώνω [mi'sθono]
**verpack|en** αμπαλάρω [amba'laro], συσκευάζω [siskje'vazo]; ≈**ung** *f* αμπαλάρισμα [amba'larizma] *n*, συσκευασία [siskjeva'sia]
**verpassen** (*Zug*) χάνω ['xano]
**verpfänden** δίνω ενέχυρο ['ðino e'neçiro]
**verpflanzen** μεταφυτεύω [metafi'tevo]
**verpfleg|en** τρέφω ['trefo]; ≈**ung** *f* τροφή [tro'fi]; συντήρηση (-εις) [sin'dirisi]
**verpflicht|en** υποχρεώνω [ipoxre'ono]; ≈**ung** *f* υποχρέωση (-εις) [ipo'xreosi]
**Verrat** *m* προδοσία [proðo-

'sia]; **≗en** προδίδω [pro'ðiðo], προδίνω [pro'ðino]
**Verräter** *m* προδότης [pro'ðotis]
**verrechnen** συμψηφίζω [simbzi'fizo] (***mit*** *D*/ σε [se])
**verreisen** ταξιδεύω [taksi'ðevo]
**verrenk|en** στραμπουλίζω [strambu'lizo]; **≗ung** *f* στραμπούλισμα [stram'bulizma] *n*
**verricht|en** εκτελώ [ekte'lo]; **≗ung** *f* εκτέλεση (-εις) [e'ktelesi], ασχολία [asxo'lia]
**verriegeln** μανταλώνω [manda'lono]
**verringer|n** ελαττώνω [ela'tono], μειώνω [mi'ono]; **≗ung** *f* ελάττωση (-εις) [e'latosi], μείωση (-εις) ['miosi]
**verrosten** σκουριάζω [sku'rjazo]
**verrückt** τρελός [tre'los]; **≗heit** *f* τρέλα ['trela]
**Vers** *m* στίχος ['stixos]
**versamm|eln** μαζεύω [ma'zevo], συναθροίζω [sina'θrizo]; **≗lung** *f* συνάθροιση (-εις) [si'naθrisi], συνέλευση (-εις) [si'nelefsi], συγκέντρωση (-εις) [siŋ'gjendrosi]
**Versand** *m* αποστολή [aposto'li]
**versäum|en** (*Zug*) χάνω ['xano]; (*Schule*) λείπω από ['lipo a'po]; **≗nis** *n* παράλειψη (-εις) [pa'ralipsi]
**ver|schaffen** προμηθεύω [promi'θevo]; **~schärfen** επιδεινώνω [epiði'nono]; **~schenken** χαρίζω [xa'rizo]; **~schicken** αποστέλλω [apo'stelo]
**verschieben** (*örtlich*) μετακινώ [metaki'no]; (*zeitlich*) αναβάλλω [ana'valo]
**verschieden** διαφορετικός [ðiaforeti'kos]; **≗heit** *f* διαφορά [ðiafo'ra]
**verschimmeln** μουχλιάζω [mu'xljazo]
**verschlafen** δεν ξυπνώ έγκαιρως [ðeŋgzi'pno 'eŋgjeros]
**verschlechter|n** χειροτερεύω [çirote'revo]; **≗ung** *f* χειροτέρευση (-εις) [çiro'terefsi]
**verschleiern** σκεπάζω (με βέλο) [skje'pazo (me 'velo)]; *fig.* καμουφλάρω [kamu'flaro]
**verschlepp|en** (*Zeit*) επιβραδύνω [epivra'ðino]; (*Person*) απάγω [a'paγo]; **≗ung** *f* επιβράδυνση (-εις) [epi'vraðinsi]; απαγωγή [apaγo'ji]
**ver|schließen** κλειδώνω [kli'ðono]; **~schlingen** χάφτω ['xafto]; **~schlucken** καταπίνω [kata'pino]
**Verschluß** *m* κλειδαριά [kliða'rja]
**verschmähen** αψηφώ [apsi'fo]
**verschmelz|en** συγχωνεύω [siŋxo'nevo]; **≗ung** *f* συγχώνευση (-εις) [siŋ'xonefsi]

**verschnupft** συναχωμένος [sinaxo'menos]
**ver|schnüren** δένω (με σπάγκο) ['ðeno (me 'spaŋgo)]; **~schonen** φείδομαι ['fiðome]; **~schönern** εξωραΐζω [eksora'izo]
**verschreiben** (*Arznei*) γράφω ['γrafo]; ***sich* ~** παραδίδομαι σε [para'ðiðome se]
**verschulden** (*A*) φταίω (για) ['fteo (ja)]; **2** *n* φταίξιμο ['fteksimo]
**verschütten** χύνω ['çino]; καταχώνω [kata'xono]
**verschweigen** αποσιωπώ (-άς) [aposjo'po]
**verschwend|en** σπαταλώ (-άς) [spata'lo]; **2er** *m*, **~erisch** σπάταλος ['spatalos]; **2ung** *f* σπατάλη [spa'tali]
**verschwiegen** εχέμυθος [e'çemiθos]
**verschwinden** χάνομαι ['xanome], εξαφανίζομαι [eksafa'nizome]
**verschwommen** αμυδρός [ami'ðros]
**verschwör|en: *sich* ~en** συνωμοτώ [sinomo'to]; **2er** *m* συνωμότης [sino'motis]; **2ung** *f* συνωμοσία [sinomo'sia]
**versehen** (*Amt*) εξασκώ [eksa'sko]; εφοδιάζω [efoði'azo] (***mit*** *D*/ με [me]); ***sich* ~** κάνω λάθος ['kano 'laθos]; **2** *n* λάθος ['laθos] *n*; σφάλμα ['sfalma] *n*; ***aus* 2** κατά λάθος [kata 'laθos]
**versenden** αποστέλλω [apo'stelo]
**versenken** βουλιάζω [vu'ljazo], βυθίζω [vi'θizo]; *fig.* ***sich* ~** βυθίζομαι [vi'θizome]
**versetzen** μεταθέτω [meta'θeto]; (*verpfänden*) δίνω ενέχυρο ['ðino e'neçiro]; (*Schüler*) προβιβάζω [provi'vazo]; (*Schlag*) δίνω ['ðino], καταφέρω [kata'fero]
**versicher|n** (*D*) βεβαιώνω [veve'ono] *A*; ασφαλίζω [asfa'lizo] (***mit*** *D*/ για [ja]); ***sich* ~n *lassen*** ασφαλίζομαι [asfa'lizome]; **2ung** *f* βεβαίωση (-εις) [ve'veosi]; ασφάλεια [a'sfalia]
**ver|siegeln** βουλώνω [vu'lono], σφραγίζω [sfra'jizo]; **~siegen** στερεύω [ste'revo]; **~sinken** βουλιάζω [vu'ljazo]
**versöhn|en** συμφιλιώνω [simfili'ono]; **2ung** *f* συμφιλίωση (-εις) [simfi'liosi]
**versorg|en** εφοδιάζω [efoði'azo]; φροντίζω [fron'dizo]; **2ung** *f* εφοδιασμός [efoðia'zmos]
**verspät|en: *sich* ~en** αργώ [ar'γo], καθυστερώ [kaθiste'ro]; **2ung** *f* καθυστέρηση [kaθi'sterisi]
**versperren** φράζω ['frazo], εμποδίζω [embo'ðizo]
**verspott|en** κοροϊδεύω [koroi'ðevo], περιπαίζω [peri'pezo]; **2ung** *f* κοροϊδία [koroi'ðia]

**versprechen** υπόσχομαι [i'posxome]; ***sich** ~* κάνω λάθος μιλώντας ['kano 'laθos mi'londas]; ℒ *n* υπόσχεση (-εις) [i'posçesi]
**verstaatlich|en** κρατικοποιώ [kratikopi'o]; **ℒung** *f* κρατικοποίηση [kratiko'piisi]
**Verstand** *m* νους [nus]
**verständ|ig** φρόνιμος ['fronimos]; **~igen** ειδοποιώ [iδopi'o]; ***sich ~igen*** συνεννοούμαι [sineno'ume]; **~lich** ευκατάληπτος [efka'taliptos]; **ℒnis** *n* κατανόηση [kata'noisi]
**verstärk|en** (εν)δυναμώνω [(en)δina'mono]; **ℒer** *m* (*Radio*) ενισχυτής [enisçi'tis]; **ℒung** *f* ενίσχυση (-εις) [e'nisçisi]
**verstauchen** στραμπουλίζω [strambu'lizo]
**Versteck** *n* κρυψώνας [kri'psonas]; **ℒen** κρύβω ['krivo]
**verstehen** καταλαβαίνω [katala'veno]; ***etwas ~ von*** ξέρω από ['ksero a'po]
**versteiger|n** βγάζω στον πλειστηριασμό ['vγazo stomblistiria'zmo]; **ℒung** *f* πλειστηριασμός [plistirja'zmos]
**verstell|bar** μετακινητός [metakini'tos]; **~en** μετακινώ [metaki'no]; ***sich ~en*** καμώνομαι [ka'monome], υποκρίνομαι [ipo'krinome]
**verstimmt** δύσθυμος ['δisθimos]
**verstopf|en** βουλώνω [vu'lono]; (*Straße*) μποτιλιαρίζω [botilja'rizo]; **ℒung** *f Med.* δυσκοιλιότητα [δiskili'otita]
**verstorben** πεθαμένος [peθa'menos]; **~e(r)** *m* μακαρίτης [maka'ritis]
**Verstoß** *m* παράβαση (-εις) [pa'ravasi]; **ℒen (*gegen*)** παραβαίνω [para'veno] *A*
**ver|streichen** κυλώ (-άς) [ki'lo]; **~stümmeln** ακρωτηριάζω [akrotiri'azo]; **~stummen** βουβαίνω [vu'veno]
**Versuch** *m* προσπάθεια [pro'spaθia], δοκιμή [δoki'mi], πείραμα ['pirama] *n*; **ℒen** δοκιμάζω [δoki'mazo]; προσπαθώ [prospa'θo]; **~ung** *f* πειρασμός [pira'zmos]
**ver|tagen** αναβάλλω [ana'valo]; **~tauschen** ανταλλάσσω [anda'laso]
**verteidig|en** υπερασπίζω [ipera'spizo]; *jur.* συνηγορώ [siniγo'ro]; **ℒer** *m* υπερασπιστής [iperaspi'stis]; συνήγορος [si'niγoros]; **ℒung** *f* υπεράσπιση (-εις) [ipe'raspisi]; άμυνα ['amina]; συνηγορία [siniγo'ria]
**verteil|en** μοιράζω [mi'razo], διανέμω [δia'nemo]; **ℒung** *f* μοιρασιά [mira'sja], διανομή [δiano'mi]
**verteuern** ακριβαίνω [akri'veno]
**vertief|en** βαθαίνω [va'θeno];

417 **verwenden**

***sich*** **~en** βυθίζομαι [vi'θizome]; **~ung** *f* εμβάθυνση (-εις) [em'vaθinsi]; κοίλωμα ['kiloma] *n*
**Vertrag** *m* συμβόλαιο [sim'voleo], συνθήκη [sin'θiki]; **~en** αντέχω [an'dexo]; ***sich ~en*** μονοιάζω [mo'njazo]
**vertrau|en** εμπιστεύομαι [embi'stevome]; **~en** *n* εμπιστοσύνη [embisto'sini] (***zu*** *D*/ σε [se]); ***im ~en*** εμπιστευτικά [embistefti'ka]; **~lich** εμπιστευτικός [embistefti'kos]
**vertreib|en** διώχνω ['ðjoxno]; **~ung** *f* διώξιμο ['ðjoksimo], διωγμός [ðjoɣ'mos]
**vertret|en** αντιπροσωπεύω [andiproso'pevo]; **~er** *m* αντιπρόσωπος [andi'prosopos]; **~ung** *f* αντιπροσωπεία [andiproso'pia]
**vertrocknen** ξεραίνομαι [kse'renome]
**verun|glücken** παθαίνω ατύχημα [pa'θeno a'tiçima]; **~reinigen** λερώνω [le'rono], ρυπαίνω [ri'peno]; **~treuen** υπεξαιρώ [ipekse'ro]
**verur|sachen** προξενώ [prokse'no], προκαλώ [proka'lo]; **~teilen** καταδικάζω [kataði'kazo]; **~teilung** *f* καταδίκη [kata'ðiki]
**vervielfältigen** πολλαπλασιάζω [polaplasi'azo]
**vervoll|kommnen** τελειοποιώ [teliopi'o]; **~kommnung** *f* τελειοποίηση (-εις) [telio'piisi]; **~ständigen** συμπληρώνω [simbli'rono]
**verwahr|en** φυλά(γ)ω [fi'la(ɣ)o]; **~lost** παραμελημένος [parameli'menos]
**verwalt|en** διοικώ [ðii'ko], διαχειρίζομαι [ðiaçi'rizome]; **~er** *m* διαχειριστής [ðiaçiri'stis]; **~ung** *f* διοίκηση (-εις) [ði'ikisi]; διαχείριση (-εις) [ðia'çirisi]
**verwand|eln** μεταβάλλω [meta'valo], μεταμορφώνω [metamor'fono]; **~lung** *f* μεταβολή [metavo'li], μεταμόρφωση (-εις) [meta'morfosi]
**verwandt** συγγενής [siŋgje'nis] 2; **~schaft** *f* συγγένεια [siŋ'gjenia]
**verwarn|en** προειδοποιώ [proiðopi'o]; **~ung** *f* προειδοποίηση [proiðo'piisi]
**verwechs|eln** μπερδεύω [ber'ðevo]; **~lung** *f* μπέρδεμα ['berðema] *n*
**verwegen** τολμηρός [tolmi'ros]; **~heit** *f* τόλμη ['tolmi]
**verweiger|n** αρνιέμαι [ar'njeme], αποκρούω [apo'kruo]; **~ung** *f* άρνηση (-εις) ['arnisi]
**verweilen** διαμένω [ðia'meno]
**verwelken** μαραίνομαι [ma'renome]
**verwend|en** χρησιμοποιώ [xrisimopi'o], μεταχειρίζο-

μαι [metaçi'rizome]; **2ung** *f* χρήση (-εις) ['xrisi]
**verwert|en** αξιοποιώ [aksiopi'o]; **2ung** *f* αξιοποίηση (-εις) [aksio'piisi]
**verwesen** λειώνω ['ljono], σαπίζω [sa'pizo]
**verwick|eln** μπερδεύω [ber'ðevo], περιπλέκω [peri'pleko]; **2lung** *f* περιπλοκή [periplo'ki]
**verwirklich|en** πραγματοποιώ [praɣmatopi'o]; **2ung** *f* πραγματοποίηση (-εις) [praɣmato'piisi]
**verwirr|en** μπερδεύω [ber'ðevo]; **2ung** *f* σύγχυση (-εις) ['siŋçisi], μπέρδεμα ['berðema] *n*
**verwöhnen** καλομαθαίνω [kaloma'θeno]
**verworren** μπερδεμένος [berðe'menos]
**verwund|en** τραυματίζω [travma'tizo]; **2ete(r)** *m* τραυματίας [travma'tias]; **2ung** *f* τραυματισμός [travmati'zmos]
**verwüst|en** ερημώνω [eri'mono], καταστρέφω [kata'strefo]; **2ung** *f* ερήμωση [e'rimosi]
**verzählen: *sich* ~** μετρώ λάθος [me'tro 'laθos]
**verzaubern** μαγεύω [ma'jevo]
**Verzeichnis** *n* κατάλογος [ka'taloɣos]
**verzeih|en** συγχωρώ [siŋxo'ro]; **2ung** *f* συ(γ)γνώμη [si(ŋ)'ɣnomi]; ***um 2ung bitten*** ζητώ συ(γ)γνώμη [zi'to si(ŋ)'ɣnomi]
**Verzicht** *m* παραίτηση (-εις) [pa'retisi]; **2en** παραιτούμαι [pare'tume]
**verzier|en** στολίζω [sto'lizo], διακοσμώ [ðiako'zmo]; **2ung** *f* στόλισμα ['stolizma] *n*
**verzinsen** πληρώνω τόκους [pli'rono 'tokus]
**verzöger|n** επιβραδύνω [epivra'ðino]; **2ung** *f* καθυστέρηση (-εις) [kaθi'sterisi]
**verzollen** εκτελωνίζω [ekte-lo'nizo]
**verzweif|eln** απελπίζομαι [apel'pizome]; **2lung** *f* απελπισία [apelpi'sia]
**verzweigen: *sich* ~** διακλαδώνομαι [ðiakla'ðonome]
**Videorecorder** *m* συσκευή βίντεο [siskje'vi 'video]
**Vieh** *n* ζώα ['zoa] *n/pl.*; (*a. fig.*) κτήνος ['ktinos]
**viel** πολύς [po'lis]; *Adv.* πολύ [po'li]; ***so* ~** τόσος ['tosos]; ***zu* ~** πάρα πολύ ['para po'li]; **~fach** πολλαπλάσιος [pola'plasios]
**viel|leicht** ίσως ['isos]; (*Frage*) μήπως ['mipos]; **~mehr** μάλλον ['malon]
**vier** τέσσερις ['teseris], τέσσερα ['tesera]; **2eck** *n* τετράγωνο [te'traɣono]; **~fach** τετραπλάσιος [tetra'plasios]; **~hundert** τετρακόσιοι [tetra'kosii]; **2tel** *n* τέταρτο

419 **Voranschlag**

['tetarto]; **∻telstunde** *f* τέταρτο ['tetarto]; **~zehn** δεκατέσσερις [ðeka'teseris], δεκατέσσερα [ðeka'tesera]; **~zig** σαράντα [sa'randa]
**Villa** *f* έπαυλη ['epavli]
**violett** μενεξεδένιος [menekse'ðenjos], ιώδης [i'oðis] 2
**Violine** *f* βιολί [vjo'li]
**Virus** *n* ιός [i'os]
**Visum** *n* θεώρηση (-εις) [θe'orisi]
**Vitamin** *n* βιταμίνη [vita'mini]
**Vogel** *m* πουλί [pu'li]; **~bauer** *n* κλουβί [klu'vi]; **~scheuche** *f* σκιάχτρο ['skjaxtro]
**Vokabel** *f* λέξη ['leksi]
**Vokal** *m* φωνήεν [fo'nien] *n*
**Volk** *n* λαός [la'os]
**Völkerrecht** *n* διεθνές δίκαιο [ðie'θnes 'ðikjeo]
**Volks|-** λαϊκός [lai'kos], δημοτικός [ðimoti'kos]; **~abstimmung** *f* δημοψήφισμα [ðimo'psifizma] *n*; **~hochschule** *f* λαϊκό πανεπιστήμιο [lai'ko panepi'stimio]; **~schule** *f* δημοτικό (σχολείο) [ðimoti'ko (sxo'lio)]; **~sprache** *f* δημοτική [ðimoti'ki]; **∻tümlich** δημοτικός [ðimoti'kos]; δημοφιλής [ðimofi'lis]; **~wirtschaft** *f* εθνική οικονομία [eθni'ki ikono'mia]; **~zählung** *f* απογραφή [apoɣra'fi]
**voll** γεμάτος [je'matos], πλήρης ['pliris] 2; **~bringen** καταφέρνω [kata'ferno]; **~enden** τελειοποιώ [teliopi'o]; **∻endung** *f* αποπεράτωση [apope'ratosi]; τελειότητα [teli'otita]
**völlig** εντελώς [ende'los]
**voll|jährig** ενήλικος [e'nilikos]; **~kommen** τέλειος ['telios]; **∻kommenheit** *f* τελειότητα [teli'otita]; **∻macht** *f* πληρεξουσιότητα [plireksusi'otita]; **∻mond** *m* πανσέληνος [pan'selinos] *f*; **~ständig** ακέραιος [a'kjereos]; πλήρης ['pliris] 2; **∻ständigkeit** *f* ακεραιότητα [akjere'otita]; **~stopfen** γεμίζω [je'mizo]; **~strecken** εκτελώ [ekte'lo]; **∻streckung** *f* εκτέλεση (-εις) [e'ktelesi]; **∻versammlung** *f* ολομέλεια [olo'melia]
**Volt** *n* βολτ [volt] *n*
**von** (*D*) από [a'po] *A*, εκ [ek] *G*; για [ja] *A* (= *über*)
**vor** (*zeitlich*) *D* πριν (από) [prina'po], εδώ και [e'ðo kje] *A*; (*örtlich*) *D*, *A* μπροστά (από *od.* σε) [bro'sta (apo, se)]
**Vorabend** *m* παραμονή [paramo'ni]
**Vorahnung** *f* προαίσθηση (-εις) [pro'esθisi]
**voran** μπροστά [bro'sta]; **~gehen** προηγούμαι [proi'ɣume]; **∻meldung** *f* προεγγραφή [proeŋɣra'fi]; **∻schlag** *m* προϋπολογισμός [proipoloji'zmos]

**voraus** μπροστά [bro'sta]; *im* ~ εκ των προτέρων [ek tombro'teron]; **~sagen** προλέγω [pro'leγo]; **~sehen** προβλέπω [pro'vlepo]; **~setzen** προϋποθέτω [proipo'θeto]; **2setzung** *f* προϋπόθεση (-εις) [proi'poθesi]; **2sicht** *f* πρόβλεψη (-εις) ['provlepsi]; **~sichtlich** πιθανόν [piθa'non]

**Vorbehalt** *m* επιφύλαξη (-εις) [epi'filaksi]; **2en:** *sich* **2en** επιφυλάσσομαι [epifi'lasome]

**vorbei** (*zeitlich*) περασμένος [pera'zmenos]; **~fahren, ~gehen, ~kommen** περνώ (-άς) [per'no]; **~lassen** αφήνω να περάσει [a'fino na pe'rasi]

**vorbereit|en** προετοιμάζω [proeti'mazo]; **2ung** *f* προετοιμασία [proetima'sia]

**vorbestellen** προπαραγγέλνω [proparaŋ'gjelno]

**vorbeugen** (*D*) προλαμβάνω [prolam'vano] *A*; *sich* ~ σκύβω μπροστά ['skivo bro'sta]

**Vorbild** *n* πρότυπο ['protipo]; **2lich** υποδειγματικός [ipoδiγmati'kos]

**vorder|e, Vorder-** μπροστινός [brosti'nos]; **2deck** *n* πλώρη ['plori]; **2front** *f* πρόσοψη (-εις) ['prosopsi]; **2grund** *m* προσκήνιο [pro'skinio]; **2seite** *f* μέτωπο ['metopo]

**vordrängen:** *sich* ~ επιζητώ τα πρωτεία [epizi'to ta pro'tia]

**vordringen** προχωρώ [proxo'ro]

**voreilig** απερίσκεπτος [ape'riskjeptos]

**voreingenommen** προκατειλημμένος [prokatili'menos]

**vorenthalten** κατακρατώ [katakra'to]

**vorerst** (κατά) πρώτον [(kata) 'proton]

**Vorfahren** *m/pl.* πρόγονοι ['proγoni] *m/pl.*

**Vorfahrt** *f* προτεραιότητα [protere'otita]

**Vorfall** *m* συμβάν [sim'van] *n*, γεγονός [jeγo'nos] *n*

**vorführ|en** παρουσιάζω [parusi'azo]; (*Film*) προβάλλω [pro'valo]; **2ung** *f* παρουσίαση (-εις) [paru'siasi]; προβολή [provo'li]

**Vorgänger** *m* προκάτοχος [pro'katoxos]

**vorgehen** προχωρώ [proxo'ro]; *fig.* προβαίνω [pro'veno]

**Vorgesetzte(r)** *m* προϊστάμενος [proi'stamenos]

**vorgestern** προχθές [pro'xθes]

**vorgreifen** προλαμβάνω [prolam'vano]

**vorhaben** σκοπεύω [sko'pevo]; 2 *n* σκοπός [sko'pos], πρόθεση (-εις) ['proθesi]

421 Vorschein

**Vorhalle** *f* προθάλαμος [pro'θalamos]
**vorhanden sein** υπάρχω [i'parxo]
**Vorhang** *m Thea.* αυλαία [a'vlea], παραπέτασμα [para'petazma] *n*
**Vorhängeschloß** *n* λουκέτο [lu'kjeto]
**vorher** πρωτύτερα [pro'titera], πριν [prin]; προηγουμένως [proiγu'menos]; **~ig** προηγούμενος [proi'γumenos]; **~bestimmen** προορίζω [proo'rizo]
**Vorherrsch|aft** *f* επικράτηση [epi'kratisi]; **2en** επικρατώ [epikra'to]
**vorhin** προ ολίγου [pro o'liγu]
**vorig|-** περασμένος [pera'zmenos]; **~es Jahr** πέρ(υ)σι ['per(i)si]
**vorkomm|en** συμβαίνω [sim'veno]; υπάρχω [i'parxo]; **2nis** *n* συμβάν [sim'van] *n*
**vorladen** καλώ [ka'lo]
**vorläufig** προσωρινός [prosori'nos]
**vorlegen** υποβάλλω [ipo'valo], παρουσιάζω [parusi'azo]
**vorlesen** διαβάζω [ðja'vazo] (***aus*** *D*/ από [a'po])
**Vorlieb|e** *f* προτίμηση (-εις) [pro'timisi]; **2nehmen** αρκούμαι [ar'kume] (***mit*** *D*/ σε [se])
**vorliegen** υπάρχω [i'parxo]
**vormals** άλλοτε ['alote]
**Vormittag** *m* πρωί [pro'i]; ***am ~*** το πρωί [to pro'i]
**Vormund** *m* κηδεμόνας [kiðe'monas]; **~schaft** *f* κηδεμονία [kiðemo'nia]
**vorn** μπροστά [bro'sta], εμπρός [em'bros]; ***von ~*** από μπροστά [apo bro'sta]
**Vorname** *m* μικρό όνομα [mi'kro 'onoma] *n*
**vornehm** αρχοντικός [arxondi'kos], ευγενής [evje'nis] 2
**vornherein:** ***von ~*** απ' αρχής [apar'çis]
**Vorort** *m* προάστιο [pro'astio]
**Vorposten** *m* προφυλακή [profila'ki]
**Vorrang** *m* προτεραιότητα [protere'otita]
**Vor|rat** *m* προμήθεια [pro'miθia]; **2rätig** πρόχειρος ['proçiros]
**Vorrecht** *n* προνόμιο [pro'nomio]
**Vorrede** *f* πρόλογος ['proloγos]
**Vorrichtung** *f* μηχανισμός [mixani'zmos]
**vorrücken** προχωρώ [proxo'ro]
**Vor|satz** *m* πρόθεση (-εις) ['proθesi]; **2sätzlich** προμελετημένος [promeleti'menos]; *Adv.* εκ προμελέτης [ek prome'letis]
**Vorschein** *m*: ***zum ~ kommen*** φανερώνομαι [fane'ronome]

**vorschießen** (*Geld*) προκαταβάλλω [prokata'valo]
**Vorschlag** *m* πρόταση (-εις) ['protasi]; **2en** προτείνω [pro'tino] (**als**/ για [ja])
**vorschreiben** διατάζω [ðja'tazo]
**Vorschrift** *f* εντολή [endo'li], οδηγία [oði'jia]
**Vorschub** *m*: **~ leisten** υποστηρίζω [iposti'rizo], ευνοώ [evno'o]
**Vorschuß** *m* προκαταβολή [prokatavo'li]
**vorseh|en: sich ~en** προσέχω [pro'sexo]; **2ung** *f* πρόνοια ['pronia]
**vorsetzen** προτάσσω [pro'taso]; (*Speise*) προσφέρω [pro'sfero], παραθέτω [para'θeto]
**Vorsicht** *f* προσοχή [proso'çi]; **2ig** προσεκτικός [prosekti'kos]
**Vorsitz** *m* προεδρεία [proe'ðria]; **~ende(r)** *m* πρόεδρος ['proeðros]
**Vorsorge** *f* φροντίδα [fron'diða]; **~ treffen** λαμβάνω τα μέτρα μου [lam'vano ta 'metra mu]; **2n** φροντίζω εγκαίρως [fron'dizo eŋ'gjeros]
**Vor|speise** *f* ορεκτικό [orekti'ko]; **~spiel** *n Mus.* προοίμιο [pro'imio]; *fig.* προϊστορία [proisto'ria]; **~sprung** *m* πλεονέκτημα [pleo'nektima] *n*; **~stadt** *f* προάστιο [pro'astio]; **~stand** *m* προεδρεία [proe'ðria]
**vorsteh|en** προΐσταμαι [pro'istame]; **2er** *m* προϊστάμενος [proi'stamenos]
**vorstell|en** παρουσιάζω [parusi'azo], συστήνω [si'stino]; (*Uhr*) βάζω μπροστά ['vazo bro'sta]; **sich** (**etw.**) **~en** φαντάζομαι [fan'dazome] *A*; **2ung** *f* παρουσίαση (-εις) [paru'siasi]; παράσταση (-εις) [pa'rastasi]; ιδέα [i'ðea]
**Vorteil** *m* πλεονέκτημα [pleo'nektima] *n*; **2haft** επικερδής [epikjer'ðis] 2; επωφελής [epofe'lis] 2
**Vortrag** *m* διάλεξη (-εις) [ði'aleksi]; **2en** (*Gedicht*) απαγγέλλω [apaŋ'gjelo]; εκθέτω [ek'θeto]
**vortreten** προχωρώ [proxo'ro]; εξέχω [e'ksexo]
**vorüber** περασμένος [pera'zmenos]; **~gehen** περνώ (-άς) [per'no]; **~gehend** προσωρινός [prosori'nos]
**Vor|urteil** *n* προκατάληψη (-εις) [proka'talipsi]; **~verkauf** *m* προπώληση (-εις) [pro'polisi]; **~wählnummer** *f* κωδικός *n* (της πόλεως) [koði'kos (tis 'poleos)]; **~wand** *m* πρόφαση (-εις) ['profasi]
**vorwärts** εμπρός [em'bros]
**vorwegnehmen** προλαμβάνω [prolam'vano]
**vorweisen** δείχνω ['ðixno], παρουσιάζω [parusi'azo]

**Vorwort** *n* πρόλογος ['proloγos]

**Vor|wurf** *m* κατηγορία [katiγo'ria]; **~zeichen** *n* οιωνός [io'nos]; **≈zeigen** δείχνω ['ðixno], παρουσιάζω [parusi'azo]; **≈zeitig** πρόωρος ['prooros]

**vorziehen** προτιμώ (-άς) [proti'mo]

**Vorzimmer** *n* προθάλαμος [pro'θalamos]

**Vor|zug** *m* προτέρημα [pro'terima] *n*; **≈züglich** έξοχος ['eksoxos]

**Vulkan** *m* ηφαίστιο [i'festio]; **≈isieren** βουλκανίζω [vulka'nizo]

# W

**Waag|e** *f* ζυγαριά [ziγa'rja]; **≈erecht** οριζόντιος [ori'zondios]; **~schale** *f* δίσκος ζυγαριάς ['ðiskos ziγa'rjas]

**wach** ξύπνιος ['ksipnjos], άγρυπνος ['aγripnos]; **~ werden** ξυπνώ [ksi'pno]; **≈e** *f* φρουρά [fru'ra], φρουρός [fru'ros]; **~en, ~ sein** αγρυπνώ [aγri'pno]

**Wachs** *n* κερί [kje'ri]

**wachsam** προσεκτικός [prosekti'kos]

**wachsen**[1] (*Schi*) κερώνω [kje'rono]

**wachs|en**[2] φυτρώνω [fi'trono]; μεγαλώνω [meγa'lono], αυξάνω [af'ksano]; **≈tum** *n* ανάπτυξη (-εις) [a'naptiksi], αύξηση (-εις) ['afksisi]

**Wächter** *m* φύλακας ['filakas]

**Wachtmeister** *m*: **Herr ~!** κύριε αστυνόμε! ['kirie asti'nome]

**wackeln** κουνιέμαι [ku'njeme]

**Wade** *f* κνήμη ['knimi]

**Waffe** *f* όπλο ['oplo]; **~nstillstand** *m* ανακωχή [anako'çi]

**wagen** τολμώ (-άς) [tol'mo]

**Wagen** *m Esb.* άμαξα ['amaksa], βαγόνι [va'γoni]; αμάξι [a'maksi]; **~heber** *m* ανυψωτήρας [anipso'tiras]

**Wahl-** εκλογικός [ekloji'kos]

**Wahl** *f* εκλογή [eklo'ji]; ψηφοφορία [psifofo'ria]

**wählbar** εκλέξιμος [e'kleksimos]

**Wahlberechtigung** *f* δικαίωμα *n* ψήφου [ði'kjeoma 'psifu]

**wähl|en** διαλέγω [ðja'leγo], εκλέγω [e'kleγo]; ψηφίζω [psi'fizo]; **≈er** *m* εκλογέας [eklo'jeas]; **~erisch** εκλεκτικός [eklekti'kos]

**Wahlurne** *f* κάλπη ['kalpi]

**Wahnsinn** *m* παραφροσύνη [parafro'sini]; **≈ig** παράφρονας [pa'rafronas]

**wahr** αληθινός [aliθi'nos], αληθής [ali'θis] 2; **nicht ~?** δεν είναι έτσι; ['ðenine 'etsi]

**währen** 424

**währ|en** διαρκώ [ðiar'ko]; **~end** (*G*) κατά [ka'ta] *A*
**Wahr|heit** *f* αλήθεια [a'liθja]; **⁓nehmen** παρατηρώ [parati'ro]; *fig.* προσέχω [pro'sexo]; **~nehmung** *f* παρατήρηση (-εις) [para'tirisi]; **⁓sagen** προφητεύω [profi'tevo]; **⁓scheinlich** πιθανός [piθa'nos]; **~scheinlichkeit** *f* πιθανότητα [piθa'notita]
**Währung** *f* νόμισμα ['nomizma] *n*
**Wahrzeichen** *n* σύμβολο ['simvolo]
**Waise** *f* ορφανός [orfa'nos], ορφανή [orfa'ni]
**Wal** *m* φάλαινα ['falena]
**Wald** *m* δάσος ['ðasos] *n*; **~brand** *m* δασοπυρκαγιά [ðasopirka'ja]; **⁓ig** δασωμένος [ðaso'menos]
**Wall** *m* περιτείχισμα [peri'tiçizma] *n*, πρόχωμα ['proxoma] *n*
**Wall|fahrer** *m* προσκυνητής [proskini'tis]; **~fahrt** *f* προσκύνημα [pro'skinima] *n*
**Walnuß** *f* καρύδι [ka'riði]
**Walz|e** *f* κύλινδρος ['kilinðros]; **⁓en** επιστρώνω [epi'strono], εξομαλύνω [eksoma'lino]
**wälzen** κυλώ (-άς) [ki'lo]
**Walzer** *m* βαλς [vals] *n*
**Walzwerk** *n* ελασματουργείο [elazmatur'jio]
**Wand** *f* τοίχος ['tixos]; (*Berg⁓*) πλευρά βουνού [ple'vra vu'nu]
**Wandel** *m* μεταβολή [metavo'li]; **⁓bar** μεταβλητός [metavli'tos]; **~gang** *m* στοά [sto'a]; **⁓n:** ***sich ⁓n*** μεταβάλλομαι [meta'valome]
**Wander|er** *m* οδοιπόρος [oði'poros]; **~karte** *f* περιηγητικός χάρτης [periiji'tikos 'xartis]; **⁓n** οδοιπορώ [oðipo'ro]; **~ung** *f* οδοιπορία [oðipo'ria]
**Wandtafel** *f* μαυροπίνακας [mavro'pinakas]
**Wange** *f* μάγουλο ['maɣulo], παρειά [pari'a]
**wanke|lmütig** άστατος ['astatos]; **~n** τρικλίζω [tri'klizo], ταλαντεύομαι [talan'devome]
**wann** πότε ['pote]; ***dann und ~*** πότε πότε ['pote 'pote]
**Wanne** *f* σκάφη ['skafi]; μπανιέρα [ban'jera]
**Wanze** *f* κοριός [ko'rjos]
**Wappen** *n* οικόσημο [i'kosimo], έμβλημα ['emvlima] *n*
**Ware** *f* εμπόρευμα [em'borevma] *n*; **~nhaus** *n* πολυκατάστημα [polika'tastima] *n*
**warm** ζεστός [ze'stos]; θερμός [θer'mos]; ***es ist ~*** κάνει ζέστη ['kani 'zesti]; ***mir ist ~*** ζεσταίνομαι [ze'stenome]
**Wärm|e** *f* ζέστη ['zesti]; θερμότητα [θer'motita]; **⁓en** ζεσταίνω [ze'steno], θερμαίνω [θer'meno]
**Warmwasser|heizung** *f* θέρμανση με ζεστό νερό ['θer-

mansi me ze'sto ne'ro]; **~speicher** *m* θερμοσίφωνας [θermo'sifonas]
**warn|en** προειδοποιώ [proiδopi'o]; **≗ung** *f* προειδοποίηση (-εις) [proiδo'piisi]
**warten** περιμένω [peri'meno], αναμένω [ana'meno]
**Wärter** *m* φύλακας ['filakas]
**Wartesaal** *m* αίθουσα αναμονής ['eθusa anamo'nis]
**warum** γιατί [ja'ti]
**Warze** *f* κρεατοελιά [kreatoe'lja]
**was** τι [ti]; ό, τι ['oti]; **~** ***für ein*** τι είδους [ti 'iδus]; ***das,*** **~** αυτό που [a'fto pu]
**Wasch|automat** *m* πλυντήριο [plin'dirio]; **~becken** *n* λεκάνη [le'kani], νεροχύτης [nero'çitis]
**Wäsche** *f* μπουγάδα [bu'γaδa]; (*Leib≗*) ασπρόρουχα [a'sproruxa] *n*/*pl*.
**waschen** πλένω ['pleno]
**Wäscherei** *f* καθαριστήριο [kaθari'stirio]
**Wasch|lappen** *m* σφουγγαρόπανο [sfuŋga'ropano]; **~maschine** *f* πλυντήριο [plin'dirio]; **~pulver** *n* σκόνη πλυσίματος ['skoni pli'simatos]; **~raum** *m* τουαλέτα [tua'leta]
**Wasser** *n* νερό [ne'ro]; **≗dicht** αδιάβροχος [a'δjavroxos]; **~fall** *m* καταρράκτης [kata'raktis]; **~flasche** *f* καράφα [ka'rafa]; **~glas** *n* ποτήρι νερού [po'tiri ne'ru]; **~hahn** *m* βρύση ['vrisi]; **~kraftwerk** *n* υδροηλεκτρικός σταθμός [iδroilektri'kos staθ'mos]; **~leitung** *f* υδραγωγός [iδrayo'γos]; **~melone** *f* καρπούζι [kar'puzi]; **~spiegel** *m* επιφάνεια νερού [epi'fania ne'ru]; **~sport** *m* ναυτικό σπορ [nafti'ko spor] *n*; **~stoff** *m* υδρογόνο [iδro'γono]; **~welle** *f* (*Frisur*) μιζαμ-πλί [mizam'bli] *n*
**waten** τσαλαβουτώ (-άς) [tsalavu'to]
**Watt** *n Elektr*. βατ [vat] *n*
**Watte** *f* βαμβάκι [vam'vaki]
**web|en** υφαίνω [i'feno]; **≗er** *m* υφαντής [ifan'dis]; **≗stuhl** *m* αργαλειός [arγa'ljos]
**Wechsel** *m* αλλαγή [ala'ji], μεταβολή [metavo'li], συνάλλαγμα [si'nalaγma] *n*; **~geld** *n* ψιλά [psi'la] *n*/*pl*.; **≗haft** άστατος ['astatos]; **~kurs** *m* τιμή συναλλάγματος [ti'mi sina'laγmatos]; **≗n** αλλάζω [a'lazo]; (*in kleineres Geld*) χαλνώ (-άς) [xal'no]; **~strom** *m* εναλλασσόμενο ρεύμα [enala'someno 'revma]
**wecke|n** ξυπνώ [ksi'pno]; **≗r** *m* ξυπνητήρι [ksipni'tiri]
**weder ... noch** ούτε ... ούτε ['ute ... 'ute]
**Weg** *m* δρόμος ['δromos]; *fig*. τρόπος ['tropos]
**weg** φευγάτος [fe'vγatos]; χαμένος [xa'menos]
**wegen** (*G*) για [ja] *A*, λόγω ['loγo] *G*

**weg|fahren** φεύγω ['fevγo]; **~fallen** παραλείπομαι [para'lipome]; **~führen** απάγω [a'paγo]; **~gehen** φεύγω ['fevγo]; **~legen** βάζω κατά μέρος ['vazo kata'meros]; **~nehmen** αφαιρώ [afe'ro]; **~reißen** αποσπώ (-άς) [apo'spo]; **~schicken** αποστέλλω [apo'stelo]; **~schmeißen** *fam.* πετώ (-άς) [pe'to]; **~schütten** χύνω ['çino]; **~sehen** αποστρέφω το βλέμμα [apo'strefo to 'vlema]

**Wegweiser** *m* δείκτης ['ðiktis], οδηγός [oði'γos]

**weg|wenden** αποστρέφω [apo'strefo]; **~werfen** πετώ (-άς) [pe'to]; **~wischen** σκουπίζω [sku'pizo]

**weh tun** πονώ (-άς) *s.* ***schmerzen***

**wehen** φυσώ (-άς) [fi'so]

**Wehen** *pl.* ωδίνες [o'ðines] *f/pl.*

**Wehrdienst** *m* θητεία [θi'tia]; **~verweigerer** *m* ανυπότακτος [ani'potaxtos]

**wehr|en:** ***sich ~en*** αμύνομαι [a'minome]; **~fähig** στρατεύσιμος [stra'tefsimos]; **~los** ανίσχυρος [a'nisçiros]; **≗pflicht** *f* υποχρεωτική θητεία [ipoxreoti'ki θi'tia]

**Weib** *n* γυναίκα [ji'neka]; **≗isch** θηλυπρεπής [θilipre'pis] 2; **≗lich** γυναικείος [jine'kios], θηλυκός [θili'kos]

**weich** μαλακός [mala'kos]

**Weiche** *f* κλειδί [kli'ði]

**weichen** υποχωρώ [ipoxo'ro]

**weichgekocht** (*Ei*) μελάτο [me'lato]

**Weichheit** *f* μαλακότητα [mala'kotita], πραότητα [pra'otita]

**Weide** *f* (*Baum*) ιτιά [i'tja]; (*Vieh≗*) βοσκή [vo'ski]; **≗n** βόσκω ['vosko]

**weiger|n:** ***sich ~n*** αρνιέμαι [ar'njeme]; **≗ung** *f* άρνηση (-εις) ['arnisi]

**Weih|e** *f* αγιασμός [aja'zmos]; **≗en** αγιάζω [a'jazo]

**Weihnachten** *n* Χριστούγεννα [xri'stujena] *n/pl.*

**Weihnachts|abend** *m* Παραμονή Χριστουγέννων [paramo'ni xristu'jenon]; **~baum** *m* χριστουγεννιάτικο δέντρο [xristuje'njatiko 'ðendro]; **~geschenk** *n* μποναμάς [bona'mas], χριστουγεννιάτικο δώρο [xristuje'njatiko 'ðoro]; **~mann** *m* Άγιος Βασίλης ['ajos va'silis]

**Weihrauch** *m* λιβάνι [li'vani]

**weil** γιατί [ja'ti], διότι [ði'oti], επειδή [epi'ði]

**Wein** *m* κρασί [kra'si], οίνος ['inos]; **~bau** *m* αμπελουργία [ambelur'jia]; **~berg** *m* αμπελώνας [ambe'lonas]

**weinen** κλαίω ['kleo] (***vor***/από [a'po])

**Wein|faß** *n* βαρέλι κρασιού [va'reli kra'sju]; **~flasche** *f* μπουκάλι κρασιού [bu'kali kra'sju]; **~händler** *m* οινοπώλης [ino'polis]; **~keller** *m* αποθήκη οίνων [apo'θiki 'inon]; **~laube** *f* κληματαριά [klimata'rja]; **~lese** *f* τρύγος ['triγos]; **~stock** *m* αμπέλι [am'beli]; **~stube** *f* ταβέρνα [ta'verna]; **~traube** *f* σταφύλι [sta'fili]

**Weise** *f* τρόπος ['tropos]; *Mus.* σκοπός [sko'pos]

**weis|e** σοφός [so'fos]; **ℒheit** *f* σοφία [so'fia]

**weiß** άσπρος ['aspros], λευκός [lef'kos]

**Weiß|brot** *n* άσπρο ψωμί ['aspro pso'mi]; **~kohl** *m* (άσπρο) λάχανο [('aspro) 'laxano]; **~wein** *m* άσπρο κρασί ['aspro kra'si]

**Weisung** *f* οδηγία [oδi'jia]; διαταγή [δiata'ji]

**weit** μακρινός [makri'nos], μακρύς [ma'kris]; πλατύς [pla'tis]; φαρδύς [far'δis]; *Adv.* μακριά [makri'a]; **ℒe** *f* έκταση (-εις) ['ektasi]; πλάτος ['platos] *n*; **~en** φαρδαίνω [far'δeno]; πλαταίνω [pla'teno]; **~er** μακρύτερος [ma'kriteros]; φαρδύτερος [far'δiteros]; ***und so ~er*** και τα λοιπά [kje ta li'pa]; ***ohne ~eres*** χωρίς άλλο [xo'ris 'alo]; **~schweifig** μακρολόγος [makro'loγos]; **~sichtig** πρεσβύωψ [pre'zviops] *m, f*; *fig.* διορατικός [δiorati'kos]

**Weizen** *m* σιτάρι [si'tari], σίτος ['sitos]

**welch ...!** τι [ti] ...!; **~er** που [pu], ο οποίος [o o'pios]

**welk** μαραμένος [mara'menos]; **~en** μαραίνομαι [ma'renome]

**Well|blech** *n* κυματιστή λαμαρίνα [kimati'sti lama'rina]; **~e** *f* κύμα ['kima] *n*; *Tech.* άτρακτος ['atraktos] *f*

**Wellen|brecher** *m* κυματοθραύστης [kimato'θrafstis]; **~länge** *f* μήκος *n* κύματος ['mikos 'kimatos]

**Welt-** παγκόσμιος [paŋ'gozmios]

**Welt** *f* κόσμος ['kozmos]; **~all** *n* σύμπαν ['simban] *n*; **~anschauung** *f* κοσμοθεωρία [kozmoθeo'ria]; **~herrschaft** *f* κοσμοκρατορία [kozmokrato'ria]; **~krieg** *m* παγκόσμιος πόλεμος [paŋ'gozmios 'polemos]; **~kugel** *f* υδρόγειος σφαίρα [i'δrojios 'sfera]; **ℒlich** κοσμικός [kozmi'kos]; **~raum** *m* διάστημα [δi'astima] *n*; **~raumflug** *m* διαστημική πτήση [δiastimi'ki 'ptisi]

**wend|en** γυρίζω [ji'rizo], στρέφω ['strefo]; ***sich ~en*** απευθύνομαι [ape'fθinome] (***an*** *A*/ σε [se]); **ℒung** *f* στροφή [stro'fi]; *fig.* μεταβολή [metavo'li]

**wenig** λίγος ['liγos]; **~er** *Math.* πλην [plin]; λιγότερος [li'γoteros]; **~stens** τουλάχιστον [tu'laçiston]

**wenn** (*falls*) αν [an], εάν

[e'an]; (*zeitlich*) όταν ['otan]; ~ ***auch*** αν και [aŋ 'gje]; ***selbst*** ~ και αν ακόμη [kje an a'komi]

**wer** ποιος [pjos]; (*Relativpronomen*) όποιος ['opjos], αυτός που [a'ftos pu]; ~ ***auch immer*** οποιοσδήποτε [opjos'ðipote]

**werb|en** επιζητώ [epizi'to]; *Hdl.* προπαγανδίζω [propaɣan'ðizo], διαφημίζω [ðiafi'mizo]; **ⵕung** *f* διαφήμιση (-εις) [ðia'fimisi]

**werden** γίνομαι ['jinome]

**werfen** ρίχνω ['rixno]

**Werft** *f* ναυπηγείο [nafpi'jio]

**Werk** *n* έργο ['erɣo]; (*Fabrik*) εργοστάσιο [erɣo'stasio]; **~statt** *f* εργαστήριο [erɣa'stirio]; **~tag** *m* εργάσιμη ημέρα [er'ɣasimi i'mera]; **~zeug** *n* εργαλείο [erɣa'lio]

**wert** άξιος ['aksios]; αξιότιμος [aksi'otimos]; ~ ***sein*** αξίζω [a'ksizo]; ⵕ *m* αξία [a'ksia]; **ⵕangabe** *f* δήλωση αξίας ['ðilosi a'ksias]; **ⵕbrief** *m* συστημένο γράμμα [sisti'meno 'ɣrama] *n*; **~los** χωρίς αξία [xo'ris a'ksia], άνευ αξίας ['anef a'ksias]; **ⵕpapier** *n* χρεώγραφο [xre'oɣrafo]; **ⵕsachen** *f/pl.* πολύτιμα αντικείμενα [po'litima andi'kimena] *n/pl.*; **~voll** πολύτιμος [po'litimos]

**Wesen** *n* ουσία [u'sia], ον [on]; φύση (-εις) ['fisi]; **ⵕtlich** ουσιώδης [usi'oðis] 2, σημαντικός [simandi'kos]; ***im ⵕtlichen*** κυρίως [ki'rios]

**weshalb** γιατί [ja'ti]

**Wespe** *f* σφήκα ['sfika]

**Weste** *f* γιλέκο [ji'leko]

**West|en** *m* δύση ['ðisi]; **ⵕlich** δυτικός [ðiti'kos]; **~wind** *m* πονέντες [po'nendes], ζέφυρος ['zefiros]

**Wett|bewerb** *m* συναγωνισμός [sinaɣoni'zmos]; **~e** *f* στοίχημα ['stiçima] *n*; **ⵕen** βάζω στοίχημα ['vazo 'stiçima]

**Wetter** *n* καιρός [kje'ros]; **~bericht** *m* μετεωρολογικό δελτίο [meteoroloji'ko ðel'tio]

**Wettkampf** *m* αγώνας [a'ɣonas]

**wetzen** ακονίζω [ako'nizo], τροχίζω [tro'çizo]

**wichtig** σπουδαίος [spu'ðeos]; **ⵕkeit** *f* σπουδαιότητα [spuðe'otita]

**Wickel|kind** *n* μωρό [mo'ro], βρέφος ['vrefos] *n*; **ⵕn** φασκιώνω [fas'kjono]; (*Garn*) κουβαριάζω [kuva'rjazo]

**wider** (*A*) εναντίον [enan'dion] *G*, κατά [ka'ta] *G*; **~fahren** συμβαίνει [sim'veni], τυχαίνει [ti'çeni]; **ⵕhall** *m* αντίλαλος [an'dilalos], αντήχηση [an'diçisi]; **~hallen** αντηχώ [andi'xo]; **~legen** αναιρώ [ane'ro]; **ⵕlegung** *f* αναίρεση (-εις) [a'neresi]; **~lich** σιχαμερός [sixame'ros], αηδιαστικός [aiðiasti'kos]; **~rechtlich** παράνομος [pa'ranomos]; **≈rede** *f* αντίρρηση (-εις) [an'dirisi]; **≈ruf** *m* ανάκληση (-εις) [a'naklisi], διάψευση (-εις) [ði'apsefsi]; **~rufen** ανακαλώ [anaka'lo], διαψεύδω [ðia'psevðo]; **~setzen:** ***sich ~setzen*** αντιτάσσομαι [andi'tasome]; **~sinnig** παράλογος [pa'raloγos]; **~spenstig** ανυπότακτος [ani'potaktos]; **~spiegeln** αντανακλώ (-άς) [andana'klo]; **~sprechen** αντιλέγω [andi'leγo]; **≈spruch** *m* αντίρρηση (-εις) [an'dirisi], αντίφαση (-εις) [an'difasi]; **≈stand** *m* αντίσταση (-εις) [an'distasi]; **≈wärtigkeit** *f* αηδία [ai'ðia]; **≈wille** *m* αντιπάθεια [andi'paθia], αποστροφή [apostro'fi]; **~willig** απρόθυμος [a'proθimos]

**widm|en** (*D*) αφιερώνω [afie'rono]; **≈ung** *f* αφιέρωση (-εις) [afi'erosi]

**widrig** ενάντιος [e'nandios]

**wie** (*Frage*) πώς [pos]; (*Vergleich*) σαν [san], όπως ['opos]; (*Ausruf*) πόσο ['poso]; **~viel** πόσος ['posos]

**wieder-** ξαν(α)- [ksan(a)-]

**wieder** πάλι ['pali], ξανά [ksa'na]; **≈aufbau** *m* επανοικοδόμηση (-εις) [epaniko'ðomisi]; **~aufleben** ξαναζώ [ksana'zo]; **≈aufnahme** *f* επανάληψη (-εις) [epa'nalipsi]; *jur.* αναθεώρηση (-εις) [anaθe'orisi]; **~aufnehmen** ξαναρχίζω [ksanar'çizo]; **~bekommen** παίρνω πίσω ['perno 'piso]; **~beleben** αναζωογονώ [anazooγo'no]; **~eröffnen** ξανανοίγω [ksana'niγo]; **≈gabe** *f* απόδοση (-εις) [a'poðosi]; **~geben** επιστρέφω [epi'strefo]; **~gutmachen** επανορθώνω [epanor'θono]; **≈gutmachung** *f* επανόρθωση (-εις) [epa'norθosi]; **~herstellen** επιδιορθώνω [epiðior'θono]; **≈herstellung** *f* επιδιόρθωση (-εις) [epiði'orθosi]; **~holen** επαναλαμβάνω [epanalam'vano]; **≈holung** *f* επανάληψη (-εις) [epa'nalipsi]; **≈kehr** *f* επάνοδος [e'panoðos] *f*; **~kommen** επιστρέφω [epi'strefo]; **~sehen:** ***auf ≈sehen!*** καλή(ν) αντάμωση [ka'li(n) an'damosi]; γεια (σας, σου)! ['ja (sas, su)], χαίρετε! ['çerete]

**Wiege** *f* κούνια ['kunja]; **≈n** ζυγίζω [zi'jizo], κουνώ (-άς) [ku'no]; (*Kind*) νανουρίζω [nanu'rizo]

**Wiese** *f* λιβάδι [li'vaði]

**wieso** πώς [pos]

**wieviel** πόσος ['posos]

**wild** άγριος ['aγrios]; **≈** *n* αγρίμι [a'γrimi], κυνήγι [ki-

**Wildleder** 430

'niji]; **&leder** *n* καστόρ(ι) [ka'stor(i)]; **&nis** *f* ερημιά [eri'mja]; **&schwein** *n* αγριογούρουνο [aγrio'γuruno]

**Will|e** *m* θέλημα ['θelima] *n*, θέληση (-εις) ['θelisi]; ***aus freiem ~en*** εκούσιος [e'kusios]; ***um Gottes &en!*** για όνομα του θεού! [ja 'onoma tu θe'u]; **&ig** πρόθυμος ['proθimos]; **&kommen!** καλώς ορίσατε [ka'los o'risate]; **~kür** *f* αυθαιρεσία [afθere'sia]; **&kürlich** αυθαίρετος [a'fθeretos]

**wimmern** κλαψουρίζω [klapsu'rizo]

**Wimper** *f* βλεφαρίδα [vlefa'riδa]

**Wind** *m* αέρας [a'eras], άνεμος ['anemos]

**Winde** *f* βίντσι ['vintsi], τροχαλία [troxa'lia]

**Windel** *f* φασκιά [fa'skja], σπάργανο ['sparγano]

**winden** τυλίγω [ti'liγo]

**wind|ig: *es ist ~ig*** έχει αέρα ['eçi a'era]; **&mühle** *f* ανεμόμυλος [ane'momilos]; **&pokken** *f/pl.* ανεμοβλογιά [anemovlo'ja]; **&schutzscheibe** *f* παρμπρίζ [par'briz] *n*; **&stille** *f* γαλήνη [γa'lini]; **&stoß** *m* μπουρίνι [bu'rini]; **&zug** *m* ρεύμα ['revma] *n*

**Wink** *m* γνέψιμο ['γnepsimo]; νόημα ['noima] *n*

**Winkel** *m* γωνιά [γo'nja]

**winken** γνέφω ['γnefo]

**Winter** *m* χειμώνας [çi'monaš]; **&lich** χειμωνιάτικος [çimo'njatikos], χειμερινός [çimeri'nos]; **~sport** *m* χειμερινό σπορ [çimeri'no spor] *n*

**Winzer** *m* αμπελουργός [ambelur'γos]

**winzig** μικρούτσικος [mi'krutsikos]

**Wipfel** *m* κορ(υ)φή [kor(i)'fi]

**wir** εμείς [e'mis]

**Wirbel** *m* στρόβιλος ['strovilos], δίνη ['δini]; *Anat.* ραχοκόκαλο [raxo'kokalo], σπόνδυλος ['sponδilos]; **~säule** *f* σπονδυλική στήλη [sponδili'ki 'stili]; **~sturm** *m* κυκλώνας [ki'klonas]

**wirk|en** ενεργώ [ener'γo]; *fig.* επηρεάζω [epire'azo], επιδρώ (-άς) [epi'δro]; **~lich** πραγματικός [praγmati'kos]; **&lichkeit** *f* πραγματικότητα [praγmati'kotita]; **~sam** αποτελεσματικός [apotelezmati'kos]; **&samkeit** *f* αποτελεσματικότητα [apotelezmati'kotita]; **&ung** *f* επίδραση (-εις) [e'piδrasi]; συνέπεια [si'nepia]

**wirr** συγχυσμένος [siŋçi'zmenos]; **&warr** *m* ανακατωσούρα [anakato'sura], σύγχυση ['siŋçisi]

**Wirt** *m* (*Haus&*) νοικοκύρης [niko'kiris]; (*Gast&*) ξενοδόχος [kseno'δoxos]; **~schaft** *f* οικονομία [ikono'mia]; (*Haushalt*) νοικοκυριό [nikoki'rjo]; **&schaften** διαχει-

ριζομαι [ðiaçi'rizome]; **≈schaftlich** οικονομικός [ikonomi'kos]
**wisch|en** σφουγγίζω [sfuŋ-'gizo]; **≈lappen** *m* σφουγγαρόπανο [sfuŋga'ropano]
**wissen** ξέρω ['ksero], γνωρίζω [γno'rizo]; **≈** *n* γνώση (-εις) ['γnosi]; **≈schaft** *f* επιστήμη [epi'stimi]; **~schaftlich** επιστημονικός [epistimoni'kos]
**witter|n** μυρίζω [mi'rizo], οσφραίνομαι [o'sfrenome]; **≈ung** *f* όσφρηση ['osfrisi]; (*Wetter*) καιρός [kje'ros]
**Witwe** *f* χήρα ['çira]; **~r** *m* χήρος ['çiros]
**Witz** *m* αστείο [a'stio]; **≈ig** αστείος [a'stios]
**wo** πού [pu]; όπου ['opu]
**Woche** *f* (ε)βδομάδα [(e)vðo'maða]
**Wochen|ende** *n* σαββατοκύριακο [savato'kirjako]; **~markt** *m* λαϊκή αγορά [lai-'ki aγo'ra]; **~schau** *f* επίκαιρα [e'pikjera] *n/pl.*; **~tag** *m* καθημερινή [kaθimeri'ni]
**wöch|entlich** εβδομαδιαίος [evðomaði'eos]; **≈nerin** *f* λεχώνα [le'xona]
**wo|durch** πώς [pos], με τι [me ti]; με το οποίο [me to o'pio]; **~für** για τι [ja 'ti]; για το οποίο [ja to o'pio]; **~gegen** κατά τίνος [kata 'tinos]; κατά του οποίου [ka'ta tu o'piu]; **~her** από πού [apo 'pu]; **~hin** (για) πού [(ja) 'pu], όπου ['opu]
**wohl** καλά [ka'la], καλώς [ka'los]; μάλλον ['malon]; **≈** *n* καλό [ka'lo], ευημερία [evime'ria]; ***auf Ihr ≈!*** εις υγείαν σας [is i'jian sas]; **≈befinden** *n* ευεξία [eve-'ksia]; **~behalten** σώος και αβλαβής ['soos kje avla'vis]; **~habend** εύπορος ['efporos]; **≈klang** *m* ευφωνία [efo'nia]; **~meinend** καλόβουλος [ka'lovulos]; **~riechend** μυρωδάτος [miro'ðatos], εύοσμος ['evozmos]; **~schmeckend** νόστιμος ['nostimos]; **≈stand** *m* ευημερία [evime'ria]; **≈tat** *f* ευεργεσία [everje'sia]; **~tuend** ευχάριστος [ef'xaristos]; **≈wollen** *n* εύνοια ['evnia]; **~wollend** ευνοϊκός [evnoi'kos]
**wohn|en** κάθομαι ['kaθome], κατοικώ [kati'ko]; **≈haus** *n* σπίτι ['spiti]; **~lich** αναπαυτικός [anapafti'kos]; **≈ort** *m* τόπος διαμονής ['topos ðiamo'nis]; **≈sitz** *m* κατοικία [kati'kia]; **≈ung** *f* κατοικία [kati'kia]; διαμέρισμα [ðia-'merizma] *n*; **≈wagen** *m* τροχόσπιτο [tro'xospito]; **≈zimmer** *n* σάλα ['sala]
**Wölbung** *f* καμάρα [ka-'mara], θόλος ['θolos]
**Wolf** *m* λύκος ['likos]
**Wolk|e** *f* σύννεφο ['sinefo]; **~enbruch** *m* καταρρακτώδης βροχή [katara-

**Wolkenkratzer** 432

'ktoðis vro'çi]; **~enkratzer** *m* ουρανοξύστης [urano'ksistis]; **2enlos** ανέφελος [a'nefelos]; **2ig** συννεφιασμένος [sinefja'zmenos]
**Wolle** *f* μαλλί [ma'li]
**wollen** θέλω ['θelo]; ***lieber ~*** προτιμώ (-άς) [proti'mo]
**Wollust** *f* ηδονή [iðo'ni]
**womit** με τι [me ti]; με το οποίο [me to o'pio]
**Wonne** *f* τέρψη (-εις) ['terpsi]
**woraus** από τι [apo ti]; από το οποίο [apo to o'pio]
**Wort** *n* λέξη (-εις) ['leksi], λόγος ['loγos]
**Wörterbuch** *n* λεξικό [leksi'ko]
**wort|getreu** κυριολεκτικός [kiriolekti'kos]; **2laut** *m* διατύπωση (-εις) [ðia'tiposi]
**wörtlich** κατά λέξη [kata 'leksi]
**Wort|schatz** *m* λεξιλόγιο [leksi'lojio]; **~wechsel** *m* λογομαχία [loγoma'çia]
**wo|rüber** για τι (πράγμα) [ja'ti ('praγma)]; **~runter** κάτω από τι ['kato apo 'ti]; ... το οποίο [to o'pio]; **~von** από τι [apo ti]; *relativ*: από το οποίο [apo to o'pio]; **~vor** μπροστά από τι [bro'sta apo 'ti]; ... το οποίο [to o'pio]; **~zu** προς τι [pros 'ti]; γιατί [ja'ti]
**Wrack** *n* ναυάγιο [na'vajio]
**Wucher** *m* τοκογλυφία [tokoγli'fia]; **2n** (*Pflanze*) φουντώνω [fun'dono]; **~ung** *f Med.* απόφυση (-εις) [a'pofisi]
**Wuchs** *m* ανάστημα [a'nastima] *n*
**Wucht** *f* ορμή [or'mi]; **2ig** ογκώδης [oŋ'goðis] 2; ορμητικός [ormiti'kos]
**wühlen** σκαλίζω [ska'lizo]
**Wulst** *m* κότσος ['kotsos], όγκος ['oŋgos]
**wund** πληγωμένος [pliγo'menos]; **2e** *f* πληγή [pli'ji]
**Wunder** *n* θαύμα ['θavma] *n*; **2bar** θαυμάσιος [θa'vmasios]; **2lich** παράξενος [pa'raksenos]; **2n**: ***sich 2n*** απορώ [apo'ro], παραξενεύομαι [parakse'nevome]
**Wunsch** *m* επιθυμία [epiθi'mia]
**wünschen** επιθυμώ [epiθi'mo]; εύχομαι ['efxome]; **~swert** ποθητός [poθi'tos]
**Würd|e** *f* αξιοπρέπεια [aksio'prepia]; **2evoll** αξιοπρεπής [aksiopre'pis] 2; **2ig** άξιος ['aksios]
**Wurf** *m* ρίξιμο ['riksimo], βολή [vo'li]
**Würfel** *m* ζάρι ['zari], κύβος ['kivos]; **2n** ρίχνω το ζάρι ['rixno to 'zari]; **~zucker** *m* κύβος ζάχαρης ['kivos 'zaxaris]
**würgen** στραγγαλίζω [straŋga'lizo], πνίγω ['pniγo]
**Wurm** *m* σκουλήκι [sku'liki]
**Wurst** *f* λουκάνικο [lu'kaniko]; **~waren** *f/pl.* αλλαντικά [alandi'ka] *n/pl.*

**Würze** *f* μπαχαρικό [baxari'ko], άρτυμα ['artima] *n*
**Wurzel** *f* ρίζα ['riza]; **≈n** ριζώνω [ri'zono]
**würz|en** αρωματίζω [aroma'tizo]; **~ig** αρωματικός [aromati'kos]
**Wüste** *f* ερημιά [eri'mja], έρημος ['erimos]
**Wut** *f* φούρκα ['furka], οργή [or'ji]
**wüt|en** καταστρέφω [kata'strefo], μαίνομαι ['menome]; **~end** φουρκισμένος [furki'zmenos], οργισμένος [orji'zmenos]

# X

**X-Beine** *n/pl.* πόδια γυρισμένα προς τα έξω ['poδja jiri'zmena pros ta 'ekso]
**x-beliebig** οποιοσδήποτε [opjoz'δipote]
**x-mal** χίλιες φορές ['çiljes fo'res]
**X-Strahlen** *m/pl.* ακτίνες Χ [a'ktines 'çi] *f/pl.*
**Xylophon** *n* ξυλόφωνο [ksi'lofono]

# Y

**Yoga** *n* γιόγκα ['joga] *n*; **~übung** *f* αζανά [aza'na] *n*
**Ypsilon** *n* ύψιλον ['ipsilon]

# Z

**Zack|e** *f*, **~en** *m* μύτη ['miti], αιχμή [ex'mi]
**zaghaft** διστακτικός [δistakti'kos]; δειλός [δi'los]
**zäh** σκληρός [skli'ros]; επίμονος [e'pimonos]; **≈igkeit** *f* σκληρότητα [skli'rotita]; επιμονή [epimo'ni]
**Zahl** *f* αριθμός [ariθ'mos]; **≈en** πληρώνω [pli'rono]; ***Kellner*, ≈en!** γκαρσόν, το λογαριασμό, παρακαλώ [gar'son, to loγarja'zmo, paraka'lo]
**zähl|en** μετρώ (-άς) [me'tro]; αριθμώ [ariθ'mo]; **≈er** *m* αριθμητής [ariθmi'tis]; *Elektr.* μετρητής ρεύματος [metri'tis 'revmatos]
**Zahl|karte** *f* δελτίο πληρωμής [δel'tio pliro'mis]; **≈los** αναρίθμητος [ana'riθmitos]; **≈reich** πολυάριθμος [poli'ariθmos]; **~ung** *f* πληρωμή [pliro'mi]
**Zählung** *f* αρίθμηση [a'riθmisi]; (*Volks≈*) απογραφή [apoγra'fi]
**Zahlungs|anweisung** *f* επιταγή πληρωμής [epita'ji pli-

**Zahlungsmittel** 434

ro'mis]; **~mittel** *n* χρηματικό μέσο [xrimati'ko 'meso]
**zahm** ήμερος ['imeros]
**zähmen** εξημερώνω [eksime'rono], δαμάζω [ða'mazo]
**Zahn** *m* δόντι ['ðondi]; **~arzt** *m* οδοντίατρος [oðon'diatros]; **~bürste** *f* οδοντόβουρτσα [oðon'dovurtsa]; **~fleisch** *n* ούλα ['ula] *n/pl.*; **~pasta** *f* οδοντόπαστα [oðon'dopasta]; **~plombe** *f* σφράγισμα ['sfrajizma] *n*; **~rad** *n* οδοντωτός τροχός [oðondo'tos tro'xos]; **~schmerzen** *m/pl.* πονόδοντος [po'noðondos]; **~stocher** *m* οδοντογλυφίδα [oðondoɣli'fiða]
**Zange** *f* τανάλια [ta'nalja]
**Zank** *m* καβγάς [ka'vɣas], φιλονεικία [filoni'kia]; **2en** μαλώνω [ma'lono], φιλονεικώ [filoni'ko]
**zänkisch** καυγατζίδικος [kavɣa'dziðikos]
**Zäpfchen** *n Med.* υπόθετο [i'poθeto]
**Zapfen** *m* κάνουλα ['kanula], επιστόμιο [epi'stomio]
**zart** τρυφερός [trife'ros]; **2gefühl** *n* αβρότητα [a'vrotita]
**zärtlich** χαϊδευτικός [xaiðefti'kos], τρυφερός [trife'ros]; **2keit** *f* τρυφερότητα [trife'rotita]
**Zauber** *m* μάγια ['maja] *n/pl.*, γοητεία [ɣoi'tia]; **~ei** *f* μαγεία [ma'jia]; **~er** *m* μάγος ['maɣos]; **2n** μαγεύω [ma'jevo]
**zaudern** διστάζω [ði'stazo]
**Zaum** *m* χαλινάρι [xali'nari], χαλινός [xali'nos]
**Zaun** *m* φράχτης ['fraxtis]
**Zech|e** *f Bgb.* μεταλλουργείο [metalur'jio], μεταλλείο [meta'lio]; **2en** μεθοκοπώ (-άς) [meθoko'po]; **~gelage** *n* μεθοκόπι [meθo'kopi], γλέντι ['ɣlendi]
**Zehe** *f* δάχτυλο (του ποδιού) ['ðaxtilo (tu po'ðju)]
**zehn** δέκα ['ðeka]; **2tel** *n* δέκατο ['ðekato]
**Zeichen** *n* σημάδι [si'maði], σημείο [si'mio]
**zeichn|en** σχεδιάζω [sçeði'azo]; **2er** *m* σχεδιαστής [sçeðia'stis]; **2ung** *f* σχέδιο ['sçeðio]
**Zeige|finger** *m* δείκτης ['ðiktis]; **2n** δείχνω ['ðixno]; **~r** *m* δείκτης ['ðiktis]
**Zeile** *f* αράδα [a'raða]; γραμμή [ɣra'mi]
**Zeit** *f* καιρός [kje'ros]; **~alter** *n* εποχή [epo'çi]; **2gemäß** επίκαιρος [e'pikjeros]; **2ig** νωρίς [no'ris]; εγκαίρως [eŋ'gjeros]; **2los** άχρονος ['axronos]; **~raum** *m* χρονικό διάστημα [xroni'ko ði'astima] *n*; **~schrift** *f* περιοδικό [perioði'ko]; **~ung** *f* εφημερίδα [efime'riða]; **~ungskiosk** *m* περίπτερο [pe'riptero]; **~verlust** *m* χασομέρι [xaso'meri], απώλεια

χρόνου [a'polia 'xronu]; **~vertreib** *m*: **zum ~vertreib** για να περνά η ώρα [ja na per'na i 'ora]; **2weise** κατά καιρούς [kata kje'rus]; **~wort** *n* ρήμα ['rima] *n*
**Zelle** *f* κελί [kje'li]; κύτταρο ['kitaro]
**Zelt** *n* σκηνή [ski'ni]; **~bahn** *f* τέντα ['tenda]; **2en** κατασκηνώνω [kataski'nono]; **~lager** *n* κατασκήνωση (-εις) [kata'skinosi]
**Zement** *m* τσιμέντο [tsi'mendo]
**Zensur** *f* βαθμός [vaθ'mos]; *Pol.* λογοκρισία [loγokri'sia]
**Zentimeter** *m* εκατοστόμετρο [ekato'stometro]
**Zentner** *m* καντάρι [kan'dari]
**Zentral|-, zentral** κεντρικός [kjendri'kos]; **~heizung** *f* κεντρική θέρμανση [kjendri'ki 'θermansi]
**Zentrum** *n* κέντρο ['kjendro]
**zerbrech|en** σπάζω ['spazo], κομματιάζω [koma'tjazo]; **~lich** εύθραυστος ['efθrafstos]
**zerdrücken** ζουλώ (-άς) [zu'lo], συνθλίβω [sin'θlivo]
**Zeremonie** *f* τελετή [tele'ti]
**Zerfall** *m* αποσύνθεση (-εις) [apo'sinθesi]; **2en** διαλύομαι [ðia'liome]
**zer|fetzen** σχίζω ['sçizo], κουρελιάζω [kure'ljazo]; **~fleischen** πετσοκόβω [petso'kovo], κατακρεουργώ [katakreur'γo]; **~fließen** λειώνω ['ljono], διαλύομαι [ðia'liome]; **~fressen** κατατρύχω [kata'trixo]; **~gliedern** ανατέμνω [ana'temno]; *fig.* αναλύω [ana'lio]; **~hacken, ~kleinern** λιανοίζω [lja'nizo], κομματιάζω [koma'tjazo]; **~knittern** τσαλακώνω [tsala'kono]; **~kratzen** καταγρατσουνώ (-άς) [kataγratsu'no]; **~legen** αποσυνθέτω [aposin'θeto]; **~lumpt** κουρελιασμένος [kurelja'zmenos]; **~platzen** σκάζω ['skazo]; **~reißen** σχίζω ['sçizo]
**zerren** τραβώ (-άς) [tra'vo], σέρνω ['serno]
**zer|rinnen** διαλύομαι [ðia'liome]; **~schlagen** κατακομματιάζω [katakoma'tjazo]; **~schmettern** κατασυντρίβω [katasin'drivo]; **~schneiden** κόβω ['kovo]; **~setzen** αποσυνθέτω [aposin'θeto], διαλύω [ðia'lio]; (*durch Fäulnis*) σαπίζω [sa'pizo]; **~splittern** κατακομματιάζω [katakoma'tjazo]; (*Kräfte*) σκορπίζω [skor'pizo]; **~springen** σπάζω ['spazo]; ραγίζω [ra'jizo]
**zerstör|en** καταστρέφω [kata'strefo]; **2er** *m Mar.* αντιτορπιλικό [anditorpili'ko]; **2ung** *f* καταστροφή [katastro'fi]
**zerstreu|en** διασκορπίζω [ðiaskor'pizo]; *fig.* διασκε-

**Zerstreuung** 436

δάζω [ðiaskje'ðazo]; **2ung** *f* διασκέδαση (-εις) [ðia'skjeðasi]
**zer|stückeln** κομματιάζω [koma'tjazo]; **~teilen** διαιρώ [ðie'ro]; **~treten** τσαλαπατώ (-άς) [tsalapa'to]
**zertrümmer|n** κατασυντρίβω [katasin'drivo]; **2ung** *f* διάσπαση (-εις) [ði'aspasi]
**Zettel** *m* χαρτάκι [xar'taki], δελτίο [ðel'tio]
**Zeug** *n* (*Kleidung*) ρούχα ['ruxa] *n/pl.*; (*Sachen*) πράγ(γ)ματα ['pra(γ)mata] *n/pl.*
**Zeug|e** *m* μάρτυρας ['martiras]; **2en** γεννώ (-άς) [je'no]; *jur.* μαρτυρώ (-άς) [marti'ro]; **~enaussage** *f* μαρτυρία [marti'ria]; **~ung** *f* τεκνοποιία [teknopi'ia]
**Zeus** *m* Δίας ['ðias], Ζευς [zefs]
**Ziege** *f* κατσίκα [ka'tsika]
**Ziegel** *m* τούβλο ['tuvlo]; (*Dach2*) κεραμίδι [kjera'miði]; **~ei** *f* πλινθοποιία [plinθopi'ia]
**Zieh|brunnen** *m* μαγγανοπήγαδο [maŋgano'piγaðo]; **2en** τραβώ (-άς) [tra'vo] (**an** *D*/ από [a'po]); σέρνω ['serno]; (*Bilanz*) συνοψίζω [sino'psizo]; (*Pflanzen*) καλλιεργώ [kalier'γo]; (*Zahn*) βγάζω ['vγazo]; **~harmonika** *f* φυσαρμόνικα [fisar'monika]; **~ung** *f* κλήρωση (-εις) ['klirosi]
**Ziel** *n* τέρμα ['terma] *n*; σκοπός [sko'pos], σημάδι [si'maði]; **2en** σημαδεύω [sima'ðevo]
**ziemlich** αρκετά [arkje'ta]
**Zier|at** *m*, **~de** *f* στόλισμα ['stolizma] *n*; **2en** στολίζω [sto'lizo]; **2lich** κομψός [kom'psos]
**Ziffer** *f* αριθμός [ariθ'mos]; **~blatt** *n* πλάκα ρολογιού ['plaka rolo'ju]
**Zigar|ette** *f* τσιγάρο [tsi'γaro]; **~re** *f* πούρο ['puro]
**Zikade** *f* τζίτζικας ['dzidzikas]
**Zimmer** *n* δωμάτιο [ðo'matio]; **~mädchen** *n* καμαριέρα [kama'rjera]; **~mann** *m* ξυλουργός [ksilur'γos], μαραγκός [maraŋ'gos]; **~vermittlung** *f* γραφείο ευρέσεως δωματίων [γra'fio ev'reseos ðoma'tion]
**Zimt** *m* κανέλα [ka'nela]
**Zink** *n* τσίγκος ['tsiŋgos], ψευδάργυρος [pse'vðarjiros]
**Zinn** *n* κασσίτερος [ka'siteros]
**Zins|en** *m/pl.* τόκοι ['toki]; **~satz** *m* επιτόκιο [epi'tokio]
**Zipfel** *m* άκρη ['akri], φούντα ['funda]
**zirka** περίπου [pe'ripu]
**Zirkel** *m* διαβήτης [ðia'vitis]; κύκλος ['kiklos]
**Zirkus** *m* τσίρκο ['tsirko]

437 **zufriedenstellen**

**zischen** σφυρίζω [sfi'rizo]
**Zit|at** *n* παράθεμα [pa'raθema] *n*; **2ieren** παραθέτω [para'θeto]
**Zitrone** *f* λεμόνι [le'moni]
**Zitronen|limonade** *f* λεμονάδα [lemo'naða]; **~saft** *m* λεμονόζουμο [lemo'nozumo]
**zittern** τρέμω ['tremo] (***vor*** *D*/ από [a'po], ***um*** *A*/ για [ja])
**zivil** πολιτικός [politi'kos]
**zögern** διστάζω [ði'stazo]
**Zoll** *m* δασμός [ða'zmos]; **~abfertigung** *f* τελωνιακός έλεγχος [telonia'kos 'eleŋxos]; **~amt** *n* τελωνείο [telo'nio]; **~beamte(r)** *m* τελωνιακός [telonia'kos]; **2frei** αδασμολόγητος [aðazmo'lojitos]; **2pflichtig** δασμολογούμενος [ðazmolo'γumenos]
**Zone** *f* ζώνη ['zoni]
**Zoo** *m* ζωολογικός κήπος [zooloji'kos 'kipos]
**Zopf** *m* πλεξούδα [ple'ksuða]
**Zorn** *m* θυμός [θi'mos]; **2ig** θυμωμένος [θimo'menos]
**Zote** *f* αισχρολογία [esxrolo'jia]
**zu** σε [se], για [ja], προς [pros]; **~ *sehr*** πάρα πολύ ['para po'li]
**Zubehör** *n* εξαρτήματα [eksar'timata] *n/pl.*
**zubereit|en** ετοιμάζω [eti'mazo]; **2ung** *f* ετοιμασία [etima'sia]
**zubinden** δένω ['ðeno]
**zubringen** περνώ (-άς) [per'no]
**Zucht** *f* πειθαρχία [piθar'çia]; (*Pflanzen*) καλλιέργεια [kali'erjia]; (*Tiere*) κτηνοτροφία [ktinotro'fia]; **~haus** *n* ειρκτή [ir'kti]
**zucken** σπαρταρώ (-άς) [sparta'ro]; (*Achsel*) σηκώνω [si'kono]
**Zucker** *m* ζάχαρη ['zaxari]; **~dose** *f* ζαχαριέρα [zaxa'rjera]; **~krankheit** *f* ζάχαρο ['zaxaro], διαβήτης [ðia'vitis]; **~rübe** *f* κοκκινογούλι [kokino'γuli], ζαχαρότευτλο [zaxa'roteftlo]; **2n** ζαχαρώνω [zaxa'rono]
**Zuckung** *f* σπασμός [spa'zmos]
**zudecken** σκεπάζω [skje'pazo]
**zudringlich** ενοχλητικός [enoxliti'kos]
**zuerst** πρώτα ['prota]
**Zufall** *m* σύμπτωση (-εις) ['simptosi], τύχη ['tiçi]
**zufällig** τυχαίος [ti'çeos], κατά τύχη [kata 'tiçi]
**Zuflucht** *f* προσφυγή [prosfi'ji]; **~sort** *m* καταφύγιο [kata'fijo]
**zufolge** σύμφωνα με ['simfona me]
**zufrieden** ευχαριστημένος [efxaristi'menos] (***mit*** *D*/ από [a'po], με [me]); **2heit** *f* ευχαρίστηση (-εις) [efxa'ristisi]; **~stellen** ικανοποιώ [ikanopi'o]

**zufügen** προξενώ [prokse'no]; προσθέτω [pros'θeto]
**Zufuhr** *f* εφοδιασμός [efoδia'zmos]
**Zug** *m* (*Luft*~) ρεύμα ['revma] *n*; (*Fest*~) πομπή [pom'bi], παρέλαση (-εις) [pa'relasi]; (*Charakter*~) χαρακτηριστικό [xaraktiristi'ko]; (*Schach*~) κίνηση (-εις) ['kinisi]; *Esb.* τρένο ['treno]
**zugänglich** προσιτός [prosi'tos]
**zugeben** *fig.* παραδέχομαι [para'δexome]
**zugehen** (*Tür*) κλείνω ['klino]; (**auf** *A*) πλησιάζω [plisi'azo] *A*
**Zügel** *m* χαλινάρι [xali'nari]; **~los** αχαλίνωτος [axa'linotos]; **~n** χαλινώνω [xali'nono]
**Zuge|ständnis** *n* παραχώρηση (-εις) [para'xorisi]; **~stehen** παραχωρώ [paraxo'ro]
**zugleich** συγχρόνως [siŋ'xronos]
**zugrunde: ~ gehen** χάνομαι ['xanome], καταστρέφομαι [kata'strefome]; **~ richten** χαλνώ (-άς) [xal'no], καταστρέφω [kata'strefo]
**zugunsten** (*G*) για χάρη [ja 'xari] *G*, υπέρ [i'per] *G*
**zuhalten** κρατώ κλειστό [kra'to kli'sto]; (*Ohren*) σφαλνώ (-άς) [sfal'no], κλείνω ['klino]
**zuhör|en** ακούω [a'kuo]; **~er** *m* ακροατής [akroa'tis]
**zujubeln** ζητωκραυγάζω [zitokra'vγazo]
**zukleben** συγκολλώ (-άς) [siŋgo'lo], κολλώ [ko'lo]
**zuknöpfen** κουμπώνω [ku(m)'bono]
**zukommen** (**auf** *A*) πλησιάζω [plisi'azo] *A*
**Zukunft** *f* μέλλον ['melon]
**zukünftig** μελλοντικός [melondi'kos]
**Zulage** *f* επίδομα [e'piδoma] *n*
**zulassen** επιτρέπω [epi'trepo]
**zulässig: ~ sein** επιτρέπεται [epi'trepete]
**Zulassung** *f* άδεια ['aδia]
**zuletzt** στο τέλος [sto 'telos]
**zuliebe** *D* για χάρη [ja 'xari] *G*
**zumut|en** απαιτώ [ape'to]; **~ung** *f* απαίτηση (-εις) [a'petisi]
**zunächst** πρώτα πρώτα ['prota 'prota]
**Zunahme** *f* αύξηση (-εις) ['afksisi]
**Zuname** *m* επίθετο [e'piθeto]
**zünd|en** ανάβω [a'navo]; *fig.* ηλεκτρίζω [ile'ktrizo]; **~holz** *n* σπίρτο ['spirto]; **~kerze** *f* μπουζί [bu'zi]; **~ung** *f* (*Auto*) ανάφλεξη [a'nafleksi]
**zunehmen** αυξάνω [af'ksano], μεγαλώνω [meγa'lono]; (*an Gewicht*) παχαίνω [pa'çeno]
**Zuneigung** *f* συμπάθεια [sim'baθia]

**Zunge** f γλώσσα ['γlosa]

**zunichte machen** εκμηδενίζω [ekmiðe'nizo]

**zunutze: sich** (etw.) ~ **machen** επωφελούμαι (από od. G) [epofe'lume (a'po)]

**zurecht|finden: sich ~finden** προσανατολίζομαι [prosanato'lizome]; ~**machen** ετοιμάζω [eti'mazo]; ~**weisen** επιπλήττω [epi'plito]

**zureden** παροτρύνω [paro'trino]

**zurichten** παρασκευάζω [paraskje'vazo]

**zürnen** θυμώνω [θi'mono], οργίζομαι [or'jizome]

**zurück-** ... πίσω ['piso]

**zurück** πίσω ['piso], ~**(be)halten** κατακρατώ [katakra'to]; ~**bekommen** παίρνω πίσω ['perno 'piso], ~**(be)rufen** ανακαλώ [anaka'lo]; ~**(be)zahlen**, ~**bringen** επιστρέφω [epi'strefo]; ~**drängen** απωθώ [apo'θo]; ~**erobern** ανακτώ (-άς) [ana'kto]; **~eroberung** f ανάκτηση (-εις) [a'naktisi]; ~**erstatten** επιστρέφω [epi'strefo]; **~erstattung** f επιστροφή [epistro'fi]; ~**geben** επιστρέφω [epi'strefo]; ~**gehen** επιστρέφω [epi'strefo]; ~**gezogen** απομονωμένος [apomono'menos]; ~**haltend** επιφυλακτικός [epifilakti'kos]; ~**lassen** εγκαταλείπω [engata'lipo]; ~**legen** βάζω κατά μέρος ['vazo kata 'meros]; (Weg) διατρέχω [ðia'trexo], διανύω [ðia'nio]; ~**stoßen** απωθώ [apo'θo]; ~**strahlen** αντανακλώ (-άς) [andana'klo]; ~**treten** παραμερίζω [parame'rizo], fig. παραιτούμαι [pare'tume]; ~**weichen** υποχωρώ [ipoxo'ro]; ~**weisen** αποκρούω [apo'kruo]; ~**ziehen** αποσύρω [apo'siro]

**Zuruf** m επίκληση (-εις) [e'piklisi]; **2en** φωνάζω [fo'nazo]

**Zusage** f υπόσχεση (-εις) [i'posçesi]; **2n** υπόσχομαι [i'posxome]

**zusammen** μαζί [ma'zi]; **2arbeit** f συνεργασία [sinerya'sia]; ~**brechen** γκρεμίζομαι [gre'mizome], σωριάζομαι [so'rjazome]; **2bruch** m γκρέμισμα ['gremizma] n; ~**drücken** στριμώχνω [stri'moxno], συσφίγγω [si'sfingo]; ~**fallen** καταρρέω [kata'reo], (zeitlich) συμπίπτω [sim'bipto]; ~**falten** διπλώνω [ði'plono]; ~**fassen** συγκεφαλαιώνω [singjefale'ono]; **2fassung** f περίληψη (-εις) [pe'rilipsi]; ~**fließen** συρρέω [si'reo]; ~**fügen** συναρμολογώ [sinarmolo'yo]; **2halt** m συνοχή [sino'çi]; ~**halten** συνδέομαι [sin'ðeome]; **2hang** m συνάφεια (-εις) ['sçesi]; ~**kleben** συγκολλώ (-άς) [singo'lo]; ~**kommen**

συνέρχομαι [si'nerxome]; **≈kunft** *f* συνέλευση (-εις) [si'nelefsi]; **~rollen** κουλουριάζω [kulu'rjazo]; **~rücken** πλησιάζω [plisi'azo]; **~rufen** συγκαλώ [siŋga'lo]; **~setzen, ~stellen** συνθέτω [sin'θeto]; **≈setzung** *f*, **≈stellung** *f* σύνθεση (-εις) ['sinθesi]; **≈stoß** *m* σύγκρουση (-εις) ['siŋgrusi]; **~stoßen** συγκρούομαι [siŋ'gruome]; **~suchen** μαζεύω [ma'zevo]; **~treffen** συναντιέμαι [sinan'djeme]; (*zeitlich*) συμπίπτω [sim'bipto]; **≈treffen** *n* συνάντηση (-εις) [si'nandisi]; **~wirken** συμπράττω [sim'brato]; **~zählen** αθροίζω [a'θrizo]; **~ziehen** συγκεντρώνω [siŋgjen'drono]

**Zusatz** *m* προσθήκη [pros'θiki], συμπλήρωμα [sim'bliroma] *n*

**zuschaue|n** κοιτάζω [ki'tazo]; **≈r** *m* θεατής [θea'tis]

**Zuschlag** *m* συμπλήρωμα [sim'bliroma] *n*

**zuschnüren** δένω σφιχτά ['δeno sfi'xta]

**Zuschuß** *m* επιμίσθιο [epi'misθio], επίδομα [e'piδoma] *n*

**zu|sehen** κοιτάζω [ki'tazo], φροντίζω να [fron'dizo na]; **~senden** αποστέλλω [apo'stelo]; **~setzen** προσθέτω [pros'θeto]; (*Geld*) χάνω ['xano]; (*j-m*) ενοχλώ [eno'xlo]

**zusicher|n** διαβεβαιώνω [δiaveve'ono]; **≈ung** *f* διαβεβαίωση (-εις) [δiave'veosi]

**zuspitzen:** ***sich ~*** οξύνομαι [o'ksinome], επιτείνομαι [epi'tinome]

**Zustand** *m* κατάσταση (-εις) [ka'tastasi]

**zustande:** ***~ bringen*** καταφέρνω [kata'ferno]

**zuständig** αρμόδιος [ar'moδios] (***für*** *A*/ για [ja]); **≈keit** *f* αρμοδιότητα [armoδi'otita]

**zustehen** ανήκω [a'niko]

**zustell|en** (*Post*) διανέμω [δia'nemo]; **≈ung** *f* διανομή [δiano'mi]

**zustimm|en** (*D*) συμφωνώ [simfo'no]; **≈ung** *f* συγκατάθεση (-εις) [siŋga'taθesi]

**zustopfen** φράζω ['frazo]

**zutage:** ***~ fördern*** εμφανίζω [emfa'nizo]

**Zutaten** *f/pl.* υλικά [ili'ka] *n/pl.*

**zutragen:** ***sich ~*** συμβαίνω [sim'veno]

**zutrauen** νομίζω ικανό(ν) [no'mizo ika'no(n)]; **≈** *n* εμπιστοσύνη [embisto'sini]

**zutreffen** αληθεύω [ali'θevo]

**Zutritt** *m* είσοδος ['isoδos] *f*

**Zutun** *n* σύμπραξη (-εις) ['simbraksi]

**zuungunsten** εις βάρος [iz'varos]

**zuverlässig** αξιόπιστος [aksi'opistos]

**Zuversicht** *f* αισιοδοξία

441 **Zwischenraum**

[esioðo'ksia]; **≈lich** σίγουρος ['siγuros]
**zuviel** πάρα πολύ ['para po'li]
**zuvor** πριν [prin], προτού [pro'tu]; **~kommen** προλαβαίνω [prola'veno]
**Zuwachs** *m* αύξηση (-εις) ['afksisi]
**zuweilen** κάποτε ['kapote]
**zuwider:** ***das ist mir ~*** αυτό μου είναι αντιπαθητικό [a'fto mu 'ine andipaθiti'ko]; **~handeln** αντιπράττω [andi'prato]; **≈handlung** *f* αντίπραξη (-εις) [an'dipraksi], παράβαση (-εις) [pa'ravasi]
**zuziehen** κλείνω ['klino], τραβώ (-άς) [tra'vo]
**zuzüglich** (*G*) συμπεριλαμβανομένου [simberilamvano'menu] *G*
**Zwang** *m* ανάγκη [a'naŋgi], εξαναγκασμός [eksanaŋga'zmos]; **≈los** χωρίς τύπους [xo'ris 'tipus]; **~sarbeit** *f* καταναγκαστική εργασία [katanaŋgasti'ki erγa'sia]; **≈sweise** κατ' ανάγκη [ka-ta'naŋgi]
**zwanzig** είκοσι ['ikosi]
**zwar** μεν [men]
**Zweck** *m* σκοπός [sko'pos]; **≈dienlich** σκόπιμος ['skopimos]; **≈los** άσκοπος ['askopos]; **≈s** (*G*) για το σκοπό [ja to sko'po]
**zwei** δυο [ðjo], δύο ['ðio]; **~deutig** διφορούμενος [ðifo'rumenos]; **~fach** διπλάσιος [ði'plasios]
**Zweifel** *m* αμφιβολία [amfivo'lia]; **≈haft** αμφίβολος [am'fivolos]; **≈los** αναμφίβολος [anam'fivolos]; **≈n** αμφιβάλλω [amfi'valo] (***an*** *D*/ για [ja])
**Zweig** *m* κλάδος ['klaðos]; κλαρί [kla'ri]; **~stelle** *f* υποκατάστημα [ipoka'tastima] *n*
**Zweikampf** *m* μονομαχία [monoma'çia]
**Zwerg** *m* νάνος ['nanos]
**zwicken** τσιμπώ (-άς) [tsim'bo]
**Zwieback** *m* παξιμάδι [paksi'maði]
**Zwiebel** *f* κρεμμύδι [kre'miði]
**Zwie|gespräch** *n* διάλογος [ði'aloγos]; **~licht** *n* λυκόφως [li'kofos] *n*; **~spalt** *m* διαφωνία [ðiafo'nia]; **~tracht** *f* διχόνοια [ði'xonja]
**Zwilling** *m* δίδυμος ['ðiðimos]
**zwingen** αναγκάζω [anaŋ'gazo]; **~nd** υποχρεωτικός [ipoxreoti'kos]
**zwinkern** γνέφω ['γnefo]
**Zwirn** *m* κλωστή [klo'sti], νήμα ['nima] *n*
**Zwischen-** ενδιάμεσος [enði'amesos]; μεσο- [meso-]
**zwischen** (*D*, *A*) μεταξύ [meta'ksi] *G*; ανάμεσα σε [a'namesa se] *A*; **≈deck** *n* μεσαίο κατάστρωμα [me'seo ka'tastroma]; **≈fall** *m* επεισόδιο [epi'soðio]; **≈raum** *m* διάστημα [ði'astima] *n*;

**2wand** *f* μεσότοιχος [me'sotixos]; **2zeit** *f*: ***in der 2zeit*** στο (ανα)μεταξύ [sto (ana)meta'ksi]

**Zwist** *m* φιλονεικία [filoni'kia]

**zwitschern** τερετίζω [tere'tizo]

**zwölf** δώδεκα ['ðoðeka]; ***~ Uhr*** μεσημέρι [mesi'meri]; (*nachts*) μεσάνυχτα [me'sanixta]

**Zylind|er** *m* κύλινδρος ['kilinðros]; (*Hut*) ψηλό καπέλο [psi'lo ka'pelo]; **2risch** κυλινδρικός [kilinðri'kos]

**Zypern** *n* Κύπρος ['kipros] *f*

**Zypresse** *f* κυπαρίσσι [kipa'risi]

# Zahlwörter – Αριθμητικά

## Grundzahlen – Απόλυτα αριθμητικά

**0** null **μηδέν** [mi'ðen]
**1** eins **ένας** ['enas] *m*, **μια, μία** [mja, 'mia] *f*, **ένα** ['ena] *n*
**2** zwei **δυο, δύο** [ðjo, 'ðio]
**3** drei **τρεις** [tris] *m u. f*, **τρία** ['tria] *n*
**4** vier **τέσσερις** ['teseris] *m u. f*, **τέσσερα** ['tesera] *n*
**5** fünf **πέντε** ['pende]
**6** sechs **έξι** ['eksi]
**7** sieben **εφτά** [e'fta], **επτά** [e'pta]
**8** acht **οχτώ** [o'xto], **οκτώ** [o'kto]
**9** neun **εννιά** [e'nja], **εννέα** [e'nea]
**10** zehn **δέκα** ['ðeka]
**11** elf **ένδεκα** ['enðeka]
**12** zwölf **δώδεκα** ['ðoðeka]
**13** dreizehn **δεκατρείς** [ðeka'tris] *m u. f*, **δεκατρία** [ðeka'tria] *n*
**14** vierzehn **δεκατέσσερις** [ðeka'teseris] *m u. f*, **δεκατέσσερα** [ðeka'tesera] *n*
**15** fünfzehn **δεκαπέντε** [ðeka'pende]
**16** sechzehn **δεκαέξι** [ðeka'eksi], **δεκάξι** [ðe'kaksi]
**17** siebzehn **δεκαεφτά** [ðekae'fta]
**18** achtzehn **δεκαοχτώ** [ðekao'xto]
**19** neunzehn **δεκαεννιά** [ðekae'nja]
**20** zwanzig **είκοσι** ['ikosi]
**21** einundzwanzig **είκοσι ένας** ['ikosi 'enas] *m*, **μια** [mja] *f*, **ένα** ['ena] *n*
**22** zweiundzwanzig **είκοσι δυο** ['ikosi ðjo]
**30** dreißig **τριάντα** [tri'anda]
**40** vierzig **σαράντα** [sa'randa]
**50** fünfzig **πενήντα** [pe'ninda]
**60** sechzig **εξήντα** [e'ksinda]
**70** siebzig **εβδομήντα** [evðo'minda]
**80** achtzig **ογδόντα** [o'γðonda]
**90** neunzig **ενενήντα** [ene'ninda]
**100** hundert **εκατό(ν)** [eka'to(n)]
**101** hundert(und)eins **εκατόν ένας** [eka'ton 'enas] *m*, **εκατόν μία** [eka'ton 'mia] *f*, **εκατόν ένα** [eka'ton 'ena] *n*
**124** hundertvierundzwanzig **εκατόν είκοσι τέσσερις** [eka'ton 'ikosi 'teseris] *m u. f*, **-ρα** [-ra] *n*
**200** zweihundert **διακόσιοι** [ðia'kosji] *m*, **διακόσιες** [ðia'kosjes] *f*, **διακόσια** [ðia'kosja] *n*

**300** dreihundert **τριακόσιοι, -ες, -α** [tria'kosji, -es, -a]
**400** vierhundert **τετρακόσιοι, -ες, -α** [tetra'kosji, -es, -a]
**500** fünfhundert **πεντακόσιοι, -ες, -α** [penda'kosji, -es, -a]
**600** sechshundert **εξακόσιοι, -ες, -α** [eksa'kosji, -es, -a]
**700** siebenhundert **εφτακόσιοι, -ες, -α** [efta'kosji, -es, -a]
**800** achthundert **οχτακόσιοι, -ες, -α** [oxta'kosji, -es, -a]
**900** neunhundert **εννιακόσιοι, -ες, -α** [enja'kosji, -es, -a]
**1000** tausend **χίλιοι** ['çilji] *m*, **χίλιες** ['çiljes] *f*, **χίλια** ['çilja] *n*
**1961** neunzehnhunderteinundsechzig **χίλια εννιακόσια εξήντα ένα** ['çilja enja'kosja e'ksinda 'ena]
**2000** zweitausend **δύο χιλιάδες** ['ðio çi'ljaðes]
**10 000** zehntausend **δέκα χιλιάδες** ['ðeka çi'ljaðes]
**100 000** hunderttausend **εκατό χιλιάδες** [eka'to çi'ljaðes]
**1 000 000** eine Million **ένα εκατομμύριο** ['ena ekato'mirio]
**1 000 000 000** eine Milliarde **ένα δισεκατομμύριο** ['ena ðisekato'mirio]

## Ordnungszahlen – Τακτικά αριθμητικά

**1.** erste **πρώτος, -η, -ο(ν)** ['protos, -i, -o(n)]
**2.** zweite **δεύτερος** ['ðefteros]
**3.** dritte **τρίτος** ['tritos]
**4.** vierte **τέταρτος** ['tetartos]
**5.** fünfte **πέμπτος** ['pemptos]
**6.** sechste **έκτος** ['ektos]
**7.** siebente **έβδομος** ['evðomos]
**8.** achte **όγδοος** ['oγðoos]
**9.** neunte **ένατος** ['enatos]
**10.** zehnte **δέκατος** ['ðekatos]
**11.** elfte **ενδέκατος** [en'ðekatos]
**12.** zwölfte **δωδέκατος** [ðo'ðekatos]
**13.** dreizehnte **δέκατος τρίτος** ['ðekatos 'tritos]
**14.** vierzehnte **δέκατος τέταρτος** ['ðekatos 'tetartos]
**15.** fünfzehnte **δέκατος πέμπτος** ['ðekatos 'pemptos]

**16.** sechzehnte **δέκατος έκτος** ['ðekatos 'ektos]
**17.** siebzehnte **δέκατος έβδομος** ['ðekatos 'evðomos]
**18.** achtzehnte **δέκατος όγδοος** ['ðekatos 'oγðoos]
**19.** neunzehnte **δέκατος ένατος** ['ðekatos 'enatos]
**20.** zwanzigste **εικοστός, -ή, -ό(ν)** [iko'stos, -'i, -'o(n)]
**21.** einundzwanzigste **εικοστός πρώτος** [iko'stos 'protos]
**30.** dreißigste **τριακοστός** [triako'stos]
**40.** vierzigste **τεσσαρακοστός** [tesarako'stos]
**50.** fünfzigste **πεντηκοστός** [pendiko'stos]
**60.** sechzigste **εξηκοστός** [eksiko'stos]
**70.** siebzigste **εβδομηκοστός** [evðomiko'stos]
**80.** achtzigste **ογδοηκοστός** [oγðoiko'stos]
**90.** neunzigste **ενενηκοστός** [eneniko'stos]
**100.** hundertste **εκατοστός** [ekato'stos]
**101.** hundert(und)erste **εκατοστός πρώτος** [ekato'stos 'protos]
**124.** hundertvierundzwanzigste **εκατοστός εικοστός τέταρτος** [ekato'stos iko'stos 'tetartos]
**200.** zweihundertste **διακοσιοστός** [ðiakosio'stos]
**300.** dreihundertste **τριακοσιοστός** [triakosio'stos]
**400.** vierhundertste **τετρακοσιοστός** [tetrakosio'stos]
**500.** fünfhundertste **πεντακοσιοστός** [pendakosio'stos]
**600.** sechshundertste **εξακοσιοστός** [eksakosio'stos]
**700.** siebenhundertste **εφτακοσιοστός** [eftakosio'stos]
**800.** achthundertste **οχτακοσιοστός** [oxtakosio'stos]
**900.** neunhundertste **εννιακοσιοστός** [enjakosio'stos]
**1000.** tausendste **χιλιοστός** [çilio'stos]
**2000.** zweitausendste **δισχιλιοστός** [ðisçilio'stos]
**10 000.** zehntausendste **δεκακισχιλιοστός** [ðekakisçilio'stos]
**100 000.** hunderttausendste **εκατοντακισχιλιοστός** [ekatondakisçilio'stos]
**1 000 000.** millionste **εκατομμυριοστός** [ekatomirio'stos]

# ZUVERLÄSSIG UND PRAKTISCH

## Langenscheidts Universal-Wörterbücher

Jedes Universal-Wörterbuch enthält die Teile Fremdsprache-Deutsch und Deutsch-Fremdsprache. Rund 30 000 Stichwörter und Wendungen.

**Bulgarisch – Dänisch – Englisch – Finnisch – Französisch – Griechisch – Isländisch – Italienisch – Japanisch – Kroatisch – Latein – Niederländisch – Norwegisch – Polnisch – Portugiesisch – Rumänisch – Russisch – Schwedisch – Slowakisch – Slowenisch – Spanisch – Tschechisch – Türkisch – Ungarisch**

*Jeder Band 380 bis 560 Seiten.*

Ihr Buchhändler gibt Ihnen gern das Gesamtverzeichnis des Langenscheidt-Verlags

**Langenscheidt** ... weil Sprachen verbinden

# FÜR REISE UND KONVERSATION

## Langenscheidts Reise-Set

**Ägyptisch/Arab. – Arabisch –
Chinesisch – Dänisch – Englisch –
Finnisch – Französisch – Griechisch –
Hebräisch – Indonesisch – Italienisch –
Japanisch – Koreanisch – Kroatisch und
Serbisch – Niederländisch – Norwegisch
– Polnisch – Portugiesisch – Rumänisch
– Russisch – Schwedisch – Spanisch –
Tschechisch – Türkisch – Ungarisch**

*Bestehend aus Sprachführer (ca. 250 Seiten)
und Begleit-Cassette (C 60).*

## Langenscheidts Universal-Sprachführer

**Englisch – Französisch – Griechisch –
Italienisch – Kroatisch – Spanisch –
Türkisch**

*Je Band 256 Seiten. Plastikeinband.*

## Langenscheidts Konversationsbücher

**Englisch fürs Gespräch
Französisch fürs Gespräch
Italienisch fürs Gespräch
Spanisch fürs Gespräch**

*Jeder Band etwa 260 Seiten.*

# Langenscheidt ... weil Sprachen verbinden